三十六计

二

原著◎南朝宋·檀道济

图文版

主编◎赖咏

中国書店

目录

第三编 《三十六计》处世智慧

第四编　《三十六计》智谋经典

目录

恩威并施

作为企业的领导，要实现自己的意图，必须与下属取得沟通，而富人情味就是沟通的一道桥梁。它有助于上下双方找到共同点，并在心理上强化这种共同认识，从而消除隔膜，缩小距离。

有许多身居高位的人物，会记得只见过一两次面的下属的名字，在电梯上或门口遇见时，点头微笑之余，叫出下属的名字，会令下属受宠若惊。

上司要赢得下属的心悦诚服，一定要恩威并施。所谓"恩"，则不外乎亲切的话语及优厚的待遇，尤其是话语。要记得下属的姓名，每天早上打招呼时，如果亲切地呼唤出下属的名字再加上一个微笑，这名下属当天的工作效率，一定会大大提高，他会感到，上司是记得我的，我得好好干！

对待下属，还要关心他们的生活，聆听他们的忧虑，他们的起居饮食都要考虑周全。

所谓威，就是必须有命令与批评。一定要令行禁止。不能始终客客气气，为维护自己平和谦虚的印象，而不好意思直斥其非。必须拿出做上司的威严来，让下属知道你的判断是正确的，必须不折不扣地执行。

上司的威严还在于对下属布置工作，交代任务，一方面要敢于放手让下属去做，不要自己包打天下；一方面在交代任务时，要明确要求，什么时间完成，达到什么标准。布置了以后，还必须检验下属完成的情况。

恩威并施，才能驾驭好下属，发挥他们的才能。

松下认为，经营者对于部下，应用慈母的手紧握钟馗的利剑，平日里关怀备至，错误时严加惩戒，恩威并施，宽严相济，如此才能成功统御。

对于部下和员工，应该如何统御呢？是严还是宽？是刚还是柔？松下的经验是，应该以慈母的手，握着钟馗的剑。也就是说，心怀宽宏，但处理起来则要严厉、果断，绝不手软。

处世之道

“笑里藏刀”一计在现实生活中，是指用甜言蜜语来掩饰其阴险诡诈的用心，在外表上麻痹对方，暗里却在你死我活的争斗，积极准备，一旦时机成熟，隐藏的刀就会刺向对方。

该防的要防住

俗话说：“人心隔肚皮。”有些人居心叵测，当面一套，背后一套，对这样的人应慎而又慎，更谈不上结交为朋友了。

这样的人往往在你面前说得优美动听，夸奖使你飘飘然，当面说的都是忠贞不贰的话，表现出的是忠诚老实相，但背后说不定有更阴险的用心。

这种人善于搬弄是非，在你面前说他的坏话，在他面前说你的坏话，不闹出矛盾决不罢休。这种笑里藏刀之人最惯用的伎俩就是伪装，这种伪装就是能把活人说成死人，能把死人说成活人的语言。纵观中国历史，有许多权盛一时的大奸臣却得到了皇上的宠信，究其原因除了皇上昏庸无道以外，很重要的就是这些大臣会献媚，会巴结皇上，能把忠良之臣置于死地。而真正可靠的还是那些谏言忠臣，唐朝魏征经常向皇上谏言，可能这些谏言不太好听，但绝对有好处，忠言逆耳。

笑里藏刀的人在生活中和工作中大量存在，他们成事不足，败事有余。对于这种人你不可交，不然你就会吃大亏。要辨别这种人，需要具有明察的智慧。

眼睛睁大一些

李林甫为唐高祖的堂弟长平王叔良的曾孙，因其善音律，初为负责宫廷宿卫、仪仗的低级官吏，后靠着一套谄媚逢迎的本领，爬上了宰相的高位。当了宰相后，他在与人接触中总装出一副平易近人的样子，使人以为他是一位忠臣。实际上，他的肚子里却藏着毒剑，随时可能暗中伤人。正如司马光在《资治通鉴》中的描写：“李林甫为相，凡才望功业出己右，及威望所厚，势位将逼己者，必百计去之。尤忌文学之士。或阳与之善，啖以甘言，而阴谄之。世谓李林甫口有蜜、腹有剑。”

当时与李林甫同任宰相的张九龄，才能卓著，为官清正。李林甫嫉妒张九龄的才德，总想设计铲除他。玄宗的武惠妃爱倾后宫，所生寿王、盛王特别受宠爱，而太子瑛被疏远了。李林甫遂在玄宗面前诬告太子等有怨言，并结党营私，图谋不轨。玄宗大怒，欲废掉太子，与张九龄商量。张九龄认为，太子为国本，生长在宫中，受陛下的亲教，并没有过失，皇上不能因自己的喜怒而废掉他。玄宗听后，大为不悦。李林甫当时在场一言未发，后来却在玄宗宠爱的宦官面前说：“皇家之事，何须与别人商量。”言外之意，指张九龄伸手太长，多管闲事。这些话不久就传到玄宗

的耳中，玄宗也觉得张九龄太专断，李林甫又趁机在玄宗面前说了一大堆张九龄的坏话。

公元736年，玄宗欲晋升朔方节度使牛仙客。张九龄上奏说："边将训练兵马，储蓄军实，这是分内的工作，陛下奖赏他是应该的，而欲赐以食邑，那就不合适了。"玄宗听罢无言，李林甫当时也未发言，回来却把此话告诉了牛仙客。第二天，牛仙客见玄宗，流泪放弃官爵。玄宗仍想加封牛仙客，张九龄据理力争。玄宗非常生气地说："任何事情总是由你决定吗？"张九龄讲，这是自己的分内事，而且牛仙客本是小吏出身，目不识丁而提擢为宰相，是不合适的，李林甫后来暗中向玄宗进言说："天子用人，有何不可？张九龄不过是一个文官，拘泥古义，不识大体，成不了大器。"玄宗因此更加不高兴。

张九龄与中书侍郎严挺关系密切，严挺的前妻离婚后又嫁蔚州刺史王元琰。恰好王元琰被指控有罪，玄宗命严挺等究查，严挺免了王元琰之罪。玄宗认为严挺与王元琰有私情，张九龄认为严、王二人无私情。玄宗把以前的事与此事联系起来，认为张九龄结党，最后罢免了他的宰相职务。

李林甫口蜜腹剑，陷害张九龄，最终达到了自己的目的，代张九龄任中书令。

经商之技

生意场上，温和优柔、慈顺依人的行为方式，既可以隐蔽图谋、暗做准备，又可以使强硬严厉、优越自信的竞争对手不知凡几、掉以轻心，最后只得以愤怒和懊恼对待胜利者的微笑。

柔外刚中　史密斯笑迎回头客

美国凯特皮纳勒公司是世界性的生产推土机和铲车的大公司。它在广告中说："凡是买了我们产品的人，不管在世界哪一个地方，需要更换零配件，我们保证在48小时内送到你们手中，如果送不到，我们的产品就白送你们。"

他们说到做到，有时为了把一个价值只有50美元的零件送到边远地区，不惜租用一架直升机，费用竟达2000美元。

有时无法按时在48小时内把零件送到用户手中，就真的按广告所说，把产品白送给用户。由于经营信誉高，这家公司历经50年而生意兴旺不衰。

在西方，人们称高明的推销员是有道德、有感情的人，原因就在于他们很重视维持好买卖双方的关系，照顾双方的利益，使买方很满意。

美国道奇汽车公司的头号推销史密斯，年过半百，擅长提供超级服务。在美国，推销一辆车只能赚几百美元，而且国产车不如外国车好卖。史密斯于1986年挣了17.5万美元，卖的全是美国货。

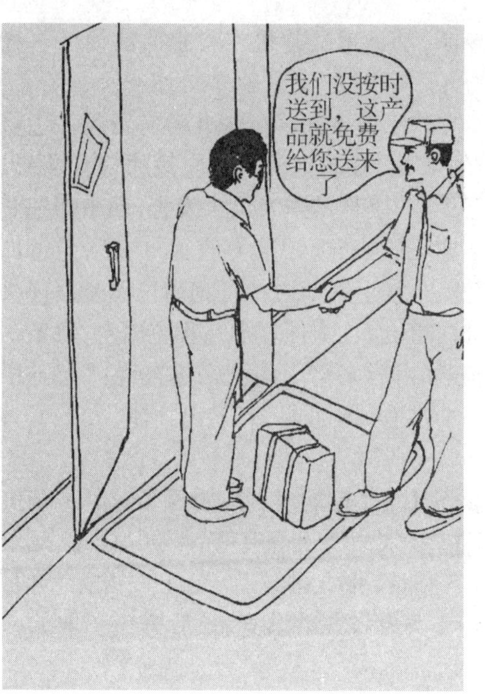

史密斯的买卖特点是，不仅在卖货前为顾客提供周全的服务，而且在做完买卖后，他总是记住老顾客，尽力帮助他们。所以史密斯的顾客几乎全是回头客，即买过他东西的人总喜欢再来找他，或者推荐别人来买。

有一次，史密斯接到一位老顾客的电话说，他办了一家汽车服务公司，接送病人去医院，刚巧，他的"道奇"车的汽化器坏了，附近又找不到备件。

史密斯二话没说，放下电话，就把陈列室的一辆汽车上的汽化器卸了下来，马上开车亲自给那位顾客送去。就在这件事发生后不久，那位顾客就从他手中买去63辆面包车。

优秀的企业总是通过售后服务，维持企业信誉，以信誉扩大影响，争取主顾，使主顾对商品建立安全感、信任感，诱发其连续购买的欲望和行为，使其成为永久客户。

11计 李代桃僵

《三十六计》第十一计"李代桃僵"曰："势必有损，损阴以益阳。"

其大意是：当战局发展必然会有所损失时，要舍得局部的损失，以换取全局的胜利。

有很多人仅顾眼前小利，而不知从大局出发，谋大事、做大事。相反，那些惯于制约对手的人，总是喜欢用一点小恩小惠钓住对方的心思，让他欲罢不能，最后让他彻底吃个大亏。

领导之艺

李代桃僵包含三个方面的意思：以大局为重；对敌我双方的长短要洞若观火、了如指掌；竞争中利害相连。就领导方略而言，李代桃僵一方面指自己在工作中要付出，有耐心要单独负起责任；一方面是指下属付

出牺牲，以部分人的利益为代价换回整体利益。

审时度势　忍痛割爱

我们不得不承认，有好些时候，我们因迷失其中，看不清“庐山真面目”，而困惑，茫然失措。

危机袭来，你可能心急如焚，忧心忡忡，坐卧不宁。但更可能也只是这样，但觉危险却又束手无策，意识到了事态的严重，却又对其为什么这么严重认识模糊，对其究竟严重到什么程度把握不准。

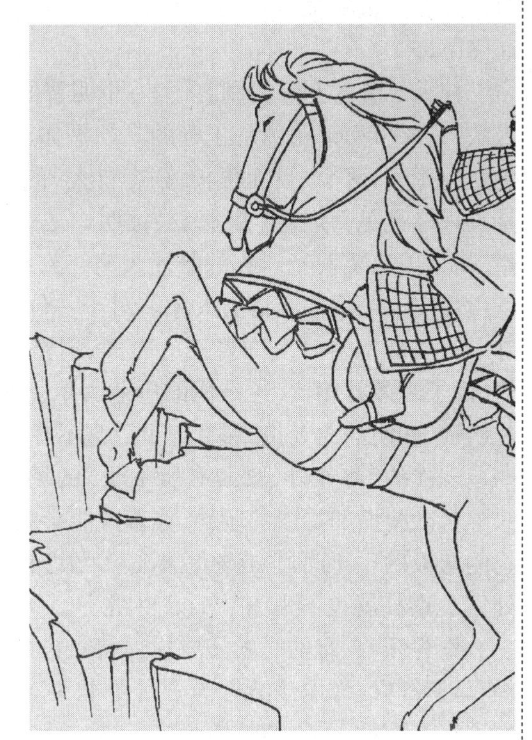

很明显，在这种情况下，贸然出手，危机非但无法消除，而且会导致更大的危机爆发，使你陷入绝境。

在官场，要经历各种考验，但紧要处也只有些许几步。走得好，官运亨通，走不好，则沉浮难料。

有时难免会遇到急风暴雨，环境异常恶劣，在这样的时候，就需要你先立稳脚跟，莫急于迈步走路，以免误入歧途，也只有立稳了脚跟才不至于被狂风吹倒，才不至于被暴雨淋坏。

更有时你自己也不知怎么回事，稀里糊涂地走上了狭窄的小径，前路越来越是险绝，危险紧急，这时要临崖勒马，猛然回头，才不会越陷越深，使危机愈来愈重。

危机临近时，人不免着急，如果一时想不出万全之策，倒不如先不去想。而静观其变，以静制动。换一下思维方向，有时你最不敢想的，或者你想过但又认为最不可能的方法往往是最佳的途径。

人们容易犯钻牛角尖的毛病，尤其是忙乱时，更容易把目光聚焦于最直接可见的几个方面，而忽视了那些隐蔽其后的潜在力量。处理问题应当从高处着眼，分清孰轻孰重。

在战术上，有“丢车保帅”之招，其实，这也正是从高处着眼的指导思想。形势危急时，要敢于舍弃一些东西。

抓大放小　丢车保帅

如果上层的指令和你的工作发生脱节，那么你该如何去做？

这的确是给我们出了一个大难题，如果一意孤行，公然违抗，那么能否不让你们的大老板龙颜大怒呢？如果你照搬上层领导的指令，一字不误地明明白白地去犯错误，“明知山有虎，偏向虎山行”，那么一旦发生错误，造成严重的后果，这责任应该谁负呢？恼羞成怒的大老板是绝对不会公然地打自己的嘴巴的，也许他会迁怒于你，为什么你只会像一只呆头鹅一样只会照搬我的指令呢？你简直有苦难言、有口难辩，只好“打落门牙往肚里咽”。或许，大老板一发怒，你头上的乌纱帽可能就会不翼而飞了。

权衡二者的利弊，我们认为一个明智的大老板会欣赏下属的前一种做法，只要事实证明你是正确的。如果你选择了第一种做法，也许暂时会触犯龙颜，落个“目无尊长，狂妄自大”的名声，也可能会暂时受挫，但是真理终究是真理，事实终究会证明你是对的。俗话说：“是阳光终会灿烂，是金子总要发光。”你的雄才大略终究有一天会让大老板倍加珍惜，认为你实在是一位难得的人才。对于一位明智的老板来说：“打肿脸充胖子”，虽然能暂时掩饰自己的脸面，但是严重的后果他不可能坐视不管，面子和效益相比，还是他的事业为重。所以如果你遇到的是这样一位明智、开明的大老板，那么你可以毫不犹豫地施展你的雄才大略，演出一幕现代的“将在外，君命有所不受”的场面。但如果你的老板是一位只顾自己脸面的昏庸的领导，你有可能会受到牵连。但是既然你认清了你的老板的昏庸面目，自然也不必太留恋此处，“此处不留爷，自有留爷处。”另谋高就也不失为一个好出路。

作为领导，有的时候需要你保持自己的沉默，你所要做的是把握全局，运筹帷幄，你应该给你的下属留下一定的活动空间，不必事事干涉。也许正是你的干涉，使下属不知所措。

无论是上司和下属，都应该具有灵活处理事务的能力，身为上司就需要大度的胸怀和雄才伟略，放手发动下属的工作积极性，凭借他们的聪明才智完成任务，而不必事事躬亲，对于不了解具体情况的事务，千万不能横加干涉，指手画脚。比起你来，你的下属也许更熟悉他的工作，因此，他的意见你不能不加理睬，应该给予高度的重视。

当然，听之任之，充分调动你的下属的工作积极性不等于坐视不管，领导应该做到“抓大放小”、全局规划。

处世之道

在现实生活和工作中，“李代桃僵”之计要求做人者不要为小利所诱惑，也不要为小害所影响，不要只简单地从表面上看输赢或地位的高低，而应从全局从实质上看成败。如果与对方为了点小利益闹得寸步不让，那将得不偿失，高明的做人者，往往会“以退为进”，着重考虑总体利益，这样才能获得最终成功。

慎于言　敏于行

“李代桃僵”的精要是隐微曲折，以退为进。

提到“隐”和“微”，这是古人对自身修养的严格要求，我们借鉴一下，今天我们在官场上“混”，同样，也要慎微，要严格要求自己的言行。不要斤斤计较得失，言语不周，出言伤人，互不让步，争夺得没死没活。

《论语》中指出：“其身正，不令而行；其身不正，虽令不从。”这个原则不论什么时候，都是为官者必须牢记在心的。自己的一举一动都会影响同事或部下的态度，也决定自己号召力的大小。如果自己作为领导就容易被别人的言语击伤，就容易被小利所诱惑，被小害所影响，那怎么能领导好一个单位的职员。

在这方面，唐太宗对自己要求十分严格。他说：“身为国君，必须先以人民的生活安定为念。虽说皇室亲近，国家更重要，但必须处理好与人民大众的关系，不能简单地用高压政策使老百姓屈服，而应该关心百姓生活和疾苦，使他们信服君王，凡君王以压榨人民而自己过着奢侈浪费的生活，无疑如割取自己腿上的肉吃一样，虽然吃饱了肚子但身体却被糟蹋了。倘若希望天下安泰，首先要端正自己的姿态。迄今为止，尚未听说直立的身体却映出弯曲的影子，也没有听说过端正的君主治理下的政治，百姓会胡作非为。”

慎于言而敏于行的一个重要方面就是不露真情，有自知之明。让别人去显示自己的价值，而不是总想着去显示自己的才能，否则就达不到“李代桃僵”，获得最终成功，甚至会因小利小害的影响使你像学舌之鹦鹉，人话学不会，鸟语也忘记了。

全面考虑　不拘小节

“李代桃僵”的另一用法是不要求甲代乙，而是要全面考虑问题，不拘小节。做人之道在于不能因小失大。

名利和地位是许多人梦寐以求的，为了迎合上司或对自己有利者的胃口，即使心中有千万个反对的理由，表面上依然装成唯唯诺诺。

虽然上述这种出卖自己的灵魂，违背自己意愿的人，为人所不齿，但

像"吸血鬼"那样惟我独尊的人,也会令人退避三舍。当"吸血鬼"类型者还有权力地位时,或许不会感觉到这种唯我独尊的性格的遗害多深,但等到年老力衰时,朋友就会一一远去,留下的只是空虚和寂寞。

"头衔"并不是一件能令人折服的东西,仅有头衔是无法赢得下属的钦佩与协助的,必须拥有真正能支配人的权力,下属才会诚心的支持你、爱戴你,而想获得支配权,首要条件便是理解和体贴他人。

虽然每个人都有自己的主见,但人非圣贤,总有疏忽之处,不可固执地自以为是,我们应该以自己的意见为主,他人意见为辅,仔细斟酌地找出可行之道。此外,凡事都必须站在他人的立场替人着想,不可自私自利为所欲为,因为如此只会使你孤立,为人所厌恶;惟有多替人着想,体贴别人,才能获得良好的人际关系。

曾经有人画了一幅南瓜、黄瓜以及洋葱的水彩画。虽然这三种蔬菜无论是颜色或形状方面,都各有其特色,但这幅画的画面,却表现得非常协调,没有任何令人觉得碍眼之处。

这幅水彩画所传达出来的,就是维持和谐气氛的基本精神。南瓜、黄瓜、洋葱等,虽然颜色形体都各有独特的风格,但一旦组合在一块儿,就必须彼此调和,不可过分强调自己的特色。我们为人处事也是一样,除了自己要有个人的独特性格外,也要体贴他人、尊重他人的人格,不可为所欲为。

节假日的车站或街上,往往是人潮拥挤之处,相信您一定听过人群中有人抱怨:"这么多人都是从哪儿冒出来的? ……干嘛不好好地待在家里? ……人这么多,真他妈难受!"

说这种话的人,可称得上是道地的"吸血鬼"式的人。这类型人物,批评别人之前,总是不先检讨自己,就如上述的案例,只知一味地埋怨人潮拥挤,却从来未曾想过自己也是这些人中的一分子。这种自以为与众不同,只知批评别人的行为,未免太幼稚太无知了。对这些人要全面考虑,不拘于小节,以轻度忍让换回长期的平安。

经商之技

企业在竞争中，有时免不了处于不利的局面。摆脱困境的一个有效办法是，以尽可能少的损失，换取尽可能多的收益；并对代"桃"的僵"李"予以相应的补偿，使之继续为企业发挥良好的效用。

哈勒尔使出"杀手锏"

一位名叫威尔逊·哈勒尔的英国人，60年代初来到美国，定居后他购进了一家制造清洁液的小公司，开始经营一种名叫"配方409"的清洁液。到了1967年，"配方409"已经占领美国清洁剂产品市场的5%，并获得了专卖权。

正当哈勒尔准备在美国全面扩展"配方409"清洁液的时候，突然遇到一个强大的竞争对手——美国宝碱公司。该公司历史悠久，实力雄厚，其生产的"象牙肥皂"闻名美国。以后，他们又推出了省事牌清洁液，使哈勒尔的"配方409"遇到了一次严重挑战。

这一次，宝碱公司决心要打败哈勒尔。他们在命名、包装和促销"新奇"产品时，投入了比"象牙肥皂"更大的资金，进行了耗资巨大的市场预测，采取了声势浩大的广告攻势。因为他们底子厚、资金充足而满怀信心。

但是事情不是绝对的，规模大小都有它不利的一面。哈勒尔判断宝碱公司会因为自信，而不去密切注意他的行动。于是他利用小公司灵活多变、行动迅速的特点，与宝碱公司展开了游击战。

哈勒尔一方面加紧"配方409"包装、颜色的改进来迷惑对方，另一方面派出侦察小分队，四处搜索对方情报和市场预测。当他打听到宝碱公司竞争要地——丹佛市被选为第一个测试市场时，哈勒尔便充分利用小公司速战速撤的特点，巧妙地把"配方409"清洁液从丹佛市撤走。当然，并不是把市场货架上的货物全部搬走，而是中止一切促销活动。这样做，主要是防止被宝碱公司发觉。

这一招果然奏效，"新奇"清洁液一时成为畅销货，宝碱公司试销组成员对此大为高兴。消息传到该公司总部，总部也为之得意洋洋，当即决定投放更多的"新奇"清洁液到丹佛市。

正当宝碱公司上上下下一片欢欣鼓舞时，哈勒尔为了公司的生存，果断地采取了报复行动。他趁"新奇"清洁液大量涌入丹佛市时，借着丹佛市测试市场的机会，开始了削价战，把市场货架上的"配方409"以优待价销售。虽然留在丹佛市的货物不多，但是足以使爱便宜的消费者一次购足大约一年的用量，等到宝碱公司派出大军涌入丹佛市促销"新奇"清洁液时，市场测试负责人已经不允许他们高价销售了。即使价格降下来，也是为时已晚，而"配方409"则已深入人心。这里哈勒尔用的就是李代桃僵之计，弃小取大，取得了巨大的胜利。

远东百货走向“专业化”

近年来,台湾的许多百货公司面临着竞争的压力。这是因为,日本的百货业凭借着其经营零售业的技术与实力,打入台湾内销市场。并纷纷与一些百货公司合作,这对相关的厂商来说,已构成了相当大的冲击。

在这种情形之下,各百货公司不得不改变经营策略,以应付未来惨烈的争战。有的进一步投资扩充商场规模,有的增加连锁店抢据点扩大商业圈,有的调整商品结构,有的重新装潢改头换面。

其中作风观念最新、改变最大的是台湾连锁店最多的远东百货商店。该店除在内部重新装潢之外,最主要的突破就是舍弃百货公司不可或缺的女性及儿童服饰、用品,改以男装和超级市场为主要营业项目。超级市场本为吸引顾客不可或缺的营业项目,由于场地设备以及固定消费群的关系,暂时难以放弃。所以该店实际上的特色应为男装专业的百货店。

同行业对于远东百货店的眼光及魄力,在赞叹之余,更密切注视其发展。

事实上,从战略的眼光看,远东百货店的一连串变革正是“弃车促帅”计策的运用。

远东情急之下,弃“多元化”,走“专业化”,这一招“李代桃僵”,保住了它在日本百货业凌厉攻势下的生存和发展,不但开风气之先,也是深谙经营谋略的做法。

12计 顺手牵羊

《三十六计》第十二计“顺手牵羊”曰:“微隙在所必乘;微利在所必得。少阴少阳。”

其大意是:小空隙应予利用,小利益应去获得,变对手的小疏忽为自己的小胜利,以求积小胜为大胜。

一个人要想获得利益,不可硬从对手的手中夺,可以先装出若无其事的样子,然后从对手最易忽略的地方顺手摸一把。如果只会死拼烂打,则不但得不到利益,还会暴露了自己的意图。

领导之艺

“顺手牵羊”之计是在有利的时机,窃取别人的利益,“牵”要牵的漂亮,要不带一点痕迹,要因利乘便,顺势而得。在领导方略上,顺手牵羊多表现为随手施惠于属下,礼贤下士,不动声色中取得下属的尊重和支持。

要能叫出他们的名字

走动式管理指的不只是看事情做的怎么样，也要了解人员的真实状况。一个工作人员并不只是用某种技术为你工作，然后拿一份薪水，在你的团体内有了若干年的年资而已。他是个有血有肉的人，他有丈夫或妻子，他有儿女，或者是爱人和男女朋友；他有他的理想抱负，胜利失败和困难。因此，作为一个领导者并不简单，你应该明白，在某种情形下一个人也许愿意跟随你，在另一种情形下他也许就不会。

要想成为卓越的领导者，你得将每个属下都看成一个完整的、活生生的个人。开始时，不管你领导的团体有多大，在四处走动时，至少能叫得出每个人的名字。有人说凯撒大帝能叫得出他军团里成千上万人的名字。他喊他们名字，然后他们为他在作战时卖命。

的确，你会希望你的属下知道你的名字；反过来说，他们也是如此。记住你属下的名字——因为他们值得一记：因为记住他们的名字，你才能进一步去了解他们；记住他们的名字，你去看他们和让他们看你才有意义。西屋公司董事长道格拉斯·丹佛斯说："主管越能明白属下个人状况，就越能量才施用。"

因此，假若你领导的是一个大团体，至少你应该知道属下的名字，假若你领导的团体小，那你是再幸运不过的了！你可以知道得更多一点。你对他们知道得越多，越能清楚他们的长处和缺点。他们会更愿意知道如何符合你和团体的需要与目标。

假如你和属下之间有矛盾，那又该怎么办？你是否该回避一段时间，免得和他造成直接冲突？可能还有更好的办法。据一些专家研究发现，即使你预期会遭到反对，面对面的沟通，仍然有助于双方的了解，因此，你更应该去看他和让他看到你。你的这种做法虽然只是顺路的人情，可这也足以让你的属下感激涕零，也可以使他们为你奔波卖命，不辞辛苦。

给下属送来鲜花

作为领导，一定要记住：把鲜花送给身边所有的人，包括你心目中的"小人物"。不要总是时时处处表现出高人一筹的样子，要知道，再有能力的人也不可能把所有的事情都办好，再优秀的篮球运动员也不可能一个人赢得整场比赛。在经营管理中，人的因素至关重要，有了人才会有事业，有情义同时也会带来效益。俗话说："不走的路走三回，不用的人用三次。"说不定，有一天，你心目中的"小人物"会在某个关键时刻成为影响你的前程和命运的"大人物"。

可见，"小人物"的力量汇在了一起，足以推翻任何一个"大人物"。所以你一定要做到以下两点：

①不要轻易得罪"小人物"。不要与他们发生正面冲突也不值得发生正面冲突，以免留下后患。

②学会与"小人物"们交朋友。多一个朋友多一条路。不要用实用

主义的观点去处理与"小人物"的关系,等到"有事才登三宝殿"时,就晚了。

记住:你平时花在"小人物"身上的精力、时间都是具有长远效益和潜在优势的。在不远的一天,也许就在明天,将得到加倍的报答。谁知道你将会遇到什么棘手的问题,这也是"顺手"的工夫,笼络了下属的心。

处世之道

现实生活中,"顺手牵羊"一计比喻乘便获得,毫不费力,有顺手取利,顺路取利,顺时取利的意思。一些现实中人没有自己的人格,时时做好见风使舵的准备。他们的绝招就是眼观六路,耳听八方,为了私欲,随心所欲。我们运用顺手牵羊计,要通盘慎择,且勿因小失大,得不偿失。

幸运公爵　顺藤摸瓜

1702 年夏天的一日,一支英国舰队突然出现在西班牙的加的斯港。此前英国和西班牙多次进行海战,争夺海上霸权。而这次,英国舰队作战的意图是十分明显的,即夺取加的斯港,进而控制地中海的入海港。

英国舰队的司令官是奥蒙德公爵。当他的舰队驶近港口时,由于敌情不明,奥蒙德公爵十分谨慎,没有立即下达进攻命令。实际上,该港口的西班牙军队军备懈弛,兵力不足,如果立即发动攻击,西班牙人必败无疑。过了一段时间,当港口的西班牙守军已完全准备好后,奥蒙德公爵却下令英军攻击,结果战斗打得异常艰苦,相持一个多月,西班牙人仍然在战斗,英国人无法登陆。

面对与日俱增的伤亡和军需的消耗,乔治爵士向奥蒙德公爵建议说:"如果我们再这样打下去,是支撑不住的。不如收兵回国,等待时机,保存一些实力也好向国王交代。"奥蒙德公爵这时情绪很低落,看到这种现状,也只好同意,并命令手下通知各舰,清点人数和食品、淡水的储备量,计算好每日的消耗量,准备启程回国。

正当英国人准备撤离时,

有人向奥蒙德公爵报告说：有一批西班牙的运宝船，刚刚停泊在离加的斯港不远的比戈湾内。奥蒙德公爵听到这个消息后，马上就来了精神。他想，这次舰队远征一无所获，如果抢下西班牙这批宝物，大家发财不说，也好在国王面前交代。于是，他下令舰队驶向比戈湾。英国水兵在发财欲望的刺激下，舰队全速前进，当比戈湾内的西班牙水军还未反应过来时，便遭到英国水兵暴风骤雨般的打击，西班牙的运宝船被英国人洗劫一空。

奥蒙德公爵将劫得的100万英镑宝物献给了英国国王，并添油加醋地描绘一番，乱吹了一通。由于奥蒙德公爵顺手牵来了一只“大羊”，英国国王不仅没有责怪他指挥无方，督战不利，反而大大表扬了他一番。

顺手牵羊　化解窘境

丢了小面子之后，能不能树立高姿态来坦然面对，往往可以体现出一个人的修养水平。个人修养差的人一旦失去了小小的一个面子，就可能大吵大嚷，闹得不可开交。这样做不但不会找回自己丢的面子，很可能还会丢更大的脸，个人修养好的人失去小面子时往往可以冷静面对，丢了面子能够默默承受，这样做使人们不再注意他丢没丢面子，而是更加钦佩他的个人修养，在一个地方丢的面子又在另一个地方找了回来。

萧伯纳是世界上著名的剧作家，他是一位个人修养极好的人。

《武器与人》是萧伯纳的一部著名的剧作，萧伯纳完成这部剧作之后，便将它拿到一家剧院首次公演，结果大获成功，观众的掌声像雷鸣一样，久久不能平息。热情的观众要求他到台前谢幕。

正在这时，有一个人站起来冲着萧伯纳高喊：“这是什么剧作，简直是糟透了！”

对于这种无理的语言萧伯纳没有怒气冲冲，也没有冷言以对，恰恰相反，他微笑地对那人鞠了个躬，彬彬有礼地说道：“我的朋友，我完全同意你的意见。”

接着他耸了耸肩，又指着正在热烈喝彩的观众说道：“但是，我们俩反对那么多观众又有什么用呢？”顿时，观众席中又爆发出更为热烈的掌声。人们不仅在为萧伯纳那高超的文学修养鼓掌，而且更为他那极好的个人修养而鼓掌。

在这则小故事中，一开始那个无礼的观众确实让萧伯纳丢了一些面子，因为他的作品得到的是“糟透了”这样一句评价。但是萧伯纳却不因为这位观众的无礼而懊恼，他极有礼貌地向这位观众鞠躬并表示赞同他的评价，但同时又隐晦地批评了那位观众不识时务。

无礼的观众的评价本来使萧伯纳丢了面子，但是萧伯纳并不因此而将他视为敌人。而是巧妙地运用了顺手牵羊之计，反将那观众一军，化尴尬境地到有利于自己的境地，实乃明智之举。萧伯纳像是在和自己的老朋友交谈那样礼遇这位观众，在众多的观众面前表现了自己良好的个人修养。这样，观众们就不会重视那位无礼观众的评论，而是对萧伯纳

的个人修养由衷地赞叹。萧伯纳丢面子时树立高姿态，以此赢得了众多观众的心，将失去的面子又找了回来。

经商之技

生意场上，不相信侥幸发财，不可能有“一锄刨个金娃娃”的奇迹，没有资本干不成大事，买空卖空也混不下去。只有靠胸襟、胆识、谋略、才干，积土成山，积水成渊地积累资本，那么，小企业也能养成猛龙，是猛龙就能过江。不过在积累资金过程中要应乎自然，即羊要顺理成章地牵，牵住之后要养壮下仔，切忌急急乎杀掉。

当机立断　信息可以变金钱

有了宝贵的信息，想到了好的主意，还需要有切实可行的经验措施，才能使愿望变成现实，把信息变为金钱，否则一切都还只是空想。

美国佛罗里达州有个小商人，注意到家务繁重的母亲们常常临时急急忙忙上街为婴儿购买纸尿片，于是灵机一动，想到要创办一个“打电话送尿片”公司。

送货上门本不是什么新鲜事，但送尿片则没有商店愿意做，因为本小利微。怎么办？

这个小商人又再灵机一动，他雇佣全美国最廉价的劳动力——在校大学生，让他们使用的是最廉价的交通工具——自行车。他又把送尿片服务扩展为兼送婴儿药物、玩具和各种婴儿用品、食品，随叫随送，只收15%的服务费。

如今，他的生意越做越兴旺。

经营者获取市场信息，制定经营策略，为的是要把握机会，所谓机会是指一时一地出现的某种特殊条件，它带有一定的偶然性，往往稍纵即逝。精明的人，一旦顺手“牵”着机会，就会以最快的速度开发它、利用它。真正是快一步天高地阔；慢一招满盘皆输。

方便面应时而生

现在人们常吃的方便面，是一位日本人从普通的现象中得到启发，

首先生产出来的。

30 多年以前，一位名叫安藤百福的日本人在大阪市开了一家以加工销售食品为主的公司。安藤百福每天下班都要乘坐电车回到在池田市的家里。在车站，他经常看到人们要排长长的队，等着吃刚出锅的热面条。一开始，安藤对这件司空见惯的事未太留意，但久而久之，他开始思考这样一个问题：既然大家都爱吃面条，那我做面条的生意一定会很好吧？

因为吃热面条需要在饭馆等很久，费时、费力，很不方便，吃挂面同样也费时、费力，而且由于缺少调料，味道不好。这样，安藤就开始琢磨：如果搞出一种面，用开水一冲就可食用，而且自身带有调料，一定受人欢迎。于是，他就买来一台压面机，制作新型的面条。在无数次失败后，他并没有气馁，而是无数次地总结经验。经过 3 年的艰苦奋斗，安藤终于成功了。他研制的方便面的确为人们的生活带来了方便，从而一步步被人们认识，受到顾客的欢迎。这样，一包包"鸡肉方便面"被顾客从货架上取下，一碗碗香喷喷冒热气的方便面出现在顾客的餐桌上。

安藤的方便面吸引了日本顾客，销量也大增，仅第一次正式投放市场后 8 个月中，就销售了 1300 多万包，安藤本人也从一家小公司的经理一跃而成为拥有巨额资产的富商。

安藤成功的一个重要原因，是他善于从普通的生活现象中发现人们的潜在需要，并努力生产出使顾客的潜在需要得到满足的产品。安藤在车站的突发奇想可谓是顺手牵羊，可贵之处在于，他抓住灵感不放，坚信这个领域是块宝地，在决策时迅速、果断。此例也表现出，顺手牵的"羊"，有时是稍纵即逝的，这需要培养牵羊人的见微知著的洞察力和闻风而动的应变能力，以至"羊"一经出现就能认准它，并牢牢地抓住它。

第三章　攻战计处世智慧

13计　打草惊蛇

《三十六计》第十三计“打草惊蛇”曰:“疑以叩实,察而后动;复者,阴之谋也。”

其大意是:发现可疑情况就要弄清实情,只有在侦察清楚以后才能行动;反复了解和分析敌方的情况,是发现阴谋的重要方法。

为了猛、准、稳地捕获对手,采用的技法应当是不露声色,佯装无事。等到对手麻痹大意、心理松弛以后,再一下擒住对手的要害。这叫在最佳时机出最猛、最准、最稳的招儿。

领导之艺

打草惊蛇之计,打草是惊蛇的手段,惊蛇就是打草的真正目的。这是对于受困之敌,通过侦察手段,察明情况,攻击一点,震动全局,然后将敌围歼的一种计谋。作为领导,运用打草惊蛇之计是指对下属要掌握他们的动向,一方面用打草惊蛇法探其虚实,激其奋起,勉其勤奋。另一方面领导人也可以用这个方法提高自己在属下心中的地位与形象。

大声叱责　迂回“打草”

面对一个犯错的部属,你是在众人面前责备他,抑或在私下叱责他呢?既然都是叱责,在公开的情况下进行较妥当。

若有一件事可以很明显地看出是王某的过错,一同事认为科长应该会对他发相当大的脾气。然而科长却只是对王某说:“要小心一点。”便原谅了王某的过错,为此大家颇感失望。不难想象此时同事一定会议论纷纷:“为什么科长不生气?”“我做错时被他骂得好惨!”“科长说不定欠了王某什么!”“科长可能不明白什么叫做‘责任’!”

你一旦采取温和的做法,那下回林某失败时,也就无法叱责他了。渐渐地你的刀口越来越钝,最后你会落得谁也不敢骂的下场,而无法继续领导部属。所以在需要叱责时,就必须大声地叱责才行。

在众人面前叱责某位部属,其他的部属亦会引以为戒。此即所谓的

"杀一儆百"。

其意并非真的处罚一百人,而是藉由处置一人来使他人反省。

当场被叱责的人,宛如是众人的代表,并不是一个很讨好的角色。在任何团体中,皆有扮演被叱责角色的人存在。领导者通常会在众人面前叱责他,让其他人心生警惕。这是一个非常有用的方法。

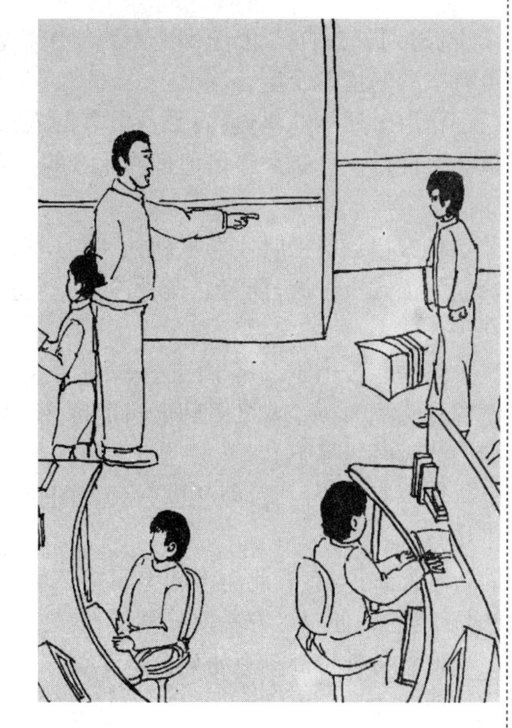

这个角色绝非每个人皆能胜任,你必须选出一位个性适合的人。他的个性要开朗乐观、不钻牛角尖,并且不会因为一点琐事而意志动摇,如此方能用上此项计策。

你应避免选用容易陷于悲观情绪,或者太过神经质的人。若错误地选择了此类型的属下,往后将带给你更多的困扰。

虽然你只能对自己的部属叱责,但有时你也会遇到必须叱责其他单位的职员的情况。这不仅越权而且违反公司的准则,然而相信亦有例外的情形。

某家百货公司的营业部主任,平时即对采购部科长的应对态度太过懒散颇不满,但由于对方的身份是科长,因此无法当面予以指责。虽然这位主任曾经与自己的上司——营业部科长讨论过,然而由于上司是位好好先生,因此无法得到任何解决的方案。

就在思索如何利用机会与对方直接谈判时,分发部的某位职员因未遵守交费期限而发生问题。

营业部主任便藉机大声叱责那位犯错的职员。他特意在采购部科长面前叱责这位职员:"不是只有今天,这种情形已经发生过许多次了。"

此时采购部科长并未表示任何意见,然而弊端在不久之后便改善了。

此项技巧简单地说,就是采取游击战术,若对敌人采取正面攻击时比较麻烦,但是若你本身有理,就不会觉得那么可怕。遇到形式上的反攻时,你只需稍微转一下身便可反击。

对于无法与其正面争吵的人,若企图使其认同你的主张,则上述的方法不失为一则妙方。

上司藉由叱责属下的行为,亦能转换为本身的警惕。你在叱责属下

“不准迟到”时，自己也绝不可迟到。当你叱责宿醉的部属时，自己也不可有宿醉的情形发生。

藉由对属下的叱责，而受益最多的人或许是自己。因此，你更不应该错失良机。你必须谨慎地选择叱责的机会，并且好好珍惜被叱责的部属。

只有招募员工时才奉承阿谀，并且举办各项迎新活动，一旦确定他们成为正式员工后，便突然变得冷漠、严苛的这类阴险狡猾的公司并不在少数。

新进职员由于沉迷于刚进公司时的欢愉气氛，以致对往后的工作气氛容易感到失望。若又遭到上司责备，情绪必定会跌至谷底。然而亦不能因此而骄纵属下。

谁都喜欢扮白脸，因此也有只贪图轻松愉快，导致无法叱责属下的下场。

举例来说，有时此类型的上司亦必须叱责属下陈某。然而他实在无法拉下脸来，便想尽方法使陈某反省、改过。

他做每件事都刻意妨碍到陈某的工作，他认为经由此，陈某的行为应该便会改善。事实上，这位上司的做法毫无意义，无论对其本身或陈某来说，这都只是不愉快的经验而已。

领导要善于应变

其实应变是一种智慧，加上了经验的成分，它并不与你幼年时代的生活相关，而是与你接触到的世界与人相关。应变是一门实践着的学问。

应变往往是以正确认识他人，和对形势的准确判断为前提的。但正确认识他人，却并非易事，它常常要受到一些定势思维与心理的影响。比如首因效应、近因效应、晕轮效应。

所谓首因效应，是指第一次见面时，对他人所形成的印象，这个第一印象一旦形成，往往很难改变。但是，第一印象又往往带有较多的主观片面性，因为人的道德品质、才能智慧等跟第一次见面时的穿着打扮、谈吐举止并不一定存在必然的联系。因此，由第一印象所形成的认识定势（首因效应），往往阻碍我们对一个人形成一个全面准确的认识。所以我们在认识一个人时，不要以第一印象取人，应对他人的情况有所掌握，再作分析，进行判断，以免失误。在人们的交往中，最近了解到的情况往往更占优势，从而否定或部分否定了对他人过去的印象和评价。比如平时大家觉得某人不怎么样，可他突然做了一件非常了不起的事，人们便一下子改变了对他的看法。一些好朋友最后闹成仇人，也大多因为不太了解所造成。

比如某人有某种突出的优点，他就极可能被积极的、肯定的光环所笼罩，因而被认为一切都好。反之，则会被认为一切都坏。“说你行，你就行，不行也行；说你不行，你就不行，行也不行。”实际上就是在这种偏

激不了解情况下凭感觉所造成的误差。与人交往中,用打草惊蛇的方法,多了解别人一些,会改变自己的看法,以免被动。

处世之道

在现实生活中"打草惊蛇"之计是要求对竞争对手的情况,都应在竞争之前认真地调查、研究分析、预测、掌握好对方一举一动,及各个大小环节,尔后再实施你的竞争计划,以保证竞争的准确性和有效性,也达到竞争的目的。

打草惊蛇　一举两得

赤壁之战后,东吴孙权派鲁肃去见刘备,想讨还荆州。刘备自视为汉室宗亲,荆州乃军事要地,费尽心机才得到,岂肯轻易放手。结果,鲁肃空手而归,只带回了"暂借荆州,将来交还"的一纸空文。不久,刘备的妻子去世,周瑜立即想到假意将孙权之妹孙尚香嫁与刘备,并请刘备入赘东吴;刘备一到东吴,就将其扣押起来,以为人质,讨还荆州。孙权认为此计可行,便派吕范前往做媒。孔明识破此计,但强行拒绝有碍联吴抗曹的大业,于是决定将计就计。

公元209年,刘备在大将赵云的陪护下前往东吴结亲。临行前,孔明将三个锦囊妙计交予赵云,并如此这般作了交代。第一个妙计即让赵云分派五百军士披红挂绿,一面在东吴城内大肆购置结婚物件,一面散布刘备将入赘东吴的消息。同时又叫刘备先去拜见乔国老。乔国老是东吴美女二乔——孙策夫人和周瑜夫人之父,刘备拜见乔国老就是为了要向其说明自己将娶孙尚香为妻之事。随后乔国老便前往孙权之母吴国太处贺喜。吴国太突闻此事又惊又气。惊的是此事如从天降,煞是突然;气的是孙权、周瑜胆大妄为,竟置自己女儿的名誉而不顾。为了不让女儿做望门寡,她要求假戏也得真做,放了刘备,让其与女儿成亲。乔国老也认为如不让刘备与孙权之妹成亲,以此计求得荆州,将为天下人耻笑。

就这样，刘备与孙权之妹如约成亲，并把她带回荆州。周瑜带兵追赶，又中了孔明设的埋伏，吴军大败，这便是“赔了夫人又折兵”。向吴国太说明周瑜的计谋为“打草”，“惊蛇”则是惊孙权，让他明白孔明已识破此计。

佯装“打草”　实为引“蛇”

美国的百万富翁马克·诺凡克，为了确认他的新女友是爱他本人，而非金钱，于是费时3月，在一艘豪华游船上扮成管道工人。而船上的美容师苏姗娜·尼妮却不知自己爱上的这个工人，竟是拥有此船的一家公司的高级董事。

这对有情人于1987年4月在德国一次宴会中相识，一起的还有装修游船的工人。马克当时是库纳德公司的副总经理，他负责管理这几百万元的项目。苏姗娜说：“大家都在相互介绍，当轮到马克时，他看了看我说：他是船上的管道工人。马克后来告诉我，他在与我说话前已爱上我了，所以才把自己介绍为工人，他想要我爱其本人，而不是爱其地位，而我没使他失望。”

自从那晚以后，他俩就常常在一起吃饭，并一起到外面约会，但却很少在船上碰面。苏姗娜当时也有点纳闷，为什么一个总穿旧衣服的工人，却能如此深受工人们的尊敬，而且与船长那么随便。然而有一天，她却意外地从一个为马克打工的工人口中得知了真相。苏姗娜说：我十分生气，立即去找马克，责问他为什么不告诉我真相，而他只说：“我做什么有什么关系？”当我冷静下来后，觉得他是对的。他是一个谦虚的人，许多在他那种地位的人常用金钱和权力来向我炫耀，而他却不那么做。

几个月后，马克在库纳德公司在伦敦拥有的一家漂亮的饭店里，向他的心上人求婚，两个有情人终成眷属。

天姿聪慧、长相漂亮的苏姗娜说：“我至今仍很难相信这种事会发生在我的身上。有时当我醒来，还在想自己是否在做梦，这太像是一个神话故事了！”她现在成了马克的妻子，并住在新泽西一家豪华公寓的五室套房中，但她依然不改初衷：“马克的富有使我的生活改变了许多。但如果他真是我遇到的伊丽莎白皇后二号游船上的工人，我也会感到很幸福的!”

经商之技

“打草”是调查,“惊蛇”是找出隐患。完全依照市场机制运行的西方工商企业,面对确定经营方向、选择生产品种、制定行销策略以及把握细分市场、了解竞争对手、认识消费对象等各个环节,十分注重调查核实,不肯放过任何一个疑点,以保证行动的准确有效。

亨氏集团“引蛇出洞”

中美合资的亨氏集团在广州建立之初,根据中国人的习惯,试生产了一些样品,分给一些母亲给婴儿试用。之后他们又在一些幼儿园和家庭中免费提供样品试用,广泛征求社会各界对婴儿食品的意见和要求,如“你喜欢不喜欢这种婴儿食品?”、“该食品味道如何?”、“甜度要怎样改进?”、“包装好不好?”、“价钱是否合理?”……一共在若干地区征集了上千人的意见。最后,他们向社会推出定型的“亨氏婴儿营养米粉”和“亨氏高蛋白营养米粉”。时下该产品已逐渐进入了中国的许多家庭。

亨氏集团免费提供试用样品,是“大战”前的“佯动”,“火力侦察”用户市场反映,促使许多隐秘的信息反映出来,为亨氏集团确定适合中国人口味的产品配方、规格和价格提供了依据,此举不仅是促销活动,更重要的是树立了良好的企业形象和产品形象。

洛克菲勒巧谋利

德国人梅里特兄弟移居美国,定居在密沙比。因无意中发现密沙比地区富含铁矿,兄弟俩将所有的积蓄拿出来大量收购地产,并成立了铁矿公司。洛克菲勒虽消息灵通,却晚来一步,眼看着别人抢走了这块“肥肉”,只好等待时机,另谋他计。

1837 年,经济危机席卷全美,梅里特兄弟的公司同样陷入困境。做祷告时,兄弟俩将自己的困难告诉了当地受人尊敬和信任的劳埃德牧师。劳埃德知道他们的情况后,十分热情地表示愿意助梅里特兄弟一臂之力,因为他有一位大财主朋友,他可以求助这位朋友借给兄弟俩一笔钱。经过劳埃德牧师的热情介绍,梅里特兄弟以比银行还低的利息,从那位财主那儿借到 42 万元。当一切手续办完后,兄弟俩对牧师千恩万谢,因为这 42 万元对他们的公司无异于雪中送炭。

可是不到半年,牧师劳埃德找到梅里特兄弟,严肃地对他们说他的朋友因故要马上索回借款。兄弟俩刚将 42 万元投资于矿产,哪能立即拿出那么多的钱呢?无奈,作为被告,他们被迫走上了法庭。原来,他们借的钱是考尔贷款。所谓考尔贷款即贷款人可以随时索回贷款,故其利息低于一般贷款利息。根据美国法律,借款人要么立即还款,要么立即

宣布破产,没有第三种选择。梅里特兄弟移居美国时间不长,英语说得不流利,更不会仔细推敲字句,他们做梦也没想到,劳埃德牧师诱使他们签署的字据是一个置他们于死地的陷阱。然而后悔已来不及了。

梅里特只好宣布破产,将矿产卖给洛克菲勒,作价 52 万元。而几年之后,洛克菲勒却以 1941 万元的价格把密沙比矿卖给摩根,摩根还认为拣了个便宜。

14计 借尸还魂

《三十六计》第十四计"借尸还魂"曰:"有用者,不可借;不能用者,求借。借不能用者而用之,匪我求童蒙,童蒙求我。"

其大意是:有作为的,不求助于人;无所作为的,求助于人。利用无所作为的并顺势控制它,不是我受别人支配,而是我支配别人。

有些东西看似无用,但却足以迷惑对方,让对方产生错觉。能让对方产生错觉,则说明你已经成功了一半。最后,再让对方知道自己的过失,那你已经大获成功。

领导之艺

"借尸还魂"的含义,即利用外力或谋略恢复生机,东山再起之意。借尸还魂的计谋,用于领导人身上,"借"是积极主动地利用和团结属下,利用他们的能力丰富自身能力和创造性,加强公司和单位的实力。借尸还魂,名为借尸,意在还魂。"借",包含着积极的主动性,在千变万化的市场竞争中,常胜将军不多,而失利受挫则是常有的事。因此,重在保持清醒的头脑,寻找可借之"尸",创造可以"借"的机会,才能变被动为主动,转败为胜。

借激励下属之势　振兴企业

工作场合中若存有放弃心理的部属,不但他本人在工作上毫无干劲,且足以影响其他部门人员的士气。

领导者对于"放弃型"的部属切莫轻言放弃,否则对方便会就此一蹶不振。应继续给他机会,帮助他从挫折中再度站立起来。

对于放弃型的部属,与其采取高压的态度来推动他前进,不如设法让他自觉自身所处的紧要关头,意识到自己非奋发图强不可。

领导者必须设法使放弃型的部属一步一步地恢复信心,让他明白自己仍然深具前途。

曾经有一项对各行企业人员所进行不记名方式的访问调查,结果发

现部分人员如此表示：

“现在，我正在为自己作打算。有时想想，这实在是最糟的时候。到底要不要离开公司呢？但是，一旦辞了职，又无处可去。我真怀疑人生还有什么值得努力的事！”

上述这段话并非厌倦人生者的告白，而是人生方才开始的二十来岁年轻人所亲口表露的心态，委实令人感到惊讶。更糟的是，这种类型的人并非仅是一、二件特例，而是不论何种行业中均不乏其人。

对于抱持这种心态的人，领导者千万不可贸然委予重任，而应指派属于辅助性质的工作，在确定他已经建立起些许的自信后，再指派他担任轻度责任的事务。总之，一方面尽量设法使其恢复自信，另一方面则避免对他表示具有批评性的言词。

借助知识展翅飞

现在管理界流行“借知”说，意思是借知识成就领导水平。其实，人生就是一个求知、借知的过程。

知识无价货有价，学海无涯勤是舟。据说古希腊一位哲学家叫泰勒斯，穷途潦倒。有一次，他穿得衣衫褴褛，在街上行走。迎面走来的几个商人对他进行挖苦：“泰勒斯，听说你知识渊博。可是，知识能给你带来什么呢？是黄金？还是面包？”哲学家答：“咱们走着瞧吧，我会用事实来教训你们的。”

此后，泰勒斯运用丰富的知识，推断来年将是个橄榄丰收年。于是，他在冬天用相当低廉的租金，把当地所有的橄榄榨油器全租下来。不出所料，次年果然是个橄榄丰收年。这时，许多急于发财的人到处找榨油器，结果都一无所获。最后才知道榨油器都给泰勒斯垄断了。他们走投无路，跑到泰勒斯家门口苦苦哀求，其中也有那些挖苦过泰勒斯的商人。这时，哲学家以嘲弄的口吻向众商人声明：“高贵的富翁呵！看到了吧！这些榨油器都是我用知识搞到手的。像你们这些富翁也只好求助于我。然而，我追求的并不

是这几个钱。我需要证明一个道理:知识是无价之宝,是最伟大的力量。”

泰勒斯之所以得胜,完全得助于知识的力量,试想,如果他不是具备丰富的天文学、数学、农业和预测学的知识,以及资金运作、供求规律等方面的知识,又怎么可以取得这场胜利呢?可见知识生财这个道理,鉴古察今,无有例外。

领导需要具备知识与才能。企业家应该是杂家中的杂家,专才加通才、帅才。循此要求出发,想做一个称职的企业家,在经营事业中能够不断取得成功,必须养成终身好学的习惯,不断进取,永不知足。只有不断改进思维,更新知识,才能不断增长才干,借助知识展翅飞。

一个人知识、能力的“博”和“专”也是相对的,“博”是第一位的,“专”是第二位的,这是对企业家的能力要求而言。对知识能力的积累提高过程来说,则应先从“专”入手,由“专”及“博”。在某个专业经营系统里,可以改改行;在两个企业经营系统里,可以跨跨行,做到博知,防止浅薄,专知不能单一。企业家为了扩散自己的博闻能力,可以读些专业的书籍,做些外专业的事情,如参加各种学术讲演会、经营管理训练班、参观考察各行各业的企业等活动。为了磨炼解决实际问题的能力,工作时间专到“老大难”的场所去,碰到棘手工作非把它解决好不可。业余时间可以与孩子猜猜谜,与友人下棋看戏、听听音乐,或者有目的地谈天说地,不仅生活乐趣高尚,又能陶冶性情,还对活跃思维、增强智力有积极作用。这样通常有意识地从多方面来自我造成合格的帅才。

处世之道

“借尸还魂”之计是要求你在处世做人时,善于利用一切可以利用的机会和条件,把握做人技巧,转变对你不利的因素,争取主动和有利于实现你竞争的决策目标。做人在现实生活中的学问非常深奥,想运用好不是一件轻而易举的事,“借尸还魂”是做人三十六计中的一计,运用非常广泛,主要是借助别人看来不能用的人或物来为己所用,往往能得到神奇的效果,这正是该计的妙用。

借助幽默　巧妙回击

生活中的交际艺术之一在于语言表达的生动、形象,富有幽默感,而且能轻松自如地联想出有趣的话题。如果说讲究语言的逻辑在于准确表达思想的话,那么,语言的形象、生动、幽默则是使交往更加愉悦、轻松的润滑剂,讲话中古今中外,无所不引,典故、俗语随唤随出,不仅妙趣横生,而且贴切生动,通俗易懂,容易被一般人接受。形象化的语言有助于缓和气氛,增加言谈之间的轻松感,不至于形成心情紧张、枯燥无味的言语交流,从而使第一印象变得有魅力。

幽默的语言可以化解言谈中的困境和尴尬的场面，许多进行幽默创作的大师在生活中也非常幽默。

戏剧家萧伯纳有一次在街上被一个骑自行车的人撞倒，那个人惊吓不已，连忙道歉，但萧伯纳却说："不，先生，您比我更不幸。要是您再加点劲儿，那就可作为撞死萧伯纳的好汉而名垂青史啦！"幽默风趣的语言使对方摆脱了窘境，也树立了萧伯纳宽以待人的良好印象。幽默不仅可以显示一个人的高尚品格，还可以成为回击不在意行为的"软"武器，而且这种武器比"硬"武器要厉害百倍。

语言生动的人大多善于联想，话题多。联想有多种方式，如对比联想、相近联想、自由联想、因果联想等，它们都是增加话题的手段，而且在初次交往时，由于你对对方一无所知，根据对方喜爱的话题产生联想而引出的新话题，对方既愿意谈，有兴趣谈，而且使交谈在话题的承接上更显得自然、轻松。好多难堪的局面都可以用幽默来掩盖，所以我们应妙用幽默。

有求于人　巧开赞口

求人时应当对所求的人给予恰到好处、实事求是的称赞，但也不能漫无边际、肉麻地吹捧。求人时说点对方乐意听的话，尤其是顺便在所求之事方面称赞对方一下，也不失为一种求人巧开口的办法。

有一个大学讲师想请某文化名人为自己的一本即将出版的书题写书名。得知来访者的意思后，这位一贯以幽默著称的名人笑着说："是题字啊，可以。不过，现在讲究经济效益，请我题字是不是该付点钱啊？便宜一点儿吧，300 块一个字，怎么样？"

这虽然是开玩笑，但年轻的讲师也听出了这位名人似乎对常有人打他的手迹的主意稍有些抱怨之意。于是，她说："先生，您这话可是只说对了一半哟。要得到您的墨宝，理当付钱，可是，您的字何止值 300 块钱一个呢？比方说，我想要一件值 3000 块的衣服，这家商店买不着，还可以到别的商店去买，可您的墨宝只能出自您的手下，天底下也别无他处可寻呐，那么，在我看来，您的那个字都真正的是无价之宝啊，我付多少

报酬也不够呢。”

几句话说得这位早已听惯了恭维之辞的知名人士竟也觉得“别有一番滋味儿”,遂“欣然命笔”。这就是你话说得巧妙的结果,让别人欣然地接受你达到“借尸还魂”的目的。

经商之技

企业创业过程中陷于困境之时采用此计,可借助外力或谋略,以求恢复生机,东山再起。“借尸还魂”之运用于经营活动可使产品焕发二度青春,从而达到“化腐朽为神奇”,重新占领市场的目的。

福勒施展“还魂”术

福勒是美国一位黑人佃农七个孩子中的一个。他决定选择经商作为生财的一条捷径,他后来选择经营肥皂。于是,他就挨家挨户出售肥皂达12年之久。后来他获悉供应他肥皂的那个公司即将拍卖,售价是15万美元。他决定买下这家公司,但他在过去12年的经营中,一点一滴地只积蓄了2.5万美元。最后双方达成协议:他先交2.5万美元的保证金,然后在十天的限期内付清剩下的12.5万美元;如果他不能在十天内筹齐这笔款子,就丧失已交付的保证金。

福勒在他当肥皂商的12年中,获得了许多商人的尊敬和赞赏。现在他去找他们帮忙了。他从私交的朋友那里借了一些款子,也从信贷公司和投资集团那里获得了援助。

福勒回忆说:“当时我已用尽了我所知道的一切贷款来源。那时已沉沉深夜,我在幽暗的房间里自言自语:我要驱车走遍第61号大街。”

夜里11点钟,福勒驱车沿芝加哥61号大街驶去。驶过几个街区后,他看见一所承包商事务所亮着灯光。他走了进去。在那里,在一张写字台旁坐着一个因深夜工作而疲乏不堪的人。福勒意识到自己必须勇敢些。

“你想赚100美元吗?”福勒直截了当地问道。

这句话把那位承包商吓得向后仰去。“是呀,当然啦!”他答道。

“那么,给我开一张1万美元的支票,当我奉还这笔借款时,我将另付1000美元利息。”福勒对那个人说。他把其他借款给他的人的名单给这位承包商看,并且详细地解释了这次商业冒险的情况。

那天夜里,福勒在离开这个事务所时,衣袋里已装了一张1万美元的支票。以后,他不仅在那个肥皂公司,而且在其他七个公司,包括四个化妆品公司、一个袜类贸易公司、一个标签公司和一个报馆,都获得了控制权。

福勒成功了,这很大程度上归功于他冒险的勇气与他的自信心。假如他没有寻找到这灯光呢?假如他没有勇气去向这个陌生人求助呢?那他也许就要彻头彻尾地失败了。借尸还魂是一个好的计谋,但这同样

需要勇气。

“借”风采 SB 公司起死回生

日本有一家 SB 咖喱粉公司。现在一提起 SB 公司的咖喱粉，消费者对其产品无不称赞，说 SB 的咖喱粉使他们的餐桌变得更加丰盛了。足见其产品是很受顾客喜爱的。但就是这一家公司，十几年前，却由于产品滞销，造成公司入不敷出，几乎到了濒临破产的境地。是什么力量使一个濒于死地的企业成为今日人们交口称赞的知名公司的呢？

这一切都要归功于当时新上任的总裁 K 先生，归功于 K 先生的英明果断、机智过人、善用计谋。

那一年，公司陷于危境，产品积压、效益低劣、人心涣散，新上任的总裁 K 先生，为此坐立不安，食不甘味，夜不成寐，怎样才能将积压的产品变为畅销货？因为他深知，只有打开产品销路，企业才可能有所转机。滞销的产品如何打开销路呢？他思考良久，想出了一招：制造舆论，借舆论的导向来推销自己的产品，挽救企业，正所谓“借尸还魂”之术。

因为当时日本市场的私家车价很贵，一般家庭无力购买，因此尽管有许多人考取了驾驶执照，但苦于无力购车，而望“车”兴叹，不能过一过“开车瘾”，当一回“有车族”。SB 咖喱粉公司决定从这里开刀。于是几天后当地许多家报纸上出现了这样的大篇幅的广告：

“征求有照无车者，本公司出租咖喱色小轿车，租期一年，收费低廉。”

果不出总裁之所料，这则广告一刊出，随即就吸引了无数想过开车瘾的中低层收入的人士前来求租，甚至有些人因稍晚一步，而未能租到汽车。东京街头川流不息、五颜六色的车流中，出现了为数不少的咖喱色小轿车。每当人们看到这种颜色的汽车，总免不了议论一番：“看！那是 SB 咖喱公司的汽车”，“瞧！开那辆咖喱色的车多神气呀！”。这种称赞与议论起到了活广告的效应，一时间，本无名气的 SB 咖喱粉公司出名了，知名度与声望直线提高，而作为 SB 公司的产品咖喱粉，也随之畅销起来，由于产品的畅销，也带来

了可观的利润，SB 公司真正死而复生了。

SB 咖喱粉公司正是借用了广大工薪阶层的租车者，造成一种声势，这种声势对于 SB 公司的知名度的提高，可以说是非常有效的，正是借助于公司知名度的提高，才有了产品的畅销，最终公司名声大噪，被人们认为"财大气粗""资本雄厚"成为今天妇孺皆知的大公司。"借尸还魂"之计的恰当运用，确实可使企业东山再起，雄霸一方。

15计 调虎离山

《三十六计》第十五计"调虎离山"曰："待天以困之，用人以诱之。往蹇来返。"

其大意是：等待自然条件对敌人不利时再去围困敌人，用人为的假象去诱惑敌人。向前进攻有危险，那就想办法让敌人反过来攻我。

对付强者，最好的办法是引诱对方走入歧途，然后从另外一个侧面攻入其致命的地方。这样既可保全自己的实力，还可提高成功的保险系数。这是调虎离山计的启示。

领导之艺

"调虎离山"之计在用人策略上可以分为几种形式：一、离间同僚，削弱其力量；二、使威胁自己的力量远离自己，比如促其"跳槽"；三、赋予下属某种权力，让其安于本分，缓解对自己的压力，牵制住属下的势力；四、调动下属工作热情，使其成为"下山虎"。

丰田调动员工的积极性

作为领导人，第一要是在充分理解"调虎离山"之计的时候，充分调动员工的积极性。

日本丰田汽车公司领导人石田倡导的"卡片登记办法"和"合理化建议"运动，是 1951 年从美国学来的，石田发现这种制度对经营管理很有效，便派丰田英二（现任总经理）去美国福特公司学习这种知识。丰田英二回国后，就着手建立丰田式的"提案制度"，其口号是："要有好产品，就得先有好主意。"石田在一次职工大会上讲："汽车的生命在于物美价廉，丰田汽车公司的最终目标是：产品要更好，价钱要更便宜，好主意建设好产品。"如何降低产品成本，是企业家永恒的课题，他对合理化建议的成果——提案，作了认真的审查，首先把"建议"分为有形效果、无形效果、利用程度、独创性、设想性质、职务内、职务外等几大类，然后根据类别打分，每个项目按 5 分—20 分的级差进行评分，到满 100 分为

止。超分有奖，奖金起点为500日元，最高为20万日元，特优者给重奖。各工厂、车间、部门都有“建议委员会”，总公司设有“创造发明委员会”负责审查全公司的“建议”工作。建议分三级进行审查：第一级由车间负责人审查后决定要不要上报；第二级由各厂、各部门的“建议委员会”审查，但只接受奖金超过6000日元以上的建议；第三级由总公司“创造发明委员会”审查，只接受奖金在2万日元以上的建议。每月各下属厂、公司、车间都要公布一次“建议”件数和采纳情况，并召开隆重的三级大会颁发奖金。1952年，丰田在刚开始执行这样一个好制度时，遇到困难也不少。各下属厂、公司、车间尽管都贴了大布告征集建议，但每月所征集到的建议寥寥无几，一年不过183件，建议箱上布满了尘土和蛛网。丰田的领导没有后退。他们坚持动员，坚持行动，到1974年就收到了40多万条建议，采用率达79%，发了奖金3.6亿日元，1975年，奖金达4.3亿日元，接受了45万条建议，采用率在85%。丰田公司从此开始形成了“丰田精神”，平均每人每年提出10多条建议，除节假日外，公司一天就要收到2000条建议。1977年发建议奖金4.26亿日元。建议有大有小，各式各样。

石田吸取丰田一郎的教训，重视人的因素，提出了“尊重人”的口号。他说：“谋事在人，造就积极为企业动脑筋，又为企业卖力气的丰田人是工作的根本。”石田经过10年的苦心经营，于1962年总结出如何处理好劳资关系的经验，提出“劳资宣言”，首先在物质生活条件上替职工着想，包括厂址选择和生产体系布局。丰田的工厂体系世界上少见，厂与厂之间都不超过30分钟行车的距离。职工的宿舍、医院、商店、学校、文娱场所都分布在厂区周围，任何一个职工都没有生活上的后顾之忧。5年以上工龄的职工可以获得500万日元低息购房贷款，20年付清。35岁以上职工都能置房，25岁以上年轻人都有自己的汽车。为了满足职工精神生活的需要，公司办起了藏书7万册的图书馆，建造了各种球场、体育馆、游泳池等。每年5月，丰田公司都要召开运动会，届时丰田首脑全部参加，十分热闹。丰田为最早执行5天工作制的公司，公司领导一直保持与职工们同苦同乐的传统，加上大部分都是本地人，彼此十分亲密融和，充满了同乡之谊。因此，丰田公司被称誉为“忠诚集团”，丰田公司十分重视社团在联系人与人之间感情上的重要作用，还重视家庭教育的作用。每年2月1日，是丰田公司的“人事调动日”。人员调动后，新领导都要给部下的家长写信。在部下结婚纪念日和生日里，领导都要登门拜访和祝贺。这些工作虽不起眼，但对职工的鼓舞却很大，增强了丰田人的光荣感和责任感。

处世之道

“调虎离山”一计意思是说，利用于自己的天时地利去打击对手，制造人为的谋略引诱对手就范。正面交锋有危险，就设法把对手引出后，

在“运动”中制服对手。这叫迷惑战术。

掩藏动机　迷惑别人

把心志深深地藏在心底，让人不能觉察。好多人因此而成大业，古往今来，这种事例不胜枚举。

司马懿装病夺权是一则有名的故事，目的是在于迷惑对方，使其放松戒备，然后暗中图事，俟机会成熟，便原形毕露。这一招很灵。

魏明帝时，曹爽与司马懿同朝执政。司马懿为迷惑对方，便假装生病，闲居家中等待时机。

曹爽骄横专权，不可一世，惟独担心司马氏。正值李胜升任青州刺史，曹爽便叫他去司马府辞行，实为探听虚实。司马懿明析实情，就摘掉帽子，散开头发，拥被坐在床，假装重病，然后请李胜入见。

李胜拜见过后，说：“一向不见太傅，谁想病到这般。现在小子调做青州刺史，特来向太傅辞行。”

司马懿佯答：“并州靠近北方，务必要小心啊！”

李胜说：“我是往青州，不是并州！”

司马懿笑着说：“你从并州来的？”李胜心想：这老头儿怎么病得这么厉害？都聋了。

“拿笔来！”李胜吩咐，并写了字给他看。

司马懿看了方明白，笑着说：“不想耳都病聋了！”手指指口，侍女即给他喝汤，他用口去饮，弄得满床都是，噎一番，方说：“我老了，病得又如此严重，怕活不了几天了，我的两个孩子又不成才，望先生训导他们，如果见了曹大将军，千万请他照顾！”说完又躺在床上，喘息起来。

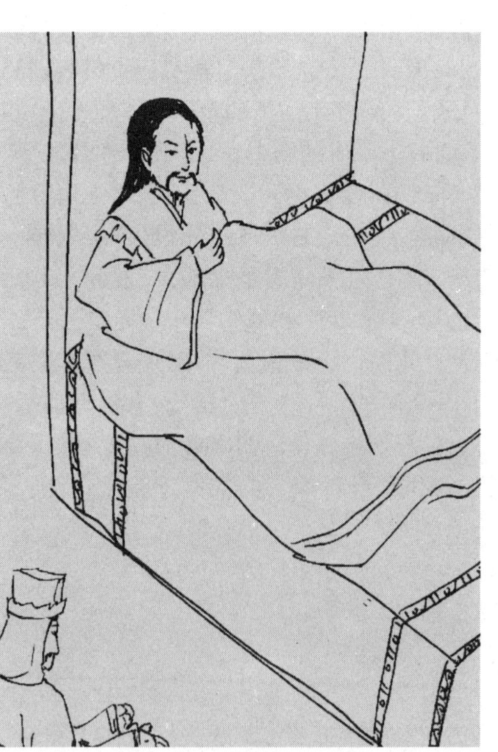

李胜拜辞回去，将情况报告给曹爽，曹爽大喜，说：“此老若死，我就可以放心了。”从此对司马懿不加防范。

司马懿见李胜走了，就起身告诉两个儿子说：“从此曹爽对我真的放心了，只等他出城打猎的时候，再给点厉害让他尝尝。”

不久，曹爽护驾，陪同明帝拜谒祖先。司马懿立

即召集昔日部下,率领家将,占领了武器库,威胁太后,削除曹爽羽翼,然后又骗曹爽,说只要交出兵权,并不加害他。等局势稳定了,就把曹爽及其党羽统统处斩,掌握了魏朝军政大权。

司马懿伪装得惟妙惟肖,让曹爽没有丝毫的觉察,这正是司马氏夺权成功的原因。

以退为进　调虎离山

人生也和战场一样光凭勇猛是不行的,就像拳击,后退两步出拳更有力一样,也像田径中的跳高助跑一样,假如你想做某件事情先发制人,得寸进尺不失为一种策略,但是,这样很容易招致对方的抵触情绪,影响双方良好的人际关系。

因此,有经验的人往往采取以退为进的策略。

退是一种表面形式。由于在形式上采取了退让,使对方能从你的退让中得到心理满足。因此,不但思想上会放松戒备,而且作为回报,或说或做,他也会满足你的某些要求。而这些要求正是你的真实目的。

可以给自己留出让步的余地,以便在对方的讨价还价中有所退却,满足对方的要求。

但是,不要让步太快。因为轻而易举地获得你的让步,不但不会使对方在心理上获得满足,反而会怀疑你的让步有诈。而慢慢让步不但使对方在心理上得到满足,而且还能更加珍惜它。

让对手努力争取他所能得到的东西。对对方能够得到的东西不要去拒绝他,而是要让他通过努力争取来获得。

这样做,看起来像是你的一种让步,而其实你是以对方应该得到的东西来换取他在其他方面的让步。这当然是一种有益而无害的让步。

谈判中,要让对方尽可能地多发言,充分表明他的观点,说明他的问题,而你却应该少说为宜。

这样,对方由于暴露过多,回旋余地就小。而你很少曝光,可塑性很大。两者的处境,犹如一个站在灯光下,一个躲在暗地里。他看你一团模糊,你看他一清二楚。这样你就掌握了成败的主动权。

经商之技

商战竞争讲究"立体作战",调动各路人马。西方国家金融资本与工业资本在兼并与反兼并大战中,还会调集银行和律师去围困对手,延揽证券交易所和股票事务所去引诱对手,在对手突围或进兵时出击获胜。

日本进军国际市场

日本曾长期提倡武士道精神,是一个讲究战略战术的国家,不论是过去从事战争,或现在从事商战,都是这样。

在近几十年的发展过程中，日本商家进军国际市场主要就采用“避实击虚”的战略，即采取迅速行动，趁着对方管不及、想未到而出现的空隙，进攻对方没有戒备或实力空虚的地方。这具体表现在：

(1)迂回包抄

战后初期，商战主要在欧美各国之间展开，欧美各大跨国公司还未顾及的其他区域，存在辽阔的竞争空间。

此时因产品质量不高无法进入欧美市场的日本产品就钻了这个大空子。它首先进攻亚非拉各国市场，选择的进攻点，一般都不存在竞争对手，或是竞争对手实力较差，处境不妙，大有可乘之机的地方。

如计算机业，日本人先攻克亚洲的邻近国家，然后是澳大利亚，最后才是欧洲和美国。日本汽车公司和摩托车公司也是首先打入亚洲市场，然后再向外扩张。日本复印机、家用电器、音响设备等许多公司，最早选择的市场都是美国和欧洲企业鞭长莫及的地区。

(2)填补真空

哪里有空子就钻进去，哪里有真空就填补，日本人进行商战是全球性的，可以说是无所不在，连鲜为人知的太平洋群岛也没有放弃。

帕劳共和国、北马里亚纳联邦、马绍尔群岛和瑙鲁等国，都是最近十年才获得独立，过去都曾经是英国、法国、美国等国的殖民地。老殖民者撤出后，日本人填补了老殖民者留下的真空，在这些地区积极开展工作。

现在太平洋岛屿的任何地方都有丰田汽车停在椰子树下，即使是最小的渔船也用雅马哈的外装马达推动。岛屿村子的小杂货铺里，销售着日本面条和啤酒，甚至盐和白糖也是日本来的。

(3)攻其不及

任何强者都有其弱点，都有可乘之机。

日本商家进入美国市场主要是在 20 世纪 60 年代之后，开始，欧美各大公司已统治所有的主要市场，但在细分市场上仍有被忽视或还满足不了顾客需要之处，这样，日本人就有空子可钻。

那时，欧美大公司侧重于华贵、大型和价格高的产品，如汽车、摩托车、电视机、复印机等。他们自恃自己产品是名牌货，无须改进，不怕无人购买。

日本的公司却与之相反，以小而轻巧、质优而价廉的产品闯入美国市场，许多美国企业家却不屑一顾、嗤之以鼻。例如，他们把本田的第一辆轻型摩托车视为“玩具”，把索尼的第一台小型电视机贬为“玩物”。但是，日本的这些产品却得到美国顾客的赞赏。于是，精细灵巧、质优价廉的小型汽车、摩托车，便宜而又便于携带的收音机、电视机，功能、价格都适合小型公司需要的复印机等等，正是在美国同类企业自鸣得意、不屑一顾的情况下，相继涌入美国市场的。

美方中“调虎离山”计

美国某公司有一部旧设备出售，这家公司事先商定这部设备能卖6万美元就满足了，而对外标价是10万美元。

在谈判中，有几位买主竞争，有位买主愿出7万美元当场成交，而另一位买主则表示愿出9万美元的高价，并愿先付10%的定金。卖主没想到这部旧设备竟能卖这么好的价钱，便同意不再考虑其他当场成交的买主。

三天后，买方来人说，当时的价钱太高，由于合伙人不同意，所以难以成交，还说这部设备的价值顶多值5万美元。于是，卖方又被迫与买方进行谈判，几经讨价还价，最后按卖主原先商定的6万美元成交。

这位当初愿出9万美元的买主，运用调虎离山之计，以“假出价”的手段，成功地拆散了愿出7万美元当场成交的生意。卖主忘记了“赊千不如现八百”的商界交易原则，以至于损失了1万美元。

买主用9万美元的假价钱，成功地破坏了卖方有多种选择的有利地位。然后又和卖方进行谈判，买方就处于有利地位了。这确实是运用了调虎离山之计。

但是值得注意的是常用这种办法会失掉自己的信誉。因此应慎用此计，同时也应该警惕对手使用此计，使自己失掉有利条件。

16计 欲擒故纵

《三十六计》第十六计“欲擒故纵”曰：“逼则反兵，走则减势。紧追勿迫，累其气力，消其斗志；散而后擒，兵不血刃。需，有孚，光。”

其大意是：逼敌过甚会遭其反扑，让敌逃跑能削弱其势力。追击宜

尾随而不迫近，消耗其体力，消除其斗志，等到敌人溃散时再去捕俘，可以避免流血战斗。所以，暂缓过急行动，小心行事，瓦解敌人，便会有利于自己。

碰到难解的问题，难对付的人，可以先放一放、等一等，采取欲擒故纵的手法，在某个适当的时间解决问题，来制服对手，最好不求在一个固定的时间里来处理此类事件、对付此类人。

领导之艺

欲擒故纵之计，从字面上看，就是要在捉之前先放，等到时机成熟，再来个一网成擒。施行欲擒故纵之计，需要等得、忍得，输得起，绝不为小利小惠而斤斤计较，原因是一计之行使，不能被对方识破，如被对方识破，则一切等于泡影。欲擒故纵之计首先重在"擒"字，因为"故纵"乃是一时的权宜之计，所谓放长线钓大鱼的长线是也，这条长线必须有韧性，既要牢牢缚住那条大鱼，还要收发由心，实在不是简单的事。作为领导人，"擒"是目的，"纵"是手段，手段为目的服务，一方面是有目的放松，"跑累了再抓"，以防狗急跳墙，带来欲速则不达的后果；另一方面也是虚留生路，网开一面。

向上建议　欲抑先扬

领导们都是喜欢那些能够听从自己命令的下属的，这首先是一种上下级权力分工的需要，上级应该对下级有权进行指挥、命令、监督和管理，只有这样才能保证上令下行，上行下效，下属服从领导是他们各自的职责要求。

其次，领导喜欢下属服从自己还缘于一种感情上的需要。因为支配和控制一个人的行为是能够给自己带来快感和成就感的，也是自己有面子的一种外在表现。下属服从领导，是对领导地位和权威的认可，是给领导面子。下属如果不服从领导，甚至当面顶撞领导，这就会使领导在面子上感到难堪，下属和领导的关系就会岌岌可危。

但是，有的时候领导也会错怪下属，使下属受到委屈。这时应该怎样做呢？

发生这种情况时，下属应该注意两点：第一，下属应该保持克制冷静的态度，自己心里明白是领导错怪了自己，但也要暂时忍让，不要当面冲撞领导，以免损害领导的面子。因为一旦损害了领导的面子，领导就有可能将错就错，不会再改正他的错误。第二，受了委屈之后，也不能总保持沉默，在必要时要向领导倾诉自己的委屈，但要注意方式方法，不要在领导的火头上冲撞领导，把关系搞僵。下属要学会选择时机，同时也要学会用适当的方法说明领导委屈了自己，证明自己的正确。

在给领导提意见时，要注意方法，经验证明，欲抑先扬是一种很好的提意见的方法，这种方法的要旨就在于当你想给领导提意见时，你不直接指明领导的错误，避免损伤领导的面子。而是先肯定领导的做法，并按照领导的逻辑进行推理，直到推理出非常明显的错误，让领导自己发现这种错误并主动改正过来。

对待领导的意图不能强硬抵抗，也不能不讲情面大批一通，提出一大堆的意见，如果你想让你的领导能够接受你的意见，你必须要照顾到领导的面子，以适当的方式将意见表达出来，这样才会增大领导对你的意见接受的可能性。

处世之道

在现实生活中，很多人利用“欲擒故纵”之计，也就是说这些人对本来想得到的东西在表面上不闻不问，表现得无所谓，任其自然，但暗中却在思谋策划，紧紧跟踪，一旦捕住有利时机，就进行激烈竞争，以达到自己欲擒先纵、欲揭故掩的目的，这正是“欲擒故纵”之计的应用。

欲擒故纵　感动作家

欲擒故纵虽说古人常用，但现代人用来也有锦上添花之妙，有位编辑向一位名作家约稿。那位作家一向以严肃难于对付著称，所以这位编辑在去他家之前，感到既紧张又胆怯。

那次他跟那位作家的交涉果然没有成功，因为不论作家说了什么话，这位编辑都说：“是，是”，而无法开口说明要求他写稿的事。在这种情况下，编辑只好准备改天再来向他说明这件事，今天只好随便聊聊天就结束这次拜访。

突然间他脑中闪过一本杂志刊载有关这位作家近况的文章，于是就对作家说：“先生，听说您有篇作品被译为英文在美国出版了，是吗？”作家猛然倾身过来说道：“是的。”“先生，您那种独特的文体，英语不知道能不能完全表达出来？”“我也正担心这点。”接着他们滔滔不绝地说着，气氛也逐渐变为轻松，最后作家竟答应为编辑写篇稿子。

这位严肃不轻易承诺的作家，为什么会为了编辑一席话，而改变了原来的态度呢？那是因为他认为这位编辑并不只是来要求他写稿，而且读过他的文章，对他的作品十分了解，所以不能随便地应付。让对方以为自己对他的事非常清楚，就像那位编辑一样，在心理上占了优势。这位编辑避开约稿之事，而恭维起了他的作品，绕开敏感话题，他的这招还真灵。

心急吃不了热豆腐

求职者不仅仅要相时而动，还要学会欲擒故纵。

俗语说："心急吃不了热豆腐。"

或许，大家都见过猫捉老鼠，猫儿静静地守在老鼠洞口，全神贯注地盯住，一旦有鼠溜出，猫儿便以迅雷不及掩耳之势，将可怜的小老鼠拿住。但猫儿并不立即将其吞到肚子里，而是将它拿到宽敞的平地处，将它放开，鼠儿自然是没命地逃，无奈却又被猫儿抓回。这样，抓回，放掉，抓回，直至老鼠筋疲力尽，放开后再也不逃跑了，猫儿才怡然自得地将老鼠叼到僻静之处，美美地饱餐一顿。

猫儿捉鼠，欲擒故纵。虽说猫儿不会说话，但其方法却给人启示。

成语说"欲速则不达"，急于求成是不明智的选择。处理任何事都要学会掌握节奏。要想达到某一目的，我们不能直冲着目标而去，而应学会迂回环绕。面对一座极为陡峭的高山险峰，我们不要冒险去直接援直壁而上，我们可以绕着山路环行，最后便可安全地到达山顶。我们捕鱼时，要一点点地将水淘干，让鱼儿慢慢地失去容身之地，自己暴露出来，而不是要跳到水中乱抓乱搅，因为那样恐怕一条鱼都不会捞到。

所以说，求职者要学会欲擒故纵。比如我们要驯服一条狗，并不只是用一段锁链将其牢牢地拴住就行了，真正驯服一条狗需要一步步地驯化，先要任其野性张扬，慢慢地利用喂食等进行驯化。倘若只简单将它拴住，狗不但不会驯服，反而会越来越狂，狂吠不止，甚至还可能变疯，见人就咬，养了也是枉费心机。

曾有一国外的科学家做过一个实验，他将青蛙

扔到滚烫的沸水中，青蛙便会立即跳出水面而不会受到损害，但如果将青蛙放到冷水中，然后在下面慢慢用小火加热，则青蛙会不知不觉地死在逐渐沸腾的开水之中。这则实验便可说明欲擒故纵的道理。

经商之技

对陷于困境的竞争对手，网开一面，让其败退而走，不必穷追猛打立逼其破产，而宜尾随不放，使之在进退无路的挣扎中，丧失斗志，请求收容接纳。

欲擒故纵　美商计擒日间谍

1981 年 1 月，美国 IBM 电脑公司总部发生了一起重大失窃案，一份有关软件设计的秘密技术文件竟从保险箱内不翼而飞了。公司老板勒令保卫处法律顾问卡拉汉迅速破案。卡拉汉从一位刚从日本访问归来的某公司经理佩里那里得知，日立公司主任工程师林健治藏有一份“IBM—308IK”电脑的设计手册。于是，卡拉汉怒火中烧，决心要对日本人进行一次大报复。他找到联邦调查局特别侦探贾连特逊，两人秘密策划了一起“欲擒故纵”的计谋。

不久，林健治应邀万里迢迢来到美国与卡拉汉洽谈一笔大生意，化名为“哈里逊”的贾连特逊也出场相陪。密谈中，林健治邀功心切，对他们两人的真实身份毫不怀疑。卡拉汉笑脸相迎，处处装出为林健治着想的“哈里逊”神秘莫测，表明他是惟一能弄到“IBM”内部情报的人。林健治急不可待地提出日立公司愿以一万美元来买“IBM”最新产品的情报资料。“哈里逊”嫌酬金太少，林健治立即加价，愿以五万到十万美元换取最新电脑控制程式的代码。“哈里逊”提出要现金，林健治满口答应了。

没隔几天，一阵急促的电话铃声，打破了日立公司驻旧金山办事处的宁静，主任工程师成濑急忙抓起话筒，电话里传来了“哈里逊”的声音：“有关参观事宜，请务必在规定的时间内。”

成濑不放心地问：“我们愿出一万美元，想看看机器，如果出问题，本公司损失就太大了。”“哈里逊”一口保证没有问题。

第二天，成濑从旧金山匆匆赶到这里和“哈里逊”接头。“哈里逊”将他带进一间密室，他看到成堆的新产品，急不可待地打开相机，连连照个不停。这时，躲在暗处录像的联邦调查局密探见此丑态，差点笑出声来，只有老奸巨猾的“哈里逊”不动声色，并假惺惺地催他快拍。这样一来，“哈里逊”就成为日立公司心目中最能干的“神秘人物”，不少人与他谈判，向他“订货”，根本没想到自己已入了圈套。

到了 1982 年 6 月 21 日，日立公司派往美国执行窃密计划的林健治又到旧金山和“哈里逊”进行最后磋商。“哈里逊”说：“你们要的情报已全部弄到手，只要先付钱，便可交货。”经过一番唇枪舌战，林健治答应

52.5 万美元成交,付清现金,约定次日上午交货。

第二天上午九时,林健治等四名日本产业间谍按约定时间来到一座大楼门口。走进大门,突然从前后左右闪出几个彪形大汉,恶狠狠地向他们扑来,还没等他们反应过来,每个人的双手都被手铐铐了起来。林健治在绝望中看见"哈里逊"朝他走来,刚想喊叫,忽然一下子又愣住了。原来,此时的"哈里逊"已不是风度翩翩的某公司老板,而是手持联邦调查局逮捕证的特别侦探贾连特逊。林健治狠狠地瞪了他一眼,但已经晚了,无可奈何地低下了头。

17计 抛砖引玉

《三十六计》第十七计"抛砖引玉"曰:"类以诱之,击蒙也。"

其大意是:用极相类似的东西去迷惑敌人,使敌人懵懂上当。

你要想达到目的,不抛点东西出去,是不会吸引太多的人的。抛则要真抛,切切实实让对方感觉到你的真心诚意,愿意为你做事。表面上看,你抛出去一点,是一种损失,但从长远看,它实则是一种赢法。

领导之艺

若照字面来讲,"抛砖引王"就是拿不值钱的东西,换来值钱的东西,拿小的去换大的,达到取利目的。作为领导用粗浅的未成型的意见引出他人高明的成熟的意见,以示谦恭。另外也表现为领导身先士卒,做出榜样,激励部下发挥聪明才智。

一招一式 用心良苦

威尔逊当总统的时候,在他左右的许多人之中,惟有郝斯最能赢得他的信服,别人的意见很少被采用,或是根本不被采纳,而郝斯的计划却屡次被威尔逊采用。郝斯的自述告诉我们:"在认识总统之后,我懂得了使他听从我的意见的最好方法,我先把计划'偶然地'灌输到他的脑海里,让他自己感兴趣,使他自己去思索。这原本是在一个十分偶然的机会中发现的。记得有一次,我到白宫去觐见他,向他陈述某件方案,可是他非常的不赞成,但是,数天以后,在一次筵席上,我很吃惊地听到他正在以我的建议作为他自己的意见而发表演说。"

郝斯非但使威尔逊相信这种思想是他自己的,更让威尔逊获得民众的景仰。在 1914 年春季,威尔逊曾慎重地赞成郝斯的"停战方案"。当时,为要实现这个计划,郝斯奉威尔逊的命令赴法国巴黎做外交上的接洽,他从巴黎写信给威尔逊时,却说这个计划是威尔逊个人的独创思想,

并详细地记载了他与法国外交总长的谈话，在这一场谈话中，他将整个计划归于威尔逊总统的勇气及先见之明。

实行这个“停战方案”的结果，果然大见成效。于是郝斯遂大受威尔逊的青睐。

以上所讲的，就是郝斯在整个威尔逊执政时期所运用借力使力策略的主要秘诀。这种策略在说明了以后，并没有特殊之处，但是如果能很巧妙地去运用的话，它的威力将比任何政治领袖还要大。郝斯真是一位能够运用该策略且实行得最理想的大师。

处世之道

“抛砖引玉”之计是在处事做人时，先给对方一点甜头，自己得到更大利益。滴水之情当以涌泉相报，投之以桃报之以李，正是“抛砖引玉”之计。

抛砖引玉　春风化雨

当我们发现别人犯的错误时，我们作为犯错误人的领导、长辈，甚至是同事、下级或晚辈，有必要指出他的错误，批评他的行为，以免他错上加错。如果是领导或长辈批评自己的下级或晚辈，这种批评或许挨批者还容易接受，因为领导和长辈有权对他们进行批评，如果一个人受到同事、下级或晚辈的批评，这就很难让人接受了，愿意接受表扬和称赞，不愿意挨批受训这是每个人都具备的天性。在同事之间，以及下级和晚辈对领导和长辈进行批评时，尤其要考虑到对方的面子，不能让对方下不了台，这样既能使他们接受批评，又能保证双方都心情愉快，达到使挨批者心悦诚服的目的。即使领导、长辈对下级、晚辈进行批评时，也要充分考虑他们的面子，因为批评不是目的，批评的目的是让他们改正错误，如果态度生硬，在批评时不考虑下级和晚辈的面子，那么往往不能很好地达到让他们改正错误的目的，这就是抛砖引玉的妙用。

在人际交往中，巧妙地批评别人，起到抛砖引玉的作用很关键。拿破仑在长时期的军旅生涯中就非常注意这一点。作为全军的统帅，批评士兵的错误应该是经常发生的事，但是他每次批评士兵时，

并不因为自己是不可一世的皇帝，挨批的是无名小卒就蛮横乖戾，他每次批评都很好地照顾到士兵的面子，结果是士兵不仅对他的批评欣然接受，而且还充满了对他的热爱与感激之情，这大大增强了他的军队的战斗力和凝聚力，成为欧洲大陆一支劲旅。

在征服意大利的一次战斗中，士兵们都很辛苦。拿破仑夜间巡岗查哨，在巡岗的过程中，他发现一名哨兵斜倚着大树睡着了。他没有喊醒哨兵，而是拿起枪替他站起了岗，大约过了半个小时，哨兵从沉睡中惊醒了，认出了正在替他放哨的是自己的最高统帅，十分惶恐和绝望，恐怕拿破仑会对他军法处置，便连忙跪倒在他面前，恳求拿破仑宽恕他的失职。

这时拿破仑却不恼怒，和蔼地对他说：

“朋友，这是你的枪，你们艰苦作战，又走了那么长的路，你打瞌睡是可以谅解的，但是目前，一时的疏忽就可能断送全军。我正好不困，就替你站了一会儿，下次可要小心啊！”

众所周知，哨兵在岗位上睡觉，是要以军纪论处的，但拿破仑对长途跋涉、疲惫不堪而偶尔失职的哨兵却没有那样做，而是从情感出发，批评哨兵，这就使得官兵从内心拥护他，爱戴他，不折不扣地执行他的命令。

拿破仑的做法是值得我们学习的，他并没有因为士兵犯了错误而得理不饶人。在批评士兵时也没有摆自己的元帅架子，而是语重心长、和风细雨地批评士兵犯的错误，这样一来，士兵在宽松的气氛中意识到自己的错误，并十分感激元帅的宽容，改正错误不在话下，在此基础上勇敢作战也是必然。如果拿破仑对这个士兵严词训斥，这个士兵很可能会满腹怨言，他的批评也起不到什么作用。正是因为拿破仑在批评士兵时不伤害士兵的面子，他的批评才格外地有效。

常言道：“爱美之心，人皆有之。”其实，爱面子之心，也是人皆有之，不管这个人是尊是卑，是贵是贱，都会在不同程度上有一种爱面子的心理。意识到这一点并且将它应用到生活中，许多事情会变得更加容易做。批评别人就是这样。

因此，不管是由上至下的批评还是由下至上的批评，充分考虑被批评者的面子是十分必要的。

经商之技

抛出一块不值钱的“砖”却能换来一块价值连城的“玉”，何乐而不为呢？善于经营者善用此道。以义取利、舍小求大，赢得名誉，那么就会在众人心中留下美好的印象，最终获得巨大的经济效益。“抛砖引王”的关键在于要精打细算，若能算准，可谓一本万利，若算不准可能血本无归。

雨中借伞　旨在抛砖引玉

日本有家越后屋布店，经营各类纺织品，店面不大，资本不厚，生意也一般，店主人心里颇为焦急。

有次下雨，一些人急急奔到布店来躲雨，店主忙叫店员把店里的几把雨伞借给躲雨人。虽然不少人仍然没有伞，但大家都对越后屋产生了好感。雨后，店主人叫人买了一大批雨伞，还工工整整地写上“越后屋布店”的字样。以后下雨，来布店避雨的人都可以借到一把雨伞。

说也奇怪，布店的生意居然渐渐兴盛起来。几年以后，布店变成了三屋百货公司，店主成了董事长。店主尽管财大了，气却不粗，仍不怕麻烦，公司中还是备有雨伞，下雨天可以借去用。

这店主借伞之举是否自找麻烦，多此一举？借伞还伞，确实很麻烦。但是，它却对企业发展起了良好的作用：

(1)借伞给人留下一个良好的企业形象。人们想，肯借伞给别人的商店不可能是只知道赚钱坑害顾客的商店。这样的商店比较信得过。顾客有了这种心理，生意自然会兴隆起来。

(2)越后屋利用借伞之举，给自己的企业做了活广告，下雨的时候，人们撑着写有越后屋字样的雨伞穿街走巷，它使布店名声传扬。

(3)借伞，还伞沟通了商店与顾客的关系，人们进店借伞还伞，就会看到商店的橱窗、广告、商品，就会产生购买欲。

果断“抛砖”　方引财

美国的罗伯梅德家庭用品公司，八年来生产迅速发展，利润以每年18%—20%的速度增长。这是因为该公司成功运用了一种威力无比的经营管理武器——激励机制，也就是以高工资激发雇员的进取心和竞争欲，从而为公司创造更多的劳动成果——利润。

该公司建立了利润分享制度，把每年所赚的利润，按所规定的一个比率分配给每一个员工，这就是说，公司赚得越多，员工也分得越多，员工明白了这个“水涨船高”的道理，人人奋勇，个个争先，积极生产自不待说，而且主动改进产品。因此，该公司在家庭用品业中一直以高质量著称，赢得大量订货。

从表面上看，职员的工资高，成本也就高，利润就偏少。而事实上，该公司形成了一个良性循环的增值体系：高工资——高效率——高利润——更高工资——更高效率——更高利润……就长期而言，给雇员支

付高于一般水平的工资，反而是一项降低成本的有效手段，因为支付给雇员的那部分工资，毕竟只是新增长的利润的一部分。高工资手段还能起着加强企业向心力的作用，稳定雇员队伍，还能从别处挖来人才。

罗伯梅德公司"抛砖引玉"的良苦用心换得了财源滚滚来。这一明智之举已为越来越多的企业所效仿。

"抛砖引玉"这一计成果的优劣即在于要懂得"精打细算"，算得准，抛出一块砖，可以赚得一块玉，可谓一本万利。算不准，很可能变成"抛玉引砖"，那就血本无归了。

18计 擒贼擒王

《三十六计》第十八计"擒贼擒王"曰："摧其坚，夺其魁，以解其体。龙战于野。其道穷也。"

其大意是：摧垮主力，抓住首领，就能在总体上瓦解敌军。这就使敌军像蛟龙离海在陆地作战，必定陷入穷途绝境。

面对多种问题，你可能会一时头晕，不知从何处下手。最简单的办法是：抛开想解决所有问题的想法，抓住要害，以点带面，各个击破。这样才能收到立竿见影的效果。

领导之艺

"擒贼擒王"指首先要打垮对手的主力或意志，捉拿其主力或"心"，对属下要掌握其"心"，这样就抓住了要害：另一方面也指问题的关键，作为领导，是核心，是关键，己身正，不令而行，正人先正己，领导要起模范带头作用。

选好左右手

你所领导的单位就像一列火车，常言说得好：火车跑得快，全靠车头带。因此，选好火车头是非常重要的，这就要求你必须善于选拔人才。

适时适度地选拔人才，提升一些有能力的人，不仅有利于本部门、本单位的发展，还可以利用这些被提升的下属，借以了解其他下属的思想状况，并据此有的放矢地做好下属的工作。

你所提升、选拔的下属，多少会对你有些感激，至少对你有信任感。当你的领导工作遇到困难的时候，他们会主动伸出手帮助你渡过难关。当你的工作万事俱备，只欠东风的时候，他们也往往会助你一臂之力，起到率先示范的作用。

被提升的下属往往比你更容易接近其他下属，而且他们之间的关系

通常也比较密切。所以当你的某项正确决定不为人理解而难以贯彻实施时，被提升的下属一带头，大家也许就跟着一起干了，被提升的下属如果和大家解释你所作出的决定的道理，大家可能会马上明白理解。在这时，被提升的下属无疑已成为你的得力助手。

在下属之中选拔人才，加以提升，并不是胡乱的选拔、胡乱的提升，一定要建立在有所根据的基础上。

首要的一条，被选拔、提升的下属必须是德才兼备，令其他下属所信服的人。

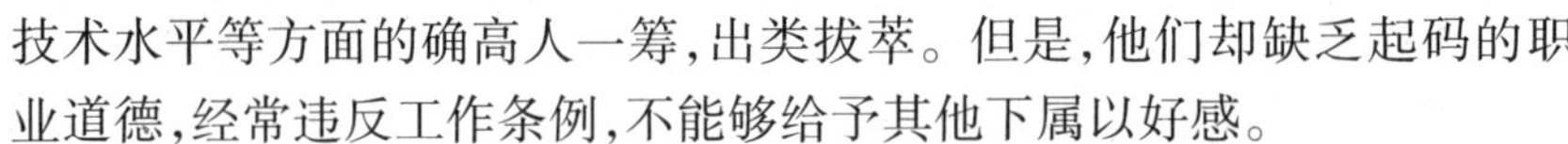

一些下属在业务能力、技术水平等方面的确高人一筹，出类拔萃。但是，他们却缺乏起码的职业道德，经常违反工作条例，不能够给予其他下属以好感。

这样的人是有才无德，如果被你不加分析地选拔、提升上来，很难说服其他下属，弄不好大家还会产生不良情绪，给你的领导工作带来麻烦。

一些下属善于拉拢人心，待人接物可圈可点，工作上从没有违反过工作纪律，对同事、上司和其他人都一团春风、八面玲珑。但是，这类人在实际工作中却是水平低、能力差，工作任务勉勉强强能够完成，但质量极差。

这种无才之人，尽管其他下属都能给予一些好评，但绝不能提升。如果他真的被提升上来，新的更重要的工作会使他招架不住而败下阵来，既影响了本部门、单位的工作，也会让你这位选拔者感到难堪。

更重要的是，这种下属虽然因为善于团结人而受到其他下属的好评，但是，如果他真的被选拔提升了，那么，其他下属就会有意见。他们会认为：这种人只是人缘好，才能并不比别人高，反而要差一点儿，为什么提升他，而不提升我们呢？再说，他根本就胜任不了新的工作。这种意见的存在无疑也是不利于工作的。

正人先正己　擒贼先擒王

你对下属的要求很高。你要他们仪表堂堂、衣着整洁；要他们个个怀瑾卧瑜，能力出众；要他们口才极佳，颇具说服力；你希望他们个个能够以一当十，能够替你在工作上分忧解难。总之，你要求他们个个完美，无可挑剔，工作认真却又体力充沛，幽默风趣又都严谨务实，热情大方却

又不失体统。为了规范他们的言行，你制定了一系列的规章制度，让他们去牢牢遵守，否则你就要行使手中为领导者的权利，警告，批评，减薪，降职甚至解聘。下属们一见到你就胆战心惊，生怕惹出什么娄子，但偏偏又错误百出，让你大为光火，下属们整天在你的重压下度日如年。

如果真是这样，你是不是曾经思考过自己是否也符合这些规章制度的要求呢？

不管下属们多么服顺，对你如何俯首帖耳，这也不能证明他们对你是真正地心悦诚服，不掺杂任何个人利害因素。下属们对你的要求甚至比你对他们的要求更严格。他们希望你学识修养博大精深，希望你才能超众，希望你心怀宽广，希望你风趣幽默，希望你的决策符合他们的服从意愿而且能对他们的创造提供有益的指导，而不是只知让他们被动地服从与遵守。

你想成为一个被下属尊重并乐于服从和接受管理的上司，就必须先提高自己的能力，必须使自己符合一名出色的下属的标准才能再上升到领导层次。如果你连自己制定的标准和规定都无法达到，那么你又怎么能让下属们达到呢？

虽然你身为领导，但这并不能证明你的能力一定高于你的下属，也许你拥有的只不过是资历、学历和处世经验上的优势，但这与能力并没有太多的关系。只有你做得确实比下属更出色的时候，你才能成为真正的领导，而下属们也更乐于听从于你。你很难说自己的下属都不可能超过你，而只能说自己会做得更出色。拿破仑、艾森豪威尔、丘吉尔在成为军事领袖之前只是无名的普通士兵，而毛泽东和周恩来也是从最普通的革命者做起的。如果你一味耽于作为领导的尊严，那么你很快会被下属超过，你也失去了对下属行使命令的权利。

所以你作为领导，要求下属的同时自身也要严格要求，这样就会不令而行。

处世之道

在现实生活和工作中，“擒贼擒王”之计是要求做人者在和对方竞争的过程中，不要竞争那些微不足道的小利，以及没有多大阻碍和竞争力量的人物，而把主要力量用在对你构成最大最直接威胁的竞争对手上，战胜此种人，其他都会不战自退。

用人唯贤　成就大事

要办成大事的人，必须去“擒”要害，看到主要方面，不考虑琐碎的细节，才能实现自己的意图。其实人非圣贤，孰能无错，如若求全责备，恐怕世上无一可用之人，也无一可做之事。

唐人刘晏，唐代宗时任转运租庸盐铁使，曾经建工厂造船，给钱一千缗。有人说实际花销还不会到半，请求减少。刘晏说：“不得。要办大

事,就不应吝惜小的费用。如果一点点地计较,怎么可能长久地进行生产呢?”后来果然像其所说的那样。

事实证明,瑕不掩瑜,司马光曾说:“当这个官的人,应该多从大处着眼,放弃琐小的事情。”

子思住在卫国时,向卫君推荐苟变说:“他的才能可以带五百辆战车打仗,可任为军队的统帅,如果得到这个人,就会无敌于天下。”子思说:“英明的人选用人才,就好比高明的木匠用木材。用完可用的部分,抛开它不可用的部分。所以杞树、樟树有一围之大,但有几尺腐烂了。好的木工不放弃它,为什么呢?知道没有用的部分是非常微小的,最后用来做成非常珍贵的器具。现在您处在列国纷争的时代,需要选择可用的人才,而不是一帮平庸之辈和马屁精,这种事件千万不要让邻国知道了。”卫君听后,反复地向子思道谢。

古代兵法上的“擒王擒贼”原义是指摧毁敌人主力,现今活用此计就是抓住事物的首要方面,把主要矛盾解决了,次要矛盾就会迎刃而解了。就像上面所说的军队中有了可用的统帅,士兵就会有打胜仗的信心。

该出手时就出手

所谓“人望高处”,没有人希望永远居于人下,在工作上能够获得成就感,得到上司的赏识,相信是每个人的愿望。所以聪明的工薪阶层,应懂得制造自我表现的机会,把握时机,尽显所长。以下有些简易的好方法,能助你突出自己的长处,让上司对你有良好的印象,一旦日后有什么“肥缺”,他也会较容易想起你。

(1)也许你觉得在公司的餐厅进午餐是一件很痛苦的事情,但每星期你最好能有三天在公司里进餐,稍作休息后,便回到自己的工作岗位上,表现出精力充沛、充满热忱的样子。

(2)除了对自己的工作性质有深刻了解外,你还须对其他部门的工作有一定的认识,虚心向人请教自己不明白的地方,千万别以为这是费时费力的事情,老板会对这种职员极具好感。

(3)对于公司的发展情况,对公司所面对的种种问题,应主动提出肩负解决某些疑难的责任。

(4)假如自己做错了什么事情,你要对上司直言不讳,切勿推卸责任,此举会令上司觉得你是一个可靠的职员。

两个具有同等学历、同等工作能力的员工,老板将如何去选择擢升人选?那当然是较机敏、人际关系良好、尊重上司、处处给人好感的一个胜算较大了。

所以,要竞争,就要存起本钱。

老板指派的工作,应该打起精神,而且要快而准确地做妥,当呈报老板时,要表现得不慌不忙,笑容可掬。每天第一次与老板相遇,别忘说声“早安”或“午安”,这不是拍马,是尊重。见到老板有什么疏忽的地方,

如衣服污染了，头发有秽物等，立刻助他一把，这又叫善解人意。请记住：平庸之辈永远没有机会。

经商之技

这位医生的秘诀其实就是“擒贼擒王”的策略。商战的取胜之道也有“打蛇打七寸”一招。常用的战法是：“挖脑”、“猎头”，即把对手的主力、骨干拉来为己所用；将对方的首脑、主管或排挤或取而代之。在西方经济界，擒王之计也不排除用“摆得上桌面”的种种好处去影响左右政府首脑和主管官员，让他们为企业获取厚利提供保护和便利。此计与“暗渡陈仓”的区别在于是公开的、直接的。

身陷囹圄　索尼巧擒“带头牛”

今天，日本索尼公司的彩色电视机早已饮誉全球。但是，70 年代中期，在美国它还是一种名不见经传，无人问津的“杂牌货”。

当卯木肇先生风尘仆仆来到美国芝加哥市，担任索尼公司国外部部长时，索尼彩电竟在当地寄卖商店里睡大觉，蒙尘垢面，几乎无人问津。

面对如此难堪的局面，卯木肇先生苦苦思索，几乎一筹莫展。

一天，他偶然经过一处牧场。当时夕阳西下，飞鸟归林，一位稚气的牧童牵着一条健壮的大公牛进牛栏。公牛的脖子上系着一个铃铛，叮当叮当地响着，一大群牛跟在这头公牛屁股后面，温驯地鱼贯而入。卯木肇看着看着，忽然大叫一声“有了”。

原来，他触景生情，灵感突发，悟出了一种推销彩电的办法：眼前这一群庞然大物规规矩矩地被一个不满三尺的牧童驯服，是因为牧童牵着一条“带头牛”。索尼彩电要是能找到一家“带头牛”商店率先销售，不是很快就会打开销路吗？

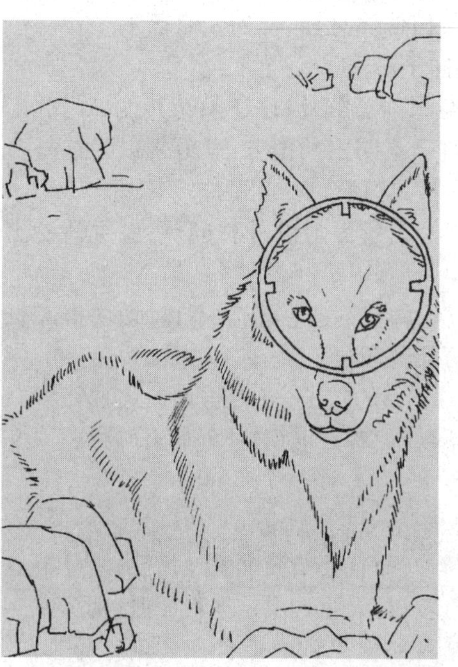

经过研究，卯木肇选定当地最大的电器销售商马希利尔公司为主攻对象。第二天上班时，他兴冲冲地赶到马希利尔公司求见公司经理。名片经传达人员递进去很久才退回来，回答是“经理不在”。

卯木肇先生心想：刚刚上班，经理肯定在办公室。也许是他太忙，不愿接见，明天再来吧。第二天，他选了一个估计经理较清闲的时候去求见，

这次仍没见到。

直到第四次求见,卯木肇先生才见到经理。

“我们不卖索尼的产品,”没等卯木肇先生开口,经理劈面就是一句,接着大发一通议论。大意是:“你们的产品降价拍卖,像一只瘪了气的皮球,踢来踢去无人要。”

为了事业,卯木肇先生忍气吞声,堆着笑脸唯唯诺诺,表示不再搞削价销售,立即着手改变商品形象。

见面后,卯木肇先生立即从寄卖商店取回索尼彩电,取消削价销售,并在当地报刊上重新刊登广告,再造商品形象。

卯木肇先生带着刊登新广告的报纸,再次去见公司经理。那位经理以“索尼售后服务太差”为由拒绝销售。

卯木肇先生二话没说,回驻地后立即设置索尼彩电特约维修部,负责产品的售后服务工作,并重新刊登广告,公布特约维修部的地址和电话号码,保证顾客随叫随到。

谁知马希利尔公司经理在第三次见面时,再度以“索尼知名度不够,不受消费者欢迎”为由而拒绝销售。

虽然仍旧遭到拒绝,但卯木肇先生没有灰心,反而觉得充满信心。他回驻地后,立即召集 30 多位工作人员,规定每人每天拨 5 次电话,向马希利尔公司询购索尼彩电。接连不断的求购电话,搞得马希利尔公司的职员晕头转向,误将索尼彩电列入“待交货名单”。

卯木肇先生再一次见到经理时,经理大为恼火:“你搞的什么鬼?!制造舆论,干扰我公司的正常工作,太不像话了!”

卯木肇先生不慌不忙,待经理气消了一点后,大谈索尼彩电的优点,是日本国内最畅销的商品之一。他诚恳地说:“我三番五次求见你,一方面是为本公司的利益,但同时也考虑到贵公司的利益。在日本畅销的索尼彩电,一定会成为马希利尔公司的摇钱树!”

马希利尔公司经理听了这番话以后,又找了一条理由:索尼产品利润少,比其他彩电的折扣少 2% 。

这时,卯木肇先生不是急于提高折扣,而是巧妙地说:折扣高 2% 的商品,摆在柜台上卖不出去,贵公司获利不会增多;索尼折扣虽少一点,但商品俏,销得快,资金周转快,贵公司不是会获得更大利益吗?

卯木肇先生满怀信心,回驻地后立即选派两名能干的年轻英俊的推销员送两台彩电去马希利尔公司,并告诉他们:这两台彩电是百万美元订货的开始,要他们送到货后留在柜台上,与马希利尔公司店员并肩推销。

临走时,卯木肇先生还要求他们与店员搞好关系,休息时轮流请店员到附近咖啡馆喝咖啡。如果一周之内这两台彩电卖不出去,他俩就不要再返回公司了……

当天下午 4 点钟,两位年轻人回来,报告两台彩电已销出,马希利尔公司又订了两台。卯木肇先生非常高兴。

至此，索尼彩电终于挤进了芝加哥市“带头牛”商店。当时正值 12 月初，是美国市场家用电器销售旺季，经过一个圣诞节，一个月内竟卖出 700 余台。

马希利尔公司大获利市。那位经理对索尼彩电立即刮目相看，亲自登门拜访卯木肇先生，并当即决定索尼彩电为该公司下年度主销产品，联袂在芝加哥市各大报刊刊登巨幅广告，提高商品知名度。

有马希利尔公司这条“带头牛”开了路，芝加哥地区 100 多家商店跟在后面纷纷要求经销索尼彩电。不到 3 年，索尼彩电在芝加哥地区的市场占有率达 3%。

由于有了芝加哥这条“带头牛”，索尼彩电在美国其他城市的局面打开了。

卯木肇先生正是运用了“擒贼擒王”的策略。

马希利尔公司是芝加哥电器销售行业中的“带头牛”，也就是这行业的“王”。卯木肇先生在索尼彩电备受冷落的情况下，从牧童放牛中得到启发，决定抓住问题的关键。

这正是“擒贼擒王”之计的威力。

婚礼上潜望镜受宠

1981 年，英国王子查尔斯和黛安娜要在伦敦举行耗资 10 亿英镑，轰动全世界的婚礼。

消息传开，伦敦城内和英国各地许多厂商、老板几乎同时都瞄准了这一机会，绞尽脑汁想发一笔大财。

糖果工厂在包装盒上印下王子和王妃的照片。一些纺织、印染行业，都对产品的装潢进行了重新设计，标上了具有结婚纪念性的图案。豪华的婚礼，给经营者带来巨大财运，但赚钱最多的却是一家经营潜望镜生意的商号。

盛典之时，从白金汉宫到圣保罗教堂，沿途挤满 9 层近百万群众，当站在后排的人们正在为无法看到前面的街道场景而焦虑万分时，突然从背后传来叫卖声：“请用潜望镜看盛典！一英镑一个！”

长长的街道两旁，在

同一时刻,数百名儿童手里拿着用马粪纸板配上玻璃镜片制作的简易潜望镜跑过来,片刻间,一大批潜望镜被抢购一空,这家商店发了一大笔财。

在近百万观众之中,人们的需要是多方面的,如购买一枚漂亮的纪念章,吃上一块蛋糕、冰淇淋,买上一盒印有王子王妃照片的糖果。但在那关键的一刻,如果看不清王子及其情人,却是最大的憾事。

这家商号的成功,正在于抓住了人们的根本需求,渴望亲眼目睹本世纪这场最豪华婚礼的场景的心理。

消费需求是多种多样的,一般又有主导需求和辅助需求,主导需求决定人们的购买行为。

精明的经营者,应善于对影响市场消费的诸因素进行仔细分析,在诸多需求中,"擒贼擒王",抓住主导需求,才能在竞争中获胜。

上面提及的那家商号,正是在婚礼庆典中,"擒"住人们众多需求中的"王":看清楚婚礼的场面,并且要越过层层人墙。潜望镜正符合了这一点,所以这家商号在众多经营者中脱颖而出,大发其财。

第四章　混战计处世智慧

19计　釜底抽薪

《三十六计》第十九计“釜底抽薪”曰:“不敌其力,而消其气,兑下乾上之象。”

其大意是:不直接抗击强敌的锋芒,而设法削弱对手的气势,这是一种以柔克刚的取胜之法。

有很多人找不到处理难题的办法,或者说只看到表面现象,而不能发现问题的本质,结果总是舍本逐末、缘木求鱼。“釜底抽薪”之计告诉人们:要从根本上解决问题。

领导之艺

“釜底抽薪”一语,系出自北齐时撰写《魏书》的“北朝三才子”魏收所写的檄梁朝文,里面有两句“抽薪止沸,剪草除根”,因而引申过来,即凡事应从根本解决之意。在用人管理上,釜底抽薪指领导人抓住关键,解决问题,彻底消除属下中的隐患;同时也有使属下摒除不良作风和生活习惯,重新团结合作之意。

略施计策　逼走孔夫子

春秋时,鲁国重用孔子,国泰民安,日益殷实。为此刚刚失去贤相晏婴的齐景公感到了威胁,便对大夫黎弥说:“自孔子相鲁以来,鲁国日益强大,将来它的霸业一成,我国必首蒙其害,这可如何是好?”

黎弥沉思了一会儿说:“想办法逼走孔子,鲁国必然孱弱如初。”

齐景公问:“孔夫子在鲁国正受宠走红,怎样才能逼走他?”

黎弥便把自己的计策说了出来:“俗话说,饱暖思淫欲,贫穷起盗心。今日鲁国一片太平,鲁定公必有好色之念。如若选一群美女送予他,让他夜夜笙歌,一本正经的孔夫子还能诚心辅佐他吗?他们君臣还能像过去一样亲密无间吗?这样一来,保管气走孔夫子,那大王不是可以安枕无忧了吗?”

齐景公连称妙计,令黎弥挑选80名美女,教以歌舞,授以媚容,另选120匹宝马,特别修饰,一并送到鲁国,说是给鲁定公享受的。

鲁国的另一位丞相季斯听到这个消息后，即刻换了便服，坐车到南门去看，见齐国美女正在表演舞蹈，娇声遏云，舞态生风，一进一退，光华夺目，不禁目瞪口呆。

等到定公几番宣召他入宫，把齐国国书给他看时，他立刻答道："此乃齐王的好意，不可推辞。"

于是定公便在季斯的带领下去看这群美女，只见美女们摇臂摆身，似临风之芍药；歌声乍起，疑为群莺出谷。鲁定公乐得神魂飘荡，手舞足蹈。

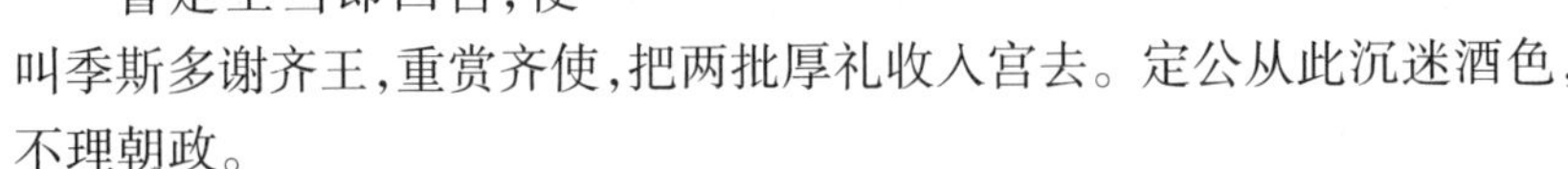

鲁定王当即回宫，便叫季斯多谢齐王，重赏齐使，把两批厚礼收入宫去。定公从此沉迷酒色，不理朝政。

孔子见状，十分忧心。他几次劝谏鲁定公，但毫无效果。孔子感到自己的抱负无法在鲁国施展，于是又带领弟子周游列国去了。至此齐景公达到了自己的目的。

鲁国繁盛，是因为有个孔子在主持大局；欲削弱鲁国，再没有比赶走一个人更有效的了，恐怕也没有比这更简单的了。明摆着，齐国用的是"釜底抽薪"之计。

没有无源之水，没有无本之木，任何一支政治力量都有其根源，能从其根源着手，必能得胜。

处世之道

"釜底抽薪"之计是指在现实生活中，要求做人者以静制动，以柔克刚，无论竞争双方哪一方实力强大，哪一方实力微弱，都可以借用最厉害的计谋、最可靠的帮手来削弱竞争对手的势力，如果运用的巧妙，将会使对方彻底失败，难以翻身。

以柔化刚　削弱对方

在现实生活中很可能经常地受到一些强人的欺压凌辱，那我们应如何对待这样一类令人十分难以接受的事实？不能不想点办法。这里，简单地加以抗衡，却实在是苦于没有力量，而一味地忍，也不过是一种权宜

之计，很可能会吊大对方的胃口，觉得好欺负，从而得寸进尺，得陇望蜀。应该说，在一种弱小无助的地位上，凭看自己的一点血气加以抵抗，很可能是以卵击石、有去无回。但是，忍也必须是有方法的。可以通过这种忍，摆脱自己所受到的欺压和凌辱，并适当地保护自己。

有一则这样的故事，倒是可以给人们一些启示。它说的是山东某县集贸市场上，有一个无赖，他仗着自己练过几天功夫，会耍几手拳脚，在小镇的农贸市场上为非作歹、为所欲为。最令人气愤的是，他总是拎了这个摊上的鸡，又拿了另一个案上的肉，却总是不给钱。谁要向他讨，他就说先赊着以后一块儿给。可谁真正向他要，他便或是大打出手，或是想法子弄得你无法在这儿待下去。人家对他是敢怒不敢言。有一天，这个无赖又到市场上。他走到一个猪肉摊前，点着一块肉要摊主割下来给他，那位摊主也是位青年，听他一说，二话不讲，操起刀就在案子边的条石上霍霍地磨了起来。这个无赖见此，只好站在那儿等着。此时，摊边上的人开始聚集过来，一半是看热闹，一半也是目睹一下这个无赖的横行。岂知，这位摊主磨了好几分钟还没有罢手。此时，无赖急了，张口就骂，要摊主赶快。只见这位摊主不紧不慢地应了一声，把磨得锃亮的刀往阳光下一摆，一道寒光直照到无赖的眼睛上去。这个无赖心中一惊，不由得打了一个冷战。又催摊主快割肉，但语气明显缓和了一些。摊主拿着刀，对着这个无赖想要的那块肉就砍下去，只听“刷”的一声，一大块齐整整的肉就给割了下来。更令人叫绝的是，也就这一刀，把肉中连着的骨头也一点没碴地砍断了。见此情形，这个无赖心中不由又是一愣。事情还没有完，摊主把肉砍好之后，并不是照一般人那样，把刀搁在案子上就算了。而是出乎意料地朝身边几尺远的一块木板上扔去。随着一声响，那把剁肉刀便插在木板上，与其他几把并排。哦！原来这是他的刀板。同样令人奇怪的是，这回这个无赖并没有像往常那样，拿起肉便扬长而去，而是叫摊主称称，交了钱才回去。

究竟是什么力量使摊主在忍让之中又征服了无赖呢？看了这个小故事，人们自然会想到那把刀，以及摊主熟能生巧的手法和技艺。但是，这则故事告诉我们更多的是一种技

艺：即它可以通过某种形式、某种物品、某个动作，给对方一种暗示：自己虽忍着，但也不是好欺负的。这里，虽然没有明火执仗的对抗，没有拳脚相见的冲突，但它也是一种较量，也是一种力量和意志、人格的显示。这种暗示是十分重要的。它虽然没有表面上的对抗，在形式上确是忍，但却使对方明白，这种忍并不是俯首帖耳的听命，也不是奴才般的服从，它只不过是一种主动的退让。它实际上也是在告诉对方，一旦逼急了，羔羊也会变成猛虎的。总之，在这种情况下，忍是应该的，但应该适时地表现出自己的存在的力量。用你的柔化他的刚，削弱他的力量，这也是用釜底抽薪之法保护自己的一个良策。

经商之技

抽薪止沸，是生意场上常用的竞争手段。它比打一场拼资金、拼设备、拼工艺的撞击战少许多硝烟和刀光。"抽薪"的办法，可以长驱直入，也可以迂回曲折；所抽之薪，可以是"硬件"，如机器、原料等制高点或控制权的把持；也可以是"软件"，如管理方式、技术力量和设计成果的为己所用。本计使用得法，强手可以"兵不血刃"地叫弱者束手就擒，弱者亦能以柔克刚地制服强手。

哈默智取"太平洋"

1961 年，哈默石油公司在小小的奥克西钻出了加利福尼亚州第二个最大的天然气田，这个天然气田价值 2 亿美元。几个月后，又在附近的布伦特伍德钻出了一个蕴藏量十分丰富的天然气田。

这使得哈默石油公司的资产、规模都得到了壮大，但与那些实力雄厚的大石油公司相比，真可谓"小巫见大巫"。正因如此，当哈默兴冲冲地亲自赶到太平洋煤气与电力公司，欲与这家公司签订为期 20 年的天然气出售合同时，却碰了一鼻子灰。

太平洋煤气与电力公司并没有在意这个刚刚有了一些起色的石油公司，只用了三言两语就把哈默打发走了。他们说，对不起，他们不需要哈默的天然气，因为他们最近已经耗费巨资准备从加拿大的艾伯格到旧金山的海滨区修建一条天然气管道，这样大量的天然气就能从加拿大通过管道输到美国……

这无疑给设想着能够顺利成交的哈默当头浇了一盆冷水，这使他很难堪，一时间竟然不知所措。

俗话说"姜是老的辣，"哈默不愧为当代少有的大企业家，他很快就从茫然中镇定下来，凭借自己多年的经验，想出了一条"釜底抽薪"的锦囊妙计。

哈默驱车赶往洛杉矶市。洛杉矶市是太平洋煤气与电力公司的买主，天然气的直接承受者。他找到该市的市议会，绘声绘色地向议员们讲了他的计划设想：从拉思罗普修筑一条天然气管道，直达洛杉矶市，他

将以比太平洋煤气与电力公司和其他任何公司更为便宜的价格向洛杉矶市供应天然气，以满足市民的需要。而且由于他将加快修建管道的工程进度，将比太平洋煤气与电力公司和其他任何公司提供天然气的时间更为缩短，洛杉矶市民将在近期内用到他的便宜的天然气。

在这场战斗中，哈默先生凭借自己的智慧与经验，娴熟地运用“釜底抽薪”之术，战胜了对手，赢得了胜利。

各不相让　美、瑞展开人才战

商业竞争，说到底是人才竞争。釜底抽薪之计用于商战，往往表现为对人才的争夺。美国是一个科学技术高度发达的国家，它尤其重视人才引进。二次大战以后，美国引进了高级科学家、工程师、医生等24万人。在美国，一个人从小学到大学毕业，政府要付5万美元的教育经费，24万人就是120亿美元，如果再加上家长和社会对学生所付的其他费用，那么数字一定大得惊人。所以美商认为，引进人才不仅是一个无本万利的买卖，而且是商战中的釜底抽薪之计。

比如，瑞士有一位研究生研制成功一种电子笔和一套辅助设备，其性能可用来修正遥感卫星拍摄的红外照片，这项重大发明引起了全世界的注目。美国一家大企业闻讯后马上派人找到那个研究生，以优厚的待遇为条件，动员他到美国去工作。瑞士一些公司也千方百计地要留住他，于是希望得到人才的双方展开了人才争夺战。你加薪，我再加薪，弄得不可开交。最后，精明大胆的美国人说：“现在我不加了，等你们加定了，我们乘以5。”就这样，这位研究生连人带笔一起被弄到了美国。

20计　混水摸鱼

《三十六计》第二十计“混水摸鱼”曰：“乘其阴乱，利其弱而无主。随，以向晦入宴息。”

其大意是：乘对方内部发生混乱，利用他力量弱而无主之际，让他随从我，就像人到夜晚入室安睡一样。

每个人所面临的形势都可能有好有坏，遇到好的形势应当更加清醒，而遇到坏的形势应当更加冷静。但并不是每个人都能做到这一点的，所以总有混水摸鱼者。为了不让别人摸你的鱼，只有你比他更懂得防的本领。

领导之艺

“混水摸鱼”，在古代有“时势造英雄”的说法，与之相似，“混水摸鱼”用在领导人身上，一是指领导人如何利用形势巧得升迁，或者是稳坐

其位;一是指利用气氛笼络人心,取得属下的拥护。“混水”,一种是本来已浑的水,自己去巧妙利用;一种是自己去“搅浑水”,打乱其方寸,以实施自己的计划。

在“争吵”中出决策

我们大家都知道,三国时,诸葛亮以天时、地利和人和来分析汉末魏、蜀、吴三个政治集团的情况。刘备占的是“人和”,但他却未能完成一统天下的大业。就连足智多谋的诸葛亮也“出师未捷身先死”。刘备政治集团为什么失败?原因是多种多样的。但这个史实至少证明了一个问题,即光靠“人和”是不能解决问题的。

我们现在有些企业的领导干部更把“人和”理解得简单化了。认为不吵不闹,没有反对意见,开什么会都掌声雷动,一致通过,这便是“人和”。

他们通常不愿下属间发生任何争端。当下属间稍有异议时,就皱眉说:“你们在一起工作,像这种小问题都无法获得一致的见解,你反对我,我反对你,怎么行呢?”

同样,这种领导也不喜欢下属反对他的意见。如果恰巧有四、五种不同的看法同时提出来,他往往会觉得焦头烂额,不知所措。最镇静的办法也不过是说:“今天有许多很好的意见被提出来了,因为时间关系,会议暂时就到此为止吧。以后再找机会,大家好好讨论。”想尽办法要追求他心目中的“人和”。

这种害怕反对意见的领导,忘记了一件最重要的事,那就是,一致的意见,不见得就是最好的。

假如下属对你的方案没有异议,并不能证明此项提案就是完美无缺的,也许别人只是不好意思当面批评你而已。这时,做领导的,切不可沾沾自喜,而应该尽量鼓励别人发表不同意见。

鼓励的办法有两种:一是放弃自信的语气和神态,多用疑问句,少用肯定式。不要让人觉得你已然成竹在胸,说出来不过是形式而已,真主意假商量。

二是自己挑选一些薄弱环节暴露给人看,把自己设想过程中所遇到的难点

告诉别人,引导别人提出不同意见。

只有集合多方面的意见,不断改进自己,才能使自己更上一层楼。

良好地相处,往往不是相互忍耐而得到的,有很多时候,反而是争吵的结果。

要注意的是:当你在下属的不同意见中选择一种来用时,切记不要伤害未被选用意见的人的自尊心。首先应该肯定他的辛苦是有价值的;其次要以最委婉的方式说明不采用意见的原因。不要让持不同意见的下属有胜利者和失败者的感觉,不要让他们之间产生隔阂和敌意。

若能妥善处理好这些问题,反对之声不仅不是领导者的祸水,相反,还是领导者的福音。

以情动人贤才聚

现代商战,说到底就是人才的较量。在人才就意味着财富的今天,人才流失一直是令老板们大伤脑筋的问题。因此,老板们千方百计地想留住人才,近几年,他们吸取了“士为知己者死”的古训,对自己的雇员进行感情投资。老板们细致地通过关心体贴、人情世故、情感交流去努力赢得雇员的心。通常情况下,其雇员在亲情感动下,往往就会表示忠诚,安心工作,不思跳槽之事。

纵观今日之商场,大凡业内成功人士,几乎无一不是进行感情投资的高手。也只有如此,才能保证企业留住人才,从而在商战中立于不败之地。深圳万科有限股份公司董事长——王石就是一位精于此道的人。

一天,一位原先在公司担任一定职务的有才干的年轻人,忽然辞职走了。而后,王石得知他是被聘到一家酒店做经理。于是,王石找上门了。原先的老板主动来喝酒,这使那位 A 君深感意外。但相避已晚,只好笑脸相迎,请王石喝酒,他在一旁陪着。

两人细饮慢说,王石情绪不错,脸上带笑与这位过去的手下拉扯一些一起创业过五关斩六将的旧事。随后,才谈到 A 君的近况,他兴致勃勃地问:“怎么样,是不是很不错?”A 君当然要把自己的处境好好描述一番:很受东家的赏识,自从当了经理,手下协作也不错,估计可以在一年内赢利 50 万元。一边说一边很觉得意。王石淡淡一笑,说:“50 万吗?我认为太少了。”“就这么一个小小的酒店,一年挣这些已经不错了……”A 君小声地辩解道。

王石正色道:“照我看,你的本事一年可以赚几百万,你自我估计太低了。在这个小池子里,你这条大鱼只能弄起这点水花,所以我看你在这里不合适。还是回万科去干,怎么样?”

A 君非常意外:“王总,你开玩笑吧?我才从万科出来,你还要我回去……”王石缓缓地说:“我做事想问题从来都是认真的。”A 君为难地苦笑:“我连公司的房子都退掉了,再回万科,还有我的立足之地么?”

王石离桌站了起来:“你错了,我们万科的一贯做法是,人走了房子还留着给他。你的房子还在,空着,就等你去住。万科可以招聘更多的

人才,你是人才,我看你在这个小酒店里太屈才,所以我们决定重新让你回万科。"

果然,几天后,A 君重返万科公司。他在一个部门当经理,也确实是个能挣几百万的人才。就在那一年,他率领本部门一帮同仁冲锋陷阵,年底为公司赚了几百万元。

对王石而言,情感投资并非只是针对少数优秀人才的,即使是普通职工遇到困难或请求帮助时,王石也都会站在长者和朋友的立场上给予理解和支持。

公司有一位女工忐忑不安地找到王石,向他披露了想和丈夫离婚的念头。王石关心并尊重她个人的选择和决定,并以公司的名义为她请来一位律师,帮助这名女职工及时稳妥地解决了婚姻上的困扰。

你看,可亲可敬的王石就是这样把大批人才团结在自己的周围。

处世之道

"混水摸鱼"之计意思是说,乘人混乱之机,利用其力量虚弱没有主见而获胜。

任天堂巧中赚大钱

100 年前,一个日本人靠生产纸扑克起家,起名为"任天堂",为中国古语"尽人事,听天命"的意思。到了孙子山内溥这一代,"任天堂"把手工生产改成现代化生产。1953 年,山内溥改生产塑料扑克牌,因其耐用而发大财。1955 年,他又与美国迪斯尼公司订立合同,大量生产有米老鼠、唐老鸭、白雪公主图像的扑克,又在儿童身上发了大财。1959 年,日本电视台打算播放皇太子的结婚典礼,此时,山内溥趁机投资冒险插播了一个 15 分钟的针对儿童好奇心理的"扑克魔术"节目,轰动一时,销售额直线上升。不久,他又推出"魔手"、"超级机器"等,真可谓财源滚滚。

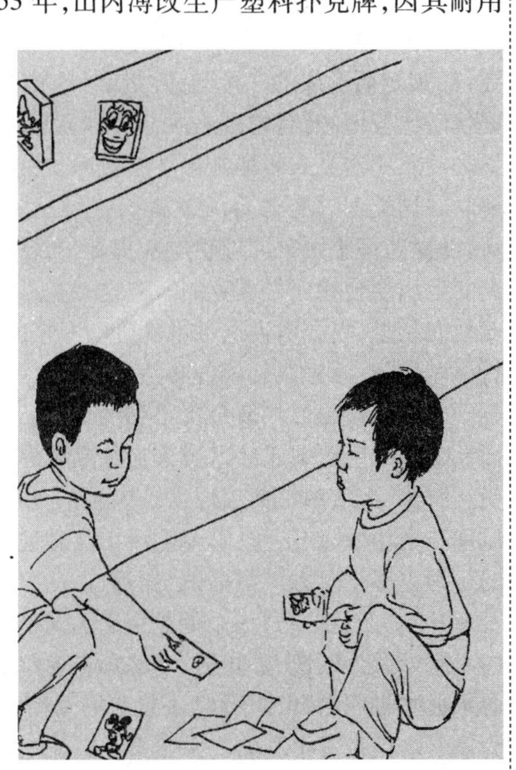

但到了 60 年代,塑料扑克跌入低谷,欧美人还是喜欢纸牌,其他项目也

受阻。山内溥很顽强，1969 年他开始致力于开发电子游戏机，与电子录像机的影像游戏机结合推出，后又与家用彩电配合，而且可供选择的游戏种类越来越多。“任天堂”像一阵旋风。1979 年 2 月推出“太空热”游戏机后，任天堂重返日本玩具商的“天皇”宝座。

后来，任天堂又打向美国，到 1990 年，每 5 个美国家庭中就有 1 部任天堂游戏机。一家杂志说：美国孩子没有任天堂，就像没有棒球手套一样遗憾。

任天堂在美国的子公司经理荒川发现，美国的父母担心孩子们迷上“任天堂”后，减少了体育运动，于是迅速推出一种叫“动力台”的游戏机，孩子们玩时，必须以跑、跳、碰等方式控制荧光屏上的人物。如此挖苦心思，生意哪能不火红。1999 年。任天堂在美国的销售额增至 27 亿美元。他们的成功正是巧妙地运用了混水摸鱼之计，利用了父母们对孩子的那种担心，为己所用，想出了一个一举两全的妙计。

如何面对对手的“混水摸鱼”

在现实生活中，必然会遇到各种类型的人，因而也就需要学会同各种各样的人打交道。一般来说，人们都喜欢同热情慷慨的人来往，而不太愿意同那些爱混水摸鱼，爱贪小利的人打交道。不少青年朋友都因此失去了一些朋友，有些甚至感到非常苦恼。实际上爱混水摸鱼爱贪小利的人并不一定个个满身铜臭，在人际交往中要作具体分析。

一般来说，在行动上表现为贪小利爱混水摸鱼，其心理过程往往是因人而异的。究其原因，大体上可以从生活习惯和生活观念两个层次去考虑。有些爱混水摸鱼人贪小利的毛病是受社会环境（尤其是家庭环境）的影响而形成的一种生活习惯。这样的人往往缺乏远大的理想，家庭生活比较困难，有的则是生活作风随便，自尊要求低，得过且过，不求上进。然而这类人心地并不坏，特别是性格外向，毫无隐忌，容易深入了解。同这类人打交道要注意正面批评，引导他们在工作和学习上下工夫，以提高理想层次。理想层次提高了，自尊的要求就会随之提高，贪小利的毛病便会相应得到克制。对这一类人的贪利毛病切不可姑息，因为对他们姑息，只会加大这种不良生活习惯的程度。另外也不可对他们进行讽刺挖苦，因为讽刺挖苦必然会影响其自尊需要的提高。

还有一些爱混水摸鱼贪小利的人，他们的行为是受到一定意识支配而反映出的生活观念。这类人往往具有比较特殊的生活阅历，在生活中受过磨难，生活观常常表现为以“自我”为中心。同这类人打交道，要真诚地与之相处，在工作、学习生活中真诚地无微不至地帮助对方，用自己的行为去感化对方。俗话说“路遥知马力，日久见人心”，“精诚所至，顽石为开”。时间一长，一个处处宽宏大量的人，定会叫这类贪小利的人从内心深处感到惭愧，要知道，当他真正理解了你的一颗真诚的心后，他是会永远感激你的，由此所建立起来的友谊也一定是纯洁的、牢固的。因为靠混水摸鱼贪小利的人必然不会造成大的危害，对这样的人应从有利

于团结出发,让他改变这种坏毛病是重要的做人方法。

经商之技

本计有两种方法:一是消极使用,就是等到“水浑”之后再去“摸鱼”;一是积极使用,即先想方设法把水搅浑,让对方手忙脚乱,失去主见,然后随从我的意志走进圈套。在西方你死我活的兼并战中常有人这样做。

中国灯泡“混水摸鱼”

几十年前,我国民族工业正值艰难起步时期,美国奇异灯泡厂为了窒息我国的民族工业,在上海采取了一系列手段。

这年,美国奇异灯泡厂生产了一种新牌号的电灯泡,商标为“日光牌”,英文名称 Sunlight;每只售价银元 0.1 元,给零售商的放款期长达 6 个月。当时上海市场上的灯泡批发价为每只银元 0.2 元多一些。奇异厂的日光牌灯泡,批价低,放款长,意在使中国的民族灯泡厂无法推销产品,迫使窒息关厂。

面对这一情况,上海的民族灯泡企业在同业公会的领导之下,发挥团结保产的集体力量,在全部灯泡厂每天的产品中,按产量抽取捐献灯泡,将捐献出来的电灯泡,也同样加上日光牌 Sunlight 的中外文商标,并遍登全国各地报刊广告,每只以银元 0.05 元出售。

之所以这样做,是因为上海的民族灯泡企业人探得当时美商奇异厂蔑视中国,没有将“日光牌”的商标向中国商标局注册,待发现两个“日光牌”灯泡的时候,奇异厂就无权提起保护商标的诉讼。

上海的民族灯泡企业采取“混水摸鱼”的战略,以少数扰乱多数,造成市场上价格有相差一半的同样“日光牌”电灯泡的双包案,引起了全国各地贩卖商的疑虑,对这纠纷复杂的“日光牌”灯泡不敢进货。

这一招妙不但使美国奇异灯泡厂措手不及,而且美商除用外国律师登报恫吓以及致函中国“亚浦耳”等灯泡厂,制造一些麻烦之外,毫无其他有效对策。

经历了这一场“混水摸鱼”之战,中国上海的民族灯泡企业扬眉吐气。

巧借良机　富士乘乱入美国

1984 年,负责承办 23 届奥运会的美国洛杉矶市出现了危机。不仅所需要的开支一个铜板没有弄到手,而且一切筹款的路子都被堵死了。洛杉矶市议会作出决定,拒绝承办奥运会。

这时,尤伯罗斯接到洛杉矶奥运会筹备组的通知,被推荐为 23 届奥运会的主办人。接受任务后,尤伯罗斯以 1040 万美元的价格卖掉“第一旅游公司”,到洛杉矶奥运会组委会报到。

走马上任的第一天，迎接他的是一间空荡荡的办公室。房间里连一张桌子都没有，没有职员，没有资金。尤伯罗斯不把这一切当回事，他先明确宣布，本届奥运会完全“商办”，组委会是独立于美国各级政府之外的“私人公司”。接着，他拿出100美元，到银行为奥运会开了个户头。然后，调兵遣将，开始筹集资金。他第一步就放在为全世界提供比赛信息的电视实况转播专利权上，他把电视转播权卖给美国广播公司，筹集到2.8亿美元。

为了让赞助者出更多的钱，尤伯罗斯把第二个目标转向各大公司。在吸引软饮料公司参加赞助时，“可口可乐”和“百事可乐”两家饮料公司竞争十分激烈。“百事可乐”在1980年冬季奥运会上出尽风头，此后销售额连年上升。“可口可乐”打算不失这次良机。尤伯罗斯看准了这一行情，一下子让“可口可乐”公司开出赞助1260万美元。

美国柯达公司和日本富士公司是世界上最有影响的两家照相胶片公司。柯达自恃是“世界最大”公司，大摆架子。组委会多次派人登门联系，他们在赞助费上竭力还价，甚至抱怨不会有任何胶片公司愿出400万美元赞助费，以致拖了半年的时间还无法达成协议。这时候，日本富士公司乘虚而入，以700万美元的赞助取得了胶片供应和广告权。消息传开，柯达公司后悔已为时太晚，只好敬酒不吃吃罚酒，撤了广告部主任的职，并花了1000万美元买下ABC电视台在奥运会期间全部的胶卷类广告时间，企图封锁富士公司在奥运会期间的电视广告。尽管如此，富士彩卷通过赞助还是打入了美国市场，并且声誉大振，销路大开，赢得了数千万美元的厚利。

21计　金蝉脱壳

《三十六计》第二十一计“金蝉脱壳”曰：“存其形，完其势，友不疑，敌不动。巽而止，蛊。”

其大意是：保存阵地的完好原形，造成还在原地防守的声势，使友军不怀疑，敌人也不敢贸然出击。在敌人迷惑不解时，隐蔽地转移主力。

做什么事，总得留一条退路，因为有退路，才有生路。有些人做事不是别人把他逼向绝路，而是他自己把自己逼上绝路，这是不懂“金蝉脱壳”之计所致。

领导之艺

“金蝉脱壳”之计，是“走为上计”中的一种走的方式，是在危急存亡的关头，用伪装、隐蔽或欺骗的方式，死里求活的脱身之计，也是行险侥幸的闯关行为。如果此计施行得顺利，就可脱离虎口，如果此计不成，只有自认倒霉。因为在施此计时，已是形势万分危急了，本身处于极端不利的地位，既不能进又不能退，只好铤而走险，先脱出重围，再找东山再起机会。在领导人策略中，“金蝉脱壳”用另一副面孔，化不利为有利，并使自己巧脱身，或者是远离那些危险人物。

及时摆脱困境

在日常工作中，一成不变的顺境是很难保持的，也许就在你要舒一口气的时候，困境就突然出现了。它会让你措手不及，瞠目以对。而经验丰富的领导者却能够用下列办法轻松解脱：

其一，如何应付掣肘现象。增加领导者活动的透明度可以有效地减少许多干扰行为，从而减少掣肘的发生概率。增加领导者活动的透明度，旨在降低领导者活动中的灰色现象，因而是有分寸的。“过度”或“不及”同样会造成不必要的麻烦，会诱导新的被动受阻的情况。

因此，增加领导者活动透明度是十分必要的。它使群众对领导者活动有了“底”，由此减少了阻碍领导者活动的因素。它使领导工作公开置于群众的监督之下，把在决策之后有可能产生的掣肘因素消化在监督过程中，减少了执行实施中某些受制于人的情况。它满足了被领导者的自尊心和民主权利，减少了领导者工作的复杂性。

本来，有些掣肘事件在发生之前，只要领导者主动沟通一下即可化

解，但是由于领导者工作没有做好，导致了一些无谓的分歧，使自己陷入了阻力重重的境地。它会使领导者背上包袱，失去自我；有些人则试图掩盖错误，以致积重难返。在这种情况下，领导者就不可能大胆地开展工作，就不可能大胆地纠正下级的错误。这样不仅领导者失去了自我，手脚被错误所缚，很可能在单位中还形成一种敢于犯错误的不良氛围，领导者面对此境，将会无能为力。

其二，如何保障规则合理。规则是人制定的，但往往规则一成，却回过头把人套住。也就是说，当初制定规则时，是人绞尽脑汁想出来的，但一段时间后就与实际需要脱节，产生种种缺陷。若要加以修正则须花费相当的时间和精力，人们只有继续墨守成规，成为规则下的牺牲品。

总之，一个主管必须时时注意自己所定的规则，是否有不合情理之处，或不切实际的需要；一旦发现有这种情形，就应当拿出魄力，不畏艰难确实加以改革，这一点是千万不可忽略的。

其三，如何处理“内讧事件”。突然出现大量员工辞职的原因，可能是由于：公司内有不利的传言四散；某部门主管拉拢下属跳槽；公司内有剧烈的派系斗争；某主管工作不力，令下属纷纷辞职。

对于第一项，领导者先要找出谣言的源头，加以堵塞。譬如某会计部职员发觉公司亏损严重，四处通知同事另谋出路；或传出老板移民，有意出让公司等。

堵塞了传言后，应立即向员工讲清楚公司的实际情况，例如公司去年成绩虽然不好，但对未来仍有信心，而且公司资金充裕，所以不会裁员等等，以安抚人心。

如果是第二项，对于一些重要的主管离职，应当要求他保证在一定时间内不拉公司的客户或员工跳槽，以保证公司能继续正常运作。

至于第三项，如属派系斗争，则一定要召见派系领导人，对他们的私斗严加斥责，并重申如情况得不到改善，一定将各派领导人撤职。

危难关头巧“脱壳”

1928 年夏天，积劳成疾的美国银行家贾尼尼离开了刀光剑影的纽约华尔街，回到风光旖旎的家乡意大利米兰休养。

身在意大利米兰，心在美国纽约。贾尼尼始终密切地关注着万里之遥的纽约华尔街的情况。

一天，贾尼尼突然被一条新闻惊呆了，这条刊登在头版头条的新闻是这样写的：贾尼尼的控股公司纽约意大利银行的股票暴跌 50%，加州意大利银行的股票亦出现 36% 的跌幅。

贾尼尼大吃一惊，心急火燎地赶回加州的旧金山。在圣玛提欧的豪华住宅中，贾尼尼召开了紧急会议。他阴沉着脸火爆爆地大声质问憔悴不堪的儿子玛利欧：“股价如此暴跌，一定有人在背后捣鬼，到底是谁？”在一旁的律师吉姆·巴西加赶忙替玛利欧回答道：“股价暴跌是由摩根的纽约联邦储备银行引起的，他们认为意大利银行涉嫌垄断，逼我们卖

掉银行51%的股份。”

原来，意大利银行收购旧金山自由银行之后，金融巨头摩根怀疑贾尼尼野心勃勃要控制全美国的银行业，因此招来了联邦储备银行的干预。面对这种情况，玛利欧主张卖出意大利银行的一部分资产，然后再买回公开上市的股票，从而使意大利银行由上市的公众持股公司变成不上市的内部持股公司脱离华尔街的股票市场。

其他的董事也都认为玛利欧所说的是目前惟一可行的办法，只有这样才能挽救意大利银行于倒悬。

但是，他们达成的一致意见却遭到贾尼尼的强烈反对，他认为这一策略虽然有不无可取之处，但未免太消极。

大家都沉默了，用征询的目光看着贾尼尼，意思是说，你否决了我们的建议，难道你有什么更好的锦囊妙计吗？他们对贾尼尼善于出奇制胜的才能一点也不怀疑。然而，贾尼尼却说出一番使大家更吃惊的话：“再过两年我就进入花甲之年了，而且身体也渐渐支持不住了，我要辞去意大利银行总裁的职务。”

此话一出，令在场的人都大为吃惊。大家都痛苦地低下了头。因为他们都明白，贾尼尼是说到做到的人，是绝不会反悔的。

玛利欧却迫不及待地劝说：“爸爸，我们焦急地盼望您回国，不是想听您说这句话的，您呕心沥血一手建造起来的意大利银行，如今正处于生死攸关的紧急关头，我们需要您带我们一起度过这个难关！”

贾尼尼放声大笑起来，他挥动着拳头说：“我绝不会让意大利银行倒下的！”大家的情绪立即激昂起来，他们心里明白，贾尼尼已经有了非常好的对策。他们都瞪大了眼睛盯着他。

贾尼尼接着说：“不但如此，我还要设立一个比意大利银行大好几倍的控股公司！我之所以辞职，就是要以个人的身份去游说总统和财政部长，促使他们制定一条新的法令，使商业银行的全国分行网络合法化。”

玛利欧却泄气地说：“等您说服他们颁布新法令，意大利银行早就完了！”贾尼尼瞪了他一眼，

似乎是责备儿子怎么这么没志气:“当然,我去游说一方面是争取合法化,另一方面也是一条缓兵之计。我们不仅不能让意大利银行倒下,而且还要设立比意大利银行还大几倍的全国性的巨型控股公司,发展出一个以原始银行业务为支柱的民办最大的商业银行。”

贾尼尼这种高瞻远瞩的气魄,使大家都佩服得五体投地,对他的金蝉脱壳决策一致表示赞同。于是,玛利欧等人很快就到竿拉注册成立了一家新公司——泛美股份有限公司,该公司的最大股东就是意大利银行。但由于它的股票分散在大量的小股东手里,因而外人很难再怀疑它有垄断嫌疑。

他们再以这家公司的名义,把别人控制下正在暴跌的意大利银行的股票低价买进,这样一来,便挫败了摩根等人欲置意大利银行于死地的阴谋。意大利银行不仅没有垮下,而且越来越发展壮大。后来它甚至还吞并了美洲银行,并将各分行都全部改名为美国商业银行。贾尼尼担任美国商业银行这个全美第一大商业银行的总裁,成为改写美国金融历史的巨人之一。

处世之道

在现实生活中,“金蝉脱壳”之计是深懂做人艺术的演变,它是在处世做人过程中,于人不备处留下一个环节一个退路,以备进退之用,进可以击败对手,退可以保存自己,使自己可以进退自如,立于不败之地。这里所说的“脱”不是惊慌失措,竞争失败消极溜走,而是存其形式,抽去内容,走而示之不走,稳住竞争对方,脱离陷阱。“脱壳”的办法多种多样,但实质上都是用诡诈之术迷惑对方,伪装和掩护真实的行动企图。

中堂误恼　杨巴巧脱身

在我国的历史上也不乏用巧言金蝉脱壳之事,比如,清末年间,李鸿章出巡天津,知府大人为了巴结讨好,特意叫一个杨巴的人为李鸿章献上茶汤。杨巴恭敬地将茶汤捧到李鸿章面前的桌上,然后悄悄退下,垂手而立,准备听赏。

李鸿章正要品尝这津门名品,岂料目光一落碗中,面上顿起乌云。“啪”地一声将一碗茶汤摔在地上。在场的官员全都吓懵了,谁也不知中堂大人为啥犯怒?可杨巴心里明白:李中堂没有喝过这等茶汤,当然不知浮在汤面的是碎芝麻,因而误以为是掉进碗中的脏东西了。否则,何必大发其火呢。

但是,难题来了。若杨巴说那是芝麻,不是脏东西,岂不是暴露了中堂大人孤陋寡闻,没见识吗?如果不加解释,那就等于默认是要给中堂大人难看。怎么办?

只见杨巴以头撞地,“咚咚咚”叩得山响,一边高声叫道:“大人息

怒,小人不知道中堂大人不爱吃压碎的芝麻粒,惹恼了大人。请大人不记小人过,饶了小人这一次,往后一定痛改前非。”说完又是一迭连声的响头。

李鸿章一听,如梦方醒,知道自己刚才鲁莽,幸而这个聪明的杨巴保全了面子。不觉心中大喜,说:“不知者不为罪。虽然我不喜欢吃碎芝麻,但你煲茶汤的手艺炉火纯青,名满津门,来人呀,赏银一百两!”

杨巴在严峻的形势之下,急中生智,采用金蝉脱壳之计,保全了自己的性命,同时也为李鸿章保全了面子。

面对隐私　勿陷其中

一个人无论如何成功,都有一个人类的共同点,就是总有空虚和情绪低落的时候。上司在无可选择之下,下班后拉着你讲私事,正是他有难解的心事。记着,他绝非特别欣赏你或信任你,别沾沾自喜,步步为营才是你该采取的态度。因为万一他后悔让你知道太多私事,怕你向外宣扬,可能就特别对你避忌,如此,对你的前途就大大不妙了。

如果你翌日上班,向同事宣传昨晚的事,以抬高自己身份,肯定后果堪忧。还有,以为昨晚的相聚,等于与上司建立了巩固的友谊,所以见了他就不停大拍肩头,这举动可能令你立刻被扫地出门! 不可不慎。聪明的人应该采取相反的态度,即是对昨晚的事三缄其口,就是最要好的同事,也不透露一个字,装作什么事也没有发生。遇上上司,要态度自若,保持你与他一向的距离,除非对方先提起旧事。要是他仍是兴高采烈,一派遇故知的态度,你才可放下心头大石。再比如,一次偶然的机会,你发现了一个秘密:已婚的上司竟与某女同事大搞婚外恋。其实事情并不复杂,你只要装聋扮哑,一切装作不知,也就平安无事。例如,你本来约了朋友在某餐厅吃晚餐,当你踏入餐厅,却赫然见到他俩,你可以扮作一派镇静,先环视一下四周,若你的朋友未到,事情就好办得多,就当作找不到人,离开那里,在门外等你的朋友。即使朋友已坐在餐桌前,你也可走上前,当作有急事找他,与他一起离开那地方,再作详细解释。要是你与友人先到,正在用餐,他俩才进来,那就不妨在四目交投的情况下淡然地打个招呼,但不要与友人闲聊太久,最好比他俩先走,离开时记着不必打招呼了。

翌日返回办公室，当做若无其事，只管埋头工作。就是有同事私谈有关两人之事，也是绝口不提为妙。反正，在办公室乱谈男女关系，不会有好结果的，聪明的你自会作出明智的选择。

然而，上司此次确实是深陷情网，以至公开出双入对，成为办公室里的热门话题。有惟恐天下不乱者，打算向上级部门告他一状。你很想帮他一把，但且慢！你做个"谏者"要冒很大的险！要是他正处于继续罗曼史和对上级部门的恐惧之间，就极有可能找一个目标来宣泄，而处于风口的就会是你！他会视你为绊脚石、善妒者，或散布谣言的始作者，正是"好心没好报"。从另一个角度来看，一个头脑精明的行政人员，根本就不会让私人事务卷入公事，所以你提出忠告，很可能是枉费唇舌。

奉劝你做个沉默者，如此表示你对他的忠心才是最适当之法。不要就他的事件发表任何意见，更不要让其他同事拉你落水，成为别人的垫背，最好是采取置若罔闻的态度，以使自己"金蝉"巧"脱壳"，使自己处于主动的地位。

经商之技

在创业中走入困境或遇到麻烦是经常的，但问题在于如何摆脱困境。运用"金蝉脱壳"，在形势于己不利时表面上仍然保持原来的气势，令对手不敢轻举妄动而自己则能觅良机走出困境，做到挫而不折、失而不败。头脑机敏、处变不惊的企业家常常能够运用此计从困境走向辉煌。

李嘉诚"金蝉脱壳"

"金蝉脱壳"是摆脱敌人、转移或撤退，完成特殊任务的一种分身之法。运用此计，关键在于"脱"，务使内容虽变而形式尚存，已走而似未动，才能稳住敌人，抽身他去。香港富商李嘉诚在与怡和洋行较量的商战中，就成功地运用了此一计策。

李嘉诚是香港70年代崛起的地产商，他几乎把整个香港的每一块土地、房屋都思量过了，几乎把每个上市公司的股市行情都分析透了，加上李特有的挖"墙角"绝技相配合，他能获得许多公司的绝密情报。功夫不负有心人，他终于获得一项绝密情报——英国在香港最大的洋行英资怡和洋行，虽然是九龙仓有限股份公司的大东家，但实际上占的股份还不到20%，简直少得不成比例，这说明怡和在九龙仓的基础薄弱。尖沙咀早已成为繁华商业区，其旁边的九龙仓实际地价已寸土千金，而股票价格却多年未动，股票面值低得不成样子。这些都是争夺九龙仓的有利条件。如果大量购入九龙仓股票，即使脱票，也可与怡和公开竞购。持股的百姓，在相同的出价下，当然更愿意卖给中国人。因此，早日购足50%的股票，取代怡和成为大东家，这样就有权运用九龙仓的土地发展房地产，堪称一本万利。

李嘉诚得到这一信息,当即决定分散吸进九龙仓股票。从 1977 年起,他悄悄地分散户名,吸进 18% 的股份。

由于李大量吸进股票,使每股由 10 港元飞速上涨到了 30 余元,引起怡和洋行的警觉。李的偷袭战必将转入阵地战。两军对垒,李的实力大大弱于怡和洋行,硬拼实难取胜。在此时,李若继续入股,怡和洋行必然会高价回收九龙仓股票,它财大气粗,李必将惨败无疑。

李嘉诚不愧为一流商贾,他决定以退为进,化险为夷。他的金蝉脱壳之计是寻找一个代替自己向怡和作战的人,将全部股票高价卖给他。

1978 年 9 月的一天,在中环文华阁的高级包间里有两位身穿中式服装的本地客,使用普通话进行了一次短暂而又神秘的会晤。时间虽只 20 分钟,却决定了价值 20 亿美元的九龙仓脱离英资怡和洋行的关键性交易。

这两人中,一个是地产商李嘉诚,另一个就是船王包玉刚,2000 万股票全部转卖给包玉刚,包将帮李从汇丰银行中承购英资和记黄浦股 9000 万股。两人皆大欢喜。

李知难而退,退中获利,既卖得人情又富了自己,岂不英明!包则借李的情报、信息和卓越的判断将实现久日的夙愿,仅此一个妙计,出千金巨资都买不到,何况李已为他打好了赢得价值 20 亿美元的九龙仓之基础!包自知确有实力,胜怡和心中有数,此妙计正用得上,不费吹灰之力一举获得 18% 的九龙仓股票,开盘就有与怡和相等的实力,怎能不高兴!

另外,李嘉诚成功地为幕后的包玉刚打了个掩护,当李被怡和发现之后却停手不干了,使怡和误认为已化险为夷。

波音冲出“死亡飞行”

美国西雅图一个名叫威廉·波音的人和他的朋友韦斯特·维尔特,创办了一家小规模的水上飞机工厂,取名叫“太平洋航空公司”,当时这家公司只有 21 名工人。公司在成立后的第二年,便制造出了第一架飞机,并将公司更名为“波音公司”。自此,数十年来,波音公司凭借其不断推出的新产品,牢牢地占领了世界飞机市场,成为全美最大的民航飞机制造公司。

波音公司主要生产民用和军用飞机、直升机、导弹、航天装备,并提供零件和维修服务等,同时还经营电脑事业。公司已由最初的几十人发展到现有拥有职工十几万人。几十年来,波音公司在世界航空航天业中一直居于领先地位。探究波音公司成功的秘密,可以得出,波音公司成就的取得最大法宝就是不断推出新产品,牢牢把握市场需求的新动向。

早在 30 年代,波音公司就率先推出民航机“飞剪号”,名震全球。在第二次世界大战中,为配合打败法西斯,又率先推出 B17、B29 等大型轰炸机。由于此两种飞机威力很大,故而人们把 B17 型称为“空中堡

垒”,B29 型称为“超级空中堡垒”,由于这批威力极强的飞机加盟,使盟军的力量大增,可谓大长盟军志气、灭法西斯威风,为战胜德、意、日作出了重大贡献。

但是,好景不长,“二战”结束后,美国军方取消了尚未交货的全部订单,使整个美国飞机制造业陷入瘫痪状态。波音公司尽管战时为军队的最终胜利提供了巨大的支援,但由于撤销了军方订货,一时间又没有发展其他品种,也不例外地陷入了“死亡飞行”之中。

一时间,各个飞机制造公司昔日的风采荡然无存,个个垂头丧气,不知该从何下手。

但威廉·波音并未被眼前的困难所吓倒,而是进行了深刻地反思。他认为,造成“死亡飞行”的原因虽然从外在形势上看是由于军方取消了军用飞机的订货,但作为公司来讲,也有不可推卸的责任:那就是过分依赖军方的订单,产品过于单一,没有及时考虑到有一天战争停止了,该向什么方向发展的问题。

亡羊补牢,犹未为晚。威廉·波音果断地调整了经营方向,并采取了相应措施。

一方面波音公司继续与军方保持密切联系,随时了解军用飞机发展的趋势,军方的需求,以便能及时满足军方需要。这样军方就不会介意,而其他飞机制造商也难以乘虚而入;另一方面,考虑到军方暂时不会有新的订货,完全可以抽出主要人力、财力,开发民用商业飞机。正所谓:存其形,完其势,“金蝉脱壳”之计的实际运用。

策略制定了,就要具体实施。为了保证措施的顺利实现,一方面,波音公司很注重吸收和培养人才,并给予他们充分的权力,把主要力量投入民用飞机的研制,从单一的生产军用飞机的旧壳中脱颖而出。

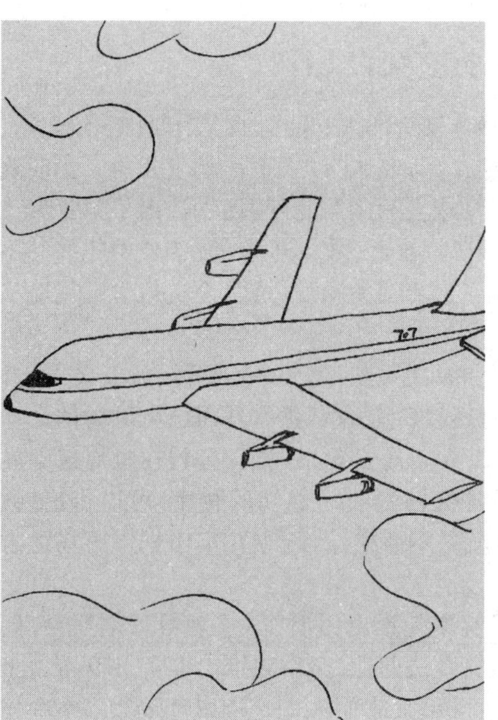

战后经济的复苏刺激了对民用飞机的需要,世界各地的飞机生产厂家争相采用新技术、快速推出新产品。在激烈的竞争中,1954 年 7 月 15 日,波音公司的第一架,也是全美第一架喷气式客机飞上了蓝天。而在此时,其他公司的喷气式客机有的还在厂房里装配,有的还在风洞里试验,有的甚至还

停留在图上作业阶段。他们都没有能像波音公司一样迅速地推出新型民用航空飞机。

因为美国航空总署颁发给波音公司的首架喷气式客机的检验合格证号是70700，恰好“7”这个数字被美国人认为是幸运的数字，因此，波音公司便把这架飞机定名为“波音707”，这同时也开辟了“波音7”系列客机的新纪元。一时间，“波音”几乎成了喷气式客机的同义语。

“波音707”一经问世，便引起全世界的关注，订单如同雪片般飞来。自此，波音公司走出了单一生产军用飞机的峡谷，冲出了“死亡飞行”。“金蝉脱壳”之计显示出了其诱人的威力。

在这之后，波音公司相继推出了727、737、747、757、767、777型客机，同时替海军、陆军、海军陆战队设计制造了各式教练机、驱逐机、侦察机、鱼雷机、巡逻轰炸机和远程重型轰炸机等。波音公司日益发展壮大起来，直至今日波音公司在航空工业领域依然是“执牛耳者”。

波音公司在面对困难时，施用“金蝉脱壳”之术，摆脱了困境，同时也给竞争对手造成一种假象，使其不疑但真正地却是通过集中人、财、物力，开发新产品，适应市场需求，最终获得了成功。

在企业遇到困难时，如果竞争激烈，则用“脱壳”之计，以假象示人，则较容易摆脱对手，同时使自己获得新生。这就是“金蝉脱壳”留给我们的启迪。

22计 关门捉贼

《三十六计》第二十二计“关门捉贼”曰：“小敌困之。剥，不利有攸往。”

其大意是：对弱小的敌人，要包围起来全部歼灭。零散的小股敌人，虽然势单力薄，但行动起来还是很灵活的，诡计多端，难以防范，因而不利于急追远赶。

你要想彻底利用对手来降服对手，最好的办法是敞开大门，诱其深入。做到这一点，需要魄力，需要充分的自信。这一“关”，一“捉”，足见一个人办事能力的大小与高低。

领导之艺

“关门捉贼”之计对于领导者来说，一种情况是对待异己，要毫不留情地打击他们，不给其留喘息逃跑的机会；一种情况是对待人才，要采取“关门捉贤”的办法，留住人才，以共同创业、共同前进。

哪些人你应该“捉”

如果你要想成为一位成功的领导人，除了自身需要具备一定的能力和修养之外，还应该有一支团结向上的下属队伍，正如打仗不仅要有带兵的元帅，还应该有会打仗的兵。

下属队伍的素质对你事业的成功至关重要，俗话说：一粒老鼠屎坏了一锅粥，如果你的下属队伍中有一两个“特殊分子”，那么你的事业就可能导致失败。

如果想让你的事业蒸蒸日上，你就必须以史为鉴，清除你身边的奸佞小人。那么，哪些下属是你应该清除的呢？

①向你阿谀奉承、溜须拍马者。每个人都喜欢别人奉承自己，正如拿破仑的一句名言：“讨厌别人对自己拍马屁的是少之又少。”然而奉承最容易迷惑一个人的心，马屁拍得你浑身飘飘然，不知身在何处，头脑一热，就容易干出错事来。历史上的奸臣无一例外全是溜须拍马的好手。因此，你必须练就一身铁功夫，不为马屁所迷惑。

比如，你可能是一位很成功的老板，事业上的不断成功使你有些陶醉了，而如果再加上你身边的马屁精的不断吹捧，你很可能会骄傲起来，给自己罩上神圣的光环，而忽视了你的竞争对手，商场如战场，事事必须高度警惕，你一丝一毫的懈怠都可能使你的对手东山再起。

②爱在上司面前搬弄是非的人。有些人最喜欢说别人的闲话，即使街坊邻里，也常常是“东家长”、“西家短”地搬弄是非。有些闲话也许只是为了闲人们在饭后的清闲，但是在办公室里，一旦闲话和利益相挂钩，那么有可能会变成阴谋。

俗话说：明枪易躲，暗箭难防。也许表面看来，你的下属互敬互爱，但是你可曾知道这其中的奥秘，可能有的下属正是利用了“流言”这一利剑，再假借你之手剔除了自己的竞争对手，你被蒙在鼓里不说，而且还丧失了你的有力助手，造成赏罚不明。这样打击了你的下属的工作积极

性不说，你还会被人看作是“昏庸无能”的老板。

如果你的下属队伍中有这样一位“流言源”，你应该毫不手软将其除掉。

③爱传播小道消息，口风不严的“传得快”。有的人总是快人快语，这种人消息灵通，但是他的心中搁不下一丁点的秘密，有时也爱窥探别人的私生活，对于这种人，身为上司的你一定也要提高警惕，千万不可将之视为心腹，委以重任。

现在的时代是信息的时代，信息对于一个企业来说无疑就是生命，消息灵通的公司可能会抢先开发一种新产品，引进一台新机器，这种抢先就会给公司带来滚滚的财源。当你的公司决定开发一种新产品，但是很不幸，这一消息被你的下属“传得快”很快地传了出去，你的竞争对手马上做出对策，结果使你的公司造成巨大的损失。你也许百思不得其解，刚刚做出决定，怎么能这么快就传到了对手的耳朵里？其原因就是，你的下属口风不严将此泄露出去。

之所以要高度警惕这种“口风不严”的人，还有一个很重要的原因，那就是现代企业间的“间谍战”。许多公司、企业为了探求竞争对手的信息，常常不惜重金收买眼线，而你的“口风不严”的下属就可能是你的对手企业所瞄准的目标。一旦你的队伍中，出现了“叛徒”，你的任何机密都不再成为机密，你的事业岂不毁于一旦吗？

你若想成为一位成功的领导，你的下属队伍至关重要。

你若想成为一位成功的领导，请清除你身边的“隐患”，永保纯洁。对于那些“隐患”，你不妨对他们说：“请你们走开。”

关门留贤

在每个组织中，难免会出现“身在曹营心在汉”的不安分的雇员，由于在其他地方的预期收益与发展机会会优越于你的组织，他们多要选择“人往高处走”的明智策略，这对个人发展来说是无可厚非的，但对你的组织来说并不公平。

你也许已经给了他们很优厚的待遇，或是为了培养他们投入了巨大的心血与财力。他们弃之而不顾，毅然出走，对你与组织来说肯定是财力与人力的损失，对你自尊的伤害。

这些想跳槽的员工是“身怀绝技”之人，或是怀有雄心大志之辈，使用高压手段硬留他们只会导致鸡飞蛋打，不利于问题的解决。对待他们，最好本着“攻心为主，善始善终”的原则。

当你发现了员工中有不安定情绪的骚动与滋生时，就必须要出击了。做好安抚民心的工作，你可以适当地向他们做一些承诺，前提是你有过兑现承诺的记录，承诺的作用是先让他们吃个定心丸，继而为以后的攻心战赢得时间。攻心要以理服人，以情感人。你可以摆出公司组织发展的前景与即时的短暂困境，你要强调未来的辉煌，而不是虚夸。这里，你还要对跳槽者在公司组织中的地位作出坚决的肯定，造成他良心

及责任感的发现。当然，在攻心战中，你可以提及公司组织为他个人的发展做出的巨大投资，以唤起他的良知。这里的艺术在于尺度的把握，因为提得过多，会使员工产生组织一直是在利用他，而不是拿他当自家人对待的想法。

攻心战要靠你个人的智慧与处理问题的技能。对去心已定的员工来说，你的努力也许会白费。在这个时候，就别梦想着终有一日他会浪子回头了。你要做的就是善始善终，皆大欢喜。

跳槽者走时总会带着一定的愧疚，你不妨对他说："这里的门时刻为你敞开着，有空来坐坐。"这一句话，撞击在他的心头，也许会"震动"得他眼眶中的热泪滚滚而出呢。在新的环境里，他是不会忘记过去服务过的这个温暖的集体的，也许在以后的业务往来与经营中，他还能鼎力相助！

福特关门提贤

美国福特公司的兴旺发达，与福特的爱才惜才，善于招揽人才是分不开的。

有一次，公司里一台新安装的大型发电机不能正常运转，请来几位技工都找不出毛病所在，眼看要影响整个生产计划了，福特很是着急。这时，福特打听到有一位从德国来的移民对电机很内行，现在一家小型工厂工作。福特急忙叫助手请来那位德国技师。德国技师让电机不带负荷，空行运转，然后在电机旁听了半天，又爬上电机听了半天，再前后左右反复试听，最后拿起一截粉笔，在电机的左边一小长条地方划了两道杠杠，对福特说："毛病出在这儿，多了 16 圈线圈，拆掉多余的线圈就行了。"果然，照他讲的去做，电机正常运行了。这让福特看傻了眼，当即付给他 1 万元的修理费，这个价比市场价高出了 10 倍。福特还当即表示愿意高薪聘请这位技师来他的公司工作，其待遇之高令人吃惊。谁知，这位技师却不为所动，他解释说，他现在的公司对他很好，在他十分困难的时候，是这家小公司救了他，现在他不能背弃公司。听了这话，福特更是坚定了非要将这位

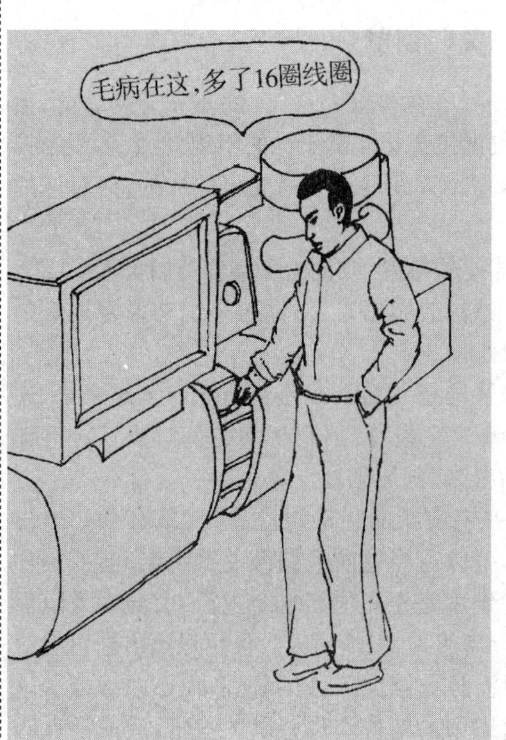

技术高超,而且又讲信用、重情义的人挖过来的决心。不久,福特花巨资将那位德国技师工作的小公司整个地买了下来。这一举动使他名扬海内外,各处贤才纷纷前去,福特公司选了一大批有用人才充实到各个部门。从此,福特公司兴旺发达。

处世之道

在现实生活中,对对手要掌握恰当的办法,采取四面包围,一举取胜的策略。"关门捉贼"也有抓准时机之意,它和"欲擒故纵"是一个相反的概念。

用心良苦　适时关门

俄罗斯大文豪陀思妥耶夫斯基在他众多作品中有不少关于爱情的描写,可是当他自己遇到情感波澜的时候,他也曾束手无策。书记员安娜·格丽高列芙娜是一个美丽端庄的姑娘,四十多岁的陀思妥耶夫斯基渐渐爱上了她,但此时的作家不但一贫如洗、体弱多病,而且负债累累,如果冒失直截了当地说声:"我爱您,安娜!"一旦遭到拒绝,自己窘迫不堪不说,还可能得罪安娜,从此失去一个得力助手,于是他苦心推敲了一个求婚的方式。

一天早上,陀思妥耶夫斯基等安娜从外面进来,对她说:"昨晚我构思了一部恋爱小说,但结局部分我拿不准,想请你帮我出出主意。"安娜一听作家有新小说,当然很高兴,急忙让作家讲讲。陀思妥耶夫斯基盯着安娜讲了起来:"主人公是一个男艺术家,四十五岁,背一身债……在生命的决定性阶段他遇到了一位像您一样的姑娘,也叫安娜……"作家越讲越像自己,"然而艺术家年老、负债,他不知是否能获得这年轻姑娘的爱……所以结尾部分还没有处理好,因为,我摸不透这个姑娘的心理,这要征求你的意见。"

安娜越听越明白作家的意图,她说:"如果我是那位姑娘,我会接受艺术家求爱的。"

陀思妥耶夫斯基听了安娜的回答后激动万分,热切地说:"如果……如果我是那位艺术家的话。"

陀思妥斯夫斯基获得了钟爱的安娜·格里高列芙娜的爱情,从此,在事业上蒸蒸日上。

求爱,是一种神秘而浪漫的情感运动。曲折中见真情,巧妙中显智慧,多姿多彩的感情世界的序幕就这样拉开了。

这里作家用的正是"关门捉爱"之术,巧就巧在他适时关门,获得了安娜的爱情。

经商之技

门被关住了,"贼"就无处可逃。现代商战创业中可引申为将竞争者或消费者引于自己精心设计的"口袋"中,通过一系列的经营谋略和经营方式的实施,来削弱或吸引之,使其再无他路可走,从而实现自己获胜之目的。

"捉贼"之所以必须"关门",目的在于断其退路,四面包围,不使其漏网,一举获胜。企业经营者运用此计时,可取其计意,对于弱小竞争对手和易于争取的顾客,应当设法将其包围起来,从而战胜和争取他们。

在与同行厂家争夺市场时,经营者更要采取强化广告宣传,或者提供全面完整、优质系统的服务,使对手退出市场竞争,或者使顾客的各种需求在本企业得到充分满足,从而控制市场,不使钱财外流。这也是"关门捉贼"之计在经营上的妙用。

"三角经营"显威力

埔口俊夫刚开始经营"埔口药店"时,生意十分清淡,勉强维持生活。

穷极无聊,埔口便看书度日。这样的日子,直到他看到一本书为止。这本书叫《日本进攻大陆作战》。写的是日本在二战期间进攻中国作战的情况。

侵华日军在中国大陆上占领的仅是城市,城市之间靠兵力保护的交通线连接,广阔的农村仍控制在抗日军民手里。一旦这些交通线的某一点被包围突破,占领军的交通线就会被切断,从而使城市陷入腹背受敌的困境,极易攻破。

看着看着,埔口心中的灵感被激发出来:在经营中,对上述情况不是可以反而用之吗?

假设有三个不在一条直线上的小店,其地理位置处于一个三角形的三个顶点上,它们之间的连线就构成了一个三角形。

如果这三个小店是由同一领导统一经营的,互相保持密切的联系,形成连锁形式,那么其中任一个店某种药品缺货,只要一个电话打到附近的两个店,立刻就得到支援。任何一个小店都会让顾客感到药品的充足、无所不备。

药品是一种有统一质量标准的特殊商品,一旦需要,必有一种紧迫感,就尽可能就近购买,而不会考虑药店是否堂皇。

三角形内的消费者处于被包围状态,"无路可走",肯定会在这三角形的连锁店系统中购买,这三个小店就会有较大的覆盖面,生意不好才是怪事呢!

从此以后,埔口热情待客,勤奋节俭,用一点储蓄买下了附近的两家小店铺,第一个三角形连锁店终于形成了。

很快,埔口的三角经商法发挥了令人吃惊的威力。除了原先预计的以外,他还发现,三角形的连锁店中以任何一个店做广告宣传,等于其他两个店也在做广告宣传。而且三个店可以联合一起进货,这样一次进货量多了,进货成本就可以降低了,从而价格竞争的能力也就增强了。加上货全,调货及时,服务态度好,药店的生意兴旺起来。

埔口并没因此满足,接着进一步发挥了他的三角经商法。以任何两个老店为基础,发展一个新店,使这三个店构成一个新的三角形连锁系统。

由于两个老店的支援,新店和老店一样富有实力。这样每建立一个新店,就可以扩大一个新的覆盖面,一个能有效控制的,竞争对手无法进入的覆盖面!

不久,埔口成立了埔口药品连锁商店,他把经营范围扩大到全国,连锁店一家又一家地出现在日本各地。1981 年,埔口的连锁店发展到 512 家,大有继续增加的势头。1987 年,其销售额占全日本药品销售额的 11%。

埔口的三角经营法,正是"关门捉贼"计在经营中的灵活运用。

古为今用,依然威力无穷。

相依相存　连锁经营创佳绩

海外零售业有一种颇有效益的经营方式:连锁经营商店,也体现了"关门捉贼"的要义。

处于同一地带的几间商店经营互相有关联的产品,比如你经营成衣,我经营领带、胸花、袜子、内衣等;或者你专营炒卖,他专营烟酒等,就叫连锁经营。

连锁经营的优点就是能"关门捉贼",即能吸引顾客,使顾客在连锁商店控制的区域内,完成购买行为。

一间商店吸引不了顾客,许多商店乃至商业区才能吸引众多的顾客,这道理是明显的。谁都愿意到商场集中,能连环购买商品的地方去

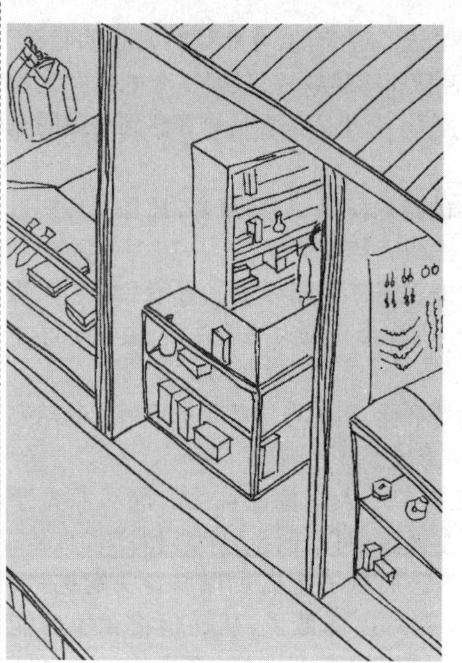

购物。

例如，顾客在一家成衣店买套西装，便可到隔壁的鞋帽店买一双皮鞋，最后再到附近的小店买领带、胸针等。当然，三间商店要热情地为顾客互相推荐生意。

连锁的几家店之间，虽有一些竞争，更多的是相依相存。因此，一旦某一家经营不善时，其他各家需要全力帮助其渡过危机。这样彼此照顾，互相合作，同舟共济，才能形成一个强有力的购物圈，"捉"住更多的顾客。

23计 远交近攻

《三十六计》第二十三计"远交近攻"曰："形禁势格，利从近取，害以远隔，上火下泽。"

其大意是：受地理条件的限制，较为有利的谋略是先攻取就近的敌人，如果越过近敌去打远离自己的敌人将是有害的。火苗往上窜，湖水往下淌，同是敌人，应采取不同对策。

办任何事情，都要有人帮忙；如果单打独斗，则难以成大局。所以对那些精明的人而言，"远交近攻"最为上策。所谓交，即搞好关系；所谓攻，也是搞关系的一种办法。

领导之艺

古人倡导的"远交近攻"策略，的确妙用无穷，如以对方的强弱形势而言，就是"强交弱攻"。比自己强的，跟他保持良好的关系，各个击破那些比自己弱小的，逐渐壮大自己，培养自己的实力，扩充自己的威势。在领导方略上，远交近攻可以理解为攻击和自己职位较近的对手和同僚，交好那些暂时对自己没有威胁的人，同时还可以借他们的力量削弱对手的力量。

把下属当作兄弟

如何与下属打交道？很多领导者高高在上，真正是在当官做老爷。

但是只不过是眼睛只朝上，不看下。见了比自己官大的，一脸媚相，真正是摇尾乞怜，拍马溜须，跟前拥后，形同奴才。

但如果他对普通群众也是这样，倒也没有什么好说的。实际情况往往是这样的，越是喜欢媚上的人，他们对群众就越是苛刻，甚至于刻意捉弄。平时见了人脸上的横肉动都懒得一动。有人叫他一声"×局长"或"×县长"，至多也只是从鼻孔里哼一声。似乎他因为巴结讨好上司而得出了太多的经验，受了一些精神上的"损失"，就一定要从群众这边"补"回来，不但要补，而且还要加倍地补。这是极端错误的。无论你是哪一级的领导人，你处好人际关系的立足点应该是为地方或部门办实事、谋利益，而不是拉帮结派。你必须具备为"公"的宽广胸怀，然后再是如何"处关系"。"生当殒首，死当结草"，"女为悦己者容，士为知己者死"，无一不是"感情效应"的结果。作为领导者，应深知其中的奥妙，不失时机地进行感情投资。

有许多身居高位的大人物，会记得一些小职员或只打过一两次交道的下属的名字。在电梯或门口碰到时，能从容叫出他（她）的名字，这样下属就会受宠若惊。

人非草木，孰能无情。中国人就爱讲人情味，讲"将心比心"，你要想别人怎样对待你自己，你自己就得怎样来对待别人。用一句时髦的话来讲，这就叫"换位思考"，设身处地想想别人。

古人有言："己所不欲，勿施于人"。这句话也可以从另一面来看：己之所欲，亦人之所欲。只有先付出爱和真情，才会得到一呼百应的效果。

我们常说，尊重别人，就是尊重自己；我为人人，人人为我。

日本著名的企业家松下幸之助就是一个注重感情投资的人。他曾说过："最失败的领导，就是那种员工一看到你，就像鱼一样逃开的领导。"

在创业早期，松下每次看见辛勤工作的员工，都要亲自上前给他沏上一杯茶，并充满感情地对他说："太感谢你了，你太辛苦了，请喝杯茶水吧！"正因为在这些小事方面，松下幸之助都不忘记表达对下级的感激和关怀，因而他获得了员工们一致的拥戴，他们都心甘情愿地为他效力，设身处地为他着想。

不管怎样说，在如今的现实生活中，有时轻轻地对你的

同事或下属叫一声“兄弟”，可以轻而易举地解决你长期以来都感到棘手的问题。

譬如你指使几个职工中的一个去干某件他分外的事情，大家都有理由让别人去干，而不应该由自己来干。但如果你说一声：“兄弟，请帮个忙吧！”问题就有可能迎刃而解，而且决不带有被迫的意味。

虽然，你叫他兄弟的人不是你真正的、带有血缘关系的兄弟，但它却传达出人类与生俱来的，或许是潜意识里面的血缘认同感。那是一种饱经沧桑、历经苦难之后的一种共鸣，是对“根”和血统的一种珍视和共鸣，或者说是对“人性”——人相对于其他物种特性的一种呼唤。

关于如何使领导干部提高自己的威信的话题，由于篇幅有限，就到此为止。当然，以上只是荦荦大端，并非全部，仅以此作抛砖引玉之“砖”而已！

雀巢的人才当地化

在用人上扬长避短不仅是个用人方法，也是商战制胜的需要。瑞士雀巢食品公司是瑞士食品工业最大的垄断组织，也是一家颇具声望的跨国公司。这家公司1866年成立以来，经过上百年的经营发展，已扩展到300多家工厂和700多家销售机构，分布瑞士国内及世界十几个国家和地区，年销售额已过百亿美元。

瑞士雀巢食品公司的成功在很大程度上就是注意了用人时扬长避短。他们在拓宽海外业务时，考虑到本公司现有员工没有异地工作的长处，而公司所在地的人却有了解异国风情，关系熟悉等长处可用，便采取一律在公司所在地启用培养当地人员的用人策略，使它在国外的几百家加工厂和几百家销售机构的董事、经理及各部门负责人逐步由当地人担任，逐步实现了海外机构用人当地化。

由于雀巢食品公司实行用人当地化，发挥利用了当地人熟悉当地政策、风土人情及顾客消费习惯等能力特长，销售业务得到拓宽，公司的管理得到加强，取得令人满意的效果。如雀巢食品公司的科特迪瓦分公司1974年营业额为2500万美元，净利不足20万美元，1976年改换当地人当各级领导后，营业额猛增到3500万美元，净利达到120万美元。

处世之道

在现实生活和工作中，“远交近攻”之计要求做人者善于灵活运用远交近攻，切不可把“远交”与“近攻”割裂开来，它们必须两者相辅相成，才能相得益彰。实施远交近攻，就是着眼于未来，到远处去寻找盟友为我所用。

政坛的远交近攻

在俄国十月革命之后，当时任海军大臣的丘吉尔就扬言要把苏维埃

政权“掐死在摇篮里”。但是，时过境迁，到了第二次世界大战时，法西斯威胁着全人类，出于英国的国家利益，丘吉尔化敌为友，与苏联一起来对付最危险的敌人。在大战开始后，丘吉尔密切关注着希特勒对苏联的意图，有越来越多的迹象表明希特勒准备进攻苏联。1941 年 4 月，丘吉尔深信应该将希特勒的野心告知苏联，提醒斯大林预作防备。驻苏大使把信息传递给斯大林，但未引起苏联重视，甚至还怀疑英国在挑拨苏德关系。结果，6 月 22 日，苏联遭到德国突然袭击。这天是星期天，丘吉尔在首相的郊区官邸契克斯得到希特勒袭击苏联的消息。前一天晚上，他还同几个客人谈到不少关于德国即将进攻苏联的问题。当时他的私人秘书科尔维尔问他，你这个共产党人的死敌，在对德战争中支持苏联是否违背原则，丘吉尔幽默地回答说：“一点也不违背原则。我只有一个目标，就是消灭希特勒，这个目标使我的生活更加单纯了。如果希特勒入侵地狱，我至少也要在下院发表一篇同情魔王的声明。”

丘吉尔下令英国广播公司于当晚 9 时广播他的演说。他在广播中说：“在过去 25 年中，没有一个人像我这样始终一贯地反对共产主义。我并不想收回我说过的话。但是，这一切，在正在我们眼前展现的情景对照之下，都已黯然失色了。过去的一切，连同它的罪恶，它的愚蠢，它的悲剧，都已经一闪而过了。我眼前看到的是俄国的士兵站在祖国的边界上，捍卫着他们的祖先自古以来耕种的土地……我们大英帝国只有一个目的，就是决心消灭希特勒和纳粹制度的一切痕迹。我们要给予俄国和俄国人以一切可能的援助。”“希特勒进攻俄国，只不过是企图进攻不列颠诸岛的前奏。”丘吉尔说：“毫无疑问，他希望这一切行动可以在冬季到来以前结束，他可以在美国的海空军进行干涉以前击败大不列颠。他希望用比以前更大的规模重演他各个击破敌人的故伎。”“因此，俄国的危难就是我们的危难，也是美国的危难，正如俄国人为保卫家乡而战的事业，是世界各地的自由人民和自由民族的事业一样。”丘吉尔最后说：“让我们汲取通过残酷的教训得来的经验吧。让我们加倍努力，只要一息尚存，力量还在，就齐心协力地打击敌人吧！”

在这个关键时刻，丘吉尔了解自己国家的根本利益所在，了解在当时条件下符合国家利益的最好处置方法。因此，他断然拒绝了德国纳粹党副领袖赫斯“联德反苏”的劝告，作出了“联苏抗德”的正确决定。

7 月 12 日，苏英两国政府签订对德战争采取共同行动的协定，协定规定在对德作战中彼此给予一切形式的援助和支持，双方既不同德国谈判，也不同它单独媾和或签订和约，双方走上了联合抗敌的轨道。

克己忍让　化敌为友

在很多时候，我们对于自己的敌人，可以开怀释之，不耿于怀，必当回报而后快。中国有句古话，叫做“冤家宜解不宜结”，说的也就是这个意思。前些年，曾听到这样一个故事，说的是某地农村的一个地方，在责任田分到各户之后，因用水的问题引起了村子里两大姓之间的械斗。当

时,某姓由于在这个村子里是小姓,人少,便吃了亏,还受了伤。于是他们不服气,跑到邻乡的同姓那里搬援兵,准备为受伤的同姓兄弟报仇。这时,一位复员军人见此情形,知道如果这样发展下去,冤冤相报何时了,便大胆地站出来劝说同姓的乡亲们要有所克制,要“忍”。他比较详细地分析了这场械斗的起因,描述了它如果发展下去有可能会出现的种种恶果,以及对本姓乡亲的不利等等道理。经过他的耐心劝说,以及乡里其他方面的调解,某姓的乡亲们终于“忍”住了,从而使一场即将爆发的流血事件得以避免。

显然,这样一种“释仇”,实际上这是以自己的某种牺牲为代价去争取双方的和解。释放彼此间的仇结,从而化敌为友。在现代社会中,不同程度的“仇”往往会由于各种矛盾和关系的调节与处理不当而产生。而由于这些各种各样的“仇”,使社会出现不安定的因素,使个人处于一种极其恶劣的外部环境与心理环境之中。因此,尽管释仇必定要以自己的某种牺牲为代价,但由此换来的个人的利益是更大的。这也是“忍”的价值。

克己忍让,也是克制自己,忍让别人之意。人们在社会交往中,难免会发生各种各样的矛盾和冲突,在这种情况下,如果互不忍让,必将使矛盾激化,冲突升级,加重双方的对抗心理。即使一方凭借权力或武力去压倒对方,那也只能造成压而不服,或面服心不服的状况。而高明的方法应该是克己忍让,对对方礼让三分,让事实来“表白”自己,一旦你这样做,你的高风亮节必然会激起对方的羞愧之心,打心底里由衷地佩服你的度量,这样,也就能够化干戈为玉帛,化敌为友,你不仅不会失去名望,而且还能获得真诚的拥护者。

同事之间少不了互相帮助,但是,有些人在与人交往时,却往往具有十分明显的功利性。你对他有用,你能帮助他解决问题,或你具有某些他可以利用的关系,等等,所以,他才与你交往。当我们知道某个同事在与自己交往中是带有这种企图利用自己的动机时,还要不要与他来往呢?

一般说来,你不必因为发觉对方的这种动机而与其断交。因为,在你不能以一个朋友的标准去要求同事之间的交往和相互关系。同事之

间的来往总是有限的,也不可能过于亲密。它不可能像朋友那样,是建立在共同的兴趣、志向和相互信任的基础上,也不可能是绝对纯洁的。所以,你不能对这种交往有太高的期望,也不要希望其中有太多的朋友般的感情内涵。因此,尽管你发觉某人在与你交往中是想利用你,也不必感到气愤,不必与其断交,只需适当地把握这种交往的程度和分寸即可。

当然,我们也应该区分这种利用的目的和性质。有些人故意和自己套近乎,拉关系,往往是为了拉帮结派,或者说是为了达到不光彩的目的。在这种情况下,应该及时地予以回绝和抵制。千万不要被某些人当枪使。如果他人仅仅是想借你的某些优势和关系为其个人解决某些实际困难,你则可以非常自然地与其保持正常的交往。珍惜友情,让我们的人生道路变得更加平坦。

锋自磨砺　成自奋斗

提倡"知行合一"的明代大儒王阳明,在为人处事方面极端注重实践的工夫。在漫长的人生旅途中,每个人都会有经历困境而导致生活消沉的情形。事实上在此刻正是自我磨炼的绝好时机,只看个人如何运用掌握了!

遇到凡事如意的处境,任何人皆可应付自如,并且心情轻松愉快,但要知道一个人的真实价值,则必须从他应对困境挫折的方法中看出。在逆境时,许多人消极颓废,变得自暴自弃、自甘堕落;无视于他人的劝告及危险,愤而自取灭亡;或是顿时生活变得杂乱无章,不知所措;或是在紧要关头时,因失去理智而判断错误……诸如此类的人皆不足以承担大事。为使自己不致陷入此境,平时便应好好磨炼自己。

那么应如何磨炼自己呢?阳明先生特别重视"事上磨"的观念,也就是依赖每日的工作来自我锻炼,并不刻意倚重人们的帮助,这是他的重点。

关于此,阳明先生曾说:

"人须在事上磨炼做工夫乃有益。若只心好静,遇事便乱,终无长进,明静时工夫亦差。"

单纯无变的知识累积再多,对于人生境遇无多助益;人生所需的是足供生活运用的知识,此种知识必经实际生活体验,它仿佛人类的第三只眼,事情发生前便已敏锐地感受到。而阳明先生所言无非是指这近似第六感觉的知识,亦即经验。为了以后的成功,为了长远的利益,远交近攻,这样个人的成功就会不再遥远。

经商之技

参与国际市场的竞争,远交近攻是良策。因为,近前的与远在的对手,虽然都可能成为影响自己生存发展的强敌,但近前的对手与自己的利害关系更现实更具体,而远在的对手只要不杀上门来,还可以与之联合,增强自己的近攻实力。

所以,不能把远交近攻割裂开来。如果把两者有机地联系在一起,使之相辅相成,就可稳操胜券。

在商战中,“远交近攻”之计可引申为:开拓邻近的市场或与近处的对手竞争,有利因素多,开拓相隔较远的市场或与远处的对手竞争,不利因素多。为了使形势对自己有利,对远处的对手,也可以适时联合。

从时间概念上来看,“远交近攻”之计又可理解为顺应市场需求,谋取近期利益;又可以着眼未来,作长远打算,使企业保持良好的发展势头。

从经营项目上看,“远交近攻”之计也适用于企业的规划发展,如果贸然从事非自己所擅长的行业,与远处对手作战,必遭失败。

本田技研更进一步

当今世界摩托车销售中,每4辆就有1辆是“本田”产品,从这个数字里可以看出“本田”销售网之大。但如此庞大的销售网却是从日本的自行车零售商店开始起步的。

1945年,第二次世界大战结束,本田宗一郎搞到了500个日本军队用来带动野外电台的小引擎。他把这些小巧的引擎安到自行车上。这种改装的自行车非常畅销,500辆很快就售完了。

本田从这件事上看到了摩托车的潜在市场,成立了“本田技研工业株式会社”,决定开创摩托车事业。

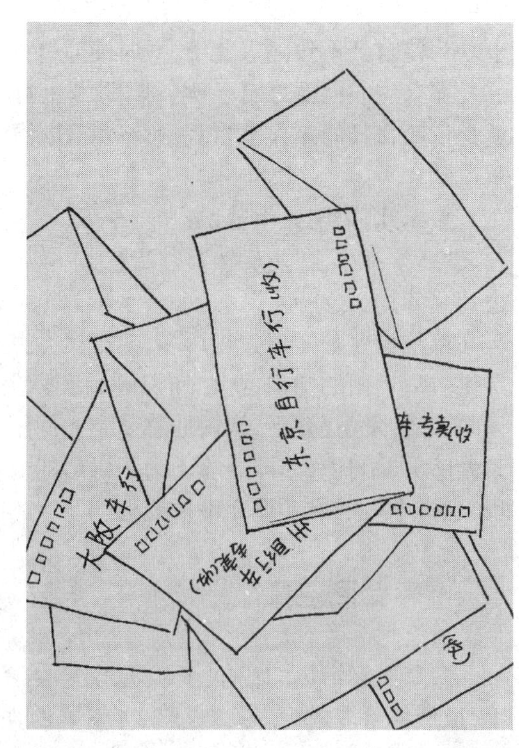

一批批可以装在自行车上的“克伯”牌引擎生产出来了,光靠当地的市场是容纳不了的。本田宗一郎面临着如何将产品推销出去的问题。

本田找到了新的合伙人,他叫藤泽武夫,过去是一位对销售业务自有一套的小承包商。

当本田与藤泽商量如何建立全国性的销售网时,藤泽建议说:“全日本现在约有200家摩托车经销商店,他们都是我们这样的小制造商拼命巴结的

对象,一向心高气傲。如果我们要插入其中,就得损失大部分的利益。但同时,你不要忘记,全国还有5万家自行车零售商店。对他们来说,销售我们的产品,既扩大了业务范围,增加了获利渠道,同时又能刺激自行车的销售。加上我们适当让利,这块肥肉他们不会吃吗?"

本田一听,觉得是条妙计,请藤泽立即去办。

于是一封封信函雪片般地飞向遍布全日本的自行车零售商店。信中除了详细介绍"克伯"引擎的性能和功效外,还告诉零售商每台引擎零售价25英镑,回折7镑给他们。

两星期后,13000家商店作出了积极的反应,藤泽就这样巧妙地为"本田技研"建立了独特的销售网。本田产品从此开始进军全日本。

摩托车经销商店离本田虽然"近",对销售摩托车业务熟,并有广泛的业务网络,但是近而不"亲"。

自行车零售商距本田虽然"远",对本田产品销售业务不够熟,大多是自行车客户,但是远而有"意"。

在"本田技研"的起步之初,"远交近攻"发挥了显著的威力,显然是条上策。

24计 假道伐虢

《三十六计》第二十四计"假道伐虢"曰:"两大之间,敌胁以从,我假以势。因,有言不信。"

其大意是:处在两大敌对强国中间的国家,当敌方以武力胁迫它屈从时,我方必须凭借强势,立即派兵前去援救。对于处在这样困境中的国家,只做空口允诺,却无实际行动,那是不会取信于对方的。

利用可以利用的一切,这是成大事者惯用的方法。"假道伐虢"讲的就是这个道理。如果你不利用别人的优势,别人就会利用你的优势,这是生存的基本之道。

领导之艺

"假道伐虢"是借人道路,伐人之国的意思。行使"假道伐虢"之计,最好是保持高度机密,而且要让对方不知不觉受到蒙骗,此计和"瞒天过海"不同,"瞒天过海"只在于骗过对方闯关而过,"假道伐虢"却在于骗过对方后实施攻击,强占对方的地盘,对方一旦受到蒙骗,就是攻击的开始,出其不意,一举而占领了对方的地盘,等对方发现,为时已晚,毫无补救的办法,只有叫苦连天的份儿。

作为领导方略,假道伐虢是利用一些必要的手段和办法,去了解下

属，研究下属的心理，掌握他们的思想动向，以坐稳自己的位子。

让下属由厌生爱

美国心理学家华曾以条件反射为基础，而创立了行为主义的心理学派，他曾经大发豪语："只要给我一打小孩，我就能按照大家的愿望，把他们塑造成军人、教师和商人。"他的话未免太傲慢了，不过他的方法也有可取之处，至少他能造成惧怕老鼠的猫，也能使一向讨厌狗的小孩，转而喜欢狗。他先把一个玲珑可爱的毛皮状物，递给一向讨厌狗的孩子玩，待他玩腻之后，也就是先在心理上适应了以后，再使他接触类似小毛皮状物的小狗，不久，再一面让他接触大狗，由一位大人从旁褒奖和鼓励，那么，这个孩子就会慢慢地不畏惧任何的狗了。

在我们的日常生活里，一个人如果怕狗，也自然会怕小狗，甚至对那些类似狗的动物，他看了都觉得不舒服，因而，对于毛皮状的东西也表示反感。如要改变这种心理或习惯，首先就得让他多接触那些与讨厌之物相关联而不会产生厌恶感的东西。例如有的下属不喜欢数学的计算问题，接着他也会讨厌应用问题，甚至一看到有数字的物理、化学或统计等科目，他就头疼或畏惧。老实说，这一类的学生实在太多了。这时候，领导就应该让他先去接触统计，因为他对于这个阶段的反感不太强烈，每让他读一遍，就得给予适当的鼓励，只要他自己能慢慢地适应，克服比较简单的苦恼意识，接着再让他从理化类的数字问题倒推回去，逐步向后推展，那么，他就可能不再厌恶计算问题了。管理者在对待有恐惧感的下属时常可使用这一方法。它的妙处跟登山训练相似，先从斜度不大的坡面开始爬登，再慢慢地爬到山顶上去。这样下属往往能够出色地完成上级交给的任务。

除此之外，在公司内部形成一个较为良好的工作环境，也是改善下属对工作存在恐惧态度的方法。例如有一次，当我拜访一家房地产公司的时候，我竟看到一件意外的情形，有一位年轻人站在自己的上司面前，先报上自己的姓名，当他接受主管的工作指示之后，又得一字

不漏地复述一遍，这岂不是古代的军队作风吗？尤其令我觉得惊讶的是，这个年轻人竟是一位过去特别捣蛋的人，我知道这个家伙在学生时代，一向就行为放荡，不修边幅，而且讨厌规则与因袭性的作用。经我仔细打听的结果，始知这是公司的作风，他们规定每位职员都必须遵守。

这时候，因为我对这位年轻人的底细很清楚，所以我觉得很意外。老实说，人类的确有这样的一面，那就是处在"身不由己"的环境里，常常会不顾自己的好恶，而顺应环境的需要采取行动。例如我们住在窗明几净的房间里，一定会随时注意到清洁，相反地，如处在脏乱的房间里，便会疏忽了自己的清洁习惯，而把环境搞得更脏乱。例如在车上看到大家都让座位给老弱妇孺，那么，你也不得不跟着让座位，如果利用这种心理来处理某些行动，也能收到相当的效果。讨厌的事情也会变得喜欢起来。如果某人讨厌读书，那么，与其置身于原来的环境中，强迫自己去读书，倒不如投身于另一个非读书不可的环境中，更来得有效。例如走进图书馆里，眼看大家都在埋头苦读，自己也不得不跟着读书，这时读，读书的痛苦也跟着减轻了。

处世之道

"假道伐虢"之计实质上是要求做人者找一个"假道"的理由，实现其实际意图。在现实生活中，很多人为了实现自己的目的，找出一个个合情合理的借口，从而达到自己的目的。

假道伐虢　各得其妙

梁朝的张率，刻苦好学，十六岁时就写有两千余首诗。虞讷见到，说他写的诗很差。张率气得焚毁旧作，又重写几首给虞讷看，假说是著名文学家沈约写的。虞讷读后，啧啧称赞。张率莞尔笑道："其实，这几首诗都是我写的呀。"从此，虞讷不敢小看张率了。

东汉永平年间，廉范被陇西太守邓融任为功曹。后来邓融被州里检举查办。廉范知道这事复杂，难以解决，打算用变通的办法来报答邓融。于是假称有病，请求离职。邓融不知其意，痛恨廉范忘恩负义。

廉范到了洛阳，改名换姓，请求代理廷尉监狱里狱卒的工作。不久，邓融果然解送到洛阳，关押在廷尉监狱里。这样，廉范得以守护在他身边，尽心地照顾他。

邓融奇怪他的相貌很像廉范，但绝没想到他就是廉范，于是对他说："你怎么那么像我过去的功曹？"廉范呵斥他说："你大概是处在困境中，因而两眼昏花，神经错乱了吧？"以后，邓融被释放出狱，贫病交加，廉范一直跟随在他身边照顾。邓融去世后，廉范送丧到南阳，后事全办完方才离去，最终也没说出自己的姓名。

经商之技

企业经营者应用此计，关键在于“假道”。当竞争对手的力量较强大时，依靠其他强者求得自下而上发展；当弱小的企业面临危机，可以通过技术援助控制或兼并他人的企业；也可以通过别的渠道，迂回发展，最后达到战胜对手、夺取市场的目的。

吸取“假道伐虢”之计的要义，在商战中，可引申演变为几条谋略加以运用。

(1)“倚玉雕玉”，即依靠强者自下而上发展，达到最后战胜强者的目的，这是小企业战胜大企业成功率最高的一种谋略。

(2)处于竞争对手和自己之间的弱小者，一旦对方威胁它屈服时，自己应设法支援弱小者，取得弱小者的信任，从而扩大自己的势力。

(3)控制或兼并他人企业的谋略。

以诚相待　松下笼络代理商

全日本家用电器销售店约有5万家，其中约有3万家是属于“松下”系统的，在世界各地，“松下”的代理店更是不计其数。

看来，代理商都极愿意与松下进行业务往来。这难道仅是因为松下的产品价廉质优，能赢得顾客吗？还有什么别的原因呢？

那还是松下的电冰箱出口之初。

一次，一批松下产的冰箱运抵香港，香港代理店收到货后，发现这批货的包装破得乱七八糟。破烂的包装既有损商品在顾客眼里的形象，又不方便顾客提货的运输，投不投放市场都将给代理店带来严重的后果。

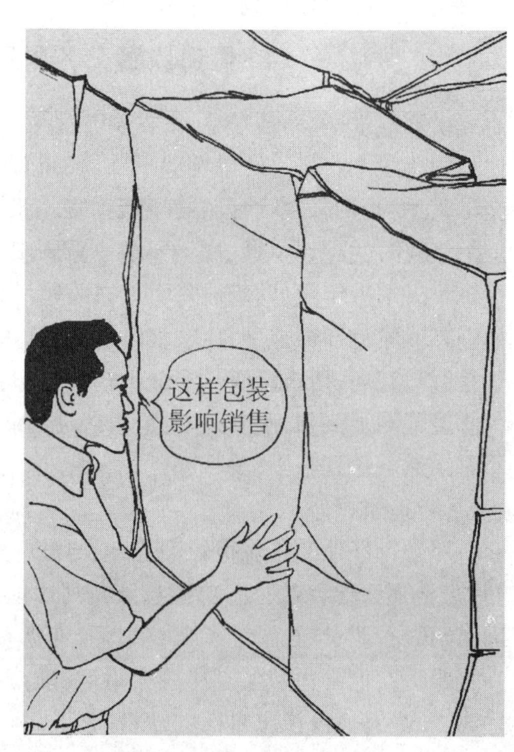

代理商急成了热锅上的蚂蚁。他派代表火速飞往松下总部所在地大阪，要约见松下的负责人。

松下公司对此十分重视，几位最高领导人同时会见了这位代表。听完了他的陈述后，当即承认那批货包装不良，表示承担由此造成的一切责任。代表这才松了一口大气。

后来，这个香港的代

理商成了松下最忠实的代理商之一。

代理商们曾这样评论松下：表面看来，与其之间是一种商业联系，但归根结底，人与人之间的联系才是最基本的。松下让人感到人与人之间的温暖，这在其他公司是难得的；代理店提出要求，如质量或价格方面的意见，松下能知错就改；松下对代理店，真正做到了态度和蔼、感情亲切。

这些评论的言下之意就是：既然松下这样支持我们，我们代理店能不全力以赴吗？

松下这样对待它的代理店是因为它明白，代理店是处于各大公司之间的弱小者，也是顾客与自己之间的弱小者，如果不支持他们，并且言而有信，他们就会倒向自己的竞争对手，或者自己失去顾客。

其实，代理商的职业决定了他们比企业主更了解市场行情，精明的生意人都喜欢同代理商和睦相处，甚至同他们交朋友。

从他们口中，可以得到自己想知道的市场情报，例如各类商品的价格、某种产品的销路、市场竞争的形势以及其他状况。毕竟不管自己对此研究多么精深，只有代理商才能深入了解到竞争对手内部的经营和管理状态。

与代理商以诚相待，以信相交，并支持他们，他们就会努力为自己卖力，就等于扩大了自己的势力，这正是“假道伐虢”精义之所在。

借玉雕玉　化妆品走红市场

20世纪50年代末，美国黑人化妆品市场被佛雷化妆品公司独占着。当时这个公司的一名供销员乔治·约翰逊自立门户创建了只有500元资产、3名职工的约翰逊黑人化妆品公司。

约翰逊清楚地知道，他当时无力把佛雷公司打垮，就集中力量生产一种粉质化妆膏。经过认真思考，他决定靠“衬托法”推销自己的产品。

约翰逊在广告中宣传说：“当你用过佛雷公司的产品化妆之后，再擦上一次约翰逊的粉质膏，将会收到意想不到的效果。”

同事们对这种“依附式”宣传不满，说他替佛雷公司吹。

约翰逊笑着解释说：“就是因为他们的名气大，我们才这样说，打个比方，现在几乎很少有人知道我叫约翰逊，可如果我能想办法站在美国总统的身旁的话，我的名字马上便会家喻户晓，人人皆知了。推销化妆品的道理是同样的，在黑人社会中，佛雷公司的化妆品享有盛名，如果我们的产品能和它的名字一同出现，明着捧佛雷公司，实际上却抬高了我们的身价。”

这一招果然很灵，消费者很自然地接受了他的产品，市场占有率迅速扩大。

接着，约翰逊又生产出一系列新产品，经过强化宣传，短短几年的努力，约翰逊生产的化妆品便将佛雷公司的大部分产品挤出了化妆台。

美国黑人化妆品市场成了约翰逊的独家天下。约翰逊的成功很大一部分仰赖于“借玉雕玉”之计的运用。

第五章 并战计处世智慧

25计 偷梁换柱

《三十六计》第二十五计“偷梁换柱”曰:“频更其阵,抽其劲旅,待其自败,而后乘之。曳其轮也。”

其大意是:引诱对手频频改变阵容与调动主力,在对手趋向失败的时候乘机制服他。好像控制了车轮也就控制了行进方向。

通过巧妙的办法,一点一点蚕食对手是最厉害的制胜术。对这个问题,不可轻视,因为每个人的周围都有竞争对手,发生相互蚕食的现象也非常正常,关键是要看谁比谁更懂得把别人的强大转化成自己的强大。

领导之艺

“偷梁换柱”,比喻暗中玩弄手法,以假代真。偷梁换柱对于领导的指导意义在于挖人才,从别处“偷”得人才为己所用;也指一些领导用人时不求全责备,唯才是举,择其可利用之处用之。

大树底下好乘凉

这就要看你的上司有什么背景。古人说“朝中无人莫做官”。

的确,一个人就是身怀绝技,有经天纬地的才能,但你不一定能有出息、有大的发展。

诸葛孔明后来被人称为“中国人智慧的化身”或“中华民族智慧的象征”,但是我们可以这样设想一下:如果没有当时司马水镜先生对他的了解和“知遇”,如果没有他向刘备举荐他,又如果没有刘备对他的赏识和礼贤下士的品德,那么,诸葛亮一介儒生,靠自耕自织为生,就没有机会演出那么多动人心弦而又几乎能改变三国时候历史面貌的场面了。

古往今来,通往仕途的路上不知有多少屈死鬼,有多少人嘶喊老天爷,可地不曾应过他们,天不曾为他们感动过。自古以来的文人骚客只在感叹“征程枯骨知多少”,只在感叹“一将功成万骨枯”,可都不曾注意到仕途“枯骨”竟然几倍甚至几十倍于作战阵亡的人。

陈胜和吴广在揭竿而起时,曾愤怒地质问:“王侯将相,宁有种乎?”也就是说,那些身居高位的什么王什么侯,什么将什么相,难道就是天生

的吗？

我们可以说，王侯将相，虽然不是受之于天而代代相传，但都是由人所定的。

因此之故，我们完全有必要考察一下你的上司的“家底”，考察一下他的“来路”和“背景”。

一般来说，有一定背景的，有一定后台的上司，他的升迁和提拔要比没有这种背景和后台的要快得多。

这在现在来说，几乎应该成为常识。

道理也简单得不称其为道理——那就是不少上司都喜欢重用“一根草绳上的蚂蚱”。你跟他是“一根草绳上的蚂蚱”，你就能与他同心同德，患难与共，用你就好像在使用他自己的耳目，就好像他的身子使唤他的手臂、他的手臂使唤他的指头一样得心应手，灵活自如。

当然，我们并不主张用过于势利的眼光去观察上司。“大树底下好乘凉”，借得“东风”为己有，把与属下和与上司的关系摆好，才能使自己的仕途更平坦、更顺心。我们只能将这种观察看做是我们能够有所作为的必要条件，而不是把它看成惟一的条件，即充分条件。如果那样的话，你就违背了“诚”的原则，你也将被你的下属所唾弃！

红豆“偷”得人才为己用

红豆集团是江苏省第一家乡镇企业集团。在20年的创业过程中，以每年翻番的速度发展着。到1996年，实现销售收入20亿元，利税1.6亿元，出口创汇2000万美元。到20世纪末销售收入和利税将分别达到100亿元和10亿元。靠什么措施确保这一宏伟目标的顺利实现？红豆集团的董事长周耀庭认为，当今的乡镇企业面临着突破自己“革自己命”的问题。如果说乡镇企业发展初期主要是资金、原材料等问题的困扰，那么今天的乡镇企业又到了一个新的转折点，即必须用全新的意识来发展自己。主要是实施名牌战略、市场战略、法制战略、资本经营战略等，而第一位的战略则是人才战略，即要打破“一方水土养一方人，一方水土用一方人”的观念，形成“一方水土用八方人”的格局。

红豆集团认为，乡镇企业起步时的规模和能量，决定了它有限性的

用人原则，亲不亲故乡人，启用朝夕相处的父老乡亲也是别无选择的现实。但应该看到土地生长着农民兄弟不解的亲情，同时也限制了他们的视野。要想真正走出土地的局限，人才是第一可宝贵的。而要在更广大的范围发现和启用人才，就要打破"一方水土养一方人，一方水土用一方人"的观念。

突破了用人的区域性局限，就等于突破了宗族和血缘关系的绳索，企业才可能突破近亲"繁殖"带来的智力和能力的弱化和退化，才有可能把企业从封建的继承阴影中解放出来，而成为真正的现代企业。

在这个人才战略思想的指导下，红豆集团组织了人才开发小组，奔赴全国各地与人才交流中心挂钩，从第一个毛遂自荐到红豆集团报到的大学生，到今天干部队伍中半数之多的人才都是来自19个省、市、自治区的。

要想成为一个规模化、现代化、国际化、综合化的企业集团，仅仅使用国内人才已不能满足需要，红豆集团还把眼光投向海外。他们先后聘请了台湾衬衫专家萧文烽先生和日本西服技师加藤先生来厂作技术指导负责人，并以百万年薪从海外招聘45岁的加拿大籍华人陈忠出任总经理。

红豆集团建立了自己的人才库。他们于1993年与无锡轻工业大学挂钩，开设红豆大专班，选送优秀职工进入大学深造，并经国家教委同意，开办红豆中等专科学校，培养自己的人才后备军。到目前为止，红豆已有来自五湖四海的大中专毕业生和研究生及各类技术人才2000多名，为引进国际先进的技术和管理；在"九五"期间，引进了50名左右国际技术专家和管理专家。到本世纪末，红豆集团内60%以上的中上层领导都是具有高学历和丰富经验的"八方能人"，并为每个人才都提供一个能发挥自己才能的舞台，为企业迅速崛起奠定了雄厚的人才基础。

处世之道

在现实生活中，"偷梁换柱"之计既可以施之对手，也可用于自身。用于对手就是偷他之梁，换他之柱，以摆脱对手。使对手无话可说，甘认其败；用于自身，可使自己巧妙地造成竞争对手的劣势，乘势取胜。

希特勒偷梁换柱

希特勒不但骄横、狂妄，而且还是一个胆小怕死的家伙。他为了防止可能的刺杀，曾经雇用了三个替身。他们分别住在柏林、慕尼黑和贝德斯加登。每人居住着一座希特勒的行宫，拥有扮演元首的各种"道具"。每当他们代替希特勒出席一些不太重要和危险的政治和军事活动场合时，俨然一副第三帝国元首的派头，也能迷惑公众和舆论。希特勒的这些替身都是由盖世太保的一个专门机构指挥，他们的绰号分别是"小威利"、"老俾士麦"和"布齐"。

有一次纳粹主义组织“褐衫队”在慕尼黑市的马司米连街上集结，准备接受希特勒的检阅。骄横、狂妄的希特勒怀疑“褐衫队”中有非纳粹主义者，害怕遭到袭击，便要盖世太保通知居住在慕尼黑的“布齐”代他检阅。果不出希特勒的所料，慕尼黑有人决定利用希特勒检阅“褐衫队”这个机会除掉他。可是遭殃的不是希特勒，而是“布齐”——一颗子弹打中了“布齐”的肩部。

三个替身的长相不但与希特勒很相似，就连声音、神态也酷似希特勒。因此，他们的一举一动都受到严格的控制，没有丝毫的自由，完全变成了一个被人摆布的机器。

三个替身的行动围绕希特勒的日程来安排，作为指挥者要安排得不露蛛丝马迹，真是一件不容易的事。更何况希特勒是一个反复无常的家伙。有一次希特勒的日程是在法兰克福露面，并已派“小威利”到法兰克福去了。可是，希特勒本人一时兴起，要到巴里亚去看当地的纳粹党负责人，盖世太保疏忽了已经派“小威利”代替希特勒在法兰克福活动这一点，结果，在同一天的法兰克福和慕尼黑的报纸上都刊出了希特勒在当地公众面前露面的消息，有些敏锐的政治观察家，对此提出过疑问，说我们的元首真有本事，一天之内能够在相距几百公里的两个城市同时露面。

经商之技

生意场上，偷梁换柱之计既可施之对手，也可以用于自身。就是偷己之梁，换己之柱，灵活地变更阵容调动主力，自觉适应市场需求的变化，造成竞争对手的劣势，乘机取胜。

现代商战，表面上是商品之间的竞争，实质上是商品生产者和经营智慧的较量，从生产到经营，无一不凝结着智慧的结晶。企业经营者运用“偷梁换柱”之计，关键就在于多方容纳、搜罗和挖掘有用人才，甚至施谋设计招揽竞争对手中的“梁柱”之才。

人才是商战的制胜之本。高明的企业家，不但要千方百计地“偷”“换”对方“梁柱”之才，又要防止自己的“梁柱”之才被挖走。

将计就计　火柴厂巧卖火柴

随着经济的发展，市场逐步开放，物价也逐步上涨。20 世纪 80 年代中期，银川火柴厂迫于激烈的竞争形势和成本的提高，不得不将火柴每盒提价 1 分钱，从以前的 2 分钱一盒调到 3 分钱一盒。虽然提价只有 1 分钱，但消费者却非常敏感。因为火柴是日常生活必需消费品，更何况 2 分钱一盒的价格已经执行了几十年，谁也不愿出现变化。正在群众意见纷纷时，其他火柴厂又推向市场一种小盒装 2 分钱一盒的火柴。虽然容量少些，但价格未变，消费者宁肯买 2 分钱的小盒装，也不愿买 3 分钱的大盒装。在这次提价中，银川火柴厂只得自认失败。

又过了几年，随着木材等市场价格的上涨，火柴成本也上涨了，3 分

钱一盒已经难以保本，银川火柴厂又不得不对火柴提价。但鉴于上一次竞争的失败，这次银川火柴厂总结了教训，想出了一个巧妙的办法。厂子同时推出四种规格、四种价格的火柴：第一种小盒装的，仍然沿用3分钱的价格；第二种中盒装的，价格稍高，5分钱一盒；第三种大盒精装的，8分钱；还有一种是超大盒精装，1角5分钱。这次的提价，比上一次提价幅度高了许多，但相反，消费者并未有太大反应，市场稳定，销售额也增加了。银川火柴厂巧用“偷梁换柱”，以多种规格、多种价格替代原来的单一规格、单一价格，不但暗中提高了价格，而且还稳定了消费者情绪，扩大了市场范围，增加了经济效益。

制胜之本　人才之战寓商战

当今商战，要取得胜利，最根本的条件是：要能制造比对方更物美价廉的商品。这需要有高水平的科学技术，而高水平的科学技术是人的智慧的结晶，因此，开发、吸收和利用人才显得极其重要。

美国能长期富甲天下，除了它的优越的自然条件外，主要是因它的科学技术在世界居领先地位，而这又有赖于拥有大批一流人才。美国除了自己培养人才外，还善于容纳、引进和罗致天下人才为己用。其吸引人才之法有二：一是给予高薪，二是为之提供良好的研究条件。

美国是最舍得在科研上花钱的国家。据统计，它的科研经费要多于主要西方发达国家之总和，并在逐年增加。

为了引进国外人才，美国还两次修改了移民法，对于有成就的科学家，不考虑国籍、资历和年龄，一律允许优先进入美国。因此，各国人才多乐于奔集美国。

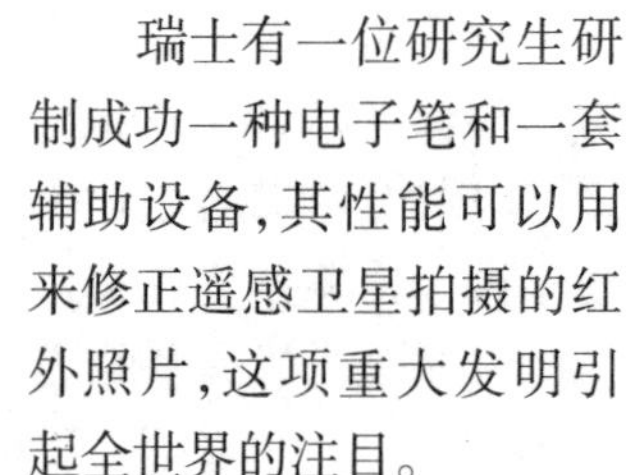

瑞士有一位研究生研制成功一种电子笔和一套辅助设备，其性能可以用来修正遥感卫星拍摄的红外照片，这项重大发明引起全世界的注目。

美国一个大企业闻讯后马上派人找到那位研究生，以优厚的待遇为条件，动员他到美国去工作。

瑞士一些公司也千方百计地要留住他，于是希望得到人才的各方展开了人才争夺战，你给他加薪，我也再加薪，弄得不可开交。

最后，精明大胆的美

国人说，现在我们不加了，等你们加定了，我们乘以5。就这样，这位研究生连人带笔一起被弄到了美国。

目前，在美国教育系统和科技系统，尤其是高科技领域，外国科学家和工程师占的比例相当大。

美国国家科学基金会1985年的调查结果表明，美国50%以上的高技术部门的公司大量聘用外裔科技人才，占这些公司科技人员总数的90%。

在美国著名的"硅谷"工作的科技人员有33%以上是外国人。在美国从事高级科研工作的工程学博士后研究生中，外国人占66%。美国33%的名牌大学的系主任是华裔学者。在美国星球大战计划中扮演重要角色的也是外国科技人员。

据统计，自1952年至1975年，由于美国大量引进人才，为美国节省培养人才经费至少有150亿美元至200亿美元。更重要的是他们对美国经济发展起了重要的作用。在30年代，仅欧洲各国到美国定居的科学家作出的贡献，相当于为美国增产300亿美元。

正因为美国能集中天下人才为之从事科学研究，美国的科技才能走在世界的最前列。第二次世界大战后，美国引进科技人才最多，因而取得的科技成果也最多，占世界科技成果总数的60%至80%，获得颁发的诺贝尔奖金总数的一半。

科技高度发展促进了经济的繁荣，美国才成为世界上最富裕的国家。

人才是商战的制胜之本。

高明的企业家，既要千方百计地"偷"、"换"对方阵营里的"梁"、"柱"，又要防止自己的"梁"、"柱"被别人"偷"、"换"。

26计 指桑骂槐

《三十六计》第二十六计"指桑骂槐"曰："大凌小者，警以诱之。刚中而应，行险而顺。"

其大意是：强大的要想慑服弱小的，可以用敬戒的方式去诱迫他。适当的强硬态度，可以得到对方的拥护；实施果断措施，可以获得对方敬服。

在生活中，需要用旁敲侧击、借题发挥的办法，来曲折地达到自己的目的。如果一味地直来直去，不但办不成事，反而会把事情搞砸。这也是不聪明的做法。

领导之艺

在领导方略上，"指桑骂槐"是指领导人对属下的批评不正面进行，

可采取迂回的旁敲侧击法，通过对其诱导，使其顺着自己的意思去做。另外，作为一个领导对下属或企业实行开放式管理，即自我管理的模式也是指桑骂槐的一个拓展，即不约束员工去怎样做，而要求员工知道怎样做。

不任意发脾气

领导者也是凡人，也有心情好坏的变化。比如，昨天晚上和妻子吵了嘴；或者刚从电话里得知儿子数学考试又亮了“红灯”；或者原有的订货单位突然取消订货；或者刚受到上司的一顿批评；再或者什么事也没有，就是情绪低落，莫名其妙地心情不好。

领导处于这种心理状态时，下属做错了事或批评下属时对方态度恶劣，便容易冲动骂人。往往在怒不可遏的情况下，说出许多不该说的话，事后又悔恨莫及。

要请别人原谅，不是容易的事。人总希望他人能以宽容的美德对待自己，但又常常不肯真正原谅别人的过错。即使嘴说原谅，心里仍在想：“这家伙，骂我骂得这么难听，你气出完了，就来叫我原谅，有这么容易吗?”有时想原谅对方，潜意识中却仍耿耿于怀。一遇到合适的时机，反感又会涌上心头。所以，领导者在遇到麻烦，或心情不好的时候，尤其应该警惕，不要随意发脾气，发脾气的结果往往不可收拾。

领导者在心情不好的时候怎样才能有效地控制住自己，不发脾气呢？除了加强意志的力量外，还有几种办法也行之有效：

暂时把四周的人统统当作物看(不含有不尊重人的意思)。生气全是因人而起，有人使你不满意了，他的脸、甚至他的一撮胡子也会使你大生反感。所以不妨把对方视为物品；对桌子椅子或机器电脑，有什么气可生？这样就可使你在发脾气前有一段缓冲，用比较客观、公平的标准来看问题。

深呼吸，使上冲的血液得以缓和。命令自己放松，深吸一口气，再慢慢地吐出来。然后说：“我不生气。我心情很平和。”(必须说出声音来!)如此重复数次，必能使胸中忿闷舒解，甚至彻底舒解。

运动转移法。你不妨

请几小时假，去跑步或打球或游泳，什么运动都行。必须做到大汗淋漓为止，然后用热水冲浴，换上洁净宽松的衣服，最好再到美发厅做一下头发。随后你一定会觉得心情不那么压抑了。

心情不好的时候，切记不要大量抽烟喝酒或蒙头大睡。古人早就说过："借酒消愁愁更愁"。烟和酒对神经中枢都有麻醉作用，麻醉之后，自控力更差。所谓"酒后吐真言"，酒疯、酒糊涂，都是这个意思。自控力差，自然更容易发脾气。睡觉也是如此。睡不着时，千头万绪涌上心头，越想越烦。睡着了，潜意识活动又占了主要地位，一旦醒来，头脑朦胧，自控力也处于较低水平，极易发脾气。俗话说的"被头疯"，就是指这种状态。

体谅下属

美国达纳公司是一家生产诸如铜制螺旋桨叶片和齿轮箱的普通产品，主要满足汽车和拖拉机行业普通二级市场的需要，拥有 30 亿美元资产的企业。70 年代初期，该公司的雇员人均销售额与全行业平均数相等，到了 70 年代末，在并无大规模资本开支的情况下，它的雇员人均销售额已猛增 3 倍，一跃成为《幸福》杂志按投资总收益排列的 500 家公司中的第 2 位。这对于一个身处如此乏味的行业的大企业来说，的确是一个非凡纪录。

1973 年，麦斐逊接任公司总经理，做的第一件事就是废除原来厚达 4 英寸半的政策指南，代之而用的是只有一页篇幅的宗旨陈述。其大意是：

①面对面的交流是联系员工、保持信任和激发热情的最有效的手段。关键是要让员工们知道并与之讨论企业的全部经营状况。

②我们有义务向希望提高技术水平、扩展业务能力或进一步深造的生产人员提供培训和发展的机会。

③向员工提供职工保险至为重要。

④制定各种对设想、建议和艰苦工作加以鼓励的计划，设立奖励基金。

麦斐逊很快把公司班子从 500 人裁减到 100 人，机构层次也从 11 个减到 5 个。大约 90 个的工厂经理都成了"商店经理"。因为这些人有责任学会做厂里的一切工作，并且享有工作的自主权。

麦斐逊说："我的意思是放手让员工们去做"。他指出："任何一项具体工作的专家就是干这项工作的人，不相信这一点，我们就会一直压制这些人对企业作出贡献及其个人发展的潜力。可以设想，在一个制造部门，在方圆 25 平方英尺的天地里，还有谁能比机床工人、材料管理员和维修人员更懂得如何操纵机床、如何使其产出最大化、如何改进质量、如何使原材料流量最优化并有效地使用呢？没有。"他又说："我们不把时间浪费在愚蠢的举动上。我们没有种种程序手续，也没有大批的行政人员，我们根据每个人的需要、每个人的志愿和每个人的成绩，让每个人都有所作为，让每个人都有足够的时间去尽其所能……我们最好还是承

认，在一个企业中，最重要的人就是那些提供服务、创造和增加产品价值的人，而不是那些管理这些活动的人……这就是说，当我处在你们那25平方英尺的空间里时，我还是得听你们的！”

达纳公司和惠普公司一样，不搞什么上下班时钟。对此，麦斐逊说：“大伙都抱怨说，‘没有钟怎么行呢？’我说：‘你该怎么去管10个人呢？要是你能亲眼看到他们老是迟到，你就去找他们谈谈嘛。何必非得靠钟表才能知道人们是否迟到呢？’我的下属说：‘你不能摆脱计时钟，因为政府要了解工人的出勤率和工作时间。’我说：‘此话不假。像现在这样，每个人都准时上下班，这就是记录嘛。真有什么特殊例外，我们自会实事求是地加以处理的。’”

麦斐逊非常注意面对面的交流，强调同一切人讨论一切问题。他要求各部门的管理机构和本部门的所有成员之间每月举行一次面对面的会议，直接而具体地讨论公司每一项工作的细节情况。麦斐逊非常注重培训工作和不断地自我完善。仅达纳大学，就有数千名雇员在那里学习，他们的课程都是务实方面的，但同时也强调人的信念，许多课程都由老资格的公司副总经理讲授。在他看来，没有哪个职位能比达纳大学董事会的董事更令人尊敬的了。

达纳公司从不强人所难。麦斐逊说：“没有一个部门经理会屈于压力而被迫接受些什么。”在这里，人们受到的压力是同事间的压力。约100名经理人员每年要举行两次为期5天的经验交流会，同事间的压力就是前进的动力。他说：“你能一直欺骗你的头头，我也能。但是你没法逃过同行的眼睛，他们可是一清二楚的。”

麦斐逊强调说：“切忌高高在上、闭目塞聪和不察下情，这是青春不老的秘方。”一个在通用汽车公司有着16年工龄、被解雇的工人说：“我猜想解雇我的原因是由于我的活儿质量不好。但是，在这16年里，有谁来向我征求过改进质量的意见呢？从来没有过。”上级不能体察下情，必然会造成上下级的严重对立。

处世之道

“指桑骂槐”之计指用“杀鸡儆猴，敲山震虎”的方式树立自己威严，坚持原则，在遭受不公平的待遇时要予以还击，及时挽回影响。

借题发挥　敲山震虎

有一次，俄罗斯著名马戏丑角演员杜罗夫在观摩演出的幕间休息时，一个傲慢的观众走到他面前，讥讽地问道："丑角先生，是不是必须生来有一张愚蠢而丑怪的脸，才会受到观众的欢迎呢？""确实如此！"杜罗夫借题发挥道："如果我能生就一张像先生您这样儿的脸的话，我一定会拿双薪。"这个观众自讨没趣，灰溜溜地走了。

这借题发挥之意，使这位观众的脸加倍愚蠢、加倍丑陋。丑角之所以受欢迎，应该是表演艺术的成功。

经商之技

市场争夺难免发生唇枪舌剑之争，但嬉笑怒骂要皆成文章，既不能一味地粗野，也不能老戳对方的痛处，树起死敌。使用本计，并无定数。强大的一方可以用警戒来震慑弱小的竞争对手，弱小的一方同样也可以反其道而行之。有时，弱小者采用强硬方式、施展果敢手段，甚至可能取得意想不到的效果。

在现代商业社会，企业的生产经营更加讲究统一、协调，任何一环出了问题，都会影响全局。所以，没有严明的纪律和制度就很难保证正常的工作生产秩序。步调不一致，纪律不严明的企业在竞争中必然是要被淘汰的。

企业经营者运用此计，关键在于抓住"严"的管理思想，严格劳动纪律，加强企业管理。采取严厉果敢的措施，使竞争对手屈服，顾客和下属顺从、拥护，从而在竞争中立于不败之地。

面包大王商场得意

从厨房里闯出来的美国面包大王凯瑟琳·克拉克，标榜她自己的面包是"最新鲜的食品"，为了取信于消费者，她在包装上特别注明了烘制日期，保证绝不卖存放超过了3天的面包。

起初，这规定给她带来巨大的麻烦。因为一种新产品上市，销路不可能马上好起来。存货一多，要严格执行"不超过3天"的规定就相当困难了。尤其是各经销店大都怕麻烦，虽然过期面包由凯瑟琳回收，但他们不愿天天检查，换来调去，而宁愿把过期的面包留在店里卖。

许多人还抱怨凯瑟琳未免太认真，一个面包放3天也坏不了，为什么非要3天换一次不可？

凯瑟琳认为，吃的东西，新鲜度是顶重要的条件。只要在消费者心目中树立起良好信誉，自己的面包就是不同于别人的面包，就成功了一半。

针对经销商方面的问题，凯瑟琳实行了一套新办法。由公司派人把烘好的面包用车直接送给经销商，按地区排了一个循环表，每3天送一

次，同时把经销店没卖完的面包收回。如果有的店不到三天就把存货卖完了，可以随时用电话通知，马上就送货上门。

这样的方法，麻烦了自己，方便了经销商，但却使自己的原则“超过三天不卖”得以坚持实行，保证了上市面包新鲜，并以此严格要求自己的职工，命运终于赐给她一次戏剧性的宣传机会。

一年秋天，一场大洪水导致了面包的紧缺。凯瑟琳公司的外勤人员由于没有接到特别的指示，照常按循环表出外到各经销店送刚烘制出来的新鲜面包和回收超过期限的面包。

一天，运货员乘车从几家偏僻商店回收了一批过期面包。返程途中，停在人口稠密区的一家经销店前，立刻被一群抢购面包者包围住了，提出要购买车上的面包。

运货员解释面包是过期的，不能卖给大家，反而被误解为想囤积居奇，人越围越多，几个记者也加入其中。

运货员被逼得无奈，只得解释道：“各位先生、女士，请相信我，我绝不是想囤货投机而不肯卖，实在是我们规定得太严了。车上的面包全是过期的，如果老板知道我把过了期的面包卖给顾客，我就会被开除。因此请你们原谅。”

由于大家迫切需要面包，这车面包最后还是在双方的“默契”下，很快被“强买”一空。

几位新闻记者将获得的这一独家新闻，着力渲染，登在报上，成了轰动一时的新闻。凯瑟琳公司的面包新鲜，诚实无欺，给消费者留下无比深刻的印象。

在上述的面包风波里，宏观地看，凯瑟琳指责运货员违反规定，卖过期面包给顾客（这些从运货员的顾虑中体现），实际是“骂”其他面包商的面包不新鲜。这就是巧使“指桑骂槐”妙计，树立起自己面包最新鲜的良好形象。对经常上当受骗的消费者来说，自然具有巨大的吸引力。

正因为这一点，凯瑟琳只用了短短十几年功夫，就把一个家庭式的小面包店完全变为现代化大企业，每年的营业额从 2 万多美元猛增到 100 万美元，跻身于世界经济强人之林。

以诚为本　于不利处扭转乾坤

在商品经营中，普遍的现象是：经营者对自己的商品只说好、不说坏；只报喜、不报忧，即所谓“王婆卖瓜，自卖自夸”。天长日久，人们便对这类乏味的广告产生反感。与此相反，敢于面对现实，勇于揭露自己商品存在的不足，以此来赢得消费者的信任，却不失为一条出奇制胜的经营之道。这种家丑外扬的经营谋略，即属于指桑骂槐，旁敲侧击。当然，敢于运用这种谋略的经营者，必须具有高瞻远瞩的气魄。

美国亨利食品加工工业公司总经理亨利·霍金士先生突然从化验鉴定报告单上发现，他们生产的食品配方中起保鲜作用的添加剂有毒，数量虽然不大，但长期服用却对身体有害。如果悄悄从配方中删除添加

剂,就会影响食品鲜度。这一情况如向社会公布,就会引起同行的强烈反对,但他还是毅然地向社会进行了公布。他的举动果然掀起了轩然大波。食品加工业的老板都联合起来,用一切手段向他反扑,指责他别有用心,打击别人,抬高自己,并共同抵制亨利公司的产品。这场风波长达四年之久,亨利公司陷入绝境,到了破产的边缘。就在他近于倾家荡产之际,名声却家喻户晓,得到了政府的支持,产品成了人们放心的热门货。亨利公司终于在很短时间内恢复了元气,规模扩大了两倍,一举登上美国食品加工工业的第一把交椅。

瑞士一家表店门庭冷落,不甚景气。一天,店主贴了一张广告说:本店一批手表,走时不太精确,二十四小时慢二十四秒,望君看准择表。广告贴出,表店门庭若市,很快销完了全部库存积压的手表。

运用这种经营谋略,作用是十分显著的。它可以打消顾客对商品和企业的担心和不信任感,超越企业与顾客之间单纯的买卖关系。它更是直接站在消费者的立场上,设身处地为顾客着想,以诚为本,以诚相见,在人们心目中树立诚实的企业形象,以扩大商品在市场的占有率。

运用指桑骂槐的经营谋略,可以在竞争中起到心理上的威慑作用。在市场上,当对手蠢蠢欲动,企图挑战,或市场的潮流向不利于自己的方向发展时,凭借着自己的实力发出警告或进行干预,可以迅速消除这些不利因素,并且具有兵不血刃的效果。

27计 假痴不癫

《三十六计》第二十七计“假痴不癫”曰:“宁伪作不知不为,不伪作假知妄为。静不露机,云雷屯也。”

其大意是:情愿装作糊涂而无所作为,也不自作聪明而轻举妄动。这是为了沉稳地保住机密,不露声色地筹划计谋,就像冬天的雷电蓄而不发一样。

一个人太清醒，是容易受伤害的，所以有时我们有必要装糊涂；只要不损害大局，我们不妨想得开一些，太计较者往往会吃大亏。

领导之艺

“假痴不癫”是“大智若愚”的同义语。外表好像茫然无知，其实什么都很清楚。假装痴傻，实际上是判断时机，或是待机而动。战机未成熟的时候，只是待机，装成痴呆的样子。如果心粗气傲地采取行动，不只是暴露战机，而且错误的行动会招致人疑惑。因此，装傻的人可取胜，轻举妄动的人必定失败。作为领导人，有时候要装聋作哑，装痴卖傻，貌似平庸，内心明如镜，清如水，藏机不露，以退为进，这也是后发制人的一种计谋。领导者做到大智若愚，对属下的一些非原则性的错误姑且不闻不问，一方面也是对属下的一种宽容，另一方面也能激励部下为己效力。

退一步天地宽

郑板桥有一名言：“难得糊涂”。糊涂反而难得，似乎不可理解。其实，要做到糊涂还不容易呢，不仅要有一定的修养，还要有一定的雅量。对于下属中发生的小是非小问题，做领导的也同样不要认真，糊糊涂涂让它过去就行了。

天底下的事情是复杂的，有的问题似乎需要认真处理，但实践的结果是，还不如不处理的好。举个简单明了的例子：你的下属中的小两口吵架了，本单位的规章中有一条“要家庭和睦”，按照规章中的这一条确实需要认真处理。但此事传到领导者的耳朵里时，已是前一天的事了，“两口子吵架不记仇”，他们现在已经重归于好，和睦如初了。这样的事情如果机械地认真处理，不是重新挑起矛盾吗？当然是不处理的好。对于这类问题，郑板桥说：“退一步天地宽，让一招前途广。”

从领导者与下属的关系和提高办事效率来说，小事糊涂至少有如下三个方面的好处：

一、可以减少不必要的烦恼。一个单位，少则十来人、几十人，多则几百人、几千人、几万人，不可避免地要

发生许多不顺意、不合情理的事情。对这些问题,单位领导者如果都认真去处理,是怎么也处理不好的。而且,有些问题,处理后又出现新的问题,怎么也处理不完。本来,这些问题无关大局,你不去处理,有的就自然消失了,有的由于社会舆论的压力被制止了。你若不去插手,你就可以减少许多烦恼,又不影响你所管辖的工作,何乐而不为呢?

二、有利于运筹全局的大事。有不少这样的领导者,整天价忙于处理各种鸡毛蒜皮的小事。处理这些问题,费时费力,但对全局的工作并没有多大的好处。一个人的精力和时间都是有限的,忙于处理这类问题也就没有多少精力和时间去运筹全局的大事了。这叫做"捡了芝麻,丢了西瓜"。有时甚至费力不讨好,连芝麻也没捡着。那些有经验的领导者,他的办法就是"大事抓透抓紧,小事不闻不问"。

三、有利于搞好与下属之间的关系。细观某些领导者与下属处理不好关系的原因,主要是因为领导者处理一些小是小非的问题有错或者不够全面发生的。如果干脆不去处理,不就不存在这个问题了吗?某些问题发生后,下属可能很怕他的领导者追究,存在着紧张心理。当然,属于非追究不可的,应当认真追究,以挽回或者减少损失。能带得过的就要带过,下属就会觉得你是一个能理解和容忍下属有缺点、错误的领导者,你就会受到他们的感激与尊重。

装不知　假不懂

说"糊涂"难得,除了要有一定的修养和雅量以外,还要有一定的技巧和艺术。不然,"糊涂"得不好,也会生发出事来,使人不快。

本来,领导者的头脑并不糊涂,但要表现出糊涂,这就得装糊涂。要使糊涂装得好,装得像,不弄巧成拙,可以采用以下两种装法:

一是装不知。有不少的领导者,对于下属的一些小是小非的问题最感兴趣,最爱打听,也最爱处理。他们不知道,下属在领导者面前,普遍存在着一种压抑感和被动感。他们的缺点错误,他们身上发生不光彩的事情,最怕领导者知道。他们的一些问题被领导知道了,本来是小事,但他们不知道领导者作不作小事看,上不上纲,老担心着。所以,对那些鸡毛蒜皮的小事,要运用一个"懒"字,懒得去听,懒得去看,就是请你也不要去看,不去听,就能耳不听,心不烦。如果听见了就装作耳聋,没听见;看见了,就装眼瞎,没看见。而且在思想上要真正当作一点不知道那样泰然处之,在嘴巴上真正当作一点不知道那样从不谈及。有个工厂的一位省劳动模范与本单位一个关系很好的同事,在私人交往中有2千元人民币的往来,发生了麻烦事,省劳模说是亲手交他的,同事说根本没有这回事。两人都说了些不好听的话,这事恰恰被厂长助理知道了。厂长助理知道了,不等于厂长知道了吗?要是厂长公开出面来处理,多难为情,两人都很紧张。那位省劳模很爱面子,生怕张扬出去有失自己的身份;那位同事也很爱面子,张扬出去,肯定大家都会相信省劳模而不相信自己。的确,厂长助理很快就汇报了,并认为要认真处理,若是省劳模的问

题，应该教育他，这是对他的爱护；若是那位同事的问题，更要教育，不能往省劳模脸上抹黑。但厂长认为，这不是什么了不起的问题，不需要厂长出面处理，况且情况还不清楚，不好去教育谁。因此，他装作根本不知道有这回事。与这两人会面、布置工作时都从不提及这件事，同过去一样表示信任。后来，这件事两人慢慢弄清楚了，原来是一场误会：省劳模并没有把钱亲手交给那位同事，而是交给同事的儿子，他记错了；那位同事已收到儿子转交的2千元钱，但他错听为是另一个朋友还来的钱。厂长要是急于处理这件事，肯定会要生出许多波折来。

二是装不懂。对于那些因风俗习惯引起的一些问题，或者妇女们、青年们、老年们之间发生的一些无伤大雅、无关大局的问题，领导者最好不去过问，知道了也应装着不知道。如果下属已经发现你知道了，不能采用“装不知”的办法了，则可以采取“装不懂”的办法来应付，摇摇手，说声：“这个我不懂。”并不再追问。装不知，运用的是一个“懒”字，装不懂，则要运用一个“傻”字。七十二行，行行有“行话”，许多人中间互相有“暗话”，某些“行话”、“暗话”，下属最忌领导者知道，因为这些是用来互相取笑，互相俏骂的。对于这样的“行话”、“暗话”，就是你听到了，又知道了其中的意思，也要装不懂，即使自己被骂上两句也要装傻，甚至还傻笑几声。这样彼此间会出现一种热闹而有趣的气氛。如果认真去分析，严肃去教育，倒会使大家索然，一点好处也没有。在这类问题上，装聋卖傻，并不失声望。宋代有个名相名叫吕端，此人大事精明，小事糊涂。这不但不影响他的声望，还因此美名传千古。毛泽东曾经用这样两句话赠人：“诸葛一生唯谨慎，吕端大事不糊涂。”

处世之道

“假痴不癫”意思是说宁可假装不知道而不行动，不可假装知道而妄动，在沉静中不显山露水，不露机巧。“木秀于林，风必摧之”，在为人处世中做到大智若愚，韬光隐晦。

对付流言“冷”处理

很多时候流言似乎具有粘连性，你不应付它还好些，你一应付，它也就有了“真正的主人”。不仅消止不了，反倒更“说明问题”，揽言己身。不予理睬、沉默以待，有时还真管用。影星刘晓庆面对舆论的是是非非，总是心胸开阔，她说：“对于闲言碎语，没有必要去计较，也计较不过来。自己想怎么活就怎么活，自己选的路愿意走的尽管走下去。如果这个人说这么走，那个人说那么走，那你就永远待着吧！”

一个事业、生活的强者，面对各种流言，他们总是漠然视之，并以此为“动力”，让自己干得更好、活得更好。是啊，人人各有自己的生活态度、方式，各有自己的工作、事业，别人说，就让他去说吧，只要经得起“考验”，你爱怎么活就怎么活，想怎么干就怎么干。当你生活潇洒、事业大

成时，流言便不再“依恋”于你了。

“要制止流言蜚语，最好的办法是自己拿出修身的实际行动。”

世亡不平，可愤之事颇多。有时，你不去“理”流言，流言更爱“理”你。如果事情本身没有什么大不了的倒无妨；倘若事关重大、非同小可，什么场合你都保持沉默就不行了，要拿事实来说话，去证实自己究竟是不是流言所“流”的那般。

唐朝开元初年，在民间流传谣言说皇上要挑选女子去当嫔妃。皇上得知后，就命令选出后宫多余的嫔妃，送她们还家，于是，流言平息了。因为皇宫不仅没有招，反倒送归一部分嫔妃，这谣传自然不攻自破。

不管怎么说，事实胜于雄辩，与其和它论来论去，不如干脆摆出自己的真实“底子”。你就是“如何如何”，假痴不癫，再举出一些实例，对方自会得出“并非如此”的答案。

难得糊涂辟谣言

有一位朋友，一度陷入四面楚歌中，他清楚地知道某某在什么地方怎样骂他，某某在何时何地与何人攻击他，他可以寻到对头质问，但他不这样做。他冷静而客观地分析别人攻击自己的根源，假装不知道的样子与相关的人逐一谈心，他成功地平息了流言蜚语，攻击他的人反而尊敬起他来，后来与他成为朋友。他说，征服别人的办法，有时要假痴不癫难得糊涂。人生的路漫长难走，我们何必为一些不中耳的话耿耿于怀，去争个鱼死网破而耽误干正事的时间呢？

有一位职员，很多人传言他理财一年多时间，贪污30万元人民币。他假装不知此事，有一天在开会中他把他的账目公开了，本单位一年总收入只有区区80万，上缴30万，给职工开工资用35万多，我上哪去贪污30万元？况且，财务账做到了日清月结。事实一摆明，谣言不攻自破。

在生活中，能做到坦荡宽容，不仅问题易于解决，而且能提高自己的人格，受人尊重。恶语掀起，说明自己似有些问题，最起码与说话者缺乏一种思想交流，缺乏感情联络。武力不能征服人心，不能止谤，还会埋藏更大的反抗和隐患。因此，我们应力争在人际关系中实行“开放”，与更多的人沟通交流，平时多联络多活动，多听听别人对自己的意见，多让别

人听听你的见解，多剖析一些实质性问题，消除误会，将恶语堵回去。你敬人一尺，人敬你一丈，虽是浅俗的乡间俚语，却很有见地。

现实生活和工作中，一些人总喜欢杂耍三寸不烂之舌，而不顾他人苦乐和祸福；或者存心叵测，别有用意地制造"闲话"，伤害人家。如此一来，不少被"流"者，弄得心力交瘁，苦不堪言，更有甚者，为闲言恶语搞得妻离子散，家破人亡。

人言可畏。常有许多人因流言蜚语而弄得焦头烂额。那么，怎样应付流言蜚语呢？

经商之技

世界经济强人多有大智若愚之举，于市场激烈竞争之中，甘愿给人以"犯傻"、"笨拙"不敢越雷池一步的印象。只是在几经搏杀之后，竞争对手和世人才能看出他们胸有良策、腹有计谋的真面目。到那时，他们既杀败对手获利亿万，又为操纵市场扩张事业奠下坚实的基石。

猪耳朵制成丝钱袋

利特尔公司是世界上最著名的科技咨询公司之一。它的前身是其创始人利特尔 1886 年建立的一个小小的化学实验室，当时鲜为人知，丝毫也不引人注目。

1921 年的一天，许多企业家在一次集会上，谈论科学和生产的关系。一位大亨高谈阔论，否定科学的作用。

一向崇拜科学的利特尔带着轻蔑的微笑，平静地向这位大亨解释科学对企业生产的重要作用。

这位大亨听后，不屑一顾，还嘲讽了利特尔一番，最后他挑衅地说："我的钱太多了，现有的钱袋已经不够用了，想找猪耳朵做的丝钱袋来装。或许你的科学能帮个忙，如果做成这样的钱袋，大家都会把你当科学家的。"说完，哈哈大笑。

聪明的利特尔怎么会听不出大亨的弦外之音呢，他气得嘴唇直抖，但还是抑制自己，表面非常谦虚地说："谢谢你的指点。"

因为利特尔感到这是一个千载难逢的大好机会。其

后的一段时间里，市场上的猪耳朵被利特尔公司暗中搜购一空。购回的猪耳朵被利特尔公司的化学家分解成胶质和纤维组织，然后又把这些物质制成可纺纤维，再纺成丝线，并染上各种不同的美丽颜色，最后编织成五光十色的丝钱袋。这种钱袋投放市场后，顿时一抢而空。

"用猪耳朵制丝钱袋"，这一看来荒诞不经的恶意挑衅被粉碎了。那些不相信科学是企业的翅膀，从而也看不起利特尔的人，不得不对利特尔刮目相看。利特尔公司从此名声大振。

面对挑衅，利特尔"假痴"——忍受轻蔑，"虚心"接受指点；"不癫"——不大吵大闹、争执强辩，也不义正词严地加以驳斥，心里明白这是个振气扬名的机会，故不露声色。此后，暗中准备，将猪耳朵制成丝钱袋，从而一举成名。

佯装愚蠢　休布兰后发制人

斯维尔诺夫伏特加酒的经理休布兰是一位踌躇满志的企业家。他在60年代遭到了沃尔夫施密特酿酒厂全力以赴的进攻。这种进攻，以价格来决定胜负。沃尔夫施密特酒每瓶价格比斯维尔诺夫伏特加便宜一美元。很明显，市场霸主在受到挑战时处于相当不利的地位：如果降价，就会损失大量的利润；如果不降价，那么它原有的销售额就会被降价的对手逐渐夺去，结果也是利润下降。

怎么办？休布兰对沃尔夫施密特酿酒厂的进攻佯装不知，反而把斯维尔诺夫酒的价格提高了一美元，使它每瓶比沃尔夫施密特酒贵二美元，以"显示"出他卖的酒确实是一种"更好的"伏特加，让对手任意降价抛售。然后，休布兰又推出两种新牌子酒：一种伏特加的价格和沃尔夫一样，另一种则比它便宜一美元。

这样，很快扭转了局势，继续控制了市场而且销路增加很快，1982年出售733万箱。而沃尔夫施密特呢？仅卖出126万箱，仅为前者的1/6。可见，假痴不癫，后发制人的计策用于商业竞争也颇为奏效。

28计　上屋抽梯

《三十六计》第二十八计"上屋抽梯"曰："假之以便，唆之使前，断其援应，陷之死地。遇毒，位不当也。"

其大意是：故意给对手以方便，暴露破绽，用小利引诱他深入我方，然后切断他的前应和后援，使他陷入我预先设置的埋伏圈。这就是《易经·噬嗑》卦里说的，咬坚硬的腊肉而伤了牙齿，敌人为贪求不应得的利益，必招致后患。

成大事者不是想到什么，就干什么，而是懂盘算布阵，懂一步一步的

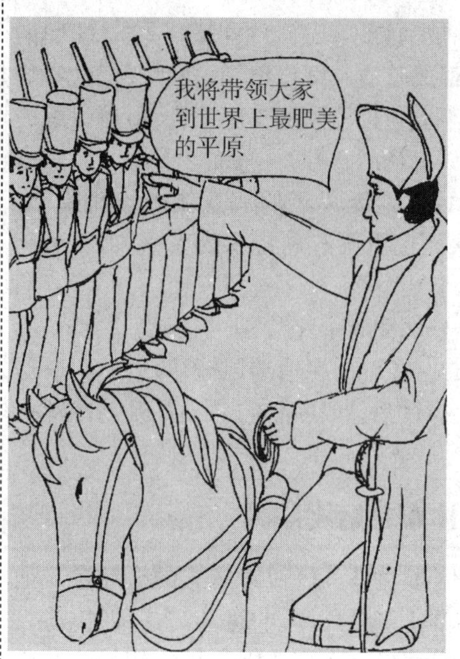

连接关系。这样才能稳扎稳打。“上屋抽梯”,即有这方面的精深之涵义,值得反复琢磨。

领导之艺

“上屋抽梯”是让别人进入圈套,然后让其受制,是一种整人的策略。说得明白点,也就是说做好了陷阱让人去钻,别人进入陷阱之后,便堵塞了他的退路,使他进退维谷。作为领导者运用此计先是给属下心中构建一个蓝图,尔后让其为实现蓝图而奋斗。

吊下属的胃口

领导人如何用“上屋抽梯”的方法激发员工为目标而工作呢?这就要求规划远景的同时,有必要让人看到达到远景的过程。

团体中的领导者,必须能确实掌握大家的期待,并且把期待变成一个具体的目标。

大多数的人并不清楚自己的期待是什么。在这种情况之下,能够清楚地把大家的期待具体地表现出来,就是对团体最具有影响力的人。

在企业的组织之中,只是把同伴所追求的事予以具体化并不够,还必须充分了解组织的立场,确实地掌握客观情势的需求并予以具体化。综合以上两项具体意识,清楚地表示组织必须达成的目标,这样才能在团体之中取得领导权。

在进攻意大利之前,拿破仑还不忘鼓舞全军的士气:“我将带领大家到世界上最肥美的平原去,那儿有名誉、光荣、富贵在等着大家。”

拿破仑很正确地抓住士兵们的期待,并将之具体地展现在他们的面前,以美丽的梦想来鼓舞他们。

如果是以强权或权威来压制一个人,这个人做起事来就失去了真正的动机。抓住人的期待并予以具体化,为了要实现这个具体化的期待而努力,这就是赋予动机。

具体化期待能够赋予动机的理由,就在于它是能够实现的目标。例如,盖房子的时候,如果没有建筑师的具体规划就无法完成。建筑师把自己的想法具体地表现在蓝图上,再依照蓝图完成建筑。

同样的道理,组织的行动时也必须要有行动的蓝图,也就是精密的具体理想或目标。如果这个具体的理想或目标规划得生动鲜明而详细,

部下就会毫无疑惑地追随。如果领导者不能为部下规划出具体的理想或目标,部下就会因迷惑而自乱阵脚,丧失斗志。

善于带领团体的人,能够将大家所期待的未来远景,着上鲜丽的色彩。这远景经过他的润饰后,就不再是件微不足道的小事,而变成了一个远大的理想和目标。

或许你会认为理想愈远大就愈不容易实现,也愈不容易吸引大家付诸行动,其实不然。理想、目标愈微不足道,就越不能吸引众人的高昂斗志。

这一方面,领导者如何带领下属就很重要。没有魅力的领导者,因为惟恐不能实现,所以不能展示出令部下心动的远景。下属跟着这样的领导者,必然不会抱有梦想,工作场所也像片沙漠,大家都没有高昂的斗志,就算是微不足道的理想也无法实现。

当然,即使是伟大的远景,如果没有清楚地规划出实现过程,亦无法使大家产生信心。因此,规划远景的同时,还必须规划出达成远景的过程。

规划为达成目标必经的过程,指的就是从现在到达成目标所采取的方法、手段及必经之路。

目标的达成是最后的结果,由于要达到最后的结果并不容易,所以要设定为达成最后结果的前置目标(以此为第一次要目标)。要达成第二次要目标也不容易,所以要设定达成第二次要目标的前置目标(第三次要目标)。要达成第三次要目标也不容易……就这样一步一步地设定次要目标,连接到现在。

为达成最后的结果就必须从最下位的目标开始,一步一步地向前位目标迈进,依次完成每个目标。

成为属下的核动力

华尔·马特公司拥有2.6万多名职工,是美国居前五位的大零售商之一。在20世纪70年代,该公司的销售额从4500万美元增长到16亿美元,零售店由18家扩展到330家。在该公司,人称“萨姆先生”的萨姆·华尔顿是这一成功的原动力。华尔顿的办法说起来很简单,不外乎就是关心他的职工。实际上,在他的坚持下,几乎所有的管理人员,人人都戴着一个圆形小徽章,上书“我们关心自己的职工”字样。

华尔顿是从L.C·彭尼公司那儿学来这套关心人的办法的。就像在彭尼公司那样,他的人马一律称为“伙伴”而不叫职工。而且他还倾听职工们的意见。他说:“关键是要下到商店去,听听伙伴们说些啥,要使每个人都参加进来,这点是至关重要的。我们最好的主意都是从职员和仓库小工们那儿来的。”有关华尔顿的故事已经成为了传奇。据《华尔街日报》说:“华尔顿先生有回夜不能寐,从床上翻身而起,到一家日夜面包房去买了四打炸面包圈。晚上两点半,他把这些面包送到一个分发货站去,跟装运码头的工人们聊了一会儿天。结果他发现那地方还需

要增设两个淋浴间。”这故事本身并不足为奇,任何一位企业界的小人物都能做出一连串类似的事。使人听了瞠目结舌的是,在这么一家销售额达20亿美元的企业里的一位最高领导,居然能对他的职工有着这样刻骨铭心的深切关怀。

基层职工最重要,这点在他的每项活动中都反映出来了。高级经理的办公室实际上总是空着的,总部就像一座仓库,原因是华尔顿手下的经理们的大部分时间,总是在该公司的11个州的服务区现场里度过的。他们在那些地方都干些什么呢?“在一家新店面开张典礼上当啦啦队欢呼,打探竞争对手的商店的动态,召集职工们进行推心置腹的谈话。”华尔顿本人每年必定莅临每家商店,从1962年以来坚持不懈,几十年如一日。

在华尔·马特公司,人人都觉得自己像是一位胜利者。每星期六早上七点半,管理例会准时开始,当月的进货员会收到一枚奖章。每星期都有商店上“光荣榜”。每回总部突然派来一个维修小分队来帮这些商店装修门面时,都能证明那里工作干得挺好。萨姆先生总要站起来大喝一声:“谁是第一呢?”自然是大伙齐声回答:“华尔·马特!”

《华尔街日报》报道说:看来华尔顿先生是最会寻开心的了。他把他的飞机飞到得克萨斯州的逍遥山去,把飞机停好,就吩咐他的副驾驶员,先到前头一百英里左右的地方去等他,然后他就挥旗截住一辆华尔·马特的卡车,载着他驶过剩下那一段路,好跟司机唠唠家常。

处世之道

“上屋抽梯”之计要求做人者善于给对手以便利,故意露出自己的无知,引诱对手看不起你,然后在他不注意的情况下,使之陷入你预设的圈套。其实也就是你故露破绽,引诱他深入,然后切断他的前应和后援,在断其援助之后,也不应一律使其陷于永不得翻身,应根据对手和你竞争的利害关系不同对待。

基辛格装病秘访中国

1971年,中美双方达成默契,尼克松决定派基辛格秘密出使中国,他们悄悄进行部署,既下点毛毛雨使国内对行将来临的历史性突破有一个思想准备,同时又不泄露天机。

为了掩人耳目,基辛格精心安排了一次环球旅行。7月1日,基辛格乘总统座机从华盛顿安德鲁斯基地起飞,两天后到达西贡。7月4日,他到了泰国。7月6日,他飞抵新德里。美国的一些主要广播公司和报纸的记者无不紧盯着基辛格的一举一动,但看样子基辛格不会有什么惊人之举。7月8日,基辛格飞到了伊斯兰堡,这时已经没有多少人注意他了。基辛格回忆当时的情景说:“记者们可被我耍得要哭了。我一天6个活动,日复一日,始终守口如瓶。他们大热天恭候一旁,眼巴巴看我进去出来,出来进去,一句话没有,到我抵达伊斯兰堡时,眼前只剩

下三个记者了。”

当代外交史上最了不起的遁身剧就要在巴基斯坦发生了。首先是基辛格向巴基斯坦总统作了90分钟的礼节性拜会。过后，按预定计划放出空气说，由于这位美国贵宾长途跋涉过分劳累，预订为他举行的正式宴会不得不取消（其实这个宴会本来就是为了取消而虚设的），他将乘车前往海拔8500英尺的纳蒂亚加利农庄略事休息。

第二天，7月9日，巴基斯坦政府宣布基辛格“稍感不适”，不得不在纳蒂亚加利多住几天。有的记者说他准得了“德里痢疾”，这是来去匆匆的旅行者常有的毛病，也有些记者猜测他到东巴基斯坦去排解叶海亚总统和孟加拉领导人的矛盾去了，谁都没想到中国的事。

上屋抽梯　总统无奈受采访

安妮·罗亚尔是一名女记者。她曾多次想采访当时的美国总统昆西，亚当斯，想知道总统关于银行问题的观点。但是每次采访要求都被拒绝了。

安妮，罗亚尔一计不成，又生一计。她有一种不达目的誓不罢休的韧劲，她开始留心总统的作息时间和生活习惯，发现昆西·亚当斯总是在黎明前起床，长距离散步或骑马，或者到河里裸体游泳。好了，安妮眉头一皱，计上心来。

这一天黎明，她远远地尾随总统来到了河边。总统脱下了最后的那条裤衩，赤身裸体地跳进了河里。这时，藏在树后的安妮转了出来，一屁股坐在总统的衣服上，然后彬彬有礼地喊道：“总统，请游过来！”

亚当斯总统一见此情，大吃一惊，满脸通红地问：“你要干什么？”

“我是一名记者，多次要求采访您，都被拒绝了。我想了解你对银行问题有什么看法。现在，你可以回答我的提问吗？总统先生。”

亚当斯知道自己面临窘境，赤身裸体不能出水，不接受采访就不能上岸穿衣服。于是，他也心生一计，对安妮说：“记者小姐，请你到树丛后面去，让我上岸穿上衣服，保证接受你的采访。”他只是想骗走安妮。但是，安妮知道，如果等总统穿上衣服后，那就夜长梦多了。

安妮莞尔一笑：“总统先生，不行。如果你上岸来抱你的衣服，我就要喊，你看那边有三个打鱼的人。”亚当斯无奈只得在水中回答了安妮提出

的问题。安妮因为这次采访的成功，使自己的事业又向前跨进了一步。

经商之技

本计的关键是巧设梯子，设梯的方法莫过于以利诱惑，商家之间，可以是用小利引诱对方上钩，步步诱导，最后断其后路，逼其就范。对产品来说，可以采取试用的方法，待其感觉到用着方便，离不开时，再提高价格。还可以用一种产品的低价吸引，而用与其相关产品的高价补回。

诱敌深入，断敌退路，围点打援，是“上屋抽梯”之计的主旨。企业经营者在经营活动中，如能善于运用此计中“诱敌”的谋略思想，假装给竞争对手或顾客造成可乘之机，或让其占便宜吸引顾客了解产品并乐意购买，便可达到扩大销售，占领市场的目的。

先尝后买　先送后卖

“先尝后买”这是一些经营者为吸引消费者，诱发其购买欲，从而达到“先送后卖”的目的的一种推销方式。

但是，这种推销方式亦有美中不足之处，就是只能吸引那些购买目的较明确的人，而无法把大多数人还没有意识到的潜在的购买欲望激发出来。

因为就一般人来说，当他还没有明显的购买欲望时，他是不太好意思先尝的。

能否主动“置梯”让顾客先尝，让他不得不买呢？

阿根廷首都布宜诺斯艾利斯的费洛伊达大街，其热闹程度可与北京的王府井大街相媲美。一天，中国一个考察团的一行人到此观光，他们在不经意中走入了糖果店。刚进店门，老板就主动迎来做了一个欢迎的姿势。

紧接着，未等来人看清店内摆设，一位服务小姐已把一盘精美的糖果捧到了顾客的面前，并且柔声曼语地说道：“这是本店特产，清香可口，甜而不腻，免费招待，请随便品尝，千万不要客气。”

如此盛情难却，几位

远方来客自然恭敬不如从命。他们在糖果店里转了一圈，并没有发现什么非买不可的东西。但又觉得既然免费尝到了甜头，不买点什么也有点过意不去，于是便一人买了半斤糖。

这位店老板的主动“置梯”，在营销中不能不说是一种周密的手法。

“吊胃口” 制造悬念引顾客

上屋抽梯的谋略，在商业经营活动中，也是常常表现为欺诈之术。通常是指引诱对方陷入困境，然后逼其就范。

在商业广告方面，这一谋略却又可以用作制造悬念，增加广告的诱惑力。1974 年的一天，在台湾两家大报上，同时刊登出一则奇怪的广告。广告没有注明厂名，上端是一幅漫画式的机车，下端是几行字：

“今天不要买机车，请您稍候六天。买机车您必须慎重地考虑。有一部意想不到的好车，就要来了。”

第二天，广告继续刊出，内容只换了一个字：“请您稍候五天。”

第三天，又改为：“稍候四天……”

第四天，广告改为：“请再稍候三天，要买机车，您必须考虑到外型、耗油量、马力、耐用度等等。有一部与众不同的好车就要来了。”

第五天，广告又变成：“让您久候的这部外型、冲力、耐用度、省油都能令您满意的野狼 125 机车，就要来了。烦您再稍候两天。”此时，消费者的心理，已经被悬念引发得更加冲动了。

第六天，火上浇油：“对不起，让您久候的野狼 125 机车，明天就要来了。”

第七天，“野狼”在众目睽睽之下冲上市场，所向披靡，轰动一时，立即成为畅销产品。

这一广告别出心裁，堪称杰作。其成功之处就在于运用了上屋抽梯的谋略，利用人们好奇的心理，制造悬念，吊住了消费者的胃口，从而扩大了广告的影响力，使广告充分发挥出作用。

开拓市场，扩大商品的销售量，是每个经营者不懈追求的目标。而上屋抽梯的经营谋略却不是求得以质量在市场取胜，而是投机取巧，在决定市场的机构或人员方面下功夫，以达到自己的目的。

29计 树上开花

《三十六计》第二十九计“树上开花”曰：“借局布势，力小势大。鸿渐于陆，其羽可用为仪也。”

其大意是：利用别人构造的局面，布成有利于自己的阵势，最能获得投入少而声势大的优异成果。这就像鸿雁横空，全靠舒展的羽翼显得更

为壮观。

如果时机不成熟，不能一味地等待，要会根据各种因素和条件，为自己造出势来。据调查，世上有85%的成功都是造势的结果。

领导之艺

“树上开花”原意为本来不开花的树突然开了花，含有新奇之意，是从“铁树开花”转义而来。此计用在军事上，是指：当自己的力量比较弱小时，可借助友军的势力或其他有利因素，来壮大自己的声威，从而慑服敌人的计谋。这就像鸿雁慢慢地降落在大地上，全靠它那长长的羽翼来助长气势。作为领导运用此计要领在于为自己造势，给属下创势，为集体共同利益造势，一方面自己为下属、为集体提供条件，以利于属下施展才华；另一方面利用属下所长，为自己提供支持，化不利为有利。

众人拾柴火焰高

领导者并不是表现出强制的态度就能让部下心服。相反，身为领导者必须要有敏锐的头脑，来调解同行之间的纠纷，并且以柔和的心情来扶助弱小，若非如此便无法担任领导之责。

从动物园的实验中可以看到，“如有争论由老大裁决、休息时弱者优先”的守则，这也就表示了调解纠纷和扶助弱小，是身为领导者不可或缺的特质。

生物研究学家K·罗连斯对冠克马雨品种的乌鸦所做的研究，说明首领的责任。这种乌鸦有着极为明确的顺位制，从上到下每只乌鸦的地位都有一定的顺序排列，且一生不变。它们从幼鸟时期开始就互相争取地位，但只有一只能够登上首领之位。

至于什么时候，什么情况之下可以决定谁是首领、谁是下阶层者，身居高位的乌鸦是不会和同伴起争执的，尤其是不会和身份地位比自己低的乌鸦起争执，若是加入争执，也一定是帮地位低劣者说话，这样才能平息地位较低者的不满。

总之，动物界的首领必须是公平处事者。

猿猴也是如此。猴群之中若有新的领袖出现，这领袖的立场也和前述的乌鸦相似。当同伴有了争执时，能够挺身调解纠纷、扶助弱小者，就

有资格成为大家的领导者。

要成为领导者就必须能够顺应群体的期望，而解调纠纷、扶助弱小，正是象征了符合群众的期望。

就现代企业而言，受命担任领导者地位的人，一定要能够展现出实力来赢得大家的认同，这就必须要从指导部下、调解部下之间的纠纷等符合部下期望的事情开始做起。

鲜花还须绿叶扶

我们常常这样说："众人拾柴火焰高"。我们在这一小节中把它借用来说明在处理人际关系的时候，一定要善于利用大家的力量，要富于合作精神。

应该记住，"水可载舟，也可覆舟。"

你的下属可以是你取得成绩的力量来源，也可以是推翻你的直接动力。

大家都听过"好寒鸟"的故事。

很久很久以前，有一只小鸟的毛脱光了。时值隆冬，她被冻得直打哆嗦。于是所有的鸟儿都来帮助她，每一只小鸟都从自己的身上拔下一支羽毛送给她。这下可好了，大家把她装扮得五颜六色，漂漂亮亮。

可是，这只小鸟并不感恩戴德，反而越来越骄傲起来。甚至开始瞧不起其他的鸟类，认为自己比它们漂亮好看，就应该欺负它们。

大家对她的忘恩负义实在是气愤已极。于是大家就商议，都把自己送给她的羽毛要回来。

这样，这只鸟儿又变得一无所有，只好在寒冷的冬风里发抖，最后终于被寒风冻死在荒野里。

应该说，这个寓言在中国是家喻户晓的，可我们还是有一些领导干部和那只"好寒鸟"一样，犯一些愚蠢的错误。我们不妨来看看加拿大雁的合作精神。

加拿大雁很知道合作的价值。也许，你经常注意到它们以"V"字形队形飞行，而且"V"字的一边总是比另外一边长一些——这是因为有较多的雁。这些雁定期变更领导者即领头雁，因为为首的雁在前头开路，能帮助它左右两边的雁造成局部的真空。

科学家曾在风洞试验中发现，成群的雁以"V"字形飞行，比一只雁单独飞行能多飞20%的距离。人类也是一样，只要能跟同伴合作，往往能飞得更高更远。

哈特瑞尔·威尔森是一位知名度很高的演说家。他曾说当他还是东德克萨斯州的一个小孩时，有一次跟另外两个小孩在一段废弃的铁轨上面走，其中一位身材普通，另一位则是个胖子，孩子们相互竞争，看谁在铁轨上走得最远。哈特瑞尔跟那个较瘦的男孩走了几步就跌了下来，较胖的一个却走得很远。

最后，在好奇心的驱使下，哈特瑞尔想知道其中缘由。那位胖男孩

说，哈特瑞尔跟那位瘦男孩走铁轨时只看着自己的脚，所以很快跌了下来。

然后他又解释，因为他太胖所以看不到自己的脚，只能选择铁轨上远处的一个目标，并朝这个目标走去。在接近目标时，再选择一个目标，然后不断地走向新的目标。

在此，我们还想说明另外一个要点，如果哈特瑞尔跟他的朋友分别在两条铁轨上手拉手地一起走，他们就会不停地走下去而不至于跌下来。这就体现了合作的可贵。就像乔治马修·阿丹所说的：

"帮助别人往上爬的人，会爬得最高。"

如果你能帮助其他人获得他想要的东西，你也因而能得到你想要的东西。而且这种关系是成正比的，你帮助得越多，得到的就越多。

处世之道

在现实生活中，"树上开花"之计是在竞争形势不利于你的情况下，你将借用其他可以利用的力量，让竞争对手认为你的力量强大，关系网广；使他在迷惑中，你趁机取得竞争的胜利。树上开花之计是既要自己造势，更重要的是利用别人给自己造成的机会扩大自己的影响力，这正是此计之妙用。

借助他人　自身也要一流

陈佩斯现在已经是著名的幽默表演家了。可是当初，他要挤进演员的班子也还是多少托了父亲陈强的福。经过陈强同意，陈佩斯报考八一电影制片厂，但是有条件，只准演反派人物。陈佩斯第一次有了一个角色，就是在大型话剧《万水千山》中跑龙套，演若干个打了败仗的匪兵在逃跑，穿场而过，没有一句台词。很多这种跑龙套的演员，就这样跑下去，以后跑不动了，便改行做杂务去了。

但是，陈佩斯有点野心，跑龙套也要玩出新招来。舞台效果中常有枪响，他装着帽子被打飞，演出逃匪的狼狈相，惟妙惟肖。这并不是导演规定的

动作，是他自己发挥的。导演一看，这小子有种，把他提升为一个匪班长。陈佩斯受到抬举，更来劲了，又发挥了一个动作，在逃跑中一个匪连长在吸烟，他跑过去贪吸连长吐出的烟圈，在幽默之中反映出匪兵中的待遇之差、官兵不平等，于是被提升为匪排长。然后他又发挥了一个动作，逃跑中匪连长的帽子掉了，他立即去捡了起来，欲戴又藏，欲藏又戴。那眼神，渴望升官，又害怕被共产党抓住官大的挨整挨得厉害。这种矛盾心理昭然若揭。这样，陈佩斯竟然升任为匪连长。正是由于陈佩斯不失任何时机地不断创出新招，所以到这部电影上银幕时，陈佩斯的名字居然出现在演员表上，上面写到：匪连长：陈佩斯饰。这便是他第一次出名。

从此以后，他便以他的幽默灵感和滑稽天赋，赢得了个人大发展的机会。陈佩斯的这种做法正是利用了"树上开花"之计，利用别人给他的机会，借局布势，促进自身的发展。

经商之技

拓宽市场，既要专注于良好的行销环境的营造，又不能忽略对别人优越条件的利用，比如他人的交往渠道、信息沟通网络等。用通俗的话说就是"就汤下面"。当然，挑选的汤必须爽口，自制的面也得鲜美。如此，汤与面的化合才会散出独特的风味。

这给现代的经营者提供了一个具有重要价值的谋略思想，那便是造势。"善战者，求之于势"，只有在激烈的市场竞争中大造声势，以适时、准确、广泛、生动的宣传，提高本企业的知名度，增强消费者对企业的信任感和企业产品对消费者的吸引力，才能达到抢占市场，扩大销售的目的。

因此，有见识的竞争者都善于借助媒体大造声势，以适时、准确、广泛、生动的宣传，提高本企业的知名度，增强企业产品对消费者的吸引力，达到抢占市场、扩大销售的目的。

此外，借助产品的规格、型号、式样、包装等等，或借装潢商店，修饰门面，形成庞大、丰富的阵容，也可以吸引消费者，提高竞争能力。这就是"树上开花"在商战中的妙用！

川"老窖"飘香海外

四川泸州老窖利用国际展览会两次荣获大奖的机会，大力庆祝宣扬，提高了自己在全国、全世界的知名度和荣誉度，销量猛增，他们正是运用了借局布势，树上开花之术。

四川泸州老窖酒厂，是一家历史悠久的酒厂。该厂生产的泸州老窖大曲酒（特曲），到 1990 年为止已 4 次荣获国际金奖。第一次是 1915 年，荣获巴拿马国际食品博览会金奖。

1987 年 9 月，泸州老窖特曲酒荣获曼谷国际饮料食品展览会惟一

金奖——金鹰杯奖。喜讯传来,厂领导和公关部门决定利用这次机会大搞一系列庆祝和宣传活动。经过精心策划,庆祝和宣传活动拉开了序幕。首先,他们组织了迎金奖大游行。游行队伍敲锣打鼓,到火车站迎接金鹰奖杯。此举轰动了整个泸州城。市民们争睹金奖,纷纷夸赞泸州老窖酒厂为泸州人争了光,为国家争了光。其次,他们专门为此而向省、市领导报喜,感谢省、市领导的支持与指导。省政府马上发来了祝贺电。市政府则专门召开全市大会予以高度赞扬。再次,他们又在首都人民大会堂召开庆祝大会,邀请全国人大和政协的领导人、一些部委的领导人,以及首都各大新闻单位的记者到会同贺。会后,50 多家新闻媒介发了专稿。泸州老窖的大名传遍了全国。

1990 年,泸州老窖特曲酒又获第十四届巴黎国际食品博览会金奖,是中国惟一获金奖的白酒。泸州老窖酒厂对此而大力庆祝宣扬。他们在全国许多大报上刊登大幅广告,在许多省级以上电视台播发长时间的广告,宣扬这次荣获国际金奖的信息,并表示衷心感谢国内外广大消费者的信赖和推崇。泸州老窖的美名又一次在长城内外大江南北震响,又一次在欧美亚非澳传播,成了饮料食品市场上的高档抢手货。

“克丽牌”卷土重来

香港中档铅笔市场,原来一直为日本克丽牌铅笔所占领,1960 年我国内地的中华牌铅笔打入了香港市场,由于价廉实用,受到香港广大学生和中下层公务人员的欢迎,销量逐步升高。1975 年,内地铅笔占有香港市场的 87%,克丽牌铅笔基本上退出了香港市场。

由于香港经济持续增长,生活水平有较大的提高,人们购买物品不再只着眼于价廉实用,还取决于美观。日本厂家分析了这一变化后,70 年代末期,克丽牌铅笔以新品种、新款式卷土重来。

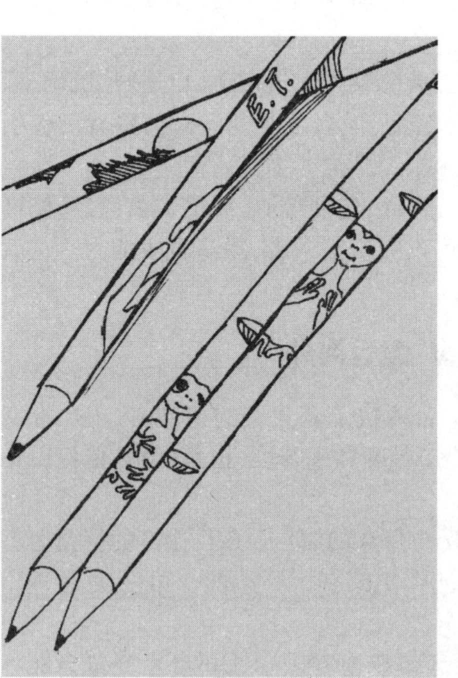

一是品种繁多。仅从形状上分,就有圆形、蛋形、三角形、四方形、星形、六角形,以及玩具形、细杆型、特长杆型等。

二是在杆面装饰上大做文章,改进油漆性质与工艺。上四五道漆就等于内地上的十几道漆,而且花纹精细、线条清晰、清洁度高、色彩鲜艳。同时杆面图案适时,如香港播放“外星人”电视电影时,外星

人图案的克丽牌铅笔立即上市。

三是将原来的大包装改为小包装,适合香港人的购买习惯。

四是每季更换一批货号,上市一批新产品。

这些措施使克丽牌铅笔"树上开花",小商品列成了大阵势,琳琅满目,应接不暇,消费者选择余地很大,博得了香港人的喜爱。

由于内地的铅笔没有及时地采取应变对策,到了1983年后,香港的铅笔市场又几乎全是克丽牌的天下了。

一棵普通的树,对人的吸引力有限;但是一旦开满了五颜六色的鲜花,它的形象就增加无穷的吸引力。这就是克丽牌铅笔成功的重要原因。

"树上开花"不仅可以用于小商品,也不仅可以用于工业产品,同样可以用于昂贵的商品与商业。

善于借助各种舆论传播媒介之"局",宣传自己的企业的产品,就可布先声夺人之"势"。

莫在做广告宣传、改进产品或商店外观上吝于花本钱,它会让你收到"抛砖引玉"的功效。

30计 反客为主

《三十六计》第三十计"反客为主"曰:"乘隙插足,扼其主机,渐之进也。"

其大意是:找准空隙插足进去,影响或控制对方的首要人物、核心部门,继而逐渐发起攻势,就有可能实现预定目标。

人有等级、主客之分。成大事者有两种:一是以人为主,二是以己为主。前者是在某些时候,借人势力而成就自己;后者是凭己实力而打出天下。为人处事,在某些时候需要反客为主——自己登台唱大戏!

领导之艺

"反客为主",换句话说,就是反控制。争取主动,也就是占上风,能占上风,才可以为所欲为。在双方竞争中,主与客的分别在于主动与被动之间。总之,能控制别人的就是主,被控制的一方就是客,能在被控制的情况下争取到主动控制别人,就是"反客为主"。用于领导之艺,指对属下采取灵活的角度看问题,比如给下属主动权,让下属体验到做"主人"的感觉;另一方面是指换个角度考虑问题,反弹琵琶,变被动为主动。

"希望"用人"反弹琵琶"

希望集团在用人上有一个做法在企业界很有影响,那就是管理干部

"只用外行",效果竟然还非常好。这一做法始于1992年。当时,希望集团重庆分公司急需一位老总,因发展太快,手边没有一个能胜任的人。这时,有人介绍一位正大公司的老总。集团董事长刘永行反复想:用他,他可以把正大饲料厂熟练的管理经验带来,但是,他为什么要离正大奔希望?无非是追求更高待遇。假如有人出更高的价,我是不是又要冒走人的风险,况且,希望的文化能整合他吗?结果刘永行拒绝了他,决定去招人。经人介绍找到一个国营单位汽修厂的老总,一席谈,发现他思想品质好,有很强的基础管理经验,缺点是外行,没干过饲料行业。但刘永行还是决定冒险用他。刘永行给他配备了懂生产、技术、财务的干部,让他放手工作。几个月后,刘永行惊奇地发现,他非常好学,又能把在国企学到的知识、经验充分运用到管理中,很快就成了内行,带领重庆公司创造了很好的业绩。刘永行问他为什么有这样大的变化,他说他只想尽快当内行,他也奇怪自己会有这样大的潜力可挖。而在同时,希望集团兼并的一个工厂使用原饲料工厂的厂长,工作不但没有起色,而且合作起来格格不入,最后又跳槽了。

对这件事刘永行很有感触:内行到希望来,他虽然轻车熟路,甚至有较强的管理能力,但他同时具备了原有企业文化培育的管理理念。转变人的观念是很难的。特别是要他认同希望的独特的价值理念和管理模式,往往是过程长、代价高,得不偿失。而一个外行,只要思想品质好,有基础的管理能力,我们的文化整合就有效力。加上他有急于当内行的动力,我们的企业文化就能开发他的潜力,使他的追求上升到更高目标。我们给他提供发展的机会,他会很珍惜,很努力,在努力的过程中会自觉不自觉地让潜力充分发挥。他成功了,企业就成功了,这是一个双赢的机会。

如今,希望集团100多家公司的总经理没有一个是干过饲料行业的厂长、经理。这还有力地维护了希望的企业形象——不在同行内挖人才,带头维护行业秩序。

几年前,希望集团在北方一家公司因年底销量急升而出现电力供应紧张,电表显示已超额定电流,再超载就要出问题,停下来和新增设备都要影响市场、丢失机会。刘永行到这家公司后,亲自对电力设备能力系数进行计算,最终发现,设备的能力只发挥了30%。经过简单改造调整,电力设备能力提高了近三倍。

从这件事上悟出的道理促使刘永行刻意去研究人的潜力开发。他认为,人的才能也有潜力系数。狭义上讲,人的潜力系数是指人的有效工作时间;广义上讲是指人的智能开发程度,这个开发程度与给他的条件成正比。给他的压力大,发展机会多,他的潜力就会得到更好的开发。如现任北京一分公司的总经理,当年只是一名销售经理,对接任总经理职务信心不足,但刘永行认为他具有担任总经理的足够潜力,给他鼓励和支持。对他来讲,一个公司交给他,既是压力,又是挑战,还有风险。抓住机会做好了,可以成就为一名优秀的总经理;做差了,要影响集团、公司,也要影响他本人。在集团提供的这个舞台上,他拼命学习,几个月

的努力，他信心大增，结果越干越好，潜力发挥出来了。去年他的公司创利2600多万元，并成为北京市朝阳区排列第六的纳税大户。

处世之道

“反客为主”之计要求做人者善于变被动为主动，变不利局面为有利于自己的局面。其做人方法就是客方钻空子插脚进去，掌握其对方首脑机关或要害部门，循序渐进，变客为主；或被动的一方，抓住时机，变被动为主动，即在形势不利时，要甘居“客位”，以便争取时间，扩充实力，通过一个由量变到质变过程变被动为主动。

面对别人的攻击

在生活中当你面对别人的攻击时，假如还无力还击你就等待时机，先观察他，采用后发制人的方法，这就是反客为主了。咄咄逼人者，其开始锋芒毕露，也许你根本找不到他的破绽。但是，你应该抱着这么一种观念，他总有不攻自破的地方，总是有软弱的地方，只是你还没发现而已，等待时机，一旦其锋芒收敛，想作喘息、补充的时候，这时候你就可以反攻了。

当对方已是山穷水尽的时候，这时就是对方已经把要进攻的全部进攻完毕，把要打击你的部位打击完毕，尔后发现，他连你的“伤口”部位还没找到，其锋芒所指，无非是微不足道的小错误，或者其打击的部位亦不全面，从本质上动摇不了你，这就是所谓的“山穷水尽”。他技穷之时，也是你反守为攻之时。

经商之技

商务交往中的对手，无不设法挂上对方的“内线”、牵住“牛鼻子”，把握成交的主动权。实施此计有对人、对物两个方面。对人要不露痕迹，时下外商驻华业务机构热衷延聘中国籍雇员，意在利用他们对国情特别是对官场内情的了解、熟悉，获得预想或意料不到的盈利；对物要“揭彼之短，显己之长”，取得打开和长期占领市场的优势，对知识密集型产品尤其如此。

经商过程，往往要经过一个反客为主的过程。比如某种商品投入市场，开始时局面没有打开，市场形势于己不利，此时就要甘居“客位”，等到通过一系列努力之后，逐步增强自己的竞争实力，占居“主位”。

同样，如果企业在市场竞争中暂居“主位”，也要不断创新、开发新产品，满足市场消费的新需要。否则，其主位仍有可能转化为客位。

所以，客位和主位、被动和主动是可以相互转化的，这种转化需要一定的时间、一定的条件。经营者运用此计，要力争变客位为主位，变被动为主动，就是要努力找出这种转化的条件，促使其向有利局面转化。若

已处于主位，也要防止向不利的局面转化，并努力从有利的条件中引出更好的结果。

展销变被动为主动

一次一个厂家送到厦门一个展销会上的衬衫，由于展出位置不显眼，经营人员也不用劲，以致产品无人问津。

后来，该厂厂长果断地采取措施：

(1)参加本厂产品展销的营业员，一律穿本厂生产的衬衫，而且每天要换一种颜色；

(2)全体营业员在营业时间不准坐，不准倚，不准双手插袋。顾客上柜，有问必答，热情接待；

(3)营业员每天穿过的衬衫一律归自己，不用交回；营业时敞开供应冷饮。这一手果然奏效，前来参加展销会的顾客，看到这个专柜的营业员穿着一色的新颖衬衫都围拢过来，再加上营业员们精神抖擞，热情介绍，周到服务，衬衫销路顿时打开。

前来购买衬衫的顾客，今天看到全体营业员一律穿淡红色的，心想淡红的一定好，纷纷争购淡红色衬衫；明天来的顾客，看到全体营业员一律穿着桔黄色的，以为桔黄色的一定时新，又争购这种衬衫。于是这个专柜前出现了供不应求的局面，这个衬衫厂也获得了很高的效益。

“葛兰素”敲开美国门

具有200多年历史的英国葛兰素药厂，是世界第二大药厂，在全球有70多家公司和分厂，产品遍及150多个国家和地区，且在当地区药品市场的排名大都名列前茅。

“葛兰素”从一家传统的、老迈的公司，成为持续增长的，产品行销国际市场的跨国企业，其成功秘诀，在于一个敢于冒险、有战略眼光的经营策略。

美国是世界上最大的西药市场。多家百年以上的，或势力雄厚的药厂，已把美国的药品市场分割得差不多，要再跻身进去，并非易事。

然而，葛兰素药厂以其独特的经营方式，在短短时间里，不仅站稳脚

跟,而且还以“善胃得”(治疗消化系统溃疡的药物)占领了美国几乎全部肠胃药市场。目前,“善胃得”在美国营业额剧增,为全球营业额的1/3。

葛兰素药厂跻身美国市场是1979年开始的。当时,它兼并了美国一家小型药厂,藉以彻底了解当地的市场情况。为了让这家企业成为地道的美国公司,使之与美国的文化完全融合,它首先授予该药厂美方负责人以充分权力,因而使其决策快,经营灵活。

葛兰素药厂在美国站稳了脚跟后,又迅速拓展市场。1981年,美国葛兰素与当地排名前10名的瑞士罗士药厂合作,运用罗士的业务代理和行销网络销售其药品。

当时,不少厂家的做法是把自己的药品商标权借给他厂,并由其销售,签订了10年或几年的合同分享利润。而葛兰素厂却采取垂直组合的经营状态,从原料生产、研究开发、成品制造到发货行销一竿子到底,不包给经销商销售,以保证产品的质量和及时反馈信息。其“善胃得”药品就是这样成为了美国的“明星药品”。

“不入虎穴,焉得虎子”。英国葛兰素药厂在将其产品打入美国市场时,采用了“兼并”工厂这一绝招,就像将一探测器安在了美国市场上。这样,美国药品市场的一呼一吸已被葛兰素药厂所把握,为其产品占领美国市场提供了确切的情报基础。

英国“葛兰素”注重进行市场预测调查,从而掌握了美国市场机要,然后循序渐进,一举夺占了鳌头。其“反客为主”的战略应为我们留下有益的启示。

从以上几例来看,“反客为主”最重要的是能掌握关键性的因素,以积极代消极,化被动为主动,才能扭转一切不利于己的情势,进而取得控制全局的力量。

在市场竞争中,要想“反客为主”,一定要“乘隙插足”,抓住对手的短处,以己之长,克彼之短,则他人市场可为己用也。

兵法中有所谓以少胜多,以寡击众,以弱制强。商战之中,以羊易牛,四两拨千斤,小鱼吃大鱼之事亦屡见不鲜。成功的关键在于能否化被动为主动,只要能争到主动,反客为主,抢得先机,胜利也就唾手可得了。

第六章　败战计处世智慧

31计　美人计

《三十六计》第三十一计"美人计"曰:"兵强者,攻其将;将智者,伐其情。将弱兵颓,其势自萎。利用御寇,顺相保也。"

其大意是:对抗兵力强大的劲敌,宜制服其将帅,对足智多谋的将帅,应瓦解其斗志。敌方若将帅斗志衰退、士气消沉,就会失去战斗力。

完善自己,是赢得人心的一种办法。有些人不注意完善自己,尽靠歪点子办事,这样只能做点小事,满足一点小欲望,是绝对成不了大事的。这是"美人计"在为人处事时的另一启示。

领导之艺

用于领导方略上,用"美人计"可以从两个方面着手,一方面领导要远离"糖衣炮弹",防止思想意志涣散,被对手从内部瓦解,另一方面,对下属可以利诱之,试之以色,试之以财,从而判断其人品,留住利于企业发展的人才。

远离女色　最为稳妥

办公室里异性之间的微妙关系,一直是人人茶余饭后津津乐道的话题。只要和异性稍为亲近,就有可能被渲染成热恋中的主角,跳到黄河里也别想洗清。

男女间的关系原本就很微妙,只要一有风吹草动,当事人本身尚未理清彼此感觉,旁观者的敏锐嗅觉却早已发挥威力,传闻已然不胫而走。

对于类似的传闻,多少带点戏弄的意味。而对于添油加醋的恶意揶揄,你可就要小心提防了,它往往使当事人哭笑不得,丝毫没有喜悦的感觉。为避免使自己成为闹剧的主角,平日在言谈举止方面就应当谨守规范。已受流言所困者,最好抱持"清者自清"的态度,多做解释只能助长好事者的猎奇乐趣,实非明智的应对之道。

你一定拥有一个庞大而且装饰讲究的办公室,这里是你工作时间最长的地方,看一看你桌上的文件,一定是很厚的一摞,电话也总响个不停。

这里是你要时刻注意的地方,你身边的异性下属与你在一起的时间

最长，如果经常两人相处，那就更要注意。

你们的关系是上下级，不是不可以谈生活中的问题，但要注意分寸，要时刻提防，温柔之水时刻会向你湮来。

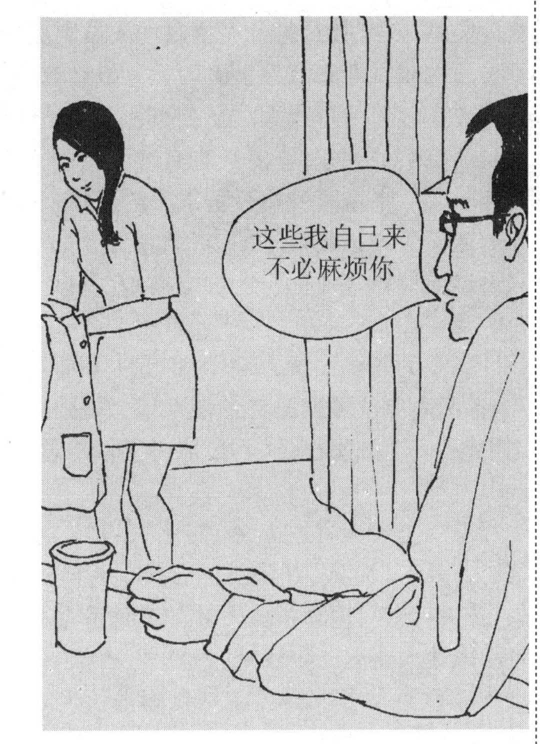

早晨你走进办公室，如果你的下属迎过来向你问好，并帮你整理办公桌乃为正常。

如果不单是这些，可要回绝了。

如帮你脱外衣，问寒问暖，还时不时看你一眼，不乏脉脉之情，你可要把握住自己，不接受过分的殷勤，该自己办的事自己完成，你可说："噢！挺忙的，你忙你的，这些我自己来，不必麻烦你。"

也可说一句笑话："你干这么多，不是发薪时以此向我多要工资吧?"或者说："我可没雇你当我的保姆，不该过问的事，就不要越俎代庖，不然耽误工作，我可要扣你的工资。"

如此一两句话，加上面带笑容，对方不会十分难堪，但也会明白你的用意。

如果对方明显对你表现出异心，甚至有时对你过分亲昵，你就该找理由把她调入别的处室，或干脆向她说明，"本人不吃这一套。"

记住这条忠告，最好你的办公室不要安排异性，你办公室的门也不要经常关着，说话要尽量大声，以免别人怀疑。

用"利"招引贤能

在某地举行的一次大学生人才供需市场洽谈会上，一家公司需要招收若干名从事销售业务的人员。公司的招收人员用大红海报的形式公布了他们的招收计划，并列出了一个中长期的报酬合同。这个中长期合同主要有三个方面的内容。一是销售额达到多少，工资就可以提前增加到什么水平；二是销售业务扩大到多少，销售额达到多少，住房、通讯医疗等各种福利便达到什么标准；三是销售业绩达到多大的指标，就提升为公司什么级别的管理干部。最后招收海报还强调，所有这些合同条件都可以签约，公司如果不按合同执行，员工可以通过法院要求公司赔偿。此海报一贴出后，立即使这家公司门庭若市，前来应聘的人才接踵而至。这家公司从容地在众多人选中挑选出了自己最满意的人选。整个人才

交流会结束，就数这家公司招收的人员素质最好，原因在哪儿呢？

原因就在那张海报上。因为海报悬赏着一个与业绩挂钩、允许一部分人先富起来的令人无法抗拒的引诱力——高额的工薪、福利和职位。冲着这些美好利益，许多具有真才实学的大学生被其吸引过去，纷纷前去应聘。结果这家公司有了很大的选择余地，招收到了较满意的销售人才。这家公司招收人才的方法，说穿了，就是美人计“引诱”法的思想。只不过他们聪明地把“美人”理解成了“美利”，没有将“美”仅仅局限在“人”上。

当今的各种竞争，归根到底实质上是人才的竞争。为了招揽天下人才，各用人单位可以说是各使奇招，妙法迭出。在这些招揽人才的方法之中，有一个方法很巧妙，很值得人们借鉴。这就是前面那家公司用过的美人计。

运用美人计招揽人才，除了可以用“引诱”法外，还可以用美人计“致人”法。“致人”法是我国古代美人计和人才战中一个较为独特的现象，是一种专门用来招揽人才的方法和艺术，是当今各路英雄霸主实现自己雄才大略的一个法宝。

尽管美人计“致人”法是我国古代人才战中一个较为独特的现象，但是遗憾的是，我们这些后人却没有能够很好地使之发扬光大，倒是老外学到了它的精髓。

20 世纪 90 年代初的时候，美国的一家大学看中了我国某大学的一位只有副教授头衔的学术带头人。此人只有四五十岁，正是出大成果的黄金年龄。为了把他招到美国大学的麾下，美国人就使了一招美人计“致人”法。美国人了解到，这位副教授不愿意出国，担心中年已过，难以适应新的环境，而他所钟爱的妻子却愿意出去，换一个环境，多接触一些外面的东西。于是美国人以邀请这位副教授的妻子出国进修为名，把他的妻子请到该大学，并聘用她为该校的教师，又为她办理了移居手续。按照美国校方的旨意，妻子不断给丈夫来电来信，动员他也过去。甚至校方几次安排他的妻子回国做动员工作。据说，他的妻子为此事一度以离婚相要挟。出于对妻子的爱，这位副教授只好同意了。在到第三国讲学的名义下，副教授黄鹤一去不复返，转道去了美国。

美国人的这出美人计“致人”法用得比较高明。既没有派出性感女郎，也没有使出色情挟持，而是从副教授身边的美人——他的妻子身上下手，先将其弄到学校，使其夫妻天各一方，为了家庭，为了爱情，副教授只得飞去了。

虽然美人计“致人”法是一个招揽人才的妙法，但是具有悲剧意义的是，这种招揽人才的好方法，正派人士并没有怎么学会，而反派的人物却学得挺快。据国外一些报刊报道，国外的某些黑社会组织为了发展成员，招收具有某种专长的人员加盟，也使用了这种方法。他们多把它与美人计“挟持”法相结合，以挟持他人的妻子、孩子作为手段，强迫他人入伙。

我们要指出的是，不要因为美人计“致人”法也为坏人所利用而不用，我们习惯的思维方式又会出现如下的情况：在没有任何意识形态的美人计“致人”法身上，就因为运用者的意识形态的不同，而牵扯到了对无辜谋略方法的评论；正派人士使用时就是智慧艺术，是奇谋妙计，而反面人物使用时就变成了阴谋诡计，奸智诘谋。

处世之道

“美人计”是做人者利用爱美之心，人皆有之的心理，来达到以柔克刚的目的。他们借助如公关、明星效应、三陪服务等等，确实迷倒了许多竞争对方或上司，终为我用，由于这些人爱屋及乌，使“美人计”更显神通。

美人面前鉴友心

与朋友同事交往时，我们要注意观察他们对于美色的态度和言行。如果某位朋友同事是见色起淫之辈，而你家中又有年轻美貌的妻子，像这样的朋友同事切不可带到家中。对于那些看起来不好色的朋友同事，鉴于有的人善于伪装自己这一特点，建议你在决定与他深交之前，最好能试探一下他是真的不好色，还是假的不好色。

运用美人计“试探”法，最好是能有真正的美人来引诱配合一下，但是普通人要办到这点，比较困难。怎么办呢？可以约朋友同事去看一些“薄透露”的模特表演，或看带点刺激的影片，从一旁观察他们的表情言行。还可以送朋友同事一些富于诱惑力的美人图片，看看他们的神色态度。通过观察他们在美色面前的表演，再结合你对朋友同事其他方面的了解，你便可以得出一个较正确的结论。

要真正认清某位朋友同事，除了使用美人计“试探”法外，还可以运用美人计“刺探”法，从侧面，从其他朋友同事那里，了解他们对某某的看法。美人计“试探”法在这儿运用时，主要是通过听往事、套口风、看表情来获取对朋友同事的情报。你可以从某位男同事身边交往的女性嘴中得到，还可以让妻子出马，从某位女同事身边交往的男朋友或男同事的口中获取。只要做个有心人，就肯定能得到你所需的东西。

朋友同事之间，尤其是异性朋友同事之间，想要赢得他们的好感，赢得他们的帮助，一个较好的策略就是使用美人计“怜香”法。具体的做法是，收起你的锋芒，做一个“弱者”，一个具有个性特色的“弱者”，一个能使强者乐意围着你转、为你效劳的“弱者”。这类人，在社会生活中往往不乏其人。他们有时以受害者的面目出现，有时以无辜者的身份出现，有时又摇身一变，成为一名无助者。通过言行神色的表演，他们博取了周围人的怜惜之感，获得周围人的许多帮助。到最后，他(她)却成了朋友同事之中最大的受益人。

朋友同事之间发生争执误会是常有之事。然而如果处理不好，就会

影响相互之间的友谊。如果争执激烈,误会较深,朋友同事也可能会成为升迁进步的障碍,会成为终身最可怕的敌人。精明的人,往往采用美人计"调和"法来及时加以弥补。他们的妻子一般是适合扮演"调和"者的最佳人选。具体的办法是,找个理由,由妻子出面请几个朋友同事——自然要把发生争执误会的那位邀请在内,到你家中一聚。借助朋友同事聚会的时机,由妻子把丈夫埋怨一通,再半真半假地给那位朋友同事赔个不是,使那位朋友同事无话可说,消除隔阂。另一个法子是,为那位朋友或他的妻子找一个值得庆贺的理由,邀约几个要好的朋友同事前去祝贺——但不要暴露出是你或你妻子的主意。在祝贺中,让你妻子见机行事,以和事佬的角色,设法改善你与朋友之间的紧张关系。事后再设法让那位朋友知道这完全是你的安排。你的朋友闻听后,一定会感激你,称赞你,你们之间的不愉快便会烟消雾散。

在朋友同事之间运用美人计,把握好分寸是最要紧的事。一般说来,宜于隐蔽,不宜于暴露;宜于间接,不宜于直接;宜于侧面,不宜于正面。

经商之技

商战中争夺市场的常用妙法是把丽人、佳媛充当广告的主角,迎合消费者的爱美心理或感官刺激。然而其间却隐有技巧与风格的高雅粗俗之分、含蓄直露之别,惟选择机智干练、幽默风趣的应用策略,才可击败对手,取得兵强攻其将、将智伐其情的功效。

在商业竞争中,运用"美人计"的手段多种多样:用"美人"作广告宣传、公关,甚至猎取经济情报等。但更重要的是,突破军事上的"美人计"的局限性,进行创新运用,关键在两点:

一是从"美人计"据以生效的基础,从人类的爱美之心出发,利用健康、有益的"美"为经济生产、商业经营服务。

二是把美学应用于生产、经销、服务等各种领域,用美学思想指导商

战。使消费者从商品广告消费中得到美的享受和精神上的满足，增加经济效益，增强社会效益。这才是将“美人计”用到正道上。

借用美名　打开市场促销售

消费者或许已经注意到，许多打着洋招牌的商品，其实并不是纯种的洋货，在商品出产地一项中明明白白地标明了它在中国的制造地。为什么中国的产品要用外国的商标呢？

眼下提倡企业兼并，有不少亏损企业原来的产品卖不出去，造成严重的产品积压，然而一旦被名牌企业兼并后，使用名牌企业的商标，在产品质量、性能没有多大变化的情况下，为什么又卖了出去呢？

还有一种情况，原本销售状况不佳的商家，如果请来名人、权威或专家帮助宣传，向消费者提供产品咨询，或者为产品签名，商家的销售状况就会明显改变。这又是为什么呢？

上面列举的三种促销方式，都有一个相似之处，即借用驰名商标或权威名人的美名。这种促销手段，其实质也是一种美人计，它包含美人计“引诱”法的思想。

美人计“引诱”法说的是以美色引诱别人上当。在商业销售中，借用其以美诱人的做法，以美名来吸引、诱惑消费者。这种美名，可以是驰名的商标、有名的公司或著名的权威。借用这些美名在消费者心目中的美好声誉，促销质量可靠、却鲜为人知的商品。由于“美名”的声誉效应，这种借用美名打开市场的促销方法，就成了销售中最主要的促销手段之一。

由于借用美名，可以打开市场，一些不良现象和违法之事便会在这种促销活动中滋生蔓延开来。如果消费者不加提防，自身的合法权益就会受到侵害。借用美名，打开市场是一种行之有效的促销手段，是美人计“引诱”法思想在商业销售中的一种主要运用形式。但是，利用这种手段进行不正当的、违法的销售现象则大量存在于现实生活之中，消费者一定要提高警惕，谨防上当。

宝洁得助于女明星

20 世纪 70 年代后期，香港的经济已起飞了近十年，个人收入增加，女性劳动人口增多。这个现象为市场推销人员提供了重要的信息，如何替这些职业妇女解决每月生理周期带来的不便和困扰，这是一个极具潜力的市场。飘然卫生巾的生产商及时发现了这个潜力庞大的市场，便决定推出优质的卫生巾用品来争取市场占有率。

飘然首先在产品品质方面下了一番工夫，做到了体积小，方便女性使用和携带；吸水性强，减少了更换次数，并将卫生巾表面也做得柔软轻顺，强调“贴身享受”，随后又推出了“自动粘”装，可以粘固在衣物上，非常安全可靠。各种改良正切合新时代职业女性的需要，飘然把目标市场定位在职业女性，被塑造成时代女性的宠物。

品质改良以后，宣传推广就成了飘然走向市场的关键。飘然一反传统，决定堂堂正正地宣传这种在当时被传统观念认为是禁忌的商品。飘然卫生巾的广告在选角时，经过了一番深思，最后选中了由香港无线电视台举办的第一届香港小姐选美的冠军得主孙泳恩，她活跃在商界，曾多次参与主办地产展览而给人们留下了时代女性和女强人的形象，由孙泳恩向她的职业妇女姊妹们推荐介绍自然能收到事半功倍的效果。

在晚上的黄金时间，电视片的一集刚刚播映完毕，荧光屏上出现了一位香港人极为熟悉的面孔——第一届香港小姐冠军孙泳恩，她正快步走过斑马线，突然一辆汽车从旁驶来，孙小姐潇洒地伸出左手食指，正像古龙小说中的陆小凤使出平生绝技灵犀一点般指向驶来的汽车，汽车在孙小姐身旁戛然而止，这位漂亮迷人的小姐飘然步过斑马线。接着电视机里传来旁述介绍一种崭新的产品，可以令女性在“不方便”的日子里仍然如常活跃，神采飞扬，这种新产品便是体贴女性的飘然卫生巾。

这则广告在当时的香港推出，使得飘然卫生巾和第一届香港小姐冠军同时成为市民茶余饭后的话题。飘然敢于在当时仍受传统的中国世俗文化影响的香港社会打出旗号，隆重推出卫生巾的新产品，加上广告片的可观性和艺术性，令全香港市民都知道了飘然卫生巾这种新产品，飘然也就在这一夜之间成了卫生巾的代名词。虽然播放飘然卫生巾广告令坐在电视机前的一家老小感到尴尬，有些女性可能被子女或弟妹追问“飘然卫生巾是做什么用的”，使其感到难为情，但最重要的是，广告中所陈述的飘然卫生巾的优点，尤其是片中孙泳恩的飘然自在，深深印入她们的脑海，在选购个人卫生巾时，试一试飘然便成为一种无可抗拒的冲动。

在成功地占有了职业女性这个市场之后，飘然又加强了宣传攻势，攻入整个女性市场，市场占有率达 30%，独领风骚十多年，面对众多竞争对手的挑战，始终屹立不倒。直到美国的宝洁在香港推出护舒宝，飘然的大姐大地位才受到了真正的威胁。

宝洁是美国一家非常成功的消费日用品制造公司，名列美国 500

家最大公司的前列。最初宝洁是以美国本土市场为主，但随着美国经济增长速度的放缓，世界市场对它来说变得日益重要。以生产个人卫生用品起家的宝洁，希望在香港占有一席之地。经粗略估算，香港要买卫生巾的适龄女性约150万人，以每人每月消费20元计算，这个市场的总生意额是3.6亿元，如能夺取25%的市场占有率，营业额就是9000万元。以纯利5%计算，一年获利可达400万元。如意算盘一经打响，宝洁便开始计划推出自己手上的一张皇牌护舒宝，要与飘然一决高低。

要想成功地推出护舒宝，对宝洁来说就要解决好两大问题。一是消费者对新产品的心理抗拒，尤其以食品和个人卫生用品为甚，卫生巾是最贴身的个人卫生用品，如何吸引消费者试用新产品便是一个大问题；二是进入一个牌子平均分散的市场较进入一个已有压倒性优势牌子的市场为易，宝洁正是面对着一个已有压倒性优势牌子的市场。

针对这两个问题，宝洁实施了三大策略：一是品质改革。护舒宝最重要的部分就是最底层的吸水垫，具有强力吸水功能。上面加两层干爽网，并把这三层物质厚度减至最小，做到了吸水力强、更替次数少、外面干爽柔软、体积小、使用和携带方便等。二是大规模分派赠品吸引试用。三是名人推荐介绍宣传。

护舒宝是以职业女性为首选对象，所以选择名人的身份和形象必须切合职业女性的标准。护舒宝的第一辑广告片由张艾嘉担任，她是影后，演技出众，形象富有时代感，亦属事业型，这对飘然的目标市场有极大的影响。广告主题以轻快的调子衬托着现代生活的动感，张艾嘉在轻松洒脱的节奏中带出产品的优越性能。这则广告刚播映便已引起了很大的反响，很多女性都跃跃欲试。

继张艾嘉之后，宝洁再请另一位巨星张天爱接力，她的父亲是苏里南华侨，活跃在香港商界，并先后出任香港市政局主席及立法局议员。张天爱在几年前香港小姐竞选中因表演芭蕾而一跳成名，继而进军影视界为港人熟悉，后因故退出，但仍活跃于上流社会的社交场合。这次复出，以独白的形式为护舒宝推介，其名流的身份，更显措辞诚恳，护舒宝优良的品质得以信赖。

两位明星的推介，使护舒宝取得了骄人的亦是惊人的成就，在短短的两年时间里，市场占有率直线上升到22%，直逼大姐大飘然的地位。飘然借助孙泳恩发家，十年经营所取得的成就，已被宝洁借助张艾嘉、张天爱推介的护舒宝摇撼得岌岌可危。

32计 空城计

《三十六计》第三十二计“空城计”曰:“虚则虚之,疑中生疑;刚柔之际,奇而复奇。”

其大意是:以弱对强,最宜装作未加防备;干脆以己之短迷惑对手,使之更加难以揣度,不敢轻易来犯。所以在敌强我弱、敌众我寡之际,以虚对实就显得更加奇妙莫测。

做大事者需要两样东西:胆识和智慧。为什么有些人实力弱小,却战胜了强者,因为他具备这两样东西。一个人如果敢像诸葛亮一样用“空城计”,证明此人必能有所作为。

领导之艺

“空城计”是利用虚虚实实的惑敌手段,诱使敌方的攻势终止或落空的计谋。这是一种心理战术。施行“空城计”有两种情况:一种是情况突发,已经没有准备之余暇,被迫而故布疑阵,淆惑敌方耳目,希图其临时缩手,然后再加以布置,杀敌致果,这是消极的方法。另一种是诱敌深入,在内有埋伏,外有强兵的情势下,聚敌人而歼之,这是积极的方法。在领导方法上,领导人运用空城计一方面领导人自身要韬光养晦,不露锋芒,掩饰自己的野心和政治欲望;另一方面,体现在对下属实行“无为而治”,在处理下属的矛盾时,也不表达自己的观点,实行“冷处理”的方法。

空城计不是骗术

诸葛亮用空城计吓退司马懿的故事在我国已经家喻户晓,然而人们大多只是作为消遣听听而已。而我们邻国的日本商人则从中读到了更多的东西,某种超出故事的东西,那就是高超的经营谋略。

一个有能力的成功企业家,即使一时没有足够的资本,但能够保持创业的信心,运用攻心为上的谋略,同样可以取得企业经营的成功。

日本的赤玉葡萄酒株式会社的早期发迹便有赖于这种计策的成功运用。“赤玉葡萄酒”的创始人岛井开始做赤玉葡萄酒买卖时才20岁,那时日本人时兴喝进口葡萄酒,对日本人自己酿造的葡萄酒不感兴趣。资金有限的岛井信治郎无力进行大规模广告宣传,于是运用“空城计”战略,在自己的作坊试验酿造葡萄酒的同时,就每天晚上骑自行车到城市中各酒店去问:“请问这里有没有赤玉葡萄酒?”回答当然是“没有”,岛井信治郎和他的雇员立刻说:“真可惜!赤玉酒质量最好,等你们进了

货,我再来吧!”经过日复一日的不懈努力,终于有酒店打听赤玉葡萄酒的消息了,岛井信治郎这才开始生产自己的葡萄酒。

没有葡萄酒时先作葡萄酒广告,这是岛井信治郎“空城计”经营计划的开始。当“赤玉”葡萄酒商标注册完成,岛井信治郎更是连出广告奇招,如准备了30个两米长的灯笼,上印醒目“赤玉”商标,雇来穿有寿星制服的人举着灯笼到处走动,起到广告宣传效果。一旦哪里出现火警,一定有提着“赤玉”灯笼的人在现场为救火者照明,因为当时人们喜欢聚集在火警区内观看议论,“赤玉”灯笼到来,“赤玉”葡萄酒的影响也随之扩大。当赤玉葡萄酒经营取得成效后,岛井信治郎又用同样的办法宣称已经研制成功了日本的威士忌,大唱日本威士忌的“空城计”,一年后才把自己生产的威士忌投放市场。岛井信治郎曾经说:“每一家公司都有从小到大的过程,在最初,总要使用空城计战略的,这就是公司的创业精神。”

日本企业家飞冈健在研读“空城计与孔明战略思想”时,特别强调:作为经营谋略,空城计是根据经营需要,最合理的投入。诸葛亮当时的主要目标是撤退回汉中,能把司马懿吓回街亭就达到目的了,所以有2500名士兵就可以完成任务。如果想战败司马懿,诸葛亮一定会带更多的人去西城,而且也不必使用空城计了。

飞冈健的结论是:“空城计不是骗术。”

一切处于创业阶段的中小企业不妨大胆使用,当然不要忘记四个字,即保密和自信。

重读《三国演义》我们便会发现,诸葛亮是在登城望见尘土冲天,魏兵分两路朝西城县杀来,自己部下众官“尽皆失色”的情况下,宣布他周密的作战计划:“将旌旗尽皆隐匿;诸军各守城铺,如有妄行出入,高言大语者,斩之!大开四门,每一门用二十军士,扮作百姓,扫洒街道。如魏兵到时,不可擅动,吾自有计。”这一计划的关键有两处,一是要有严格的纪律,要严格保密。所谓“妄行出入,高声大语”,都是对战略计划的破坏,必须“斩之”。二是要给部下必胜的信心,即所谓“吾自有计”。由此而论,诸葛亮的空城计首先一定要自己的部下对自己的事业有信心,这是使司马懿中计的最重要的

条件。此外，诸葛亮明确空城计的性质是“攻心为上”，所以在司马懿兵临城下时要“坐于城楼之上，笑容可掬，焚香操琴”，给司马懿以设陷阱守株待兔的假象。

这里，诸葛亮本身的自信便显得至关重要了。没有它，不仅这出空城计唱不成，一部《三国演义》恐怕也得改写了。作为领导，你想成为诸葛亮吗？

解放你的下属

“空城计”在管理学上，可以理解为给人自由，即解放下属。

你想不想成为一个独具魄力的领导人呢？你想不想成为一个横扫一切世俗陋规，不求标新立异，哗众取宠，但要无拘无束，心性自由的领导人呢？你想不想成为一个不拘俗套，从谏如流，善于提出自我批评的领导者呢？如果你想，那么请仔细记住以下的这些原则：

①无论你的情绪是好是坏，当你走进办公室的时候，你都要把自己的笑容均衡地分给每一个下属，让他们知道你今天的心情很好；

②衣着不一定非要与众不同，但必须整洁得体，让人看上去更舒适；

③当下属向你鞠躬行礼时，你也应当鞠躬回礼，而不是傲慢地微微点头示意；

④当你和下属偶然相逢，而对方又恰巧因为某种原因没有看到你，你可以故作惊讶地先打招呼，尔后寒暄几句便走开，以免增加对方的恐慌；

⑤只要有必要，上班的任何时间，任何一位下属都可以敲开你办公室的门向你诉说自己的见解，而你必肱尽快作出答复；

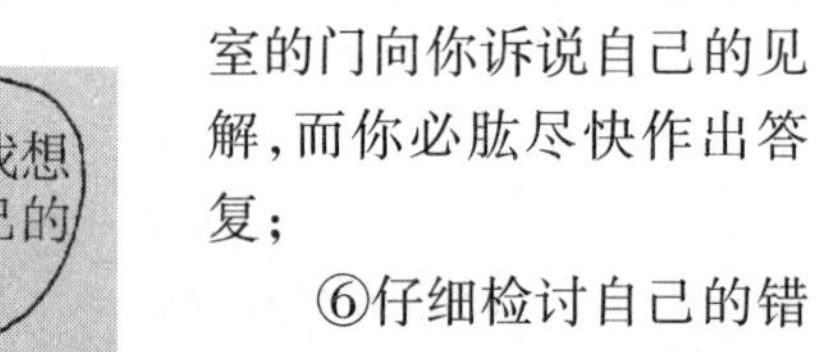

⑥仔细检讨自己的错误，有公布的必要就清清楚楚地向下属公布，这样他们才可以不断地指出你的失误；

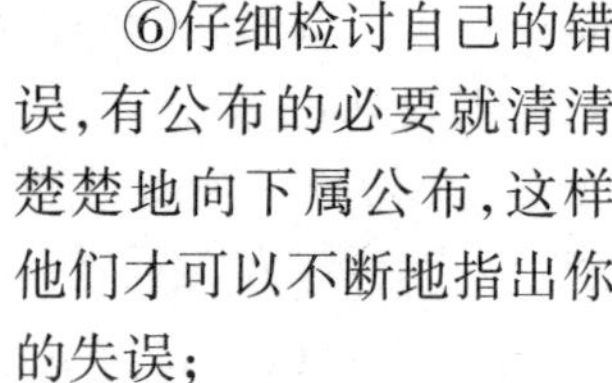

⑦每天给自己一个静心思考的时间，思考这一天应该进行的工作，不要与昨天的雷同，而且更不要把昨天剩下的工作拿到今天来做。

传统的规范留给我们许多的条条框框。做皇帝要坐北朝南，否则就不正规；请人吃饭也要等客人

吃完之后才能放下筷子,即使你已经撑坏了肚子,否则便是对客人的慢待……这些旧规矩给了我们许多的影响,虽然我们曾经力图把一些不合理的东西都打碎抛弃。

许多做领导的人都希望下属温良恭俭,有令即行,任劳任怨,从来不对自己的权威地位提出异议和怀疑。他们总以为自己趾高气扬,被下属前呼后拥,说一不二,威风凛凛才是真正的领导模样。事实我们有许多领导就是存在着一些官僚思想,贪图享乐,损公肥私,滥用职权,因此便有贪污受贿,便有偷税漏税,便有藐视国法。在这些人面前,他的领导权威地位绝对不容侵犯,当领导的就是领导,做下属的就是下属,是领导与被领导的关系,根本没有实现平等对话的可能,有了意见当面不能提,背后更不能提。条条框框一定要遵守,规章制度也坚决不能违反,否则领导怎么当领导。

而你如果要想成为有所成就的领导,就必须打破这些条条框框,冲破旧观念的束缚,广开言路,让下属觉得你很重视他们,而他们也觉得你不再高高在上。如果你一心只想使自己的权力欲望得到满足,那么下属的进取心和表现欲望也就越来越萎缩,只会与你周旋,对你奉献虚情假意,而你也终会一事无成。

我们可以建立一个严格的赏罚分明的规章制度,包括领导和下属都必须遵守,而不是为领导和下属规定许多权利和义务的关系。作为领导,你惟一不同于下属的就是对于这个团体,你有一个优先决策权,但须经民意表决同意。你和下属都需要工作,否则你将会失去领导者的地位,而下属也将被排除在团体之外。如果你没有打破旧俗的勇气和魄力,那么你也不可能取得事业上的成功。

记住,你越善于打破存在于人们意识中的领导与下属关系上的条条框框,你就越具有一种独特的领导人魅力,也就具有更强的吸引力,你能凭借这一优势来吸引你的下属。这不但是一种人性和人格魅力,也是一种独特的统驭影响能力。你越能很好地吸引对方,也就越能将你的意志更轻易地传达给对方,从而实现相互之间的情感交流,为已经达到默契和共识的目标而奋斗。你们的成绩和最终成就也就由此而产生。相反,如果你只知一味地对你的下属下达命令,强迫服从,那么你和他们就无法提升到同一个基础上来,对于你来说,你的目标是事业的成功,而对于你的下属来说,则有两种不同的目的,没有反抗性的人,他们的目标就是哄骗你,说你一定能取得非凡的成就;而对于具有反抗性的下属,他们的目标就是摆脱你的控制,因为他们想更好地工作。

解放你的下属,清除一切条条框框的存在后加以有效的决策性指导,这才是你迫切要做的事情。

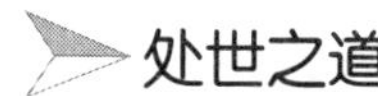

处世之道

在现实工作中,“空城计”是做人者一种心理应用技巧,是在自己的

竞争能力远远不如对方时，以大胆的计划、奇异的竞争方案，配以虚张声势的行动，使对方判断错误，往往能收到意想不到的效果，以此扭转竞争面临的局面，取得最佳效果，这正是“空城计”之妙用。

处身立世空城计

何谓惊世骇俗？简而言之，就是敢说别人所不敢说的话，敢做别人所不敢做的事，让世俗惊异，让凡人骇然。大凡能惊世骇俗者，必然要有一套应付别人攻击与非议的本事，必须得练就“水火不能伤”的勇气。否则，只能是增加他人茶余饭后的笑料罢了。

惊世骇俗者，最易成为众人瞩目的焦点。因为大众的普遍心理是向往新奇，尤其是中国人，颇有围观的爱好，一向以“喜凑热闹”而闻名于世。现代新闻媒体又以猎奇而著称，这一快速而广泛的传播手段，会很快把一个人的言行“炒”得沸沸扬扬。

惊世骇俗者，又最易成为众人非议的焦点。因为惊世骇俗者，往往桀骜不驯，口出狂言，或抨击人心时弊，或动摇传统价值观念，总要冒犯别人，伤害别人，因而必会引来口诛笔伐，文字官司，甚至拳脚牢狱之祸。另一方面，在一个较为稳定的社会里，人们的价值观念总是趋于保守，传统的伦理道德总是备受珍视，因而，极端的、激进的、先锋的、另类的、锋芒毕露的东西总是不容易为人们所理解和接受。这样，也会带来大众的一些心理不适甚至持排斥、敌对的态度。

基于以上两点，惊世骇俗者的自我肯定能力必须很强，并且还要有勇气，敢于冒险，也许你自己会认为自己没有能力，这是绝对不行的。真正的惊世骇俗者要有战无不胜的信心，虽然自己可能会有缺陷，但你也可以先把名气打出去，先在大家心中树立起形象，也就是先用“空城计”为自己树立形象，再自己给自己施加压力，不断用新的东西充实自己，总会有一天你会成全自己。

经商之技

竞争中的弱家装作不加防备，就仿佛有意进入兵法家所设计的特殊背景：“坐漏船之中，伏烧屋之下”。对手一见会疑虑丛生，既担心你有“杀手锏”，又担心自己误入圈套，最终贻误战机。这是商战中一种“使智者不及谋，勇者不及怒”的心理攻势，并不像三国演义中的虚构故事。假如在激烈的市场争夺中，因错用主将而痛失要地，万般无奈而困守空城，那就有丧尽元气，倒灶关门的危险了。

在商业竞争中，运用“空城计”关键在于有意显示自己实力不足，或者隐瞒自己强大的实力，使多疑的竞争对手或者顾客造成错觉，有利于经营。比如通过限制销售而有意识地使自己的产品在市场上保持供不应求的紧张局面，以此来刺激消费需求，扩大市场，或者产品滞销，却故意造成产品脱销的假象，诱发消费者的购买欲。

在经营活动中，运用“空城计”成功的关键在于抓住顾客、消费者或竞争对手的心理，或以实示虚，或以虚示实，使消费者或竞争对手产生疑惑，从而一举获胜得利。

石油大王巧使空城计

波尔格德是石油企业家的儿子。1914 年 9 月刚从英国牛津大学毕业回到美国，便决心从事石油开采业。

但是，他不想依靠十分富有、并在美国石油界颇有影响的父亲。他要凭自己的本领，自力更生地开创一番事业。

1915 年 10 月，美国俄克拉荷马州有一个石油矿井招标，参加投标的企业家很多。有不少投标者实力雄厚、财大气粗，竞争异常激烈。

波尔格德此时才成立的公司资金不足，不是那些大企业家的对手。但是，这个油矿很有潜力，对他很重要。怎么办呢？经过冥思苦想，波尔格德找到了一个高招——空城妙计。

投标那天，波尔格德租了一身十分华贵的衣服，约了一位他所熟悉的著名银行家，同他一道前往投标会场。

到了会场，波尔格德显得气度不凡，胸有成竹，加上身旁有著名的银行家陪伴，致使在场的企业家的目光都集中到了他的身上。

那些跃跃欲试，准备在投标中一决胜负的投标者，心里不免忐忑不安。想到波尔格德是石油富商的儿子，现在又有大银行家做“参谋”当“后盾”，感到自己决非波尔格德的对手。

于是，投标会场发生了戏剧性的变化，企业家们竟三三两两地相继离开了。留下的也不敢竞价。

结果，波尔格德以 500 美元的低价就轻而易举地中标了，他这套空城妙计应验了。

四个月后，即 1916 年 2 月，波尔格德中标的那个油矿采出了优质石油。他马上以 40000 美元的价格将油矿售出，很快便获得了 3 万多美元的纯利。

波尔格德一处又一处地投资开采石油，不断成立新的石油公司。到了 1917 年 6 月，23 岁的波尔格德已成为拥有 40 家石油公司的富翁。

层出不穷空城计

根据“空城计”的原意，该计在经营中可以引申为：有意显示自己空虚不足，使多疑的竞争者或顾客造成错觉，有利于经营。

在商业经营活动中，利用人们认为“物以稀为贵”和越是紧俏短缺的商品越是要设法抢购的心理，以实作虚，告示“存货不多，卖完为止，欲购从速”，待到顾客来争相购买时，则变虚为实，多多益善趁机抛售，赢取利润。

更高明者，则对一些紧俏的大件家用电器囤积居奇，佯称无货。待物价上涨之后，将库存的彩电、电冰箱一类紧俏家电用品源源不断地翻倍抬价出售，大赚一笔。

诸如此类的以短缺、无货来吊顾客胃口，等待时机出售的经营技巧，其实都源自空城计的启示。

33计　反　间　计

《三十六计》第三十三计“反间计”曰：“疑中之疑。比之自内，不自失也。”

其大意是：在疑阵中再布疑阵，顺势把敌人作为内应，可以不受损失地取胜。

防止别人暗算的办法是：善用反间计。它告诉你：你不要以为跟你坐在一起的都是朋友，有时候不坐在一起的恰好是交情最深的朋友。

领导之艺

“反间计”本意指利用敌方的间谍为自己服务，可以保证不败。作为领导，利用不忠于自己的下属为自己服务，利用其缺点、短处折射出自己的领导策略上的缺点和不足，以提高自己的领导水平；另一方面是利用敌间，搞清竞争对手的情况，以便自己经营上作出决策。

强扭的瓜不甜

现在企业经常遇到这样的事，某些企业需要的技术骨干或是重要岗位的员工如司机、业务员等要“跳槽”，到效益更好的单位（如三资企业）或大机关。这些员工都是企业的精华，一旦流失，企业损失很大。于是企业坚决不放，辞职都不允许，人走了也不给档案，还以退房等手段卡住不放。想走的职工托关系走后门，或者大吵大闹纠缠领导，有时甚至闹到剑拔弩张水火不相容的地步。

如何处理这种事呢？首先要搞清人才流动的意义、作用和发展趋

势。人才流动是人事制度改革中的新事物，对传统的干部“部门所有制”、“员工服务厂家终身制”是一个冲击、一场革命。

其次，对企业来讲，人才流动也是好事。传统的国家统一分配科技干部的方法实际上已满足不了企业的需要，企业可以到广阔的人才市场去挑选人才。人才流动对企业产生较大的压力，要留住人才，企业就要有凝聚力，就要重视人才，关心爱护人才，为人才成长创造一个好环境。我们的工作重点要放在如何增加企业凝聚力上，而不是用种种行政措施不让人走。

最后，对于执意要走的员工还要搞清他走的动机。是因为和领导、同事关系不融洽，离家远，还是因为企业效益差？然后再做说服劝告工作。如果企业在用人关心人等方面确有失误，可以坦率地承认并立即改正。任何企业都不可能把所有事考虑得那么周到，承认失误，正好表示爱才的坦诚。可以劝告其眼光放长远点，着眼于企业前途，希望他增加点责任感、使命感，与企业同舟共济，共渡难关。

需要强调的是，企业如有正当的理由，完全应该理直气壮地维护自己的权益。如某些大学生与北京一些企业签订的服务合同期未满就想走，一些人利用企业做进京跳板，一进京就想走，这些都是不允许的。国外高薪雇佣的球星都必须在合同期内履行义务，否则将追究责任。

利用“刺头”人物

在一个企业中，总有这样的人物：他们极其聪明，好动，有着鲜明的个性，不愿拘泥于形式，在新奇妙想方面有上佳表现，而且在企业中“兴风作浪”更有一套。

你也许会称他们为企业中的最不安定分子，是企业中违反纪律，煽动狂热情绪的倡导者，他们被经理统称为“刺头”。

由于他们的一些想法太离谱，工作不安分守己，甚至公然煽风点火使员工与你作对，你往往对他们是恨之切切，但又可惜他这块材料。

其实企业中的“刺头”与那些业余“人事秘书”相比，他们应该算作企业中的积极力量，能为人际的真正和谐创造良好的氛围。

你不妨与他们和平相处，有效地利用他们个性的特点，为企业人际和谐的达成、自由创新氛围的形成发挥作用。

由于"刺头"开朗、好动的个性，所以他们都有着很好的人缘，而且那天生的"煽风点火"的本领使他很善于集结群众，如果不看其他方面，单就发动人员、组织活动而言，他们也许比你更适合当领导。企业人际的和谐需要人们在一次次的集体合作、活动的氛围中逐渐培养而成，"刺头"似乎成了这些活动的最好组织者。

你应该给他们充分施展"个人魅力"的空间，把他们从不习惯的工作方式中解放出来，帮助你策划企业的集体活动，并且委之以大权，充分利用他们的才能。

"刺头"的新奇妙想有时看起来是太离谱，但这种创新的精神应当值得你大力提倡。

企业的活力，需要每个成员的创造性的活动，"刺头"在这里可算是"无冕的急先锋"了。他们为企业引入了活跃的思维空气与自由论谈的绝妙气氛，为企业创新提供了良好的氛围。你千万别与"刺头"对立起来，聪明的经理会因势利导让他们在企业中上窜下跳，充当活跃气氛的角色。

"刺头"是绝不会拘泥于形式的。这也许正是你所担心的，这就意味着企业中的纪律、本本、框框、杠杠对他们毫无作用，企业会不会因为他们而乱成一团糟？

其实这正是你的多虑，也正是你把员工没有当成成年人的具体表现。

你公司企业中的那些条框恐怕连你自己都很少过目吧。或许你至今都不记得总则的第一个字，随着企业的发展，你也许会注意到那些条框最终是流于形式了，它们在某种程度上反而还限制了人们创造性的发挥。"刺头"的出现，正是为企业破除旧有观念，建立新秩序配备了人选，你只要合理利用他们的长处，企业的人际关系必然会呈现出一个自由、开放、和谐、团结的良好气象。

处世之道

"反间计"进攻方用"间"，而被进攻方多用"反间"，关键是反间一方高明与否，运用的好，可使对方"偷鸡不成反蚀把米"。聪明的做人者往往在于后发制人，即利用对手的亲信为自己服务：必要时以诱惑对手、战胜对手。

强者自尊　莫做羔羊

1997 年，对被废黜的英国王妃莎拉来说，是非同寻常的一年：她已欠下近 700 万美元的债务，而其中大部分债务源于信用卡的恶性透支，这都是由于她与安德鲁王子离异之后为排泄内心的苦闷而花掉的。如果莎拉的债权人对她进行起诉，她大概就要进监狱了。

在走投无路的情况下，莎拉决定充分利用温莎王室的光环来进行宣传。她出版自传，在美国、奥地利等国拍广告和广告电视片等来赚点钱。但1997年初，一位不愿透露姓名的莎拉的女友对传媒说，美国一位亿万富翁和一名非洲某大国的大亨愿出高价来尝尝王妃的滋味。而在1997年5月上旬，“斑鸠”出现在她的面前，一个长相酷似莎拉的女子找到她，声称她是在万般无奈之下明珠暗投从事色情业的女性，名字也叫莎拉，但她还没有正式“开业”，是因为怕妨碍王妃莎拉的名声。如果莎拉王妃给她100万美元的生活安置费，她将不搞色情行当。否则，她就以莎拉的名义去跳脱衣舞和去卖春。

莎拉面对如此情况只好答应下来，然后赶紧雇佣私人侦探进行调查。后来方知这个自称是莎拉的人名字本叫波丝莉，从事色情业有5年之久，后来在与一个英籍日人寻芳客的密谋之下，便在医院中耗资8万英镑将自己本就与莎拉有几分相像的面孔改得与莎拉相差无几，然后又仔细观察了有关莎拉的饮食起居和录像片上她的言行举止。最后，一切都摹仿成熟之后便去找莎拉，进行讹诈，妄图一夜之间暴富。

波丝莉结果弄巧成拙，在英伦三岛被传为笑谈，但目前大不列颠王国已有多家色情刊物拟重金聘请波丝莉以“莎拉第二”的崭新形象全裸地走进杂志封面。这真是可笑极了。

莎拉可算是保住了名声。

使者的反间计

生活中我们往往还会碰到这样一种现象：你所熟悉的人中的某一个犯了很明显的错误，而你觉得有责任劝他改正错误。那么这时候，你就要考虑这样一个问题：如何说服别人，使他接受你的建议。

齐威王的小儿子靖郭君田婴，打算在自己的封地薛邑建造城墙，他的门客前来劝阻的很多。靖郭君便吩咐传达人员说：“以后不要再替这些人来禀告了！”

有个齐国人一定请求接见。他对传达人员说：“我只请求说三个字罢了，如果多说一个字，就把我用锅煮死。”

靖郭君破例接见了他。这个人快步走上前说:“海大鱼!”说完掉头就跑。靖郭君听了十分纳闷,连忙喊住他:“你留下来。”

那人说:“我可不敢拿死当儿戏。”

靖郭君说:“没关系,你再讲下去吧!”

那人回答说:“你没有听说过海里大鱼的故事吗?网不能捕捉它,钩子也不能钩住它,但它一旦误离水面,抛在岸边上就连蝼蛄和蚂蚁都会张牙舞爪地随意撕吃它。今天齐国也正好像您的水,您如果长久有齐国保护,还用筑坚城干什么呢?如果失掉齐国,就算把城墙筑得高入云霄,还是没有用处的。”

靖郭君听了他的话连连称赞:“对啊,对!”于是就停止了在薛地筑城墙。

本篇故事中那齐人进谏的方式是耐人寻味的。因为靖郭君已经下了不再接纳劝谏者的命令,因此,走老路是行不通的。于是那人就想出了一个巧妙的办法。先用只说三个字来引起靖郭君的好奇心,然后在他的追问下,再用一个生动恰当的比喻,说出筑城的危害。好的进谏方法是好的进谏效果的基础。这个典故对我们现实生活中的启示作用还是挺大的,在一种假象中达到效果。

经商之技

西方世界的商战之中,攻者派遣间谍窃取经济、技术情报,守者实施反间计叫对手“偷鸡不着蚀把米”,已是公开的秘密。然而“用间”与“反间”的攻守双方都知道,成功的关键是在疑阵之中巧设陷阱,否则就套不到“狼”。

遭暗算　IBM 将计就计

上世纪六七十年代,美国国际商用机器公司,即 IBM 公司,一直垄断着国际商用电子计算机市场。日本通产省大声疾呼,要在半导体电子计算机领域赶上和超过美国。

然而,要与美国 IBM 公司竞争,并不是一件轻而易举的事,若想缩短时间,必须事先通过某种手段获得美国新机种的资料。

于是,日立公司通过商业间谍活动,搞到 IBM 公司新一代 308X 计算机绝密设计资料 27 册中的 10 册。这套材料具有很重要的价值,是 1980 年 11 月由其内部的一名职员莱孟德·卡戴特拿出来的。

为把余下的 17 册资料也搞到手,日立公司继续采取行动。其高级工程师林贤治向与日立公司有业务往来的马克斯维尔·佩利发了一份电报,要求佩利设法搞到其余 17 册资料。

佩利曾在 IBM 公司工作 21 年,辞职前曾任 IBM 公司先进电子计算机系统实验室主任。接到电报后,意识到 IBM 公司与他自身的关系,便将此事告诉了 IBM 公司。

负责 IBM 安全保卫工作的查理·卡拉汉为查清事实，抓住日立公司从事商业间谍的证据，要求佩利帮忙，接近日立方面的林贤治，佩利同意充当双重间谍。

为彻底追究盗窃犯的责任，联邦调查局采取了诱捕的方法，他们声称，IBM 公司有两个领导干部将退休，通过这两个人，什么绝密的硬件、软件、手册等统统能够搞到手，日立想得到的东西，他俩都能搞到。而日立方面却不知这是诱捕之计，终于落进了陷阱。

1982 年 6 月，联邦调查局人员逮捕了日立派去拿情报的职员。日立被抓到证据，遭到了起诉。在日、美两国政府积极参与下，1983 年 3 月，旧金山法院判处日立公司林贤治 1 万美元罚款，缓刑 5 年。参与此案的大西勇夫被罚款 4 千美元，缓刑 2 年，并交还其盗窃的全部资料。

巧谋划　松下公司渡过难关

松下公司是由松下幸之助创办的一个大型电器王国。在其 70 多年的历史中，松下公司也多次遇到生存危机。但是，松下幸之助每次都凭计谋渡过了难关。

20 世纪 50 年代，日本出现经济大滑坡，松下公司的产品也大量积压。有人向松下幸之助建议减员一半，以渡过眼前的难关。这个消息透露出去后，整个公司人心惶惶。

此时松下幸之助恰巧有病住进了医院。松下公司的两位高级总裁武久和井植到医院看望松下。

“你们对公司目前的困难有什么高见吗？”松下问。

“看来除了减员没有什么好办法了！”井植说。

松下在病床上欠起身，语气坚定地说：“我已经决定一个人也不减！”

武久和井植听了，都大吃一惊。

松下接着说：“如果我们减人，别人就会看出我们的困难。别的公司就会趁机给我们讲条件，我们的处境将愈加艰难。如果我们不减人，外界就会认为我们是有实力的，竞争对手便不敢小看我们。”

“没有这么多的活干怎么办呢？”武久问。

“办法我已想好了，改

为半天上班,工资按以往全天的标准分发。”

武久和井植回到公司,集合起全体员工传达了松下的决定。员工们听到这个消息立即欢声雷动。所有的人都发誓要尽力为公司而战。公司上下出现了万众一心、共渡难关的局面。

别的公司听说松下公司不减一人,而且只上半天班发全天工资,顿时感到松下公司不愧是日本实力雄厚的公司,定有灵丹妙药和回天之力。

后来,松下公司的全体员工齐心协力,只用两个月时间便把积压的产品推销出去了。

松下不愧是经营之神,黑云压城时,大胆采用商战中空城计的做法,干脆来个愈空愈敢空,大有一空到底的气概。结果,不利变为有利,公司逐渐走出了困境。

34计 苦肉计

《三十六计》第三十四计“苦肉计”曰:“人不自害,受害必真;假真真假,间以得行。童蒙之吉,顺以巽也。”

其大意是:人不会伤害自己,使自己受害必然是真的;假戏真做,真戏假做,交叉进行,就会使人深信不疑。像利用儿童的天真幼稚,顺着逗他,就能把他哄得团团转。

要成大事,自己必须能吃苦耐劳,不能坐享其成。凡是未经过自己的体力和脑力挣来的成功,都是脆弱的。

领导之艺

“苦肉计”是利用“人不自害”的常理,进行自我伤害,以取信于敌方,从而进行间谍活动的计谋。在领导之艺上,“苦肉计”主要指领导劳苦自身,对属下以诚相待,拉近与属下的距离,从而同心同德,共创伟业;另一方面表现为关心属下,不逃避责任,赢得员工的信服和尊崇。

锦囊之策诈疯魔

孙膑是战国时的一位大军事家,同时也是诈疯魔自保实施计谋的大师。没有此计,也就没有他后来的作为。

孙膑与庞涓同为鬼谷子弟子,共学兵法,曾有八拜之交,结为生死兄弟。庞涓为人刻薄寡恩,孙膑则忠厚谦逊。

庞涓求官魏国,拜为军师,屡建奇功,名声大振,显赫不可一世,却还忌着一个人,那就是他的义兄、并曾发过愿“若有进身机会,必举荐吾

兄”的孙膑。他认为孙膑有祖传《孙子十三篇》，才能超过自己，一旦有机会，便会压倒自己，所以始终不予举荐。

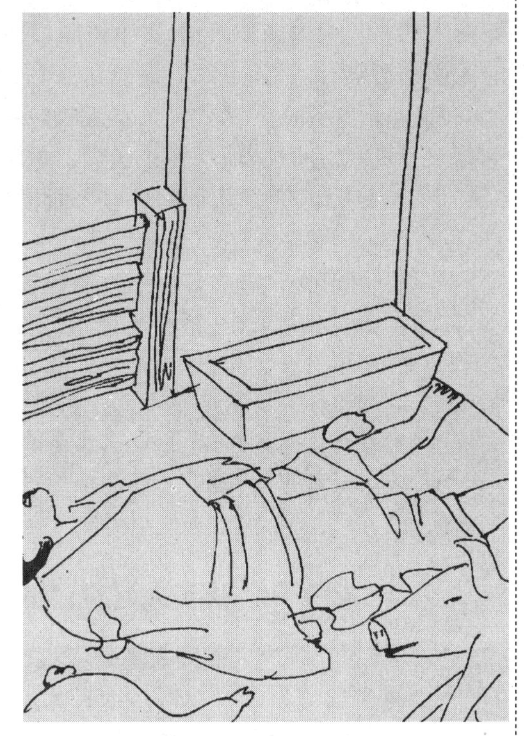

孙膑后得墨翟之荐，来到魏国。鬼谷子深通阴阳之术，算知孙膑之前途得失；但天机不可泄漏，只把他的原名孙宾改为孙膑，并给予锦囊一个，吩咐不到万分危急不得拆开。

魏王见了孙膑，即问兵法，孙膑对答如流，魏王大悦，想拜为副军师，与庞涓同掌兵权。本来就不希望见到孙膑的庞涓说：“臣与孙膑，同窗结义，膑实臣的兄长，岂可以为副职？不如暂且拜为客卿，等有了功绩，臣当让位，甘居其下。”于是魏王拜孙膑为客卿。

从此，庞涓与孙膑频频往来。庞涓心怀鬼胎，欲除义兄而后快，只想等孙膑传授了兵法再下毒手。

不久，两人摆演阵法，庞涓不及孙膑，就迫不及待，阴谋陷害孙膑，便一面在魏王跟前说坏话，一面捏造证据，说孙膑里通外国。魏王听信庞涓之言，将孙膑一对膝盖骨削去，又用针刺面，成“私通外国”四字，庞涓还猫哭老鼠，又是痛哭，又是敷药，又是安慰。

对此，孙膑万分感激庞涓。庞涓便让孙膑将兵法写出，孙膑慨然应允。直到一天孙膑的近侍诚儿告诉他偶然听说庞涓单等孙膑写完兵法便立即绝其饮食之时，他才恍然大悟。知道自己无论写与不写，生命都将危在旦夕，便立即拆开锦囊，只见有黄绢一幅，上写“诈疯魔”三字，方长叹一声，决定依计而行。

孙膑的自保之计从晚饭开始实施，他刚举筷子，忽然扑倒地上，作呕吐状，一会儿又大叫：“你为什么要毒害我？”接着把饭盒推倒落地，把写过的木简向火焚烧，口里喃喃谩骂，语无伦次。诚儿不知是诈，慌忙奔告庞涓。次日庞涓来看，见孙膑满脸都是痰涎，伏地又哭又笑。庞涓问：“兄长为什么又哭又笑呢?”孙膑答：“我笑魏王想害我性命，而不知我有十万天兵保护，我哭的是魏国除我孙膑之外，无人可当大将。”说完，瞪眼盯住庞涓，又不停地叩头，口叫：“鬼谷先生，你救我一命吧！”庞涓说：“我是庞某，你认错人了。”孙膑拉住他的衣袍，乱叫“先生救我！”

当时庞涓心中就疑惑孙膑是装疯卖傻，想试探其真假，就命人把孙

膑拖入猪栏。栏内粪秽狼藉,臭不可闻。孙膑披头散发,在屎尿中翻滚,有人送来酒食,说是瞒过军师偷偷送来的,是哀怜先生被害之意。孙膑心知其诈,便怒目大骂:“你又来毒我吗?”把酒食倾翻在地,使者顺手拾起猪屎及臭泥块给他,他却抓住送到口里吃了。庞涓得知,说:“他已经真狂了,不足为虑了。”从此对孙膑不加防范,任其出入,只派人跟踪而已。

孙膑从此到处乱跑,行踪无定,早出晚归,仍以猪栏为室,有时整夜不归,睡在街边或荒屋中,捡食污物,时笑时哭,看来是真疯了。

后来,墨翟云游到了齐国,住在大臣田忌家里,得知孙膑被迫害之事,乃将孙膑之才及庞涓妒忌之事转告田忌,两人商定计谋;借出使魏国的机会,令一侍从扮作孙膑,偷偷将孙膑载回。孙膑回到齐国,仍不出名不露面,后来齐魏交战,孙膑大败庞涓。齐魏之役,庞涓被孙膑军队射杀于马陵道。

认真念好自己的“经”

“苦肉计”在领导方面的意义是:要求领导自己身体力行,认真念好自己的“经”。

要想做到在社会关系中如鱼得水,左右逢源,光讲“八面玲珑”是远远不够的,因为八面玲珑只意味着圆滑,而谈不上什么诚意,自己没有诚,就不大可能从别人那里得到诚,即使偶尔占点小便宜,但日久天长之后,你就露出庐山真面目了。

于是人人躲你,人人怕你,对你只能“敬鬼神而远之”。人情和人际关系的“资源”一旦耗尽,你就变成一条搁浅的巨鲨了,只能被水鹰和食腐动物吃掉。

因此之故,我们应该首先强调在关系学中要讲“诚”。

魅力型领导懂得如何去吸引他人,并激起他人追随的欲望。但他们又各有各的招式,其一招一式蕴藏着神奇的魔力,引诱、迫使追随者为之效力,为之卖命。

身居高位的领导人,若能放下臭架子,做到礼贤下士,贤能之士就会抛头颅、洒热血地回报你的知遇之恩。

个中缘由只在于人人都有一颗自尊之心,人人渴望别人的尊重与赏识。再者,领导人手中的权力本身就已构成了对他人的呼来唤去的胁迫,以致人人敬而远之。

正因为如此,领导干部若能反其道而行之,有意淡化自己的权势意志,屈尊俯就别人对尊重和赏识的渴求,就能激起下属的无限感遇之情,以至赴汤蹈火,上刀山下火海在所不辞。

为了在处理人际关系中做到心诚,我们还有必要敞开自己的心房。只要有意与别人沟通,任何人、任何时间、任何地点都需要诚。

从基层到高层的企业主管或行政领导人,很容易与同事、下属、顾客和群众疏离,而且职务越高,似乎心与心之间的距离也越远。如果是这

样的话，你实际上是亲手斩断了你翱翔于蓝天的翅膀，你实际上是亲手扔掉了你划船的桨。当是为官之大忌。

美国前总统里根被人们称为“伟大的沟通者”，绝非是没有缘由的传闻。

在他漫长的政治生涯中，他从始至终都深切地体会到与各阶层人士沟通的重要性。

即使在他的总统任期内，他也坚持花一定的时间收阅来自美国东西南北、四面八方的群众来信，以诚心来倾听他们的心声和内心感受，了解国民的心态和感受，并把这些作为自己决策的重要依据之一。

他请白宫秘书每天下午交给他一定数量的信件，看过之后，他还要利用晚上的时间在家里亲自写回信。

克林顿总统也同样如此，他常常利用现代通讯手段与普通百姓进行面对面的交谈，通过这种方式来了解美国人民对政府工作的意见和他们的真实想法，并通过这种途径表达他对人民疾苦的真挚的关心。

退一步来讲，就算他不能真正及时地回答美国人的所有问题，但作为国家总统和元首的克林顿亲自现身并倾听、抒发他自己的想法，本身就是一种“诚”的姿态。总统都能做到这样贴近人民群众，其他政府官员又有什么理由高高在上呢？

总而言之，要念好人际关系这本经，并不像圆滑世故花言巧语那么容易，也不像故弄玄虚那么莫测高深。有了一个“诚”字，就有了处理好各种各样人际关系的基本前提和条件；反之，则成为无益的空谈。

俗语有云：“精诚所至，金石为开。”

人非草木，孰能无情？只要我们肯用心，就是草木也会被你拨动心弦。

一个英明的领导者，什么时候都不能忘记与你的部下以诚相待，从而拉近心与心之间的距离，从而让你的世界亮丽起来，照亮你的人生之路。

处世之道

在现实生活中，人们通常不会自己伤害自己，若受害必定是真的受害。真真假假，假假真真，使对手信以为真，离间的目的就可以达到了。这叫“苦肉计”！

风雨过后方见彩虹

有些求人者在紧要关头万不得已时，会突然采用一种致命的手段：在百般求告仍不见效、走投无路之际，口中大叫：“看在老天爷分上，您就高抬贵手，开开恩吧！”紧接着身子挺直，双膝向下，“扑通”一声，跪倒在被求者面前。

这是一种要命的手段，在日常生活中，这样的场面并不多见。

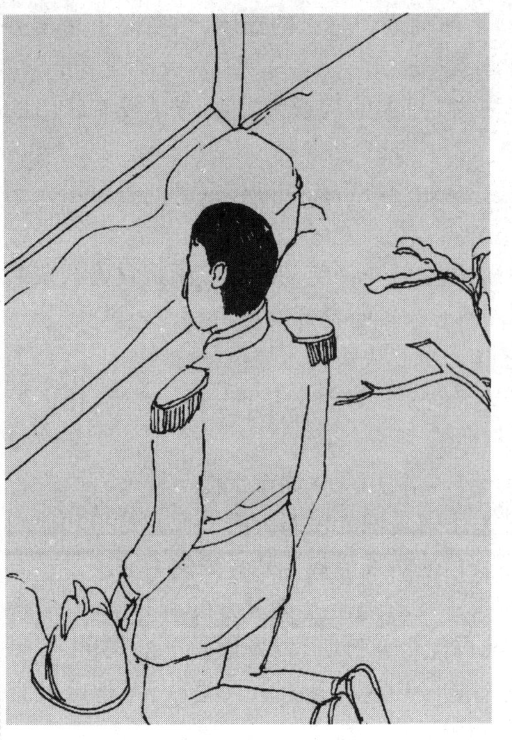

下跪求人，是“眼泪战法”的一种极端的发挥。其威力之大，远非其他手段可比，简直会使被求者屁滚尿流。

也许有人对这一举动嗤之以鼻，不屑一顾，认为此举低三下四，尊严扫尽。须知，非常手段要用在非常时刻，必要时舍出老脸，“舍生取义”，也无不可。德国皇帝雪地长跪求教皇的壮举，就堪称一绝。

中世纪时期，德意志神圣罗马帝国皇帝亨利为摆脱罗马教廷的控制，与罗马教皇格里高利展开激烈的斗争，并引起了征战，但战争以亨利的失败而告终，为了保住皇帝宝座，亨利忍辱跪在城堡门前求饶。

当时大雪纷纷，天寒地冻，身为帝王之尊的亨利屈膝脱帽，一直在雪地上跪了三天三夜，教皇才开门相迎饶恕了他。

这就是历史上著名的“卡诺莎之行”。

显然，亨利的“卡诺莎之行”是别有用心的。在他与教皇对峙、国内外反对声一片、内部群雄并起、王位岌岌可危的情况下，他想利用苦肉计取得和解，赢得喘息时间，以便重整旗鼓，东山再起，再和教皇较量。结果，他成功了。

苦肉计为东山再起

晋代武将羊祜嗟叹：“人生不如意者，七、八成也。”对一般人言，七、八成根本不算什么，一生困顿者，更是大有人在。

《菜根谭》对于吾人面对不如意事，最常提到的，便是一个“忍”字。

“语云：‘登山耐险道，踏雪耐危桥。’一耐字，极有意味。如倾险之人情，坎坷之世道，若不得一个耐字撑持过去，几何不堕入莽堑哉。”

人生在世，吾人必须经常以“忍”惕厉己心，但若人生尽是忍耐，则亦乏味，故而难免不会使人兴起为何忍的疑问。

自古以来，中国人即坚信“否极泰来”的轮回观念，亦即“幸”与“不幸”面临极致时，相反的情状便会应运而生，以此鼓舞人心，咬牙承受眼前的痛苦。不过，类似这种充满希望的忍耐，还算值得，但若情况相反，不知何时跌入谷底，则会令人战战兢兢，如履薄冰。针对于此，《菜根

谭》遂为大家指引出一条路来。

“情势逆转之兆，往往出现在最盛期，新事物的萌生，往往发生在衰退期。情况顺利时，必须谨慎戒备，遇到难关时，尤须忍耐，贯彻初衷。人生原是傀儡，只要把柄在手，一丝不乱，舒卷自由，行己在我，一毫不受他人捉掇，便超此场中矣。”

漫长人生，任何人都有运气差时，不过，即使遇到阻挠，吾人面对逆境仍应坚此百忍，熬过种种折磨，终将突飞猛进，破茧而出。

“横逆困穷，是锻炼豪杰的一副炉锤。能受其锻炼者，则身心交益；不受其锻炼者，则身心交损。”

又说：“居逆境中，触处皆针砭药石，砥节砺行不觉。处顺境中，眼前尽兵刃戈矛，镇钢磨骨而不知。”

身处逆境，最忌意志消沉，其次是焦虑慌乱，以及逃避挣扎。果真如此，则不仅不能脱困，反倒会愈陷愈深，难有超脱希望。

其实，困顿缠身时，最重要者即镇定心志，一面贮存力量，一面等待机会的来临。《菜根谭》即从飞鸟贮食，一鸣惊人，以及早开之花，势必先凋的例子，砥砺我们不惧挫折，更无需为汲汲于争功而焦躁不安。

因此，我们应该充实自己，做好逆境随时来临的心理准备，然后以勇气与耐心来面对人生的马拉松赛。

经商之技

生意场上用“自害”手法谋取经济利益，通常表现在两个方面：一是用“破坏性实验”揭示商品质量；一是用“牺牲价”即不断降价来推销商品或服务。两者的成败关键是以真作假，以假作真，相机而行，顺势诱导。

质量测试　经营者“以形服人”

经营者的生存，最终以产品价值的实现为前提。因此，在市场舞台上，经营者要时刻把握它的运动趋势，采取不同的营销策略。由“苦肉计”派生出来的“以形服人”即这种策略之一。它是在产品正式进入市场之际，首先将产品形象地、直观地公诸于世，来驱动、诱发人们对产品的购买欲望。人们说“是骡子是马牵出来遛遛”就是这个道理。

企业经营者常以破坏性试验、功能性展销等方式来达到征服用户的目的。

破坏性试验是指在大庭广众之中，对产品施加强烈的外界冲击，让人感到产品质量过硬。

1986 年，江苏省射阳县沙发床垫厂生产一种“苏鹤牌”席梦思床垫，初时销售冷落，默默无闻。当年 11 月，厂供销人员把产品运到马鞍山市，铺在大街上，当众用一辆载重 10 吨的卡车碾压，而毫无损伤，顿时名噪全市。

不到半年，“苏鹤”畅销上海、南京、无锡等几十个大中城市。

闻名遐迩的世界名表“西铁城”问世之初并没受到消费者赏识。如何打开这一局面？常用的广告宣传与雄踞世界手表业霸主宝座百年的对手竞争，一时难以奏效，必须用重型炸弹才能攻进这一坚固的城堡。

于是，“西铁城”发出一条令人咋舌的消息：某时将有一架飞机在某地抛下一批手表，谁拾到归谁。

果然，时刻到了。一架直升机飞临好奇而来的人群上空，在百米高处向就近空地上撒下一片“表雨”，人们争奔过去捡表，发现这些“大难不死”的手表居然走动正常，无不为这些表的精良耐用吃惊。

没多久，“西铁城”的名声大振，震动了整个钟表业。

功能性展销是指通过橱窗、柜台及其他方式，将产品运转，给人以性能可靠之感。

1979 年，江苏吴县防爆电机厂转产电扇。小厂如何在强手名牌争雄的上海赢得市场和信誉？

厂领导根据消费者关心电机温度高低的心理，将一台电扇摆在上海百货公司商店的柜台上，连续运转，从春到秋共转 171 天。有些顾客路过，还伸手摸摸电机是否发热，并向营业员打听该牌电扇有关情况。

因此，“小骆驼”叩开了上海市场大门。

上述例子说明：产品本身是最有说服力的广告，用户最信服的是自己亲眼看到的。因而，一种产品能否征服用户，最有效的手段是让产品本身说话。顾客喜爱的产品，才是最好的产品。

在以用户为主的市场竞争中，使顾客对产品各种质量指标放心非常重要。为消除购买者种种疑虑，必要时可施展“苦肉计”，让产品受受“苦”也无妨。

对产品进行破坏性的考验，以博得消费者的信任，从而打开产品销路，这是“苦肉计”在商战中引申的应用，而用此计刺探经济技术情报，则是切中“苦肉计”的原意了。

白云山赔款为信誉

苦肉计的特点在于利用人不自害的常理，做出必要的自我牺牲，以达到取信于对手的目的。企业经营者运用此计，可取其计意，为了树立企业的信誉和获得顾客的信赖，在销售产品时可做出必要的让利和牺牲。

1982年初，广州白云山制药厂在全国率先实行产品五包，即在实行三包的基础上增加包产品降价和被淘汰的损失。刚宣布不久，国家卫生部门颁布了淘汰127种药物的决定，这时，要求该厂赔偿的信函像雪片般飞来，一箱箱出厂不久的药被退了回来。祸不单行，当年7月，全国130多种药品调价。仅此两项，使该厂数以百万计的钞票赔了出去。

商业部门深为白云山制药厂恪守信用的精神所折服，当年向该厂追加订货达600多万元。全国各地的供销员纷至沓来，都把从白云山制药厂进货视为只赚不赔的保险生意。于是，该厂货如轮转，产品供不应求，“五包”终于有了丰厚的回报。

35计 连环计

《三十六计》第三十五计“连环计”曰：“将多兵众，不可以敌，使其自累，以杀其势。在师中吉，承天宠也。”

其大意是：对兵多将广之敌不能硬拼，使用各种计谋让敌人承受步伐不整、行动不便的连累，就能剥夺他的优势。将帅如能巧施计谋，就像有天神相助，必能取胜。

成功的步骤在于：一环扣一环，环环相连。有些人能成功一时，却不能成功一生，其关键在于缺乏连续性。如果缺乏连续性，就不能把雪球从小滚到大。

领导之艺

“连环计”是一次连续施用两个以上的计谋胜敌的谋略。作为领导者实施连环计，主要体现在铺垫的作用，暂时的做法为了以后长久的目标的实现做准备。运用此计，要求领导者要有远见，能高瞻远瞩，以大局为重，“不为浮云遮望眼”，不计较暂时的得失。

有圈有套，操纵天下时局

从17世纪以来，德意志一直处于四分五裂的封建割据状态。到19世纪上半叶，普鲁士成为各邦中力量最强的王国，俾斯麦任普鲁士首相

后，提出要通过战争实现德意志的统一。

当时的国际形势对俾斯麦发动战争十分有利。俄国在克里米亚战争中力量遭到削弱，尚未恢复元气。奥地利在这场战争中没有支持俄国，反而与英法缔结联盟，致使俄、奥关系不和。法国的力量比较强大，而英国害怕法国独霸欧洲，于是支持普鲁士，牵制法国。

法国希望普奥交战，准备坐收渔利，俾斯麦认清形势后，决定采用连环计，施展外交手段，扫清统一德意志的外部障碍。

奥地利是德意志各邦中力量很强的一个邦，明里暗里与普鲁士争夺统一的领导权。俾斯麦用欲擒故纵计谋，把矛头第一个对准了奥地利。

1863 年，丹麦军队开进德意志邦联成员国荷尔斯泰因公国和石勒苏益格公国。俾斯麦以此为借口，拉拢奥地利共同出兵。战争结束后，普鲁士占领了石勒苏益格公国，俾斯麦把荷尔斯泰因公国大大方方地送给了奥地利。

俾斯麦此举有三点用意：第一，联合奥地利出兵是为了孤立奥地利，一旦普鲁士转向对奥地利作战，丹麦肯定不会援助奥地利的。第二，在丹普战争中，俾斯麦摸清了奥地利军队的底细，从而为战胜奥地利打下基础。第三，荷尔斯泰因从来就不属于奥地利，也不和奥地利接壤，名义上划给奥地利，其实奥地利很难有效地对该地加以统治。

在发动对奥地利的战争之前，俾斯麦力争法国在这次战争中保持中立。为此他采取抛砖引玉的外交手腕，反复向法国暗示：战争结束后，普鲁士将划给法国一定的领土。稳住法国后，俾斯麦与奥地利的仇家——意大利结成同盟，于 1866 年 6 月悍然发动对奥地利的战争。

由于普鲁士军队蓄谋已久，在战争上势如破竹，奥军全线崩溃。俾斯麦这时清醒地认识到，彻底打垮奥地利并不是目的，最后的目标是实现德意志的统一。法国一直反对德意志的统一，是普鲁士最危险的敌人。如果适时结束对奥地利的战争，奥地利一定会感恩戴德，在普法开战后起码会保持中立。俾斯麦说服了反对者，主动撤兵结束普奥战争。

俾斯麦在外交上进一步孤立法国，巧改“埃姆斯电文”，激怒了法国。1870 年 7 月 19 日，普法战争全面爆发。最后，这场战争以法国的全面失败而告终。俾斯麦扫清了统一道路上的最后一个障碍，于 1871 年 1 月 18 日终于实现了自己的梦想，建立了统一的德国。

处世之道

此计系“计中伏计，环环相连”，综合数计，优化组合，便可发挥无穷威力，非某一计策所能达到。在做人处世时，对比自己势力弱的一方，运用连环计，可以扩大战果；对比自己势力强的一方，运用连环计，也可能转败为胜，这就是连环计的妙处。

乐师的连环计

对于他人的话,人们总是会表现出情感反应。如果先说让人高兴的话,即使马上接着说些使人生气的话,对方也能以欣然的表情继续听。利用这种方法,可以击退不喜欢的对象。

有一个乐师,被熟人邀请到某夜总会乐队工作。乐师嫌薪水低,打算立即拒绝。但想起以往受过对方照顾,不便断然拒绝。他心生一计,先说些笑话,然后一本正经地说:

"如果能使夜总会生意兴隆,即使奉献生命,在下也在所不辞。"

此时夜总会老板自然还是一副笑脸,乐师抓住机会立刻板起面孔说:

"你觉得什么地方好笑?我知道你笑我。你看不起我,不尊重我,这次协议不用再提,再见!"

这样,乐师假装生气,转身便走,老板却不知该如何待他,虽生悔意,但为时已晚。

因此,面对不喜欢的对象,要出其不意地敲他一下,以便打退对方。若缺乏机会,不妨参照上例制造机会,先说使对方高兴的事,取悦对方,紧接着反戈一击、达到自己的目的,先使对方兴高采烈,然后趁对方缺乏心理准备,脸上仍在笑嘻嘻时,找到借口及时退出,达到拒绝的目的。

经商之技

在现代商业竞争中,"大鱼吃小鱼"、"重击之下无完卵"的定论,往往被无情的事实击破。当然,小鱼要逃脱被吃并挺身跳过龙门、用仅存的完卵孵化出万千只鸡来,最终离不开足智多谋,尤其离不开因地制宜地实施不同计谋。从这个意义上说,本计所要求的,正是对三十六计优化组合后的交叉使用。

使用"连环计"最重要的是统筹安排,环环相扣,计计相连不能有丝毫破绽。若其中有一环一计之失,就可能造成牵一环而动全局,缺一计而弃前功的后果。

在企业经营中,经营者运用此计与竞争对手争夺市场时,应全面调查了解市场情况和竞争对手的优弱,统筹安排,周密部署,以做到万无一失。

双"连环",一文不名赚大钱

图德拉原是委内瑞拉的一位自学成才的工程师。他想做石油生意,可是他既无石油界的老关系,又无雄厚的资金。于是,他采用了"迂回"的连环计。

他先从一位朋友处打听到阿根廷需要购买2千万美元的丁烷,并且又知道阿根廷的牛肉过剩。

接着，他飞到西班牙，那里的造船厂正为没有人订货而发愁，他告诉西班牙人："如果你们向我买2千万美元的牛肉，我就在你们的造船厂定购一艘造价2千万美元的超级油轮。"西班牙人愉快地接受了他的建议。这样，他就把阿根廷的牛肉转手卖给了西班牙。

此后，图德拉又找到了一家石油公司，以购买对方2千万美元的丁烷为交换条件，让石油公司租用他在西班牙建造的超级油轮。

就这样，图备拉凭着迂回的艺术，精心设计一个大胆的"连环计"，单枪匹马杀入了石油海运行列，开始了前途远大的经营。

"连环计"的运用，最重要的是布局，布局周密完整，没有破绽漏洞，才能完美无缺地施展。若其中有一环一计之失，则可能造成牵一环而动全局，缺一计而弃前功的后果。

只有思虑周到，组织能力强，能充分结合主客观因素者，才不会因百密一疏而造成为山九仞，功亏一篑。

店主因贪利而上当

M先生来到一家珠宝古玩店。他指着一个镏金盒里的那颗粉红色钻石说："我想买那颗钻石，需要多少钱？"店主一看来者不善，忙上前答道："先生真是好眼力，说实在话，这颗钻石非常美丽，是送情人，还是送夫人？""送情人，明天急用。"M先生说。店主一听高兴地说："好吧，鄙人成人之美。能买这颗钻石的肯定是大富翁。我愿交个朋友，拉个老主顾。原本12000美元，我让2000元，先生你付10000元算了。""那太感谢了。"M先生付了钱心满意足地走了。不一会儿，他又返回店来，对店主说："您是否还有第二颗跟这一模一样的钻石？我想……干脆实说吧，怕万一让太太知道此事，再送她一颗，这样好叫她闭上那讨厌的嘴。""哎呀！本店没有第二颗了。"店主实实在在地说。"帮帮忙，我准备出13000元。"M先生着急地说。"那么，让我再想想办法。"店主点点头。"非常感谢。"M先生顺势把散发着一种名贵香水味的名片递过去，"一有确切消息，望赐告。"过了半个月，珠宝店来了一位脸上布满愁云的太太，她想卖一颗跟M先生买走

的完全一样的钻石。瞧她那神情，一准是急等用钱。“夫人，我现在手头拮据，没有13000元现款，请等几天再来吧。”店主说着，还得意地冲小伙计们眨眨眼，意思是说，你们都学着点。“不然……那就12000元吧。”太太紧追一句，无可奈何地耸耸肩。那是说，认倒霉吧，谁让自己急等用钱呢！“好吧，请你稍候，我查一下钱。”不一会儿，店主手中拿着钱返回，抱歉地说：“夫人，只有11030元，你看，这……”太太先是犹豫了一下，焦急地看看手表，又叹口气：“11030元……就11030元吧。”“成交了！是吗？夫人！”店主麻利地验了货，办理完收购手续，等太太前脚刚迈出店门，就急不可待地找出M先生留下的名片，拨通了电话。“先生，本号码没有M先生。”电话里回答说。店主惊讶地问：“那您是哪里？”“本号码是‘幸福离去殡仪馆’，本馆24小时忠实地为每一位客户服务……”

第二天，店主收到了一封散发着同M先生名片一样香水味的信，里面有两张单据：一张是销出那颗粉红色钻石的收款单据；一张是购买那颗粉红色钻石的付款单据。店主如梦初醒，自知中了M先生的连环计，亏了1030美元，但已后悔莫及。

36计 走为上

《三十六计》第三十六计“走为上”曰：“全师避敌。左次无咎，未失常也。”

其大意是：力量对比过于悬殊，局势极为不利，保存力量全军退却是避敌待机、转劣为优的策略，也是正确的灵活用兵原则。

实力总有大小强弱之分，为了避免硬擅而受到挫败，最聪明的办法是避实就虚，争取另寻新径，另起炉灶。这就告诉你：千万不要不知变通地在一个地方挖井。

领导之艺

“走为上计”又作“走为上”、“走为上着”。其意为：在敌我力量对比相差悬殊的不利形势下，采取主动而有计划地退却，以避开强敌，重新寻找战机，从而以退为进。这在谋计中，被看作为上策，因为世上没有常胜将军。作为领导，运用“走为上”这条计谋，有时可在困境中平安地走出来。

功成名就　明智引退

1990年，安德斯·通斯特罗姆被瑞典乒乓球队聘为主教练。由于通斯特罗姆平时对运动员指导有方，又加上其战略战术比较高明，所以瑞典乒乓球队连年凯歌高奏。在1991年的世乒赛上，他率领的瑞典男队赢得了所有项目的冠军。在1992年夏季奥运会上，他们又夺得男子单打金牌，这块金牌也是瑞典在这届奥运会上获得的惟一一枚金牌。

然而，正当瑞典国民向通斯特罗姆投以更热切期望的时候，他却突然宣布将于1993年5月世乒赛结束后辞职。通斯特罗姆的业绩如此辉煌，瑞典乒乓球联合会已向他表示“非常愿意”延长其雇用合同，那么他为什么要在春风得意时突然提出辞职呢？许多人对此感到迷惑。

其实，正是通斯特罗姆连年的成功促使他做出了辞职的决定，通斯特罗姆说，自他担任主教练以来，瑞典乒乓球队取得一次又一次的胜利，但是“现在我也感到已很难激发我自己和运动员去争取新的引人注目的胜利。瑞典乒乓球队需要更新，需要一个新人来领导。”

在这里，主教练通斯特罗姆用的正是“走为上”的计策。在体育赛场上，没有永远不败的常胜将军。通斯特罗姆在感到很难再去“争取新的引人注目的胜利”之际，果断地退下来，无疑是明智之举。这样，既可以保持住自己的声望，又使瑞典队得以更新。如果等到瑞典队大败而归时再退下来，通斯特罗姆恐怕只能捧回一束残花。

处世之道

“走为上”之计是指做人者在自己的力量远不如竞争对手的力量时，其他各方面也均不利于自己的情况下，不要和对手硬拼，以卵击石，自取失败，应该采取“走”即回避的策略，避开竞争，争取转劣为优。要知道，“走”不是消极逃跑，而真正目的在于“进”，伺机东山再起，以退为进。一旦有机会再战胜对手，就重新站出来再度竞争；没有机会，可保存自己，免受失败的伤害。

三十六计　走为上策

走为上策，不是讲逃避政策，它是指主动脱离一种极为尴尬的处境，

待时机到来情况有所转机后，再去积极处理，解决一些困难与纷争。

但"走"与"回"是密不可分的。晋公子重耳由于国王昏庸，献公曾听信骊姬的谗言，逼迫太子自杀，因而出走流亡在外，这样他既避免了骊姬的迫害，又能留得余生待国有转机时回朝主持朝政。在他流亡期间，也渐渐变得成熟干练，而且他也充分利用"走"来寻找他的同盟者。这样他就在"走"的同时来促使晋国内外发生有利的变化，最后，他终于在秦国大军的护送下归晋，随之国内局势急变，众多人欢迎重耳回国，也有不少人怕重耳回来后报复他们，便想杀晋侯来取得晋公子重耳的信任。

这就是滞留与走的一个鲜明对比：留则无生路，走后得王位。这虽是一个治国之君的经历，但这个道理在我们平时为人处世时也是大有作用的。走是为了等待时机，创造条件，不是为了躲避困难，寻求安逸。

莫夹在是非之间

办公室里的是是非非几乎每天都在发生着。你可能是个很有正义感的人，忍不住要挺身而出"匡扶正义"；也可能你是外向型的人，眼里看不过的事嘴上就要说出来；也可能你是个……

但不管你是什么样的人，奉劝一句：是非背后麻烦多。

甲乙两位本是平日颇为要好的同事，可最近竟然分别在你跟前，数落对方的不是，然而两人表面上依然友好。所以，你生怕两面皆讲好话，会被认为是两头蛇。其实，除了这点，你更应该小心，因为另一个可能是，甲乙是否在对你试探点什么？

先讲前一种可能。有些人心胸狭窄，十分小气，又善妒，所以因为某些问题，使两人发生心病，是不足为奇的，但表面上又不愿翻脸，所以会向较亲近者倾诉，是很自然的事。

不要夹在中间，同样冷淡地对待两人是妙法，对方发现没有人同情，必然不是滋味儿，肯定会去另找知音，那么你就自动解脱了。

若发现两人是另有用心，旨在试探你对他俩的喜恶程度，你就该步步为营了。既然对方的动机不良，你也不必过分慈悲，不妨还以颜色。分别跟他们说："对不起，我不愿听你

说朋友的坏话，因为我根本不想批评你俩！其实，我的看法对你们并不重要，不是吗？"这一招使出，他们必然无功而退。

这种情况下，最明智的做法就是以退为进，"走为上"，走是为了等待时机，创造条件，不是为了躲避困难，寻求安逸。

经商之技

"人无我有，人有我快，人快我好，人好我转"是市场竞争的口头禅。仔细品味不难发现，除第一项突出主动进攻之外，后面的三项皆有"走"的意思，无疑是提醒企业家把握以退为进、避敌觅机的灵活性，注意"全师"，防止溃散。

在激烈的市场竞争中，经营者应冷静、客观地分析市场形势，预测市场前景，正确把握"走"的艺术，其关键在于：

一是要果断地终止前景暗淡的投资和经营项目，减少亏损，降低负效益。

二是在企业运转顺利的情况下，预测到前面可能发生的情况，立即停止经营一些可能发生意外的项目。这虽然会减少一些盈利，但由于"刹车"及时，易于躲过市场不利的变动。

三是企业在竞争中遇到强大对手，实力对比不及对手时，应果断地退却，并积极主动地调整自己的经营方向和产品结构，寻找新的市场，使企业转危为安。

汉堡做成"迷你"型

美国人里布曼和里巴克先前同在一家广告公司工作，负责市场调查业务。由于不愿长期寄人篱下，他们俩商量自己做老板，开一家饮食店，专营汉堡包。当时汉堡包店鳞次栉比，竞争激烈，如何才能在竞争中立于不败之地呢？他们开始作市场调查，结果发现大多数饮食店为争取顾客均争相出售大型汉堡包。而美国人近年流行减肥和健美，一些怕肥胖的人不敢多吃，常常将吃剩的汉堡包扔掉，造成极大的浪费。一些店想通过制作多种口味的汉堡包来争取顾客，效果也不理想。于是里布曼和里巴克决定改变汉堡包的规格来赢得顾客，结果他们一举成功。原来他们生产的汉堡包体积仅有其他大汉堡包的六分之一，称为迷你型汉堡包。这种汉堡包适应了人们少吃减肥的需求，一时成为热销食品，使他们二人获得丰厚的利润，5 年后饮食店已扩展为有 10 家分店的饮食公司。

里布曼与里巴克成功的经验在于不照搬别人的模式，而是另辟蹊径，另谋他计，走出老框框，创出新特点。

当走就走

从企业的经营管理以及行销的观点来看"走"这一计，可发现多数

的企业经营上的着力点有二:一在发展新产品,二在维护旧产品。

新产品的开发,固然是企业生存发展不可缺少的一个环节,而旧产品的维护,有时更关系到企业立足的基础。不过,却很少有企业能以高瞻远瞩的眼光和魄力,割舍“无利可图”,甚至构成企业包袱或负担的旧产品。

蓝契斯特法则中,有一则重要的战略,即“剪刀”、“石头”和“布”的战略。它们可分别应用于产品寿命循环的导入期、成长期与成熟期。

刚上市的新产品,为了要开发新市场,必须用“石头”去攻,以锐不可挡之势建立市场的据点。

当产品步入成长期时,就要用“布”的战略去包围市场,才能保证或者扩大市场的占有率。

等产品迈入成熟期,则该采取“剪刀”的战略,割舍该产品,退出市场竞争,以免因舍不得“走”,或“走”得太慢而丧失其他的新的行销机会。

然而,大多数的企业都擅长“石头”和“布”的战略,而舍不得用“剪刀”剪断情丝,一走了之,甚至造成“剪不断、理还乱”的结局。

事实上,“走”的目的,是要把用于没有希望的商品的人力、资源,从事于新产品的开发。所以,“走”的意义是积极地攻占新市场,而非消极地退出市场。

第四编

《三十六计》智谋经典

第一章　胜战计智谋经典

1计　瞒天过海

孙膑减灶，诱杀庞涓

战国时魏惠王派太子申和庞涓集中全国兵力，再次攻打韩国。韩哀侯向齐国求救。齐威王派田忌为将、孙膑为军师，发兵救韩。孙膑建议采取“围魏救赵”的策略。田忌说：“军师上次用过此计，这次再用恐怕被敌人识破。”孙膑笑着答道：“这次我另有计谋让敌人上当。”田忌听从了孙膑的建议，率军直逼魏国都城大梁。

魏惠王听说齐军来攻大梁，急忙令太子申和庞涓回兵救魏。

孙膑与庞涓曾是同学，深知他有勇无谋，可以智取，不宜硬拼。于是他向田忌献上“减灶诱敌”的计策。

魏齐两军刚刚遭遇，孙膑就命令齐军撤退。庞涓追到齐军驻地时，清点齐军的灶头，十万有余。第二天齐军又急急退却，只留下了五万个灶头。到了第三天，齐军的灶头只剩下二万个。庞涓见状，非常高兴，命令魏军加紧追赶齐军。太子申问他为什么这样做，庞涓说：“我早就听说齐军胆小怕死，三天之内就逃走了大半。我军穷追不舍，定能取胜。”

后来，齐军撤到了两山之间的马陵道，孙膑见这里谷深路窄，宜于设兵埋伏，就命令士兵砍下树木作为路障，又把路旁一棵大树的树皮剥去，在上面刻了一行大字。接着他吩咐一万弓箭手夹道埋伏，只等庞涓前来送死。

黄昏时分，庞涓带领疲惫不堪的魏军来到马陵道。士兵清理路障时，有人发现了树上的字，忙向庞涓报告。庞涓赶来持火把一照，见上面写着“庞涓死于此树下”这几个大字，不由得大惊失色。未及庞涓回过神来

齐军已是万箭齐发，魏军顿成瓮中之鳖。庞涓中箭负伤，自知生还无望，于是拔剑自刎。

五张羊皮，赎回贤臣

公元前659年，秦穆公得到王位后，从政治、经济到文化都进行了整治，使秦国很快成为春秋时期的霸主之一。秦穆公用五张羊皮换回虞国亡臣百里奚，并任为相国之举，实为千古美谈。

百里奚原为虞国大夫，晋国灭掉了虞国之后，百里奚成了晋国的俘虏。此前，百里奚曾力谏虞君应看透晋国的亡虞阴谋。此时被俘后，当然不愿为晋国服务。对于这样一个人，晋献公无奈，只得把他作为自己女儿的陪嫁奴仆，送往秦国。在赴秦的路上，百里奚乘人不备，偷偷地逃往楚国宛县。结果，楚人把他当作别国诸侯派来的奸细抓了起来，后来看他上了岁数，又挺老实，便让他去放牛、放马。

秦穆公娶来晋献公的女儿后，在翻看陪嫁奴仆的名单时，发现少了一个叫百里奚的人，于是，便问了起来。经别人介绍，秦穆公才了解到百里奚是个很有才能的谋士，只可惜虞君昏庸，英雄无用武之地，才落到今天这个地步。秦穆公十分惋惜，立即派人四下打听百里奚的下落，很快，他知道了百里奚此刻正在楚国放马，便想用重金去楚国把百里奚赎回来。

有人劝谏秦穆公说："楚人让百里奚放马，是因为不知道他是个有本事的人。要是您重金去赎，还不是告诉楚王百里奚是个能人吗？那他还会放百里奚回来吗？"秦穆公一听有理，便按照当时普通奴隶的身价，派人拿上五张公羊皮，去楚王那儿说："敝国有个奴隶叫百里奚，逃到了贵国，请让我们赎回他，治他的罪。"楚王痛痛快快地答应放百里奚回秦。

这时，百里奚已是七十多岁的老翁了。归秦后，秦穆公亲自为他解开绳索，请入宫中，待为上宾，并向他请教治国之道。百里奚百般推辞，说："我是个亡国之臣，怎配与国君谈论国家大事！"秦穆公却诚恳地说："虞君不重用你，所以亡国，这不是你的过错。"经秦穆公再三诚请，百里奚深为感动，倾其所知，和秦穆公谈了三天。秦穆公大喜，见其果然贤能，遂任命百里奚为相国，授之以大权。举国尽知，他是国君用五张羊皮换

回来的，称之为“五羖大夫”。

百里奚深受知遇之恩，见秦穆公如此看重贤才，便又热情地向穆公推荐了他的好友蹇叔。这蹇叔也是治国的贤才。此后，百里奚和蹇叔一起辅佐秦穆公，提出不少治国兴邦的谋略，为秦国的兴旺发展出了不少力，使秦国逐渐强大起来。

信陵窃符，引军救赵

公元前259年9月，秦昭王想包围赵国都城邯郸，一举灭亡赵国。秦王派王龁和郑安平为进攻邯郸的主将。

当邯郸被围时，赵国派人向魏国求救。

魏公子信陵君无忌，是魏安厘王同父异母的弟弟，他的姐姐是赵惠文王弟弟平原君的夫人。由于这种关系，公元前257年，魏王派将军晋鄙带了10万军队去相救。

秦王得知魏将出兵，就派使者去警告魏王。魏王非常恐惧，马上派人阻止晋鄙进军，要他在魏、赵边境的邺驻扎下来，观望事态发展。

邯郸非常危急。平原君见魏救兵迟迟不到，不断派遣使者去催促，并且责难信陵君：“即使你看不起我平原君赵胜，抛弃他，你难道不同情自己的姐姐吗？”

信陵君使用种种方式去向魏王游说，但魏王害怕秦的报复，始终按兵不动。信陵君不能说服魏王，而眼看赵国要灭亡，信陵君决计不苟且偷生，便把自己门下食客、家臣等都约来准备和这些人一道去和秦决一死战。

信陵君率领志愿军经过东门，见到了守门的老头侯生，把自己要去跟秦军决一死战的话告诉了他。分手的时候，侯生只冷冷地这么说：“你努力去干吧，我老了，不能跟你一道去！”

走了一段路程，信陵君心里想：“我平时没有得罪侯生的地方，现在我要去和人拼命，怎么没有半句话劝阻我或鼓励我，这确实奇怪。”便叫大家停下来，独自跑回去。

这时侯生站在门外，一见信陵君回来，便笑着说：“我早就料到你一定会回来找我的。”

“你怎么会知道的？”信陵君问。

“那还不简单！”侯生说，“你一向对我好，现在你要去送死，我反不给你送行，你心里一定不愉快，所以我料定你必然回来问我个明白！”

信陵君说：“很好，你猜得不错，我怕我有什么对不起先生的地方，会使你对我这么冷淡，所以想问个明白！”

“我知道你一向器重人才，养了这么多门客，但现在遇到了为难的事情，却毫无办法可想，光去跟秦军拼命，这正如把肥肉丢进虎口里，试问有什么益处呢？”

“我也知道没有什么益处，”信陵君答，“但平原君是我的姐夫，交情又深，眼下，他危在旦夕，我不能见死不救呀！虽然明知这样行动是无济于事的，实属万不得已，不知老先生有没有别的办法可想？”

“请进屋里去坐吧，大家商量商量！”

侯生把旁人遣开，细声问信陵君："我听说现在魏王最宠幸的一个美人叫做如姬，是不是？"

"是的！"

"又听说如姬的父亲被人杀害，她怀恨了三年，从国王以下，都想为她报仇，却总是没有办法找到这个仇人。有一次她为这件事向你哭诉，你立刻派门客去侦查，很快就把仇人的头弄到了手，献给如姬，是否有这件事？"

"不错，真有此事。"

"那就好办了。"侯生的老眼一闪，继续说出了他的计划，"你能替如姬报了杀父之仇，她感激不已，就是为你牺牲生命，也决不会推辞的，你正好利用这个机会，从她身上打主意！"

"她是一个女流，有什么主意可打的？她又不能撒豆成兵！"信陵君表示失望。

"我再请问一句，"侯生说："魏王是不是已派晋鄙统率了十万大军去救赵国？"

"是呀！可是魏王叫他在半路上停下来，不准前进。"

"且不必过问部队不进军的理由，但你可知道用什么办法会叫晋鄙进军吗？"

"自然是魏王的命令啦！"

"那么魏王下的命令凭什么做证据呢？"

"兵符。"

"这就对啦！"侯生霍然起身，信心十足地对信陵君说："只要能把兵符弄到手，晋鄙的军权就归了你，魏军就可以立即开到邯郸去，赵国的危机不就解决了吗？喏，你听我说，魏王的兵符藏在卧室里，那地方只有如姬一个人才可以接近。你现在即刻去见她，只要你一开口，求她帮助，把兵符偷出来，她没有不答应的。这样你便可以把晋鄙的军权夺到手，就可以指挥大军，北面救了赵国，西面击败秦军，这可是了不起的功勋，是千载难逢的机会呀！"

信陵君果然采纳了侯生的意见，去请如姬想办法，如姬毫不推辞地说："公子过去对我有大恩典，我正想找个机会报答你，何况这是公子的侠义行为，我无论如何都要完成这个任务。"

当晚，如姬特别设便宴把魏王灌醉，乘机盗窃了兵符，用一个花盒密封好，托近身的侍女连夜送到信陵君手里。

信陵君非常高兴，即刻去见侯生，并请教他还有什么高见。侯生说："一个统帅在前线是绝对的权威，就是君主的命令也可以拒不接受。现在你拿了兵符前去，晋鄙仍然可以不把兵权交给你的，如果他说要再向大王请示一番，那事情就糟了。在这个危急关头，惟有断然处置才行。我有一个好友叫朱亥，是卖猪肉的，臂力过人，他可以帮这个忙。到时晋鄙能顺利地交出兵权来，那是最好不过的；要是拒绝的话，叫朱亥当场将他打死便了。"

信陵君听了这番话，不由得心里一酸，当场哭了起来。

"怎么啦，你哭了？是怕死吗？"侯生惊奇地问。

"不，"信陵君说，"我并不怕死，是可怜晋鄙白白送了性命。"

三十六计

“俗话说‘无毒不丈夫’,这是国家大事,不这样又怎能达到目的呢?走吧!”

他们一同去找着了朱亥,把来意说了。朱亥便笑了起来,说:“我不过是一个卖肉的,承公子你这般看得起,几次亲自来照顾我,过去我一直没有答谢过你,是觉得这种小礼小节没有多大意义;现在公子有了急难,这才是我报答你的时候。”立即答应下来。

信陵君要出发了,来向侯生辞行。侯生告诉他:“照情理说,我也应该跟你一块儿去的,可惜年纪老了,去了也不中用。还是留在这儿,计算着你到晋鄙军中的那一天,我只有以自杀来报答你平生对我的知遇之恩了!”

信陵君率队到了邺城,假传魏王命令,要接替晋鄙的军权,晋鄙把兵符一验,的确不错,可是心里非常疑惑,两眼不停地打量信陵君,说:“我领兵十万驻守在国境上,责任是很重大的,现在你单身到来接替兵权,究竟是怎么一回事?我要请示一下魏王才能把兵权移交给你,好吗?”

朱亥在旁看到晋鄙明显不愿意接受信陵君的命令,迅速拿出事先藏在衣袖里面的那个四十斤重的铁锤,冷不防朝晋鄙头上打去,晋鄙当场毙命。信陵君于是夺取了晋鄙的军权。

信陵君控制了部队以后,挑选精兵八万人,并下令向邯郸进军。

到进军的这一天,信陵君身先士卒,如出笼的猛虎,直闯秦国的军营,平原君也乘机倾城出击,杀得秦军措手不及,血流成河,仓仓皇皇地逃回秦国去。

就这样,邯郸的围解了,赵国也转危为安。从此,秦军再也不敢轻举妄动了。

庄王隐忍,却除政敌

在楚庄王即位之前,楚国的内政可谓经历了长期的混乱。楚庄王的爷爷楚成王意图争霸中原,被晋国在城濮之战中打败,不久却又祸起萧墙。起初,原定商臣为太子,但不知怎的,楚成王居然发现商臣眼如黄蜂,声如豺狼,生性残忍,想改立王子职为太子。为了把事情弄清楚,他故意设宴招待姑母,席间又轻侮姑母。商臣的姑母果然愤怒地说:“怪不得你父亲要杀了

你另立太子!”因为楚成王遇事总与妹妹商量,所以,商臣认为姑母的话证实了传言。商臣连忙向老师潘崇问计,潘崇问:“你愿意事奉公子职吗?”商臣说:“不愿。”又问:“你能逃出楚国吗?”回答说:“不能!”潘崇最后问道:“你能成大事吗?”商臣坚定地说:“能!”

公元前262年,商臣率领宫廷卫队冲进成王的宫殿,成王喜吃熊掌,这时红烧的熊掌尚未烧熟,成王请求等吃了熊掌再杀他,商臣说:“熊掌难熟。”他怕夜长梦多,外援到来,就催促成王上吊自杀。自己即位为楚穆王。穆王在位12年,死后由其子侣即位,是为楚庄王。

楚庄王即位时很年轻,即位之始,他并未像其他新君上任那样雷厉风行地干一些事情,而是不问国政,只顾纵情享乐。他有时带着卫士姬妾去云梦等大泽游猎,有时在宫中饮酒观舞,浑浑噩噩,无日无夜地沉浸在声色犬马之中。每逢大臣们进宫汇报国事,他总是不耐烦地回绝,任凭大夫们自己办理。他根本不像个国君,朝野上下也都拿他当昏君看待。

看到这种情况,朝中一些正直的大臣都感到十分着急,许多人都进宫去劝谏,可楚庄王不仅不听劝告,反觉得妨碍了他的兴趣,对这些不着边际的劝告十分反感。后来干脆发了一道命令:谁再来进谏,杀无赦。

三年过去了,朝中的政事乱成一团,但楚庄王仍无悔改之意。

大夫伍参忧心如焚,再也忍不下去,冒死去晋见庄王。来到宫殿一看,只见纸醉金迷,钟鼓齐鸣,庄王左手抱着郑国的姬妾,右手搂着越国的美女,案前陈列美酒珍馐,面前是轻歌曼舞。庄王看到伍参进来,当头问道:“你难道不知道我的命令吗?是不是来找死呢?”

伍参抑制住慌张,连忙赔笑说:“我哪敢来进谏,只是有一个谜语,猜了许久也猜不出,知道大王天生聪慧,想请大王猜一猜,也好给大王助兴。”

楚庄王这才放下脸,说道:“那你就说说看。”

伍参说:

高高山上,
有只奇怪的鸟,
身披鲜艳的五彩,
美丽而又荣耀,
只是一停三年,
三年不飞也不叫,
人人猜不透,
实在不知是只什么鸟……

当时的人喜欢说各种各样的谜语,称作“隐语”,这些“隐语”往往有一定的寓意,不像今天的谜语这样单纯,因此,人们多用这些“隐语”来讽谏或劝谏。楚庄王听完了这段话,思考了一会说:

三年不飞,
一飞冲天;
三年不鸣,
一鸣惊人。
此非凡鸟,

凡人莫知。

伍参听后，知道庄王心中有数，非常高兴，就又乘机进言道："还是大王的见识高，一猜就中，只是此鸟不飞不鸣，恐怕猎人会射暗箭哪！"

楚庄王听后身子一震，随即就叫他下去了。

伍参回去后就跟大夫苏从商量，认为庄王不久即可觉悟，没想到几个月过去后，楚庄王仍一如既往，不仅没有改过，还越发不成体统了，苏从见状不能忍耐，就闯进宫去对庄王说："大王身为楚国国君，即位三年，不问朝政，如此下去，恐怕会像桀、纣一样招致亡国灭身之祸啊！"

庄王一听，立刻竖起不逊眼，露出一副暴君的形象，抽出长剑指着苏从的心窝说："你难道没听到我的命令，竟敢辱骂我，是不是想死？"

苏从沉着从容地说："我死了还能落个忠臣的美名，大王却落个暴君之名。如果我死能使大王振作起来，能使楚国强盛，我甘愿就死！"说完，面不改色，请求庄王处死他。

楚庄王等待多年，竟无一个冒死诤谏之臣，他的心都快凉了。这时，他凝视了几分钟，突然扔下长剑，抱住苏从激动地说："好哇，苏大夫，你正是我多年寻找的社稷栋梁之臣！"

庄王说完，立刻斥退那些惊恐莫名的舞姬妃子，拉着苏从的手谈起来。两人竟是越谈越投机，竟至废寝忘食。

苏从惊异地发现，庄王虽三年不理朝政，但对国内外事无巨细都非常关心，对朝中大事及诸侯国的情势都了如指掌，对于各种情况也都想好了对策。这一发现使苏从不禁激动万分。

原来，这是庄王的韬光养晦之策。他即位时十分年轻，不明世事，朝中诸事尚不明白，也不知如何干，况且人心复杂，尤其是若敖氏专权，不明所以，他更不敢轻举妄动。无奈之中，想出了这么一个自污以掩人耳目的方法，静观其变。在这三年中，他默默地考察了群臣的忠奸贤愚，也测试了人心。他颁布劝谏者死的命令，也是为了鉴别哪些是甘冒杀身之险而正直敢言的耿介之士，哪些是只会阿谀奉承只图升官发财的小人。如今，三年过去，他年龄已长，经历已丰，才干已成，人心已明，他也就露出庐山真面目了。

第二天，他就召集百官开会，任命了苏从、伍参等

一大批德才兼备的大臣，公布了一系列的法令，还采取了削弱若敖氏的措施，并杀了一批罪大恶极的犯人以安定人心。从此，这只“三年不鸣”的“大鸟”开始励精图治，争霸中原，终于成为春秋五霸之一。从其所作所为及对霸业的认识水平来看，都应该算是首屈一指的。

楚庄王的韬光养晦并非在遭到失败与挫折时才被迫进行的，而是为了更好地掌握未来而主动地进行的，这尤其需要耐心、修养、智谋和胆识。

在中国历史上，像楚庄王这样做的人还不算太多，但这足以给我们提供一个有益的启示：即使在一帆风顺的时候，也要注意使用各种方法增长自己的见识，砥励自己的才能。

相如用智，完璧归赵

赵惠文王时（公元前283年），搜集到以前楚国的和氏璧。秦昭王一听说，就派人送书信给赵王，表示愿以十五座城来交换和氏璧。

赵王召集大臣商议，要给秦国嘛，怕秦国不割让城池，空被欺凌；不给嘛，又怕秦国部队大军压境，于是派人寻求可以出使秦国的人选。

当时，宦官统领缪贤推荐蔺相如。

赵王召见蔺相如，问说：“秦王希望用十五座城来交换和氏璧，可以给吗？”

蔺相如说：“秦国强，赵国弱，不能不答应。秦国用城交换和氏璧，而赵国不答应，理亏的是赵国；如赵国给了和氏璧而秦国不割让城池，理亏的是秦国。我愿带着和氏璧去秦国，如果秦国不割让城池，我就带着和氏璧回赵国。”

于是赵王派蔺相如出使秦国，秦王一拿到和氏璧，很高兴，就传下去给后宫美人及左右大臣观赏，根本没有意思要用城池来偿付赵国。

蔺相如于是向前说：“和氏璧有此瑕疵，我指给大王看。”

秦王交出和氏璧，蔺相如就捧着和氏璧，退了几步，靠着柱子，怒发冲冠，对着秦王说：“赵王派我捧着和氏璧来秦国，但我看大王并没有意思要以城池偿付赵国。一般人交往，都不会被欺蒙，何况是大国呢？所以我就取回和氏璧，大王如果想动武，我的头与和氏璧会一起碎在这根柱子下。”

蔺相如说着，一边斜视着柱子，做出冲撞的姿态。秦王怕蔺相如破坏和氏璧，只好谢罪。

蔺相如就对秦王说：“赵王送走和氏璧的时候，斋戒了五天，大王也应该斋戒五天再接受和氏璧。”

秦王心想不能强夺和氏璧，只好答应了，并将蔺相如安置在广咸的宾馆内。

蔺相如心想秦王绝对会毁约，于是派他的随从带着和氏璧，走捷径先回赵国。

五天后，蔺相如对秦王说：“我怕被大王蒙骗而辜负赵国，所以就派人带着和氏璧回赵国了。再说秦强赵弱，秦国如果先割让十五座城池给赵国，赵国怎敢留住和氏璧而得罪大王呢？我知道欺瞒大王，罪该受死，请大王杀我吧！

秦王听了，对臣子们说："现在杀蔺相如，也得不到和氏璧，却断了秦、赵的友谊，不如对他好一些，让他回赵国。"

蔺相如回到赵国之后，赵王认为他很贤明，任命他当上大夫。由于秦国并未割让城池，赵国自然也没有交出和氏璧。

司马装病，除杀曹爽

曹魏景初三年，魏明帝死，幼子齐王曹芳即位。根据明帝遗诏，大将军曹爽、太尉司马懿共同辅政。

起初，曹爽由于司马懿德高望重，又是自己的前辈，每有军国大事，不敢自专，都要由司马懿决断。后来，曹爽为了扩张自己的势力，引荐了一些人为心腹，架空了司马懿。司马懿面对这种情形，一时也无可奈何。自己虽然受明帝遗诏与曹爽共同辅政，但毕竟曹爽是宗室贵族，而自己毕竟只是臣属，太尉兵权又被夺去，做了一个有名无实的太傅，无法与曹爽抗争。此后，司马懿便称病在家，以躲避曹爽的锋芒。

司马懿居家不出，正中曹爽下怀，心病一去，得意忘形。不过，正在放纵欢乐的曹爽也没有忘记司马懿的存在。没过多久，曹爽的心腹李胜出任荆州刺史，曹爽便让他去司马懿处告辞，借机窥探一下司马懿的动静。

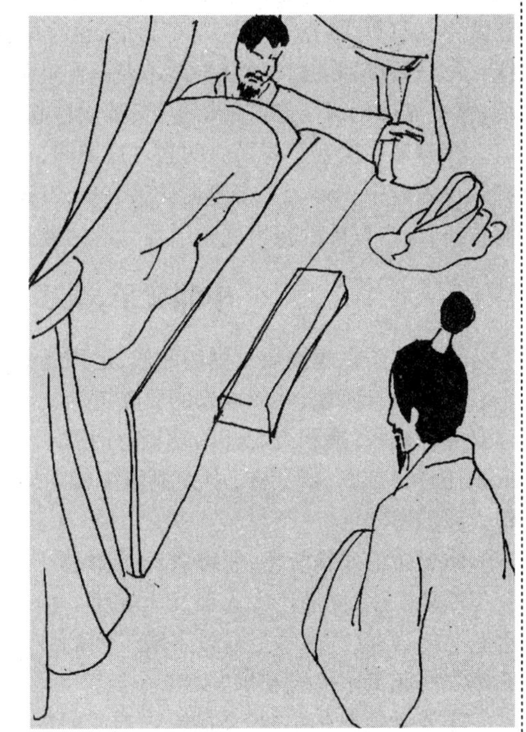

司马懿已经知道李胜的真实用意，便让两婢女搀扶着，自己坐在床上。见李胜之后，用手拿衣服，衣服掉在地上，又向婢女示意口渴，婢女送上一碗粥，司马懿喝粥时，粥汁又都顺着口角流到胸前。

看到司马懿如此衰朽不堪，李胜装模作样地哭说："方今主上尚幼，天下人都依赖明公，过去人们只听说您重病复发，可是没想到病得这么严重。"这时，司马懿长吁了一口气说："我年老沉疾，危在旦夕。君屈当并州，并州离胡人很近，好自为之，恐怕我们不能再见面了。"

李胜连忙纠正说："我是赴任本州，不是并州。"司马懿又装作昏谬地说："君将要去并州，努力自爱。"这时的李胜，再也顾不得用那些文雅的交际语言了，说："我是去荆州，不是并州。"司马懿这才稍稍地明白过来，说："君还本州做刺史，盛德壮烈，好建功勋，我与你分别以后，以后恐怕再也见

不到面了。”

接着司马懿又把两个儿子司马师、司马昭叫出来，并让他们与李胜结为朋友，求李胜在他死后多多照顾，说着，司马懿又呜咽起来。其实，司马懿这时身体状况很好，故意装作昏聩的样子来迷惑李胜，李胜是荆州人，所以把到荆州做刺史说作“当忝本州”，本、并音近，正好被司马懿钻了空子。

李胜从司马懿家出来，复见曹爽，乐不可支地说：“太傅语言错误，口不摄杯，指南为北，肯定活不长了。”从此，曹爽不复以司马懿为意，更加肆无忌惮地恣意弄权。岂知这正是司马氏的诡计。

翌年正月，幼主曹芳按惯例到高平陵去祭祀祖先，曹爽兄弟都随驾出行。司马懿立即在城中部署兵马，先占据了武库，控制了都城。随后，屯兵在洛水浮桥，派人向曹爽等送信说：“大将军曹爽北弃顾命，败乱国典，内则僭拟，外专威权，破坏诸营，尽据禁兵，群官要职，皆置所亲，天下汹汹，人心危惧。过去赵高极意，秦氏以灭；吕、霍早断，汉祚永世。现在皇太后命令臣敕主者及黄门，令罢免曹爽兄弟官职，自回家中，不得在外逗留，如果胆敢稽留车驾便以军法从事。”曹爽兄弟回家之后，司马懿征发民工八百人，在曹家宅第四围筑高墙，布置人在上面观察曹爽举动。曹爽兄弟不知道司马懿究竟做什么打算，便给司马懿写了封信，说家中没有粮食了，求司马懿接济一些。司马懿接到书信，马上令人送来一百斛粮，并且又送了一些肉脯、盐、大豆，曹爽兄弟见司马懿送粮给他，又都欢喜起来，以为自己可以免死了。

曹爽又一次上了司马懿的当。这期间，司马懿在朝中剪除曹爽的党羽，将其投入监中；不久，又将曹爽兄弟下狱，以谋反大逆的罪名，诛杀尽净。从而，司马氏与曹氏的权力之争以司马氏的胜利而告终。

李渊父子，巩固皇位

李渊父子在建立唐王朝的时候，运用瞒天过海之计保存了自己的势力。

李渊出身西魏、北周以来的关陇贵族集团。他的祖父李虎，帮助宇文泰建立关中政权，是北周的开国功臣，死后追封唐国公。李渊袭封唐国公，先后担任过州刺史，郡太守，中央卫尉少卿。617 年，隋炀帝任命他为军事重镇太原的留守。

隋炀帝的残暴统治，使得农民贫困破产，大量死亡，再加上水旱灾害连年不断地发生，更使广大人民民不聊生。由此，爆发了全国性的农民起义。到 617 年，农民军基本上摧毁了隋王朝的统治力量。官僚和地主纷纷起来窃取农民起义军的胜利果实。

豪族梁师都在朔方（今横山）、刘武周在马邑（今朔县）、薛举在金城（今兰州）、李轨在武威、萧铣在巴陵（今岳阳），相继打起反隋的旗号，并自立为王，建立割据政权。

李渊在太原残酷地镇压农民起义，扩大了武装，巩固了在太原的地位。随着全国反隋斗争形势的巨大变化，李渊看到利用武力阻挡不住农民起义的浪潮，隋政权已不能支持多久。因此，他准备利用形势，打出反隋的旗号，建立新的统治集团。

公元 617 夏，李氏父子在太原起兵反隋。

由于李渊的社会关系和政治地位，起兵后迅速取得了地主阶级的支持，首先是得到了士族地主官僚的支持。李渊父子也“卑身下士”，竭力争取庶族地主的支持。

为避免广泛树敌和扩大力量，李渊父子从对农民军的大力镇压转为竭力利用农民军的力量。在向长安进军的过程中，瓦岗军李密曾给李渊写信，约以共同灭隋。李渊卑辞答谢，并假意推李密为主，这样，李密的兵力阻挡了东部洛阳的隋军，自己则可顺利西进。李渊进军到黄河东岸时，派人和关中几支起义军联系，得以顺利地渡过黄河。关中一带的起义军多被骗归附。李渊在极短时间内得到精兵九万，军事力量大大加强。

617 年 11 月，李渊父子迅速攻下长安，并控制了渭水流域。

当时，各地起义军的势力也在壮大，地方割据势力也蠢蠢欲动，再加上隋朝的残余势力，李渊父子如果此时建立新政权，无疑会成为众矢之的，区区九万人的队伍，根本抵挡不住各种势力的冲击。因此，李氏父子又以借刀杀人之计缓和冲突，减少压力。

打下长安后，李渊父子立隋炀帝 13 岁的孙子西京留守代王杨侑做皇帝，称恭帝，改元义宁，并遥遵炀帝为太上皇。

尊炀帝为太上皇，实际上取消了隋炀帝的合法地位，立杨侑为皇帝，实际上树了一个傀儡。李渊父子只不过是利用恭帝的名义和隋朝的旗号来招降隋官，同时，又使敌对势力得不到讨伐的借口，而大权则在李氏父子手中。

经过一年的准备，时机基本成熟。618 年，隋炀帝被杀，继而又废了恭帝，李渊在长安称帝，建立唐朝，年号武德。

唐朝建立以后，秦王李世民和皇太子李建成为争夺皇位继续展开了激烈的斗争。

李建成以嫡长子被立为皇太子，除得到传统的合法地位外，还取得了李渊所领有的士族地主官僚集团的支持。他长期留守关中，在关中地区打下了相当坚固的基础。宫中妃嫔和一般贵戚也拥戴他。他手中的文官有魏征、王珪等，武将有冯立、薛万彻等，又招募四方勇士 2000 多人做东宫卫士，实力比秦王府充足。为了对付李世民，他和四弟元吉联合在一起。

李世民是李渊的次子。从太原起兵到统一全国，李世民的战功最大。实际上，他是唐朝的实际缔造者。在进行统一战争过程中，李世民连续镇压农民起义军和平定地主武装割据势力，罗致了大批人才。秦王府有尉迟敬德、秦叔宝、程咬金等大批赫赫有名的战将。秦王府文学馆更有著名的十八学士，房玄龄、杜如晦多谋善断，陆德明、孔颖达是经学名家，姚思廉精通文字，虞世南长于书法，其余也都为一时俊秀。从李世民的实际才能看来，文武双才，堪为一代天子，但按传统来说，皇位则应由长子李建成来继承。

建成、元吉接近高祖，经常在高祖面前说李世民的坏话。高祖昏庸无能，对世民猜疑甚至憎恶。在建成等人的鼓动下，高祖把李世民的心腹一一调到外地做官，逐步削弱李世民集团的势力。

建成元吉在借助皇上力量的同时，又用大量财宝收买李世民的部将，等待时机，除掉李世民。秦王府僚属房玄龄、杜如晦等人也力劝李世民快下杀手除掉建成和元吉。

两大集团长期的明争暗斗，终于演成“玄武门之变”。

武德九年(公元626年)六月四日这一天，李世民率长孙无忌等人，伏兵于玄武门。当天守卫玄武门的将领叫常何，他原是建成的心腹，但已经被世民收买。建成不了解情况，毫无防备。当他和元吉经过玄武门去朝见李渊时，李世民乘机带尉迟敬德等少数骑士，发动袭击。他亲手射死李建成，元吉被敬德射杀。东宫和齐王府的将士闻讯赶来，猛攻玄武门，形势十分危急。

李世民一面组织抵抗，一面派尉迟敬德带甲进宫，逼迫高祖下“诸军并受秦王处分”的命令。

有了高祖的这道命令，东宫和齐王府的兵将只好罢手。一场政变也就迅速结束了。

六天以后，高祖只好立李世民为太子。

八月，高祖被迫让位，自称太上皇，李世民当上皇帝，称唐太宗，第二年，改元贞观。

王著用智，杀阿合马

元灭掉南宋，统一全国以后，元世祖忽必烈逐渐疏远了在元朝创建过程中起过重要作用的汉族官僚，而对色目人特别加以重用。中原初平，回回阿合马得到元世祖的宠信，主管中央财政。他巧立名目，大肆搜刮，权势日重。阿合马得势后，排除异己，打击开国老臣。尤其恶毒的是，他只要发现有谁不服从他的旨意，必伺机构陷报复。许多忠臣良将，特别是汉族官僚都遭到阿合马的陷害。

阿合马的骄恣横暴激起了朝野上下的强烈不满，特别是汉族人的愤恨。1282年3月，元世祖依照惯例前往上都开平府，皇太子真金也陪同前往。行前，元世祖诏谕阿合马留守大都。

盖都千户王著和高和尚是莫逆之交，情同手足，两人多次私下交谈朝中之事，都对阿合马恨之入骨，苦于阿合马权大势重，耳目众多，一直找不到机会剪除这仇敌。他俩认为这次世祖远行，是除掉阿合马的一次绝好机会。17日，王著、高和尚在大都城北集合手下亲信，分派一部分前往居庸关，控制住进京的要隘，另一部分则由王著、高和尚亲自指挥调遣。他们搞来东宫太子的仪仗，假借太子还都作佛事的名义，诳使阿合马迎接，伺机干掉他。他们簇拥着皇太子仪仗，浩浩荡荡向健德门进发。事先他们派遣了二僧人前往中书省，传令备办斋品供物。担任皇太子宫中警卫的高觿、张九思两人虽对此事颇有疑惑，又对王著、高和尚二人没有印象，命来人暂停仔细盘问。但最终高、张二人还是害怕弄不好会得罪太子，所以没敢多问，就把他们放了进来。将近中午时分，王著又派人假传皇太子旨谕，命枢密副使张易发兵，于当夜在东宫集结。最后王著本人去见阿合马，通知他皇太子将回京，命他召集中书省官员到东宫前等候。阿合马接此命令后将信将疑，当即派中书右司郎中脱欢察儿领数十骑出健德门，探问究竟。脱欢察儿一行出城十余里，正与拥仪仗乘轿而来的假皇太子的大队人马相遇，当即尽被处死。王著怕再生枝节，即命大队加快前进。这时，高觿、张九思已调集卫兵在东

宫前等候,不久张易也率领右卫指挥使颜义也领兵前来。高觿见此情景,心中很纳闷,就问张易:“这是怎么回事?”张易附耳轻声说:“皇太子要诛杀阿合马。”

这时天已入夜,在人马喧嚣、烛光旗影中,假皇太子的仪仗队来到东宫西门外。高觿、张九思暗想:皇太子殿下回宫,总是派空泽、赛羊两人为先导,这次怎么见不到他俩呢?于是挡住大门不让进宫。王著见西门受阻,急令转行南门。来到南门外,阿合马和中书省众官正在宫外迎候。假皇太子当即呼唤省官前去,当着众官的面,假皇太子厉声责问了阿合马几句。阿合马一时给弄得真假难辨、迷惑不解,这时立在一旁的王著将其拉将过去,说时迟做时快,只见王著长袖一挽,露出铜锤,一锤砸了过去,当场将阿合马砸得脑浆迸溅,一头栽倒在地。众官员被眼前突然发生的事变吓呆了,一个个不知如何是好。这时,高觿、张九思发现事情不妙,也带兵赶到南门,见此情景,大呼有诈。众卫兵一拥而上把王著捆绑起来,高和尚趁乱溜走了。

元世祖接到京都的报告后,大为震怒,立即驰返京都。次日,元世祖下令将王著、高和尚、张易处死,王著临刑前神情自若,大呼:“王著为天下除害,今死矣!异日必有为我书其事者。”后来,元世祖终于了解了阿合马的罪恶,后悔错杀了王著。

严嵩骄横,排斥异己

夏言,字公谨,号桂洲,江西贵溪人,1482 年出生,1517 年中进士,1539 年就任内阁首辅。他的同乡,江西分宜人严嵩,1480 年出生,1505 年中进士,1542 年才进入内阁,当然位在夏言之下。严嵩虽然比夏言早为进士,但地位不如夏言。在这种情况下,严嵩对夏言是毕恭毕敬,“如子之奉严君,唯诺趋承,无复僚友之体。”夏言对严嵩的谦卑毫不设防,不但恣意凌辱,乃至“以门客畜之”。面对夏言的凌辱,严嵩谦恭益甚,曾一而再、再而三地置办酒席,邀请夏言赴宴,甚至亲临夏府,跪读请柬。而夏言却常辞而不见,即便是去赴宴,进酒三勺一汤,取略沾唇而已,然后傲然离去,使严嵩所备山珍海味俱付之乌有。夏言洋洋得意,认为严嵩实在是不如自己,不予怀疑,不存戒心。实际上,严嵩对夏言的傲慢早就耿耿于怀,时刻准备取其位而代之,将他置于死地。

首先夏言因奏疏误写字号,遭到嘉靖皇帝的申斥;其后又因修建太子东

宫事再触帝怒；尔后又因拒绝戴嘉靖皇帝所赐道冠而为帝所不喜。在这种处境不妙之际，夏言还不知收敛，尚自孤傲。到此时，严嵩感到机会到来，一方面迎合嘉靖皇帝的爱好，专以柔媚事主，一方面又广结内援，巴结嘉靖皇帝所喜欢的道士陶仲文，图谋将夏言赶走。夏言素轻严嵩，本不为备，当得知严嵩计谋时，意欲反击，但为时已晚，早被严嵩在嘉靖皇帝面前"顿首雨泣"所中伤，被削夺首辅之职，回到老家江西。

夏言去后，严嵩进入内阁，并且花费不少力气将继任首辅翟銮赶下台去，荣任首辅。一时间，严嵩踌躇满志，专心固宠。孰料夏言回籍，"遇元旦、圣寿，必上表贺，称草土臣"。嘉靖皇帝原本曾对夏言有好感，一时动了恻隐之心，诏令夏言回京复职。

明代的首辅是按入阁先后而定的，夏言原比严嵩早入内阁，此次复职，当然还为首辅。然而夏言并没有接受以前遭严嵩谗害的教训，却急于报复，根本不把严嵩放在眼里。在职务上，夏言是首辅，严嵩是次辅，虽有上下之分，但也有同僚关系。然而夏言直凌严嵩，凡所批答，概不顾及严嵩的面子。在盛气之下，严嵩"噤不敢吐一语"。按规定，入直阁臣由朝廷供应膳食，夏言则不食宫中之食，家中自备，甚为丰盛。以此丰盛饮食面对严嵩所食供应之饭，夏言"不曾以一匕及嵩也"，凌人之气无所不至。尤其夏言侦知严嵩之子严世藩贪污盐银，收索贿赂，扬言要向皇帝告发。严嵩得知，自觉不妙，亲率其子，贿通夏府门役，直入夏言卧榻之前，父子一齐跪下，哭泣谢罪。夏言见此，不由心软起来，认为他们是屈服于他了，将此事按下来。其实这不是严嵩屈服，而是因此产生更大的仇恨。严嵩这次的计谋，不再是以赶走夏言为目的了，而是酝酿杀机，落井下石。

夏言为人慷慨，以经邦济世为己任。在恢复首辅地位之后，思建立不世之功以自固。适逢总督陕西三边军务曾铣主张收复被俺答汗占领的河套地区，夏言赞同，并征得嘉靖皇帝的同意。严嵩表面上附和夏言，暗地里却构置陷阱，密谋驱逐夏言，争回首辅之权。

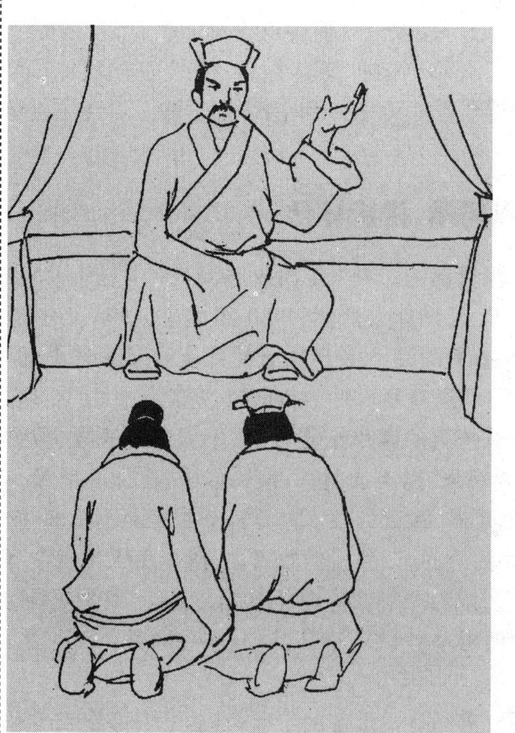

嘉靖二十六年腊月，兵部呈递收复河套的方案。恰在此时，北京狂风骤起，阴霾蔽日。这本是北方冬天常见的现象，然而嘉靖皇帝迷信道教，相信占卜。占卜认为这是边境有警之兆。也正在此时，严嵩将本年七月，陕西澄城县麻陂山山崩之事呈上。阴霾之天，山崩

之事,这对于正在祈祷长生的嘉靖皇帝来说,是非常懊恼之事。在懊恼之时,询问左右。那左右之人都受到严嵩货贿,按严嵩意思,反对收复河套,并以灾异乃是首辅之过,须免之以应天变为辞,将矛头指向夏言。嘉靖皇帝听信左右之言,反对收复河套之议。

一夜之间,情况全变,夏言毫无准备,一时不知如何处置。严嵩心知其故,连忙上疏,按嘉靖皇帝的意图,向夏言发动进攻。严嵩先将嘉靖皇帝吹捧一番,又言河套之役非上策,最后归罪于夏言。面对攻击,夏言上疏争辩。河套之议是嘉靖皇帝赞许的,夏言反击,不得不涉及嘉靖皇帝。在专制政体下,专制君主是神圣英明的,岂容臣下指出己过!于是以“诈称上意”之名,申斥夏言。严嵩此时又顺从嘉靖皇帝意思,上疏攻击夏言。夏言不堪其恶毒攻击,上疏反驳,并以“乞赠骸骨,归田里”相威胁。孰料嘉靖皇帝并不买账,下诏削夺夏言的少师、太子太师、大学士官职,让他以礼部尚书衔致仕,夏言被第四次罢免官职。

夏言三起三落,对嘉靖皇帝还抱有希望,希图嘉靖皇帝垂怜,恢复其官职。因此放慢回籍的时间,从北京到天津走了一两天。在路上他上万言书,为自己辩白,并指出严嵩等人的险恶用心,以期感化嘉靖皇帝。这种做法,不得不使多次为夏言凌辱的严嵩心惊肉跳。因为一旦喜怒无常的嘉靖皇帝一时心血来潮,将夏言官复原职,其后果将不堪设想。于是,严嵩加紧谋划,欲置夏言于死地。

攻击夏言,莫若河套事件,河套事又离不开曾铣。为此,严嵩鼓动曾铣部下仇鸾诬告,将曾铣打入诏狱,百般罗织,以“隐匿边情,交结近侍官员”的罪名,从重议处,定为死刑,斩于北京西四闹市。一个智勇双全、廉洁公正的大将,在首辅之争,在严嵩的计谋下丧生,时人冤愧。虽然曾铣在后来被昭雪,但饮恨而亡是千古之憾。夏言是在归途上得曾铣死讯的,一听罪名是“交接近侍官员”,当时就从车上掉下来,长叹道:“噫,我死矣!”这位争强好胜的才子,到此时才知道自己回天无术了,彻底败给自己最看不上眼的严嵩了。果然,他才到丹阳,锦衣卫官骑赶到,将之打入囚车,押解回京。夏言此时不无感叹的看着路边的白杨树道:“白杨,白杨,尔能知我此去不返乎?”

到了京城,罪名已定,夏言上疏辩白,并不得报。不过朝廷律条有“议能”、“议贵”之条,杀与不杀,嘉靖皇帝尚拿不定主意。夏言一日不死,就有死灰复燃的可能,严嵩对此寝食不安。不过他在首辅的位置,机会总是有的。嘉靖二十七年,俺答汗率众数万抵居庸关,京师震动。严嵩将此说是夏言欲收复河套,俺答汗报复。正好京城又发生地震,迷信道教的嘉靖皇帝,最怕天地有变,再加上严嵩说这是夏言怨望所致,只有杀他以息灾变。1548年11月1日,年已六十七岁的夏言,被斩于北京西四闹市。时人叹道:自古圣贤多薄命,奸雄恶少皆封侯。大骂严嵩,并编歌谣云:

可恨严介溪,做事忒心欺,常将冷眼观螃蟹,看你横行能几时?

可笑严介溪,金银如山积,刀锯信手施,常将冷眼观螃蟹,看你横行能几时?

可恨严介溪,作事忒心欺,善恶到头终有报,只争来早与来迟。

不管人们怎么骂,在夏言下野之后,严嵩第二次成为首辅,并且连任十

几年,成为嘉靖年间任期最长,影响最大的权臣。虽然严嵩"天他才略,惟一意媚上,窃权罔利。"但他多次使用瞒天过海之计,不露痕迹地来打击异己势力。

朱棣装病,骤起义兵

明太祖朱元璋死后,因继承人皇太子朱标早已亡故,由长孙继位,是为惠帝,改年号建文,亦即建文皇帝。建文年纪虽小,却相当精明,他知道自己的环境,在十多个王叔的威胁之下,地位处于动摇未稳之势,为使皇权免于受控制,在黄子澄等策划下,大刀阔斧地来个削藩运动,把那班老叔父按其危险性程度,流放的流放,杀的杀,逐步把这批对皇朝有威胁的势力肃清,只有宁王和燕王因环境特殊,还未敢遽然下手。

燕王朱棣眼见各位王兄王弟一个个倒了。兔死狐悲,此趋势迟早要轮到自己,与其等死,不如先发制人。他的军师道衍以军备未足,时机尚未成熟,劝他再等机会,因此暂时隐忍,秘密练兵,预备行事。

有一次,燕王照例派亲信葛诚入京奏事,见了建文帝,建文帝有意收买葛诚,便召他进入密室,对他说:"如果你能把燕王的活动情况及时报告于我,将来升你为公卿。"葛诚说:"食君之禄,担君之忧,臣愿效犬马之劳,此次回去,必密报燕王举动,为陛下做内应。"

葛诚回到燕京后,怂恿燕王入京(南京)见帝,以释嫌疑,此计无非想驱羊虎口。燕王与道衍商议,道衍力主不去,燕王却说:"此时我举兵,便当举兵,若不能举兵,不如暂往一回,料他也无奈我何。"因此便毅然进京,果然有人怂恿建文帝将他扣留,但建文帝犹豫,一时又找不到借口,于一个月后,便放燕王返回燕京。

燕王相当精明,他最清楚自己的处境,一回来就诈病,并且病得很厉害,此举无非使朝廷不疑他有变。

建文帝虽放走燕王,却也时刻防备,并不因他"病重"而松懈。用了一个调虎离山计,以边境防卫为名,把燕王所属的劲旅调了一部分离开北京,派亲信工部侍郎张昺为燕京布政使(行政长官),谢贵为都指挥(城防司令),把文武两权夺了过来。又制造借口把燕王的得力部属于谅、周铎两人杀了,罪名是阴谋叛变。

燕王眼见这种夺权把戏,无非因自己而发,为保全性命起见,便诈癫扮傻,溜出王府,整天在街边游荡,口出狂言,见物就抢,十足一个疯子。有一次,出门几天都没有回来,众人到处寻找,只见他睡在泥淖里,扶起来他还在骂:"我好好睡在床上,干吗要抬我出去?"

张昺和谢贵知道此事,便入宫去探病,想看个究竟。这时是暑天,只见燕王穿起皮袄,围炉而坐,还身子发抖,牙关打颤,不停地说天气太冷了。

他们认定燕王是真病,防备稍为放松,但葛诚认为燕王根本没病,这是装病扮傻,用意难测,切勿让他瞒过。

张昺于是具报明廷,建文帝便立即采取行动,密令城防副司令张信下手。那张信过去乃燕王的亲信。接到密令,犹豫不决,他的母亲见此情形,问明底细,劝他要饮水思源,不可忘恩负义,他便把事情拖延下去。

建文帝见还没有消息，又再下密旨催张信，张信火了，说：“朝廷为何逼人太甚？”乃愤然去见燕王。守门的不准他进去，张信大声说：“你们只管去传报，说我张某有要紧事求见！”

燕王召见张信，却仍卧在床上，不说半句话。左右说：“殿下正患风疾。”张信明知其诈，便说：“殿下不必这样，有什么事，可对老臣直说无妨。”燕王打量他的神气，并无恶意，才开口说：“这场病真惨，已有几个月了。”张信见他仍不肯露真情，心一急，便流起泪来，直接告诉燕王：“殿下，事到如今，还不说真话，大祸真的已临头了。”顺手拿出建文帝的手谕来，说：“朝廷命我擒拿殿下，如果你有意，就要坦诚相告，让大家想个办法，否则便肉在砧上，宰割由人。”

燕王一见连忙下床，向张信叩谢，急召军师道衍入室，商量救急之计。密议结果，由张信增兵王宫，说是严密监视，实际上是保护燕王的安全，进一步定计要除掉张昺和谢贵这两位朝廷命官。

外弛内张的情势，已到一触即发的地步，张信暗里要保护同党人的安全，即晚下令把燕王的部将全体逮捕，说是有造反嫌疑，要押赴朝廷处决。这一着无非掩人耳目，他又暗中派出精壮士兵，埋伏在东殿两旁，宫门内外，密布便衣警探。第二天，说燕王的病已好了，要召见张昺和谢贵，商议如何把这批阴谋造反的将领押解入朝。

张谢两人虽然不疑，但也有防备，带了很多卫兵前往，到了礼端门，燕王扶杖把他们迎进去，卫队却被拒于门外。宴会行酒间，一片欢乐气氛，左右献进几个西瓜，大家都吃起来，燕王忽像有所感，停食站起来，气愤地说：“想起我目前的处境，有吃都难以下咽，就是做老百姓，兄弟叔侄间也应该互相怜恤。我身为皇帝叔父，反而要惶恐度日，今皇帝待我这样，国家还有什么希望呢？”说完将手上的西瓜往地上一摔。

这原来是个暗号，两旁埋伏的士兵一见，即拥了出来，不由分说就把张昺、谢贵等斩首，再揪出葛诚来，一同处斩示众。随即宣言，起义兵，清君侧，直向南京进军，不久便攻破皇城，建文帝不知所终。燕王抢了帝位，是为明成祖。

天王寡断，排除异己

洪秀全在广西成立“拜上帝会”后，在金田起义。从1850年开始，在东

王杨秀清指挥下，一年内占领南京，成立太平天国。洪秀全立为天王，杨秀清封为东王。

洪秀全自称王之后，整天沉溺于宫廷之内，过着宗教生活，而东王杨秀清则进一步把持了全部的军政大权。杨秀清也可称得上一代枭雄，不仅富有谋略，而且野心勃勃，不甘人下。

早在金田起义之前，杨秀清就曾阴谋窃取教权，现在手握军政大权，自然专横跋扈，不仅对同等地位的其他诸王傲慢无理，颐指气使，而且，把洪秀全也不看在眼里，甚至有时当众凌辱，企图取而代之。"拜上帝会"是洪秀全等借助上帝名义以"鬼上身"的伎俩组织起来的宗教迷信组织。杨秀清经常借此捉弄或羞辱洪秀全。比如，杨秀清经常以"鬼上身"法宝，假传上帝意旨，权责王兄洪仁发，并公开要洪秀全下跪，来接受上帝惩罚。有一次，杨秀清以天父附体假借天父之口问："秀全，你有过错，你知否?"由于他们所设立的宗教组织的信仰和形式，洪秀全只好惟命是从，即使心怀怨恨也不得不回答："小子知错，求天父开恩赦宥。"尽管天王求饶，东王杨秀清也不放过机会，而是以天父的名义来惩罚和羞辱洪秀全："你既知道，即杖打四十。"北王韦昌辉等，均为天王求宥，并愿为天王代受惩罚，杨秀清并不罢休，而且还要借题发挥继续训斥洪秀全，直至天王屈服"小子遵旨，俯伏受杖"才罢了手。通过这次事件以后，满朝文武被杨秀清的淫威所震慑，皆敢怒而不敢言，洪秀全也忍辱度日。

当时，太平军在军事上节节胜利，尤其是在杨秀清亲自督战下的中央军，击破了在周围围困太平军长达三年之久的清军大营，逼使主帅钦差大臣向荣在战败后上吊自杀。东王的声势由此更大，同时也更坚定了他篡夺王位的信心。

首先，东王杨秀清为清除障碍先用调虎离山之计，将诸王调离南京：翼王石达开回湖北督战；燕王秦日纲去丹阳扫荡清军残余张国梁；北王韦昌辉到江西。

七月初，杨秀清又故伎重演，假传圣旨，令天王洪秀全亲自到他的王府，诡称天父下凡，逼迫洪秀全："你与东王俱为我子，东王又有这样大的功劳，何只称九千岁?"天王只好跪答："东王打江山，亦当是万岁。"杨秀清假天父之名，进一步逼问："东世子(东王之子)，岂只是千岁?"天王没有办法，只好应称："东王即万岁，世子亦便是万岁，且世代万岁。"此时，附东王之体的天父异常高兴："或回天矣!"面对这种情况，洪秀全明知是计，但慑于东王的势力，不得不答应他的要求，便定于8月25日东王生日这一天正式封典。

按照天朝体制，惟有天王是至尊的，称呼万岁。在天王之下设五王：东王、西王、南王、北王和冀王，尊称上依次减一千岁，北王韦昌辉为六千岁，翼王石达开为五千岁。东王本九千岁，现在东王要求封为万岁，与天王齐尊，其目的就是要与洪秀全齐掌天下。但由于大权旁落，受制于人，洪秀全只有应允，徐图对策。

虽然已定于8月25日封典，但杨秀清害怕在这一个多月的时间内生出变故，便决定提前发难，逼天王让位，独享天下，如果天王不肯让位就杀而代之。并选定了登基大典的日子——8月25日。由于天王登基是在寿辰时，

杨秀清也选中了这个日子。千虑而有一失，正在他秘密策划和进行时，作为他的同谋之一的胡以晃却向天王告密，将他的阴谋和盘托出，并发誓效忠天王，诛奸卫主。

在生死关头，洪秀全不可能俯首听命，束手待毙。既然清楚了目前的处境，只能与之搏斗。但他也明白自己不具备与东王抗衡的实力，只能不露声色，秘密下诏，派自己的亲信飞召韦昌辉、石达开、秦日纲三人迅速统兵回朝救驾。

在丹阳驻守的秦日纲因离南京最近，率先到达南京，但由于实力与杨秀清相差甚远，未敢轻举妄动。等到8月3日，北王韦昌辉才率兵船二十艘及精兵三千从江西赶到南京，为防杨秀清发觉，在深夜秘密进城。韦昌辉来到南京马上入宫拜见天王，并立即部兵力，扼守全城要害和通往东王府的街道。然后亲自率兵以迅雷不及掩耳之势闯入东王府，秦日纲亲手刺死了杨秀清，粉碎了东王篡位的阴谋。

然而，一波未平一波又起。杨秀清被刺死以后，韦昌辉被胜利冲昏了头脑大肆杀戮。府内所有人等，除东王第五幼子之外无一幸免。府外的围兵，在听到府内得手的信号后也同时发难，乱杀东王党羽及将士，全城喊杀连声、炮弹轰鸣，一片混乱，乱伤无数。照天王洪秀全的想法，只要杀掉东王杨秀清兄弟二人，除了心头之患，也就达到了目的。但是，韦昌辉因对杨秀清等早有芥蒂，含有积怨，便趁此大开杀戒，结果株连遇害的有三万余众。洪秀全虽明白此事太过，但他却未想到韦昌辉也早有谋位的想法，这次大动干戈，也是为他以后掌权铺平道路——铲除异己，消除障碍。

石达开在事变发生十天以后才赶到南京，此时，整个南京已被韦昌辉、秦日纲所控制。见过天王以后，对韦、秦大肆杀戮很是不满。所以见到韦昌辉、秦日纲后就责问："东王罪固当诛，其部下何罪？如此自残手足，倘敌军知之，乘我之危，将何以抵御？"石达开本从大局为天国的安危着想，韦昌辉却认为石达开偏袒东王，就厉声回答说："你是同情东王，要杀我来报仇吗？"石达开见此时的韦昌辉根本听不进别人的劝告，便忿忿地走了。石达开想到韦昌辉平素为人凶狠，做事不择手段，恐怕加害自己，凭实力不能与他较量，所以不敢久留，连家门也没进就带几名亲信，趁夜出城，返回自己的防地安徽。

果然没出石达开所料，就在当夜，韦昌辉就率兵包围翼王府，将石达开全家老小，一个不留，统统杀死。

石达开得知全家被韦昌辉杀害的消息以后，悲愤填膺，发誓一定要报这一不共戴天之仇。便命令各省所属队伍，集中于芜湖一带，准备回师讨伐韦昌辉，并要求天王将韦、秦二人以正法典。

韦昌辉见石达开调集部队，有回师进攻的企图，便先发制人，立即派秦日纲率兵1万多人向西击进，准备消灭石达开及所属部队。秦日纲自量不是石达开的对手，只作守势犹豫观望，驻足不前。

天王自此已经看清，韦昌辉包藏祸心，并不亚于东王杨秀清，便责问他："你不听石达开劝告也罢了，因何要杀他全家？岂不太过绝情寡义？"韦昌辉根本不服，以为天王袒护石达开，共谋图己，便愤愤不平，并决定"一不做，二不休"，起了斩草除根，把天王也一起干掉，由自己独享太平天下之意。遂率兵围攻天王宫。

既然天王已经看出了北王的不轨之心，哪能不做准备？天王宫早有戒备，不仅在宫内加强了守卫，而且已经密诏城外的义军及东王余党入城救驾。韦昌辉率兵攻打天王宫，屡攻不下，天王救兵又到，这时，韦昌辉的同党秦日纲又率兵一万去应付石达开。在内外夹击下，韦昌辉势孤力薄，仅支持两天，便束手就擒。

天王将韦昌辉与家族及余党二百余人尽数杀死。又诏回秦日纲处死。

清除北王韦昌辉以后，天王召翼王石达开回京主政。石达开文武双才，深得满朝文武及军民的热烈拥戴。他本是一位旷世英雄，回京后，就迅速收拾了残局，重新建立了比以前更为优化的领导核心。天王也当他左膀右臂，推心置腹，甚是倚重。然而却为王亲洪仁法、洪仁达所忌，必除之而后快。他们谗奏天王说："授人以柄，恐为杨、韦之继，终非王朝之福。"洪秀全志大才疏、优柔寡断，本非高瞻远瞩、英明果断的创业之主，闻听此言后，渐生戒惧之心，对翼王宠信日减。

年方26岁的石达开对此"三日以前温又暖，三日以后冷如冰"的遭逢，前思后虑，为免遭毒手，便自领一军离京别辟战场。

瞒天过海，"海辽"起义

1949年9月19日18时，被蒋介石军队强拉军差的招商局轮船"海辽"号，在舰长方枕流的带领下，运用"瞒天过海"的谋略，举行起义，避开了国民党空军的侦察、轰炸和招商局的追踪，顺利地回到祖国的怀抱。

1949年"海辽"号客货轮受台湾招商总局统一调遣，奉命开往汕头装载国民党军队增援舟山之战。船长方枕流在中共驻香港地下党组织的策动之下，联络船上积极分子，提前悄悄驶离香港。起义的首要任务是做好船员的思想工作，以便统一行动。该船船员大部分是上海人，家属在上海，大家都愿意跟船长一起回到祖国北部的解放区，但相当一部分人反对起义，其主要理由是向北航渡时，肯定逃不脱国民党空军的侦察和轰炸，起义的结果是船毁人亡。

毫无反抗能力的"海辽"号，如何才能在漫长的航渡中躲过招商局的追踪和国民党空军的侦察和轰炸？这是摆在方枕流面前的关键问题。对此，方已作了周密的安排：首先，"海辽"的航渡路线，不是取道距离近、风浪小

的台湾海峡，而是绕道太平洋，经巴林塘海峡进入西太平洋，再北上东海、黄海。这样航行的时间要八九天，比原来增加数倍，但远离繁忙航道，比较安全；其次，连夜将“海辽”号重新刷漆、换旗、改装、换船名，消除“海辽”号的一切痕迹，打扮成船体相似的英国商船“玛丽莫拉”号。为了保险起见，在26日驶过济洲岛时，“玛丽莫拉”号又摇身一变成为加拿大的“安东尼亚”号；第三，在无线电通讯上，给台湾当局造成了各种假象，使“海辽”轮赢得了宝贵的时间。20日上午9时，方枕流命令报务员向香港、汕头招商局发报：“海辽”轮当日离港；20日傍晚发报：主机滑动气门调节阀发生故障，正在同安湾抛锚修理。25日傍晚，“海辽”电台监听到台北招商总局派“蔡锷”号轮到同安湾查看“海辽”情况。方枕流自知离港已6天，引起了对方的怀疑。遂发一报：主机修复，明日返港。这给汕头招商局吃了颗“定心丸”。25日晚气象预报有台风，“海辽”则乘机关闭电台，假装“失踪”。这些谋略行动有效地欺骗了国民党当局，为“海辽”轮顺利到达目的地，提供了条件。

28日晨，“海辽”轮经过8天9夜的惊险航程，到达了大连港，受到了中共中央办公厅驻旅大办事处主任徐德明的迎接。“海辽”轮起义，是国民党统治下的招商局轮船的首次起义。刚刚就任新中国主席的毛泽东，亲自发电报祝贺“海辽”轮首义成功。此后，香港招商局其余13艘轮船，也相继起义，回归祖国。

审时度势，挽救红军

在1935年举行的遵义会议上，毛泽东表现出高超的政治斗争的策略。

在遵义会议以前，他还不是政治局常委，在这次会议上，他只求进入党的最高决策层，不要求其他人离开政治局，结果是政治局常委只增加了一个毛泽东，其他人仍在岗位上，包括博古在内。

在遵义会议上，毛泽东只谈军事问题而不谈政治问题，把攻击的重点对准李德。李德是共产国际派来的军事顾问。

毛泽东的讲话博得了热烈的掌声，在三个晚上的辩论中，20名与会者除何克全（凯丰）支持李德、博古外，其余的人都站在毛泽东一边。

为什么会达到如此好的效果呢？毛泽东做了充分的准备。

在遵义会议之前，毛泽东开始与党内主要领导频繁接触，进行谈话，宣

传正确的主张。

王稼祥当时是政治局委员，红军总政治部主任，由于受了重伤，躺在担架上，毛泽东也因身体不好躺在担架上。毛泽东就与他并行，倾心交谈，晚上则宿营一处。毛泽东给王稼祥分析了王明"左"倾机会主义路线的错误，分析革命失败的原因，又详细地说明改变红军被动状况的战略战术。

王稼祥为毛泽东的坦诚态度所感动，为毛泽东的远见卓识而折服。

毛泽东又找另一位中央领导人张闻天谈话。又通过张闻天的朋友刘英做工作。通过多次谈话，张闻天认识到毛泽东的远见，能挽救党，挽救红军。张闻天当时是中央政治局委员、书记处书记。

毛泽东还经常找周恩来。当时周恩来是军委主席，但毛泽东认为第五次反"围剿"的失败主要责任者是李德和博古，周恩来只是执行者。

后来，毛泽东同贺子珍谈起遵义会议时说：那时争取到周恩来的支持很重要，如周恩来不同意，遵义会议是开不起来的。

由于毛泽东说服了中央军委部分主要领导，他提出放弃与红二、六军团会合，把红军队伍拉到敌人薄弱的贵州的建议时，得到军委主席周恩来和其他军委领导的支持，毛泽东的建议被军委接受。

按照毛泽东的正确主张，红军向贵州进军在遵义打了大胜仗。胜利又给毛泽东以有力的支持。这次胜利是第五次反"围剿"以来的第一次胜利。

毛泽东当时被"左"倾机会主义者罗织了很多罪名，在中央根本没有发言权，如果不是他首先说服了王稼祥、张闻天、周恩来，他提出的向贵州进军的建议肯定不会被军委接受。

毛泽东还找朱德、刘伯承、彭德怀等其他同志谈心，在中央政治局和中央军委中得到了大多数人的支持，召开遵义会议的时机成熟了。

1935 年 1 月，在遵义召开了中央政治局扩大会议。

这次会议推举毛泽东为中央政治局常委。

为了内部思想稳定，毛泽东雄才大略，只求自己的军事思想进入领导的头脑，以团结内部，挽救红军，博古由临时中央的总负责人改任中国工农红军野战政治部主任。

遵义会议后，红军统帅部急切要趁遵义大捷，再吞掉贵州军阀王家烈的一个师。会议以少数服从多数决定发起这个战斗。

周恩来拟好作战命令已是半夜了，毛泽东提着马灯敲门来见，他坚决不同意打这一仗。他指着地图进一步说明，红军处于敌人一百个团的包围之中，如果这一仗不能很快结束，红军将陷于一个难以摆脱的重围。

周恩来听了毛泽东的分析，认为有道理。天明之后，周恩来又召集紧急会议，决定放弃攻打鼓新场的战斗方案。

事后不久，中央政治局决定成立由毛泽东、周恩来、王稼祥三人军事领导小组。这一决定取代了"周恩来为军事指挥最后决定负责者"。实际上周恩来的权力削弱了，毛泽东的权力增强了。

从此之后，周恩来与毛泽东共同战斗，从未分离过。

毛泽东获得中央红军的指挥权后，指挥红军四渡赤水，巧渡金沙江、大渡河、爬雪山、过草地，取得了二万五千里长征的伟大胜利。

李德在许多年后还抱怨遵义会议没有提及苏联和世界政治问题。如果提到这些问题也许对他有利。但毛泽东等人早在会议以前就考虑到了，如果讨论政治问题，会议很难顺利进行下去。因为讨论政治问题，受到批评的人就多，当时军事是压倒一切的大问题，抓住军事问题就是抓住了主要矛盾。由于没有提政治问题，团结了大多数同志，到张国焘分裂党的时候，博古等同志都站在毛泽东一边，甚至李德在反对张国焘的斗争中也支持了毛泽东，由此可见毛泽东的政治远见。

对“左”倾政治路线并不是不再过问，直到毛泽东在军事上节节胜利、形势稳定时，毛泽东才在延安整风运动中彻底清算王明路线，这个时期，毛泽东在党内的领导地位已不可动摇了。

毛泽东的主张是正确的，为什么在遵义会上他才成为政治局的常委呢？为什么不及早地反对左倾路线呢？在延安，有人问毛泽东：“反对‘左’倾路线的斗争为什么不早点进行？那样可以使根据地和红军少受些损失。”毛泽东说：怕不能。因为事物有一个发展过程，错误有一暴露过程，如果早一两年，譬如说，五次反“围剿”初期，虽然已经看出教条主义的错误，但是他们还能迷惑不少干部和部分群众，如果那时就和他们进行斗争，那么党内就会分裂，将对革命不利。只有经过五次反“围剿”战争和长征第一阶段的严重损失的反面教育，绝大部分干部的觉悟才得以提高，认识才会一致。在这样的条件下，才能瓜熟蒂落，水到渠成。

恩来巧智，救廖承志

周恩来在党内善于处理内部关系，巧于斗争，敢于斗争，他智救廖承志的故事，充分表现了他的聪明才智。

1936 年，张国焘掌握着红四方面军，张是一个具有军阀特征的人物，他在军队中进行了一次又一次大的清洗，把反对他的人枪毙掉或者关押起来。

在长征途中，张国焘设立了伪中央，搞分裂，率部队南下，屡遭挫折，部队损失严重，不得不向西康东北转移。1936 年 7 月 2 日，红二、六军团与红四方面军在甘孜会师。两军会师后，在朱德、任弼时、贺龙、关向应、刘伯承等的斗争和红四方面指战员的要求下，张国焘被迫取消伪中央，同意与红二方面军共同北上。10 月，一、二、四方面军在甘肃会宁会师，张国焘的右倾分裂主义宣告破产。

到达陕北后，党中央为了团结张国焘，仍然让他担任着党和军队的职务。

廖承志是一个年轻的将领，他因不满意张国焘的行为，而冒犯了张国焘。张国焘将廖承志扣押起来，派他的亲信卫兵看守。

张国焘仍控制着一部分军队，他还是中央委员，可以“以党中央委员会的重要地位支持这一军事权力，几乎可以像独立的军阀一样行事，没有法制能阻止他们的专横行为。并不是所有细小的申诉都能在中央委员会上讨论。”

周恩来知道廖承志被扣押后，就想办法把廖救出来，但张国焘是一个十分自负的人，弄不好会反而害了廖承志。

一天，周恩来在街上看到了廖承志，但有张国焘的卫兵跟随着，周恩来走上前去与廖承志握了握手。周恩来看到卫兵在注视着他们二人，就什么也没有说，同时将内心的表情掩饰起来。

不久后的一天晚上，张国焘来到红军总部，周恩来派他的副官把廖承志接来。

廖承志一到，周恩来就大声地训斥他：

“你都承认你的错误了吗?”

周恩来的声音很大，不仅张国焘听得清楚，在场的其他官员也都听得一清二楚。

“我承认错误。”廖承志回答。

“你是否充分地承认错误，你是否打算要改正错误。”周恩来又大声地说。

“我要彻底地改正错误!”

“你说说你犯了哪些错误?”周恩来仍然很严厉地对廖承志说。

廖承志一一坦白了他的“过错”。

随后，周恩来要廖承志和他们一起进晚餐，因为周恩来是军委副主席，在座的人包括张国焘在内都不便也不能反对，因为周恩来是他们的上级。

整个进餐过程中，周恩来只和张国焘谈话，从未提到过廖承志，好像他们之中没有发生过任何问题似的。

廖承志在许多高级官员在场的情况下，承认了错误，又答应要改正错误，这满足了张国焘的虚荣心。张国焘已经同廖承志共进晚餐，就等于原谅了廖承志的错误，因而张国焘就不能像他原来打算的那样杀了他，甚至也没有足够的道理要继续拘禁他。

不久，张国焘释放了廖承志。

苏帅施计，日军丧师

哈勒欣河战役是苏联粉碎日军挑衅的一场极有意义的战斗。

“日军突然侵犯我友邻蒙古的边界。根据 1936 年 3 月 12 日的苏蒙条约，苏联有责任保卫蒙古不受任何外敌侵犯。”伏罗希洛夫拉住从外地赶回莫斯科的朱可夫的手，走到地图前，继续说：“这是入侵地区 5 月 30 日的情况图”，他的手在地图上的哈勒欣河一带划过，“在这些地方，日军长时间对蒙古边防人员进行小规模的挑衅性袭击。我认为，这不仅仅是对蒙古的挑衅，而是孕育着严重的军事冒险。确切地说，日军是来试探我国的实力，企图对我苏联进犯。你能否立即飞到那里去，需要的话，接过部队的指挥权。”

“我马上可以起飞。”朱可夫坚定地回答。

“非常好。”伏罗希洛夫满意地点头，“你的飞机下午 4 时起飞。”

这是 1939 年 6 月 2 日。

朱可夫到达不久，发现当地军事领导人住在离战场 120 公里以外的地方，对日军的侵犯茫然不知。他把情况向莫斯科汇报后，当天，伏罗希洛夫便发来电报，任命朱可夫为第五十七特别军军长，全权处理一切事宜。朱可夫指挥部队打败了日军的几次进攻后，8 月 10 日，日本委派狄科立兵为司

令，统率第六集团军杀奔前来。他的兵力共7.5万人，重机枪304挺，大炮500门，坦克182辆，飞机400架。朱可夫除了自己原来统帅的五十七军，苏联总参谋部又临时增派了部队。这样总计有步兵第八十二师、五十七师、坦克第六旅、空降兵第二一二旅及两个炮兵团、飞机515架，总兵力超过了日本。

两军在哈勒欣河一带对峙着。朱可夫并不因自己兵力强而大意，他认为战役战术的突然性是决定这次战役胜败的决定性因素。

为了加强进攻的突然性，打日本军队一个出其不意，他精心拟制了一套迷惑敌人的计划：隐蔽运输和集中为加强集团军从苏联内地调来的部队；隐蔽调动在哈勒欣河东岸进行防御的兵力武器；命令部队物资储备必须隐蔽地渡过哈勒欣河；参加此次战役的各个兵种必须隐蔽地演练各种科目；发布假命令，欺骗敌人，使敌人分辨不清苏联的意图……通过这些，制造苏军没有任何进攻性质的准备措施，使敌人认为苏军是在组织防御。

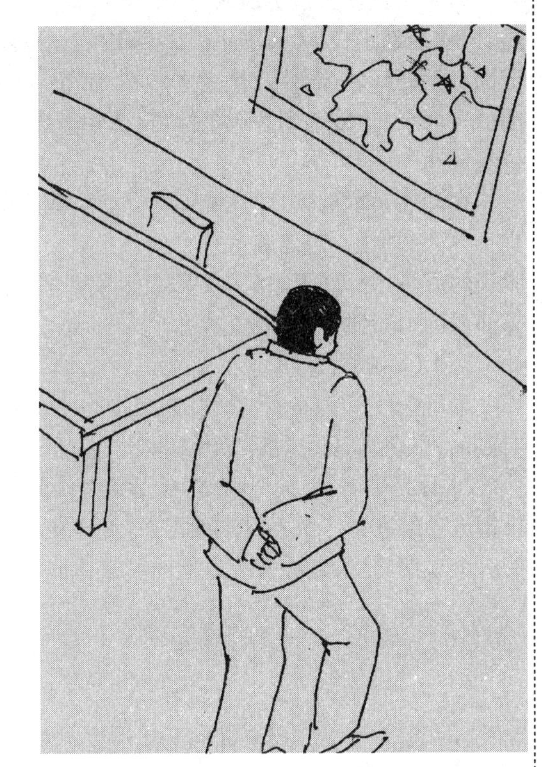

朱可夫在作战室里踱着步，他在思索如何充分发挥真真假假的欺敌、骗敌的策略，为此，他连极细枝末节的事情也一一推敲，下达了一系列命令：

部队的一切运动、集中、变更布置，只许在夜间进行，使敌人的航空侦察和目视观察受到限制。

8月18日前，任何人不得进入任一的发起突击的地区。进入该地区勘察现场的指挥员必须换上士兵的服装；不得坐军用吉普，必须乘军用卡车。

针对敌人必须会进行无线电侦察和窃听电话，他将计就计，借此传播假情报。他命令参谋人员编制全套的无线电讯号和电话通话的假计划。电话里传播的是关于如何防御的内容，无线电采用易于破译的密码，将如何防御等等假情况故意泄露出去。

他为此印制了几千张传单和一批《苏联红军战士防御须知》，发给每个战士。因为日军认为苏联非常重视“战前动员”等思想工作，印发这些材料就是针对日军的，使敌人认为苏军是把防御作为“思想教育”的重点。朱可夫知道日本人正通过各种渠道在搜索苏军的情报，这几千份印刷品，总有一份或几份会被日军窃走的，便把自己的进攻掩盖了，使日本人确信苏军准备

打防御战。

然而，军队即使在夜间调动，那么多人，还有坦克、火炮和车辆马匹，难免会有声响。于是他命令使用各种音响器材，录下打桩、飞机飞行和坦克运行的声音，在夜间播出去。开始，只要听到苏军阵地的这些声响，日军就朝有声响处打枪放炮。一连播了半个月，日本人发现这些声响是留声机播放的，目的在于搅扰对方，使对方夜不能安，削弱部队的锐气，于是，后来听到这种声音，连理也不理了。朱可夫借敌人麻痹的时候，赶紧连夜调动部队。这时，日军听到飞机马达声，汽车开动声等声响，以为还是假的，仍倒头睡觉，不再对发声响的地方射击了。朱可夫巧妙地完成了对部队的部署。

为了防止真实情况泄露，中集团军司令部里，总攻计划由司令员、军事委员、政治部主任、参谋长和作战部长亲自拟订，使接触的人减少到最小的范围。无论计划、命令及作战文书等，都由一个打字员打印。直到战斗开始前的一两天，才传达到各级指挥员，至于士兵，直到战斗前3小时内，才作动员和传达……

在开展大量欺骗日军的活动的同时，他派出侦察员不惜任何代价，去搜集日本人的情报，当他确信日军拟订在8月24日发动进攻时，朱可夫一直紧锁的眉头才舒展了。8月19日的深夜，他到指挥部，问参谋长："给各指挥部派的12名联络员到位了吗？"

"到了，到了。"

朱可夫踱了一阵步，看看表，已是8月20日凌晨了，他停止脚步，说："通知各联络官，1小时后发动总攻。"

20日是星期天，天气晴朗，日军始终认为苏军是在打防御战，没作任何抵御进攻的准备。由于日本确定在24日发动攻击，在进攻前的剩下的惟一的一个星期日里，允许校级以上的军官休假，有些军官甚至跑到海拉尔或甘珠尔庙等地方去了。机会难得，朱可夫立即下达命令："开始总攻"。

5时45分，天还没大亮，苏联的大炮怒吼了，万炮齐鸣，惊天动地。日本的火炮、高炮阵地立即成了一片火海。随即150架轰炸机和100架歼击机出动了，对敌人阵地进行狂轰滥炸。飞机刚炸完，再用火炮打；火炮刚停，第二批飞机又接着轰炸。打了日本军队一个措手不及。仅仅一个半小时后，日本的炮火就哑了，阵地上的观察所、通讯联络系统都摧毁殆尽。8时45分，步兵攻击开始，很快慌乱的日本第六军团分割包围被全部

歼灭。在打扫战场时，发现了一个日本军士兵临死前记的日记："8 时 30 分，敌人火炮不停地向我军射击。躲到哪儿，都没有生路，到处是炮弹，只有在菩萨脚下才能得救……"

日寇丧师哈勒欣河后，从此再不敢对苏联轻举妄动。朱可夫以谋略胜敌，传扬出去，使法西斯闻名丧胆。

苏军反攻，战胜德军

1943 年 1 月，苏联红军彻底击败了围攻斯大林格勒的德国部队，取得了斯大林格勒战役的伟大胜利。希特勒为了扭转战争败局，在国内实行了总动员，于 1943 年四五月份在苏联的库尔斯克地区展开了所谓"夏季攻势"，企图一举打垮苏军，夺回失去的战略主动权。

苏军在德军进犯的方向上，布置了大量部队和武器装备，挖掘堑壕，构筑阵地，埋设地雷，建起难以突破的防线。苏德双方的步兵、坦克兵、装甲兵、炮兵、航空兵经过反复激烈的鏖战，到了 8 月份，德军的进攻已被扼制住，苏军掌握了战争主动权，转入全面反击。

1943 年 8 月初，苏军决定发动别尔哥罗德—哈尔科夫战役，计划以重兵向别尔哥罗德—哈尔科夫一带的 30 万德军发起总攻，将其分割、包围、歼灭。

战前，苏军详尽周密地制定了用兵方略。苏军决定，在进攻中最大限度地迷惑敌人，使敌人不能确知苏军的主攻地点、方向。为此，苏军经过精密准备，在主力部队右翼，投入了 1 个步兵师、1 个工兵营和 1 个伪装连，动用了 18 辆载重汽车、8 辆坦克、3 架侦察机、1 列铁路列车和 7 部无线电台，并赶制了 450 个坦克和自行火炮模型、500 个火炮模型投入使用。这些真真假假的部队和武器，伪装成一支极其逼真的庞大的机械化兵团。这支庞大的机械化兵团白天大张旗鼓地沿公路铁路向前方运动，黑夜又悄悄地返回原处。这样日复一日，给德军的印象是，苏军正源源不断地向德军拒守的苏梅方向运动。德军在空中进行了摄影，又派轰炸机群轰炸了苏军假造的卸载地域和集结地域，并在苏梅地区部署了大批兵力。而苏军却乘机在另一处战线向德军发动了大规模进攻。

1944 年 8 月，法西斯德国陷入困境，苏联最高统帅部计划不失时机地在雅西和基什尼奥夫地域实施一次大规模战略性进攻战役，以粉碎这一地区的法西斯军队，解放沦入敌手的摩尔达维亚苏维埃社会主义加盟共和国，迫使罗马尼亚退出与法西斯结盟的战争。

为了隐蔽进攻的真实意图和准备工作，使敌人弄不清苏军突击集团的真正集结地域，苏联军队参加作战的各方面军都采取措施和计谋，欺骗、迷惑德军。苏军投入力量，模拟了坦克和火炮的集结、军队的调动、突破的准备等，并用重炮破坏了预备发射工事。乌克兰第三方面军则将在基茨坎登陆场的突击集团严密隐蔽起来，而在基什尼奥夫方向建立了假的军队集团。为了使伪装更加生动逼真，使德军深信不疑，乌克兰第三方面军还在基什尼奥夫方向的假集结地域内突击构筑了 5305 个各种形式的掩体和 104 个仓库，安放了 514 个坦克、火炮、自行火炮、迫击炮和汽车模型。更为绝妙的

是,苏军还在该地域内派高炮部队和航空兵部队进行掩护。结果,法西斯德军统帅部和"南乌克兰"集团军司令部上了当,完全错误地判断了苏军实施突击的时间和地点。欺骗工作获得巨大成功。一直到苏军已全面发动进攻的头3天,德军还深信不疑地认为苏军的主攻地点是基什尼奥夫,而对实际上苏军的主攻地宾杰里以南的战斗不予重视。十几万大军整装待命,等候着基什尼奥夫方向苏军的突击。

"兵不厌诈",这是军家常用之语。"诈"是用兵的重要方法。高超的军事指挥员必须随时采用各种手段,迷惑、诱骗敌军,使敌军搞不清我方的真实目的与计划、方略,对我军的行动地点、时间、目标、步骤得出错误的判断,从而完全陷入被动境地。

苏蒙联军,大败日本

1939年夏,日本关东军突然偷袭了蒙古大草原的哈勒欣河地区。这是日本军国主义者蓄谋已久的。早在1937年,德国、意大利和日本就签订了《反共产国际条约》,宣布要与共产主义决一死战。因此日军相信,如果他们在东方燃起战火,德、意迟早会在西方夹击苏联与之相呼应。要实现其远大目标,日本军国主义认为,只有在蒙古取胜,方能推动这事态的发展。丧心病狂的日本军国主义分子坚信他们很快就能取得胜利。其战略意图是:一旦在蒙古得手,就闪电般地向苏联进攻,占领其整个东部地区。

面对这一严峻形势,根据苏蒙有关条约,"苏联人民必须出奇制胜,用有限的兵力,粉碎国际政治领域内这一复杂的阴谋,果断地斩断日本侵略者伸向苏联的魔爪。"因此,此战关系重大、意义深远。必须给日寇以迎头痛击,只能取胜,不许失败。而指挥这场战斗的重担就落在了朱可夫身上。

6月5日,朱可夫抵达前线,径直前往部队视察。他审视战局,迅速得出结论;敌人在大量集结兵力,一场血战迫在眉睫。他判断正确,其实敌人已集中了4万人的兵力,310门大炮,135辆坦克和225架飞机,处于绝对的优势。7月3日拂晓,日军偷渡哈勒欣河,企图包抄苏蒙军队。朱可夫看到了局势的严重性,他向莫斯科发了一份急电:立即加强苏联空军力量,并速派至少3个步兵师和一个坦克旅前来蒙古,目的是准备反击。朱可夫的要求得到了满足。面对着处于绝对优势的敌人,朱可夫调空军轰炸渡河日军,并命令经过长途行军的坦克第11旅立即投入战斗。150辆坦克在没有步兵的支持下朝敌人的河滩阵地扑去。激战持续了3天3夜,一分钟也没有停止过。7月5日上午、日军被彻底击溃,尸横遍野。这场鏖战,敌军伤亡1万多人,坦克丧失殆尽,大炮也损失了大部分。

日军不甘心自己的惨败,他们组成了第六加强集团军,共有7.5万名兵员,182辆坦克,300多架飞机,500门大炮,昼夜兼程,朝哈勒欣河进逼。不尽快驱逐侵略者,后果不堪设想。斯大林对苏蒙联军发出指示。"你们若在蒙古发动一场大规模的战役,敌人为对付我的迂回包抄将会投入更多的增援部队。这样一来,战争不可避免会扩大,并带有持久性质,我们就会被拖入一场旷日持久的战争之中。因此,应当在哈勒欣河打断日本人的脊梁骨。"

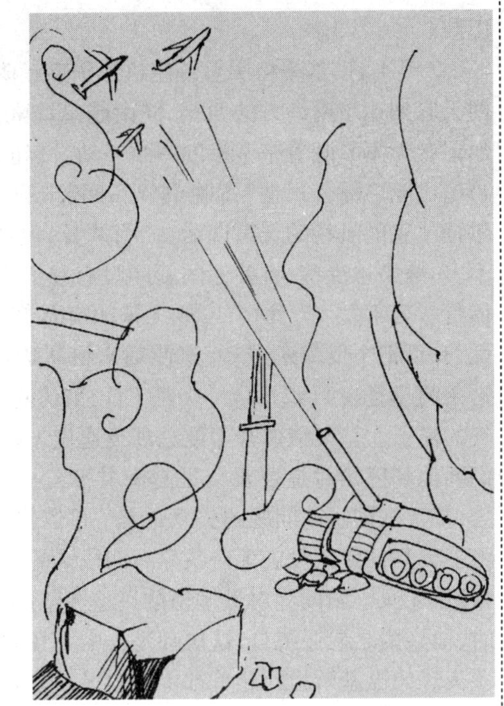

朱可夫根据斯大林的这一指示，准备给日本以毁灭性的打击。让日本军国主义分子再也不敢挥刀弄枪。为了这次战役的绝对胜利，他使用了瞒天过海之计，使用各种手段麻痹敌人，制造苏蒙联军只准备进行防御战的假象。与此同时，又神不知鬼不觉地从后方调来大批部队，战斗机、坦克和大炮，通过各种伪装，秘密部署在光秃秃的大草原上。瞒天过海之计的实施，为苏蒙联军赢得了时间、部队和装备，同时麻痹了日军，使之思想松懈，毫无准备。

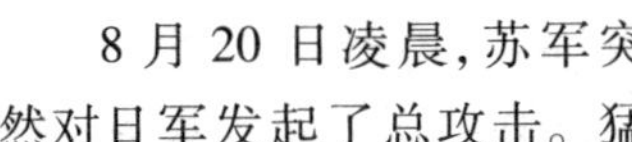

8月20日凌晨，苏军突然对日军发起了总攻击。猛烈的炮火大规模地轰击敌军阵地，接着150架战斗机对日军实施空袭。炮火打击和飞机轰炸持续了3个小时。随后，苏军在70公里宽的地段内发起全线总攻。尽管日军疯狂抵抗，到8月25日，坦克和摩托化部队已完成了对敌军的合围任务。一场不分昼夜，直杀得天昏地暗的战斗在丘陵、盆地和沙丘间持续了六七天之久。苏军与敌兵短兵相接，对日军分割包围，各个击破。激战在数百个地段进行，大炮放平直射，炮火铺天盖地，坦克喷着愤怒的火舌，纵横驰奔。8月29日，苏蒙联军攻占了雷米佐夫高地，肃清了日军赖以顽抗的最后一个据点。至此，苏蒙联军大获全胜。

美国特使，秘密访华

20世纪60年代末，美国长期敌视中国的政策完全破产，又面临着苏联的严重挑战。尼克松政府决定调整美国的全球战略，谋求改善同中国的关系。中国政府表示愿意根据和平共处五项原则从根本上改善中美两国的关系。

1971年4月下旬，中国通过巴基斯坦把一封不署名的信交给美国，信中正式表示：中国“愿意在北京公开接待美国总统的特使（例如基辛格先生）或美国国务卿，甚或美国总统本人。”

5月17日，尼克松通过巴基斯坦复信周恩来总理，表示他准备接受邀请访问北京，并建议由基辛格和周恩来总理或“另一位适当的中国高级官员举行初步的秘密会谈”，这次会谈要“绝对保密”。

这样，双方决定基辛格访华日期定在7月9日到11日。为了“绝对保密”，掩人耳目，基辛格这时安排了一次环球旅行。6月30日，白宫宣布尼克松将派基辛格到越南南方“了解情况”，然后经泰国、印度和巴基斯坦去

巴黎。

7月1日,基辛格乘总统座机从华盛顿附近的安德鲁斯空军基地起飞,两天后到达越南南方的西贡,同南越总统阮文绍进行会晤。那里人数众多的记者无不紧盯着基辛格的一举一动。《纽约时报》头版报道了他的活动,哥伦比亚广播公司在"每晚电视新闻"节目里播送了他同该公司评论员沃尔特·克朗凯特的长篇谈话。7月4日,他到了泰国首都曼谷,那里的记者不多,渲染也少些,有关他的新闻没有登上报纸的头版。他对记者们微笑,但是一言不发。7月6日,他飞抵印度首都新德里。机场上一度出现了骚乱,有百把个反战示威者,迫使基辛格从边门溜出飞机场。《纽约时报》把这条消息登在第42页上。7月7日,采访基辛格的记者越来越少了,有点泄气的样子。基辛格离开印度总理英迪拉·甘地的办公室时,被记者围住,他们问他到巴黎时是否要会见越南共产党中央政治局委员黎德寿。他们认为,基辛格同越南问题的关系是惟一可以报道的内容。基辛格撒了个谎说,不。美联社就此发表了一条只有四段话的消息,好不容易才登上了《纽约时报》第8页。新闻界对基辛格的兴趣在急速下降。往常,逢到报界对他冷落时,他会为之悒悒终日,这次却是正中下怀。7月8日,星期四,基辛格飞到了炎热的巴基斯坦新建首都伊斯兰堡。这时谁也不再注意他了。

基辛格回忆当时的情景说:"记者们可被我耍得要哭了。我一天六个活动,日复一日,始终守口如瓶。他们大热天恭候一旁,眼巴巴看我进去出来,出来进去,一句话没有。到我抵达伊斯兰堡时,跟前只剩下三个记者了。"

现代外交史上最了不起的遁身剧就要在这天下午演出了。白宫和巴基斯坦总统叶海亚为了准备这件事真是煞费苦心。叶海亚在华盛顿和北京之间穿针引线,传递秘密信件,从一开始就参与这一策划。他在这件事上的谨慎周到和通力合作,正是使尼克松在不久后印度和巴基斯坦爆发战争时"袒护"巴基斯坦的一个因素。

计划进行得很顺利。首先是基辛格向巴基斯坦总统作了90分钟的礼节性拜会。过后,按预定计划放出空气说,由于这位美国贵宾长途跋涉过分劳累,预订为他举行的正式宴会不得不取消(其实这个宴会本来就是为了取消而虚设的),他将乘车前往海拔8500英尺的纳蒂亚加利山庄略事休息。第二天,7月9日,巴基斯坦政府宣布,基辛格"稍感不适",不得不在纳蒂亚加利多住几天。有些记者说他准是得了"德里痢疾",这是来去匆匆的旅行者常有的毛病。也有一些记者不信,他们猜测基辛格已经潜往东巴基斯坦,去帮助排解叶海亚总统和东巴基斯坦方面反叛的孟加拉领导人之间的危机了。

为了以假乱真,纳蒂亚加利之行倒是要尽量引人注目。于是插着美、巴两国国旗的一支冒牌乔装的汽车队在摩托车队护送之下,从伊斯兰堡招摇过市,驰往山区。为首的一辆汽车里坐着美国驻巴大使约瑟夫·法兰。巴基斯坦外交部秘书苏尔坦·穆罕默德也坐上了这辆车子。此人曾两度出使北京,这次的大骗局就是他主办的。

纳蒂亚加利这地方到处是山间小别墅,有僻静曲折的车路相通,派作这个用场真是再合适不过了。苏尔坦·穆罕默德还请了一位巴基斯坦医生到

这里来医治一个病人。事前对这位医生经过反复了解。人家问他："你见过基辛格吗?"他回答说："没有。"又问："那么你一定在报上见过他的照片吧?"答称："没有见过。"于是这位医生以为他是在给基辛格看病,其实他医治的是一个确实害了"德里痢疾"的美国特工人员。

巴基斯坦政府为了不露破绽,还组织了巴基斯坦陆军参谋长、国防部长以及20来个其他政府官员陆续不断地从伊斯兰堡坐车到纳蒂亚加利探望这个尊贵的客人。苏尔坦·穆罕默德把他们一一挡驾,请他们喝咖啡,推说基辛格正在休息,不便打扰。

其实,基辛格根本没有去纳蒂亚加利。他到巴基斯坦的当晚同叶海亚会晤之后,便在总统宾馆下榻。在那里休息到午夜后2点半,苏尔坦·穆罕默德来到宾馆,接他前往伊斯兰堡国际机场,从那里飞往北京。这种异乎寻常的时间安排,不仅是出于保密的需要,也是根据中国人提出的时间表定下来的,目的是想让基辛格在中午的时候到达北京。基辛格坐上苏尔坦·穆罕默德的丰田1971型皇冠牌轿车,急驰而去。

3点刚过,他们到了机场。一架巴基斯坦国际航空公司的波音707飞机候在跑道尽头。基辛格自己原来乘坐的那架波音707专机停放在一个更为显眼的地方,这是故意做给那些疑心的人看的,为的是要使他们相信他还在纳蒂亚加利。基辛格上飞机前几分钟,4位中国高级官员先上去了。他们是周恩来总理派来专程迎接基辛格的,虽然来到伊斯兰堡已经三天了,却一直没有露过面。基辛格的两名卫士之一对自己首长到哪里去毫无所知,因此,当他上了飞机,一见有4个中国人坐在那里,据基辛格回忆说："他连牙都要吓掉了。"

这架飞机,连同它的乘客,几乎没有引起什么注意。巴航飞机来往北京很频繁,有的是班机,有的不是班机。人们可能以为基辛格是一位英国商人,那4位中国官员也许是中国纺织业的代表。当时机场所有的人大概都是这么想的。其中有一人是例外,此人是贝格先生。贝格从事新闻工作,任伦敦《每日电讯报》特约记者。这一天,当基辛格赶来乘坐这架巴航专机时,贝格恰巧在场。他一眼就认出了基辛格。

"那不是基辛格吗?"据说他当时这样问过一位巴基斯坦官员。

“是他。”那位官员回答，无意之中竟泄露了一个美国最重大的国家机密。

“他这是去哪儿?”贝格追问。

“中国。”对方回答说。

“去那儿干吗?”

“我不知道。”

贝格连忙赶回办公室，向伦敦报社发了一条急电。他万万没想到，这件事后来在舰队街(舰队街是伦敦报业中心)传为新闻界的美谈。当时，该报值班编辑拿起他那篇稿子，看了一下，放下来，又拿起来看一下，又放下来，这样反复了三遍，最后竟把它插在废稿签子上了。据传，这位编辑是这样说的:“他妈的，贝格这个糊涂蛋!”“这家伙准是喝醉了。基辛格到中国去?!荒唐!”

7月9日凌晨3点多钟，基辛格的座机正飞向中国。它没有按照通常的民航路线，向南兜一条弧线，然后沿着中国的边界飞，而是从东北切进，飞越世界上最雄伟的山巅，直航北京。

基辛格前往中国是为了打破20多年来中美的隔绝状态，实现两国之间的直接对话。他获得了成功。为了秘密前往中国，在巴基斯坦演出的这幕活剧，也是非常精彩奇妙的。

借长城名，扬饭店声

1983年，中国第一家五星级宾馆，也是第一家中美合资的宾馆——北京长城饭店正式开张营业。开业伊始，面临的首要问题就是如何招徕顾客。按照通常的做法，应该在中外报刊、电台、电视台做广告等。这笔费用是十分昂贵的，国内电视广告每30秒需数千元，每天需插播几次，一个月最少需要几十万元。但由于北京长城饭店的基本客户来自香港、澳门及海外各国，这就需要海外的宣传，而香港电视台每30秒钟的广告费最少是3.8万港元，若按内地方式插播，每个月需几百万元人民币。至于外国的广告费，一个月下来更是个天文数字了。一开始，北京长城饭店也曾在美国的几家报纸上登过几次广告，后来因为经费不足，收效又不佳，只得停止广告攻势。

广告攻势虽然停止了，北京长城饭店宣传自己的公关活动却没有停止，他们只不过是改变了策略。

北京市为了缓解八达岭长城过于拥挤之苦，整修了慕田峪长城。当慕田峪长城刚刚修复、准备开放之际，北京长城饭店不失时机地向慕田峪长城管理处提出由他们来举办一次招待外国记者的活动，一切费用都由北京长城饭店负担。双方很快便达成了协议。在招待外国记者的活动中，有一项内容是请他们浏览整修一新的慕田峪长城，目的当然是想借他们之口向国外宣传新开辟的慕田峪长城。这一天，北京长城饭店特意在慕田峪长城脚下准备了一批小毛驴。毛驴是中国古代传统的代步工具，既能骑，也能驮东西。如果长城、毛驴被这些外国记者传到国外，更能增加中国这一东方文明古国的神秘感。这次北京长城饭店准备的毛驴，除了一批供愿意骑的记者外，大部分是用来驮饮料和食品。当外国记者们陆续来到山顶之际，主人们

从毛驴背上取下法国香槟酒，在长城上打开，供记者们饮用。长城、毛驴、香槟、洋人，记者们觉得这个镜头对比太鲜明了，连连叫好，纷纷举起了照相机。照片发回各国之后，编辑们也甚为动心。于是，第二天世界各地的报纸几乎都刊登了慕田峪长城的照片。北京这家以长城命名的饭店名声也随之大振。

通过这次活动，北京长城饭店的公关经理、一位当过记者的美国小姐，尝到了通过编辑、记者的笔头、镜头，把长城饭店介绍给世界各国，不仅效果远远超过广告，而且还可少花钱的甜头。于是，精明的公关小姐心中盘算起举办一次更大规模的公关活动。

机会终于来了。1984 年 4 月 26 日到 5 月 1 日，美国总统里根将访问中国。北京长城饭店立即着手了解里根访华的日程安排和随行人员。当得知随行来访的有一个 500 多人的新闻代表团，其中包括美国的三大电视广播公司和各通讯社及著名的报刊之后，北京长城饭店的这位公关经理真是喜出望外，她决定把早已酝酿的计谋有步骤地付诸实施。

首先，争取把 500 多人的新闻代表团请进饭店。他们三番五次免费邀请美国驻华使馆的工作人员来长城饭店参加品尝，在宴会上由饭店的总经理征求使馆对服务质量的意见，并多次上门求教。在这之后，他们以美国投资的一流饭店，应该接待美国的一流新闻代表团为理由，提出接待随同里根的新闻代表团的要求，经双方磋商，长城饭店如愿以偿地获得接待美国新闻代表团的任务。

其次，在优惠的服务中实现潜在动机，长城饭店对代表团的所有要求都给予满足。为了使代表团各新闻机构能够及时把稿件发回国内，长城饭店主动在楼顶上架起了扇形天线，并把客房的高级套房布置成便利发稿的工作间。对美国的三大电视广播公司，更是给予特殊的照顾。将富有中国园林特色的“艺亭苑”茶园的六角亭介绍给 CBS 公司、将中西合璧的顶楼酒吧“凌霄阁”介绍给 NBC 公司、将古朴典雅的露天花园介绍给 ABC 公司，分别当成他们播放电视新闻的背景。这样一来，长城饭店的精华部分，尽收西方各国公众的眼底。为了使收看、收听电视、广播的公众能记住长城饭店这一名字，饭店的总经理提出，如果各电视广播公司只要在播映时说上一句“我是在北京长城饭店向观众讲话”，一切费用都可以优惠。富有经济头脑的美

国各电视广播公司自然愿意接受这个条件，暂当代言人、做免费的广告，把长城饭店的名字传向世界。

有了这两步成功的经验，长城饭店又把目标对准了高规格的里根总统的答谢宴会，要争取到这样高规格的答谢宴会是有相当大难度的，因为以往像这样的宴会，都要在人民大会堂或美国大使馆举行，移到其他地方尚无先例。他们决定用事实来说话。于是，长城饭店在向中美两国礼宾司的首脑及有关执行部门的工作人员详细介绍情况、赠送资料的同时，把重点放在了邀请各方首脑及各级负责人到饭店参观考察上，让他们亲眼看一看长城饭店的设施、店容店貌、酒菜质量和服务水平，不仅在中国，即使是在世界上也是一流的。到场的中美官员被事实说服了，当即拍板，还争取到了里根总统的同意。

获得承办权之后，饭店经理立即与中外各大新闻机构联系，邀请他们到饭店租用场地，实况转播美国总统的答谢宴会，收费可以优惠，但条件当然是：在转播时要提到长城饭店。

答谢宴会举行的那一天，中美首脑、外国驻华使节、中外记者云集长城饭店。电视上在出现长城饭店宴会厅豪华的场面时，各国电视台记者和美国三大电视广播公司的节目主持人异口同声地说："现在我们是在中国北京的长城饭店转播里根总统访华的最后一项活动——答谢宴会……"在频频的举杯中，长城饭店的名字一次又一次地通过电波飞向了世界各地，长城饭店的风姿一次又一次地跃入各国公众的眼帘。里根总统的夫人南希后来给长城饭店写信说："感谢你们周到的服务，使我和我的丈夫在这里度过了一个愉快的夜晚。"

通过这一成功的公关活动，北京长城饭店的名声大振。各国访问者、旅游者、经商者慕名而来；美国的珠宝号游艇来签合同了；美国的林德布来德旅游公司来签订合同了；几家外国航空公司也来签合同了。后来，有 38 个国家的首脑率代表团访问中国时，都在长城饭店举行了答谢宴会，以显示自己像里根总统一样对这次访华的重视和成功的表示。从此，北京长城饭店的名字传了出去。

福特汽车，行销高招

1908 年 3 月 18 日由亨利・福特和柯冉斯亲自策划的福特 T 型销售计划，是采取秘密拟定的方式进行的。

福特不声不响的印发了 T 型车的商品目录，T 型车的照片也被印在上面，然后秘密地将这些目录散发给福特汽车公司的主要经销商，经销商们收到福特邮寄来的信封有些莫名其妙，等拆开信封，仔细看过里面的商品目录、说明书和价格表之后，才醒悟过来，都赞同这是个难得的奇妙的构思。

商品目录上的 T 型车较之尚未售完的 R 型车和 S 型车，是介于有篷车和敞篷车之间的一种造型，款式更新颖。

根据商品目录上的销售宣传，T 型车有如下几个显著特征：一是使用了软质坚固的钒钢合金材料制造；二是 4 个汽缸都在由两个半椭圆形的钢板支撑着的同一个铸模内，发动机体积较小；三是变速器全部隐蔽在车体内，

不像以前那样露在外面;四是方向盘设计安装在左边,与欧洲车方向盘的位置相反。

难以置信的是,福特给经销商们的定价竟然只有825美元。

“等一等!就决定买这种车了!但是要等到把R型车和S型车的库存扫光为止,否则推出这种车是会破产的!”

当福特得知经销商们的兴奋之情时,毫不犹豫地作出断然决定,立刻选定了推出新车的发售日期。

10月1日(星期五),亨利·福特断然拉开了一场新车宣传战的帷幕,这出其不意的一举着实令世人震惊,这是史无前例的创举。

先不说报纸、杂志上那些大篇幅的目不暇接的宣传,仅以邮寄广告方式,在全美展开的声势浩大、规格空前的宣传活动,就连席亚斯和鲁巴克也自叹不如、甘拜下风。亨利·福特并不满足于以邮寄广告的方式所获得的效果,他还通过电报和电话的方式,直接迅速地告知消费者。

亨利·福特抓住一切机会进行宣传,在同年春天即将创刊的《福特时间》这一杂志上,福特同时作了宣传,在杂志中,福特的广告写道:“自从T型车发售以来,凡是购买T型车的顾客均可以享受邮资免费的优待。”这本杂志相当畅销,到了1910年,这本杂志相继用法文、西班牙文、葡萄牙文、俄文等几种文字大量发行,到了1916年,其发行量已达60万份。

T型车为福特带来了高额利润。仅一年的时间,销售量已达6000部,创下了历史最高纪录,所获得净利润比过去5年的总销售额还高出200万美元以上,尽管为了T型车投入了巨额宣传费用,但将其减除掉,剩余量仍是相当可观的。毋庸置疑,这一盛举为亨利·福特写下了一生中灿烂夺目的一页。

次日清晨,也就是10月2日,1000多封邮寄的汽车订单被送到福特公司,隔周的星期一,所收到的订单更是多不胜数,销售部的工作人员几乎力不能支了。

截至1909年3月31日,也就是T型车销售后的第6个月,共计有2500辆车被售出,之后,亨利·福特立即下达命令,改变T型车的颜色和外型。

车的颜色一改过去单调的黑色,根据车的用途将颜色分为三种:充满活力的红色的旅行车、朴实实用的灰色的一般大众代步车和气派高雅的绿色的豪华车。

在车子面前锃亮的散热器上,镶嵌着一个经过注册的“福特”的商标,这个商标煞是醒目,在半英里(约800公尺)外就能清楚地看到,同时,它还产生了相当美观的效果,因此,颇受用户青睐。

好广告要发挥理想效力必须依赖于恰当的时机。厂庆活动往往是企业宣传企业产品、树立企业形象的好机会,也自然成为广告的良机。

企业发展过程中一个个里程碑似的纪念日,是值得庆祝的,厂庆活动可增强企业内部职工的荣誉感、责任心,更可以借机向社会传递许多企业信息,某些主要信息还可以随着年年的庆祝活动产生延续性,为企业树立巩固的市场地位。因此,许多企业纷纷用细致周密、形式多样的厂庆活动来充分利用这个时机。福特公司就曾精心开展了这创建75周年的庆祝活动。

公司专门成立了指挥机构,指定由12个人组成的工作班子在4年前就开始准备。每个人负责一个具体项目,如新闻媒介、广告、公关活动、视听与出版等。在福特世界总部举办“福特世界的旗帜”展览;印刷福特年历广告,拍摄电影,举行特别午餐等等,花费达500万美元。

另外还有一些不需要增加开支的活动,包括公司的所有印刷品、电视广告以及宣传资料中都使用75周年庆祝标记;将正在研制中心设计制造的几台先进型号的车辆用作厂庆展览车,一年一度的股东会议和年度报告则以厂庆为主题等。所有这些都对公众产生了很大的影响。

厂庆宗旨被定为:以福特人为荣,以福特产品为荣。通过厂庆提醒人们,福特在个人交通和经济发展方面长期以来所作的贡献,在公司所在社区提高公司形象。

公司表扬管理人员、职工、汽车商的忠诚,提高他们的自豪感。

公司最大程度地加强公众对福特公司历史上重大事件与重大成就的认识,显示其目前的实力与发展前景。

为此,福特主要依靠新闻媒介向世界尽可能多地发布厂庆消息。在庆祝期间,每个月至少发布一次新闻消息,每隔2个星期便有5套新闻资料袋寄给四五百家主要新闻媒介代表。

这些资料被全国有关媒介广泛采用,制作成录音、录像带,特别是拍了一部28分钟名为《福特世界》的电影,配了十几种语言,在世界各国放映。

福特没忘发动各汽车商、供应商乃至全国顾客的参与。在纽约,市长与福特的高级职员共同切开巨大的庆祝蛋糕;在乔治亚,一辆914牌号的福特车和公众见面;在明尼苏达,和1930年建立的分公司联系起来,双重庆祝;在许多社区,为政府及商界领袖举行午餐聚会,并在聚会前安排车队游行。这些活动吸引了大量顾客,利润达到了前所未有的突破。

示假隐真,生财有道

克罗克原先是美国的一个穷光蛋,没读完中学就出来做工,以养家糊口,维持生存。后来,他在一家工厂当上了推销员,一方面收入有了一定的提高,生活有了明显的改善;另一方面,也是更主要的,他在推销产品过程中走南闯北,结识了不少人,交了许多朋友,增长了见识,积累了大量有关经营管理方面的宝贵经验。一段时间后,他开始越来越不满足于给别人当雇员了,一心想创办自己的公司。

可选择哪一行呢?“民以食为天”,随着人们工作生活节奏的加快,他通过市场调查发现当时美国的餐饮业已远远不能满足已变化了的时代的要求,亟须改革,以适应亿万美国人的快餐需求。

想归想,要将其变成现实就不是那么容易的事情了,必须为之付出一定的代价。克罗克面临的首要问题就是资金问题,要实现鸿鹄之志没有启动资本就如同“水中月”、“镜中花”,可望而不可即。“一分钱难倒英雄汉”这话一点不假。对于一贫如洗的克罗克来说,自己开办餐馆又谈何容易呢?

思来想去,他终于想出了一个好办法,他在做推销员工作时,曾认识了开餐馆的麦克唐纳兄弟,自己倒不如凭双方交情先打入其内部学习,以最终

实现自己的伟大抱负。

主意已定,他找到麦氏兄弟,对其进行了一番赞美后,话锋一转,开始讲述自己目前的窘境,待博得对方的同情后,便不失时机地恳请麦氏兄弟无论如何要帮他这个忙,答应他留在餐馆做工,哪怕是做一名跑堂的小伙计也行,否则,他的日常生活将面临危机。

在过去一段时间的接触中,克罗克深知这两位老板的心理特点。为尽早实现自己的远大目标,他又主动提出在当店员期间兼做原来的推销工作,并把推销收入的5%让利给老板,麦氏兄弟见有利可图且又考虑到眼下店里确实人手不足,便十分爽快地答应了他的要求。

克罗克进入快餐店后,很快就掌握了其实力与条件。为取得老板的信任,他工作异常勤奋,起早贪黑,任劳任怨;他曾多次建议麦克兄弟改善营业环境,以吸引更多的顾客;并提出配制份饭、轻便包装、送饭上门等一系列经营方法,以扩大业务范围,增加服务种类,获取更多的营业收入;还建议在店堂里安装音响设备,使顾客更加舒适地用餐;他还大力改善食品卫生,狠抓饮食质量,以维护服务信誉;认真挑选店堂服务员,尽量雇佣动作敏捷、服务周到的年轻姑娘当前方招待;而那些牙齿不整洁、相貌平常的人则安排到后方工作,做到人尽其才,确保服务质量,更好地招徕顾客。当然,他的每一项改革都使老板感到满意,因为,他的言谈举止总是表现得那么坦诚,那么可信赖,给人留下谦虚谨慎的极好印象。由于他经营有道。为店里招徕了不少顾客,生意越做越好,老板对他更是言听计从,百依百顺了。餐馆名义上仍是麦氏兄弟的,但实际上餐馆的经营管理、决策权完全掌握在克罗克的手中。这一切正是通向其最终目的的铺路石,可怜的两位老板一直蒙在鼓里,对此并无丝毫戒心,甚至还在暗自庆幸当时留下克罗克的决定是对的,多亏他的有效管理和辛勤治店,餐馆的生意才这么兴隆,财源滚滚而来,大有“伯乐相识千里马”之自豪与快慰。

不知不觉,克罗克已在店里干了6个年头。他的羽毛渐渐丰满,翅膀越来越硬,展翅腾飞的时机日趋成熟,便暗暗加快了行动步伐,他通过各种途径筹集到了一大笔贷款。

该与麦氏兄弟摊牌了,他想,事到临头,不容再难为情,继续拖延下去了,他谙熟两位老板素来喜欢贪图眼前利益,为一时的需要常常会忘记原来最基本的要求。为此,克罗克充分做好了谈判前的思想准备。

1961年的一个晚上,克罗克与麦氏兄弟进行了一次很艰难的谈判。起

初，克罗克先提出较为苛刻的条件，对方坚决不答应，克罗克稍作让步后，双方又经过激烈的讨价还价，最终克罗克以 270 万美元的现金，买下麦氏餐馆，由他独自经营。麦氏兄弟尽管有种种忧虑与不安，但面对如此诱人的价格，他们终于动心了。“270 万美元，整整 270 万美元呀！这么优惠的价格，傻瓜才会不接受呢！”双方就此达成协议，并很快进行了产权交割，办理了有关移交手续。

第二天，该餐馆里发生了引人注目的主仆易位事件，店员居然炒了老板的鱿鱼，这在当时可以说是当地一特大爆炸新闻，引起了巨大的轰动，而快餐馆也借众人之口，深入人心，大大提高了其在美国的知名度。到此为止，克罗克的“瞒天过海”之计也基本达到了预期目的。

克罗克入主快餐馆后，经营、管理更加出色，很快就以崭新的面貌享誉全美，在不长的时间内，270 万美元就全部捞了回来。又经过 20 多年的苦心经营，总资产已达 42 亿美元，成为国际十大知名餐馆之一。

克罗克实施“瞒天过海”计的成功，就在于他了解麦氏兄弟的脾气性格，仅以让利 5% 就轻易打入了麦氏快餐馆；随后通过长时间的潜移默化，对老板的刻意奉迎，换取了兄弟俩的信赖，使兄弟俩认为他处处替自己着想，感到双方利益一致，便自动消除了对他的猜忌，愉快地接受了他的多种建议。经过逐步渗透、架空，老板本已“名存实亡”，最后一场交易，全部吃掉了麦克唐纳快餐馆，双方谈判以克罗克的“瞒天过海”计大功告成而宣告结束。

无独有偶，在日本也发生了一个类似的示假隐真，店老板巧发财的故事。

某年秋天，在日本的神户有家经营煤炭的商会正式挂牌营业了，周围充满了欢庆的气氛。该商会的老板就是少年得志、气宇不凡的久永君。说起来，他成立商会还多亏父亲的老友藤泽先生慷慨解囊和全力相助，对此厚意，久永君刻骨铭心，念念不忘，并随时准备报答，正像中国古话所说：受人滴水之恩，当以涌泉相报。

开业没几天，来了一位客人，自称是当时神户最有名的饭店——春山饭店的侍者，请求约见商会老板，并恭恭敬敬地递上一份请柬及一份举荐书。久永君接过请柬，只见上书：久永先生亲启，落款：山口三太郎。久永君看了一眼来者，疑惑地打开请柬及举荐书，待阅完后，才知是藤泽先生部下道原举荐来人山口三太郎与其做煤炭生意，为

表示谢意，山口三太郎准备在春山饭店略备薄酒一桌，以便席间向久永君请教生财之道，请柬中字里行间都充满了对久永君的无限敬慕之情。既然是自己恩人部下举荐的朋友，焉敢怠慢，不看僧面还得看佛面呢。他向山口三太郎讲了几句客套话后，便欣然应允，表示愿意于今晚前去赴约。

夜幕很快笼罩了大地。久永君换上一身笔挺的西装，帅气十足地来到春山饭店，山口三太郎早已在那里恭候大驾光临了。一进饭店大门，久永君就受到了周到热情的服务，酒席上的美味佳肴令他大饱口福，再加上山口三太郎不时地阿谀奉承，久永君不免有些飘飘然，得意洋洋起来……

酒酣耳热之际，正是谈判的好机会。山口三太郎深谙此道，他认为时机已到，便态度极虔诚地向久永君提议到："久永先生，我有一个好朋友阿部君，是日本横滨的一个著名的煤炭零售商，信誉好，客户多，生意很兴隆，如果先生您信得过我并愿意给我提供一个为您效劳的机会，我很乐意为你们从中牵线搭桥。对于您，可以由此扩大煤炭销售量，增加销售渠道，从而加速资金周转，取得更多的收益；对于我的好朋友阿部君来说，由此便会拥有可靠而稳定的货源，经营也会更有起色，至于我本人，只想从您那里得到一定量的佣金即可。"

久永君听罢此言，并未立即作答，他在犹豫不决，双方谈判陷入了僵局。

山口三太郎瞥了对方一眼，并没有逼对方马上做出决定，而只是若无其事地招来服务小姐："小姐，听说你们神户的特产瓦砾烧饼味道不错，能否劳您驾给我买些来？"说着，便从口袋中掏出一大沓子钱来，并随意从中抽出两张大额的作为小姐的小费。

久永君望着那厚厚的一叠票子，再看看山口三太郎付小费时的洒脱样，断定对方肯定是个资金实力雄厚的大老板，与其做生意不会有什么危险的，便主动与山口三太郎就煤炭交易一事做了详尽的洽谈，爽快地答应了其要求。

待酒足饭饱，双方正式达成协议后，两人握手言别。待久永君一离开，山口三太郎就急急忙忙奔向汽车站，以便搭末班车返回横滨，今天在春山饭店这样的高消费对他简直太奢侈了，怎能是他所承受得起的呢？

久永君做梦都不会想到，山口三太郎其实只不过是横滨的一个小煤炭经理商，眼看着要关门破产，生意做不下去了，他从朋友那里得知久永君与藤泽、道原君的特殊关系后，便以自己的煤炭店作抵押向银行贷了一部分款；并以欲与久永君做煤炭生意为借口请道原君为其写了一封举荐信；然后，再借助于春山饭店这一堂而皇之的大舞台，成功地上演了一出"瞒天过海"戏，一切都是那么自然而然，顺理成章，山口三太郎高超的谈判本领使他不花分文，将久永君煤炭商会的煤，转手卖给阿部的零售店，一进一出，一来一去，获利颇丰，一度濒临倒闭的小煤炭经理店又如日中天，蓬勃发展起来。

飞越黄河，幕后赢家

历史上山西人素有"铁血商人"的方刚之气。

继柯受良驾驶汽车飞越黄河之后，1999 年 6 月 20 日，山西吉县农家小伙朱朝辉驾驶摩托车成功地飞越黄河，成为举国上下关注的焦点。

在那耀眼的光环里，朱朝辉并没成为这次“飞黄”的大赢家，最大的赢家始终隐在幕后，他就是吉县县委书记陈保堂。

“飞黄”前后，早有传媒盯准了此次活动的经济实惠，但媒体看到的大多只有凤毛麟角的现场广告和北京电视台转播时的插播广告。

但广告收入和吉县的实际收入相比，真是小巫见大巫。

6月20日前后吉县的直接收入如下：旅游性收入，即饭店、餐馆、商店等方面的收入，仅仅两天时间，就有1000多万元进账；“飞黄”活动的门票收入达到40多万元；广告赞助收入，除嘉陵摩托赞助了5万元之外，还有其他各方面的广告赞助收入3～4万元。还有一项特殊收入来自于朱朝辉“飞黄”所使用的那辆本田摩托车，它将被拍卖，拍卖价将在100万元上下。目前已有两个人对此表现出浓厚的购买兴趣。

而在“飞黄”的日子里，吉县的老百姓又何尝没有得到发财的喜悦呢？摆地摊的、散发广告的、牵毛驴拉人的、照相的，应有尽有，个个喜笑颜开。

除了直接收入外，吉县还凭此千载难逢的良机，得到了可观的间接收益：吉县先后与外商签订了两个招商引资项目，一个是准备建设吉县有线电视联网及投资办公自动化设备，金额达到3000万元；另一个项目则是投资2500万元兴建壶口酒店。

这两个项目的总投资额竟高达5500万元，这怎不令陈保堂乐不可支？要知道，吉县一年的财政收入仅有700万元。

值得一提的是，吉县借助此番“飞黄”的壮举，知名度快速上升，竟与壶口齐名，为世人所关注，由此带来的旅游生意及其他方面的效益将成为最大的潜在收益。

以上事实雄辩地证明，陈保堂是这次“飞黄”的最大赢家，而“飞黄”的真正英雄朱朝辉只不过美美地出了一回名，得到有限的奖金。

这个活生生的事例，无疑是“瞒天过海”、“借船出海”的巨大成功。以“飞黄”为招牌，大获其利，陈保堂何等高明！

“飞车搭台、经济唱戏”，这个口号喊得再清楚不过了。飞越黄河只是手段，而经济收益才是目的，只不过世人的目光都停留在“飞黄”上，却没有想到在“飞黄”的背后有人已经乐得心花怒放了。

与此形成鲜明对照的是，与山西吉县仅仅一水相隔，黄河对岸的陕西宜川县，虽同在壶口，但在旅游收入和扩大知名度等方面，却远远落在了后面。

山西吉县至今已成功地举办了六届“黄河壶口旅游月”，修建了高中低档一应俱全的宾馆、招待所近20家；而陕西宜川，仅有一家宾馆。游客不得已，只好到吉县住宿。

山西吉县为“飞黄”大造声势，对前来采访的记者提供方便条件；而陕西宜川对各路记者没有任何人招待、组织。

一河之隔，却天差地别，难怪山西吉县借助“飞黄”，唱活了经济这出戏；而陕西宜川却收获甚微。

利用小事，展示实力

大约70年前，日本神户新开了一家经营煤炭的福松商会。经理是少年得志的松永安左卫门。开张后不久的一天，商会里来了一个当时神户最出名的西村豪华饭店的侍者，他送了一封信，上书“松永老板敬启”，下款“山下龟三郎拜”，名称“鄙人是横滨的煤炭商，承蒙福泽桃介（松永父亲的老友，借了巨资给松永作商会的开办费）先生的部下秋原君介绍，欣闻您在神户经营煤炭，请多关照。为表敬意，今晚鄙人在西村饭店聊备薄宴，恭候大驾，不胜荣幸。”

当晚，松永一踏进西村饭店，就受到热情款待，山下龟三郎的毕恭毕敬，使得松永未免有些飘飘然。

晚宴进行中，山下提出了自己的恳求：“安治川有一定相当大的煤炭零售店，信誉很好。老板阿部君是我的老顾客。如果承蒙松永先生信任我，愿意让我为您效劳，通过我将贵商会的煤炭卖给阿部，他一定乐于接受。贵商会肯定会从中获利。我只要一点佣金就行了。不知先生意下如何？”

松永听后，心里盘算起来。没等他回答，山下就把女招待员叫来，请她帮忙买些神户的特产瓦形煎饼来。并当着松永的面，从怀里掏出一大叠大额钞票，随手抽出两张交给女招待员，并另外多抽一张作为小费。

松永看着那叠近10厘米厚的钞票，也有些吃惊。眼前发生的这一切，使他眼花心乱，稍一镇定，便对山下说：“山下先生，我可以考虑接受。”

稍作谈判后，松永便和山下签订了他所希望的合同。

丰盛的晚宴后，松永一离开，山下便立即赶到车站，搭上末班车，回横滨去了。西村饭店这样的高消费，远不是山下所承受得了的！

那一叠大额钞票，是他以横滨那不景气的煤炭店作抵押，临时向银行借来的；介绍信则是在了解了福泽、秋原与松永的关系后，借口向福松商会购煤炭，请秋原写的。以此为道具，利用西村饭店这个堂皇的舞台，成功地演了一场“瞒天过海”的妙剧。

从那以后，山下一文钱不花，从福松商会得到煤炭，再转卖给阿部，从中大获其利。

业务介绍信，饭店里设宴谈生意，给招待员小费，这些都是日本商界中司空见惯的。山下就是利用了这些极其平凡的小事，显示自己拥有雄厚的实力，隐藏自己没资金做煤炭生意的事实，从而达到了自己的目的。

而年轻的松永被山下的诚恳恭敬和热情招待,慷慨大方的这些假象所迷惑,信任了山下。试想,如果松永事先知道了山下的真实情况,还会同意他的建议吗?

用假情报,确定胜算

美国环球航空公司曾在服务方面狠下工夫,首创了电话订票、特价优惠等服务项目,在广大消费者心中树立起良好的形象和声誉,颇受旅客的欢迎。环球公司的繁荣势头,引起了太平洋航空公司的关注。

太平洋公司为打探对方的底细,便派出间谍帕克前往环球公司。帕克经常乔装成旅客,前往环球公司搜集情报。

环球公司每周统计一次载客人数,并在候机楼的大厅里公布出来。帕克对这些统计数字尤其感兴趣。经过一段时间的侦察,帕克没发现什么异常情况。因为,近两年来环球公司的生意较为平稳。以最近一个月为例,第一周载客量1万,第二周为1.1万人,第三周为0.9万人,第四周为1.2万人。

帕克的情报,给太平洋公司吃了一颗定心丸。以为环球航空公司在近期内不会对自己构成威胁。那些所谓的推广"优质服务"的措施,只不过是糊弄旅客的一种手段。

然而两年后,环球公司每周的乘客人数突然达到3万左右。太平洋公司得到帕克的报告,大为吃惊,立即召开董事会,紧急商讨对策。经过激烈的争论,董事会终于作出决定:公司所有机票降低10%。就在太平洋公司公布决定第二天,环球公司宣布减价15%。

太平洋公司气急败坏,为打倒对手,于是又宣布降价25%。环球公司也毫不示弱,立即宣布降价35%,并宣称,凡电话订购环球公司机票的旅客,电话费一律由该公司支付。

几经压价,太平洋公司元气大伤。但是在这种优胜劣汰的竞争中再没有第二条路。太平洋公司只好硬着头皮与对手血战到底,于是宣布了同样的决定。

一年后,太平洋公司终因飞机陈旧、安全系数小、服务质量落后等原因,无力支撑下去,而宣布破产。

其实,环球公司两年中提供的情报数据全是假的。当每周乘客人数达2万多,环球公司却显示为1万左右。两

年来,环球公司使对手放松警惕,悄悄地积蓄实力。两年后,环球公司羽毛丰满,实力雄厚,已有能力与对手正面硬拼。于是,突然显示乘客人数已达3万人,以此引蛇出洞。果然,太平洋公司针对收到的情报,被迫“应战”。其实,此时的环球公司每周乘客数仅2万左右。环球公司从容地将对手打垮。环球公司在这里运用的就是“瞒天过海”之计,一开始制造假象,使太平洋公司放松警惕的时候,突然出击,一举打败对手。

瞒天过海,精巧作市

从引申的意义上讲,“瞒天过海”指采用伪装手段,制造公开的假象,使对方失去警戒心,寓暗于明,寓真于假,避开麻烦,渡过难关,从而达到出奇制胜的目的。通常,人们对于自认为准备得十分周全的事物,往往容易松懈;对于平时看惯的事物,常常也就不再怀疑其中隐藏着机密。

股票投资中的转账交易方式,其中也包含着瞒天过海计谋的战略战术思想。所谓转账交易,就是交易双方共同约定一个价格,同时做买进或卖出相当数量股票的委托,通过转账而成交的一种交易方式。它有如下几种具体情况:

一是有的股市大户拟购进或转让大批的股票,或是公司的董、监事调换,但又怕直接到市场上进行买卖会影响股价,给自己造成不必要的损失,因而与其他大户商量,共同做转账交易。

例如在70年代末,李嘉诚与包玉刚密谋夺取九龙仓的控股权而获得成功。他们之间进行的巨额股票转让,就是利用了转账交易这一秘密武器。

二是有的上市公司为了维持股票(如冷门股)的市场流通性,或希望借助市场主力的操作来调整其股票的价格,也可用这种对冲方式不断地作交易,以活跃市场。

三是有的股票投资者,通过转账交易,以图逃避纳税或减轻税负。当然,这种做法是违法的,不应提倡。

四是有的股票投机者,利用两个或两个以上的银行账户,以互相冲销转账的方式反复作价,造成表面上的、虚假的供求关系,这样只需付出少量的手续费和交易税,就可将股价压低或抬高,然后他们再趁机低进高出,牟取高额差价。

股票转账交易利用表面上的欺骗手段来掩盖其买卖股票的真实动向,是在股票市场上运用瞒天过海计谋的典型例子。

1993年11月,广州三种新股白云山、浪奇、东方宾馆相继在深圳证券交易所挂牌交易。时逢深圳股市不景气阶段,所以新股价格亦处于低位,比发行价高不了多少。特别是白云山股票,由于它的利润分配根据新老股东入股时间的不同而有所区别,再加之它上市后即有财务状况不好、“三角债”较多等小道消息传出,令许多股民大失所望,在10元至12元时大量出货,至14元时更是出现了大量的空仓盘。但实际上这些抛盘无论流出多少都被全部吸纳,使人有掉进无底洞的感觉。

但是,当利空消息的传播近一个月后,市场上却有了一系列关于白云山的利好消息,如1993年将会回股回利,老股东愿意让利给新股东,而且白云

山公司已拿出近亿元资金收买自己的股票,目标是将其炒到18元以上。不管这些消息是真是假,反正白云山股价迅速地升到18.60元。与此同时,其他新股如浪奇、东方等也都大幅上涨。至此,原先已经抛出白云山股票的人大呼上当,指责白云山公司利用内幕消息做市,瞒过股民,牟取暴利,因此应该依据“三公”原则对其进行应有的处罚。

由上述例子可以看出,利用瞒天过海计谋操纵股市可以产生多么大效果。当然,从另一方面来说,也有对付这种交易手段的办法。

首先,以逸待劳就是一种好办法。要懂得长抱优良股票,股潮涨落我静观之。不要说正在看涨的股票,即使是目前静止不动的股票,只要其发行公司的经营状况良好,那么它的价格早晚都是要上涨的。须知这次不下蛋的母鸡,下次就可能会下。

其次,投资者要永远记住这句格言:“多做分析,少去市场”,以免受市场情绪及谣言的影响。须知投资大众的行为大多是盲目跟风的,所以要相信自己的分析,根据自己对上市公司业绩和股价走势的分析来作出投资判断。而不要轻信传言。

再者,可应用反其道而行之的投资方法。如果你想做个成功的投机家,就要有眼光和胆识,敢于在别人都抛出的时候买进,在别人都买进的时候抛出。须知股价波动的时候正是你可以赚钱的好时机,关键是你不能随着市场一起“波动”。

由此可见,瞒天过海的关键在于一个“瞒”字,瞒得过则大功告成,瞒不过则弄巧成拙。但是,“瞒”不是最终目的,而是“过海”的必要手段,此计中的“天”指对自己构成威胁的对象。要善于抓住“天”的弱点施谋设计,使“天”变成聋子和瞎子。用“瞒”解除了“天”的威胁,“过海”也就不难了。

假装探险,福岛窃密

1892年的一天,日本驻柏林武官福岛和一群德国军官相聚对饮。酒过三巡之后,福岛乘着微微的醉意,口出狂言道:他能骑着自己的马,从柏林走到海参崴。一语惊座,大家纷纷议论开了——

“哈哈,福岛君,这是不可能的事。”一位德军中校端着酒杯,笑着对福岛说,“从柏林到海参崴,横贯欧亚两大洲,路程太遥远了,更不用说沿途数不清的穷山恶水和变幻莫测的鬼天气。你就是骑上一匹千里马,也肯定到不了终点,更何况你那条瘦骨嶙峋的老马! 这个玩笑是开不得的,哈哈……”

“福岛是个吹牛大王,这么远的路程连探险家也要望而却步的。他要能到达海参崴。岂不成了神话了?”

“不可能,这绝对是天方夜谭!”

“我们不相信,我们不相信,这一定是福岛君酒后胡言。”

……

“诸位! 我们大家都口说无凭,我看还是请人来做证人,大家各下赌注,谁输谁赢,咱们几个月后就见分晓。”在争论不休中,有人提议道。

此时，福岛已喝得脸红脖子粗，握酒杯的手也微微颤抖了。听到要打赌，他不假思索地用喝得发硬的舌头吐出话来："好——赌就赌……我下一万。"

"我下一万二！"

……

德国军官们纷纷投下重注，他们很得意，认为福岛这个酒鬼这下是输定了！

福岛跟德国军官们打赌探险之事，立即被新闻媒介广为传播，各国报纸都争相作了绘声绘色的报道。成千成万的人们好奇地睁大着双眼，注视着此事的发展；而德国政府和俄国政府也视其为壮举，都表示尽可能地为他提供便利和支持。就这样，福岛在举世的注目中，骑着他的瘦马开始了这次万里之行。

在德国境内，福岛被人们当作富于传奇色彩的英雄，受到热情的欢迎和款待，男女老幼都争相一睹为快。福岛很快就来到了德俄的边境。

进入俄境后，福岛的旅行更为顺畅。由于这位日本"探险家"的大半行程是在俄国境内，他那从柏林骑马到海参崴的海口能否兑现，将在这里见分晓，因此，俄国政界军界更是热情非凡。他们怀着强烈的好奇心和虚荣心，守候在必经的路口，翘首盼望着福岛的到来。当迎来了这位英雄后，他们为他举办各种欢迎仪式和难以计数的大小宴会，以能陪同这位骑士到自己的家乡参观为荣幸，并毫无保留地为这位英雄介绍当地的各方面情况。而福岛本来就精通俄语，这就更便利了他与俄国上下各界人物的接触，增进了对俄国各方面情况的了解。就这样，福岛走走停停，东访西问，受尽了各式盛情的礼遇，尝遍了无数的美酒佳肴，直养得人肥马壮，只用了一年零三个月的时间，就顺顺当当地骑马横穿俄罗斯、西伯利亚，顺利抵达海参崴。

福岛赢了！

正当东京各界为福岛的成功而欢庆不已、柏林军官为自己下错了赌注而患得患失时，有关德国、俄国的一大摞重要军事情报，已悄悄地送到了参谋总部的日军情报头子的手里。谁能料到，就在他们狂热地欢迎"探险家"的到来的时候，一场不为人知的间谍活动就在他们的眼皮底下悄悄地进行着。

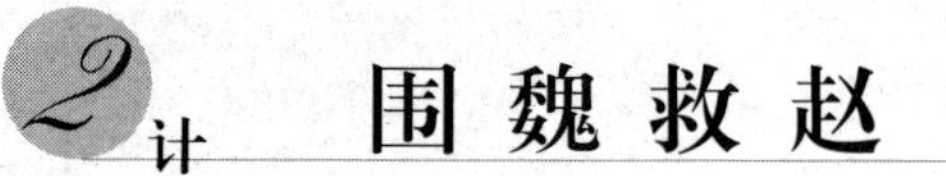

2计 围魏救赵

围魏救赵，削平诸吕

汉高祖刘邦的皇后吕氏，是女中豪杰。在刘邦去世后，牢牢地控制住了政权。在她当政的十余年间，她妒杀戚夫人、毒死赵王如意、削弱刘姓宗室势力、分封吕姓诸王。但刘姓宗室势力与开国功臣集团尚无法清除，因此她处心积虑与刘姓诸王及功臣势力抗衡，试图巩固自己的统治。

吕后八年七月，吕后病重，于是下令任命赵王吕禄为上将军，统帅北军；吕王吕产统帅南军。太后告诫吕产、吕禄说："封立吕氏为王，大臣心中多不服。我一旦去世，皇帝年幼，恐怕大臣们乘机向吕氏发难。你们务必要统率禁军，严守宫廷，千万不要为送丧而轻离重地，以免被人所制！"辛巳（三十日），太后去世，留下遗诏：大赦天下，命吕王吕产为相国，以吕禄之女为皇后。吕后丧事处理完毕，诸吕本打算乘机发难，因惧怕大臣周勃、灌婴等人，不敢贸然行事。朱虚侯刘章娶吕禄之女为妻，所以得知吕氏的阴谋，就暗中派人告知其兄齐王刘襄，让齐王统兵西征，朱虚侯、东牟侯为他做内应，图谋诛除吕氏，立齐王为皇帝。齐王就与他舅父驷钧、郎中令祝午、中尉魏勃暗中密谋发兵。齐国丞相召平反对举兵。八月，丙午（二十六日），齐王准备派人杀丞相召平；召平得知，就发兵包围了王宫。魏勃欺骗召平说："齐王没有汉朝廷的发兵虎符，就要发兵，这是违法之罪。您发兵包围了王宫本是好办法，我请求为您带兵入宫软禁齐王。"召平信以为真，让魏勃指挥军队。魏勃掌握统兵权之后，就命令包围相府；召平自杀。于是，齐王命驷钧为相，魏勃为将军，祝午为内史，征发齐国的全部兵员。齐王派祝午到东面的琅琊国，欺骗琅琊王刘泽说："吕氏在京中发动变乱，齐王发兵，准备西入关中诛除吕氏。齐王因为自己年轻，又不懂得军旅战阵之事，自愿把整个齐国听命于大王的指挥。大王您在高祖时就已统兵为将，富有军事经验；请大王光临齐都临淄，与齐王面商大事。"琅琊王信以为真，迅速赶往临淄见齐王。齐王乘机扣留了琅琊王，而指令祝午全部征发琅琊国的兵员，并由自己统帅。琅琊王对齐王说："大王是高皇帝的嫡长孙，应当立为皇帝；现在朝中大臣对立谁为帝犹豫不定，而我在刘氏宗室中年龄最大，大臣们本来就等着由我决定择立皇帝的大计。现在大王留我在此处，我无所作为，不如让我入关计议立帝之事。"齐王认为他说得有道理，就准备了许多车辆为琅琊王送行。琅琊王走后，齐王就出兵向西攻济南国；齐王还致书于各诸侯王，历数吕氏的罪状，表明自己起兵灭吕的决心。

相国吕产等人闻讯齐王举兵，就派颍阴侯灌婴统兵征伐。灌婴率军行至荥阳，与其部下计议说："吕氏在关中手握重兵，图谋篡夺刘氏天下，自立为帝。如果我们现在打败齐军，回报朝廷，无异于助了吕氏一臂之力。"于是，灌婴就在荥阳屯兵据守，并派人告知齐王和诸侯，约定互通声气，静待吕

氏发起变乱，即联合诛灭吕氏。齐王得知此意，就退兵到齐国的西部边界，待机而动。

吕禄、吕产想发起变乱，却又惧怕朝中绛侯周勃、朱虚侯刘章等人难以控制，畏惧关外有齐国和楚国等宗室诸王的重兵，更恐怕手握军权的灌婴背叛吕氏，打算等灌婴所率汉兵与齐军交战之后再动手，所以犹豫未决。

此时，济川王刘太、淮阳王刘武、常山王刘朝及鲁王张偃，都年幼，没有就职于封地，居住于长安；赵王刘禄、梁王吕产分别统率南军和北军，是吕氏一党。列侯群臣都无法掌握自己的命运。

太尉绛侯周勃手中没有军权。曲周侯郦商年老有病，其子郦寄与吕禄结为密友。绛侯就与丞相陈平商定一个计策，派人劫持了郦商，让他儿子郦寄去欺骗吕禄说："高帝与吕后共同安定天下，立刘氏九人为诸侯王，立吕氏三人为诸侯王，都是经过朝廷大臣议定的，并已向天下诸侯公开宣布，上下都认为理应如此。现在太后去世，皇帝年幼，您身佩赵王大印，不立即返回封国镇守，却出任上将，在京师统率禁军，必然会受到大臣和诸侯王的猜忌。您为何不交出将印，把军权还给太尉，请梁王归还相国大印给朝廷，您二人与朝廷大臣盟誓结好，各归封国。这样，齐兵就会撤走，大臣也得以心安，您就可以高枕无忧地去做方圆千里的一国之王了。这是造福于子孙后代的事。"吕禄认为郦寄说得有道理，想把军队交给太尉统率；派人把这个打算告知吕产及吕氏长辈，有人同意，有人反对，一时难下决断。

吕禄信任郦寄，经常结伴外出游猎，途中曾前往拜见其姑母吕媭。吕媭大怒说："你身为上将而轻易地离军游猎，吕氏难以保全了！"吕媭把家中珍藏的珠玉、宝器全拿出来，抛散到堂下，说："也不必为别人珍藏这些东西了！"

九月，庚申（初十）清晨，行使御史大夫职权的平阳侯曹窋，前来与相国吕产议事。被派往齐国的使臣郎中令贾寿，自齐国返回。贾寿批评吕产说："大王不早些去封国，现在即便是想去，还来得及吗？"贾寿把灌婴已与齐、楚两国联合欲诛灭吕氏的内幕告诉了吕产，并且督促吕产迅速入据皇宫，设法自保。平阳侯曹窋听到了贾寿的话，快马加鞭，赶来向丞相和太尉报告。

太尉想进入北军营垒，但被阻止不得入内。襄平侯纪通负责典掌皇帝符节，太尉命令他手持信节，伪称奉皇帝之命接纳太尉进入北军营垒。太尉又命令郦寄和典客刘揭先去劝说吕禄："皇帝指派太尉代行北军指挥职务，要您前去封国。立即交出将印，离京赴国！否则，必然大祸临头！"吕禄认为郦寄是至交，不会欺骗自己，就解下将军印绶交给典客刘揭，而把北军交给太尉指挥。太尉进入北军时，吕禄已经离去。太尉进入军门，下令军中说："拥护吕氏的袒露右臂膀，拥护刘氏皇室的袒露左面臂膀！"军中将士全都袒露左部臂膀。太尉就这样取得了北军的指挥权。但是，还有南军未被控制。丞相陈平命令朱虚侯刘章辅佐太尉。太尉令朱虚侯严守军门，又令平阳侯曹窋转告统率宫门禁卫军的卫尉说："不许相国吕产进入殿门！"

吕产不知吕禄已离开北军，进入未央宫，准备发起军事政变。吕产来到殿门前，禁卫军士阻止他入内，急得他在殿门外徘徊往来。平阳侯恐怕难以

制止吕产入宫，策马告知太尉。太尉还怕未必能战胜诸吕，没敢公开宣称诛除吕氏，就对朱虚侯说："立即入宫监护皇帝！"朱虚侯请求派兵同往，太尉拨给他一千多士兵。朱虚侯进入未央宫门，见到吕产正站立于庭中。时近傍晚，朱虚侯立即率兵向吕产冲击，吕产逃走。天空狂风大作，吕产所带党羽亲信慌乱，都不敢接战搏斗；朱虚侯等人追杀吕产，在郎中府的厕所中将吕产杀死。朱虚侯已杀吕产，皇帝派谒者持皇帝之节前来慰劳朱虚侯。朱虚侯要夺皇帝之节，谒者拼死不放手，朱虚侯就与持节的谒者共乘一车，以皇帝之节为凭借，驱车进入长乐宫，斩长乐卫尉吕更始。事毕返回，驰入北军，报知太尉。太尉起立向朱虚侯表示祝贺说："最令人担忧的就是吕产。现在吕产被杀，天下已定！"于是，太尉派人分头逮捕所有吕氏男女，不论老小一律处斩。辛酉（十一日），捕斩吕禄，将吕媭乱棒打死，派人杀燕王吕通，废除鲁王张偃。戊辰（十八日），周勃、陈平等决定改封济川王刘太为梁王，派朱虚侯刘章去告知齐王，吕氏已被诛灭，令齐罢兵。

综观这次事变，陈平、周勃两次实施的都是避实就虚的策略。第一次是让吕禄交出兵权，避开吕禄握有能征善战的北军指挥权的实，就吕禄意欲保全利禄的虚，乘机夺得兵权，将不利化为有利。第二次是阻挡吕产进入未央宫，避开吕产指挥南军的权力之实，就吕产犹豫不决之虚，乘其不备而突施进攻，最终掌握胜券。这就是避开凶险，以己之长攻敌之短的成功事例。

李郭乱兵，闹毁长安

汉献帝初平三年（192），董卓作乱，被王允设计诛杀。

起初，吕布劝王允把董卓的部下全部杀死，王允说："这些人没有罪，不能处死。"吕布想把董卓的财物赏赐给朝中大臣及统兵将领，王允又没有答应。王允一向把吕布视为一员武将，不愿他干预朝政。而吕布认为自己诛杀董卓有功，到处夸耀。既然屡次失望，心中逐渐不高兴。王允性情刚直方正，嫉恶如仇，当初因为畏惧董卓，不得不委屈低头。董卓被诛之后，他自认为不会再有什么祸难，颇为骄傲，因此部属们对他并不十分拥戴。

王允起初曾与谋士孙瑞商议，特别下诏赦免董卓属下的将领及士兵。接着又感到迟疑，说道："部将们只是遵从主人的命令，本无罪可言。如今要

把他们作为恶逆之人予以赦免，恐怕反会招致他们的猜疑，并不是令他们安心的办法。”因而没有颁布赦书。后又商议全部解散董卓所统率的军队。有人对王允说：“凉州人一直害怕袁绍，畏惧关东的大军。如今若是一旦解散军队，打开函谷关，董卓的部下一定会人人自危。可任命皇甫嵩为将军，率领董卓的旧部，并留驻陕县以进行安抚。”王允说：“不然，关东的义兵将领与我们是一致的，现在如果再将大军留驻陕县，扼守险要，虽然安抚了凉州人，却会使关东将领起疑，这是不行的。”

当时，百姓中盛传要杀死所有的凉州人，于是那些原为董卓部下的将领惊恐不安，全都控制住军队，以求自保。他们还相互传言：“蔡邕只因受过董卓的信任和厚待，尚且被牵连处死。现在既没有赦免我们，而又要解散我们的军队。如果今天解散军队，明天我们就会成为任凭宰杀的鱼肉了。”吕布派李肃前往陕县，宣布皇帝诏命，诛杀牛辅。牛辅等率军迎击李肃，李肃战败，逃回弘农，被吕布处死。牛辅心中惶恐不安。恰巧遇上军营中无故发生夜惊，牛辅想弃军逃走，被左右亲信杀死。李傕等回到大营时，牛辅已死，李傕等无以依靠，便派使者前往长安请求赦免。王允回答说：“一年之内，不能发布两次赦免令。”拒绝了他们的请求。李傕等更加害怕，不知如何是好，打算解散军队，各人分别走小路逃回家乡。讨虏校尉、武威人贾诩说：“如果你们放弃军队，孤身逃命，只需一个亭长就能把你们捉起来，不如大家齐心合力，西进攻打长安，去为董卓报仇。如果事情成功，可以拥戴皇帝以号令天下，如若不成，再逃走也不迟。”李傕等同意。于是一起宣誓结盟，率领着数千人马，昼夜兼程向长安进发。王允知道胡文才、杨整修都是凉州有威望的人物，便召见胡、修二人，想让他们去东方会见李傕等人，解释误会。可是王允在面见他们时，并没有和颜悦色，而是说：“这些潼关东面的鼠辈，想要干什么？你去把他们叫来！”因此胡文才和杨整修去见李傕等人，实际上是把大军召回长安。

李傕沿途招集人马，等到达长安时，已有十多万之众。他们与董卓旧部樊稠、李蒙等会合，一起包围了长安。长安城墙高大，无法进攻。守到第八天，吕布属下的蜀郡士兵叛变。六月，戊午（初一），叛军引李傕部队入城，李傕等放纵士兵大肆抢掠。吕布与李傕等在城中交战不胜，便率领数百名骑兵，把董卓的头颅挂在马鞍上，突围出走。他在青琐门外停马，招呼王允一起逃走，王允回答说：“如果得到社稷之灵保佑，国家平安，这是我最大的愿望，如果此愿不能实现，那么我将为之献出生命。如今皇帝年龄幼小，只能倚仗着我，遇到危险而自己逃命，我不忍心这样做。请勉励关东的各位将领，常将皇帝和国家大局放在心上。”太常种拂说：“身为国家大臣，不能禁止暴力，抵御凌辱，致使刀枪指向皇宫，还想逃到哪里！”于是奋战而死。

李傕、郭汜等驻扎在南宫掖门，杀死太仆鲁馗、大鸿胪周奂、城门校尉崔烈、越骑校尉王颀等人，官吏和百姓被杀一万余人，尸体散乱地堆满街道。王允扶着献帝逃上宣平门，躲避乱兵。李傕等人在城下伏地叩头，献帝对李傕等人说：“你们放纵士兵，想要做什么？”李傕等说：“董卓忠于陛下，却无故被吕布杀害，我们为董卓报仇，并不敢做叛逆之事。待到此事了结之后，我们情愿上廷尉去领受罪责。”李傕派兵围住宣平门楼，联名上表，要求司徒

王允出面，问道：“太师董卓有什么罪？”王允被逼无奈，只好走下楼来面见李傕等人。己未（初二），大赦天下。任命李傕为扬武将军，郭汜为扬烈将军，樊稠等人都为中郎将。李傕等逮捕司隶校尉黄琬，将他处死。

起初，王允任命同郡人宋翼为左冯翊，王宏为右扶风。李傕等想要杀死王允，又恐怕他们起兵反抗，于是先要献帝下诏征召宋翼、王宏。王宏派人对宋翼说：“郭汜、李傕因为我们两个在外握有兵权，所以不敢杀害王允。如果今日应召，明日就会全族被害，你有什么办法吗？”宋翼回答说：“虽然祸福无法预料，然而皇帝的诏命是不能违抗的。”王宏使人说：“关东诸州、郡义兵的像滚水沸腾，想要诛杀董卓，如今董卓已死，他的党羽容易制服。如果起兵一同讨伐李傕等人，与关系诸军相互呼应，正是转祸为福的上策。”宋翼不同意，王宏孤立不能成事，于是双双接受征召。甲子（初七），李傕逮捕王允、宋翼、王宏，一齐处死。王允的家小也都被杀死。王允临死之前辱骂道：“宋翼，你这个没用的腐儒，真不足以与你商议国家大事！”李傕把王允的尸体放置在闹市之中，没有人敢来收尸。李、郭二人遂得以把持朝政。

征西将军马腾为私事有求于李傕，因未得到满足而大怒，打算部署军队进攻李傕。献帝派遣使者进行调解，马腾不肯听从。韩遂率军从金城郡来调解马腾与李傕的纠纷，结果反而又与马腾联合。谏议大夫种卲、侍中马宇、右中郎将刘范策划让马腾进袭长安，自己做内应，以诛灭李傕等人。壬申，马腾、韩遂率军进驻长平观。种卲等人的计划泄露，他们便从长安出逃，跑到槐里。李傕派樊稠、郭汜及自己的侄子李利发动进攻，马腾、韩遂兵败退回凉州。樊稠等又进攻槐里，种卲等人全都被杀。庚申，下诏赦免马腾等人。

樊稠进攻马腾、韩遂时，李傕的侄子李利作战不很出力，樊稠斥责他说：“人家要来砍你叔父的人头，你还胆敢如此松懈，难道我不能杀你吗！”马腾、韩遂败退时，樊稠军追到陈仓，韩遂对樊稠说：“本来咱们之间争的不是个人仇怨，而是国家大事。我与你都是同州人，临别前想再说几句知心话。”于是各自命令军士后退，他们两个人骑马上前对话，相互握手致意，交谈很久才告别。大军回到长安后，李利报告李傕说：“樊稠与韩遂两人马头相交

地密谈，不知道谈话的内容，只看到他们很亲近。”李傕也因为樊稠作战勇猛而得到部属拥戴，对他有猜忌之心。樊稠准备率军东出函谷关，向李傕要求增加军队。二月，李傕请樊稠商议军情，就在会上派人杀死樊稠。从此以后，将领们之间相互猜忌，不能团结一致。

李傕经常摆下酒宴款待郭汜，有时还留郭汜住宿在自己家中。郭汜的妻子恐怕郭汜会喜欢上李傕家的侍女，想用计阻止郭汜前往。正好李傕送来食物，郭汜妻把豆豉说成毒药，挑出来给郭汜看，说：“一群鸡中容不下两只公鸡，我实在不明白将军为什么这样信任李傕。”另一天，李傕又宴请郭汜，郭汜饮酒过量而大醉。他疑心酒里有毒，就喝下粪汁来使自己呕吐。于是，他们各自部署队伍，相互攻击。

汉献帝兴平二年（195 年），李傕派侄子李暹率领数千名兵士包围皇宫，用三辆车迎接献帝到自己营中。太尉杨彪说：“自古以来，帝王从没有住在臣民家中的，你们做事，怎么能这样呢！”李暹说：“将军的计划已经定了。”于是，群臣徒步跟在献帝的车后出宫。军队立即就进入宫殿，抢掠宫女和御用器物。献帝到李傕营中后，李又将御府所收藏的金帛搬到自己营里，随即放火将宫殿、官府和百姓的房屋全部烧光。献帝又派公卿调解李傕、郭汜的矛盾，郭汜就把太尉杨彪及司空张喜、尚书王隆、光禄勋刘渊、卫尉士孙瑞、太仆韩融、廷尉宣播、大鸿胪荣部、大司农朱俊、大将梁邵、屯骑校尉姜宣等都扣留在营中，作为人质。

李傕、郭汜相互攻击，一连几个月，死者数以万计。六月，李傕部将杨奉打算谋杀李傕，计划泄露，便率领部下背叛李傕，李傕的势力逐渐衰落。庚午，镇东将军张济从陕县来到长安，打算调解李傕与郭汜的争端，迎接献帝前往弘农。献帝也思念旧京洛阳，便派遣使者到李傕、郭汜营中传达圣旨。使者反复十次，李傕与郭汜才答应讲和，但要互相交换爱子，作为人质。李傕的妻子疼爱儿子，不肯送走，所以和约没有谈成。而在这段时间，李傕部下的羌人与胡人不断地到献帝住地的大门窥探，说：“皇帝在这里面吧！李傕答应赐给我们的宫女，如今都在什么地方？”献帝大为不安，派侍中刘艾对宣义将军贾诩说：“你以前对国家忠心耿耿，恪尽职守，因此得到提肱，享受荣耀。如今羌人与胡人塞满道路，骚扰天子，你应该筹划一个对策。”于是，

贾诩大开酒宴,款待羌人和胡人的首领,许诺授予他们爵位和赏赐财物,这些羌人和胡人才全部离去,李傕从此势力单弱。于是又有人提出和解的建议,李傕便同意与郭汜讲和,相互交换女儿做人质。

秋季,七月,甲子,献帝乘车出宣平门,正要过护城河桥,郭汜部下数百名士兵在桥上拦住去路,问:“这是不是天子?”献帝车驾无法前进。李傕部下数百名士兵,全都手执大戟守在车前,两军就要交手,侍中刘艾大声喊:“真的是天子!”让侍中杨琦把车帘高高掀起,献帝说:“你们怎敢这样迫近至尊!”郭汜的兵才撤退,渡过桥后,官兵一起高呼:“万岁!”晚上走到霸陵,侍从官员与卫士都饥饿不堪,张济根据各人官职大小,分别给予饮食。李傕也离开长安,驻军池阳。

丙寅,献帝任命张济为骠骑将军,允许他开府置僚属,待遇与三公相同。任命郭汜为车骑将军,杨定为后将军,杨奉为兴义将军,都封为列侯。又任命已故牛辅的部将董承为安集将军。

郭汜想让献帝前往高陵,大臣们与张济都认为应该去弘农,召开大会进行商议,但决定不下。献帝派使者去告诉郭汜:“我只是因为弘农离祭祀天地之处和祖先宗庙较近,并无别的意思,将军不要多疑。”郭汜仍不服从。于是献帝整天不肯进食。郭汜听到后说:“可以暂且先到一个最近的县城,再作商议。”八月,甲辰(初六),献帝到达新丰。丙子(疑误),郭汜又阴谋胁迫献帝西还,定都郿县。侍中种辑得到消息,秘密通知杨定、董承、杨奉,命令他们到新丰来会合。郭汜知道阴谋败露,于是抛弃他的军队,逃入终南山。

李、郭二人兵败势消,纷纷退出了历史舞台。

关羽大意,败走麦城

汉献帝建安二十四年,关羽令南郡太守糜芳守卫江陵,将军士仁守公安,他亲自率军向樊城的曹仁进攻。曹仁派左将军于禁,立义将军庞德等人驻守樊城北面。八月,天降大雨,汉水泛滥,平地水数丈深,于禁等七路兵马都被大水所淹。于禁和将领们登到高处避水,关羽则乘大船向曹军进攻,于禁等无处可逃,只好投降。庞德站在堤上,身穿铠甲,手挽弓箭,箭无虚发,自清晨拼力死战。至过午,关羽的进攻愈来愈急。庞德的箭射尽了,又与关羽等短兵相接,愈战愈怒,胆气愈壮,而水势愈来愈大,部下的官员和士兵都投降了。庞德欲图乘小船回到曹仁的军营,小船被大水冲翻,弓箭也掉在水里,只有他一人在水中抱住翻船。在被关羽俘虏后,不肯屈服下跪。关羽对他说:“你的兄长在汉中,我准备以你为我的将领,为什么不早早投降呢?”庞德大骂说:“小子,为什么投降你!魏王统帅百万大军,威震天下;你家刘备不过是个庸才,岂能对抗魏王!我宁可做国家的鬼,也不做你们这些贼人的将领!”关羽杀掉了庞德。魏王曹操闻知此事,说:“我和于禁相知三十年,为什么在紧急关头,于禁反而不如庞德呢!”于是封庞德的两个儿子为列侯。

关羽向樊城发起猛攻,城中进水,城墙被水冲坏,城中士兵们惊恐不安。有人对曹仁说:“现在的危险,靠我们的力量很难解除,应该趁关羽的包围尚未完成,乘轻便船只连夜退走。”汝南太守满宠说:“山洪来得快,去得也快,

我想不会滞留很久。据说关羽已经派别的部队至郏下,许都以南百姓混乱不安。关羽之所以不敢急于北进,是顾虑我们攻击他的后路。如果我军退走,黄河以南地区,就不再为国家所有了,您应该在这里坚守以待。”曹仁说:“你说得对!”于是将白马沉入河中,与将士们盟誓,齐心合力,坚守樊城。城中将士只有数千人,未被水淹没的城墙也仅有几尺高。关羽乘船至城下,重重将樊城包围,使其内外断绝。关羽又派别的将领把将军吕常包围在襄阳。荆州刺史胡修、南乡太守傅方都投降了关羽。

关羽水淹七军,威震华夏。曹操不敌,准备迁都以避敌锋。这时曹操的司马司马懿、西曹属蒋济献计曰:“于禁等为水所没,非战攻之失,于国家大计未足有损。刘备、孙权,外亲内疏,关羽得志,权必不愿也。可遣人劝孙权蹑其后,许割江南以封权,则樊围自解。”此计便是分散政敌,削其势而驱之的谋略,也自然被曹操所采纳。

面对曹操的谋略,孙权并不是不知,但为利益所诱,又兼关羽因孙权为子求婚其女不许,孙权袭破关羽,夺取荆州之心早有。于是借曹操派人来游说之时,作书与曹操,愿讨关羽以自效,并请求不要把消息泄漏出去,使关羽有所防范。谋士董昭却认为暴露这个消息为好,这样“可使两贼相对衔持,坐待其敝。”再者关羽为人好强,兵围樊城期望大功,必然犹豫不退,曹军知此却能提高士气。果然,被围将士得知消息后,士气倍增,关羽却对是否撤围,犹豫不决。

孙权暗地派征虏将军孙皎和吕蒙为左右两路军队的最高统帅,暗地袭击关羽。

吕蒙到达浔阳,把精锐士卒都埋伏在名为艒䑠的船中,招募一些平民百姓摇橹,令将士化装成商人,昼夜兼程,关羽设置在江边的守望官兵,都被捉了起来,所以关羽对吕蒙的行动一无所知。麋芳、士仁一直都不满意关羽轻视他们,关羽率兵在外,麋芳、士仁供给的军用物资不能全部送到,关羽说:“回去后,一定治罪。”麋芳、士仁都感到恐惧。于是吕蒙命令原骑都尉虞翻写信游说士仁,为其指明得失,士仁得到虞翻信后,便投降了。虞翻对吕蒙说:“这种隐秘的军事行动,应该带着士仁同行,留下将士守城。”于是带着士仁至南郡。麋芳守城,吕蒙要士仁出来与他相见,麋芳因而也开城投降了。吕蒙到达江陵,把囚禁的于禁释放,得到关羽和将士们的家属,给以抚慰,对全军下令:“不得骚扰百姓和向百姓索求财物。”吕蒙还在早晨和晚间派亲近的人慰问和抚恤老人,询问他们生活有什么困难,给病人送去医药,给饥寒的人送去衣服和粮食。关羽官府中的财物、珍宝,全部封闭起来,等候孙权前来处理。

关羽得知南郡失守后,立即向南撤退。曹仁召集各位将领商议,都说:“如今趁关羽身陷困境,内心恐惧,应派兵追击,将他擒获。”赵俨说:“孙权乘关羽和我军鏖战之机,试图进攻关羽后路,又顾忌关羽率军回救,我军趁其双方疲劳,从中取利,所以才言辞和顺地愿意为我军效力,不过是乘事变从中渔利罢了。如今关羽势孤奔走,我们更应让他继续存在,去危害孙权。如果对关羽穷追不舍,孙权将会由防备关羽,转而防范我们,这将对我们很不利,魏王也一定会有这种考虑。”于是,曹仁下令不要再穷追关羽。魏王曹

操知道关羽退走，惟恐将领们追击他，果然迅速给曹仁下达命令，内容正如赵俨所说。

关羽多次派使者要求与吕蒙通消息，吕蒙每次都热情款待关羽的使者，允许他在城中各处游览，关羽部下将士的家属看见使者，都上前询问，还有人托他给自己的亲人带去书信。使者返回，关羽部属私下里询问家中情况，尽知家中平安，所受对待超过以前，因此关羽的将士都无心再战了。

正在此时，孙权到达江陵，荆州的文武官员都归附了；只有治中从事武陵人潘浚称病不见，孙权派人带着床把他从家中抬来，潘浚脸朝下爬在床上不起，涕泪纵横，哽咽不能自止。孙权诚恳热切地慰问，让左右亲近的人用手巾为他擦脸。潘浚起身，下地拜谢，孙权当即任命他为治中，有关荆州的军事，全都听取他的意见。武陵部从事樊伷引诱少数部族，欲图使武陵依附汉中王刘备。有人上书请求派遣统帅率领一万人征讨樊伷，孙权不同意；特别召见潘浚询问，潘浚回答："派兵五千人，就可以擒获樊伷。"孙权说："你为什么如此轻敌？"潘浚回答说："樊伷是南阳的世家，只会摇唇鼓舌，实际上没有才智、胆略。我之所以了解他，是因为过去樊伷曾为州中的人设宴，直至中午，客人仍无饭菜可吃，十余个人只得起身离去，这如同观看侏儒演戏，看一节就可知道他有多少伎俩了。"孙权大笑，立即派潘浚率兵五千人前去征讨，果然将樊伷等人斩首，平定了叛乱。孙权任命吕蒙为南郡太守，封为孱陵侯，赏赐一亿钱，黄金五百斤；任命陆逊兼任宜都太守。

十一月，汉中王刘备设置的宜都太守樊友放弃宜都郡而走，各城的长官以及各少数部族的酋长都归降了陆逊。陆逊请求以金、银、铜制的官印授予刚刚归附的官吏，并将进攻刘备的将领詹晏等人和世居秭归、拥兵自重的大家族将其击溃、归降，前后斩首、俘获以及招降数以万计。孙权任命陆逊为右护军、镇西将军，晋封为娄侯，率兵驻扎夷陵，守卫峡口。

关羽自知孤立困穷，便向西退守麦城。孙权派人诱降，他伪装投降，把幡旗做成人像立在城墙上，借机逃遁，士兵都跑散了，跟随他的只有十余名骑兵。孙权已事先命令朱然、潘璋切断了关羽的去路。十二月，潘璋手下的司马马忠在章乡擒获关羽及其儿子关平，予以斩首，于是，孙权占据荆州。

吕蒙借关羽进攻樊城兵力空虚之机，袭击关羽后方，不仅曹操之围得解，而且吞并荆州，擒杀关羽，这正是围魏救赵之计的巧妙运用。

杨广用计，得立太子

隋文帝杨坚有五个儿子，即杨勇、杨广、杨俊、杨秀、杨谅。杨坚自夺得帝位以后，便立长子杨勇为太子，"军国政事及尚书奏死罪以下，皆令勇参决之"，颇受重用。史称杨勇"颇好学，解属词赋，性宽仁和厚，率意任情，无矫饰之行。"他作为长子，又出身富贵之家，早早立为储嗣，志骄意满，也就种下祸机。

杨坚尚节俭，自己使用的东西，或坏或旧，"随令补用，皆不改作"。本人平日所食，"不过一肉而已"。在他的提倡下，那时的"丈夫不衣绫绮，而无金玉之饰，常服率多布帛，装带不过铜铁骨角而已"。然而，他"天性沉猜，素无学术，好为小数，不达大体"。而杨勇则截然不同，好奢华，文饰蜀铠，养马千匹，"春夏秋冬，作役不辍，营起亭殿，朝造夕改。"在冬至时，"百官朝勇，勇张乐受贺"，大张旗鼓地与百官来往，怎能不使"天性沉猜"的父亲心疑？但杨勇又不会矫饰，稍有不满，便"形于颜色"；其父派人"以伺动静，皆随事奏闻"；那些善于逢迎势利的群臣，得知杨坚生疑，自然趋奉当今君主，"于是内外喧谤，过失日闻"，使杨勇处在危机之中。

杨勇的所作所为，引起父母的猜疑，这就给其弟弟杨广谋夺储位带来希望。本来杨广身为次子，没有成为继承人的可能，但他"每矫情饰行，以钓虚名，阴有夺宗之计"。于是，杨广先使用瞒天过海之计，骗取父母的信任，然后便使用围魏救赵之计的内引外联的手法，暗中密谋，伺机夺储。

于内，杨广深知父亲颇听信母亲的话，便千方百计骗取母亲的好感，期为内助。有一次，杨广要回扬州镇守时，拜见母亲独孤皇后。几句离别话未竟，便"哽咽流涕，伏不能兴"，惹得独孤皇后"泫然泣下"。趁母亲悲伤之时，杨广开始进谗言："臣性识愚下，常守平生昆弟之意，不知何罪，失爱东宫，恒蓄盛怒，欲加屠陷。每恐谗谮生于投杼，鸩毒遇于杯勺，是用勤忧积念，惧履危亡。"这一番话，引起独孤皇后对杨勇素日的不满，不由忿然说道："睍地伐(杨勇小名)渐不可耐，我为伊索得元家女，望隆基业，竟不闻作夫妻，专宠阿云，使有如许豚犬(指云氏所生诸子)。前新妇(指元氏)本无病痛，忽而暴亡，遣人投药，致此夭逝。事已如是，我亦不能穷治。何因复于汝处发如此意？我在尚尔，我死后，当鱼肉汝乎？每思东宫竟无正嫡，至尊千秋万岁之后，遣汝兄弟向阿云儿前再拜问讯，此是几许大苦痛邪！"杨广闻言，"呜咽不能止"，独孤皇后见状，"亦悲不自胜"。杨广终于取得内援。尔后，"中使至第，无贵贱，皆曲承颜色，申以厚礼。婢仆往来者，无不称其仁孝。"杨广运用这种方法，牢牢地巩固住内线。

于外，杨广在朝臣中看中了"兼文武之资，包英奇之略，志怀远大，以功名自许"的杨素，便"倾心与交"，将谋夺储位之意告之。杨素跟随杨坚，立下许多功勋，史家评论："考其夷凶静乱，功臣莫居其右；览其奇策高文，足为一时之杰。然专以智诈自立，不由仁义之道。"杨素得知如此重大计谋，也不由权衡再三。于是，他先探明独孤皇后的心意，认为杨广有为储君的可能；

又以为“诚能因此时建大功，王（杨广）必镌铭于骨髓，斯则去累卵之危，成泰山之安也”，便甘心为杨广的外援。

杨广运用内引外联的手法，使杨勇内失父母之爱，外寡群臣之助，削夺杨勇的内外势力，最终废掉杨勇，而代之为太子。在整个谋夺储位过程中，杨广“示无私宠，取媚于后。大臣用事者，倾心与交”，自己很少出面竞争，故上取爱于父母，下得心于群臣，这正是按爻辞“居贞吉”的卦象而行事的。如果杨广公开谋夺，这便不是“居”，其成功的可能就很少了，这也是爻辞“不可涉大川”所示。

使用围魏救赵之计的内引外联的手法，重点在于掩饰真实目的，暗中活动，不宜公开，这也是使用这种手法获得成功的根本。如果不是这样，很容易走向反面，非但难以获胜，而且凶险必至。

二王计败，失势罢官

唐代永贞元年（公元805年），唐德宗病死，唐顺宗即位，任用东宫旧臣王伾、王叔文辅政，史称“二王”。

王伾状貌丑陋，口操吴地方言，为顺宗所亲近宠幸。而王叔文颇以能办大事自我称道，稍稍懂得一些文辞大义，喜欢谈论朝中事务，顺宗因此而对他采取敬重的态度，不像王伾那样在内宫任意往来，通行无阻。王叔文进入翰林院，得以与李忠言和牛昭容会面议事。大致说来，王叔文依赖王伾，王伾依赖李忠言，李忠言依赖牛昭容，几个人转相勾结。每遇一事，他们首先下达翰林院，让王叔文作出判断，然后向中书省宣布，由韦执谊承命奉行。他们在外廷的同党则有韩泰、柳宗元等人，主持搜集探听外界的事情。他们策划计议，相互应和，夜以继日，急切如狂，还互相推崇，说他们是伊尹，是周公，是管仲，是诸葛亮，豪壮，自意，认为天下再没有别的人物。他们使荣宠与屈辱，晋升与贬斥，发生于仓促之间，只要他们想要做什么，便可不受规程法式的约束。公卿百官对他们心怀畏惧，敢怒而不敢言。平素与他们有交往的人们，一个接着一个地被提拔升官，以至于一天以内便封拜好几个人。只要他们的同党中有人说某人可以担任某官，过不了一两天，此人便已经得到这一职位。当此时，王叔文及其同党十多家的门前，无论白天黑夜，车马往来频繁，就像闹市一般。等候谒见王伾、王叔文的客人，以至于要在他们所住街坊的饼店酒家中过夜，饼店酒家收取每人一千钱，方肯收留为房客。王伾尤其猥琐卑下，专门以收受贿赂为能事，他制作了一个收藏金钱丝帛的大柜子，他们夫妇二人便在大柜子上就寝。

顺宗任命王叔文为度支副使和盐铁转运副使。在此之前，王叔文与他的同党谋议，将国家的赋税收入抓到手中，就能够用此来交结各方面当权人物，争取得到将士的拥护，以便巩固他们手中的权力。他又担心骤然担任握有重大财权的使职，人们不能心悦诚服，便借着杜佑平素有善于管理财物的名声，地位尊显而务求保全自己，又为人平易，可以控制，所以首先让杜佑在名义上主持财政，而任命自己为副职，以便专擅财政。虽然王叔文兼任了度支与盐铁转运两项使职，但他并不把簿籍文书放在心上，而是日夜与他的同党在一起，屏退外人，私下密谈，他在干什么，人们都不得而知。

顺宗任命御史中丞武元衡为左庶子。德宗在位的末期,王叔文的同党多担任御史,武元衡鄙薄他们的为人,对待他们全不以为意。武元衡担任山陵仪仗使的时候,刘禹锡请求担任判官,武元衡没有答应。由于武元衡在御史台任职,王叔文打算让他依附自己,便让他的同党以权势与财利引诱他,武元衡不肯服从,因此便被降职。武元衡是武平一的孙子。

侍御史窦群奏陈屯田员外郎刘禹锡居心邪恶,扰乱朝政,不应当留在朝中任职。窦群又曾经谒见王叔文,向他拱手说道:"现在当然还有未见分晓的事情。"王叔文说:"你指的是什么事情?"窦群说:"去年李实倚仗着恩宠与尊贵的地位,他的气焰在一段时间里将大家都压倒了,你在当时,还在道路旁边犹豫徘徊,才不过是江南的一个小吏罢了。现在你一时又占据了他那样的地位,你怎么知道路旁没有像你当年那样的人物呢!"王叔文的同党打算将他斥逐到朝廷以外,韦执谊因窦群素有强项耿直的名望,便制止了他们。

顺宗的疾病许久不能痊愈,只好不时让人扶着他登上大殿,会见群臣,群臣也只有从远处看一看皇上罢了,从没有亲自回答过皇上的提问。朝廷内外的官员们都感到忧惧不安,希望及早册立太子。然而,王叔文一党准备独揽大权,讨厌听到人们的这种议论。宦官俱文珍、刘光琦、薛盈珍都是前朝任用的旧臣,他们嫉恨王叔文、李忠言等人树立宗派,专横恣肆,便启奏顺宗传召翰林学士郑细、卫次公、李程、王涯等人前往金銮殿草拟册立太子的制书。当时,牛昭容一伙人因广陵王李淳英俊明达,便憎恶他。郑细不再请示,在纸上写了"册立嫡长子"几个字上呈顺宗,顺宗点了点头。癸巳(二十四日),册立李淳为太子,改名为李纯。李程是李神符的五世孙。

贾耽因王叔文一党当权,对他们心怀憎恶,便托称有病,不再出门,屡次请求退职。丁酉(二十八日),各位宰相在中书省共同进餐。根据惯例,宰相正在进餐的时候,不允许百官晋见。王叔文来到中书省,打算跟韦执谊商量事情,便让中书省值班官吏去通知韦执谊。中书省值班官吏将旧典告诉了王叔文,王叔文怒气冲冲地呵斥他。值班官吏害怕了,便进入中书省向韦执谊禀报。韦执谊迟疑徘徊,面色羞红,但他还是起身出来迎接王叔文,到他办公的阁中交谈了好长时间。杜佑、高郢、郑珣

瑜都放下筷子,等他回来。后来,有传信人前来报告说:“王叔文要把韦相公的饭拿过去,韦相公已经与他在阁中共同进餐了。”杜佑、高郢内心明白这样做是不对的,但畏惧王叔文、韦执谊,便不敢开口发言。惟独郑珣瑜叹息着说:“我岂能再在这个位子上呆下去!”他将身旁的人们看了一眼,牵出马来,径直回家,于是不再前来办事。贾耽、郑珣瑜两位宰相都是在天下负有崇高声望的人物,由于二人相继归隐退位,王叔文、韦执谊愈加没有可顾虑与忌惮的了,而远近各地的人们却大为恐惧了。

乙巳(初六),顺宗驾临宣政殿,册封太子。官员们目睹太子仪表堂堂,退下来以后,纷纷互相庆贺,以至有人感动得哭泣了,朝廷内外都非常高兴。然而,惟独王叔文脸上带着忧虑的神色,口中又不敢说什么,只是吟诵杜甫所作《诸葛亮祠堂》诗道:“出师未捷身先死,长使英雄泪满襟。”听到他读诗的人们都讥笑他。

五月,辛未(初三),顺宗任命右金吾大将军范希朝为左右神策、京西诸城镇行营节度使;甲戌(初六),任命度支郎中韩泰为范希朝的行军司马。王叔文知道自己被朝廷内外的官员们所憎恶嫉恨,打算夺取宦官手中的兵权来巩固自己的地位,借着范希朝作为朝廷宿将的声望,让他在名义上主持军事,但实际上是让韩泰专擅兵权。人们猜不出他们要做些什么,愈加疑惑恐惧。

辛卯(二十三日),顺宗任命王叔文为户部侍郎,依然如前充任度支副使和盐铁转运副使。俱文珍等人憎恶王叔文独揽大权,设法免除了他翰林学士的职务。王叔文看到制书以后,大为震惊,他对别人说:“我每天按时到这里来商量公务,如果不能够在翰林院担任职务,就没有到这里来的理由了。”王伾当即替王叔文上疏请求保留学士职务,顺宗不肯听从。王伾再次上疏,顺宗才允许王叔文隔三五天到翰林院来一次,但仍免除翰林学士的职称,王叔文开始恐惧了。

六月,己亥(初二),顺宗将宣歙巡官羊士谔贬为汀州宁化县尉。羊士谔因公务来到长安,适逢王叔文当权,便公开谈论他的错误。王叔文得知这一消息以后,非常生气,打算发布诏书,将他斩杀,韦执谊不肯同意。王叔文又打算用杖刑将他打死,韦执谊认为也不能这样做,于是将羊士谔以贬官论处。自此,王叔文开始非常嫌恶韦执谊,在他们二人门下往来的人们都恐惧起来了。

不久前,剑南支度副使刘辟把韦皋的意图转达给王叔文,要求统领剑南三川。刘辟对王叔文说:“韦太尉让我向您致以卑微的诚意,他说:倘若您把三川交给韦某管辖,韦某自当不惜一死,尽力帮助您;倘若您不肯把三川交给韦某管辖,韦某也自会有办法向您回报。”王叔文生气了,又打算将刘辟斩杀,韦执谊坚决不肯同意。在刘辟游览长安,还没有离去的时候,听说王叔文将羊士谔贬斥了,便逃回剑南。韦执谊当初被王叔文延引重用的时候,是深深依附王叔文的。韦执谊在取得宰相地位以后,打算遮掩以往的行迹,而且经受着公众舆论的压力,所以时常做出一些与王叔文意见相左的事情,事后他总是让人向王叔文道歉说:“我并不敢违背约定,这是打算多方设法成就老兄的事情罢了!”王叔文怒气冲冲地骂了起来,全不相信韦执谊的话,于

是两个人便结下了怨仇。

癸丑（十六日），韦皋进献表章认为："陛下因哀痛亲人谢世而身染疾病，每天又为处理纷纭繁重的政务而加重了烦劳，所以过了这么长的时间，身体还没有康复。请陛下暂时让皇太子亲自监理各项政务，等陛下的身体痊愈以后，再让皇太子回返东宫。我一身兼有大将与宰相的职务，现在我所奏陈的事情，正是我职守以内应尽的本分。"韦皋又向太子进献笺书认为："圣上遥遥效法高宗皇帝，居丧而不肯发言，将朝廷大权交托给臣下，但是所交托的人选并不适当。王叔文、王伾、李忠言一类人，独自担当着重大的职任，实行奖赏与惩罚，全听凭自己的私情，败坏并扰乱了朝廷的法度。他们动用国库的积蓄，以便贿赂执政的权臣；他们扶植安插亲信人员，遍及各个显贵的职位；他们暗中结纳圣上的侍从人员，使忧患蕴含在宫室的门屏之内。我私下里担心他们会倾覆太宗皇帝创下的盛美基业，会危害殿下的国家。希望殿下即日奏报圣上闻知，将这一群小人驱逐出去，使朝政掌握在人主手中，各地臣民便会获得安宁了。"韦皋倚仗着自己是身居要职的大臣，又在遥远的西蜀地区任职，估量着王叔文不能动摇他的地位，于是尽情说出王叔文的邪恶。不久，荆南节度使裴均、河东节度使严绶给顺宗的表章和给太子的笺书相继送到，所讲的意思与韦皋相同，朝廷内外的官员们都倚赖他们作为外援，而邪恶的党人们却震惊恐惧了。裴均是裴光庭的曾孙。

王叔文使范希朝、韩泰主持京西神策军以后，诸宦官仍然没有明白其中的道理。适逢边疆各将领各自呈送书状向中尉陈词，而且提到他们刚刚归属范希朝统辖。宦官们开始明白兵权已经被王叔文等人夺走，于是大为恼怒地说："如果按照他们的计谋干下去，我们这些人肯定要死在他们手里。"于是秘密命令各边防来使回去禀告各将领说："不要将军队归属别人。"范希朝来到奉天的时候，各将领没有前来的。韩泰骑马回来报告了这一情况，王叔文无计可施，只是说："这可怎么办！这可怎么办！"没过多久，王叔文的母亲病情严重。丙辰（十九日），王叔文备办了丰盛的酒食，与各位翰林学士和李忠言、俱文珍、刘光琦等人在翰林院饮酒。王叔文发话说道："我的母亲有病，过去因我承担着国家政务的缘故，无法亲自为母亲求医访药，现在我准备请假回家侍奉母亲。近来我竭尽心力，不避危险艰难，这都是为了报答朝廷的恩典。我一旦离开朝廷，返回家乡去，各种诽谤纷至沓来，谁肯体察我的隐衷，说一句话帮助我呢？"俱文珍总是随着王叔文的话顶撞他，王叔文无法对答，只好斟满了酒劝大家喝，酒过数巡，便散了宴席。丁巳（二十日），王叔文因母亲故世而免除了官位。

七月丙子（初九），顺宗加封李师古为检校侍中。

王叔文为母亲服丧以后，韦执谊益发不肯采用他的意见了。王叔文大怒，与他的同党日夜图谋，并一定要首先斩杀韦执谊，把不肯附和自己的人们全部诛灭，听说此事的人都震恐不安了。

自从王叔文回家以后，王伾失去着落，便天天到宦官和杜佑那里请求起用王叔文担任宰相，并且统领北军。一直没有得到认可，他便请求任命王叔文为威远军使、平章事，但是又没有得到认可。他的同党都忧恐惊悸，感到

难以自保了。这一天，王伾坐在翰林院中，接连三次上疏，全不见回复，知道难以成事，坐卧不宁。到了夜间，王伾忽然大叫道："我中风啦！"第二天，他被抬回家中，于是再也不曾走出家门。己丑（二十二日），顺宗任命仓部郎中、判度支案陈谏为河中少尹。至此，王伾、王叔文的同党开始从朝中被斥逐出去了。不久，王伾被贬病死，806 年，宪宗赐王叔文自裁。

二王在永贞元年正月参与大政，七月去职，共七个月时间。在此期间，二王的一些举措，被称之为"永贞革新"。究其失败的原因，主要是二王没有社会基础。本来二王出身，既非大族，又非科第，况且还值顺宗身患重病，本身并不处在有利的地位，而他们之间又为睚眦之怨交讧不已，这就注定他们要失败。当然，如果他们齐心协力，趁大权在握之际，削夺宦官军权，团结朝内有声望的人士为援，其成功的可能性还是有的。但他们志在固权弄权，内部先起纷争，自然给人以可乘之机。故此，宦官集团略施计谋，二王集团便土崩瓦解，不堪一击。

从二王集团的失败，可以看到在"虎视眈眈，其欲逐逐"的情况下，使用挑起纷争的手法，应是"吉"而"无咎"。如果不是这种情况，使用这种手法是很难成功的，也是相当危险的。也就是说，使用计谋要根据形势的需要，见机行事，且不可生搬硬套，照猫画虎，不能不知权变。

围魏救赵，招致祸害

唐朝末年，藩镇割据，宦官专权，朝臣分党，尤其是经过黄巢大起义之后，"王室日卑，号令不出国门"，唐王朝已经名存实亡。即便如此，朝廷内的政治斗争也没有因"朝廷日卑"而停息片刻。

公元 888 年，唐僖宗死后，宦官杨复恭拥立僖宗之弟李晔为帝，是为昭宗。昭宗"体貌明粹，有英气，喜文学，以僖宗威令不振，朝廷日卑，有恢复前烈之志，尊礼大臣，梦想贤豪，践阼之始，中外忻忻焉。"不过，这时的宦官与朝官之间的斗争达到白热化，他们各自拉拢藩镇为援助，昭宗虽有大志，很难伸其意，而且还要为逃避藩镇争斗，而避难他方。昭宗即位多年，非但没有夺回权力，反被宦官勾结藩镇，屠杀宗室十一个王。昭宗痛恨宦官，乃与宰相崔胤相谋铲除宦官。崔胤外结宣武节度使朱全忠为援，内引左神策军

指挥使孙德昭为助。宦官也不示弱，他们内控昭宗，外结强藩为援。双方旗鼓相当，各不相让，都很难除掉对方。昭宗感到渺茫，也就变得“多纵酒，喜怒无常”。宦官感觉到昭宗难以控制，乃阴相谋曰：“主上轻佻多变诈，难奉事；专听任南司（朝官），吾辈终罹其祸。不若奉太子立之，尊主上为太上皇，引岐（李茂贞）、华（韩建）兵为援，控制诸藩，谁能害我哉！”

公元900年12月，宦官的左军中尉刘季述、右军中尉王仲先、枢密使王彦范、薛齐幄（当时号为四贵）等发动宫廷政变，陈兵于殿廷，威胁百官联名署状，将昭宗幽禁少阳院，立太子李裕为帝。崔胤虽在兵锋之下联名署状，但内心不甘，暗地侦察四贵之短，于公元901年正月元旦发起攻击，诛除四贵，迎昭宗复位，平定这场宫廷政变。

唐王朝内部冲突不断之际，朱全忠已兼并河北，染指河中，控制河东，向关中地区发展了。就在诛除四贵之后，神策军指挥权又落到得到凤翔节度使李茂贞支持的宦官韩全诲手中，而崔胤又因欲得军权而得罪李茂贞，只好全心投靠朱全忠。这样，“全忠欲迁都洛阳，茂贞欲迎驾凤翔，各有挟天子令诸侯之意。”崔胤欲诛除宦官，致书朱全忠，让他发兵迎昭宗赴洛阳。韩全诲闻朱全忠发兵，乃勒逼昭宗前往凤翔往依李茂贞。公元903年，朱全忠数败李茂贞，进军凤翔城下，以兵相逼。李茂贞无奈，只好杀宦官韩全诲等70余人，交出昭宗，欲与朱全忠和解。

昭宗回到长安，实际上是出了狼窝又入虎穴，转为朱全忠所控制。崔胤自以为得计，认为诛除宦官时机已到，乃指责宦官“夺百司权，上下弥缝，共为不法，大则构煽藩镇，倾危国家；小则卖官鬻狱，蠹害朝政。”朱全忠以此为由，“以兵驱宦官王可范等数百人于内侍省，尽杀之，冤号之声，彻于内外”。宦官集团在崔胤内引外联的压迫下，遭到毁灭性的打击。

崔胤依靠朱全忠的势力，诛灭宦官，排除异己，专权自恣，自鸣得意。孰知前门拒狼，后门引虎。朱全忠自攻破李茂贞，兼并关中，威镇朝野，篡夺之意已经昭彰于内外。在这种情况下，崔胤开始害怕，乃奏请昭宗，重建天子六军，每军步兵六百人，骑兵百人，共六千六百人，以分番侍卫。这一举动引起朱全忠的猜疑，便派朱友谅将崔胤杀死，解散六军，迁昭宗于洛阳，篡夺之势完成。

唐昭宗时的统治集团

内部冲突，无论是宦官还是朝臣，都以外引藩镇为援，内控君主以为令，固然都是内引外联的手法，但此时利于相安，保持平衡，谁也不易有大动作，这正是“不可涉大川”的内涵；再加上他们谋夺对方目标明确，不注意、也不会掩饰，这就失去使用这种手法的成功之本，即使在表面上获得一些成功，肯定是难以持久，乃至招来灭顶之灾。

出扰湖杭，转破敌营

中国历史上农民起义接连不断，而最有影响、规模最大和离我们最近的就算是太平天国运动了。

1851 年，在洪秀全、杨秀清、韦昌辉、石达开等人领导下的一支农民武装，在广西金田村正式宣布起义，建号太平天国。这支队伍凭借新兴的锐气和旺盛的战斗力，从广西横跨湖南，下湖北，占长江重镇武昌，然后沿江东进，取南京城为首都，称“天京”。

也许对中国历代的农民军来说，最大的敌人不是对手，而是自己，太平天国亦是如此。洪秀全一进天京，便把当初起义时他所极力倡导的“天下人都是兄弟姊妹”的主张忘得干干净净，他先为自己修建了天王府，据记载是“雕琢精巧，金碧辉煌”，“城周围十余里，墙高数丈，内外两重”，他整日陶醉于宫女们的倩言巧笑之中。

更可怕的是他们内部的权力斗争。杨秀清自恃功高，独断专行，大有取代洪秀全的野心。他见洪秀全建天王府，便为自己建东王府，豪华之极不在天王府以下。最让洪秀全难以忍受的是，他竟逼洪秀全封他为“万岁”。杨的极权引起韦昌辉的嫉妒和不满，洪韦二人合谋，于 1853 年 9 月 1 日凌晨，刺死杨秀清，第二天又对杨的余部血腥屠杀。原本是同患难的兄弟，在权力面前一下子成为不共戴天的仇人。

这时太平天国的名将石达开正好从前线赶回天京，目睹天京惨相，怒不可遏，斥责韦妄杀无辜。韦昌辉为了独揽大权，又动了新的杀机，想把石达开杀掉。石达开见事不好，连夜逃离京城，然而他在京的一家老小惨遭杀害。

石达开回到军队立即起兵讨韦，扬言：“如果得不到韦昌辉的人头，就班师回朝攻灭天京。”韦昌辉见洪秀全左右为难，便又想杀洪自立为王。洪无奈下令诛死韦昌辉。而此时，洪秀全对石达开又难以信任，石一气之下率兵出走。这样，一齐起兵的将领竟无一人在京，太平天国的领导力量受到极大削弱。

清军乘天京内讧的大好时机，加紧对天京的围困，在长江南北各建一个兵营，屯兵数万，隔江呼应，并且截断了天京的交通和粮道，天京有岌岌可危之势。

在这种情况下，洪秀全只好重用洪仁玕及李秀成、陈玉成等年轻将领。重新获得平静的天京上下一片沉闷，天京变乱的残杀情景像一块大石头压在人们心中，太平军亟须用军事上的胜利来振奋一下人心。

1860 年初，江南大营的清军活动猖獗，在天京城外不停地添筑堡垒，增掘长壕，加紧对天京的进攻。洪仁玕和李秀成多次到城外观看清军的工事，李秀成凭着他多年在前线拼杀的经验，认为太平军很难与清军硬拼，他说：

“敌人的战壕已把天京团团围住,我们要冲出去,恐怕要死伤过半。”

洪仁玕听了点点头,叹息说:“只要敌人的江南大营存在一天,天京就被围一天,如今战不能战,守不能长久,天京的粮食马上要面临困难……”

洪仁玕的话还未说完,李秀成突然插了一句:“敌人断我粮道,我为何不能断敌粮道呢?”

这句话提醒了洪仁玕,他略加思考,高兴地说:“对,我们也断敌人粮道。敌人的粮饷出自苏南和浙江,我只要派一部兵力去攻打杭州、湖州等地,江南大营必然分一部分兵力去救,然后,我们乘敌分兵之际,突然回师,杀个‘回马枪’,与京城的守军内外接应,一定能击溃江南大营。”

李秀成也认为这是一条妙计,他说:“对啊,这不正是古代兵法所说的‘围魏救赵’吗?!”

洪秀全虽然觉得这一行动有些冒险,但他见李秀成态度坚决、胸有成竹,况且他本人也没有什么高招,最后终于批准了这个方案。

1860 年 2 月 10 日李秀成率领精锐,由芜湖出发,昼夜急驰,3 月 5 日占领湖州,缴获大量清军军装和旗帜;他令所有人化装成清军,避开大道,沿莫干山东麓直取杭州。

3 月 11 日,李秀成突然出现在杭州城下,吓得杭州官宦惊慌失措,守城的清军将领不得不火速向江南大营报告:“守城无策,退敌无兵”,请求火速支援。

3 月 19 日,李秀成攻破杭州城门,清军见城门已破,立即溃不成军,李秀成率军占领全城,并处死浙江巡抚。

杭州的失守,使清军江南统帅深感恐慌:杭州不仅是天京的门户,也是保障清军粮食的要道,杭州被太平天国占领,就像清军的喉咙被捅了一刀。清军统帅和春急忙令总兵张玉良自天京率军救援杭州。

23 日,清军进抵杭州城下,在杭州周围扎营十多座。第二天,清军总兵张玉良见杭州城上遍插旗帜,城墙上的卫兵军容整齐。斗志昂扬,而且他早知李秀成作战勇敢,于是打消了攻城的念头。他哪里能想到,这些人是城中仅有的几百名太平军,大部队在李秀成率领下已连夜回天京去了。

4 月 8 日,李秀成率部攻下通向南京的要地——建平(今郎溪),他立即会合军中主将杨辅清、李世贤等人召开军事会议,商议如何进援天京。大家一致认为应分路向天京进攻,打敌人一个措手不及。根据大家的提议,李秀成把太平军分为四路,分别由杨辅清、李世贤、刘官芳和他本人率领,采取大包围的方法,从四个方向直攻天京。

4 月 11 日,李秀成与众将分别,大家个个意气风发,他们知道一场大战就要到来了,太平军将士的脸上洋溢着必胜的信心和旺盛的斗志。李秀成带头盟誓,说:“不解天京之围,死不相见。”众将随声相和,声音坚定迫切,像响亮的战鼓。

留在城中的洪仁玕看到和春上当,又约驻守在安庆的陈玉成进援天京。陈玉成接到消息,日夜兼程赶奔南京。

江南大营由近百座营垒组成,全部驻扎在天京城外的重要的位置,各个营垒之间相离不远,中间还有工事相联,清军企图通过长守久困的方法,消

灭太平军。但是,今天江南大营清军将领们有些紧张了,他们知道,李秀成杀出去马上还要杀回来,一场恶战就要到来了。

然而,在军事会议上,一说到李秀成和太平军,和春只是轻蔑地一笑,说:“李秀成只不过是一个娃娃,太平军又内乱不止,我就等着李秀成来解天京之围,到时候把城里城外的太平军一网打尽。”

到了4月29日,五路太平军都已进至南京的周围。这天夜晚,李秀成率军偷袭马鞍山成功,当夜,太平军向驻守在天京东南的清军营垒发起了攻击,清军凭借着有利地形坚决抵抗。火枪手一排排连续向太平军射击,勇敢的太平军仍冒着枪林弹雨向前猛冲。

李秀成见形势危急,命令停止进攻。清军以为太平军退却,骑兵横冲直撞向太平军反扑过来。其实清军上当了,李秀成一声令下,刀牌手一跃而起,拦阻清骑兵,他们盾牌护身,刀削马足,杀得敌人人仰马翻。李秀成乘胜冲击清军大营。

城里的太平军听到枪声,登上城头一望,看到李秀成正指挥太平军奋勇杀敌,顿时精神抖擞,纷纷从安德门、上方门等城门杀向敌军。清军在内外夹击下,开始向北退缩,李秀成率军追杀。

5月1日,突然下起了大雨,一连下了三天。4月,陈玉成开始从南京的西南方向攻城。清军在这里筑起了长壕,火枪手潜伏在壕中。面对清军的强大火力,太平军很难接近。

陈玉成站在远处暗自发愁。这时,忽然清军后面人声鼎沸,火光四起。原来城中的太平军向城外的清军大营投出了火把,点燃了敌人的帐篷,火借风势,迅速向四面蔓延开了,大营中的清军顿时乱成一团。

陈玉成一声令下:“杀啊!”太平军个个如猛虎下山,直冲清军。一会儿工夫,南京城西南的大营被太平军攻下十几座。

清军的统帅和春得知天京城东南和西南的大营被太平军攻破,气得又拍桌子又瞪眼,他连夜召见各大营总兵,气急败坏地说:“老子在皇帝面前许过诺,如果大营失守,我甘愿革职丢官。你们听着,如果哪个方向再守不住,你们就不要来见我了,除非带着你们的脑袋来。”

各营总兵,你看看我,我看看你,谁也不敢说话。

和春做梦也想不到,今夜不是别的大营,而是他的江南大营总指挥部失

守了。

这天晚上，李秀成亲自率领五百人马，全部是一身清军装束，急匆匆地向孝陵卫方向奔去。

和春的指挥部就设在孝陵卫，俗话说："擒贼先擒王"，李秀成决心利用敌人麻痹大意的心理，连夜拔掉和春的指挥部，一举击退围军。一路上他见清军把守松懈，士气低落，几乎没遇到什么阻碍，半夜时分，他就赶到了孝陵卫外。

李秀成远远望去，只见考陵卫后的小山上灯光通明，门口有一队哨兵在游动，他知道这就是和春的指挥部。李秀成率军悄悄地摸到了门口，这时哨兵发现了他们，大声问道："哪个大营的，干什么的？"

"我们是东南大营的，有急事向统帅报告。"李秀成答道，说着便径直走入大门。

"他们是太平军，他是李秀成！"有一个清军小头目突然大叫起来，原来这个人与李秀成正面交锋过，差一点成为李秀成的刀下鬼。

听到"李秀成"这个名字，清军顿时大乱，吓得四处逃命。这一切都被和春的外甥、副将常亮看到了，他急忙跑到和春的房间，上气不接下气地叫道："舅舅，不好了，李秀成杀过来了。"

这时，和春正在酣睡，常亮好不容易才把他叫醒。"舅舅，快快穿衣，太平军已到门口了。"常亮跪下恳求道。这时，他的几个副将也闯了进来。和春这才相信，急忙披衣从后门逃跑了。

等到和春逃到长江码头，才想起来大营中还有二十余万两白银和皇帝的诏书，他再回头看看身边的几名副将，又想起他在皇帝面前许下的诺言，痛不欲生，如果不是常亮及时拉住，他真要投入江中了。

太平军四面出击，城里城外相互接应，一夜之间，号称具有"万里长壕"的江南大营灰飞烟灭。

智破江南大营是太平天国战争史上最为精彩的一笔，洪仁玕、李秀成巧妙地选择杭州为"夺其所爱，攻敌必救"的目标，调动分散敌人，然后回师急救，内外夹击，一举扫清了清军对南京的围困。更重要的是，这次胜利给太平天国的形势带来了暂时转机，便太平军从天京内乱中重新振作起来。当然对清王朝的影响更大，江南大营的丢失，已说明清军无力打败太平军，清廷只好重用曾国藩的湘军。

围点打援，牵制敌军

彭德怀根据西北战场的形势，常又采用攻其必救的战术。

8 月初，彭德怀率军北上，攻打榆林。

由于钟松的整编三十六师兼程赶到榆林，8 月 12 日，彭德怀下令撤退。

彭德怀将部队集结于榆林东南、米脂西北地区，待机歼敌。

为了引诱三十六师，彭德怀令系部掩护西北局机关、后方医院等东渡黄河，造成我主力渡河的假象。

胡宗南果然再次上当，他令钟松的三十六师由榆林南下，令刘戡率整编二十九军及整编第一军之九十师由绥德北上，企图夹击我军。

三十六师自恃有实力，孤军冒进，彭德怀仍采用老办法，将军队分为两

部分，一部分阻止北上的刘戡军，而我军主力进至沙家店地区，向三十六师师部及一六五旅发起攻击。又包围回援的先头部队一二三旅于沙家店附近的常家高山。

激战一日，共歼敌一个师部，两个旅，约 6000 余人，钟松只身潜逃，一二三旅旅长被捉。

三十六师是胡宗南的主力师，敌主力被歼，使我军在西北战场上变被动为主动，开始了内线反攻。

胡宗南 20 多万人抢占了一个空城延安，被我军牵着鼻子走，跑来跑去，一直找不到我军主力，在青化砭三十一旅被歼，旅长被捉，在羊马河一三五旅被歼，旅长被捉，在蟠龙一六七旅被歼，旅长被捉，在沙家店整编三十六师被歼，一二三旅旅长被捉。

沙家店战役后，我军出延安、甘泉及以南，将绥德之敌引回延安。我军主力适时从绥德下游偷偷渡过无定河，清河东侧黄河南进，突然袭击占延长、延川，将整编七十六师师长廖昂所率二十四旅两个团和师直属队围困于清河涧。

1947 年 10 月 11 日，该部被我军歼灭，廖本人被俘。

1947 年 10 月下旬，我军第二次围攻榆林，围攻近月未克，再次撤围。

1947 年冬，彭德怀进行了整军。

1948 年春节，在一年一度的春节团拜会上，胡宗南说："去年占领延安，可以说是旗开得胜，今天我等在此集会多有变异，况且子奇、宗愚和昆刚等诸将领误落匪首。本人在此谨对上述诸君及其亲属略表歉意。望在座诸君，效忠党国，效忠先生。"临了，胡宗南忧心忡忡地说："国心、党心、军心都顺天意而行，不以个人意愿而变迁。蒋先生与共党结怨数十年，他费尽心机，夜不能寐，还望诸君一鼓作气，剪除匪患，建立太平之中华。以往胡宗南有不当之处，尚希谅解。"在座将领相对无言，心事重重，展望新的一年，凶多吉少，愁肠百结。

1948 年春。

西北战场上的敌军，不再出动寻找我军作战，而是防守战略要地。

敌人不出来，就要想办法让他出来，彭德怀采用"围点打援"的方法。我军进攻宜川，宜川是一重镇，胡宗南必令刘戡增援。于是，我军在距宜川 30 里的瓦子街一带公路南北山岭布下了一个口袋阵。

我军围城战斗打响后，胡宗南果然令刘戡增援，刘戡带 4 个旅的兵力共

万余人,壮着胆沿洛宜公路向宜川行进。

当刘戡的部队行至永乡东北约50里的观亭附近,发现有解放军的部队,二十七师师长王应尊,因为自己是先头部队,有责任弄清情况,报告刘戡,随即派出一个轻装营前往进行威力搜索。结果被解放军歼灭了大半,王应尊将情况报告刘戡,并建议先集中力量打观亭,然后由观亭前往解宜川之围。他的理由是,解放军既包围了宜川,而又集结较大兵力于观亭,这显然是准备打援兵。如果不去掉这一侧翼威胁,前景不妙。

胡宗南接到报告后认为,解放军不可能一下子吃掉一个整编军,因此,仍令刘戡继续前进。

2月27日,胡军继续东开。在行军中,二十七师师长王应尊,问副师长李奇亭和参谋长敖明权:"照你们看,这次解围有无把握?"

李奇亭毫不踌躇地说:"这次行动不但解宜川之围没有把握,而且我们解围部队本身,也有危险。"这一天,不仅两侧山中有零星枪声,而且据报瓦子街以东,有解放军警戒部队出现。这个情报使王应尊等人意识到,这就是彭德怀的"口袋战术",大战已迫在眉睫了。

果然,当胡军九十师师部行抵东瓦子街附近时,南边的枪声、手榴弹声、迫击炮声越来越密,战斗更趋于激烈,天又下起了毛毛雨。刘戡勉强做了决定:"今天不走了,就地宿营,严密警戒,准备明日(29)拂晓前继续沿公路前进,一举突到宜川。"

刘戡也深知处境危险,因此,他同意了王应尊"立即向黄龙山撤退,变内线为外线,以解宜川之围"的建议。但当他和九十师师长严明商量时,却遭到了他的讥讽:

"我是军人,军人以服从命令为天职。我们的职守是解救宜川,必须甩开敌人的一切阻拦,尽快让汉初旅脱险。有小股共军出现,不过彭德怀的虚张声势罢了,我想,如果共军设伏,我们的先头部队怎么会轻易地发现他们呢?请军座不要忘了,宜川还在共军主力的包围之中!"

看到严明如此无礼,刘戡拉长声音说道:"严师长,我想你不会不知道,共军一向注意歼我有生力量的,如果他们有意攻打宜川,为什么围城三天之久却不攻城,况且宜川城是他们唾手可得的。我们即便放弃宜川,仍可凭借坚固工事,死守洛川、黄陵,从而牵制敌人,阻其南下,确保西安无恙,现在对我们来说,等待就是胜利。阁下,战场容不得感情用事呀!"

刘戡与严明一向不和。原来他们两人都是军长,后因军改为整编师,严明成了师长,而刘戡却保住了军长的职务。严明对此一直耿耿于怀。论级别,两人都是中将,进入延安后,又同时得到了蒋介石授予的"青天白日"勋章。严明在蒋介石和胡宗南的功劳簿上,一直名列前茅,而现在刘戡却比他高一级,他更是不服。讲用兵,刘戡自知不是严明的对手,严明不仅是黄埔的高材生,而且赴美自学过。严明依仗自己的学历,加上又是胡宗南的心腹,根本不把刘戡放在眼里,特别是此次行动,严明居然搬出一副督战官的架势。刘斟对他虽恨之入骨,但大敌当前也只好忍气吞声了。

3月1日黎明,彭德怀命令解放军向敌发起了强大的攻势。胡军抵挡不住,不久,九十师五十三旅副旅长韩指针被打死了,一五八团团长何恰新

也被打死了。一八一团团长吴汝熙宣告失踪了,在公路北面,二十七师的三十一旅渐渐从半山坡上垮了下来,四十七旅的阵地动摇了。

在全部阵地均告动摇时,刘戡接二连三地传达要团以上高级人员“成仁”的命令,同时也传达了胡宗南指示战机的电报:“已令鲁崇义兵团星夜驰援,望兄弟激励将士,苦力撑持,以建功勋猷!”

在这时候,被围困在鸡蛋岭以东山头的九十师师长严明,深知战局已无法挽回,不断地要该师参谋长曾文思和他一起自杀。但曾文思对于这种办法“报效蒋校长和军座的培养之德恩”兴趣不大,一再借口观察战况,与严明保持着10米以上的距离,手里还拿着手枪以防万一。同时又叮嘱担任通讯营长的严明的儿子严守礼说:“你应该特别注意,防止师长自杀!”于是严守礼也就紧跟严明,寸步不离。

枪声愈来愈紧,战场上硝烟滚滚,解放军的呐喊声、枪炮声连成一片。严守礼对曾文思说:“参谋长,赶快突围吧!”曾文思说:“突到哪里去?白送死!”随即命令他们:“你们把师长抬下山到军部去,我随后也下来。”于是,严守礼和副官、参谋等几个人,便架着大喊大叫的严明向山下走。当曾文思下到山沟去时,严明又对他说:“我们就在这里自杀吧!”曾文思说:“到军部去,要死大家死在一块!”这时候,公路两侧拥挤着许多溃退下来的部队,正争着向西涌去,但一阵猛烈的机枪响过以后,人流又转头向东涌去。九十师师长严明,被人用滑竿抬着,也在人流中由西而东。此人在进犯延安时,在山西河津以东翻车断腿,行动不便,所以军中特为他备了一乘滑竿。

此刻,在刘戡的指挥部里,师、旅的官佐们正在研究对策,会上众说纷芸,严明一到就和刘戡唱对台戏。他说:“依弟之见,战局失利,本人一再讲瓦子街非用兵之地,应急速与宜川接通。结果是就地保命,落了个强兵待毙的下场!”

“妈的,不是东西!”刘戡心里骂着。他冷笑一声站起来说:“本军瓦子街待命,系胡长官电示,军人以服从上峰命令为天职。目前我军虽四方受敌,但尚未山穷水尽,只要将士同心戮力,转危为安尚有希望。为此,我命令:团级官佐必须亲临一线率众分南北西路突围,首功者官晋三级,后退者就地正法。突围无效,就地坚守。坚守无效,就地成仁,以报效党国和蒋先生!”

彭德怀发出总攻命令,我军发起强大攻势,彭德怀司令员出现在先锋团

的前沿阵地上，给战士们以无穷的力量。

刘戡像一条红了眼的疯狗，拼命组织反击，战斗异常激烈。战士们为了拿下刘戡的指挥所，正克服着重重困难，冲上去，倒下了，再冲上去，又倒下了。战斗到了白热化的程度。

几颗手榴弹炮弹在彭总所在山头炸开，彭总好像根本没有听见，仍在专心致志地观察着战场的变化。为了首长的安全，作战处长、团长和警卫人员坚决要把司令员拉下阵地，这时彭总急了，含着热泪说："我的好同志们啊！不要这样嘛！人的生命是不分贵贱的，我彭德怀也是受过苦，当过兵的粗人，我也有随时为革命献身的义务。你们都比我年轻，将来革命更需要你们，快散开吧！"

刘戡的指挥所被浓烟掩盖着，他决心孤注一掷，决一死战，他下了死命令，要不惜一切代价守住第三道防线，等待援兵。

这一天，胡宗南连续派来十来架飞机助战，对我军进行低空扫射，企图掩护胡军突围。彭德怀见此情况，放下手中的望远镜，对作战处长说："要二纵队向西，三纵队向南扩展，堵住敌人的一切退路，形成真正的天罗地网，叫刘戡无路可走，命令部队进一步加强攻势，要坚决、彻底、干净、全部歼灭二十九军！"

经过两天两夜的战斗，宜川战役胜利结束。全歼胡宗南第二十九军刘戡兵团，计有二十七师、九十师两个师部，四个旅及一些地方部队。又歼宜川守军一个旅。

二十九军军长刘戡以手榴弹自杀，九十师师长严明被击毙，被俘将校官50多人。

宜川战役，是西北战场上的空前大捷，经过这一战之后，西北战场的整个形势，亦随之改观。

瓦子街惨败的消息传到南京，蒋介石大为震怒，致电胡宗南，大加训斥："宜川丧师，不仅为国军'剿匪'最大之挫折，而其为最无意义的牺牲，良将阵亡，全军覆没，悼恸悲哀，情何以堪！"

胡宗南赴京请罪，请求撤职查办，蒋介石给其撤职留任的处分，旋又撤销。

3月5日，解放军西北野战军包围了胡军守洛川之敌，胡宗南急忙从豫西调一个整编师组成第五兵团回援，解了洛川之围。

4月，胡宗南察觉西北野战军有夺取宝鸡的意图，忙令第五兵团向宝鸡增援，令马步芳之整编第八十二师向长武、亭口前进，企图合击西北野战军于宝鸡地区。同时命令孤悬在几百公里以外的整编第十七师，于4月21日全部撤出延安，南下与洛川守敌会合，延安解放。

1949年元月21日，蒋介石下野。离京时致电胡宗南："中马日文告，想已达览，中即于本日离京回籍，冀促成和平，怀念与兄患难久共，肝胆相照，兹当离别，曷胜驰念，尚祈为国珍重，努力勿渝，以竟救国卫民之功，特致拳拳，不胜依依。"

26日，胡宗南又接到蒋介石的亲笔密函："宗南主任弟勋鉴，近日政局，即有变动，但陕省重要，一切工作皆应照常进行，而且比以前更应积极准备，

作死中求生之奋斗。关于增加弟之番号，已指定两个军及另配四个师，似已足用，武器亦已指配，望能于三个月内补充完毕，今后主力应置于汉中附近……中不论在何时何地，对弟部一切必如在京时无异，不必以此自馁，只要吾人能自立自助，不屈不挠，百折不回，则最后胜利未有不属于我也，余不百一，顺祝戎安。中正手启。”

蒋虽下野，胡对蒋仍一如既往，言听计从，并多次飞往溪口，晋见老头子，聆听教诲。

1948年8月至11月，彭德怀指挥西北野战军发动了三次大的攻势，歼敌6万人。

1949年2月1日，西北野战军改为中国人民解放军第一野战军，彭德怀任野战军司令员兼政委。下辖两个兵团，6个军。

1949年2月，彭德怀到太原代替带病在前线坚持的徐向前指挥太原战役。

4月24日，太原解放。

5月25日，彭德怀指挥陕中战役，西安解放。彭德怀出任中共中央西北局第一书记。

彭德怀军队发展到40万人(包括华北军区的第十八、十九兵团)。

7月6日，中共西北野战军前委在西安召开会议，彭总分析西北战场上敌我两军的力量对比和分布情况时说：

“盘踞在西北的胡宗南部，是蒋介石的一支装备精良的嫡系主力部队，在西北解放军的沉重打击下，虽不断损兵折将，战斗力大大削弱，但仍有17个军11个师，20余万人马。青、宁二马则拥有10个军30个师(旅)，约18万人马，尚未受到解放军的歼灭性打击。敌人垂死挣扎，气焰嚣张，既反动，又顽固。我军如不寻找有利时机，发动几个大的战役，给敌以歼灭性打击，他们是不会认输的。在我们方面呢，华北两个兵团来到西北以后，第一野战军的兵力增加到12个军35个师，共34万人，与胡、马敌军的总兵力相比，数量上大体相等。然而，我军可以集中使用，敌军却分散在西北各地，集中于我军对面的敌军主力，只有胡宗南7万余人，青、宁二马8万余人，合计15万余人。因此，西北战场决战的条件已经成熟。”

彭总接着说：“敌情有变，我们的作战计划也必须改变。我们本决定先打马后打胡；但

是，青、宁二马兵力分散，正面太宽，难于包围聚歼，而胡宗南的主力，五个军猥集于扶（风）眉（县）地区，纵深力量最薄弱。面对这一情况，我们决定钳马打胡，先胡后马！”于是命令十九兵团钳制青、宁二马，第一、第二、十八三个兵团，聚歼胡宗南主力于扶眉地区！

7 月 10 日，扶眉战役宣告开始。杨得志的十九兵团进至马军对面之乾县，礼泉以北高地，构筑工事，准备进攻。卫戍西安的解放军第六十一军则向南山秦岭之敌佯动，以便迷惑敌人，掩护主力运动，并钳制马军及秦岭胡军，保障解放军主力侧翼的安全。当时，胡宗南还在梦中，他总认为解放军华北兵团入陕后，至少要休整一个月才能作战，又自以为 5 个军集团配备，解放军不敢将其一口吞掉，还梦想乘解放军向马军进攻时，全力向解放军侧击，以取得胡、马联合作战胜利。

西北野战军在彭德怀司令员的直接指挥下，以迅雷不及掩耳之势，突然发起全线猛烈攻击。胡军猝不及防，一天之内即被强大的人民解放军团团包围，陷入绝境，激战两昼夜，除部分残敌越秦岭溃逃外，解放军歼敌 4 个军，4.3 万多人，解放县城 8 座。

扶眉战役的胜利，使西北战场敌我力量的对比起了根本的变化，我军由相对优势一变而为绝对优势，战争的主动权已完全掌握在解放军手里。当胡部遭解放军围歼之际，马部曾集结兵力，摆出援胡的架势却未敢动手。

青、宁二马见胡宗南失败，为保存实力，随即匆忙北撤。

在扶眉战役的总结会上，彭总说：“这次战役我们虽然取得辉煌的胜利，但是大家不要满足，不要骄傲，要乘胜前进，要人不卸装，马不停蹄，刻不容缓地大军西进，直捣马军巢穴，解放大西北，去迎接全国革命的胜利，迎接新中国的诞生！扶眉战役只是我军与胡宗南、马步芳、马鸿逵决战的第一回合。这一回合，我们是胜了。毛主席来电报鼓励我们说：‘打胡胜利极大，甚慰。不顾天热，乘胜举行打马战役是很好的’同志们，现在我们遵照毛主席的指示向二马进军了！”会上响起了热烈的掌声。

彭德怀根据毛泽东关于暂不占领汉中，集中兵力歼灭青、宁二马的指示，决心乘胡、马彼此远离之机，以第十八兵团主力于宝鸡、西安一线钳制胡宗南部，以第一、二、十九兵团歼灭青、宁二马主力。

1949 年 7 月，胡宗南的总兵站和后方主要供给基地——宝鸡，已被解放军占领了。胡宗南只好逃窜汉中，与人民解放军对峙于秦岭，彻底结束了他在西北为王的历史，此时他的军队仍有 3 个兵团，即李文的第五兵团，裴昌会的第七兵团，李振的第十八兵团，共有 13 个军加上干部训练团、第七分校学校总队等。他苦心经营陕南基地，并想为自己的部队寻找出路。

7 月 21 日至 24 日，解放军先后由乾县、礼泉、凤翔、宝鸡地区出动。

8 月 11 日，攻占庆阳、固原、隆德、静宁、海原，控制了六盘山。

8 月 26 日，我军攻克兰州。

9 月 5 日，我军攻克西安，歼灭马步芳集团。随后，攻克银川，歼灭马鸿逵集团。

9 月 25 日和 26 日国民党新疆警备司令陶峙岳和新疆省主席包尔汉先后通电起义。

10月20日,王震进入新疆乌鲁木齐。

11月下旬,彭德怀赴新疆解决起义部队的改编问题。

11月26日,我军横扫陇南、陕南残敌。

大西北五省——陕西、甘肃、宁夏、青海、新疆全部解放。

彭德怀和贺龙在西北战场上共歼敌:

1个长官公署、3个兵团部、4个省保安司令部、2个警备总部、1个补给司令部、25个军部、61个整师、85个整团、43个整营,共51.3万人。

围而不打,隔而不围

在平津战役中,毛泽东巧用调虎离山之计,拖住傅作义,又用围而不打,隔而不围的战术,分割平津之敌,其战术的运用达到炉火纯青的地步。

毛泽东首先指示华北野战军先打张家口,张家口是傅作义退回山西、绥远的必由之路,这样傅作义必然派主力部队营救,这一招就是攻其所必救。

华北野战军一打张家口,傅作义果然派他的主力部队三十五军救援。三十五军出北京对我军有两个意义:一是用三十五军系着傅作义的心,使他不至于放弃北京下海东逃;二是减少北京的兵力,有利于北京的解放。

三十五军在张家口与我军周旋几天后,傅作义才看出我军调三十五军出京的意图,急令三十五军回京,但三十五军一出来就别想再回去了,三十五军在返回北京的途中被我军包围在新保安。

我军虽然包围了三十五军,但毛泽东不准华北野战军把三十五军就地歼灭,只是紧紧包围,不让跑掉,主要原因是该军关系到整个局势的发展。当时,从东北入关的第四野战军对平津之敌的包围还没有形成,这时假如打掉了三十五军,傅作义就可能因为失掉这个"心腹"而感到绝望,这样他就可能率军从海上逃跑。三十五军是傅作义的主力,现在围而不打,给傅作义一个想头。对三十五军不施歼灭就是战役包围未完成时,暂不打草惊蛇。

毛泽东同志在给林彪、罗荣桓的电报中指示:"我华北杨罗耿(指杨得志、罗瑞卿、耿飚)兵团以九个师包围三十五军三个师,是绝对优势。他们提出早日歼灭该敌,我们拟要他们暂时不打,以便吸引平津之敌不好做下海逃走的决心。"

整个平津战役,毛泽东有全盘的考虑,当时傅作义集团处于我东北、华北两大野战军夹击之中,形似孤悬,是坚守还是撤退,傅作义犹豫不决。蒋介石想让傅作义南撤,傅作义不想南撤。

我军最好的方法是把傅作义集团就地歼灭。我军只有要东北野战军入关，就可将平津塘之敌分割包围，这样就可以想打哪个就打哪个。

毛泽东估计傅作义集团逃跑，可能从海上南逃，从陆上西逃，为了防止傅作义下海逃跑的决心，毛泽东令刘伯承的中原野战军暂缓歼灭杜聿明集团，还特别指示东北野战军："部队行动必须十分隐蔽。蒋傅对我军积极性总是估计不足的，他们尚未料到你们主力马上入关。因此，除部队行动应十分隐蔽外，请东北局及林、罗、谭令新华社及东北各广播电台在今后两星期内，多发沈阳、新民、营口、锦州等地我主力部队庆功祝捷、练兵、开会的消息，以迷惑敌人。"又说："林、罗、刘可携带轻便指挥机构，并于走后一星期左右，在沈阳登出一条表示林尚在沈阳的新闻，并经新华社播发。"毛泽东详细安排，巧设空城计，蒙骗国民党集团，使他们认为我军短期内不会入关。

傅作义当时把他的部队摆成一个 500 多公里的长蛇阵。蛇头是唐山、天津，蛇腹是北平，蛇尾在宣化、张家口。

在东北辽沈战役中毛泽东主张先打蛇头。这次平津战役则是把整个蛇分成数段，分割包围，各个歼灭。其原因是平津战役中我华北野战军 40 万人，东北野战军 80 万人，而华北敌军只有 60 万人，我军有足够的兵力，即使这样，毛泽东仍然指示："只要塘沽（最重要）、新保安两点攻克，就全局皆活了。"

平津战役林彪曾主张让华北野战军先打唐山，等东北野战军入关后由东北野战军接着打。这种先打蛇头的方法在东北用过，用在此处不如毛泽东"围而不打"、"隔而不围"的战法奇妙。

傅作义把蒋系部队摆在东线，傅系主力则在张家口、宣化、北平等中、西线。唐山不是要害所在，打了唐山仍不能阻止敌军从塘沽逃跑，而且会促使"敌以中央系在北平附近各军甚至加傅军一部或大部全部进至津、塘、唐线，而以主力位于塘沽，则可以接出唐山之敌，并完成从海路撤退的准备，我军入关很难歼灭该敌。"

唐山这个蛇头，不同锦州那个蛇头，打了锦州就能关门捉贼，打了唐山则会打草惊蛇。

毛泽东主张先从西线——蛇的尾巴打起。这个尾巴是傅作义集团的要害，傅系的老家在绥远，平绥路是他退守绥远的惟一交通线，打了张家口，就截断了傅系西逃的退路。一打张家口，傅作义必然增援，这如同打了蛇尾蛇头就反扑一样。这与辽沈战役不同，辽沈战役若先打长春这个蛇尾，蛇头可能不但不反扑，还会挣断尾巴逃入关内。

事实正如毛泽东同志预料的那样，我华北野战军一打张家口，傅作义就立即派他的主力三十五军救援，三十五军一出北京，我军即咬住它不放。当傅作义看到东北野战军入关，我军要坚决截断平绥路时，认为张家口已无守的必要，就令三十五军火速回京。

若三十五军回京，对我军不利，拖住傅作义集团的计划就难以实现。

在三十五军撤逃时，毛泽东连发三封电报要求我军堵住三十五军。

12 月 6 日，毛泽东指示杨成武、李天焕务必巩固地隔断张家口与宣化两处，使两处之敌不能会合在一起。电文中指出：

你们务必明白，只要宣化4个师不能到张家口会合，则张家口之敌不会西逃；如果你们放任宣化敌到张家口会合，则不但张家口集敌9个步兵师3个骑兵旅，尔后难以歼击，而且随时有集中一起向西逃的危险。只要看敌人连日打通张、宣联系之努力，就可知敌人孤立两处之不利。而这种孤立对于我们则极为有利。因为我们可以先歼灭宣化4个师，你们必须坚决执行我们历次电令，一纵确保沙岭子、八里庄一带阵地，必要时将二纵一部或全部加上去，待杨、罗、耿到达后再行调查部署（必须先得我们批准，不可违误）。

12月7日毛泽东又发电报给程子华、黄志勇、杨得志、罗瑞卿、耿飚；杨成武、李天焕。电文中指示：

现三十五军及宣化敌一部正想逃跑。杨、罗、耿应遵军委多次电令，阻止敌人东逃；如果该敌由下花园、新保安向东逃掉，则由杨、罗、耿负责。军委早已命令杨、罗、耿应以迅速行动，于5日到宣化、怀来之间的铁路线，隔断宣、怀两敌联系，此项命令也是清楚明确的。杨、罗、耿所部即便5日不能到达，6日上午也应该可以到达。三十五军于6日，由张家口附近东逃，只要杨、罗、耿6日上午全部或大部到达宣化段铁路线，该敌也跑不掉。程、黄应令所部迅速到达并占领怀来、八达岭一线，隔断东西敌人联系，并相机歼灭该段敌人。

毛泽东发给林彪、罗荣桓、刘亚楼的电令中指示：

你们几次发给杨、李电令都不合具体情况，都与军委隔断张、宣两段的规定冲突……你们自己则不以后卫军打密云，而以先头军打密云，致耽误了时间。在这种情况下，可能你们尚未赶到，三十五军及怀来之敌已一起东逃，你们到后毫无事做，空荡往返。虽然如此，但你们仍须星夜赶进。希望杨、罗、耿能于6日夜或7日早在下花园、新保安线上抓住三十五军及另一军主力，而怀来之敌尚未跑掉，你们可协同杨、罗、耿歼灭该敌。

从电文中我们可以看出，毛泽东部署的是让杨成武隔断张家口与宣化之敌，让杨、罗、耿隔断宣化与怀来之敌，让程子华、黄志勇占领怀来、八达岭一线，阻止怀来之敌东逃。这是一个分割平绥线的作战计划，傅作义的主要军队大部在这个线上。

杨、罗、耿兵团的第十二旅及时赶到新保安，以一个旅的兵力在西八里、新保安、东八里地区构筑了纵深约8公里的三线阻击阵地，12月7日十二旅同三十五军激战一天，晚上三十五军攻入新保安，7日夜三十五军在新保安住了一夜，一个夜晚的时间，杨、罗、耿兵团的主力赶到，将三十五军重重包围在新保安。

三十五军是华北野战军的一个主要对手，它曾严重地危害过解放区军民；人民对它恨之入骨，华北人民解放军同它交手多次，总没有将其全部打掉，这次将其包围在新保安，决心全歼。12月10日杨得志、罗瑞卿、耿飚致电中共中央军委，建议"如不碍于整个方针实施时，我们以为待炮兵弹药到时，先歼三十五军为好。"程子华、黄志勇也在11日提议，怀来追击战结束后，即参加歼击第三十五军。

毛泽东同志指示杨、罗、耿做攻击的准备可以，但不要实施攻击，应该“围而不打”。

毛泽东指示东北野战军和华北野战军：“从本日起的两星期内（12 月 11 日至 12 月 25 日）基本原则是围而不打（例如对张家口、新保安），有些则是隔而不围（即只作战略包围，隔断敌之联系，而不作战役包围，例如对平、津、通州），以待部署完成之后，各个歼敌。尤其不可将张家口、新保安、南口诸敌都打掉，这将迫使南口以东诸敌迅速决策狂跑。

“为着不使蒋介石迅速决策海运平津诸敌南下，我们准备命令刘伯承、邓小平、陈毅、粟裕于歼灭黄维兵团之后，留下杜聿明指挥邱清泉、李弥、孙元良诸兵团（已歼约一半左右）之余部，两星期内不作最后歼灭之部署。

“为着不使敌人向青岛逃跑，我们准备令山东方面集中若干兵力控制济南附近一段黄河，并在胶济线上预作准备。

“敌向徐州、郑州、西安、绥远诸路逃跑，是没有可能或很少可能。

“惟一的或主要的是怕敌人从海上逃跑，因此，在目前两星期内一般应采取围而不打或隔而不围的办法。

“此种计划出敌意外，在你们最后完成部署以前，敌人是很难觉察出来的。敌人现在估计你们要打北平。

“敌人对于我军的积极性总是估计不足的，对于自己的力量总是估计过高，虽然他们同时又是惊弓之鸟。平津之敌决不料你们在 12 月 25 日以前能够完成上列部署。

“为着在 12 月 25 日以前完成上列部署，你们应该鼓励部队在此两星期内不惜疲劳，不怕减员，不怕受冻受饥，在完成上列部署后，再行休整，然后从容攻击。

“攻击的次序大约是：第一塘芦区，第二新保安，第三唐山区，第四天津、张家口两区，最后北平区。

当我军完成对平津地区诸点的包围后，首克新保安，歼灭了三十五军，继克天津，全歼天津守敌。在巨大攻势下，傅作义将军接受改编，北平和平解放。整个战役的发展完全在毛泽东同志的预料之中。

可口可乐，锦囊妙计

1923 年，罗伯特·伍德鲁夫当上了可口可乐公司的第二任董事长。

可口可乐自1886年问世以来,到现在已有100多年的历史。它所以能在世界各地畅销不衰,一个重要原因就是该公司拥有几位雄才大略、精明强干的主管人。

使可口可乐成为国际饮料的功臣,当首推伍德鲁夫。他1890年生于美国乔治亚州的哥伦布市,受过军事教育。20岁时便离开大学出外谋生,阅历颇广。

他当上董事长后的第一个惊人设想,就是"要让全世界的人都喝可口可乐"。显然,伍德鲁夫的这种设想是考虑到美国国内市场已接近饱和,必须另辟市场。

但是,如果他没有过人的胆识与魄力,这个设想是很难变成现实的。要把一种略带药味的饮料推销到国际市场,使各种人都能接受和欢迎,谈何容易。

难怪可口可乐公司董事会的元老们,对伍德鲁夫上任后就增设一个"国际市场开发部"持有异议。一位名叫杜吉尔的董事是个保守的元老派,他怒气冲冲地找伍德鲁夫"兴师问罪"。

伍德鲁夫争辩说:"美国的食品能在国外销售,这么好的饮料为什么就不能推销呢?"杜吉尔说:"食品与饮料完全两样。不管是什么人,对食品主要考虑的是营养成分。只要有营养,他们是愿意让自己的口味迁就食品的。而饮料只是消暑解渴,喝不喝两可,外国人怎会放弃自己的传统的习惯去迁就饮料呢?"

"你说得有道理,但是请不要忘记,人,不管哪个国家的人都有好奇心和习惯两个因素。"

杜吉尔答道:"好奇心难以持久,如果不能从好奇变成习惯,那么国外的推销就会失败。现在国内市场看好,犯不着去国外冒险。我知道你上任后想显示一番,但你不能用公司全体人员的利益,为自己的虚荣和好强孤注一掷。"

这场争论不欢而散。杜吉尔的指责使伍德鲁夫陷入了痛苦之中。他反复思考着"让全世界的人都喝可口可乐"的设想,自信一定能行得通。他记得一次在旧金山参加宴会时,看到不少中国人喝可口可乐,手不离杯,津津有味。可见外国人也能像美国人一样接受和欢迎这种饮料。只要推销方式恰当、手段得法,国际市场一定能够打开。他树立了这种信心后,就有了努力的方向。他公开表明自己向国际市场进军的坚定态度,并专门成立了一个公司,负责国际市场的开发。

伍德鲁夫希望自己做一个开创者,而不只是沿着别人老路走下去的继承者。

1941年,日本奇袭珍珠港后,美国参加了第二次世界大战。紧张的战事影响了民用经济发展。可口可乐的经营陷入困境。国内的销售情况不佳,国外的销路更是一筹莫展。这使伍德鲁夫焦虑万分,以至胃病复发。

正在"内外交困"的时候,来了一位"救星"——班塞。他是伍德鲁夫的老同学,在麦克阿瑟部下当上校参谋,临时从菲律宾战区回国述职。班塞在同国防部紧张的接洽公事之际,抽空给伍德鲁夫打来了电话。伍德鲁夫说:

“难得你还想着我啊?”“我不是想你,我是天天在想你的可口可乐!”

班塞豪爽地大笑道:“好长时间没喝上你那个深红色的‘头疼药’了,在菲律宾热得要命的丛林中,真想喝呵!一下飞机,我就先喝了两大瓶。可惜我不是骆驼,不然真想灌上一肚子带回去慢慢消化。”

班塞的一席话,使伍德鲁夫心中豁然一亮:如果前线的将士都能喝到可口可乐,那么当地的人自然也可以喝到这种饮料,这样销路还用发愁吗?伍德鲁夫憧憬着、思考着、计划着,兴奋得坐立不安。他下决心抓住这个千载难逢的好机会。

伍德鲁夫立刻赶往华盛顿,去找美国国防部的官员商洽。但是,五角大楼的官员对这个问题连想也没想过。他们不相信伍德鲁夫所说的可口可乐能“鼓舞士气”,“调剂前线将士的艰苦生活”。

乘兴而来,扫兴而归。伍德鲁夫得到的回答是“研究研究”。但是,可口可乐公司的困境已无法等待国防部的研究结果了。因为内销减少,外销无门,1/3 的生产已停顿,再拖下去非关门不可。等待不如主动进攻。伍德鲁夫横下一条心,决定开展一场宣传攻势:公开宣传可口可乐对前线将士的重要不亚于枪弹。他相信,只要舆论界动起来,五角大楼也会坐不住的。

公司三名一流的宣传人员起草的一份宣传提纲,伍德鲁夫看后很不满意地给退了回去。命令他们用满腔热情的语言,重新写过。他说:“一定要把可口可乐与前方将士的战地生活紧紧联系起来,还要写清饮料对胜利的影响。公司的成败在此一举,各位要用尽全力,使宣传动人,一举成功。”

三个“刀笔吏”的确文思敏捷,不负所望,洋洋洒洒写了 5 万余言,配上精选的照片,编了一套图文并茂的“前方来信”、“士兵心愿”的小册子。伍德鲁夫亲自伏案修改,浓缩成 2 万字。随即用彩色印刷,取名为《完成最艰苦的战斗任务与休息的重要性》。

小册子强调指出:在紧张的战斗中,应尽可能调剂战士的生活。当一个战士在完成任务后,精疲力竭,口干舌燥,喝一瓶清凉的可口可乐,该是何等惬意啊!伍德鲁夫改写的那段文字更是形象:“各位可以闭上眼睛想想看,在烈日当空、挥汗如雨的环境中执行作战任务,喉咙干得像着了火。战士们最向往、最需要的是什么东西?不用说,这当然是他们以前经常喝的,清凉如冰的可口可乐。”

小册子的结论是:“由于在战场上出生入死的战士们的需要,可口可乐对他们已不仅是消闲饮料,而是生活必需品了,与枪炮弹药同等重要。”伍德鲁夫的这一“宣传战”居然打响了,在记者招待会上,博得了国会评论员、军人家属,还有国防部官员们的阵阵掌声。

国防部的官员不但同意把可口可乐列为军需用品,还支持在军队驻地办饮料生产厂。这时,伍德鲁夫反而提出战地建厂,投资风险太大,也需要“研究研究”,实际上是不肯自己出钱。

由于宣传的作用,前方将士早已迫不及待地等着喝可口可乐,其反应之强烈,使国防部官员欲罢不能了。最后国防部公开宣布:“不论在世界任何一个角落,凡是有美军驻扎的地方,务必使每一个战士都能以 5 美分喝到一瓶可口可乐。这一供应计划需要的全部设备与经费,国防部将给予全力支

持。”

在五角大楼雄厚财力的支持下，可口可乐公司在1941年后的不到3年内，就向海外输出了64家生产加工厂。到大战结束时，可口可乐作为“军需用品”的消费量，已达到50亿瓶左右。

由于伍德鲁夫使用围魏救赵之计，给五角大楼施压，从而使可口可乐在各种消费品的经营十分困难的战争期间生产不仅没有受到影响，反而大大发展了。而且，广泛地开辟了国际市场，为战后的新发展奠定了坚实基础。可口可乐的名字很快传遍了世界。

围魏救赵，讨还欠款

西方某个国家有一个负责为别人讨回债款的公司——蒙特利讨债公司。这家公司不论在什么样的情况下，都能出色地完成讨债任务，因而经常是顾客盈门。这家公司的讨债方式，更是五花八门。

蒙特利讨债公司在帮助债权人讨债当中，并不像人们想象的那样，对债务人铁面无情，如果他们发现债务人确无还债能力时，会帮他们想办法，而且不要任何报酬。其实这也是蒙特利讨债公司的一种经营策略，帮助债权人讨回了欠款，一切报酬不也就在其中吗？

蒙特利讨债公司里有一位名叫亨利特的高级雇员，他以前在警察局里干过，很有一些办案经验，而且颇具正义感，遇到不平的事，他总要管一管。

1992年6月，公司让他去帮弗雷斯游乐园收回100万元欠款。

亨利特接受任务后，立即行动。他先把有关材料看了一遍，然后才去找债务人——阿贝尔多游艺场的老板。

亨利特来到游艺场，发现这里已经关了门。他费了半天劲，才找到了老板阿贝尔多的家。可是，他来晚了，阿贝尔多刚刚在家里自杀了，他的妻子麦丽昂和女儿，正守在他的尸体旁哭泣。

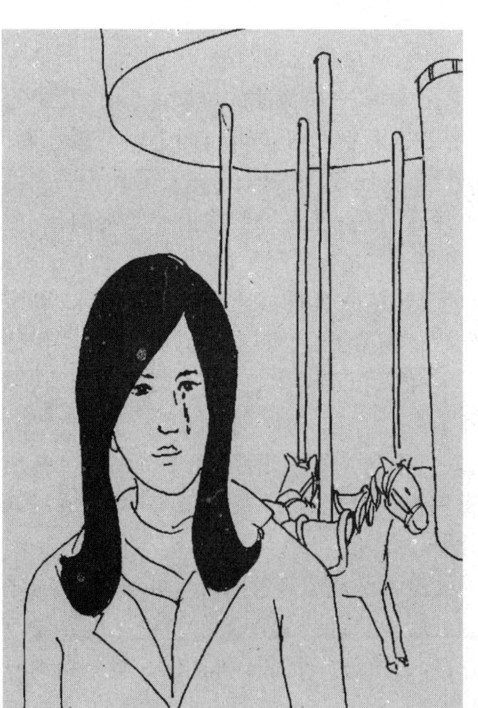

麦丽昂听说亨利特是讨债公司的，立刻低下头说：“对不起，阿贝尔多自杀了，留下我们母女二人，我们实在没钱还债。”

亨利特说：“我看了有关你们的一些材料，我不明白，你丈夫开的游艺场，开始生意不是挺红火吗？怎么后来竟会倒闭？”

麦丽昂眼里忽然流出泪水，说：“是的，开始生意不错，可是后……”她看了一眼自己的女儿，摇了摇头，没有再往

下说。

亨利特这时才发现，阿贝尔多的女儿长得十分美丽。他忽然感到，一定是有什么意想不到的灾难降临到这个家里，所以才逼迫得阿贝尔多自杀。亨利特请求麦丽昂把话说下去。

麦丽昂告诉亨利特，当地的烟草大王古斯曼看中了她的女儿，非要娶她为妻不可。可是，古斯曼已经是个60岁的老人了，而且听说，他和地方上的黑社会有勾结，因此，她和丈夫都不同意。

没想到，这下竟得罪了这个老色鬼，他指使一帮歹徒，三天两头到游艺场乱打一通，吓得谁还敢去？就这样，游艺场倒闭了。亨利特听完，气得紧握拳头，心中暗说：古斯曼，我决饶不了你！他安慰母女二人，不要着急，债款的事，他会帮他们想办法。

麦丽昂听了，只是苦笑笑。她以为亨利特这样说，只是为了安慰她们母女，因为，这笔债款可不是个小数目。

亨利特找到旧日警察局里的朋友，请他们帮忙提供有关古斯曼的材料。亨利特知道，凡是这样的人，他们的材料都会掌握在警察手里。

朋友们给了亨利特很大帮助，他们告诉他，古斯曼不仅和黑社会有联系，而且还有走私毒品嫌疑，很长时间了，警方一直在找寻他的罪证，可是一直也没有发现。不过，有一个人很值得注意，就是古斯曼的私人秘书斯耐特，警方怀疑他在毒品交易中担任着一个重要的角色。

得到这些材料后，亨利特心里十分高兴。他决定跟踪斯耐特，摸清他们的底细。

亨利特利用当警察时学到的一些侦察手段，把一枚微型窃听器，趁斯耐特到海滨游泳时，巧妙地安装在他的鞋跟里。

掌握了这些可靠证据后，亨利特找到古斯曼，让他包赔阿贝尔多游艺场的全部损失，不然，他就把录像带交给警方。亨利特同时警告古斯曼，不要耍花招，他今天带来的录像带只是一个复制品，如果他出了事，原带就会落到警方手中。

古斯曼知道自己遇到了一个强有力的对手，为了保证自己不进监狱，他只得交出一大笔钱给阿贝尔多的夫人麦丽昂。麦丽昂用这笔钱不仅还清了所有欠款，而且还使游艺场重新开张。

后来，麦丽昂的女儿嫁给了亨利特。有的朋友说，亨利

特当初帮助麦丽昂母女，是因为看中了人家的女儿。对此，亨利特只是笑笑，并不反驳。

不管亨利特当初是否有那种动机，可是他最终帮助麦丽昂母女还清欠款这件事，是否可是算做“围魏救赵”的好典范呢？

3计 借刀杀人

刘备借刀，诛除吕布

在三国时，吕布骁勇过人，但为人反复无常。吕布原为荆州刺史丁原的义子，后丁原与董卓交恶，董卓用一匹赤兔马将吕布收买，吕布杀了丁原，拜董卓为义父。

董卓入京之后，势力扩大，自称太师。后来王允等人巧用连环计，使董卓死在吕布之手。

在罗贯忠的《三国演义》第十九回中，刘备巧用借刀杀人之计除掉了吕布。请见原文：

且说曹操得了徐州，心中大喜，商议起兵攻下邳。程昱曰：“布今止有下邳一城，若逼之太急，必死战而投袁术矣。布与术合，其势难攻。今可使能事者守住淮南径路，内防吕布，外挡袁术。况今山东尚有臧霸、孙观之徒未曾归顺，防之亦不可忽也。”操曰：“吾自挡山东诸路。其淮南径路，请玄德挡之。”玄德曰：“丞相将令，安敢有违。”次日，玄德留糜竺、简雍在徐州，带孙乾、关、张引军驻守淮南径路。曹操自引兵攻下邳。

且说吕布在下邳，自恃粮食足备，且有泗水之险，安心坐守，可保无虞。陈宫曰：“今操兵方来，可乘其寨栅未定，以逸击劳，无不胜者。”布曰：“吾方屡败，不可轻出。待其来攻而后击之，皆落泗水矣。”遂不听陈宫之言。过数日，曹兵下寨已定。操统众将至城下，大叫吕布答话，布上城而立，操谓布曰：“闻奉先又欲结婚袁术，吾故领兵至此。夫术有反逆大罪，而公有讨董卓之功，今何自弃其前功而从逆贼耶？倘城池一破，悔之晚矣！若早来降，共扶王室，当不失封侯之位。”布曰：“丞相且退，尚容商议。”陈宫在布侧大骂曹操奸贼，一箭射中其麾盖。操指宫恨曰：“吾誓杀汝！”遂引兵攻城。

宫谓布曰：“曹操远来，势不能久。将军可以步骑出屯于外，宫将余众闭守于内；操若攻将军，宫引兵击其背；若来攻城，将军为救于后，不过旬日，操军食尽，可一鼓而破；此乃犄角之势也。”布曰：“公言极是。”遂归府收拾戎装。时方冬寒，吩咐从人多带棉衣，布妻严氏闻之，出问曰：“君欲何往？”布告以陈宫之谋。严氏曰：“君委全城，捐妻子，孤军远出，倘一旦有变，妾岂得为将军之妻乎？”布踌躇未决，三日不出。宫入见曰：“操军四面围城，若不早出，必受其困。”布曰：“吾思远出不如坚守。”宫曰：“近闻操军粮少，遣人往许都去取，早晚将至。将军可引精兵往断其粮道。此计大妙。”布然其言，复入内对严氏说知此事。严氏泣曰：“将军若出。陈宫、高顺安能坚守城池？

倘有差失，悔无及矣！妾昔在长安，已为将军所弃，幸赖庞舒私藏妾身，再得与将军相聚；孰知今又弃妾而去乎？将军前程万里，请勿以妾为念！”言罢痛哭。布闻言愁闷不决，入告貂蝉。貂蝉曰：“将军与妾作主，勿轻身自出。”布曰：“汝无忧虑。吾有画戟、赤兔马，谁敢近我！”乃出谓陈宫曰：“操军粮至者，诈也。操多诡计，吾未敢动。”宫出，叹曰：“吾等死无葬身之地矣！”布于是终日不出，只同严氏、貂蝉饮酒解闷。

谋士许汜、王楷入见布，进计曰：“今袁术在淮南，声势大振。将军旧曾与彼约婚，今何不仍求之？彼兵若至，内外夹攻，操不难破也。布从其计，即日修书，就着二人前去。许汜曰：“须得一军引路冲出方好。”布令张辽、郝萌两个引兵一千，送出隘口。是夜二更，张辽在前，郝萌在后，保着许汜、王楷杀出城去。抹过玄德寨，众将追赶不及，已出隘口。郝萌将五百人，跟许汜、王楷而去。张辽引一半军回来，到隘口时，云长拦住。未及交锋，高顺引兵出城救应，接入城中去了。

且说许汜、王楷至寿春，拜见袁术，呈上书信。术曰：“前者杀吾使命，赖我婚姻！今又来相问，何也？”汜曰：“此为曹操奸计所误，愿明上详之。”术曰：“汝主不因曹兵困急，岂肯以女许我？”楷曰：“明上今不相救，恐唇亡齿寒，亦非明上之福也。”术曰：“奉先反复无信，可先送女，然后发兵。”许汜、王楷只得拜辞，和郝萌回来。到玄德寨边，汜曰：“日间不可过。夜半吾二人先行，郝将军断后。”商量停当。夜过玄德寨，许汜、王楷先过去了。郝萌正行之次，张飞出寨拦路。郝萌交马只一合。被张飞生擒过去，五百人马尽被杀散。张飞解郝萌来见玄德，玄德押往大寨见曹操。郝萌备说求救许婚一事。操大怒，斩郝萌于军门，使人传谕各寨，小心防守：如有走透吕布及彼军士者，依军法处治。各寨悚然。玄德回营，吩咐关、张曰：“我等正当淮南冲要之处。二弟切宜小心在意，勿犯曹公军令。”飞曰：“捉了一员贼将，操不见有甚褒赏，却反来唬吓，何也？”玄德曰：“非也。曹操统领多军，不以军令，可能服人？弟勿犯之。”关、张应诺而退。

却说许汜、王楷回见吕布，具言袁术先欲得妇，然后起兵救援。布曰：“如何送去？”汜曰：“今郝萌被获，操必知我情，预作准备。若非将军亲自护送，谁能突出重围？”布曰：“今日便送去，如何？”汜曰：“今日乃

凶神值日，不可去。明日大利，宜用戌、亥时。”布命张辽、高顺：“引三千军马，安排小车一辆；我亲送至二百里外，却使你两个送去。”次夜二更时分，吕布将女以棉缠身，用甲包裹，负于背上，提戟上马。放开城门，布当先出城，张辽、高顺跟着。将次到玄德寨前，一声鼓响，关、张二人拦住去路，大叫：“休走！”布无心恋战，只顾夺路而行。玄德自引一军杀来，两军混战。吕布虽勇，终是缚一女在身上，只恐有伤，不敢冲突重围。后面徐晃、许褚皆杀来，众军皆大叫曰：“不要走了吕布！”布军见来太急，只得仍退入城。玄德收军，徐晃等各归寨，端的不曾走透一个。吕布回到城中，心中忧闷，只是饮酒。

却说曹操攻城，两月不下。忽报：“河内太守张杨出兵东市，欲救吕布；部将杨丑杀之，欲将头献丞相，却被张杨心腹将眭固所杀，反投犬城去了。”操闻报，即遣史涣追斩眭固。因聚众将曰：“张杨虽幸自灭，然北有袁绍之忧，东有表、绣之患，不邳久围不克，吾欲舍布还都，暂且息战，何如？”荀攸急止曰：“不可。吕布屡败，锐气已堕，军以将为主，将衰则军无战心。彼陈宫虽有谋而迟。今布之气未复，宫之谋未定，作速攻之，布可擒也。”郭嘉曰：“某有一计，下邳城可立破，胜于二十万师。”荀彧曰：“莫非决沂、泗之水乎？”嘉笑曰：“正是此意。”操大喜，即令军士决两河之水。曹兵皆居高原。坐视水淹下邳。下邳一城，只剩得东门无水；其余各门，都被水淹。众军飞报吕布。布曰：“吾有赤兔马，渡水如平地，又何惧哉！”乃日与妻妾痛饮美酒，因酒色过伤，形容消减；一日取镜自照，惊曰：“吾被酒色伤矣！自今日始，当戒之。”遂下令城中，但有饮酒者皆斩。

却说侯成有马十五匹，被后槽人盗去，欲献与玄德。侯成知觉，追杀后槽人，将马夺回；诸将与侯成作贺。侯成酿得五六斛酒，欲与诸将会饮，恐吕布见罪，乃先以酒五瓶诣布府，禀曰：“托将军虎威，追得失马。众将皆来作贺。酿得些酒，未敢擅饮，特先奉上微意。”布大怒曰：“吾方禁酒，汝却酿酒会饮，莫非同谋伐我乎！”命推出斩之。宋宪、魏续等诸将俱入告饶。布曰：“故犯吾令，理合斩首。今看众将面，且打一百！”众将又哀告，打了五十背花，然后放归。众将无不丧气。

宋宪、魏续至侯成家来探视，侯成泣曰：“非公等则吾死矣！”宪曰：“布只恋妻子，视吾等如草芥。”续曰：“军围城下，水绕壕边，吾等死无日矣！”宪曰：“布无仁无义，我等弃之而走，何如？”续曰：“非丈夫也。不若擒布献曹公。”侯成曰：“我因追马受责，而布所倚恃者，赤兔马也。汝二人果能献门擒布，吾当先盗马去见曹公。”三人商议定了。是夜侯成暗至马院，盗了那匹赤兔马，飞奔东门来。魏续便开门放出，却佯作追赶之状。侯成到曹操寨，献上马匹，备言宋宪、魏续插白旗为号，准备献门。曹操闻此信，便押榜数十张射入城去，其榜曰：

大将军曹，特奉明诏，征伐吕布。如有抗拒大军者，破城之日，满门诛戮。上至将校，下至庶民，有能擒吕布来献，或献其首级者，重加官赏。为此榜谕，各宜知悉。

次日平明，城外喊声震地。吕布大惊，提戟上城，各门点视，责骂魏续走透侯成，失了战马，欲待治罪。城下曹兵望见城上白旗，竭力攻城，布只得亲

自抵敌。从平明直打到日中，曹兵稍退。布少憩门楼，不觉睡着在椅上。宋宪赶退左右，先盗其画戟，便与魏续一齐动手，将吕布绳缠索绑，紧紧缚住。布从睡梦中惊醒，急唤左右，却都被二人杀散，把白旗一招，曹兵齐至城下。魏续大叫："已生擒吕布矣！"夏侯渊尚未信。宋宪在城上掷下吕布画戟来，大开城门，曹兵一拥而入。高顺、张辽在西门，水围难出，为曹兵所擒。陈宫奔至南门，为徐晃所获。

曹操入城，即传令退了所决之水，出榜安民；一面与玄德同坐白门楼上。关、张侍立于侧，提过擒获一干人来。吕布虽然长大，却被绳索捆作一团，布叫曰："缚太急，乞缓之！"操曰："缚虎不得不急。"布见侯成、魏续、宋宪皆立于侧，乃谓之曰："我待诸将不薄，汝等何忍背反？"宪曰："听妻妾言，不听将计，何谓不薄？"布默然。须臾，众拥高顺至。操问曰："汝有何言？"顺不答。操怒命斩之。徐晃解陈宫至。操曰："公台别来无恙！"宫曰："汝心术不正，吾故弃汝！"操曰："吾心不正，公又奈何独事吕布？"宫曰："布虽无谋，不似你诡诈奸险。"操曰："公自谓足智多谋，今竟何如？"宫顾吕布曰："恨此人不从吾言！若从吾言，未必被擒也。"操曰："今日之事当如何？"宫大声曰："今日有死而已！"操曰："公如是，奈公之老母妻子何？"宫曰："吾闻以孝治天下者，不害人之亲；施仁政于天下者，不绝人之祀。老母妻子之存亡，亦在于明公耳。吾身既被擒，请即就戮，并无挂念。"操有留恋之意。宫径步下楼，左右牵之不住。操起身泣而送之。宫并不回顾。操谓从者曰："即送公台老母妻子回许都养老。怠慢者斩。"宫闻言，亦不开口，伸颈就刑。众皆下泪。操以棺椁盛其尸，葬于许都。后人有诗叹之曰：

生死无二志，丈夫何壮哉！不从金石论，空负栋梁材。

辅主真堪敬，辞亲实可哀。白门身死日，谁肯似公台！

方操送宫下楼时，布告玄德曰："公为坐上客，布为阶下囚，何不发一言而相宽乎？"玄德点头。及操上楼来，布叫曰："明公所患，不过于布；布今已服矣。公为大将，布副之，天下不难定也。"操回顾玄德曰！"何如？"玄德答曰："公不见丁建阳、董卓之事乎？"布目视玄德曰："是儿最无信者！"操令牵下楼缢之。布回顾玄德曰："大耳儿！不记辕门射戟时耶？"忽一人大叫曰："吕布匹夫！死则死耳，何惧之有！"众视之，乃刀斧手拥张辽至。操令将吕布缢死，然后枭首。

刘备一句话，送了吕布的命，刘备为什么非要杀吕布呢？

原来，刘备是暂时栖身在曹营，心怀大计。曹操与吕布联合必给刘备未来的事业带来重大阻力。吕布英勇过人，武功盖世。先前，虎牢关一战，吕布一人独战刘备、关羽、张飞，且进退自如。如果他与曹操联合，天下哪有敌手呢？

投其所好，曹用吕布

曹操总揽朝政后，在确定连横大策的同时，对吕布这支董卓的残部也做了具体分析，确定了对吕布所采取的策略。

吕布，字奉先。五原郡九原人（九原即五原的治所。位于今包头市西北）。他弓马娴熟，膂力过人。在群雄联盟讨伐董卓时，显露了他一身天下无双的好武艺。最初，他在并州（今山西太原西南）刺史丁原手下做主簿，

曾认丁原为义父。当董卓进犯京都时，吕布被董卓买通，杀了丁原。接着，吕布又认董卓为义父，被封为都亭侯。后来，吕布又为司徒王允所使，亲手杀了董卓，与王允共秉朝政，封为奋威将军，温侯。及至李傕，郭汜攻破长安时，吕布势败，走投无路投奔张邈，在陈宫辅佐下攻取曹操山东诸地，最后被曹操打败，只好投奔徐州刘备，驻在徐州之侧的沛城，充当刘备的羽翼。

曹操此刻暗想，吕布这个人，见利忘义，反复无常，野心又很大，不除掉他实是我的心腹大患。但这个人武艺高强，现在又投奔了刘备，构成了战略犄角之势，欲除掉他也不是轻而易举的事。但依其本性，他与刘备在一起也不会长久，待二人发生内讧时再图他也不迟。若有条件利用他为我去除袁术岂不更妙？想到这，他便用荀彧所说的“二虎觅食”“引虎吞狼”之计加速吕布与刘备的反目。果然未出所料，尽管刘备以委曲求全之策，尽量避免双方争斗，但最终还是被吕布打败。

曹操见刘备兵败未来相投，便欲兴兵攻打吕布。不料这时张绣又联结刘表欲攻许都。曹操便与众谋臣计议说：“现在袁术未除，剿吕布的时机又未成熟，张绣此刻却又来作乱，宜如何是好？”荀彧说：“这很容易，既然吕布已和刘备闹翻，他孤军在徐州，什么时候伐之均可。还是先讨伐张绣为上策。吕布这个人，有勇而无谋，见利忘义。主公可遣使去徐州，为吕布加官进赏。并劝他与刘备和解，仍让刘备屯于沛城，用刘备牵制于他。他怕刘备夺他徐州，必不敢乘机来犯我许都。这样我们可以安心地去先剿除张绣了。”曹操听罢，即刻遣奉军都尉王则为使，带上官诰及亲笔写的书信去徐州见吕布。

吕布听说朝中使臣到，亲自将其接入府中。王则入府后，端起朝使的架子开读诏书，封吕布为平东将军。接着又拿出曹操写给他的书信，并说曹操如何器重于他。把吕布哄得十分高兴。欣然地按信中的要求，答应于曹操，令刘备仍居沛城。

正在这时，袁术又派使臣来到府上，并对吕布说：“袁公现在已继帝位，特来催将军入约，早送你女儿去淮南入宫，临皇妃之位。”吕布听后，见王则在侧，实在感到难为情。心想，当初袁术提亲，是为其子提亲，今反欲让我女儿充宫。今我既受封为平东将军，主要使命就是攻伐袁术，又如何甘居袁术之下与其联姻呢？于是当即变了脸色大怒道：“反贼竟敢如此自不量力。”挥手斩了来使，并把在此处为媒的韩胤也用枷钉了起来，遣陈登为使，随朝使王则一同向天子及曹操去许都谢恩，并把韩胤也一同押往许都，以示其与袁术断绝关系。

曹操见吕布斩使押媒与袁术绝了婚约，十分高兴地对诸臣说：“吾封其为平东将军就是欲使他与袁术绝交，以便日后用他去讨伐袁术耳。”

后来，曹操见袁术四面树敌，便约江东孙策，携刘备，令吕布去共同讨伐袁术。吕布念曹操加封进赏之情及袁术攻他之恨，应约前往，助曹操打败了袁术。

周瑜借刀，斩杀二将

汉献帝建安十三年(208 年)，曹操出动水陆大军二十万南征刘表。刘表去世，刘表之子刘琮以荆州投降曹操。曹操统水陆大军顺江陵东下，征伐

东吴的孙权。

这时，曹操写信给孙权说："最近，我奉天子之命，讨伐有罪的叛逆，军旗指向南方，刘琮降服。如今，我统领水军八十万人，将要与将军在吴地一道打猎。"孙权把这封书信给部属们看，他们无不惊慌失色。这时，都督周瑜对孙权说："众人只看到曹操信中说有水、陆军八十万而各自惊恐，不再去分析其中的虚实，就提出向曹操投降的意见，这完全没有意义。现在咱们据实计算一下，曹操所率领的中原部队不过十五六万人，而且长期征战，早已疲惫；新接收刘表的部队，至多有七八万人，仍然三心二意。以疲惫的士卒，驾驭三心二意的部众，人数虽多，却并没有什么可怕的。我只要有五万精兵，就足以制服敌军，望将军不要顾虑！"孙权拍着周瑜的背说："周公瑾，你说到这个地步，非常合我的心意。张昭、秦松等人，各顾自己的妻子儿女，怀有私心，非常使我失望。只有你与鲁肃和我的看法相同，这是上天派你们两个人来辅佐我。五万精兵一时难以集结，已挑选了三万人，战船、粮草及武器装备都已备齐，你和鲁肃、程普率兵先行，我当继续调集人马，多运辎重、粮草，作为你的后援。你能战胜曹军，就当机立断；如果万一失利，就退到我这里来，我当与曹操决一胜负。"于是，孙权任命周瑜、程普为左、右都督，率兵与刘备合力迎战曹操；又任命鲁肃为赞军校尉，协助筹划战略。

孙刘联军驻扎在赤壁，与曹操隔江对峙。由于要进行水战，因此周瑜趁夜往观曹军水寨。周瑜大吃一惊（下文引自罗贯中《三国演义》第四十五回）：

周瑜收拾楼船一只，带着鼓乐，随行健将数员，各带强弓硬弩，一齐上船迤逦前进。至操寨边，瑜命下了矴石，楼船上鼓乐齐奏。瑜暗窥他水寨，大惊曰："此深得水军之妙也！"问："水军都督是谁？"左右曰："蔡瑁、张允。"瑜思曰："二人久居江东，谙习水战，吾必设计先除此二人，然后可以破曹。"正窥看间，早有曹军飞报曹操，说："周瑜偷看吾寨。"操命纵船擒捉。瑜见水寨中旗号动，急叫收起矴石，两边四下一齐轮转橹棹，往江面上如飞而去。比及曹寨中船出时，周瑜的楼船已离了十数里远。追之不及，回报曹操。

操问众将曰："昨日输了一阵，挫动锐气。今又被他深窥吾寨。吾当作何计破之？"言未毕，忽帐下一人出曰："某自幼与周郎同窗交契，愿凭三寸不烂之舌，往江东说此人来降。"曹操大喜，视之，乃九江

人，姓蒋，名干，字子翼，现为帐下幕宾。操问曰："子翼与周公瑾相厚乎？"干曰："丞相放心。干到江左，必要成功。"操问："要将何物去？"干曰："只消一童随往，二仆驾舟，其余不用。"操甚喜，置酒与蒋干送行。干葛巾布袍，驾一只小舟，径到周瑜寨中，命传报："故人蒋干相访。"周瑜正在帐中议事，闻干至，笑谓诸将曰："说客至矣！"遂与众将附耳低言，如此如此。众皆应命而去。

瑜整衣冠，引从者数百，皆锦衣花帽，前后簇拥而出。蒋干引一青衣小童，昂然而来。瑜拜迎之。干曰："公瑾别来无恙！"瑜曰："子翼良苦，远涉江湖，为曹氏作说客耶？"干愕然曰："吾久别足下，特来叙旧，奈何疑我作说客也？"瑜笑曰："吾虽不及师旷之聪，闻弦歌而知雅意。"干曰："足下待故人如此，便请告退。"瑜笑而挽其臂曰："吾但恐兄为曹氏作说客耳！既无此心，何速去也？"遂同入帐。叙礼毕，坐定，即传令悉召江左英杰与子翼相见。

须臾，文官武将，各穿锦衣；帐下偏裨将校，都披银铠：分两行而入。瑜都叫相见毕，就列于两旁而坐。大张筵席，奏军中得胜之乐，轮换行酒。瑜告众官曰："此吾同窗契友也。虽从江北到此，却不是曹家说客。公等勿疑。"遂解佩剑付太史慈曰："公可佩我剑作监酒，今日宴饮，但叙朋友交情；如有提起曹操与东吴军旅之事者，即斩之！"太史慈应诺，按剑坐于席上。蒋干惊愕，不敢多言。周瑜曰："吾自领军以来，滴酒不饮；今日见了故人，又无疑忌，当饮一醉。"说罢，大笑畅饮。座上觥筹交错。饮至半酣，瑜携干手，同步出帐外。左右军士，皆全装惯带，持戈执戟而立。瑜曰："吾之军士，颇雄壮否？"干曰："真熊虎之士也。"瑜又引干到帐后一望，粮草堆如山积。瑜曰："吾之粮草，颇足备否？"干曰："兵精粮足，名不虚传。"瑜佯醉大笑曰："想周瑜与子翼同学业时，不曾望有今日。"干曰："以吾兄高材，实不为过。"瑜执干手曰："大丈夫处世，遇知己之主，外托君臣之义，内结骨肉之恩，言必行，计必从，祸福共之。假使苏秦、张仪、陆贾、郦生复出，口似悬河，舌如利刃，安能动我心哉！"言罢大笑。蒋干面如土色。瑜复携干入帐，会诸将再饮；因指诸将曰："此皆江东之英杰。今日此会，可名'群英会'。"饮至天晚，点上灯烛，瑜自起舞剑作歌。歌曰：

丈夫处世兮立功名；立功名兮慰平生。慰平生兮吾将醉；吾将醉兮发狂吟！

歌罢，满座欢笑。至夜深，干辞曰："不胜酒力矣！"瑜命撤席，诸将辞出。瑜曰："久不与子翼同榻，今宵抵足而眠。"于是佯作大醉之状，携干

入帐共寝。瑜和衣卧倒，呕吐狼藉。蒋干如何睡得着？伏枕听时，军中鼓打二更，起视残灯尚明。看周瑜时，鼻息如雷。干见帐内桌上，堆着一卷文书，乃起床偷视之，却都是往来书信。内有一封，上写“蔡瑁张允谨封。”干大惊，暗读之。书略曰：

某等降曹，非图仕禄，迫于势耳。今已赚北军困于寨中，但得其便，即将操贼之首，献于麾下。早晚人到，便有关报。幸勿见疑。先此敬复。

干思曰：“原来蔡瑁、张允结连东吴！”遂将书暗藏于衣内。再欲检看他书时，床上周瑜翻身，干急灭灯就寝。瑜口内含糊曰：“子翼，我数日之内，叫你看操贼之首！”干勉强应之。瑜又曰：“子翼，且住……叫你看操贼之首……”及干问之，瑜又睡着。干伏于床上，将近四更，只听得有人入帐唤曰：“都督醒否？”周瑜梦中做忽觉之状，故问那人曰：“床上睡着何人？”答曰：“都督请子翼同寝，何故忘却？”瑜懊悔曰：“吾平日未尝饮醉，昨日醉后失事，不知可曾说甚言语？”那人曰：“江北有人到此。”瑜喝：“低声！”便唤：“子翼。”蒋干只装睡着。瑜潜出帐。干窃听之，只闻有人在外曰：“张、蔡二都督道：‘急切不得下手……’”后面言语颇低，听不真实。少顷，瑜入帐，又唤：“子翼。”蒋干只是不应，蒙头假睡。瑜亦解衣就寝。干寻思：“周瑜是个精细人，天明寻书不见，必然害我。”睡至五更，干起唤周瑜，瑜却睡着。干戴上巾帻，潜步出帐，唤了小童，径出辕门。军士问：“先生哪里去？”干曰：“吾在此恐误都督事，权且告别。”军士亦不阻挡。

干下船，飞棹回见曹操。操问：“子翼干事若何？”干曰：“周瑜雅量高致，非言词所能动也。”操怒曰：“事又不济，反为所笑！”干曰：“虽不能说周瑜，却与丞相打听得一件事。乞退左右。”干取出书信，将上项事逐一说与曹操。操大怒曰：“二贼如此无礼耶！”即便唤蔡瑁、张允到帐下。操曰：“我欲使汝二人进兵。”瑁曰：“军尚未曾练熟，不可轻进。”操怒曰：“军若练熟，吾首级献于周郎矣！”蔡、张二人不知其意，惊慌不能回答。操喝武士推出斩之。须臾，献头帐下，操方省悟曰：“吾中计矣！”后人有诗叹曰：

曹操奸雄不可当，一时诡计中周郎。蔡张卖主求生计，谁料今朝剑下亡！

众将见杀了张、蔡二人，入问其故。操虽心知中计，却不肯认错，乃谓众将曰：“二人怠慢军法，吾故斩之。”众皆嗟呀不已。操于众将内选毛玠、于禁为水军都督，以代蔡、张二人之职。

细作探知，报过江东。周瑜大喜曰：“吾所患者，此二人耳！今既剿除，吾无忧矣！”肃曰：“都督用兵如此，何愁曹贼不破乎？”瑜曰：“吾料诸将不知此计，独有诸葛亮识见胜我，想此谋亦不能瞒也。子敬试以言挑之，看他知也不知，便当回报。”

周瑜巧用借刀杀人之计，除去了自己的心腹大患蔡瑁、张允，令曹操后悔莫及。

诸葛用计，三气周瑜

周瑜取得赤壁一战的大胜之后，大犒三军，然后进兵攻取南郡。前队临江下寨，前后分五营，周瑜居中。周瑜正与众将商议征进之事，忽然听到刘备、诸葛亮已先期进驻油江，便判明刘备亦有攻取南郡之意，心里十分气恼，对众人说："赤壁一战，我们费了许多军马，用了许多钱粮，眼下南郡好不容易反手可得，而刘备却想坐享其成，除非我周瑜死了，他们才能做这个美梦！"于是立即亲自去刘备营中质问。经过一番交涉，两家确定，先由周瑜领兵去攻取南郡，倘若攻之不取，再由刘备的人马去攻占。

周瑜心想，曹操83万人马被我赶得如鸟兽散，曹操本人已退归许都，我取区区南郡不是易如反掌的事吗？谁知两军交手之后，不是想象中的那么容易，不但南郡一时未攻克，反而中了曹仁等设下的诱兵之计。损失了许多军马不说，周瑜本人还自临前线亲冒矢石，甚至身负箭伤，几乎丧命。后来好不容易将计就计，杀败了魏军，正准备回头来接受南郡时，刘备和诸葛亮趁吴、魏两军在别处厮杀之际，乘虚得了南郡。不仅得了南郡，还用假兵符赚得荆州、襄阳二城，连同南郡，一共三处城池，全不费力，皆属刘备了，周瑜一听，大叫一声，金疮迸裂，半天方才苏醒过来，这是诸葛亮一气周公瑾。

周瑜好不容易咽下这口气，又与孙权共同商定设下一个"假招亲"的圈套，想把刘备骗到东吴，然后除掉他。没想到诸葛亮技高一筹，分别对刘备、赵云面授机宜，不仅屡次化险为夷，而且还真的让刘备当上了新郎，做了孙权的"妹夫"，致使周郎"赔了夫人又折兵"，周瑜第二次受了诸葛亮的窝囊气，心想："我的第二条计策又落空，还有何面目去见孙权！"大叫一声，又是金疮迸发，昏倒于战船之上。

前两次失算，更加坚定了周瑜取荆州、杀孔明的决心。但硬拼又不可取，于是又心生一个"假途灭虢"的计谋来。那是孙权令鲁肃到刘备处，索要荆州。诸葛亮授意刘备答应鲁肃："等到自己取西川胜利之后，立即将荆州归还于东吴。"鲁肃回来一讲，周瑜就知道这完全是诸葛亮和刘备混赖荆州的遁词，但事已至此，只好将计就计，说："孙、刘两家，既结为亲，便是一家了，也不必烦劳刘备去取西川，我东吴纵兵去取西川，待取得西川后，权当作孙权妹妹的嫁资送给刘备，刘备也好归还荆州了。"实际上，他只是想让诸葛亮不做准备，当东吴兵马借着进取西川的名义，直逼荆州，等刘备出城劳军之际，便好"乘势杀之，夺取荆州，以雪心中之恨。"不曾想诸葛亮视周瑜惨淡经营的"假途灭虢"计策如同儿童游戏，一眼望穿，嘴里满口答应，暗地里却叫刘备"准备窝弓以擒猛虎，安排香饵以钓鳌鱼"，直等周瑜上钩。周瑜自以为得计，依计行事，率军来到荆州地界，却见不到刘备出迎劳军的影子，待到荆州城下，赵云站在城头，当众揭穿周瑜的"西洋镜"，然后，万箭齐发，不让周瑜近前。周瑜见自己又一次败在诸葛亮手下，终于发出了"既生瑜，何生亮！"的长叹，气绝而亡，时年只有36岁。

三气周公瑾，诸葛亮事先与之都未发生正面冲突，而是利用周瑜爱激动的弱点，施展近似一种"太极拳"的功夫，以柔克刚而制胜。

应该说，作为三军主帅，周瑜有胆有识，斗志很旺，这是很可贵的。但是他急于事成，碰不得钉子，一碰钉子，就失去了自制力，不是焦急不安，就是大动肝火，这样的毛病，却又正是三军主帅的致命伤，是万万不能有的，而周瑜不但有，而且很严重。这个弱点，在赤壁之战的过程中也经常表现出来。

当他和诸葛亮初次相见时，诸葛亮采用“入门犯俗”的方法，巧用情报，编造曹操百万军队南下，是冲着“二乔”而来，激他抗曹，劝他把乔公二女送与曹操以求和，这一下不但鄙视他的无能，而且伤了他的所爱，于是根本不考虑诸葛亮的话是真是假，也不顾及场面上有些什么人，就“勃然大怒，离座指北而骂曰：‘老贼欺吾太甚！’”这一来，就在诸葛亮面前暴露了他爱冲动，不容易控制情绪及容易上当受骗的弱点。好在这时的诸葛亮，还是以盟军军师的身份，目的是激他抗曹，效果是化消极因素为积极因素。

还有一次那是在孙刘同盟结成以后，周瑜与诸葛亮共同确定了“火攻”的决策后，“万事俱备，只欠东风”。如果没有东南风，“火攻”计划只能告吹。由于事先没有考虑，骤然想起又是十分着急，这一急非同小可，于是“大叫一声，往后便倒，口吐鲜血”，诸葛亮掌握了这一点，在他后来的三气周瑜的斗智斗勇中，诸葛亮正是针对他这一致命的弱点，或者是火上浇油，或者是乘虚而入，每次都没有发生正面冲突和激烈争吵，反而表现得彬彬有礼，处处让步，但每一次都是胜券在握，终于活活气死了周瑜。

吴魏怀诈，互相借力

当曹操得知刘备在汉中称王的消息后，一怒之下，竟欲倾全国之兵赴西川与刘备决战。

主簿司马懿闻讯，急上朝阻止曰：“大王不可因一时之怒远征。臣有一计，不需张弓搭箭便可使刘备自受其祸。”曹操惊奇地问：“仲达有何高见？”司马懿慢条斯理地说：“据我所知，吴蜀双方自赤壁联合作战以来，只是表面上合好，而暗中却一直未停止角斗。双方为争夺荆州，已近白热化的程度了。江东孙权将其妹嫁给刘备，是欲骗刘备到江东为质以索取荆州，弄假成真的结果；后来又欲窃刘备之子为质未成，将其妹骗回江东；周瑜也曾用假途灭虢之计巧取荆州，不过未能得计。东吴欲取荆州久矣。鉴此，我们可遣一名舌辩之士，赍书前往说服孙权。约他兴兵去取荆州，而我去攻他西川之地，我与东吴各取所需，使刘备首尾难顾，若孙权果真如约，则大事成矣。”曹操依其计，马上遣满宠为使，星夜赍书过江去见孙权。

满宠来到江东见了孙权，递上曹操亲笔书信说：“吴魏双方从来就是和

好的，前者只因刘备之故，才使我们在赤壁大战中生怨。当初，大王实是被刘备利用了。今魏王不计前隙，差我来重新与江东修好，并约将军攻取刘备的荆州，魏王则出师去取汉中和西川。待破刘备后，我们共分西川之地，誓不相侵。"孙权听罢满宠一席话，又见曹操书信中言语恳切，已无赤壁大战前的傲慢之句，便依谋臣顾雍之见，答应来使如约夹击刘备。

满宠返还许都回禀曹操后，曹操十分高兴地等待孙权兴兵。岂料，时隔不久，江东又遣使来许都见曹操说："吾主孙权欲兴师伐荆州，只望魏王能先兴兵攻荆州之北，以示诚意。"曹操为使孙权早日兴兵，便欣然令曹仁起兵去攻荆州之北。

东吴孙权既然已经答应如约兴兵，为什么又以曹军先兴师为条件？原来，孙权对满宠的回答不过是佯应。满宠走后，孙权先用诸葛瑾之谋，企图用联姻之策结好关羽，此策未成后，才最后决定与曹操合力攻取荆州。在计议如何攻取荆州时，步骘对孙权说："曹操久欲篡汉，所惧者不过是主公与刘备。他现在约我伐蜀，是其假力于人之谋啊！"孙权说："不过我也想得到荆州很久了。"步骘说："曹仁现在兵屯襄阳、樊城，又无长江之隔，他为什么不去取？可见曹操的别有用心。主公若非取荆州不可，可遣使约他令曹仁先从旱路起兵攻取荆州。待他牵动关羽之兵后，我们可乘关羽御曹之机，暗取荆州。曹操欲借我之力，我为何不能借他之力呢？"孙权一听，便马上遣使去见曹操，故此，才有上面遣使约曹操先出兵的插曲。

果未出东吴所料，未及曹仁兴兵，关羽竟率军向襄阳杀来，水淹了于禁士军，围困了樊城。吓得曹操竟欲迁都西去。

正当曹操与众谋臣商议如何御关羽、救樊城时，忽闻东吴又遣使至。曹操打开使书一看，只见书中又约他继续牵制关羽，声称吴将吕蒙将马上兴师暗取荆州云云。书后又有两行字批曰："千万勿泄漏，恐云长有备。"曹操看罢使书，心烦地说："我约东吴伐荆州，本是要挑起吴蜀间的争战，我也好从中取'渔翁之利'，不料今却被关羽缠住，险未让他攻破樊城，取我京都，今江东孙权却从中乘机取利，真可气也。"

这时，主簿董昭献策说："现在我们的樊城被困，正引颈望救。不如借这封信一用，将它射入城中，以安城内军将之心。同时还可以将此信的内容张扬出去，让荆州兵知道东吴将欲伐荆州之事。借这封信调虎归山。待关羽率兵回顾时，我们再挥兵随后掩杀，岂不更妙？"曹操急于救自己燃眉之急，哪还顾及许多，便依计而行。

樊城内的曹军接得东吴使书，情知关羽将面临"釜底抽薪"之危，其势不会长久，坚定了守城的信心。大将徐晃在与关平交战中，高声喊道："关平吾侄，你好不知死。你们的荆州将被东吴所夺，竟还在此狂为？"荆州兵一听此，个个无心恋战，结果被徐晃打败。

当关羽听说东吴欲取荆州的传言时，以为这是曹操的诈言也未回军自顾。结果竟让东吴顺利地取了荆州。

借刀杀人，计除邓艾

魏元帝景元四年（公元263年）十一月。将军邓艾率军3万，偷偷翻越

摩天岭,突然出现于江油。蜀汉军师将军诸葛瞻等率军迎击,邓艾斩诸葛瞻,刘禅不敢继续抵抗,向邓艾军投降。

邓艾灭蜀之后,颇为居功自傲,他对蜀国的士大夫们说:“诸君多亏是遇到了我,所以才能有今日,如果遇到东汉初年吴汉那样的人,恐怕已经灭亡了。”邓艾写信对晋公司马昭说:“用兵有先造声势然后发兵的情形,如今趁平定蜀国的威势去攻打吴国,吴人必将受到震恐,这是一举攻灭吴国的大好时机。但是我们在大规模用兵之后,将士们都十分疲劳,不能立即用兵,应暂缓一些时日。我想留下陇右兵二万人,蜀兵二万人,在这里煮盐炼铁,以备军事农事之用。同时制作舟船,预先为顺流攻吴做准备。然后派出使者告以利害,吴国必定归顺,可以不用征战就平定吴国。如今应厚待刘禅以招致孙休,封刘禅为扶风王,赐给他资财、供给他左右侍奉之人。扶风郡有董卓坞,可当作他的宫府,赐给他儿子以公侯的爵位,以郡内的县为食邑,以此来显示归顺所受到的恩宠。再开放广陵、城阳二郡作为封国以等待吴人归顺。这样他们畏惧我们的威严,感念我们的恩德,就会望风而顺从了。”司马昭让监军卫瓘去晓喻邓艾说:“做事当须上报,不宜立即按己意实行。”邓艾严厉地说:“我受命出征,奉行指示给我的计策,现在首恶已经归服,至于秉承旨意授予他们官爵,以安抚刚刚依附之人,我认为也是合乎权宜的计策。如今蜀国上下都已归顺,国土南至南海,东接吴国,应该尽早使其镇定下来。如果等待国命,来往于道路,就会拖延时日。《春秋》之义说:‘大夫出国在外,如果有可以安社稷、利国家之事,自行决断是可以的。’如今吴国尚未归服,势必与蜀国联合,所以不可拘于常理,而失去事情的机会。《兵法》上说:‘进不求名,退不避罪。’我虽然没有古人的节操,也终究不会自我疑惑而损害国家利益!”

钟会内心怀有叛离之志,姜维已有所察觉,就想促成他的作乱,于是就劝说钟会:“听说您自淮南之战以来,计策从未有过失误,晋的运道能够昌盛,全依赖您的力量。如今又平定了蜀国,威德振世,百姓颂扬您的功劳,主上畏惧您的谋略,您还想因此安然而归吗?何不效法陶朱公范蠡泛舟湖上远避是非,以保全自己的功名性命呢!”钟会说:“您说的太远了,我不能离开。而且从现在的形势看,还没有到这种地步。”姜维说:“其他的事情凭您的智慧、力量就能做到,用不着我多言了。”从此他们俩感情融洽关系密切,出则同车,坐则同席。钟会因邓艾承旨专权行事,就与卫瓘一起密报邓艾有谋反

的表现。钟会善于摹仿别人的字体,就在剑阁拦截了邓艾的奏章和上报事情的书信,改写了其中的话,让言辞狂悖傲慢,有很多居功自夸之处,同时又毁掉晋公司马昭的回信,重新再写以使邓艾生疑。

公元264年正月,诏令用囚车押回邓艾。晋公司马昭怕邓艾不从命,就命令钟会进军成都,又派遣贾充率兵入斜谷。司马昭则亲自率领大军跟着魏帝到达长安,诸王公都在邺,就任命山涛为行军司马镇守邺。

当初,钟会因有才能受到重用,司马昭的夫人王氏对司马昭说:"钟会见利忘义,好生事端,恩宠太过必然作乱,不可让他担当大任。"钟会将伐蜀汉时,西曹属邵悌对晋公说:"如今派钟会率领十万余人去伐蜀,我认为钟会单身一人没有家人做人质,不如派别人去。"晋公笑着说:"我怎能不知道此事呢?蜀国多次进犯,军队倦怠百姓疲劳,我们去讨伐,易如反掌,但众人都说蜀不可伐。如果人先心存畏惧,那么智勇都会衰竭,智勇衰竭而强使他出兵,就会被敌人所擒获。只有钟会与我意见相同,如今派钟会去伐蜀,蜀必定可以灭亡。灭蜀之后,就按你的考虑办,如果钟会作乱,何愁不能处理他?蜀已灭亡,遗留的人受到震恐,不足与钟会共同谋乱,而中原的将士都急于回家,也不肯与他在一起。钟会如果作乱,只会自我招致灭族之祸。你不必担忧此事,但要谨慎,不要让人知道。"等晋公将去长安时,邵悌又说:"钟会所统领的兵力是邓艾的五六倍,只让钟会去攻取邓艾就行了,不必亲自去。"晋公说:"你忘记以前说的话了,怎能说不用去呢?尽管如此,我们所说的也不可宣传出去。我自当会以信义待人,但别人不当辜负我,我岂可先于别人而生疑呢?最近护军贾充问我:'是否很怀疑钟会?'我回答说:'如果现在派你去,难道可以再怀疑你吗?'贾充也不能不同意我的话。我到长安,就自会了断此事。"

钟会派卫瓘先到成都拘捕邓艾,钟会因卫瓘兵力少,想让邓艾杀掉卫瓘,再借此事定邓艾的罪。卫瓘知道他的意图,但又不能抗拒命令,于是在深夜到达成都,传檄文给邓艾所统领的将领,声称:"我奉诏来拘捕邓艾,其余的人一概不予追究;如果到官军这方来,则如先前平蜀时一样再加爵赏;如胆敢不出,则要诛及三族!"等到鸡鸣时分,诸将都跑到卫瓘这里,只有邓艾帐内之人未来。到早晨,打开营门,卫瓘乘坐使者车,直接进入邓艾帐内;邓艾还躺着未起,于是把邓艾父子抓起来,把邓艾置于囚车中。诸将想要劫持邓艾,就整兵奔向卫瓘之营;卫瓘不带卫兵只身出来迎接,又假装书写奏章,说将要申明邓艾没有反心,诸将相信了他而未劫持。

十五日,钟会到了成都,送邓艾奔赴京师。钟会所忌惮者只有邓艾,邓艾父子既已被擒,钟会则独自统领大众,威震西部地区,于是下定决心阴谋反叛。钟会想让姜维率五万人出斜谷为前驱,自己率领大众跟随其后。到长安之后,命令骑兵从陆路走,步兵从水路走,顺流从渭水进入黄河,认为五日即可到达孟津,再与骑兵会合于洛阳,一时之间就能平定天下。恰在此时,钟会收到了司马昭的信,信中说:"恐怕邓艾不甘心接受惩处,现已派遣中护军贾充率领步骑兵一万人直接进斜谷,驻扎在乐城,我亲自率十万人驻扎在长安,近日即可相见。"钟会接到书信大惊失色,叫来亲信之人对他们说:"如果只取邓艾,相国知道我能独自办理;如今带来重兵,必定觉察到我

有变异，我们应当迅速发难。事情成功了，就可得天下；不成功，就可以退守蜀汉，仍可做个刘备一样的人。”十六日，钟会把护军、郡守、牙门骑督以上的官吏以及蜀国的故官都请了来，在成都的朝堂为郭太后致哀，并假造了太后的遗诏，说让钟会起兵废掉司马昭，起遗诏向坐上众人宣布，让大家议论之后，并始授官任职，又让所亲信之人代领诸军；把所请来的群官，都关在益州各官署的屋中，关闭了城门宫门，派重兵把守。卫瓘诈称病重，出来住在外面的官舍。钟会相信他，对他也无所忌惮。

姜维想让钟会杀尽从北面来的诸将，自己再借机会杀掉钟会，全部坑杀魏国兵士，重立刘禅。他给刘禅写密信说：“希望陛下再忍受数日之辱，我要让国家危而复安，日月幽而复明。”钟会想听从姜维的意见诛杀诸将，但仍犹豫不决。

钟会的帐下丘建，本属于胡烈手下，钟会喜爱并信任他。丘建怜悯胡烈一人独自被囚，就请求钟会，让他允许一名亲兵进出取饮食，各牙门将也都随此例让一人进来侍奉。胡烈欺骗亲兵让他传递消息给儿子胡渊说：“丘建秘密地透露消息，说钟会已经挖了大坑，作了数千个白棒杖，想叫外面的兵士全部进来，每人赐一白帽，授散将之职，依次棒杀诸将，埋入坑中。”诸牙门将的亲兵也都说同样的话，一夜之间，辗转相告，大家都知道了。十八日，中午时分，胡渊率领其父的兵士擂鼓而出，各军也都不约而同地呐喊着跑出来，竟然连督促之人都没有，就争先恐后地跑向城里。当时钟会正在给姜维铠甲兵器，报告说外面有汹汹嘈杂之声，好像是失火似的，一会儿，又报告说有兵跑往城里。钟会大惊，问姜维说：“兵来似乎是想作乱，应当怎么办？”姜维说：“只能攻击他们！”钟会派兵去杀那些被关起来的牙门将、郡守，而里面的人都拿起几案顶住门，兵士砍门却砍不破。过了一会儿，城外的人爬着梯子登上城墙，有的人焚烧城内的屋子，兵士们像蚂蚁那样乱哄哄地涌进来，箭如雨下，那些牙门将、郡守都从屋子上爬出来，与他们手下的军士汇在一起。姜维带着钟会左右拼杀，亲手杀死五六人，众人格杀了姜维，又争相向前杀死了钟会。钟会的将士死了数百人，兵士们又杀了蜀汉的太子刘璿和姜维的妻子儿女，并到处抢掠，死伤满地、一片狼藉。卫瓘部署诸将去平息，过了几天才平定下来。

邓艾本营的将士追上囚车把邓艾救出并迎接回来。卫瓘认为自己与钟会共同陷害邓艾，恐怕他回来会有变乱，就派遣护军田续等人领兵去袭击邓艾，在绵竹西边遇上，于是杀了邓艾父子。当初邓艾进入江油时，田续不往前进，邓艾想杀了他，后来又放了他。卫瓘派遣田续时，对他说：“你可以为江由受的耻辱报仇了。”镇西长史杜预对众人说：“卫瓘是免不了一死的！他身为名士，地位声望很高，但是既没有颂其美德的赞誉，又不能用正道御使其下属，他怎能推托自己的责任呢？”卫瓘听到后，不等车驾来到就跑去感谢杜预。杜预是杜恕之子。邓艾其余的儿子在洛阳都被诛杀，又把他的妻子及孙子迁到西城县。

钟会之兄钟毓曾秘密地对司马昭说：“钟会爱玩弄权术，不可过于信任。”及钟会反叛，钟毓已经去世，司马昭思念钟繇的功勋与钟毓的仁贤，特别宽宥了钟毓之子钟峻、钟辿，官爵如故。钟会的功曹向雄收葬钟会之尸，

司马昭召他来责备说："从前王经死时，你哭于东市而我没有责问。钟会身为叛逆，你又特地去收葬，如果再容忍你，还有没有王法？"向雄说："以前先王掩埋枯骨腐尸，仁德施于朽骨，当时难道是先计算其功罪而后再收葬吗？现在王者的诛罚已经加于其身，从法度上说已经很完备，我有感于大义而收葬他，教化也就没有了缺憾。法度立于上，教化弘扬于下，以此来作为万物的法则不是很好吗？何必要让我背弃死者，违背生者而立于当世？您以仇怨对待枯骨，把他弃之野外，这难道是仁贤之人的气度吗？"司马昭很高兴，与他一起宴饮交谈之后才送他走。

邓艾成功之后，颇为矜夸，不能韬光养晦，终于为人所乘。姜维虽然被杀，但谋诛灭蜀的大将邓艾的计划最后还是成功了，为蜀报了仇。

羲之用计，惩治恶绅

王羲之四十来岁的时候曾任过临沂太守，后来他虽辞官归里，但他巧判的一个案子却在当地广为流传。

有一个后生叫唐兴，家住城东唐家湖，唐兴从小丧母，全靠父亲把他拉扯大，五年前，老爹爹进山采石，不小心摔死在山涧里，唐兴想选择一块好地安葬父亲，以报养育之恩，无奈自家穷得无立锥之地，小唐兴为此哭得死去活来。有好心的乡亲对他说："财主牛鲁家的祖坟前有一块空地，现在还在荒着，你不妨找牛大财主去说说，他今天正逢老母八十大寿，若看你可怜，念你一片孝心，也许施舍于你。"

唐兴没有别的办法，只好去求牛鲁。

牛鲁装模作样地说："俺家向来以行善为本，今儿个老母八十大寿，乡邻有了难处，俺岂能坐视不问。好吧，看在众乡亲的面子上，俺就舍一块空地给你葬父，不过，你要送一壶好酒来给俺娘祝寿。"

乡亲们听了，都夸牛大财主心好，忙叫唐兴叩谢过牛鲁，然后先帮唐兴安葬了父亲，又凑钱买了一壶好酒，让唐兴送到牛鲁的府上。

这件事本来就算了，谁想到五年之后，却又起了风波。

这五年间，小唐兴是豁出命去的苦干，攒了一笔钱，置了几亩山地，盖了三间草房，又娶了媳妇，小日子过得挺红火，牛鲁一见有油水可榨，便开始动了心思。

怎么样才能把他的田产夺过来呢？

牛鲁忽然想起五年前施

舍坟地的事，对，就在五年前那档子事上做文章。

这一天，牛鲁领着一帮狗腿子进了唐兴的家，牛鲁拱拱手说："恭喜唐兄弟发福发财，这几年你的日子好过了，俺家里可是赔光了本钱。没法子，你原先借的一笔小账，咱今天就清了吧！"

唐兴听了不解地问："牛老爷，俺啥时欠过你的债啊？"

牛鲁冷笑着说："真是贵人多忘事，俺来问你，五年前，你爹葬在何处？"

唐兴仍然不解地说："俺爹是葬在你家的荒地里，可当时讲好你舍给俺那块地，俺送一壶好酒给你老母祝寿就算结了。那壶酒俺当天就送到你府上了。"牛鲁陡然唬起脸说："说得轻巧！我说的是一'湖'美酒，你却只送了一壶酒，且不说闻名天下的太湖、洞庭湖，就是咱们村前的唐家湖，你算算能盛多少壶酒？"

唐兴听了差一点气炸肚皮，跺着脚说："你这是仗势欺人，这样的冤枉债就是不还。"

"给我抢，不给他点厉害，他就不知道马王爷是几只眼。"牛鲁咆哮着喊。

狗腿子们一拥而上，拳打脚踢，横抢竖夺，最后，把房里的东西抢的精光，然后扬长而去。

小伙子告到县里，县里没等他诉完冤情就轰出了大堂；告到州里，州官说他诬赖好人，打了他四十大板；小伙子听说新任太守为官清正，便告到王羲之这儿来了。

王羲之看完诉状后，气得剑眉倒竖。想到牛鲁乃地方一霸，为人刁滑，且又强词夺理。应须巧判才能收到惩霸之效。王羲之听说牛鲁家养了一大群鹅，顿时计上心来。

第二天，王羲之来到牛鲁家，牛鲁见太守来府，受宠若惊。王羲之说："下官生性爱鹅，听说员外喂养了好多鹅，于是想用下官亲笔手书的《乐毅书》来换员外的一活鹅，不知员外意下如何？"

牛鲁知道王羲之一字能值千金，万没想到他用一幅字来换他的一只鹅，真是飞来的福气。乐得他心花怒放，一夜没睡好觉。

第二天一大早，他就挑了一只上好的大白鹅，用笼子装上，拎到了太守府。

王羲之见鹅，拍手笑着说："真是千里挑一的好鹅，不知其他鹅也像这一只这么好看嘛?"

牛鲁媚笑着说:"小人家的鹅都是这样,大人吩咐要一只活鹅所以小人今天只带来这一只,大人如果喜欢,小人改日再送几只。"

王羲之闻言,把脸一翻,拍着惊堂木说:"胡说,本官要的是'一河鹅',谁要'一活鹅'来?难道本官亲笔书写的一部《乐毅书》,只值一只鹅钱么?大胆牛鲁,诈骗本官,该当何罪?"

牛鲁听了,连忙跪倒在地,不服地强辩说:"请问大人,天下买鹅卖鹅只论个、十、百、千,哪有论沟论河的道理呢?小民实在冤枉。"

王羲之听了,抚掌大笑,将唐兴唤上大堂,厉声喝问道:"鹅不论河应论只,那么酒又岂能论湖呢?"

牛鲁这才知道自己不知不觉间上了王太守的圈套了。无奈自知理屈,只得苦苦哀求,请太守老爷宽恕。

王羲之提笔判道:"牛鲁抢占唐兴家产应如数偿还,另外罚银五百两,以抵偿唐兴惊吓奔波之苦。本官'清正'为本,焉要劣绅的白鹅,着令牛鲁将本官《乐毅书》奉还,堂上白鹅退回,若有半点差错,罪上加罪。"

此判一宣,当地的百姓传为佳话,无不赞许王羲之理案之巧妙。其实,王羲之在这里也暗地做了一个结,只因牛鲁的劫强横无理,所以大老爷的劫便也顺理成章了。

郭猗僭逆,欲谋太弟

皇后宫的宦官郭猗和大将军靳准都怨恨皇太弟刘义。郭猗对相国刘粲说:"殿下是光文皇帝的亲孙子,当今主上的嫡子,四海的臣民没有不诚心归服的,为什么要把天下送给太弟呢?而且我听说太弟和大将军刘敷私下预谋,趁三月三日水滨祭祀,宫中大摆筵席之际发动政变。政变成功后就尊奉主上为太上皇大将军刘敷为皇太子,又许诺卫将军刘励为大单于。刘敷和刘励两位亲王都处在不被怀疑的地位,并且都手握重兵,以他们的身份和地位乘机发难,政变不会不成功。然而,这两位亲王都贪图眼前的私利,而不顾父兄的安危,一旦政变成功,主上岂有安全的事理?殿下兄弟遭排斥固然不必多说。太子、相国、大单于之类的权位也必然落入武陵兄弟的手中,怎么会让给别人?现在大祸迫在眉睫,殿下应该早作打算。我曾屡次进谏,主上则笃信于手足之情,以为我是身受阉割的宦官,始终不予相信。但愿殿下不要泄露,趁此事尚未发生秘密地向主上表奏其状。倘若你还不相信我的话,不妨召见大将军府的从事中郎王皮和卫将军府的军司马刘惇,以恩诚信义相待,准许他们悔悟自首,向他们暗中查询,如此一定可以搞清事情的真相。"刘粲答应考虑这件事。

郭猗又秘密地对王皮、刘惇说:"刘敷、刘励两位亲王图谋叛逆的事,主上和相国都知道了。你们是不是也参与了同谋?"二人吃惊地说:"没有。"郭猗说:"这件事已经决定了。我很同情你们二位,竟因老朋友关系跟着一起遭受灭族之祸。"说着便假装悲伤叹息和流泪。二人非常恐惧,连连叩头请求救命之策。郭猗说:"我可以帮你们想安身全命之策,不知你们肯用否?如果相国询问你们关于谋反的事,你们尽管说有。如果相国责问你们为什

么不事先禀报,你们就说:‘卑臣诚然是犯了死罪。然而,原因是主上宽容仁爱,相国殿下敦厚和睦。我们担心如果检举不被相信,则会立刻犯了诬告的死罪,因此才不敢报告。”王皮、刘惇连连点头,感谢郭猗的救命之恩。不久,汉相国刘粲果然召问王、刘二人,他们虽然不是被同时召问的,但所说的内容完全一样。刘粲便认为果真有其事。

大将军靳准也趁机游说刘粲说:“殿下应该亲自住在东宫,然后再兼任相国,使天下众人早知世系而有所依托。现在南来北往的路途上谣传纷纷,都说‘大将军和卫将军打算尊奉皇太弟的旨意发动政变,时间大概就在春末’。如果皇太弟登基执掌朝政,恐怕殿下就没有立足容身之地了。”刘粲说:“该怎么办呢?”靳准说:“假如有人告发皇太弟谋反,主上一定不信。不妨放松对东宫的禁制,使宾客们得以自由地来往。皇太弟一向敬重士人,必然不会因此而疑惑和拒绝士人的来访。宾客中也自然会有一些轻浮卑鄙的小人,不会不迎合皇太弟的旨意而乱出坏主意。这以后我可以向殿下公开上表揭发他们的罪行。殿下再逮捕那些和皇太弟素有交往的宾客严刑拷问,只要得到口供狱辞,主上也就没有不相信的理由了。”于是刘粲就让护卫东宫的冠威将军卜抽把禁卒撤走了。

东晋元帝建武元年(公元317年)春三月,汉相国刘粲指使他的党羽王平对皇太弟刘义说:“刚才接到皇宫送出的诏书,说京师将有叛乱发生,要穿好贴身的铠甲备战,以防不测。”刘义信以为真,就下令宫中的臣属穿上贴身的铠甲,准备应付事变。与此同时,刘粲又派人急驰通知了大将军靳准和皇宫的侍奉宦官王沈。靳准遂向汉主刘聪报告说:“皇太弟刘义就要谋反,宫中的臣属护卫都穿好了护身的铠甲。”刘聪大惊地说:“难道真有这样的事?”宦官王沈等异口同声地说:“我们早就听到了风声,屡次向陛下禀奏,可陛下硬是不相信。”刘聪被迫让刘粲率兵包围东宫。刘粲则让靳准、王沈逮捕了东宫的氐羌部落酋长十余人,严刑拷问,把他们吊在高架上,用烧红的铁钳灼刺他们的双眼。酋长们耐不住毒刑的摧残而自诬与皇太弟刘义谋反。汉主刘聪不明真相而对王沈说:“今天我才深知你们忠心耿耿。你们今后还要知无不言,不要怨恨我以前没有听信你们的话。”于是靳准、王沈等大肆诛杀东宫的官属和刘义平素所亲信敬重的人,以及被靳准、王沈所憎恶怨恨的人。结果,东宫大臣数十人遇难,坑杀士卒一万五千人。夏四月,汉主刘聪废皇太弟刘义为北部王。不久,刘粲又指使靳准把刘义刺死。

杨广竭虑,离间太子

杨广和安州军事总管宇文述一向要好,希望他在靠近自己的地方做官,因而奏请父王隋文帝调他出任寿州的军政长官。杨广还特别亲近信任自己的总管司马张衡,张衡曾为他谋划争夺皇位继承权的计策。杨广便按照张衡的计策向宇文述问计。宇文述说:“皇太子杨勇失去宠爱已经很长时间了,他的美德也不闻于天下。而大王以仁孝著称,才能盖世,又多次率领将士们征战,屡建大功。因此皇上和皇后都非常喜爱你,四海臣民的心愿所归也都在大王身上。不过改立太子是国家的大事,况且又是处在父子骨肉之间,实在是不易筹谋的。然而能够改变君王旨意的人只有他的宠臣杨素。

经常和杨素议定谋略的人也只有他的弟弟杨约。臣下一向了解杨约的为人,请让我借进京朝拜的机会与杨约相见,一起图谋大计。”杨广听罢大喜,于是送给宇文述许多金玉珍宝,作为入关进京的费用。

杨约当时是大理寺的判官。杨素每当做某事之前,总要先和杨约筹谋计议而后行。宇文述进京后邀请杨约叙旧,并陈列了许多玩器珍宝,在和杨约一起酣饮畅谈之后,玩博弈游戏。宇文述又常常假装玩不过杨约,便将杨广赠送的金宝玉器全都输给了杨约。杨约因所得甚多而向宇文述略表谢意。宇文述趁机说:“这都是晋王杨广的赏赐,让我和你一起高兴高兴。”杨约大惊说:“为何这样?”宇文述遂又向杨约通报了杨广的心思说:“严守本分和遵行正道,本来是人臣应该经常做到的;然而,虽然违背常道但仍合义理,也是通达事理的人的一种美好追求。自古以来,贤人君子没有不随着时局的变化、朝代的兴亡而调整自己以避免祸患的。如今你们兄弟功名盖世,执掌朝政多年,但朝臣被足下及族人所屈辱的也不可胜数了;还有,皇太子因其所欲得不到施行,也常对执政大臣心怀切齿之恨。你们兄弟虽然自结于皇上,颇受宠爱,然而想危害你们的人本来也是很多的。皇上一旦驾崩而去,你们又将靠什么庇护自己?现在太子失去了皇太后的宠爱,皇上也常有废黜的打算,这也是你们所知道的。如果请立晋王为皇太子,全在贤兄之口。果真能趁此时建立大功,晋王必然对你兄弟二人的功劳刻骨铭心。这样就可以解除你们的累卵之危,而保全你们像泰山那样平安。”杨约认为说得有理,于是回禀了哥哥杨素。杨素听罢大喜,高兴地拍着手说:“我的智慧与思虑确实没有想到这一点,多亏你启发了我。”杨约得知计谋已被哥哥认可,就又进一步对杨素说:“现在皇后的话,皇上没有不听的,应该抓住机会尽早和她结盟相托。这样就可以永保荣华福禄,并将它传给子孙后代。如果再迟疑下去,时局一旦发生变化,让太子执掌了朝政,恐怕灾祸的降临就没有几天了。”杨素听从了杨约的告诫。

此后不几天,杨素入宫侍宴,便在皇后面前稍稍称赞,“晋王杨广孝顺父母,敬爱兄长,恭敬士人,约束自己,很像皇上”,以此揣度她的心思。皇后听罢悲泣地说:“你说得很对。我儿杨广一向是非常孝顺和仁爱的。每当听说皇上和我打发内使前往,总要到门外迎接;每逢说到远离没有不悲伤流泪的。还有他新婚的媳妇也很令人同情,我经常让奴婢过去和她同床共枕,一起饮食解闷。哪里能像睍地伐和阿云那样相对而坐,整日酣饮欢宴,亲近世俗小人,怀疑和怨谤自己的同胞骨肉。我所以越来越同情阿麽,就是因为时常担心他被秘密地杀害。”杨素于是明白了皇后的心思,遂大胆地谗毁太子不才。皇后也便送给杨素许多金玉珍宝,唆使他诱导皇上废黜太子,另立新储。

太子杨勇略知他们的阴谋后,十分恐惧,但又想不出好计策,就让新丰的方术之士王辅贤为他诅咒,以图遏制仇人。同时又在后花园搭造庶人村,屋室房舍都很卑陋,杨勇经常在里面寝卧休息。他穿着粗布衣服,躺在草褥子上,希望能以此抵挡诽谤。隋文帝在仁寿宫避暑时知道杨勇疑惧不安,就派遣宠臣杨素观察杨勇的所作所为。杨素来到太子杨勇住的东宫,已是夜间安卧但尚未入眠的时间。杨勇听说后便整饰衣冠,束紧衣带,等候杨素。

杨素则故意拖延时间不进宫,以激怒杨勇。杨勇心怀怨恨,并在言谈神态中表现出来。杨素回去后向隋文帝谗毁说:"杨勇心怀不满,恐怕有意想不到的事变,希望能深入察防!"隋文帝听了杨素的谗毁,更加疑忌杨勇,因而又相继派人到东宫暗中侦察,不大点儿的琐细小事都上奏皇上,趁机诬陷夸大,网罗太子的罪名。

于是,隋文帝越来越疏远和怀疑杨勇,并在大兴宫的玄武门到至德门之间酌情部署了侦探,以窥伺杨勇的动静,听见所闻都要随时上奏。同时,东宫的宿卫人员,侍官以上的都由各卫府登籍注册,其中勇猛强健的卫士一律摒弃废黜,还调走了东宫的属官左卫率苏孝慈,出任浙州刺史。杨勇更加不高兴。太史令袁充又趁机向隋文帝说:"臣观天文显示,皇太子当废黜。"隋文帝说:"天象显示已经很长时间了,只是群臣不敢说罢了。"袁充是袁君正的儿子。

晋王杨广又让督王府军事姑臧县人段达私下贿赂东宫的宠臣姬威。让他伺探太子的动静,及时密告杨素。于是宫廷内外喧哗四起,诽谤横生,太子的过失当天就会传遍每个角落。段达还胁迫姬威说:"太子的过失,皇上都知道了。我已接到密诏,皇上一定要改换太子。如果你能随时告发太子的过错,则将大富大贵。"姬威遂答应段达,并立即上书诬告太子。

开皇二十年(公元600年)秋天,九月二十六日,隋文帝在仁寿宫召会群臣,……令杨素陈述东宫太子的过错,以通报给群臣。杨素遂明目张胆地谗毁说:"先前臣奉诏到京师,传令皇太子查处刘居士的余党。太子接诏后勃然大怒,容颜突变,骨肉飞腾。对下臣说:'刘居士的同党都已伏法,让我到哪里去深追讨伐;你身为右仆射,皇上委托的职责着实不轻,你自己去查核好了,关我什么事?'又说:'以前封我作太子,帝业尚未继承,就要诛杀我;如今身为天子的圣王竟然使我不如其他的弟弟,没有一件事让我称心如意地去做。'还长叹回视道:'我终于明白了,我身为长子是妨碍了他们。'"隋文帝说:"此儿不能承嗣大业已经很久了,皇后也常劝我废掉他。我以为是自己做平民时生的他,况且他也处在长子的地位,总希望他能逐渐改正过失,所以隐忍到现在。杨勇还曾指着母后的奴仆侍从对他人说:'这都是我的猎物。'这话是多么的异乎寻常。他的元妃死

的时候，我就很怀疑是遭他人的毒害，也曾责备过杨勇。他却怨恨地说：正该诛杀元孝矩。'这是想谋害我而借此发怒啊！杨勇的长子长宁刚出生的时候，我和皇后一起抱回宫中抚养，可他们夫妇怀有二心，接连派人来索取。况且云定兴的女儿，是他当年在外野合而生，想到出身由来，该不会是父母的遗传所致吧！从前晋惠帝司马衷因为娶了屠户的女儿谢玖，他们的儿子司马遹便喜好屠割。如今倘若子孙不像祖辈，便乱了宗庙社稷。我虽然德惭唐尧、虞舜，但终不能将天下托付给不肖子孙。我常担心杨勇加害于我，就像防备大敌那样，因此我想废黜他以安天下！"

在这场争夺皇权的斗争中，晋王杨广以矫情饰貌和谄媚取宠的手段骗取了母后的宠爱，又不惜以金玉珍宝行贿下臣和隋文帝与太子的近臣，极尽威逼利诱之能事，在皇帝周围形成了一个强大的谗言集团，使本来就宽仁和厚、率意任情，无矫饰之行的皇太子陷入了重重包围。已经对太子有偏见的隋文帝在接二连三的谗毁面前更加猜忌疑惑，终于颠倒了是非曲直，废黜了跟随他南征北战、筹谋治国大计二十年的皇太子。早年他曾以五子同母，不会出现孽子纷争的局面感到自慰，岂料竟中了次子晋王的谗间诡计，最终甚至连他自己也被晋王弑杀。靠谗言而谋国篡位的晋王杨广，挟天子之威，锄诛骨肉，屠剿忠良，十年而亡宗庙，足以说明谗间可以害人而难以成事，可以得逞于一时而难以得逞于一世。

甘露之变，反祸己身

在政治斗争中，使用借刀杀人之计的一方，其意在于争胜，算是善用权谋者。然而，若被对方识破计谋，以其人之道还治其人之身，则更有争胜的把握，算是更善用权谋者。因为知己知彼，获益必多，政敌损失必重；这不但是借刀杀人之计的最好结果，也是大得其志的上策。成功的可能越大，潜在的危险可能越大，非善算多谋的人，是很难达到这个境界的。

唐文宗（公元827—840年在位）是一位很想有所作为的皇帝，面对藩镇跋扈、宦官专权，朋党相争的现实，他想有所振作，革除先朝积弊。即位伊始，励精图治，去奢从俭，革罢许多冗食官吏，释放内廷宫女，停去一些内府供应，而且是两日一朝群臣廷访政事，一时"中外翕然相贺，以为太平可冀"。

文宗即位，对当前在朝的李德裕和李宗闵这两大派阀都不信任，将他们相继贬逐出京。在观察中，他认为翰林学士宋申锡"沈厚忠谨"，即把宋申锡升为宰相。以朝政而言，文宗认为最大的症结是宦官专权，不除宦官，要想振刷纪纲则很难。于是，文宗与宋申锡密谋诛除宦官。

宋申锡字庆臣，史称他"清慎介洁，不趋党与"。正因为如此，他才得到文宗的赏识，得为大用。然他"剖断循常，望实不相副"，是"小器"之才。文宗用他诛除宦官，所面对的却是三朝有权的宦官王守澄。王守澄统领禁军，"恃其宿旧，跋扈尤甚"，又有郑注为谋士。这时宋申锡来讲，本来就是相当困难的事，他又如文过不能识人而用他一样，使用吏部侍郎王璠为京兆尹，欲使王璠来加强京师的防卫力量，并将文宗的密旨告诉王璠。王璠好"弄权怙宠"，权衡一下力量，竟将密谋泄露给王守澄。王守澄就命人诬告宋申锡

谋立文宗之弟漳王李凑为帝,将宋申锡罢免。文宗此时有苦难言,只好开延英殿召宰相商议。宰相牛僧孺认为:"人臣不过宰相,今申锡已为宰相,假使如所谋,复与何求!申锡殆不至此!"即使这样,也保全不了宋申锡。王守澄的谋士郑注怕密谋泄露,乃劝王守澄,将李凑贬为巢县公,宋申锡贬为开州(今四川开县)司马,宋申锡竟死于贬所。正是,文宗欲借刀杀人,机事不密,折其刀而又受其辱。

在这次计谋失败之后,文宗并不甘心俯首,意欲再度较量,决一雌雄,于是又物色人物,最终选择了郑注和李训。

郑注,绛州翼城(今山西翼县)人,初以医术游长安权豪之门,经李诉介绍,投到王守澄门下。王守澄以郑注"机辩纵横,尽中其意",而深为信任。郑注"昼伏夜动,交通赂遗,初则谗邪奸巧之徒附之以图进取;数年之后,达僚权臣,争凑其门"。这也是文宗看上他的重要原因。

李训,唐宰相李逢吉的从子,本来以事被流放,因与郑注交结,由王守澄推荐,得升为翰林院学士,再升为宰相。李训除以郑注援引之外,自己也有一定能力,史称他"本以纤达,门庭趋附之士,率皆狂怪险异之流,时亦能取正人伟望,以镇人心。天下之人,有冀(李)训以致太平者,不独人主惑其言。"这正是文宗能于朝臣中看上他的原因。

以文宗的设想,郑注、李训是宦官援引的,宦官对他们不会产生疑虑;况且郑、李二人与王守澄存有芥蒂,又"再三愤激,以动上心"。与文宗谈得很投机,所以文宗将消灭宦官的重任托付给二人。

郑注、李训接受重任,便开始采取行动。首先,他们利用牛、李两党之争,将李党首领李德裕、牛党首领李宗闵等贬逐;借机援引舒元舆、郭行余等人,分别掌握部分政令信息和兵权。尔后又利用宦官集团的内部矛盾,把反对王守澄的韦元素、杨承和、王践言等三个权阉贬为监军,调到处地处死;提升宦官仇士良为左神策军中尉,以分王守澄之权;在仇士良有了与王守澄抗衡之势,再把王守澄提升为右神策军观军容使,罢免其禁军指挥之权,然后赐死于家。又借追查宪宗被害事件,杖杀了在外地监军的宦官陈弘志。于是,李训、郑注"威震天下","自中尉、枢密、禁卫诸将,见训皆震慑,近拜叩首"。郑、李二人心胸并不广阔,一旦得志,竟"平生丝恩发怨无不报者"。二人势位俱盛,又势不两立。李训"托以中外应赴之谋",将郑注出为凤翔节度使,想等除去宦官之后,顺便将郑注除去。史称郑、李二人,"天资狂妄,偷合苟容,至于经略谋猷,无可称者",关键在于二人权力到手之后,肆行其志,不知掩饰,"深密之谋,往往流闻于外"。处事不密,自然就播下失败的种子。

公元835年年底,李训在条件尚未成熟的情况下,草草布置一下,就准备对宦官下手了。趁文宗召见百官之际,李训派韩约奏称:在金吾卫左仗院的石榴树上有天降甘露。百官称贺之时,李训却说:不太像真甘露。文宗借机让左右神策军中尉仇士良、鱼弘志,率诸宦官前往验视。这时,左右仗院已经埋伏甲兵,只等宦官一到便全部围杀。不想接待者韩约心虚,"变色流汗",引起仇士良的注意。在发现伏兵之后,仇士良马上劫持文宗回宫,派禁军大肆屠杀。李训、郑注及其死党先后被追杀,殃及无辜数千人,横尸流血,

狼藉涂地。史称“甘露之变”。

甘露之变是唐文宗与李训、郑注等人密谋策划的，失败之后，宦官借故滥杀无辜，“自是在下事皆决于北司（内侍省在宫城北，即指宦官），宰相行文书而已。宦官气益威，迫胁天子，下视宰相，陵暴朝士如草芥”。仇士良等得知文宗参与甘露之变，屡欲废而另立，但因文宗临朝九载，如骤然废去，恐藩镇责难，便暂时隐忍下来。失败的文宗，面对出言不逊的宦官，只有暗叹“受制于家奴”，泣下沾襟而已。

纵观唐文宗两行借刀杀人之计，均遭失败的原因。一是他不善于识人，所用之人都是“小器”，难当大任。二是他谋事不密，机事常张扬于外，事未行而谋已失，这是自取其辱，虽可哀而不可怜。三是使用此计本是险道，事到临头，他首先推托，在危难之际不发一言，欲脱干系；尤其是在李训攀乘舆急呼之时，李训兵甲已经杀到的关键时刻，他竟叱责李训，使李训被宦官击倒地在，自己被劫持入宫；成败关键时刻，倒向宦官，趋败无疑。他不如唐代宗真是甚远！

利用矛盾，智除刘瑾

明武宗正德年间（公元1506—1521年），宦官刘瑾勾结马永成、高凤、罗祥、魏彬、丘聚、谷大用、张永等人为非作歹，无所不用其极，时人号为“八虎”。刘瑾掌司礼监，马永成掌东厂，谷大用掌西厂。刘瑾又设内行厂，东、西厂均在其侦缉范围。刘瑾党同伐异，提拔亲信，排斥异己，千方百计引导明武宗寻欢作乐，使武宗无心于政事，刘瑾却“事无大小，任意剖断，悉传旨行之，上多不之知也”。这样，刘瑾权倾天下，威福任情，无恶不作。在正德三年（1508年），因一封告他的匿名信，他竟将五品以下的官员三百余人收入狱中，在盛夏之日，竟有渴饿致死者。其专横倾动天下，乃至有“朱皇帝，刘皇帝，坐皇帝（明武宗），立皇帝（刘瑾）”的传说。以及“马（永成）倒不用喂（魏彬），鼓（谷大用）破不用张（张永）”的童谣。上下切齿，但都畏惧刘瑾的权势，莫敢进言。

正德五年（1510年），安化王朱寘鐇叛乱，明武宗派太监张永为监军，前右都御史杨一清总制军务，率兵前往宁夏讨伐。大军未至，朱寘鐇已被擒，杨一清则前往宁夏处理善后，不久张永也赶到。

张永是“八虎”之一，但刘瑾权势过大，张永等“所请多不应”，彼此之间产生矛盾。后来，刘瑾欲将张永赶到南京，张永为此曾与刘瑾挥拳相斗，虽经谷大用等从中调解，但二人仍是面和心不和。杨一清深知内情，便主动与张永结纳，伺机借张永之手除掉刘瑾。杨一清使用的就是借刀杀人之计的间其首领的手法。据《明史》卷198《杨一清传》载：

“（杨）一清知（张）永与（刘）瑾有隙，乘间扼腕言：‘赖公力定反侧。然此易除也，如国家内患何？’（张）永曰：‘何谓也？’一清遂促席画掌作‘瑾’字。永难之曰：‘是家（指刘瑾）晨夕上前，枝附根据，耳目广矣。’一清慷慨曰：‘公亦上信臣，计贼不付他人而付公，意可知。今功成奏捷，请间论军事，因发瑾奸，极陈海内愁怨，惧变起心腹。上（指武宗）英武，必听公诛瑾。瑾诛，公益柄用，悉矫前弊，收天下之心。吕强、张承业及公，千载三人耳。’永曰：‘脱不济，奈何？’一清曰：‘言出于公必济。万一不信，公顿首据地泣，请死上前，剖心以明不妄，上必为公动。苟得请，即行事，毋须臾缓。’于是永勃然起曰：“嗟乎，老奴何惜余年不以报主哉！’”

从这次对话中，可以看到杨一清先以“瑾诛，公益柄用”为诱饵。再以汉代宦官吕强在汉灵帝时谏诛贪默，名重当时；后唐宦官张承业劝谏庄宗不听，绝食而死；并名垂史册，公亦及之，是激其斗志。然后以“心济”安其心，以“上必为之动”而绝其后顾之忧，以“毋须臾缓”而促其成。可谓是滴水不漏，料敌犹如指掌，也难怪后来发展一如杨一清设计。

史称杨一清“博学善权变”。正因为他处事严密，考虑周全，才能一举成功，进而将不可一世的“立皇帝”刘瑾除去，使“海内闻之，莫不踊跃相贺。”这正是借刀杀人之计的间其首领，使政敌互斗而伤之手法的最好结果。然而，使用此谋也是相当危险的。设如张永以“八虎”故，将杨一清出卖，其后果可想而知。杨一清之所以先与张永结纳，“相得甚欢”之后，才将计谋推出，也是为了减少这种危险。

借刀杀人，诛除异己

天京大屠杀是太平天国由盛而衰的一个转折点。酿成事变的根源不难索解，事变的爆发点却始终是个谜。东王府直到事变前夕还是很平静的，致使韦昌辉的屠刀挥舞得那么如心如意，这明明是在东王毫无防范的条件下的突袭。所谓“逼封万岁”一事，真实性颇多疑问。一则杨秀清要夺权，何必做得如此猴急；二则，大权在握，要个“万岁”何用？三则，既然做了这种必然遭忌的事，为什么竟是毫不警戒地在东王府睡他的大头觉？

论者说，这故事是在惨案发生后对东王的“欲加之罪”，用以平息某些人的困惑、怀疑和愤恨，它是天王府编造出来的。据石达开的回忆说：“达开领众在湖北，闻有内乱之信。韦昌辉请洪秀全诛杨秀清，洪秀全不许，转加杨秀清伪号；韦昌辉不服，便将杨秀清杀死”。杀杨本是极密事件，只有在洪、杨、韦三人心底里最明白；当时李秀成尚未封王，石达开西征在外，他俩说的都算不上第一手材料。但石达开一直是主要当事人之一，他所了解的应该较能接近实际。尽管他说得略而不详，且有某些歧义，但有一点很清楚，是天王主动加了东王封号，与逼封之说恰恰相反。本来，这种争夺权位

的肮脏勾当最容易产生政治谣言,后来石达开出走了不是又产生所谓“诛杨密议”的吗?东王被杀,北王受诛,翼王又出走,群情惶惑,人心离散,洪秀全只好给东王平反来平息众议,于是“开诏擅杀”和“诛杨密议”两项新的内幕新闻,相继占领了谣言市场,前者是加重北王罪名的,后者是让翼王分担杀杨责任的。诏书上还说:“妄为推测有何益,可怜叛爷成臭虫。”出了怪事,怎能禁得住群众的“妄为推测”呢?不论怎样添注涂改,逼封万岁的谣言已经广泛流传,再也收不回来的了。

不管“逼封万岁”有无其事,反正洪、杨矛盾已发展到了不可调和的地步,冰冻三尺,非一日之寒。起义初因军令需要集中,杨秀清做事又极能干,因此洪秀全指定诸王一律“听东王将令”。东王不识字而极聪明,从事判断敌情,决策进退,颇多独到见解。他多次出奇制胜,化险为夷,在军中威望极高,这些原都是正常的事情。可是,由于杨秀清握有假托天父附身传言的特权,他的神权高过了洪秀全的王权,这就成了准备子孙万代相传的洪家王室之大忌。建都以后,东王府权势显赫,威风张扬,杨秀清一切专擅,几乎重要的事都得通过他决定。

1856 年杨秀清把他的战功推到了最高点。天京受南、北大营的困扰已久,这次东王下决心全力加以扫除,高度发挥了他的指挥艺术。过程中运筹准确,计日程功,号令严峻,“不奉令者斩”,这是他一贯作风。历时五月,从江北横扫到江南,江苏巡抚吉尔杭阿在高资战败自杀,从孝陵卫东逃的钦差大臣向荣在丹阳自缢身亡。在天京外围纠缠了三年多的一支威慑力量宣告瓦解,清廷大受震动。

太平军第一次打了个大规模的歼灭战,而且打得漂亮,这是值得称道的。东王自以为了不起,志得意满,骄傲了。其实,清廷经此挫折,更识得了太平军的厉害,正在重新部署,准备卷土重来,严重的拼死决战就在眼前,而天国领袖却相反地陶醉了起来。老话说,“兄弟阋于墙,外御其侮”,现在对外打了一个对于消灭清廷实力而言并不具有决定意义的胜仗,竟然祸起萧墙,实在是令人惋惜的。天京热烈举行祝捷大会,享有最大光荣的当然是班师回朝的东王。东王出门,坐 48 人抬的大轿,(天王洪秀全坐 64 人大轿)由 27 节的龙灯开道。龙灯五色洋绉长达数十丈,高丈余,行不见人,鼓乐从其

后，谓之“东龙”。东王仪仗次于天王，排场的豪华煊赫，“侯相为之侧目”。自信心特强的东王自我陶醉的热度狂烈地高升了，天王和其他各王怎能看得过去。

仅仅为巩固权力而除掉一个东王，只要不多牵动其他将士，影响自亦不大。可是动手的北王韦昌辉做法极蠢，杀了东王一家后就此大开杀戒。先用计诱集东王部属和关系人，聚歼在东王府；再转到外边，大肆株连屠杀有关士兵和家属，据说总数至少两万余，以致从观音门内漂流出江的“长发尸骸数日不断，江流因血污为之变色”。内讧接着演出第二幕。石达开返京不满韦昌辉所为，韦即图谋杀石；石星夜缒城逃出南京，韦又把石全家老小杀了。第三幕，惩办韦昌辉和秦日纲，由幸存的东王部属来动手了，先杀了几百人，正要按照北王方式继续杀下去，幸经陈玉成及时赶到劝阻。他说：“太平军皆东、北王旧部，如欲株连，非杀尽太平军不可。”一场大屠杀才算告一段落。

在这场历史上罕见的内讧屠杀中，不少转战万里的起义将士，农民军骨干，不是死在与清军鏖战的沙场，而是倒在自相残杀的血泊之中。石达开惊叹：“自攻自杀，从此元气大伤，十年未可即复。”说得多么痛心！正如后来李秀成所追忆的，从此“人心改变，政事不一，人各一心……各有散意”。这是上层的反应。下层呢？当时流行起一首歌谣说：“天杀父天兄，总归一场空，打打包裹回家转，还是做长工。”

天京事变的真相是洪秀全排除异己，巩固自己统治地位的一次行动。他借韦昌辉、秦日纲之手除掉了对自己威胁最大的杨秀清。又借东王余党诛杀了韦昌辉、秦日纲，借刀杀人之计可谓用到极致了。

借助宣传，瓦解德军

1941 年 6 月 22 日，当欧洲大陆还弥漫着呛人硝烟的时候，希特勒又向苏联这个北方大国祭起了战刀。苏联军队和人民被迫投入到关系国家、民族危亡的卫国战争之中，同法西斯德国展开了一场亘古罕见的厮杀。在这场全方位、立体化的残酷血战中，苏联凭借其雄厚的物质力量和凌厉的心理攻势，终于反败为胜，将纳粹德国这头怪兽置于死地。回首二战期间苏联的心理战，人们看到了坚韧顽强、不屈不挠的精神力量，也领略到了击敌意志、无坚不摧的攻心威力。

苏联的心理战带有强烈的政治性质。这些宣传的主题都是向敌方士兵讲解反法西斯战争的正义性质，揭露纳粹德国进行战争的目的。

同英美盟国一样，苏联在宣传心理战中也牢牢遵循着“真实性原则”。

苏联的宣传机构常常引用大量事实和数据，以此来打击和破坏希特勒及其同伙的威信。1942 年，苏军曾向德国居民印发了一大批这样的传单，如“希特勒是个什么人？”、“希特勒执政的 9 年是欺骗工人的 9 年”、“德国苦役制度的历史”、“希特勒执政后使整个世界成为德国的敌人”，等等。其中，“希特勒在东方战线枪杀了多少德国人？”这一传单尤其令人信服。它巧妙地引用了希特勒向但泽市参议院主席拉乌什科提出的关于他为达到自己目的不惜牺牲百万生命的吹牛声明，这份声明中出现了苏德战场上德国

人损失的一些数字。

为了提高宣传的可信度,苏联心理战部门还成功地利用了政府和军队的一些官方文件。用这些文件来说明问题,往往使德军官兵觉得这不是一般的"宣传材料",而是具有法律效力的重要信息。这种含有官方文件的传单约占了对敌宣传材料总数的18%。例如,在战争初期,苏联曾引用1939年8月苏德签订的互不侵犯条约,来说明德国背信弃义发动战争的可耻行为;为了消除外界关于战俘在苏联俘虏营中的生活状况的臆测,1942年3月,苏联曾印发了苏联人民委员会颁布的《战俘条例》和西南方面军司令员关于战俘法律地位的命令,等等。

苏联在进行宣传心理战时,尤其擅长运用带有政治色调的感伤主义手法。一份给德军前线士兵的传单中这样深情地写道:"你们的家庭在等着你们,你们的亲人在等着你们。难道让他们白白地等待吗?你们年过花甲,白发苍苍的母亲焦虑地询问每一个从前线回来的人:'我的孩子在哪里?'然而她得到的回答却是:'我不知道,也许在苏联的某个地方……'你们在苏联某地干什么?!为什么要呆在这儿?!"这些充满天伦之情的传单在德军中引起了普遍的强烈震动。一名德国战俘(二级下士)曾经讲述过他看了一份传单后思想情感所发生的变化。该传单的题目是:"爸爸,我不愿看到你被杀死。"传单的正面是一位小姑娘正在寻找在前线的爸爸,另一面则是关于斯大林格勒近郊德军被围官兵走投无路的短文。在小姑娘天真无邪的眼神里,充满了令人战栗的忧伤和哀愁。它使这位德国士兵不由自主地想起了自己的孩子,并被感动得流下了眼泪。于是,对家人的深深同情和强烈眷恋,很快促使他作出了缴械投降的决定。1941年圣诞节前夕,苏联宣传机构经过精心设计,向德国妇女空投散发了一种特别的圣诞卡。这张圣诞卡

通体白色,上面画着圣诞之夜,一具德国士兵的尸体正静静地躺在皑皑白雪之中,身旁则是一棵圣诞树。图画下方用德文写道:"他是谁的丈夫?"当众多德国妇女从地上拾到这份不期而至的"礼物"时,无不掩面痛哭。生与死的鲜明对比,在她们的心灵深处激起一种强烈的反战情感。她们纷纷给前线的丈夫和孩子写信,拍电报,有的妇女甚至漂洋过海,前去寻找亲人的踪迹。许多德军士兵见到亲人的来信后,思乡盼归之情油然而生,一时间,苏德前线的德军士气大受冲

击。1943年，苏军总政治部还印发过一份题为“想想自己的孩子”的传单，在传单的画面上，一个孩子正在为战死的父亲痛哭，旁边则配有著名反法西斯诗人艾里希·维奈特悲婉凄哀的抒情诗。诗画相映，生动地表达出战争所造成的不幸和人类对和平的渴望。这份传单受到了德军士兵的普遍认同。

苏联广播还积极利用音乐手段，勾起敌军官兵和民众的忧郁情绪，仅用德语灌制的宣传音乐唱片就达240种，6.7万余张，其中包括配乐诗歌、散文、民间歌曲、革命歌曲及已被纳粹所禁止的音乐等。此外，还有用罗马尼亚、匈牙利、芬兰、意大利等其他语种灌制的唱片，总数多达372处，7.2万多张。

利用电台、广播等电讯器材，对敌大搞“电波楚歌”，是苏联心理战部门的传统绝活。早在大战前夕，苏联的对外广播就拥有用12种语言向40个国家播音的实力。其节目内容主要是介绍苏联的社会主义建设成就，揭露法西斯分子的战争阴谋。从1941年起，苏联对外广播迅速发展到21个语种，每昼夜广播50余小时。其中，除了莫斯科对德国广播之外，还有从第比利斯对意大利的广播；从古比雪夫对巴尔干国家的广播；从共青城对中国的广播，等等。无线广播，成了苏联心理战机构手中频频出招的一只铁拳。

苏联的广播宣传极富自己的特色。绝大多数播音员感情充沛，爱憎分明，给人以强烈的感染力。其中，有一位名叫列维坦的播音员，以其深厚、沉稳的男中音和独特的性格魅力赢得了包括敌人在内的几乎所有人的赞誉，成为二战期间心理宣传战中屈指可数的杰出英雄。苏联著名作家波列伏依曾经这样描写列维坦：“时至今日，无论元帅还是士兵，无论男人还是女人，只要一听到这个熟悉的男中音，就会按捺不住自己激动的心情，深深回忆起那段难忘的岁月。”列维坦刚满17岁时便成为苏联中央电台的播音员，他音色极佳，声音洪亮，具有优秀播音员的独到天赋。战时，他主要负责播送苏联发布的重要新闻和最高统帅部的命令，他那充满邀情的声音和慷慨昂扬的语调，不时回荡在苏联辽阔的大地上，激励着人们去勇敢地战斗。在平时生活中，列维坦是个热情奔放的人，然而一站到话筒前，他的言谈举止马上就像教堂里的祭司一样，严肃端庄，毕恭毕敬。每次接到稿件，他总是要认真复诵几遍，直到基本记住为止。对特别重要的稿件，他几乎可以全文背诵下来。正因为如此，他播发的稿件从来没有出现过口误。他的声音常常使人情不自禁地联想到苏联政府的声音，联想到俄罗斯困难临头时或举国大庆之日莫斯科市议会钟楼上响起的悠扬钟声。列维坦的名字在苏联家喻户晓，成为人

们衷心爱戴的偶像,但同时也使法西斯分子恨之入骨。1941 年冬,当莫斯科会战正酣之际,纳粹德国的头目竟然公开宣布,他们一旦攻占了苏联的首都,将首先绞死 3 个人,除了斯大林和莫洛托夫之外,列维坦赫然名列第三位,由此可见,这位杰出的电台播音员在敌人心目中引起了多么大的惊慌和恐惧。

战争期间,苏联心理战部门将广播对象划分为敌国、同盟国、中立国和德国占领区四种类型进行宣传。他们十分善于借用来自各个地区的人进行宣传。当时旅居苏联的各国共产党领导人如季米特洛夫、皮克、乌布利希、多利士、伊巴露丽等人经常在电台上向本国人民发表广播讲话,仅 1943 年,就有 596 篇这样的讲话向德国作了广播,89 篇向意大利作了广播。

苏联在积极进行对敌广播攻心战的同时,还采取了一系列有效措施,反击轴心国发动的广播宣传,在这方面,苏联心理战部门同样展现出了高超的艺术和卓越的技术能力。

1941 年 8 月的一个夜晚,德国柏林广播电台的播音员正在兴致勃勃地向全国播放新闻:"根据最新战报,苏联红军主力受到重创,目前正向第聂伯河以东节节败退。"

突然,德国的听众惊奇地听到另一个陌生的声音插了进来:"谎言,可耻的谎言!"

播音员继续说:"德军已经取得了新的决定性的胜利。"

"不错,但是在坟墓里。"神秘的声音再次插入。

之后,播音员每读一条新闻,都会随之传来几句讽刺挖苦的声音。最后,播音员不得不被迫停止播音,换上音乐。

几天之后,那个用尖刻而机智的语言同德国新闻广播针锋相对的神秘声音又出现了。

德国播音员:"现在报告新闻。"

神秘的声音:"现在开始撒谎。"

播音员:"德国轰炸机昨晚再次投入战斗。"

神秘声音:"你们还有轰炸机吗?"

播音员:"15 架苏联飞机被摧毁。"

神秘声音:"可你们损失多少?"

播音员:"新闻报告完毕。"

神秘声音:"但谎言明天还会继续。"

戈培尔得知这一情况后,不禁大为恼怒。他立即命令德国广播公司经理格拉斯密尔采取对策。格拉斯密尔先是让播音员加快播音速度,但神秘的声音反应更快。当播音员想偷偷在播放音乐的间隙插播新闻时,神秘的播音却早早地在那里等着他们。狂怒的戈培尔气极无奈,干脆取消了所有的新闻节目,改为不间断地播放音乐,但神秘的声音依然频繁出现。一天晚上,他居然惟妙惟肖地模仿起希特勒的咆哮:"我是几个世纪乃至 1000 年来最伟大的德国人。我也是世界历史上嘴巴最大的人。"

人们一直弄不清楚这神秘的声音究竟来自何方,直到战后,苏联政府才披露,原来它是苏联心理战部门"干扰电台"的杰作。这座设在莫斯科附近

诺津斯克的无线发射台,专门聘请了一位被称作“艾艾同志”的人负责监听和干扰德国电台的广播。每当德国广播的空隙,这位德语流利的“艾艾”就以辛辣、挖苦的口吻评论对方似是而非的谎言,从而压倒和干扰德国的播音。由于苏联干扰台采用了与德国电台相同的频率,且功率更加强大,很多德国听众收听“艾艾”的声音竟和德国电台一样清晰。纳粹德国的宣传部门对这一独特的反宣传战术又气又惧,将其称作“可怕的伊凡”。

苏联卓有成效的心理宣传严重破坏了德军士兵的士气,同时也动摇了德国上下对战争胜利的信念。这不仅仅表现在随着战争的发展,自愿投诚当俘虏的人数日益增多,而且还表现在部队中的失败情绪不可遏止地四处蔓延。它迫使希特勒在同苏联宣传影响的斗争中不得不采取紧急措施。1942 年初,德国第 6 军参谋长发布了题为《同敌人宣传作斗争》的命令。命令指出,士兵搜集和阅读苏联传单,并在信中将传单邮给自己亲属和熟人,已经发展到了“不能容忍的地步”。命令规定要严惩扩散传单者,以此恫吓士兵和居民。同年 12 月,德军总司令部发布特别通报,惊呼“敌人浸透毒汁的宣传,是瓦解军心的武器。目前敌人频繁地使用这种宣传武器,应当认真对待,决不能掉以轻心”。一名德军中尉在日记里写道:“苏联人很注意对我们部队的宣传。我们 6 个月前所讥笑的传单和简报,现在已变成了一种可怕的精神利刃。每当我们的部队后撤时,他们马上就会觉察出问题,并迅速印发出针对性的传单。”

苏联的宣传也深深打动了轴心国其他军队士兵的心。他们的战斗力日益下降,主动投诚当俘虏的人数不断增加。在斯大林格勒保卫战被俘的罗马尼亚第 20 旅旅长季米特里夫坦率地承认:“俄国人的宣传比德国宣传具有更大的影响力。俄国的宣传真实、生动,它不仅影响了罗马尼亚的士兵,而且也影响了罗马尼亚的军官。”

借刀复仇,再创伟业

李·亚科卡,1924 年 10 月出生于美国宾夕法尼亚州艾伦敦,父亲是意大利移民,早年受父亲影响,认为能通过冒险获得成功的道路就是经商。他在大学是学工科的,刚进入福特公司时,被分配当一名见习工程师,但他迫切希望搞推销,喜欢和人打交道。他认为销售商一贯是汽车业的关键、要害部位,是企业的精华。1953 年,亚科卡被提升为费城地区的销售副经理。这一年他大胆提出了“给 56 年新车付 56 美元”的销售计划,即客户购买 1956 年福特公司的新车,可先付 80% 的款,然后每月付 56 美元,三年还清。这种销售方式几乎人人都能接受,因而极大地刺激了市场需求。不到三个月,费城地区销售量从全国的末位一跃为首位。后来,这一计划成为福特公司全国性销售策略的重要组成部分。作为奖赏,亚科卡被提升为华盛顿地区的销售经理。1960 年,年轻有为的亚科卡担任了福特汽车公司轿车部经理。接着,他便开始了式样好、性能强、价格低的“野马”轿车的生产和销售。结果这一仗大获全胜,1970 年,亚科卡荣升为福特公司的总裁。在他就任总裁的 8 年里,为福特公司净挣了 35 亿美元的利润,在该公司的历史上留下了最辉煌的业绩。但成功招致嫉妒。1978 年 7 月,福特二世解除了

亚科卡的总裁职务，同时答应将36万美元的年薪，变成100万美元的退休金，条件是——不要受聘于其他公司。

亚科卡不为100万美元动心，更不愿向命运屈服。国际造纸公司等多家公司来请他，他都谢绝了；纽约大学商业学院等三四所学校聘请他担任院长，他也谢绝了。而当深陷危机、濒临破产的克莱斯勒汽车公司董事长来聘请时，他却欣然接受，并立刻走马上任。因为在他看来这是向福特公司复仇的机会。并且，他上任后宣称：公司起死回生之前，自己的年薪为一美元。

从此，亚科卡开始了“通往顶峰之路”的艰难跋涉，并由此展示了他扭转乾坤的非凡谋略。

亚科卡受命于危难之际。克莱斯勒公司因管理不善陷于绝境，资金枯竭，亏损巨大。亚科卡大智大勇，开展了惊心动魄、艰苦卓绝的拯救工作。他为收拾这个烂摊子的第一步工作是选准突破口，经过调查，很快摸清了公司的5个致命弱点：

一是纪律松弛。他到任的第一天，就遇到两件令人恼火的事：一是他发现前总裁卡费罗的办公室竟成为人来人往的过道。职员们穿堂而过，连个招呼都不打，没有一点规矩。二是他看到前任总裁女秘书在工作时间随便办私事打电话。这在福特公司是要丢饭碗的，而这里却毫无顾忌。再往下看看，基层组织像一盘散沙，士气低落到令人难以置信的地步。

二是管理混乱。公司没有名副其实的管理体制，没有行之有效的规章制度。设计部门与制造部门没有联系，制造部门与销售部门没有联系。财务管理一塌糊涂。

三是人浮于事。公司副总裁竟有35个。亚科卡形容说“每个山头都有王爷，各自占地为王”办起事来互相扯皮，踢皮球。

四是库存积压。公司不是按经销商的订单组织生产，结果导致库存货满为患，库存8万余辆，人们把这种存货叫“销售银行”。为了给汽车找销路，公司每月举行一次减价销售。结果造成经销商对减价的企盼，该买也不买，等待降价，造成恶性循环。

五是资金短缺。这一问题是所有问题的焦点。1978年克莱斯勒亏损2.04亿美元，1979年初，亏损高达11亿美元，积欠各种债务达48亿美元。

在精兵简政方面亚科卡毫不手软地砍了“三板斧”，先砍公司高层领导。对那些身居高位而毫无建树的平庸之辈，一概撤掉，公司35个副总裁先后辞退了33个，高层部门的28名经理撤掉了24个。第二斧，精简机构，压缩企业规模。他大胆采用“关、停、并、转、卖”几项措施，在52个生产工厂中，关闭、变卖16个，合并转产4个，产量、车型和销售而相应减少，企业规模“消瘦”了1/3。第三斧，削减雇员。他先后解雇9万多人，裁员率超过50%，经纪人由5800人减少到3700人。

亚科卡任用能人也是别具一格。他选人的首要标准是“志同道合”。要求部下必须熟知他的领导作风，对他那套管理办法能够彻头彻尾的贯彻执行。由于克莱斯勒能人匮乏，亚科卡不得不在自己熟悉的老伙计中打主意。连“挖”带拉先后从福特公司搜罗到数名得力干将。

第一个被他“挖”过来的是福特公司委内瑞拉子公司的总经理杰拉尔

德·格林沃尔德。亚科卡特别欣赏他的机敏头脑和实干精神，亲自赴委内瑞拉做他的工作。经过几番秘密畅谈，格林沃尔德有感于“老上司”的盛情，毅然改换门庭，成为克莱斯勒第二把手。

第二个被他请来的是早已离职退休、65岁的原福特公司副总裁的保罗·伯格莫泽。此人在福特公司副总裁的职位上干了30年，既埋头苦干，又足智多谋。亚科卡意在借重他的丰富经验，力劝他出山挑大梁。经不住亚科卡再三推举，他终于接过公司总经理的重任。

第三个是由格林沃尔德举荐而来的史蒂夫·米勒。米勒过去是格林沃尔德手下主管财务的得力助手，被亚科卡视为“当家理财的一把好手”，破格提拔他为公司主管金融业务的副总经理。

第四个是在亚科卡手下干了24年的哈尔·斯帕利奇。此人其貌不扬，但谋略水平高，预测能力强，能料知三四年以后市场上最需要什么样的汽车，由他主管公司生产计划。

另外，他雇请了福特公司的公关先生加·劳克斯来公司主管销售，聘请原福特公司总工程师，已退休的汉斯·马赛厄斯负责全公司机械制造，提拔能在“鸡蛋里挑骨头”的福特公司旧部乔治·巴茨负责产品质量。

总之，能者上前，庸人靠边，建立起以亚科卡为首的有力的领导系统。

亚科卡的用人方法是：(1)与属下交谈。他认为，管理就是发动他人去工作。一个企业运转得好，就是那里人发动得好，而发动人的惟一办法是与他们交谈。演说是发动一大群人的最好办法。(2)实行季度检查制度。每三个月他就同属下坐下来，检查过去的成就与差距，计划下一季度的工作目标。亚科卡认为季检查制度有5项好处：不断制定自己的目标；使人更有成果，充分发挥积极性；迫使职员经常检查自己完成了什么工作，下一步怎么办，多动脑子；不埋没人才，好的职员不被忽视，不好的职员无法混日子；强制职员与其上司之间的对话，促使他们沟通思想融洽感情，增进了解，改善关系。(3)激发和保持下属的进取精神。当提升一名工作人员时，正是给他增加任务之时。在他成功的时候，要对他提出更高的要求；而在他不得意时，千万不要过分严厉，否则会毁灭他的进取精神。(4)不能随便变动职员的工作。因为技能是不能互换的，一个人在一个领域里具有专长，不等于在

另一个领域里也有经验和专长。(5)作为一名领导无法做好所有人的工作,只能鼓励下一级的人去干,下一级再鼓励他的下级去干,绝不越位去干本应属下级干的事。

亚科卡还开源节流力渡难关。

一是争取政府贷款。作为亏损企业贷款何其困难,亚科卡豁出老本,背水一战,用巨资游说国会内外关键人物,活动政府上下要害部门。他终于得到了15亿美元的贷款保证。然后又在州级政府和民间四处活动,筹集了相当可观的资金,财政拮据的状况得以缓和。

二是裁人减薪,减少劳务开支。工资支出由21亿美元减少到15亿美元;1700多名高级职员减薪10%,级别较低的职员减薪2%或5%,同时宣布待公司赢利之后,重新补发被削减的工资。公司股东对此肃然起敬。他们从长计议,同意公司关于暂时冻结红利的意见,表示与公司有难同当。

三是大力改善库存管理,压缩库存费用。亚科卡大胆引进日本丰田汽车公司"及时进货,及时使用,快速循环"的管理方式,在压缩企业规模的同时,注意工厂和仓库布局相对集中,就近使用;把费时、价高、大批量的火车运输,改为廉价省时、小批量的汽车运输,每年节省库存费用开支4.5亿美元。与此同时,让设计制造部门大力研究不同种车型使用相同的零部件,将公司生产的零配件从7万多种减少到4000多种,给进货、库存带来很大方便,每年又节省开支3亿美元。公司的年库存价值由21亿美元降至12亿美元。

四是对采购、预算、生产等方面进行综合改革,努力降低成本率。首先改进采购办法。原来公司的原料产、供、销一直在内部循环,后来公司决定,只要自产零件的成本不如购进合算,就不怕"肥水外流",大胆从外部购进。其次是完善工厂预算制度。过去是完全根据自己产品的成本拟定内部预算,这种做法缺乏横向比较,不利于降低成本。后来公司规定,必须通过与外界同类产品的成品费用加以比较之后再作预算,促使工厂自觉向同行业低成本看齐。再次是变进口项目为自己生产。

亚科卡通过硬挤细抠,积微成著,总算走出了低谷,手中有了钱,便有了搏斗求生、大展宏图的力量和机会。

第一,加强市场调研预

测，果断调整产品方向。克莱斯勒过去失败的惨痛教训，就在于市场信息严重失灵。亚科卡大力加强了市场调研部门，于1982年11月组建了一个60人的市场调查小组。亚科卡根据80年代国际石油价格开始下降，国内汽油供应日趋缓和的新形势和调查小组提供的信息，正确地预测到市场上可容纳全家人的较大型汽车将走俏。于是他果断拍板定案，将本公司保留多年的"纽约人"牌大、中型车加大产量。同时，又迅速拿出几样新产品，在市场上抢得一席之地。

第二，摸准时尚变化规律，推陈出新，先声夺人。敞篷轿车从汽车初兴至60年代中期，在美国经历了"三起三落"的变迁。1976年4月21日，底特律市长曾煞有介事地为美国最后一辆敞篷车举行了"告别仪式"，于是这种车在大街上便销声匿迹了。亚科卡独具慧眼，看清了汽车造型"高岸为谷，深谷为陵"的变化规律，摸到了美国人想重坐敞篷汽车大兜其风、"重温旧梦"的时尚趋向。亚科卡大胆决定重新生产敞篷汽车。1982年"道奇400"新型敞篷车先声夺人，投放市场后十分畅销，开始估计有3000辆就能满足需要，没想到一气卖了2.3万辆。后来，通用、福特公司也紧步后尘。克莱斯勒多年来头一次走在他人前面，亚科卡感到无比自豪。

第三，不断变换花色品种，努力提高产品质量。产品经营的关键在于"创新"。在汽车新产品中，一般分为市场型和技术型两类。市场新产品主要是在总体设计、车体形状、装潢色彩等方面进行改造，花钱少、周期短、见效快。亚科卡审时度势，量力而行，把开发市场新产品作为重点来抓。于是决定以前轮驱动高速省油的长型车为基本模式，争取基本部件一体化、车型品种多样化的生产路线。结果是投资不多，花色品种却不少，使顾客接踵而来，尽情挑选。另一方面，亚科卡始终抓住产品质量不放，采取了三项有力措施：一是投资1800万美元，建立了一个电子计算机和测试仪器中心，由人工设计逐步过渡到全部由计算机承担全部设计工作，大大提高了设计质量。二是花费1亿美元，改造老厂房，把引擎从汽车顶部安装改为从底部安装，使装机质量明显提高。据1978年验车报告称，公司所产汽车行驶百英里的可能维修费由4年前的358美元下降到157美元。1983年统计，当年客户对克莱斯勒汽车撤销订货数只有7千辆，而同期对通用公司的撤销订货是120万辆，福特公司多达160万辆。

第四，充分利用广告的作用，大力扩大影响。由于前几年克莱斯勒"臭名"在外，人们对其新产品总是将信将疑。要改变这一形势，必须借助广告舆论。为了给公众留下里外全新的印象，亚科卡毅然撤销聘用多年的原来两家广告代理人的资格，不惜重金改聘广告行里的佼佼者——"凯一埃"广告公司。该公司不负厚望，广告做得有声有色，连出妙招。克莱斯勒做广告强调"突出个性"，不搞"一锅煮"，避免雷同，力求使每一种牌子的车在广告市场中形成自己独特的个性和鲜明的特性。

第五，灵活确定售价，重视售后服务。亚科卡为巩固和扩大市场，制订了公司有史以来第一个以市场计划为重点的行政方案，实行优质优价、劣质低价、有升有降、灵活变通的物价战略。同时为刺激销售，巩固和扩大自己产品市场，精心搞好售后服务。公司从不搞"离店不认账"一类自绝后路的

买卖,对自己的产品不仅保质量,保使用寿命,而且随时提供热情周到的保修服务。他们把小汽车的保修期定为5年,行程5万英里,这类免费的长期售后服务,在大的汽车制造厂家中,惟此一家。

亚科卡临危受命,大刀阔斧推行改革,终在几年内使公司绝处逢生,呈现一派欣欣向荣的景象:1980年公司扭亏为盈,1982年盈利11.7亿美元,还清了13亿美元的短期债务,1983年盈利9亿美元,提前7年偿还了15亿政府贷款保证金,发行股票2600万股,仅数小时就被抢购一空;1984年盈利24亿美元。全面赶超了福特公司。

鉴于此,亚科卡本人一下子成了美国人心中的英雄。1983年的一次美国“最佳企业主管”的民意测验中,亚科卡以绝对多数票领先;1984年6月,美国《时代》周刊的封面上刊登了他的肖像,通栏大标题是:“他说一句话,全美国都洗耳恭听”!1984年12月,美国出版了《亚科卡》传记,该书出版后,瞬时被列为美国畅销书之首,发行量已高达260万册。在日本,《亚科卡》一书一个月就售出20万册。在伦敦,《亚科卡》名列畅销书首位。沙特阿拉伯的政治家们则把《亚科卡》作为管理者的必读书。对此,密执安州的州长说:“亚科卡是世界上最受尊敬的企业家”,1985年仅头两个月,亚科卡就被1270个不同组织邀请去讲演。在克莱斯勒,所有蓝领工人对亚科卡的尊敬已达到近于忠君的程度,数以万计的美国人给他写信,请他去竞选总统。

面对这种形势亚科卡表示:“要马不停蹄,一路高歌猛进。”

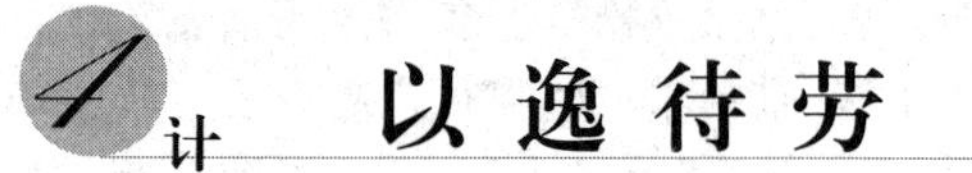

4计 以逸待劳

以逸待劳,晋避秦师

上次孟明视领军偷袭郑国不遂,回程途中反而被晋军在崤山设伏打了个全军覆没,连孟明视、西乞术、白乙丙三名主帅副帅也被晋军俘虏了。后来晋襄公念着秦晋数代通婚友好,与秦穆公的关系又还未决裂,才把他们放回国去。

孟明视等三人回到秦国,不仅没有受到秦穆公的指责处罚,反而恩宠有加,继续重用为领军之帅,三人十分感激,更加尽力尽心训练士卒,厉兵秣马,以图一报崤山大败之仇。

不久,晋襄公又联合宋、陈、郑几国兵马,乘秦军元气大伤的机会,再度入侵秦国。秦国也果然没有任何抵挡,任由晋国占领了边境几处城邑。身为三军统帅的孟明视,没有主动请命防御入侵之敌,很为朝野上下所不理解,微言纷起,都说他被晋人打怕了,现在一听见晋军入侵,就害怕啦。孟明视还是没有辩解。倒是秦穆公对众大臣解释说:“孟元帅之所以没有率兵抗晋,是我们的力量还没有恢复,还不是跟晋军决战的时候。时机一到,他一定能打败晋军,一报崤山兵败之辱的,各位且请拭目以待。”

孟明视很为穆公能够理解自己而感动。经崤山一战，他慎重多了，再也不敢轻率从事，更不敢轻易言战。他感激穆公的知遇之恩，也更加刻苦地整治部队，训练将士。

一年之后，秦军恢复了元气，将士经严格训练，作战能力也大大提高。于是，他提出了征伐晋国的请求。他满怀信心地对穆公说："这次如果再不能雪耻洗辱，我孟明视誓不生还秦国见主公！"

"好，我亲自为你督军出征！"秦穆公也意气风发。"作为秦国之主，这几年来，我军对晋军屡战屡败，受够了晋军的欺侮，如果这次还不能打败晋国，我也没有面目回来见百姓了！"

孟明视挑选了500乘战车和几千精兵，临出发时，又给参战的将士的家庭送去丰厚的财物和赠赐。这一举动，令全军上下大为感动，士气大振，都决心跟从孟元帅，一定要战胜晋军，一报崤山兵败之仇。

选定吉日，秦穆公亲自率领大军出发。不日，便过了黄河，进入秦晋边境。孟明视下令把渡船全部烧毁。秦穆公大为吃惊："孟元帅，你为什么把渡船都烧毁啦？"

孟明视不无悲壮地说："'兵以气胜。'我军屡被晋军所败，将士们一听说与晋军打仗，口里虽然说振奋向前，心里却免不了还要怯懦害怕，士气很低落。现在我们虽然烧毁了渡船，但如果胜利了，何愁无船可渡？一旦兵败，也无须再回去啦！这是为了给将士们一个鞭策：我们这次是有进无退，只许成功。不许失败的。这是兵法上说的'置之死地而后生'！希望能够以此激励士气。"

秦穆公恍然大悟，连连点头称好。

随后，孟明视亲自为先锋，率军长驱直入晋境，一鼓作气连连攻破数座城池，真正是所向披靡。

晋襄公接到边境急报，忙与群臣商量抗敌之策。

丞相赵衰说："秦军是我们婚姻友好之邻国，数度有恩于我国，却又被我们数次打败，他们全国上下对我们可谓恨之入骨了。这次穆公亲自领军来攻打我们，分明是势不两立的意思。经孟明视整治训练了一年的秦军已今非昔比，战斗力肯定大胜从前。其气正怒，其势方锐，全军上下同仇敌忾，必然勇不可当。我们不如稳守为主，避一避他们的锐气，任由他们一展威风，好让他们心中积聚多年的怨气得以宣泄。这样有可能解开两国这些年所结

下的仇怨，重新修好，免除永无休止的纷争。请主公三思。”

先轸去世后，接任元帅的先且居也说：“丞相说得对。俗话说：困兽犹斗。何况秦军又是骁勇善战的大国军队呢！如与他们硬拼，吃亏的一定是我们。他们这次来既然是志在必胜的，干脆就让一让他们，任由他们在边境地方宣泄一阵，以满足他们求胜的欲望。只要我们坚守不战，他们略有所得，就会退兵回去了。”

既然文武重臣都这么说，晋襄公即下令严守各处要塞重地，任由秦军在边野之地为所欲为，坚决不与之交战。

这样，秦军在边境一带掳掠一番，见晋军并不应战，都以为晋军怕了秦军，几次落败的怨气和仇恨得以宣泄，心理上得到满足，也就转上崤山，收拾上次阵亡将士的尸骨后，回国去了。

晋楚相争，决战城濮

公元前632年的晋楚城濮之战，是春秋时期晋、楚二个诸侯国争霸中原的一次战争。在这场战争之初，楚国的实力强于晋国，而且楚国有许多盟国，声势浩大。城濮之战以楚国出兵攻宋，宋成公派人来晋求救为引子展开。但晋国并不靠近宋国，远道救宋，必须经过楚国的盟国曹、卫，形势于晋不利。可是，晋军制订了正确的战略战术，运用谋略争取了齐、秦两个大国的援助，取得了“伐交”、“伐谋”方面的优势，最终击败了楚军，争得了中原霸主的地位。城濮之战中晋军的胜利，不胜在实力，而胜在谋略。

春秋时期，地处江汉之间的楚国日益强盛，它控制了西南和东面的许多小国和部落。在楚文王时期，楚国开始北上向黄河流域发展，攻占了申（今河南南阳北）、息（今河南息县西南）、邓（今河南漯河市东南）等地，并使蔡国屈服。楚成王时期，齐国崛起，齐桓公称露中原，楚国难以再向北扩张。齐桓公死后，齐国内乱，霸业衰落，这时楚国乘势向黄河流域扩展，控制了鲁、宋、郑、陈、蔡、许、曹、卫等小国。公元前638年，楚军在泓水之战中打败了宋襄公，开始向中原发展，期望成就霸业。

正当楚国图谋中原称霸之时，在今天的山西西南的晋国也逐渐强盛起来。公元前636年，流亡在外十九年的晋公子重耳在秦国的帮助下回国即位，称晋文公。晋文公即位后，实施一些改革措施和外交活动，逐步具备了争夺中原霸权的强大实力。

早在晋文公即位的那年，周襄公遭到他兄弟叔带勾结狄人的攻击，王位被夺，文公及时抓住了这个尊王的好机会，平定了周室的内乱，护送周襄王回到洛邑。襄王以文公勤王有功，便赐以阳樊、温（今河南温县西）、原（今河南济源西北）等地。晋文公遂命赵衰为原大夫，孤溱为温大夫，经营这一对争霸中原有战略意义的地区。由于晋文公抓住了“尊王”这块招牌，在诸侯中的地位大为提高。晋国势力的迅速发展，引起了楚国的不安。楚国急于想阻止晋国的进一步向南发展，而晋国要想夺取中原霸权，就非同楚国较量不可。因此，晋、楚之间的矛盾日益尖锐起来。

公元前634年，鲁国因和莒、卫两国结盟，几次遭到齐国的进攻，便向楚国请求援助。而宋国因在泓水之战中被楚国击败，襄公受伤而死，不甘心对

楚国屈服,看到晋文公即位后晋国实力日增,也就转而投靠晋国。楚国为了保持其中原的优势地位,便出兵攻打齐、宋,并借以制止晋国的向南扩展。晋国也正好利用这一机会,以救宋为名,出兵中原。这样,晋楚两国的军事交锋便不可避免地发生了。

公元前633年冬,楚成王率领楚、郑、陈、蔡等多国军队进攻宋国,围困宋都商丘;宋国的司马公孙固到晋国告急求援。于是文公和群臣商量是否出兵及如何救宋。大夫先轸力劝晋文公出兵救宋,他认为,救宋既能够"取威定霸",又报答了以前晋文公流亡到宋国时,宋君赠送车马的恩惠。但是宋国不靠近晋国,劳师远征救宋,必须经过楚国的盟国曹、卫;而且楚军实力强大,正面交锋也恐怕难以取胜。晋国的狐偃针对这一情况,建议晋文公先攻曹、卫两国,那时楚国必定移兵相救,那样宋之围便可解除。晋文公采纳了这一建议。尽管如此,晋国感到真正的敌人是楚,要对付如此强大的敌人,必须进行较充分的准备。晋国按照大国的标准,扩充了军队,任命了一批比较优秀的贵族官吏出任军队的将领。

经过一段时间的准备,晋文公于公元前632年1月,将军队集中在晋国和卫国的边境上,借口当年曹共公侮辱过他,要求假道卫国进攻曹国,遭到卫国拒绝。晋文公迅速把军队调回,绕道从现河南汲县南黄河渡口渡河,出其不意地直捣卫境,先后攻占了五鹿及卫都楚丘,占领了整个卫地。晋军接着又向曹国发起了攻击,三月间,攻克了曹国都城陶丘(今山东定陶),俘虏了曹国国君曹共公。

晋军攻占了曹、卫两国,但楚军却依然用全力围攻宋都商丘,宋国又派门尹般向晋告急求救。晋文公开始感到左右为难了。不出兵救宋吧,宋国国力不支,一定会降楚绝晋;出兵吧,自己兵力单薄,没有必胜的把握,何况直接与楚发生冲突,会背忘恩负义之名(文公当初流亡路过楚国时,楚成王招待他非常周到,不仅留他住了几个月,最后还派人护送他到秦国。)这时,先轸分析了楚与秦、齐两国的矛盾,建议让宋国表面上同晋国疏远,然后由宋国出面,送一份厚礼给齐、秦两国,由他们去请求楚国撤兵,晋国则把曹共公扣押起来,把曹、卫的土地赠送给宋国一部分。楚国同曹、卫本是结盟的,看到曹、卫的土地为宋所占,必定会拒绝齐、秦的劝解。

这样楚国就将触怒齐、秦,他们就会站在晋国一边,出兵与楚作战。晋文公对此计十分赞赏,且马上施行。楚国果然上当中计,拒绝了秦、齐的调停。而齐、秦见楚国不听劝解,大为恼怒,便出兵助晋。齐、秦的加盟,使晋、楚双方的力量对比发生了根本性的变化。

楚成王看到齐、秦与晋联合,形势不利,就令楚军从前线撤退到楚地申,以防秦军出武关袭击它的后方。同时命令戍守谷邑的大夫申叔迅速撤离齐国,命令尹子玉将楚军主力撤出宋国。子玉对楚成王回避晋军很不满意,他对成王说:"你过去对晋侯那么好,他明明知道曹、卫是楚的盟国,与楚的关系密切,而故意去攻打它,这是看不起你。"楚成王说:"晋侯在外流亡了十九年,遇到很多困难,而最后终于能够回国取得君位,他尝尽艰难,充分了解民情,这是上帝给他的机会,我们是打不赢他的。"但是子玉却骄傲自负,听不进楚成王的劝告,仍要求楚王允许他与晋军决战,并请求增加兵力。楚成王勉强同意了他的请求,但不肯给他多增加兵力,只派了少量兵力去增援他。于是,子玉以元帅身分向陈、蔡、许、郑四路诸侯发出命令,相约共同起兵。他的儿子也带了六百家兵相随。子玉自率中军,以陈、蔡二路兵将为右军,许、郑二路兵将为左军,风驰雨聚,直向晋军扑去。

子玉逼近晋军后,为了寻求决战的借口,派使者宛春故意向晋军提出了一个"休战"的条件:晋军必须撤出曹、卫,让曹、卫复国,楚军则解除对宋都的围困,从宋国撤军。中军元帅先轸提出一个将计就计的对策,以曹、卫与楚国绝交为前提,私下答应让曹、卫复国;同时,扣押楚国的使者,以激怒子玉来战。晋文公采纳了他的计策。子玉得知曹、卫叛己,使者又被扣,便恼羞成怒,倚仗着楚国的优势兵力,贸然带兵扑向晋军,寻求决战。

晋文公见楚军来势凶猛,就命令晋军后撤,以避开它的锋芒。有些将领不理解文公的意图,问文公:"没有交手,为什么就后退呢?"文公说:"我以前在楚的时候曾对楚王说过,如果晋楚万一发生了战争,我一定退避三舍。我是遵守诺言的。"实际上,晋军的"避退三舍",是晋文公图谋战胜楚军的重要方略。晋国"避退三舍"(九十里)后,退到了卫国的城濮,这里距离晋国比较近,后勤补给、供应方便,又便于齐、秦、宋各国军队会合;在客观上,"避退三舍"也能起到麻痹楚军、争取舆论同情、诱敌

深入、激发晋军士气等多重作用，将晋军的不利因素变为了有利因素，为夺取决战胜利奠定了基础。

晋军退到城濮停了下来。这时，齐、秦、宋各国的军队也陆续到达城濮和晋军会师。晋文公检阅了军队，认为可以与楚军决战。这时，楚军追了九十里也到达城濮，选择了有利的地形扎下营。随后就派使者向晋文公挑战。晋文公很有礼貌地派了晋使回复子玉说："晋侯只因不敢忘记楚王的恩惠，所以退避到这里。既然这样仍得不到大夫（指子玉）的谅解，那也只好决战一场了。"于是双方约定了开战的时间。

公元前632年4月4日，晋楚两军决战开始。晋军针对楚军中军强大，左右翼军薄弱的部署特点，和楚军统帅子玉骄傲轻敌、不谙虚实的弱点，发起了有针对性的攻击。晋下军佐将胥臣把驾车的马蒙上虎皮，出其不意地首先向楚军中战斗力最差的右军——陈、蔡军进攻，陈、蔡军遭到这一突然而奇异的进攻，惊慌失措，弃阵逃跑，楚右翼就这样迅速崩溃了。

晋军同时也把进攻的矛头指向楚左军。晋上军主将狐毛在指挥车上故意竖起两面镶有彩带的大旗，非常醒目，远远就可望见。狐毛和许、郑联军一接触，就故意败下阵来。在逃跑时，在车的后面拖了很多树枝，树枝刮起的尘土，遮天蔽日，给在高处观阵的子玉造成了错觉，以为晋军溃不成军了，于是急令左翼部队奋勇追杀。晋中军元帅先轸等见楚军已被诱至，便指挥中军横击楚军，晋上军主将狐毛回军夹击楚左军。楚左军退路被切断，陷入重围，基本全歼。子玉见左右两冀军都已失败，急忙下令收兵，才保住中军，退出战场。城濮之战最终以晋胜楚败而告终。

以逸待劳，计擒韩信

汉高祖六年，天下太平，刘邦却心病未除，大臣中他最放心不下的是齐王韩信。韩信足智多谋，善领兵打仗，若韩信反，则是天下大祸。

项羽的大将钟离昧，在项羽失败后，投奔韩信。韩信与钟离昧同是楚人，韩信就收留了他。

刘邦听说韩信收留了钟离昧，更不放心了，一个韩信已难对付，再加上一个钟离昧，更难对付。刘邦派使者持诏书，要韩信交出钟离昧，韩信接到诏书，谎称钟离昧不在他处，不肯交出钟离昧。

高祖接到韩信的书信，心中怀疑，就派暗探察访，暗探到了下邳，恰逢韩信出巡，车马隆隆，前后护卫，不下三五千人，声势很是威赫。侦探回报刘邦，说韩信有反意。

高祖召集众将，商讨对付韩信的方法，众将主张讨伐，高祖沉默不语，诸将退出。陈平进见，高祖向他问计。

陈平知韩信未反，只是不肯替韩信辩护，但称事在缓图，不宜从速。

高祖着急道："这事如何从缓？你总要为朕设法呀！"

陈平道："诸将怎么说。"

刘邦说："都要我发兵征讨。"

陈平说："陛下如何知道韩信谋反？"

刘邦说："有人密报，谋反属实。"

陈平说："除有人上书外，是否还有人知他谋反的情况？"

刘邦说："没有。"

陈平又问："韩信知道有人告他谋反吗？"

"不晓。"

"陛下现有的士卒，能胜过楚兵吗？"

"不能！"

"陛下用兵，必欲派遣得力大将，现在诸将中有人才能比得上韩信吗？"

"没有人能及。"

"兵不能胜楚，将又不及韩信，若突然起兵攻击，激成战争，恐怕韩信不想反也得反了。臣以为陛下此举，未必万全。"

"这却如何是好？"

陈平踌躇多时，才献一策说："古时天子巡狩，必大会诸侯。臣听说南方有云梦泽，是好风景。陛下只说出游云梦，遍召诸侯，会集陈地，陈与楚西境相近，韩信既为楚王，且闻陛下无事出游，必定然前来谒见，趁他谒见的时候，只需一二武夫，便好将他拿下，这岂不是垂手而得吗？"

高祖大喜，连说："妙计！妙计！"

高祖派出使节，先向各国传诏书，说将南游云梦，令诸侯会集陈地，诸侯王怎知有诈，一律从命。

只有韩信得了使命，心中生疑，他被高祖两夺兵权，知道刘邦多诈。此次游云梦，令诸侯会集阵地，更觉其中有疑。陈楚地界毗连，应先去迎谒，但又恐事有不测，意外惹祸，因此迟疑莫决。手下将士见他纳闷，想为他解忧，贸然进言说："大王并无过失，引皇上怀疑的，只有收留钟离昧一事，今若斩其首级，持谒主上，主上必喜，还有什么忧虑呢？"

韩信听了此言，觉得有理，便召入钟离昧，模模糊糊地说了数语。钟离昧听出了话的意思，又看他面有怒容，不似从前，因此试探道："你莫非忧虑我在此处，得罪汉帝么？"

韩信点点头，钟离昧说："汉之所以下来攻楚，是怕我们二人相连，同心抗拒，若杀我献汉，昧今日死，公亦明日亡！"

钟离昧一面说，一面观察韩信的脸色，仍然如故，于是起座骂韩信道："你是反复小人，我不应投奔你。"说罢拔剑自刎而死。

韩信割了钟离昧的首级，带了数名随从，直到陈地，进见高祖。

高祖到达陈地，韩信已等候多时，一见御跸前来，便伏谒道旁，呈上钟离昧的首级。只听高祖高声道："快与我拿下韩信！"话未说完，已有武士上前，把韩信绑了起来。

韩信叹道："果如人言，狡兔死，走狗烹，飞鸟尽，良弓藏，敌国破，谋臣亡，天下已定，我固当烹。"

高祖说："有人告你谋反，所以拘捕你。"韩信也不多辩，任他绑在后车。高祖计谋得成，还会什么诸侯，遂又颁诏四方，托词韩信谋叛，无暇往游云梦，各诸侯不必来会。此诏一传，即带着韩信，仍由原路驰回洛阳。

亚夫按兵，计平叛乱

刘邦分封子弟造成郡国并立的政策是时代的错误，就从巩固刘家天下来看，它虽然能收到暂时的效果，却种下了长远的祸根。文帝时贾谊就指出，当时齐楚等国已各传子孙二三代，与皇家亲属关系日益疏远，感情淡薄。半独立的王国同集权的皇朝在各方面存在许多矛盾，相互猜忌，各怀疑惧，叛乱仅只是时间问题而已。他认为王国太强大就好比人患了肿病，一条小腿粗如腰，一根指头粗如腿，怎么能够指挥屈伸呢？所以他提出"众建诸侯而少其力"，主张尽封诸王子弟，使大国分为尽可能多的小国，"令海内之势如身之使臂，臂之使指，莫不制从"，中央才容易控制。另外他又建议文帝把自己的亲儿子安排到要害地区建立大国以便拱卫皇室，说明他还是没有从根本体制上认清问题实质。但是文帝却采纳了贾谊的意见，把太子的同母弟刘武封为梁王，都于战略要地睢阳（今河南商丘），拥有四十多县富庶地区。又尽封齐悼惠王子六人为王，分齐国为济北、菑川、胶东、胶西、济南、齐等六国。

当年刘邦在击灭英布后，封其侄刘濞为吴王，都吴（今江苏苏州），拥有江东五十三县，盛产铜、盐，国富民强。文帝时，吴太子入朝与皇太子发生冲突被误伤致死，刘濞从此怨恨不朝，图谋叛乱。由于文帝优容礼遇，暂时没有发作。景帝即位，晁错用事。晁错认为，诸侯国太强大威胁皇室，应当绳之以法，抓住他们的过失以削夺国土作为惩罚，逐步减弱其势力，才能提高皇权，安定国家。尤其是吴国蓄谋叛乱多年，更应当严惩。他也估计到这样作可能激起变故，但是他说："今削之亦反，不削亦反。削之其反亟，祸小；不削之其反迟，祸大。"既然是祸，迟发作不如早发作。景帝采纳他的意见，先后削夺赵国的常山郡，楚国的东海郡以及胶西国的六个县。最后在下令削夺吴国的会稽郡和豫章郡时，景帝三年（公元前154年）正月，吴王刘濞带头发兵叛乱。他纠合楚、赵、胶西、胶东、菑川、济南等六国，以诛晁错"清君侧"为借口，亲率吴楚联军二十多万人西征。胶西、胶东、济南、菑川等国合兵围攻仍然忠于汉王朝的齐国，赵国也暗中勾结匈奴，起兵反叛。一时黑云压城，长安城中的高利贷者认为东方战事胜败难知，竟不肯贷款给从军东征的列侯封君，好像汉中央政权已经命在旦夕了。

吴王为了夺取攻汉的胜利，动员了自己国内从14岁至62岁的人统统入伍参战。吴王下令全国说："寡人年六十二，身自将。少子年十四，亦为士

卒先。诸年上与寡人比,下与少子等者,皆发。”除国内出动20万大军外,并使闽越、东越也发兵相助。吴王召集诸将领商讨进兵计划,大将军田禄伯建议说:“兵屯聚而西,无它奇道,难以就功。臣愿得五万人,别循江淮而上,收淮南、长沙,入武关,与大王会,此亦一奇也。”但吴王太子却不同意田禄伯单独行动,怕别有变故,因而便对吴王说:“王以反为名,此兵难以藉人,藉人亦且反王,奈何?且擅兵而别,多它利害,未知可也,徒自损耳。”吴王遂不用其计。吴另一少年桓将军也建议说:“吴军多步兵,步兵利于在险要的地势条件下作战,汉军多车骑,车骑利于在平坦的地形下行动,吴军不应在所过城邑停留,急速占据洛阳的武库和敖仓之粟,夺占山河险要关隘以令诸侯,即使不入函谷关,天下也会基本稳固。如果行动迟缓,汉军车骑至,驰入梁楚之地,我们就会失败。”但吴王等又以他年少无知,而拒绝他的建议。遂决定以一路大军向西北先攻梁地,然后再节节向前发展。

周亚夫奉命率30万大军东征,深知楚军历来剽悍矫捷,战斗力强,很难轻易将其打败。因而向汉景帝建议说:楚国之兵剽悍勇捷,难以很快战胜它,我们应该舍弃梁国,尽量以梁地拖住敌人,并切断敌人运送粮草的道路。这样就可以使敌兵疲粮尽,战而胜之。汉景帝同意周亚夫的计划,以大将军窦婴驻军于荥阳,控制荥阳一带战略要地,阻止吴楚联军西进。周亚夫自率主力向吴楚联军进击,并以另一部兵力向齐、赵等地进攻。

吴王刘濞在作战准备完毕后,即于汉景帝三年(公元前154年)正月,打着“请诛晁错,以清君侧”的旗号,起兵叛乱。先将汉朝所任命官吏统统杀掉,然后他即亲率大军从广陵北上,西渡淮水,与楚军合兵,继续前进。吴王刘濞为壮大其起兵的声势,制造叛乱的舆论根据,在起兵后即派遣使者,致书胶西王、胶东王、菑川王、济南王、赵王、楚王、淮南王、衡山王、庐江王、故长沙王子,历数汉朝廷任用“奸臣”,削夺诸王侯封地,危及汉宗室安全的“罪状”,然后宣称:“吴国虽然不大,但地方3000里;人虽然不算多,但可出精兵50万。而且我一向与南越友好相处30多年,越君王愿意出兵以帮助吴国,又可得精兵30万。吴国虽然不富,但节衣缩食,积金钱,备兵革,屯聚粮食,夜以继日,30余年。”刘濞为了鼓舞将士的作战积极性,还宣布:凡抓住汉军大将者,赐赏金5000斤,封万户;抓住列将者,赐金3000斤,封5000户;抓住裨将者,赐金2000斤,封2000户。以下也皆有赏赐。对降城略地有出力者,也给予重赏。

汉景帝听说吴王刘濞等已起兵叛乱,想派人劝说吴王罢兵。这时原吴相袁盎,曾因晁错欲治他的贪污受贿罪,对晁错恨之入骨,即向景帝建议说,诸王起兵,完全是因为晁错,只要杀了晁错,吴楚即可退兵。汉景帝遂杀了晁错,并立即以袁盎为太常,派往吴国,向吴王说明晁错已斩,请吴王退兵。吴王回答说,他已称东帝,拒绝退兵。这时正好谒者仆射邓公为校尉,曾随军征讨吴楚军,返回京师,谒见景帝,景帝问他说:“晁错已死,吴楚能不能退兵?”邓公回答说:“吴王准备叛乱已经数十年,他是发怒于削地,以让朝廷诛杀晁错为名,其用意远不是杀晁错而已。”邓公接着说:“晁错深怕诸侯强大难制,所以建议削地,以加强朝廷的力量,这本来是有利于万世江山的良策,但刚刚实行,晁错便被诛杀,这样,忠臣就无人敢再说话了。”景帝这时才

省悟。

吴楚联军首先向西北进攻梁地，攻破梁之棘壁，斩杀梁军数万人，乘胜继续向梁地推进。梁孝王十分惊恐，派遣6位将军率军再与吴军战，梁军溃败。梁孝王数次派人去向周亚夫求救，周亚夫均不救援。吴楚联军又进而包围梁都城，由于梁都坚固，无法攻下梁都，吴楚联军被阻。这时，吴将周丘通过威胁诈谋，劝降下邳，一夜之间得3万兵马，遂向北继续略地，到了城阳，已拥有近10万之众。

太尉周亚夫率军东走，当进至灞上时，赵涉对周亚夫说："吴王刘濞一向豪富，长期以来搜罗亡命之徒，现在他知道将军即将东出函谷关的动向，必定会在崤山、渑池之间的险要处设置间谍伏兵。用兵贵在神速秘密，将军何不从这里向右进军，经蓝田、出武关，迂回而至洛阳，这样只不过多用一两天的时间，便可直入洛阳的武库，到后敲击战鼓，诸侯发现汉军到达，一定会以为将军是从天而降。"周亚夫遂按照赵涉的建议，率领部将安全到达了洛阳。周亚夫这时高兴地说："七国叛乱战起，我坐驿车到达这里，没想到会这样安全。现在我控制了荥阳，荥阳以东就没有什么危险了。"周亚夫进至洛阳后，便立即派兵搜索崤山、渑池之间地区，果然抓到了吴王派出的伏兵。于是，便请赵涉当护军。

周亚夫军至淮阳，周亚夫的父亲周勃的故客邓都尉向周亚夫建议说："吴兵锐甚，难与争锋。楚兵轻，不能久。方今为将军计，莫若引兵东北壁昌邑，以梁委吴，吴必尽锐攻之。将军深沟高垒，使轻兵绝淮泗口，塞吴饷道。彼吴梁相敝而粮食竭，乃以全强制其罢极，破吴必矣。"周亚夫很高兴地采纳了邓都尉的建议。周亚夫遂率主力军向东北进军，进占了昌邑，并在昌邑筑垒坚守。这时吴楚军加强围攻梁国，由于周亚夫拒绝派兵支援梁王，梁王便派人上诉于汉景帝。汉景帝诏命周亚夫救援梁王，亚夫仍坚壁不出，只派弓高侯韩颓当等率轻装部队按照预定计划，出淮泗口，切断吴楚联军的后路，绝其粮道。梁王命中大夫韩安国和张羽为将军，以韩安国坚守城池，张羽出战，使吴军受到一些挫折和损失。吴军欲向西进军，但无法突破梁军的防守，吴楚联军胶着于坚城之下，往日的锐气大失，为求速战速决，便转而进攻周亚夫军，两军相遇于下邑，吴楚联军企图寻找汉军主力决战，但是周亚夫仍坚持坚壁不战。吴楚联军由于粮食供应断绝，士卒饥疲不堪，吴王刘濞多次组织部队向周亚夫军挑战，周军拒不应战，吴楚军采取佯攻汉军阵地东南角，实际主攻

西北角的战术。周亚夫识破了吴楚军的企图,便加强了西北角的防御,当吴楚军猛攻西北角时,周亚夫军已严阵以待,吴楚军最后的攻击失败,加上士卒疲劳饥饿,于是开始溃乱,吴王刘濞决定率部队撤走。二日,周亚夫率军追击,大破吴楚联军。吴王刘濞丢弃部队,仅率数千人乘夜逃窜。楚王刘戊见大势已去,被迫自杀。周丘自感吴楚联军无力向西北发展攻势,遂退往下邳,途中病死。吴王率军渡江,退守丹徒,再退走东越,以东越兵万余人,并收聚其残兵,企图重振军威。汉军派人买通了东越,使东越以劳军的名义诱骗吴王刘濞出营,将吴王斩杀。至此,声势浩大的七王之乱的主力军吴楚联军,即告全部失败。

济南、胶东、胶西、菑川等诸王和赵王,按照与吴王刘濞的协议,也同时起兵于齐地和赵地。济南、胶东、胶西、菑川等四王起兵后,首先进攻齐王刘将闾军于临淄。齐王本来也预定要参加七王之乱,可能后来觉得事情不妙,退出七王反叛的行列,畏罪而自杀。临淄被围困3个月未被攻破。这时进击齐地的汉军在将军栾布的统率下,与弓高侯韩颓当的援军合兵一处,向围攻临淄四国之军进攻,将四国之军击破,各败退回本国。

在胶西王阴谋叛乱之前,诸大臣即劝阻胶西王不要起兵叛乱,他们认为在胶西为王已经很不错了,吴王虽然与胶西王约定,事成之后,平分天下,但那也是后患无穷。胶西王不听。待兵败退回胶西后,始知后悔已晚。胶西王太子刘德还想再战,打算战败之后,逃入东海。但胶西王刘卬觉得已无任何取胜的希望,遂自请向汉军韩颓当军投降,韩颓当向刘卬展示景帝的诏书:"王其自图"。刘卬看后,自叹说:"如卬等死有余罪。"即自杀身死,太后、太子也皆死。胶东王渠、济南等王兵败后也自杀。郦寄率军进攻赵地,进展也比较顺利,赵王之军节节败退,最后退守都城邯郸,郦寄军包围邯郸城近10个月,后城破兵败,赵王刘遂自杀。这样,七王之乱遂全部被平定。

羊祜以德,抗御吴军

吴宝鼎元年(公元260年),吴帝孙皓以陆抗、万彧为左右丞相,都于武昌与晋争衡天下。

一天,孙皓闲暇无事,请来位术士尚广卜问天下大事。尚广卜曰:"陛下筮得吉兆,庚子岁青盖当入洛阳(谁知竟是后来孙皓降晋入洛阳之兆)。"孙皓听罢大喜,以为是他兴师伐晋的吉兆。于是不顾华核等众卿的反对,令镇东将军、左丞相陆抗兴师于江口,准备图襄阳北伐。

晋主司马炎闻讯,马上召集众文武商议御敌之策。贾充出班奏道:"臣闻吴帝孙皓不修德政,专行无道。陛下可诏请羊祜率兵拒之。待其国中有变,再乘机攻取东吴。"司马炎准奏,降诏遣使去襄阳,令都督羊祜准备迎敌。

羊祜,字子叔。泰山南城(今山东费县西南)人。魏末曾任相国从事中郎,参与司马昭机密。此刻正镇守边郡襄阳。当他刚到襄阳时,军中没有百日存粮。他用缩减巡逻士兵的办法,率军兵开垦荒地八百余顷。及至年末,军中已有十年的积蓄。他在军中,经常轻装便服,不穿衣甲,帐前的侍卫也不过十余人,深受襄阳军民爱戴。

吴将陆抗得知羊祜拒守襄阳,也未敢轻易进兵,双方便在襄阳界首处相

峙。

一天，部将入帐禀报羊祜说："吴兵现在已经懈怠，可乘其无备袭之，必获大胜。"羊祜笑了笑说："陆抗这个人足智多谋。他刚来时，曾突袭了我们的步阐及其将士数十人，我急出兵相救还未来得及。他在此为将，我们只可御守，像当初司马懿御孔明那样。待其国中有变，那时才能图取。"众将深服其论，只好安分御守疆界。

有一次羊祜率众打猎，正巧陆抗也出猎。羊祜下令说："我军不许过界！"众将得令，都规规矩矩地在晋地内打围。陆抗见状叹息地说："羊将军所率军兵，纪律严明，真不可犯啊！"及至打猎归来，羊祜又对众将说："凡吴人先射伤的猎物，都送还于吴。"

吴军得到晋军使者送来的猎物都十分高兴，陆抗听说后，问晋军使者说："你们主帅会饮酒吗？"使者说："有好酒他才肯喝。"陆抗说："我有一斗自己酿造的陈年佳酿，是准备自己享用的，今请你给羊将军带回去一勺饮用。以谢昨日出猎之情。"晋军使者携酒而去后，吴军左右问陆抗说："将军以酒给他是什么意思？"陆抗说："他既施德于我，我岂能无以报酬？"众将听罢都十分愕然。

晋使回见羊祜，把实情禀告后，羊祜笑了笑，打开壶便要饮。这时部将陈元说："都督宜慢饮，恐怕其中有诈。"羊祜说："陆抗不是那种暗中下毒的小人。"说罢，一口把壶中之酒喝干。自此以后，双方使者往来更加频繁起来。

一次，羊祜向吴使问陆将军安否，来使说："陆将军偶染小疾，卧病已有数日。"羊祜说："他的病和我的病一样，我这有合成的熟药在此，可带回去给他服用。"使者携药回见陆抗，众将说："羊祜是吾敌也，此药必非良药。"陆抗说："羊叔子怎么会是暗中害人的小人呢？"说着把药服下，次日病即痊愈。陆抗对众将说："我以军威慑敌，他们以德待我。这是他不用兴兵做战就能征服我们的道理所在。如果我以武力去征伐，我方的军兵必倒戈向我矣。现在宜各保疆界，不求微小战利。"众将领命。于是双方相峙许久而无战事。

后来，吴主孙皓听说后，加陆抗通敌之罪，罢其兵权，令左将军孙冀代领其军。羊祜见吴朝中有变，于是做表向朝中请求伐吴。由于朝中未允，失去了一次战机。及至羊祜死后，司马炎依羊祜遗嘱，拜杜预为大将军时，吴中陆抗也已病亡。晋便一举攻克了东吴，统一了中国。

以逸待劳，陆逊烧营

在《三国演义》第83回和84回中写道：说先主欲发兵前进，忽近臣奏曰："东吴遣使送张车骑之首，并囚范疆、张达二贼至。"先主两手加额曰："此天之所赐，亦由三弟之灵也。"即令张苞设飞灵位。先主见张飞首级在匣中面不改色，放声大哭。张苞自仗利刃，将范疆、张达万剐凌迟，祭父之灵。祭毕，先主怒气不息，定要灭吴。马良奏曰："仇人尽戮，其恨可雪矣。吴大夫程秉到此，欲还荆州，送回夫人，永结盟好，共图灭魏，伏候圣旨。"先主怒曰："朕切齿仇人乃孙权也。今若与之连和，是负二弟当日之盟矣。今先灭吴，次灭魏。"便

欲斩来使，以绝吴情，臣下苦告方免。程秉抱头鼠窜，回奏吴主曰："蜀不从讲和，誓欲先灭东吴，然后伐魏，众皆苦谏不听，如之奈何？"权大惊，举止莫措。阚泽出班奏曰："见有擎天之柱，如何不用耶？"权急问何人。泽曰："昔日东吴大事，全任周郎；后鲁子敬代之；子敬亡后，决于吕子明。今子明虽丧，见有陆伯言在荆州。此人名虽儒生，实有雄才大略。以臣论之，不在周郎之下。前破关公，其谋皆出于伯言。主上若能用之，破蜀必矣。如或有失，臣愿与同罪。权曰："非德润之言，孤几误大事。"张昭曰："陆逊乃一书生耳，非刘备敌手，恐不可用。"顾雍亦曰："陆逊年幼望轻。恐诸公不服。若不服，则生祸乱，必误大事。"步骘亦曰："逊才堪治郡耳，若托以大事，非其宜也。"阚泽大呼曰："若不用陆伯言，则东吴休矣！臣愿以全家保之！"权曰："孤亦素知陆伯言乃奇才也。孤意已决，卿等勿言。"于是命召陆逊。

逊本名陆议，后改名逊，字伯言，乃吴郡吴人也；汉城门校尉陆纡之孙，九江都尉陆骏之子。身长八尺，面如美玉；官领镇西将军。当下奉召而至，参拜毕，权曰："今蜀兵临境，孤特命卿总督军马，以破刘备。"逊曰："江东文武，皆大王故旧之臣；臣年幼无才，安能制之？"权曰："阚德润以全家保卿，孤亦素知卿才。今拜卿为大都督，卿勿推辞。"逊曰："倘文武不服，何如？"权取所佩剑与之曰："如有不听号令者，先斩后奏。"逊曰："荷蒙重托，敢不拜命。但乞大王于来日会聚众官，然后赐臣。"阚泽曰："古之命将，必筑台会众，赐白旄黄钺、印绶兵符，然后威行令肃。今大王宜遵此礼，择日筑台，拜伯言为大都督，假节钺，则众人自元不服矣。"权从之，命人连夜筑坛完备，大会百官，请陆逊登坛，拜为大都督、右护军、镇西将军，进封娄侯，赐以宝剑印绶，令掌六郡八十一州兼荆楚诸路军马。吴王嘱之曰："阃以内孤主之，阃以外将军制之。"逊领命下坛，令徐盛、丁奉为护卫，即日出师；一面调诸路军马，水陆并进。

文书到猇亭，韩当、周泰大惊曰："主上如何以一书生总兵耶？"比及逊至，众皆不服。逊升帐议事，众人勉强参贺。逊曰："主上命吾为大将，督军破蜀。军有常法，公等各宜遵守。违者王法无亲，勿致后悔。"众皆默然。周泰曰："目今安东将军孙桓，乃主上之侄，见困于彝陵城中，内无粮草，外无救兵，请都督早施良策，救出孙桓，以安主上之心。"逊曰："吾素知孙安东深得

军心,必能坚守,不必救之。待吾破蜀后,彼自出矣。"众皆暗笑而退。韩当谓周泰曰:"今此孺子为将,东吴休矣!公见彼所行乎?"泰曰:"吾聊以言试之,早无一计,安能破蜀也?

次日,陆逊传下号令,教诸将各处关防,牢守隘口,不许轻敌。众皆笑其懦,不肯坚守。次日,陆逊升帐唤诸将曰:"吾钦承王命,总督诸军。昨已三令五申,令汝等各处坚守。俱不遵吾令,何也?"韩当曰:"吾自从孙将军平定江南,经数百战;其余诸将,或从讨逆将军,或从当今大王,皆披坚执锐,出生入死之士。今主上命公为大都督,令退蜀兵,宜早定计,调拨军马,分头征进,以图大事。乃只令坚守勿战,岂欲待天自杀贼耶?吾非贪生怕死之人,奈何使吾等堕其锐气?"于是帐下诸将皆应声而言曰:"韩将军之言是也。吾等情愿决一死战!"陆逊听毕,掣剑在手,厉声曰:"仆虽一介书生,今蒙主上托以重任者,以吾有尺寸可取,能忍辱负重故也。汝等只各守隘口,牢把险要,不许妄动,如违令者皆斩!"众皆愤愤而退。

却说先主自猇亭布列军马,直至川口,接连七百里,前后四十营寨,昼则旌旗蔽日,夜则火光耀天。忽细作报说:"东吴用陆逊为大都督,总制军马。逊令诸将各守险要不出。"先主问曰:"陆逊何如人也?"马良奏曰:"逊虽东吴一书生,然年幼多才,深有谋略;前袭荆州皆系此人之诡计。"先主大怒曰:"竖子诡计,损朕二弟,今当擒之!"便传令进兵。马良谏曰:"陆逊之才,不亚周郎,未可轻敌。"先主曰:"朕用兵老矣,岂反不如一黄口孺子耶?"遂亲领前军,攻打诸处关津隘口。韩当见先主兵来,差人报知陆逊。逊恐韩当妄动,急飞马自来观看,正见韩当立马于山上;远望蜀兵,漫山遍野而来,军中隐隐有黄罗盖伞。韩当接着陆逊,并马而观。当指曰:"军中必有刘备,吾欲击之。"陆逊曰:"刘备举兵东下,连胜十余阵,锐气正盛;今只乘高守险,不可轻出,出则不利。但以奖励将士,广布守御之策,以观其变。今彼驰骋于平原旷野之间,正自得志;我坚守不出,彼求战不得,必移屯于山林树木间。吾当以奇计胜之。"韩当口虽应诺,心中只是不服。先主使前队搦战,辱骂百端。逊令塞耳休听,不许出迎;亲自遍历诸关隘口,抚慰将士,皆令坚守。

先主见吴军不出,心中焦躁。马良曰:"陆逊深有谋略。今陛下远来攻战,自春历夏,彼之不出,欲待我军之变也。愿陛下察之。"先主曰:"彼有何谋,但怯敌耳。向者数败,今安敢再出?"先锋冯习奏曰:"即今天气炎热,军屯于赤火之中,取水深为不便。"先主遂令各营皆移于山林茂盛之地,近溪傍涧,待过夏到秋,并力进兵。冯习遂奉旨,将诸寨皆移于林木阴密之处。马良奏曰:"我军若动,倘吴兵骤至,如之奈何?"先主曰:"朕令吴班引万余弱兵,近吴寨平地屯住;朕亲选八千精兵,伏于山谷之中。若陆逊知朕移营,必乘势来击。却令吴班诈败,逊若追来,朕引兵突出,断其归路,小子可擒矣。"文武皆贺曰:"陛下神机妙算,诸臣不及也。"马良曰:"近闻诸葛丞相在东川点看各处隘口,恐魏兵入寇。陛下何不将各处移居之地,画成图本,问于丞相?"先主曰:"朕亦颇知兵法,何必又问丞相?"良曰:"古云'兼听则明,偏听则蔽',望陛下察之。"先主曰:"卿可自去各营,画成四至八道图本,亲到东川去问丞相。如有不便,可急来报知。"马良领命而去。于是先主移兵于森木阴密处避暑。早有细作报知韩当、周泰。二人听得此事,大喜,来见陆逊

曰："目今蜀兵四十余营，皆移于山林密处，依溪傍涧，就水歇凉。都督可乘虚击之。"韩当、周泰探知先主移营就凉，急来报知陆逊。逊大喜，遂引兵自来观看动静。只见平地一屯，不满万余人，大半皆是老弱之众，大书"先锋吴班"旗号。周泰曰："吾视此等兵如儿戏耳。愿同韩将军分两路击之。如其不胜，甘当军令。"陆逊看了良久，以鞭指曰："前面山谷中，隐隐有杀气起。其下必有伏兵，故于平地设此弱兵，以诱我耳。诸公切不可出。"众将听了，皆以为懦。

次日，吴班引兵到关前搦战，耀武扬威，唇骂不绝。多有解衣卸甲，赤身裸体，或睡或坐。徐盛、丁奉入帐禀陆逊曰："蜀兵欺我太甚！某等愿出击之。"逊笑曰："公等但恃血气之勇，未知孙吴兵法，此彼诱敌之计也。三日后必见其诈矣。"徐盛曰："三日后，彼移营已定，安能击之乎？"逊曰："吾正欲令彼移营也。"诸将哂笑而退。过三日后，会诸将于关上观望，见吴班兵已退去。逊指曰："杀气起矣，刘备必从山谷中出也。"言未毕，只见蜀兵皆全装惯束，拥先主而过，吴兵见了，尽皆胆裂。逊曰："吾之不听诸公击班者，正为此也。今伏兵已出，旬日之内，必破蜀矣。"诸将皆曰："破蜀当在初时，今连营五六百里，相守经七八月，其诸要害，皆已固守，安能破乎？"逊曰："诸公不知兵法。备乃世之枭雄，更多智谋，其兵始集，法度精专。今守之久矣，不得我便，兵疲意阻，取之正在今日。"诸将方才叹服。后人有诗赞曰：

虎帐谈兵按《六韬》，安排香饵钓鲸鳌。三分自是多英俊，又显江南陆逊高。

却说陆逊已定了破蜀之策，遂修笺遣使奏闻孙权，言指日可以破蜀之意。权览毕，大喜曰："江东复有此异人，孤何忧哉！诸将皆上书言其懦，孤独不信。今观其言，果非懦也。"于是大起吴兵来接应。

却说先主于猇亭尽驱水军，顺流而下，沿江屯扎水寨，深入吴境。黄权谏曰："水军沿江而下，进则易，退则难。臣愿为前驱，陛下宜在后阵。庶万无一失。"先主曰："吴贼胆落，朕长驱大进，有何碍乎？"众官苦谏，先主不从。遂分兵两路：命黄权督江北之兵，以防魏寇，先主自督江南诸军，夹江分立营寨，以图进取。细作探知，连夜报知魏主，言："蜀兵伐吴，树栅连营，纵横七百余里，分四十余屯，皆傍山林下寨。今黄权督兵在江北岸，每日出哨百余里，不知何意。"

魏主闻之，仰面笑曰："刘

备将败矣!"群臣请问其故,魏主曰:"刘玄德不晓兵法:岂有连营七百里而可以拒敌者乎?包原隰险阻屯兵者,此兵法之大忌也。玄德必败于东吴陆逊之手。旬日之内,消息必至矣。"群臣犹未信,皆请拨兵备之。魏主曰:"陆逊若胜,必尽举吴兵去取西川。吴兵远去,国中空虚,朕虚托以兵助战,令三路一齐进兵,东吴唾手可取也。"众皆拜服。魏主下令,使曹仁督一军出濡须,曹休督一军出洞口,曹真督一军出南郡:"三路军马会合日期,暗袭东吴。朕随后自来接应。"调遣已定。

不说魏兵袭吴。且说马良至川,入见孔明,呈上图本而言曰:"今移营夹江,横占七百里,下四十余屯,皆依溪傍涧。林木茂盛之处,皇上令良将图本送来与丞相观之。"孔明看讫,拍案叫苦曰:"是何人教主上如此下寨?可斩此人!"马良曰:"皆主上自为,非他人之谋。"孔明叹曰:"汉朝气数休矣!"良问其故,孔明曰:"包原隰险阻而结营,此兵家之大忌。倘彼用火攻,何以解救?又岂有连营七百里而拒敌乎?祸不远矣!陆逊拒守不出,正为此也。汝当速去见天子,改屯诸营,不可如此!"良曰:"倘今吴兵已胜,如之奈何?"孔明曰:"陆逊不敢来追,成都可保无虞。"良曰:"逊何故不追?"孔明曰:"恐魏兵袭其后也。主上若有失,当投白帝城避之。吾入川时,已伏下十万兵在鱼腹浦矣。"良大惊曰:"某于鱼腹浦往来数次,未尝见一卒,丞相何作此诈语?"孔明曰:"后来必见,不劳多问。"马良求了表章,火速投御营来。孔明自回成都,调拨军马救应。

却说陆逊见蜀兵懈怠,不复提防,升帐聚大小将士听令曰:"吾自受命以来,未尝出战。今观蜀兵,足知动静,故欲先取江南岸一营。谁敢去取?"言未毕,韩当、周泰、凌统等应声而出曰:"某等愿往。"逊教皆退不用,独唤阶下末将淳于丹曰:"吾与汝五千军,去取江南第四营,蜀将傅彤所守。今晚就要成功。吾自提兵接应。"淳于丹引兵去了,又唤徐盛、丁奉曰:"汝等各领兵三千,屯于寨外五里。如淳于丹败回,有兵赶来,当出救之,却不可追去。"二将自引军去了。

却说淳于丹于黄昏时分,领兵前进,到蜀寨时,已达三更之后。丹令众军鼓噪而入。蜀营内傅彤引兵杀出,挺枪直取淳于丹。丹敌不住,拨马便回。忽然喊声大震,一彪军拦住去路,为首大将赵融。丹夺路而走,折兵大半。正走之间,山后一彪蛮兵拦住,为首番将沙摩柯。丹死战得脱。背后三路军赶来。比及离营五里;吴军徐盛、丁奉二人两下杀来,蜀兵退去,救了淳于丹回营。丹带箭入见陆逊请罪。逊曰:"非汝之过也,吾欲试敌人之虚实耳。破蜀之计,吾已定矣。"徐盛、丁奉曰:"蜀兵势大,难以破之,空自损兵折将耳。"逊笑曰:"吾这条计,但瞒不过诸葛亮耳。天幸此人不在,使我成大功也。"

遂集大小将士听令,使朱然于水路进兵,来日午后东南风大作,用船装载茅草,依计而行;韩当引一军攻江北岸,周泰引一军攻江南岸,每人手执茅草一把,内藏硫黄焰硝,各带火种,各执枪刀,一齐而上,但到蜀营,顺风举火;蜀兵四十屯,只烧二十屯,每间一屯烧一屯。各军预带干粮,不许暂退,昼夜追袭,只擒了刘备方止。众将听了军令,各受计而去。

却说先主正在御营寻思破吴之计,忽见帐前中军旗幡,无风自倒。乃问程畿曰："此为何兆？"畿曰："今夜莫非吴兵来劫营？"先主曰："昨夜杀尽，安敢再来？"畿曰："倘是陆逊试敌，奈何？"正言间，人报山上远远望见吴兵尽沿山望东去了。先主曰："此是疑兵。"令众休动。命关兴、张苞各引五百骑出巡。黄昏时分，关兴回奏曰："江北营中火起。"先主急令关兴往江北，张苞往江南，探看虚实。倘吴兵到时，可急回报。二将领命去了。

初更时分，东南风骤起，只见御营左屯火发。方欲救时，御营右屯又火起。风紧火急，树木皆着，喊声大震。两屯军马齐出，奔离御营中，御营军自相践踏，死者不知其数。后面吴兵杀到，又不知多少军马。先主急上马，奔冯习营时，习营中火光连天而起，江南、江北，照耀如同白日，冯飞慌上马引数十骑而走，正逢吴将徐盛军到，敌住厮杀。先主见了拨马投西便走。徐盛舍了冯习，引兵来追。先主正慌，前面又一军拦住，乃是吴将丁奉。两下夹攻，先主大惊，四面无路。忽然喊声大震，一彪军杀入重围，乃是张苞，救了先主，引御林军奔走。正行之间，前面一军又到，乃蜀将傅彤也。合兵一处而行。背后吴兵追至。先主前到一山，名马鞍山。张苞、傅彤请先主上的山时，山下喊声又起。陆逊大队人马将马鞍山围住。张苞、傅彤死据山口。先主遥望遍野火光不绝，死尸重叠，塞江而下。

次日，吴兵又四下放火烧山、军士乱窜，先主惊慌。忽然火光中一将引数骑杀上山来，视之，乃关兴也。兴伏地请曰："四下火光逼近，不可久停。陛下速奔白帝城，再收军马可也。"先主曰："谁敢断后？"傅彤奏曰："臣愿以死当之。"当日黄昏，关兴在前，张苞在中，留傅彤断后，保着先主，杀下山来。吴兵见先主奔走，皆要争功，各引大军，遮天盖地，往西追赶，先主令军士尽脱袍铠，塞道而焚，以断后军。正奔走间，喊声大震，吴兵朱然引一军从江岸边杀来，截住去路。先主叫曰："朕死于此矣！"关兴、张苞纵马冲突，被乱箭射回，各带重伤，不能杀出。背后喊声又起，陆逊引大军从山谷中杀来。

先主正慌急之间，此时天色已微明，只见前面喊声震天，朱然军纷纷落涧，滚滚投岩。一彪军杀入，前来救驾。先主大喜，视之，乃常山赵子龙也。时赵云在川中江州，闻吴、蜀交兵，遂引军出。忽见东南一带火光冲天，云心惊，远远探视。不想先主被困，云奋勇冲杀而来。陆逊闻是赵云，急令军退。

云正杀之间,忽遇朱然,便与交锋。不一合,一枪刺朱然于马下。杀散吴兵,救出先主,望白帝城而走。先主曰:“朕虽得脱,诸将士将奈何?”云曰:“敌军在后,不可久迟。陛下且入白帝城歇息,臣再引兵去救应诸将。”此时先主仅存百余人入白帝城。

这就是三国时期有名的吴蜀夷陵之战,同时也是刘备、陆逊双方各使用以逸待劳之计一败一胜的典型战例。

以逸待劳,杀兄继位

唐王朝建立后,李世民与太子李建成之间,便开始了皇位继承权之争。

李建成以嫡长子被立为皇太子,取得了传统的合法地位,并得到了陇西士族势力的支持,他长期留守关中,在政治上打下了坚固的基础,受到宫中妃嫔和贵戚的拥戴。他的手下有魏征、王珪等文臣,又有冯立、薛万彻等武将,又招募四方勇士2000余人守卫东宫。

李世民虽是李渊次子,但从最初的谋划起兵,到统一天下,他一直起着决定性的作用,实际上是大唐帝国的真正缔造者。长期的征战,使他的手下也是人才济济。秦王府中,既有尉迟敬德、秦叔宝、程咬金等威名赫赫的骁将,又有房玄龄、杜如晦、徐茂公等足智多谋的文士。他们希望秦王李世民取代建成,成为太子。

齐王李元吉是李渊第四子,他生性凶狠、残暴,不甘居人之下。有人说他的名字合在一起,正是一个“唐”字,是坐天下的征兆。他得知后高兴地说:“只要除去秦王,做太子易如反掌。”

可见,一场权力之争已不可避免。李世民早已看到,自己已处在这场斗争的漩涡之中,或者鱼死,或者网破,已是身不由己。但时机尚未成熟,不能轻举妄动。为了保存自己、防备意外变故发生,便预先安排一条退路,使自己立于不败之地。东都洛阳殷实险要,是历代兵家必争之所,李世民势力主要集中在此。为慎重起见,派大行台工部尚书温大雅镇守洛阳,派秦王府车骑将军荥阳人张贤亮率一千多人回到家乡,在洛阳协助温大雅,暗中结纳当地豪杰,积蓄力量,以备不测。李世民又交给他们大量金银布帛,由他们随意使用。

李元吉向李渊诬告张贤亮图谋不轨,当官府审讯时,张贤亮一言不发,只得无罪释放。张贤亮又回到洛阳,继续为李世民筹备力量。建成、元吉一计不成,又生一计。一天夜间,建成假意召李世民饮酒,在酒中下了毒药。饮酒后,李世民突感心痛如绞,吐了好多血,由淮安王李神通挽扶回到弘义宫。李渊得知,到弘义宫探问李世民的病况。李渊心里明白,但不希望他们兄弟之间彻底决裂,公开对立,于是假装糊涂,责骂建成说:“秦王平时不能喝酒,从今以后,你们不许再夜饮。”他对世民说:“从谋划起兵,到平定海内,都是你的功劳。从前我想立你为皇嗣,你总是坚意推辞。如今建成长大了,做太子很长时间了,我不忍废掉。我看你们兄弟之间互不相容,同在都城,必然会有纷争,我想让你回到行台任上,驻守洛阳,从陕西以东,归你节制,你可以打起天子的旗号,就像汉景帝赐封梁孝王一样。”李世民哭得很伤心,一再说不愿离开父皇。李渊说:“天下都是我们李家的,东西两都,相距

不远，我想你的时候，说去就去，你不要过于悲伤。”

建成、元吉认为：秦王一旦到了洛阳，占据地盘，积蓄力量，再想约束他，就不容易了。不如留他于长安，困于无援之地，纵有本领，也难施展，与普通人无别，对付起来轻而易举。于是暗地联络几个大臣，密奏李渊，声言“秦王部下听说去洛阳，高兴得连蹦带跳，看情形，恐怕再不想回长安了。”随后，又派亲近李渊的大臣，到李渊面前陈说利害，终于使李渊改变了主意。

对太子与齐王的一再挑衅，李世民几乎处处退让，让人觉得他似乎真的是虎落平川，软弱可欺。其实他表面上怯懦，正是为了掩盖深远的计谋。建成、元吉必欲置李世民于死地而后快，串通后宫嫔妃，不断地吹枕边风，诬陷李世民。李渊偏听偏信，想治李世民的罪。大臣陈叔达谏阻说：“秦王有大功于天下，千万不能随意处治，况且他生性刚强，如无故贬损，怕受不了忧愤的折磨，也许会染重病，到那时陛下后悔也来不及了。”李渊这才回心转意。元吉密奏李渊，请求杀死秦王，李渊说：“他有平定天下的大功，罪名没有落实，拿什么向天下人解释？”元吉说：“秦王刚打下东都时，徘徊观望，迟迟不回京都，广施钱财收买人心，对皇上的话充耳不闻，这不是造反是什么？只应尽早将他杀掉，难道还担心没有理由吗？”李渊也感到秦王李世民功高盖主，难以驾驭，只是他为人远比元吉深沉，对杀秦王的做法，并不赞同。政治风云诡谲莫测，秦王府大有黑云压城之势，秦王府里的官员部属，个个胆战心惊不知所措。李世民的心情并不比别人更轻松，凭着自己征战多年带出的文臣武将，本可与建成、元吉一决雌雄。所以迟迟不动手，只是在等待时机，以逸待劳，等待他们多行不义，罪证昭然之时，名正言顺，一举成功。谋士房玄龄对李世民的妻舅长孙无忌说：“现在仇怨已经结下了，一旦祸乱突发，岂止秦王府玉石俱焚，这实在是国家的灾难，不如劝秦王效法古人，就像周公诛杀管叔、蔡叔一样，诛灭太子，以确保大唐江山的稳固。生死关头不容迟疑，应该即刻动手。”长孙无忌说：“我有此想法已久，只是未敢言明。如今先生的话，正合我心，正应明告秦王。”于是赶紧前去禀告李世民。李世民把房玄龄也召来，共同商议。房玄龄说：“大王功高盖世理应继皇帝位。别看现在情形危急，其实这是上天在逼迫你这样做，请大王切勿犹豫。”于是和王府幕僚杜如晦一道，极力劝说李世民，要他早下决心，诛除建成、元吉。

建成、元吉知道秦王府有一大批骁勇善战的大将，想收买几个人，为自己效力。于是悄悄派人把一车金银赠给尉迟敬德，并写信劝他说：“这些东西希望您老人家能够喜欢，我期待着有一天能加深我们的交情。”尉迟敬德回信时拒绝说：“我出身于贫寒人家，在隋末乱世中，误投贼人，罪过之大，早该处死。是秦王给了我再生的机会，现在又得以随侍秦王，大恩大德，只有以死相报。我对殿下没有任何功劳，不敢接受你的重赏，若私交殿下，便是不忠之臣，见利忘忠，殿下要这样的人有什么用！”建成见信后大怒，于是和他断绝了往来。尉迟敬德将此事如实地禀告李世民，李世民说：“您的忠心，重如泰山，纵然别人把金子堆得高过北斗星，我也确信你也不会动摇。既然人家愿意给你，只管收下，怕什么嫌疑呢？况且与太子往来，或许能预知他的阴谋，这不是将计就计的好办法么？您做得太绝，将会招来祸患。”事后元吉果然派刺客夜袭尉迟敬德，尉迟敬德预先知觉，将家里的门一重重全部打

开，自己安然地卧在床上，刺客有好几次来到门口，因畏惧他的神勇，始终不敢进来。元吉杀敬德不成，就在李渊面前说他的坏话。李渊下诏将尉迟敬德逮捕入狱，想杀掉他，在李世民的坚决辩护和请求下，总算免除一死。元吉又陷害程咬金，李渊将其远逐康州，降为刺使。程咬金对李世民说："大王的得力部下，都不在身边了，您的安全怎能有保障呢？我死也不走，希望您及早定夺。"

元吉还用金银布帛引诱另一位将军段志玄，也没有得逞。建成对元吉说："秦王府里的谋略之士，可怕的只是房玄龄、杜如晦。"于是在他的挑唆下，李渊把房、杜二人也逐出了秦王府。

就在建成、元吉收买、排挤秦王府部将的时候，他们却没有察觉到，李世民已经成功地结纳了太子的心腹部将何常及其府中的属官王晊等人，他们作为秦王的间谍，在政变的关键时刻，起了极大的作用。

秦王府中，最后只剩下长孙无忌一个谋臣。长孙无忌与尉迟敬德、高士廉、侯君集等将领一再劝李世民，要他下决心杀掉建成、元吉。李世民想了解秦王府外其他大臣的看法，于是就去征求李靖和李勣（徐茂公）的意见。这两人是唐高祖李渊的重臣，手握兵权，而且阅历丰富，足智多谋。他们对秦王与太子之间的争夺，洞若观火，但因为他们的身分都是外臣，不好参与宫廷里的事，所以李世民左问右问，两人均是一言不发。李世民却由此对他们更加敬重了。

正当太子与秦王针锋相对，一场政治风暴蓄而未发的时候，恰好赶上突厥又一次进犯大唐边境，建成借机加紧了对李世民的迫害，秦王与太子两股势力的正面交锋，终于导致了皇子之间争夺皇位继承权的流血事件——"玄武门之变"。在这次政变中，李世民以他超群的智谋，沉勇果决，先机制敌，取得了最后的胜利。

突厥犯边的消息传来，建成不失时机地推荐元吉，由他代替李世民统军北征。在他们的阴谋布置下，李渊命尉迟敬德、程知节（咬金）、段志玄、秦叔宝等秦王府诸将随军出征，并调秦王帐下精锐，以充实元吉的力量。建成、元吉的阴谋被王晊发觉，他偷偷潜入秦王府，密告李世民："太子对齐王说：'现在你控制了秦王的猛将精兵，拥数万之众，可以相机行事了。我和秦王在昆明池为你饯行，到时

候，你安排杀手将秦王就地处死，然后报告父皇说他突然病死，父皇不会不信的。我乘机派人劝说父皇，把皇位让给我。至于尉迟敬德等人，既然捏在你的手心里，应该把他们全部活埋。大局既定，谁还敢说个不字。'"李世民把王晊的这番话告诉了长孙无忌。长孙无忌等人建议李世民先发制人。李世民叹息说："同胞手足之间相互残杀，自古以来都是最可恨的事。我早就知道会有这一天。我想等他们先动手，做出理亏的事，然后再讨伐他们，这还能合乎点道义，这样做不也可以吗？"尉迟敬德说："生死大事，谁不慎重！现在大家情愿以一死拥立大王，这是天赐良机呀。大祸即将临头，您却安闲自在，无忧无虑。大王即使不拿自己的性命当回事，也应该为社稷着想啊！大王若不听我的话，我就出去占山为王，不能留在你的身边，束手待毙！"长孙无忌也说："不听敬德的劝告，必然事败。敬德一定不会再跟随于大王，无忌也应该随他们而去，不能再辅佐大王了。"李世民说："我的话也不能一概不采纳，请你们再重新商量一下吧。"尉迟敬德说："大王今天处事迟疑不定，从前的谋略哪里去了？大难临头不做决断，从前的勇气怎么都没有了？如今，你平日养在府中的八百勇士，外面的均已相继入宫，他们都披上铠甲，拿好兵器，整装待命。事情已无可挽回，你想罢手也不行了。"

李世民又询问王府幕僚，有何意见。众人都说，齐王与太子阴谋作乱，如果让他们得手，暴乱非但不能结束，还会导致大唐的覆灭，望大王为国家着想。众人问李世民，上古时的舜是怎样的人，李世民回答说是圣人。众人说："假如舜挖井时出不来，早已被他父兄害死在井里了。修粮仓时下不来，早已被他父兄烧死在粮仓上。如果他死了，怎么能为苍生造福呢？这就是孔子称赞'小仗则受，大仗则走'的缘故。舜不想坐以待毙，是因为他胸中怀有大志啊！"李世民命人占卜吉凶，幕僚张公瑾从外面进来，一把抢过龟甲，扔在地上，说："占卜是为了解决疑难，眼下的事毫无疑问可言，还占卜干什么！占卜的结果不吉利，你难道能放弃这次行动吗？"李世民的顾虑，是有理由的，事情并不像众人所说的那么简单，他不想落个杀害手足兄弟的恶名，被天下人乃至后世指责。然而险恶的形势，使他不得不早下决心。

计议已定，李世民暂时放下了心里的负担，又恢复了他沉勇果决的秦王本色。首先，他命令长孙无忌将房玄龄、杜如晦召回王府议事。两人不知道秦王的主意如何，于是回话试探李世民说："皇帝不让我们跟随你，今天如果私自拜见，定犯死罪，我们不敢接受你的命令。"李世民大怒，对尉迟敬德说："玄龄、如晦难道背叛我了吗？"立即解下佩刀，交给尉迟敬德，说："您去看看，如果真的不想来，就把两人的头给我提回来。"尉迟敬德与长孙无忌一同前往，告诉房、杜两人："大王已下决心，赶快回去商量大事吧。咱们四人，不能走在一起。"于是让房、杜穿上道士衣服，跟随长孙无忌、尉迟敬德绕道一起回到秦王府。然后，授意朝臣傅奕上奏李渊："太白星出现在秦地的分野，预示秦王执掌天下。"最后，李世民到李渊面前抛出掌握已久的一张王牌：揭发建成、元吉淫乱后宫的事实。待李渊火起，乘机进言："儿臣无半点亏负兄弟之处，现在兄弟欲杀儿臣，像要替王世充、窦建德报仇。儿臣今日冤死，再也见不到父皇，魂归地下，也耻于见到这些贼臣。"李渊恍然大悟，十分震惊。告诉世民："明天审讯他们，你早些上朝。"

武德九年(626 年)六月四日,长孙无忌等人随李世民潜入禁宫。这天玄武门守将正是何常。李世民与部将得以顺利伏兵于玄武门,建成对此毫无察觉。他与元吉走到临湖殿,才觉得情形不对,立即拨转马头,想赶回东宫和齐王府搬兵。李世民率众追杀,元吉张弓射李世民,由于心中慌急,无法将弓拉满。李世民弯弓搭箭,将建成射死。70余名秦王府骑兵在尉迟敬德率领下,随后赶来,分左右攒射元吉,元吉坠马。李世民坐骑受惊,驰入林中,人马被树枝绊倒,元吉急速赶到近前,夺过李世民的弓,想用弓弦把李世民勒死,尉迟敬德跃马来救,元吉转身逃走,尉迟敬德紧紧追赶,一箭射死元吉。

建成部将冯立得知太子与齐王死讯,与薛万彻、谢叔方带领东宫与齐王府 2000 精兵涌至玄武门。张公瑾自恃神力,独自关门拒守,东宫与齐王府兵将被暂时挡在门外。薛万彻命手下士兵擂鼓呐喊,声言要攻打秦王府,秦王府将士非常惊慌。尉迟敬德出示建成、元吉首级,东宫和齐王府士兵见主人已死,一哄而散。

当双方激战的时候,李渊正在海池的船上,与大臣裴寂、萧瑀、陈叔达等人准备查问建成、元吉的罪状。李世民派尉迟敬德到宫中"警戒",尉迟敬德披甲持矛直接面见李渊,李渊大惊,问:"今天是谁作乱,你来这里干什么?"尉迟敬德回答说:"秦王因太子、齐王作乱,举兵诛灭了他们,怕惊动了陛下,特派我前来护卫。"萧瑀、陈叔达等大臣历数建成、元吉的罪行,盛赞秦王的功德,劝李渊顺水推舟,立世民为太子,委之以国事。这时外面双方士兵仍在交战,尉迟敬德要求李渊下达"诸军并受秦王处分"的诏旨。李渊见木已成舟,只好派人分头宣读圣旨,将玄武门和东宫中的建成旧部遣散,一场政变很快就结束了。

六天后,唐高祖李渊立李世民为太子,武德九年(626 年)八月,高祖退位,李世民登基为帝,称唐太宗。次年,改年号为"贞观"。

李世民即位后,及时根治了隋末战乱留下的疮痍,恢复和发展了社会经济,稳定了社会秩序。他的谋略眼光从以往的武力征服转向政治、军事、经济诸方面的整顿和改革。从贞观元年(627 年)起,经过二十余年的励精图治,取得了巨大的成功。这段时间,史称"贞观之治"。

大造声势，诱敌深入

1947 年冬，中国人民解放军陈赓兵团挺进豫西。

在兵团指挥部里，司令员陈赓指着地图，对 13 旅旅长张凡布置战斗任务。

陈赓说："为了歼灭国民党的李铁军第 5 兵团，经请示军委，决定将敌人牵到伏牛山区。现我军主力部队已集结在伏牛山附近，命你部使用树上开花之计，尽量造大声势，打出主力部队的旗号，牵着敌人的牛鼻子走，等到时机成熟时，这部敌人也就拖垮了，我们再把他一口气吃掉。"

张旅长说："司令员，您给我这头牛，让我牵多久啊？"

陈赓笑了笑说："张旅长，你牵他几个月，等他的牛脾气小了，身子也垮了，我就来杀牛了。哈，哈……"

"那好，"张凡说："司令员，我明天开会动员，天黑后就从南召出发，南下镇平。"

陈赓嘱咐道："张旅长，你肩上的担子不轻啊，要尽量声势大些，一定要把牛牵住。"

张凡立正回答："请司令员放心，我保证完成任务！"

在国民党的第 5 兵团司令部，李铁军躺在安乐椅上，闭着双眼，轻轻地一上一下地晃着椅子。

参谋长推门进来，走到李铁军跟前，轻声说："司令，总裁来电了。"

李铁军停止了晃动椅子，但仍躺在椅上没动，说："老头子怎么说？"

参谋长说："总裁让我们集中兵力，尽快消灭共军陈赓部队。"

李铁军从椅上站起来，走到壁炉旁，端起一杯白兰地，送到嘴边。"陈赓的部队前几天还在我部右翼迂回，这几天怎么不见踪影了？"

参谋长说："司令，看来这股共军近日征战疲乏，可能在什么地方休整吧。"

李铁军挺直身子说："看来，此次决战已成定势，马上命令部队，搜寻共军主力踪迹，尽快消灭陈赓，我们好回南京驻防。"

参谋长说："我们已经派出了三个团打前站，搜寻共军主力。"

李铁军说："要尽快找到共军主力，将他们消灭，向老头子请功。"

"是，我再去布置一下。"参谋长走出房间。

黄昏时，解放军 13 旅从南召出发，向镇平方向行进，开始执行"牵牛"任务。

公路上，13 旅的步兵成 8 路纵队，拉开距离，形成宽大的正面推进队形行进。骑兵营拉开距离，在行进的队伍前后纵马飞驰，尘土遮天蔽日。造成了解放军主力出击的声势。

行军到半夜，后卫部队来报，不见敌人跟进。张凡旅长立即下令："停止前进，大部队原地宿营，1 团 2 团绕道回到原来经过的村庄，分头驻扎。"

天快拂晓，1 团 2 团分头驻扎在各个村庄。部队每进一个村庄，就垒起许多灶台，并到处点起炊烟，张贴宣传标语。

第二天，老百姓奔走相告："昨天晚上老八路来啦，人可多啦，光骡子和马就过了半夜。"

"我们村里驻了好几千人，村口路边修的到处是锅台。"

"陈赓司令的指挥所就在我们村，光电话线就拉出去十几里路远。"

消息传到国民党第5兵团。老奸巨猾的李铁军想：前几天不见共军踪影，突然冒了出来，而且毫不掩饰，恐怕其中有诈。想到此，他传令："第4旅跟踪共军，详情细报，其他部队不准妄动，原地待命。"

解放军第13旅指挥部内，张凡旅长对参加作战会议的指挥员们说："李铁军这是在和我们斗智啊，看来，不给他点颜色看，他是不会跟我们走了。"

他站起身来，说："现在，我命令，围攻镇平。1团2团包围南面和西面，4团围住北门，3团和骑兵营在东面摆开阵势，我们要摆开攻打镇平的架势，这个架势越大越好，坚决把李铁军的主力调出来！"

敌5兵团司令部，电话铃骤响。参谋长疾步来到李铁军面前："司令，镇平来电，共军主力已包围镇平，镇平请求增援！"

一名作战参谋跑进："报告司令，镇平熊旅长急电说共军司令陈赓写信给他，要他献城投降，如不投降，立即攻城！"

又一名作战参谋报告："我4旅蔡旅长派人报告，共军大部队已包围镇平，估计围城部队有几万人，肯定是共军主力无疑，请司令出兵解镇平之围。"

李铁军狠狠地吸了一口烟斗，说："陈赓啊陈赓，我看你往哪里跑！"

"来人！传我的命令，全军作好战斗准备，咬住敌人，把陈赓抓住，向南京请功！"

得知李铁军率兵团大队人马来镇平与我军主力决战的消息后，张凡旅长命令部队撤出镇平。

李铁军接过战报，看后，微微一笑，"共军想溜，没门！命令全军，乘胜追击！"

解放军第13旅从镇平撤出后，采取走走停停的战术，与尾随而追的敌人保持一定距离，打打撤撤，促使敌人紧追不舍。为了进一步迷惑敌人，第13旅索性改为白天行军，还有意在行军路上扬起尘土，扔掉散乱的背包，制造大部队行军的假象，故意让敌人空中侦察发现。

担任后卫任务的1团和工兵连，每准备与敌人接触一次或打一次小的

阻击战，都要修筑大量的工事，有意在撤退后留给敌人看。

就这样，李铁军完全被迷惑了，误把牵制部队当成解放军主力，一连追了几个月，被弄得精疲力竭。

而在这期间，陈赓兵团主力则休养生息，养精蓄锐，为迎接与敌大决战做好了充分的准备。

当李铁军发现解放军陈赓兵团的真正意图时，被歼灭的命运也同时降临到了他的头上。

乌合之众，遭受惨败

1904 年初，日本和沙俄这两个帝国主义强盗为争夺中国东北而大打出手。2 月 5 日，日联合舰队司令东乡平八郎突然袭击沙俄盘踞的旅顺港，揭开了日俄战争的序幕。紧接着，日第一军约 3 万人从朝鲜镇南浦登陆北进，直趋鸭绿江；第二军约 4 万人在辽东半岛东南登陆，进抵金州，威逼旅顺。随后，日组建了第三军，向旅顺要塞发动了猛烈进攻。

战争初期，沙皇尼古拉及其大臣都以为东洋小国日本不堪一击，坚信强大的驻满洲俄军可以在极短的时间内，歼灭入侵的日军。及至驻旅顺的俄太平洋舰队战败，被封锁在旅顺港内，沙皇才感到大事不好。于是，罢免了斯达鲁克海军中将的太平洋舰队司令之职，委派常胜将军马卡罗夫代替，以图挽回败局。也许是沙俄气数已尽，马卡罗夫上任不久，即在一场海战中，因座舰触雷沉没而身亡。此后，俄太平洋舰队躲在旅顺港内不敢露头，日本海与黄海的制海权完全落入日本人手中。

1904 年 4 月 30 日，尼古拉皇帝召开最高海军会议，决定从波罗的海舰队和黑海舰队抽调舰只，组建“太平洋第二分舰队”，开往远东增援，并任命罗日杰斯特温斯基海军中将为舰队司令。

太平洋第 2 分舰队原定 1904 年 7 月中旬出发，后因准备工作跟不上，推迟到 10 月中旬。

10 月 9 日中午 12 时刚过，随着几声礼炮轰响，沙皇尼古拉二世在皇后和皇太子的陪同下，出现在码头上。太平洋第二分舰队司令罗日杰斯特温斯基将军陪同沙皇登上旗舰“苏沃洛夫”号，码头上欢送的人群和舰上接受检阅的士兵发出阵阵欢呼声。

下午 3 时，太平洋第二分舰队 38 艘主力舰和 20 艘辅助舰船拔锚起航，向远东进发，踏上了跨越 3 大洋，航程约 3 万公里的漫长征途。

然而，这支貌似强大的舰队却是一群仓促拼凑起来的乌合之众，一开始就表现出了先天不足。有些舰只尚未完工就出海，边航行边安装。通信联络靠德国造无线电台，德国技术员一走，电台即形同废物。舰员大都是临时从各舰抽来的，而且大部分是青年人或征召的预备兵。一些人连起码的海军基础知识都没有，需要从头学起。军官的状况也不佳。他们当中不少人是从海校提前毕业的，尚不具备必要的实践经验。由于时间仓促，第二分舰队的新型装甲舰出海前，机械和火炮系统没有进行必要的试验，仅仅在起航的前一天，海军技术委员会才通知舰队司令，新型装甲舰稳定性不好。炮兵的状况更令人担忧。舰队出发前仅部分舰艇进行了一次实弹射击，每门大

口径火炮仅仅打了2至3发炮弹。舰队战术训练水平十分低下，出发前既来不及进行射击训练，也来不及进行操舰训练。由于沿途俄国没有一个补给基地，也不能利用外国港口，俄最高指挥部抽调了大量煤船、水船、食品船及海上修理船随行。

鉴于日军取得了一系列胜利，在这支俄军中流行着严重的恐日症，简直到了草木皆兵的地步。舰队进入北海后，有消息说日本秘密舰队已潜到北欧海域，罗日杰斯特温斯基信以为真，多次下达有关指示，使舰队处于神经质的紧张状态，闹出不少海军史上罕见的大笑话。他们见到外国船就以为是日本舰队，立即盲目开炮，甚至相距较远的俄国舰艇之间也发生误会，互相开炮。10月21日夜间，在多格尔沙洲附近，俄国装甲舰将英国渔船当作日驱逐舰，向其开炮，击沉渔船1艘，击伤5艘，打死渔民2人，打伤6人。英国政府借此压中立国不得向俄国舰队提供方便，给俄舰队造成了极大的困难。

太平洋第二分舰队原计划从波罗的海经非洲南端好望角直到太平洋，但在航进至摩洛哥的丹吉尔时，罗日杰斯特温斯基改变了航行计划，将舰队分为2个编队，自己亲率较新较大的舰只继续沿非洲西海岸航行，经好望角，驶入印度洋，另一编队由福克萨姆率领，经地中海和苏伊士运河，入印度洋，以后两支部队在马达加斯加沿海会合。

1905年1月9日，太平洋第二分舰队主力到达马达加斯加的贝岛，同先期到达的由福克萨姆率领的另一编队会合。就在此时，传来了太平洋舰队的覆灭和旅顺要塞陷落的消息，罗日杰斯特温斯基深感大势已去，对日取胜无望，因此他力主舰队应改变战略，以突破日海军封锁，驶抵海参崴为最终目的。但沙皇对此要求置若罔闻，一再敦促罗日杰斯特温斯基迅速向太平洋进发，同日本海军决战。同时，沙皇又向远东派遣了太平洋第三分舰队（3艘岸防装甲舰、1艘巡洋舰、数艘运输舰）。

在经过2个多月的犹豫徘徊后，1905年3月中旬，罗日杰斯特温斯基率太平洋第二分舰队驶离马达加斯加海域，继续向远东航行。4月中旬，太平洋第二分舰队驶入越南的金兰湾。

俄太平洋第二分舰队启程东进时，日、俄在中国东北的大战正处于胶着状态：日第三军于8月开始向旅顺要塞发起了总攻，但屡攻不克，伤亡惨重；俄远东舰队虽遭重创，但基本实力尚在，而且闭门不战，使联合舰队一时无

隙可乘。俄舰队东调的消息,使日联合舰队司令东乡平八郎大将坐卧不安,忧心如焚。此时,他的舰队正忙于封锁旅顺港,无暇他顾。虽然俄远东舰队的实力只占日海军的70%,波罗的海舰队的实力为日海军的71%,但两支舰队加起来,其实力将大大超过日联合舰队。如果不在波罗的海舰队到达之前将俄远东舰队消灭,一旦两舰队会合,日联合舰队将遭灭顶之灾。于是,东乡一方面致信大本营,建议敦促陆军加紧对旅顺要塞的地面进攻,以便联合舰队能腾出手来,准备迎战东调的太平洋第二分舰队;另一方面通过日本遍布欧洲的情报网,密切关注着俄东进舰队的一举一动。

早在日俄战争爆发之前,日海军军令部第三班就派出两名间谍潜伏到俄国首都彼得堡。这两名间谍都是海军少校,一个叫秋吉正孝,一个叫镰村建藏。两人以轮船公司职员的身份作掩护,从事情报活动,在战争爆发后的半年多时间里,搞到了大量有关俄国海军的几个舰队的情报,其中包括太平洋第二分舰队的组建、使命、起航时间、航线等许多极有价值的情报。

日本驻欧洲各国外交官、武官和新闻记者也积极展开了对俄情报收集工作。有关俄舰队动向的情报源源不断地出现在日海军军令部长的办公桌上和联合舰队的指挥室里。俄舰队什么时间抵达什么位置,何时在何地购买了多少吨煤,甚至俄舰队官兵的思想动态,日军都掌握得一清二楚。

1904年岁末,日陆军第三军经过8个月的血战,终于从旅顺要塞的西北方打开缺口,俄远东舰队全军覆没,要塞守军投降。联合舰队司令东乡平八郎终于可以全力对付东调的太平洋第二分舰队了。

为了掌握俄舰队的第一手情报,东乡平八郎派出多名海军情报专家,前赴苏伊士运河及新加坡和马来方向探听俄军虚实。随后,他又派出临时改装的巡洋舰“香港丸”和“日本丸”在新加坡至印尼一带游弋,寻找随时可能驶入太平洋海域的俄舰队。随后,东乡又组织了一支南遣舰队,加强在南洋一带的监视活动。

1905年4月8日,罗日杰斯特温斯基率舰队经过新加坡,准备驶入越南的金兰湾休整,但在日本政府的强烈抗议下,法国殖民当局被迫勒令俄舰出境。俄舰队驶入边圭湾,在此边休整,边等候太平洋第三分舰队。5月9日,由涅鲍加托夫率领的太平洋第三分舰队终于追上了第二分舰队,两舰队合兵一处,仍由罗日杰斯特温斯基任总司令。

俄舰队在马达加斯加的长期滞留,以及在边圭湾游弋近一个月,给了东乡平八郎以充分的准备时间。

早在日陆军第三军攻下旅顺后,东乡立即命令封锁旅顺港的联合舰队主力返回基地整休,同时命令各镇守府司令加紧舰艇的修理整顿工作。到1月底,联合舰队所有的舰艇均已修理完毕,官兵经过充分的休息,体力已完全恢复。随即,全军进入紧张的战前训练。

当获知俄舰队即将通过新加坡海面时,联合舰队的训练也进入了高潮,接敌运动、袭击夜战、舰炮射击、鱼雷发射等科目的训练昼夜不断。驻镇海湾的舰队在10天内发射了3万发炮弹。为了提高命中精度,各舰的炮长把步枪捆在炮身上,进行瞄准训练。不论白天还是黑夜,黎明还是黄昏,大炮的射击声、炮弹的爆炸声此起彼伏,到处可闻。短短一个多月的时间内,日

本海军的射击命中率比半年前提高了3倍。

在实战中，战斗队形往往被冲乱，双方舰艇搅和在一起，稍有不慎就可能造成误伤。为了解决这一问题，东乡要求各舰炮手熟悉俄舰队每艘舰艇的形状、名称。一名叫安保的少校在率领部下训练时，给俄舰队每一般舰起了绰号，士兵们很快就记住了俄舰的名字。东乡发现了这一行之有效方法后，及时向全舰队进行了推广。

在开展大练兵的同时，东乡平八郎责成秋山真之组织参谋班子制定作战预案。秋山真之是联合舰队的高级参谋，是日本著名的海军战术理论家。在联合舰队同俄远东舰队的作战中，他创造的"七阶段消耗战法"对日海军的胜利，起到了至关重要的作用。东乡要求秋山真之一定要记取黄海海战的教训，拿出切实可行的办法，全歼太平洋第二分舰队。

原来自从日俄战争开始后，日联合舰队一直在寻找机会，将俄国驻旅顺的远东舰队诱出一举歼灭。但俄舰队始终避而不战。1904年8月10日，俄舰队突然杀出港湾，企图冲破联合舰队的封锁，逃往海参崴。联合舰队终于等到了全歼俄舰队的机会。但此战日军未制定充分的作战预案，战术运用不当，重要兵力放在防止俄舰队向海参崴方向逃窜上，当俄舰队四面逃散时，追击兵力不足，使俄远东舰队大部逃回旅顺。东乡决心不再重犯黄海海战的错误，决不能让一艘俄舰逃脱。

1905年5月14日，俄太平洋第二分舰队驶离越南海域。得此情报后，东乡对俄舰队的动向进行了准确的判断。他认为，在远东舰队已被消灭的情况下，俄舰队已不可能直接寻找日海军进行决战，他们下一步的行动目的可能有三：第一，开往海参崴，依托该基地对日作战。第二，驶入南中国海，破坏中国的中立，逐渐将日舰队赶出中国海域。第三，在台湾附近夺取锚泊点，建立基地，开展训练，为夺取制海权做准备。东乡认为，以上三种可能性都不能排除，但第一种可能性最大。俄舰队要开往海参崴，将有三条路径，第一条是沿中国东海一直北上，通过对马海峡；另两条是绕道太平洋，穿过日本北部的津轻海峡或宗谷海峡。东乡断定，俄舰队必将取直线，通过对马海峡。

事实正如东乡所料，此时俄太平洋第二分舰队司令罗日杰斯特温斯基已决定取道对马海峡驶往海参崴。他认为，越接近日本近海，庞大舰队的补给将越发困难。如果绕道太平洋，穿过津轻海峡或宗谷海峡，燃料将更加不足，况且津轻海峡航道狭窄，利于日本布设水雷封锁，强行突破必将付出极大牺牲。宗谷海峡距离更远，随时可能发生大雾，对于缺乏训练的大舰队来说，是极难通过的。所以，尽管罗日杰斯特温斯基明知日本舰队主力极有可能埋伏在对马海峡待机，他还是选择了这条充满危险的捷径。

在对俄舰队的行动方向作出正确的判断后，东乡平八郎进行了周密的战略部署。他将第一、第二战队及所有驱逐舰队部署在朝鲜的镇海湾，第三、第四、第六部队和所有鱼雷艇部署在对马岛的竹敷，第五、第七战队和所有补给船放在佐世保。东乡的联合舰队主力占据对马海峡，是最佳选择，从这里可以向任何方向出击。东乡本人亲率4艘主力战舰、8艘重巡洋舰在镇海附近隐蔽待机。为使自己的舰队有足够的机动余地，他决心让俄舰队通过对马海峡之后才出击。同时，他又派出第三战队，专门负责南方海域的

巡逻警戒。

5月20日,俄舰队驶过巴士海峡,此后东乡连续几天没能得到俄舰队的消息。这使东乡大为不安。他开始怀疑他的判断是否正确。俄舰队在相当长的时间内不知去向,是否正在向北太平洋方向行驶呢?他甚至想向大本营提出建议,将联合舰队主力以12节航速迅速向北海道方向机动,只留少数兵力在对马实施监视。正当东乡为得不到俄国舰队的消息而举棋不定时,5月25日,突然传来情报:俄舰队补给正在上海加装煤炭和淡水。东乡一直悬着的心终于落了地,俄补给舰的行动表明,俄舰队将通过对马海峡已毫无疑问。

1905年5月27日,大雾弥漫着整个海面,能见度极低。凌晨2时45分,正在对马海峡南方海域巡逻的辅助巡洋舰"信浓丸"号在其左舷前方发现俄舰队医院船"奥勒尔"号的灯光。东乡立即指示所有执行侦察任务的舰艇加强搜索。清晨6时45分,"和泉"号巡洋舰在五岛列岛西北约35海里处发现了俄大舰队。

当接到第三舰队发现俄舰队的报告时,东乡平八郎正在停泊于镇海湾的"三笠"号旗舰上,联合舰队的主力第一、第二战队停泊于镇海湾外的水道上,做好了随时出动的准备。

5月27日晨,罗日杰斯特温斯基怀着忐忑不安的心情,率太平洋第二分舰队驶入对马海峡。当时俄国舰队成行军队形:第一、第二装甲舰大队在右翼,第三装甲舰大队和巡洋舰大队在左翼,运输船队居中。11时后,罗日杰斯特温斯基命令舰队成战斗队形:右翼2个大队向左靠拢,开到左翼第三大队前面,全舰队成单纵队。由于罗日杰斯特温斯基没有规定统一的航速,各舰速度不一,有的快,有的慢,结果造成混乱。12时许,罗日杰斯特温斯基忽然心血来潮,判断日舰队可能以横队队形向他攻击,因此又命令俄舰队成横队队形。于是舰队开始进行复杂的机动动作。可是队形还未变换完,罗日杰斯特温斯基又担心其战斗队形过早被敌人发现,再次下令全舰队恢复行军队形。就在俄舰队反复变换队形时,东乡平八郎率领的联合舰队主力战舰正以18节的航速,风驰电掣般向他们扑来。

此时的对马海峡天气晴朗,但海面上却大雾弥漫,强劲的西风卷起排排巨浪,能见度只有五六海里。小型舰艇和鱼雷艇被风刮得像树叶一样摇摆不定。

13时40分,联合舰队冲破浓雾出现在俄舰队的左前方,双方相距1.3万米。

突然，东乡平八郎大声发出指示："舰长，左满舵！"

"三笠"号舰长闻听此令，大吃一惊，以为是自己听错了，不由反问道："是向左转舵吗？"

"是的，左满舵！"东乡身边的参谋长又进一步作了证实，口气不容置疑。

"三笠"号率先向左转弯，第一、第二战队紧跟其后，在俄舰队前划了一个"U"字形（日本海战史称之为"敌前大回头"），截断了俄舰队的航线。第三、第四、第五、第六战队则继续保持原航向，扑向俄舰队的队尾，形成对俄舰队的前后夹击之势。

"三笠"号舰长的吃惊是有道理的。东乡平八郎实施敌前大回头，是违反海军战术常规的极其冒险的行动。舰队大回头会形成一个暂时不动的半圆，对方可以进行校正射击，而己方大部分舰艇的射界和视线被自己的舰艇遮蔽，无法回击。

联合舰队的转向持续了近15分钟。此时是俄舰队痛击联合舰队的大好时机。但这时俄国舰队正处于变换队形的混乱之中，罗日杰斯特温斯基迟疑了一会儿，才下令开炮，但为时已晚，日舰队已有相当一部分舰艇完成了转向，加之俄国炮手训练水平不高，盲目射击，没有几发炮弹击中目标。

14时10分，完成转向的"三笠"号火炮齐射，向俄舰队旗舰"苏沃洛夫"号开炮，双方相距6000米。紧接着，完成转向的舰艇越来越多，日舰的炮火越来越猛烈。

日俄两大舰队的决战实际上在最初的30分钟内已决出了胜负。俄太平洋第二分舰队的主力战舰几乎全都在燃烧。"奥斯利亚比亚"号装甲舰最先失去战斗力。炮弹击中舰艏，水线下撕开几个大口，指挥台受到破坏，海水从舰艏和右舷的破洞涌入，使舰身产生横倾。旗舰"苏沃洛夫"号更是弹痕累累，尸积如山，血肉模糊。甲板上淌满了鲜血，几乎寸步难行。舰长被炮弹炸伤，站在塔台上观察的罗日杰斯特温斯基司令也被弹片击中头部和背部，不省人事。15时，"奥斯利亚比亚"号消失在大海中，"苏沃洛夫"号退出战斗。

与此同时，径直开向俄舰队队尾攻击俄巡洋舰战队的日舰也取得了巨大战果。"奥列格"号、"阿乌洛拉"号、"德米特里·顿斯科依"号、"纳希莫夫"号和"乌拉尔"号巡洋舰相继中弹起火。

16时许，海上起雾，东乡装甲舰队与俄装甲舰队一度脱离接触，东乡向北转移。但日巡洋舰队和俄巡洋舰队还在偏南的海域进行激战。18时半，俄国装甲舰队开往该海域参战。直到此时，罗日杰斯特温斯基才将指挥权交与涅博加托夫。涅博加托夫下令舰队继续向北突围。

当天夜间，东乡又出动37艘鱼雷艇和21艘驱逐舰，对残余的俄舰队实施鱼雷攻击。

5月28日5时，东乡率5个战队共28艘主力战舰，利用舰速快的优势，追上了向海参崴逃窜的俄舰队。9时30分，对残存的俄舰形成包围。涅博加托夫眼看大势已去，即悬白旗投降。此次海战，俄国舰队除有3艘逃往海参崴外，其余全部被日海军击沉或俘获，人员阵亡5000人，被俘6106人。

日方仅损失鱼雷艇3艘,人员阵亡117人,伤538人。

以逸待劳,防空有术

1940年7月至10月,英国为抗击德国的空中进攻,进行了被称之为"不列颠之战"的战役性防空作战。在这次大规模的激烈空战中,英国之所以能彻底粉碎希特勒企图以大规模空袭来迫使英国投降,或在摧毁英空军后再从海上入侵英国的计划,其中的重要原因之一就是英国空军采用了避实击虚的空战战术,并将气球和钢绳成功地用于防空作战。

1940年6月下旬,法国投降之后,德国控制了北起挪威南迄西班牙的全部西欧海岸,英伦三岛随之陷入三面被围的困境。加上英国在敦刻尔克撤退中虽然撤出了大部分远征军,但却损失了大量的武器装备,英国陆军只剩下500门火炮和200辆坦克。空军在西欧作战中损失了1000余架飞机和大批有经验的飞行员,仅有1300架作战飞机了。海军也已失去了与法国舰队合作的有利条件。在这种严峻的形势下,英军统帅部已经预料到了法西斯德国的空军必将对英国实施大规模的空中突袭。

早在1940年5月19日,英国充分考虑到法国可能"退出战争"这一难于避免的特殊情况,因而在英军参谋长联席会议上审议了一份称之为"英国在一定情况下的战略"的报告草案。该报告就英国对德国的各项防御措施,特别是防敌空中突袭的措施,作出了具体的规定。5月27日,英国战时内阁批准了这个报告,并将有关的防御措施开始付诸实施。

希特勒先是在所谓"和平建议"的名义下,企图拉拢英国,诱使英国妥协。遭到丘吉尔政府拒绝后,遂于1940年7月16日作出对英登陆作战的决定,并下达了关于代号为"海狮计划"的第16号指令。计划分为两个阶段实施,第一阶段为战略轰炸和海上封锁;第二阶段为登陆。德军实施空中进攻的主要目的是:夺取制空权,为实现"海狮计划"创造更有利的条件;同时破坏英国的军事经济潜力和国家的管理体系,迫使英国屈服。因为,希特勒认为,英国在孤立无援、物资缺乏的情况下不可能坚持抗战,只要用航空兵实施空中进攻,就可迫使英军投降。为此,德国最高统帅部计划使用约2400架作战飞机(其中轰炸机为1480架)来对英国实施突袭。

德军航空兵对英国的空袭,实际上从法国投降就已开始,但当时的规模还比较小,主要目的是为了对英国施加压力。到了1940年8月1日,希特勒下达作战命令,强调"为创造最后打败英国的必要条件,我打算加强对英国本土的海上和空中作战",要求"德国空军要使用其拥有的所有兵力尽快打败英国空军",即"空军必须全力以赴支援海狮行动"。很显然,德国空军的首要任务就是消灭英国空军,夺取制空权。

同德国空军力量相比,英国的防空力量处于相对劣势的地位。在不列颠空战开始时,英国防空体系拥有56个战斗机中队,700余架歼击机;7个高炮师,约2000门高射炮;另有轰炸机约500架。但是,在德国方面,到这次战役开始时,由戈林指挥集结起来的作战飞机总数已达2669架,其中轰炸机1300多架,其飞机数量不仅突破了原计划的需求,而且明显地优于英军的数量,加上作为实施进攻的德军,掌握着选择攻击时间和目标的主动

权,因而优势更加明显。

面对德国空军绝对优势兵力的进攻,英国在战前即采取了一系列的防空措施。一是建立统一的防空指挥系统。英国在空军部之下专门设立了防空指挥部,统一指挥战斗机部队、高射炮兵、雷达分队、警报和观察分队。空军司令道丁上将把英国本土划分6个防空区,每个大队负责3—8个防空分区。每个防空分区指挥2—3个战斗机中队。大队只下达出击命令,战斗机起飞后的具体作战指挥引导由各分区指挥所实施。二是按照全面防御、突出重点的原则,合理部署高射炮兵。除了重点加强伦敦地区的防御外,还将1/3大口径高射炮集中用于保卫飞机工厂。三是建立全国性雷达网,在全国范围内共配置了51座雷达站,其中在东南沿海地区配置了38座,以期构成严密的雷达警戒屏幕,准确测知德国飞机的来袭时间和大致方向,进而弥补歼击机不足的缺陷。

在整个不列颠空战期间,英国十分注重于采取机动灵活、避实击虚的战术手段。

1940年7月10日至8月12日,是德国空军实施大规模空袭前的“试探”阶段。德国空军于7月10日下午袭击了英国沿海的一支商船队,由此揭开了不列颠空战的序幕。7月19日,希特勒“以胜利者的身份讲话”,发出最后的所谓“诉诸理智”的威胁,要求英国投降。8月2日,戈林在发布“不列颠之战”命令的同时,声称“英国空军将在4周之内逐出整个英国上空”。自此之后,德国飞机不分昼夜地飞往英国上空。其中,8月8日,德国空军大规模袭击英舰船、先后数个波次,每波次均在100架飞机以上;8月11日袭击波特兰——韦茅斯和怀特岛。在此阶段内,英国根据多方面情况判明了德国空军的作战目的是要查明英空军的实力和部署,了解其防空能力,通过攻击英吉利海峡的英国舰船和英国南部港口,以引诱英国战斗机出战。在这种情况下,道丁上将以静制动,决不上戈林的圈套。一方面,尽力避免同敌方战斗机单独交战,只是派遣小部队执行警戒任务,而把大部分战斗机留待对付敌方的轰炸机。另一方面,利用敌方“试探”这一不可多得的良机,抓紧试验英国雷达的效能,进一步研究和完善在地面雷达引导下进行空中截击的方法。

8月13日起,德军空军

开始对英国发起猛烈的空中突袭，在战斗机的掩护下，轰炸机倾巢出动。8月15日，德军3个航空大队的大部分飞机都投入了战斗，共出动1950架次，袭击英国东北和南部海岸。在这种情况下，英国的战斗机无疑是要升空反击的。但是，由于德国用于掩护的战斗机拥有数量上的优势，如果英国的战斗机升空之后按惯例首先对付德国的战斗机，其结果不仅不能达到防空的目的，而且极有可能使本来就处于劣势的战斗机力量迅速遭到削弱。因此，道丁上将采取了避实击虚的战术，即令英国的战斗机竭力避开德国的战斗机，专打其轰炸机。在地面雷达的引导下，巧妙地插入德国的轰炸机群，充分发挥战斗机轻便灵活、空中攻击火力强的优势，最为有效地利用轰炸机自身防护能力弱和相对笨重的不利因素。这样，不仅可以最大限度地减少英方战斗机的损失，而且可以更加有效地通过打击轰炸机来实现防空的目的。反之亦然，正如"釜底抽薪"一样，随着德军轰炸机的递减，德国对英国的空中威胁也就逐步降低。英国空军采用此种战法，继8月13日以损失飞机20余架的代价，取得击落德国飞机47架的战果之后，8月15日又击落德军飞机72架，英国仅损失34架。

在此以后，德国空军对英国进行了连续一个多月的疯狂轰炸，并且采取昼夜连续出击的"车轮战术"。英国则一面运用以战斗机专打敌轰炸机的"专攻"战法，逐步转变空中力量的对比，一面在北方战区组建、保留一支精锐的预备队，待机实施坚决的空中反击。至9月7日下午，先是德国空军对伦敦进行闪电空袭，同时集结兵力准备从海上入侵英国。但仅在伦敦上空的激战中，英军就击落了德军飞机41架，且其中大部分为轰炸机，而英国仅损失飞机29架。更为重要的是，鉴于德国空军力量的损失已经惨重，且其海上入侵部队已经不可能真正掌握制空权了。因此，在当天晚上，英国迅即出动轰炸机开始对德军入侵出发地(法国的各港口)实施空中突袭。这种空袭持续了两个星期，不仅炸毁了12%的德军入侵舰船，而且摧毁了港口附近的登陆器材和通信设施等。

面对德国空军的疯狂轰炸，英国除了实施积极的空中打击外，在消极防御措施方面，还曾将气球用于防空作战之中。早在德军实施大规模空袭之前，英军组建了5个防空气球大队，并装备了1500个拦阻氢气球和2700具探照灯。在整个

不列颠空战期间，英军为加强飞机工业和其他要害目标的对空防御，先后使用了2000多个氢气球。为使气球部队快速机动，并尽可能缩短施放准备时间，在移动时，采取了将气球收回距地面数米高，另一端系在卡车上，以便气球与卡车同步机动到新的施放地点。同时，使用“伞用拦阻钢绳”的设备，在德国飞机可能来袭的方向上，预先利用火箭将这种设备发射到空中，火箭的一端系上钢绳，另一端装上降落伞。当火箭发射到空中约200米高度后，降落伞自行张开，钢绳随着降落伞在空中摇晃不定，构成一道防敌飞机的低空障碍物。

不列颠空战的史实证明，英军采用的避实击虚和将气球、钢绳巧妙地用于对空防御的措施是十分奏效的。战至9月17日，德国空军几乎一筹莫展，士气大为低落。希特勒也不得不承认，英国空军“仍然丝毫未被击败”，并决定“海狮计划”暂不实施，“以后待命”。到10月12日，希特勒被迫放弃“海狮计划”。在历时百余天的空战过程中，德国空军共出动飞机4.6万多架次，向英国投掷炸弹约6万吨。尽管如此，德军非但没能实现其预期的作战目的，反而接连遭受英军给予的重创。在英国方面，经过艰苦卓绝的奋战，以损失飞机915架，飞行员414名的代价，击落德军飞机1733架，击伤943架，击毙和俘虏德军飞行员6000多名，从而粉碎了德军从海上入侵英国和通过空袭迫使英国投降的罪恶目的。

以逸待劳，炮轰金门

在50年代，毛泽东也曾以以逸待劳之计教训艾森豪威尔和蒋介石，维护中国主权和领土的完整。

50年代，美国在发动侵略朝鲜战争的同时，派第七舰队侵占中国宝岛台湾，妄想把台湾变成推行侵略政策的“不沉的航空母舰”，1953年又签订美蒋《军事协调谅解协定》，妄图支持蒋介石反攻大陆。

对美蒋的战争挑衅，毛泽东决定来个小小反击。

1955年1月18日，我中国人民解放军一举解放美蒋经营多年的前哨阵地——江山岛，迫使美国和蒋介石忍痛放弃护卫台湾的大门——大陈岛。

毛泽东的这一反击，使67岁的美国总统艾森豪威尔伤透了脑筋，竟在两年内三次重病卧床不起，最严重的一次是1957年11月25日，突然瘫倒，语无伦次。以至最接近艾森豪威尔的国务卿杜勒斯建议尼克松接替总统之位。

艾森豪威尔并不愿退出历史舞台，虽拖病重之躯，仍拼命推行其侵略政策。他伙同杜勒斯出兵黎巴嫩挑起中东战火，同时又鼓动蒋介石以金门、马祖为基地对中国大陆进行骚扰和破坏活动，叫嚣反攻大陆。还命令美国海军参谋长伯克于8月8日宣布，美国海军正密切注视台湾地区局势，随时准备进行像美军在黎巴嫩那样的登陆作战。

为给美国和蒋介石集团以惩罚性打击，毛泽东和国防部长彭德怀命中国人民解放军从1958年8月23日起，开始猛烈炮轰金门、马祖两岛。

一时间，惊天动地的炮声响彻台湾海峡上空，增兵金门的国民党运输舰遭到沉重打击，我鱼雷快艇和炮兵各显神威，首战告捷，击沉击伤台湾军舰

各一艘，金门蒋军被打得叫苦连天。

突如其来的炮声打了艾森豪威尔一个措手不及，摸不清毛泽东炮击金门的真实目的，以为中国要解放台湾、金门和马祖。艾森豪威尔更显苍老，完全失去了二战时叱咤风云的名将神采，他预言："如果失去金门、马祖，会导致失去台湾，威胁日本、菲律宾、泰国、越南甚至冲绳未来的安全，因而将使美国的根本利益受到严重的损失。"

美国著名学者古尔德－亚当斯曾在《强权时代》一书中这样描述艾森豪威尔、杜勒斯所处的困境："美国政府事实上由于两个原因而处于困境中：第一，美国和它的盟国的报纸一时群情哗然，要求美国应当明确表示它是否准备防御金门。第二，正如中国共产党和俄国人肯定知道的，自三年前的金门、马祖危机的最初阶段以来，国民党已不断地从他们有限的部队中抽人增驻这两个岛屿；因此，如果这些岛屿被占领了，国民党的军事力量将受到与失去这些领土的意义极不相称的打击。这样，美国在试图防御台湾本身时，不可避免地将挑起沉重得多的负担。"

蒋介石更是惶惶不可终日，准备搬到乡下去住。他添油加醋地渲染紧张局势，向美国提出协助台湾反攻大陆的要求。

8 月 24 日，艾森豪威尔命第五舰队和在远东的美国其他海军部队采取"正常的预防性防御措施"，紧急调动 6 艘航空母舰、130 艘作战舰只、500 架飞机、8800 名地面作战部队前往台湾。命美军太平洋地区部队总司令、太平洋空军司令、海军陆战队司令等赶赴台湾，与台湾军政官员协商作战问题。

艾森豪威尔命美国军舰 9 月初起开始为前往金门的国民党运输舰队护航，派遣美国飞机掩护台湾飞机在金门上空进行空投，直接参加了中国内战。

为打击美国的侵略气焰，中国政府于 9 月 4 日宣布：中国的领海宽度为 12 海里，它适应于中国的一切领土，包括台湾及其周围各岛。

艾森豪威尔不敢小看中国的这一重大决定，忙召集文武大员协商对策。他甚至叫嚣不惜使用战术原子武器。但慑于苏联，也只能是说说而已。

9 月 4 日艾森豪威尔授权杜勒斯发表声明："台湾和金门、马祖各岛从来没有处于中国共产党人的管辖之下——美国负有条约义务来帮助保卫台湾不受武装进攻，美国国会的联合决议授权总统使用美国的武装部队来确保和保护像金门和马祖等有关阵地。美国已经作出军事部署，以便一旦总统做出决定时，能接着采取既及时又有效的行为。"

毛泽东、周恩来对杜勒斯的声明慎重对待，冷静地研究对策。但这可吓坏了赫鲁晓夫，周恩来不得不做苏联老大哥的工作。他对苏联人解释说："中国炮击金门、马祖，并不是就要用武力解放台湾，只是要惩罚国民党部队，阻止美国搞'两个中国'；如果打出乱子，中国自己承担后果，不拖苏联下水。"

毛泽东在当天的最高国务会议上也分析形势说："国际形势，我们历来有个观点，总是乐观的。后来总结为'东风压倒西风'。美国现在在我们这里来了个'大包干'制度，索性把金门、马祖，还有大担岛、二担岛、东碇岛一

切包过去,我看它就舒服了。它套上了我们的绞索,美国的头颈吊在我们中国的铁的绞索上面。台湾也是个绞索,不过要隔得远一点。它要把金门这一套包括进去,那它的头更接近我们。我们哪一天踢它一脚,它走不掉,因为它被一根索子绞住了。”

针对美国的声明,周恩来发表中华人民共和国关于台湾海峡地区局势的声明,矛头直指杜勒斯,谴责他进行战争挑衅,造成地区紧张局势,并对美国发出严重警告,如果美国继续对中国进行侵略和干涉,美国政府必须承担由此而产生的一切严重后果。在发表声明的同时,又宣布愿意解决中美在台湾海峡地区的争端,中国政府准备恢复两国间大使级的会谈。

毛泽东的讲话和中国的声明在世界引起强烈反响,美国公众和参议员纷纷发表反对杜勒斯好战的声明。

慑于中国和世界舆论的压力,杜勒斯声称欢迎关于恢复华沙大使级会谈的建议,但又宣布美国军舰为国民党到金门的船只护航。

9 月 7 日,艾森豪威尔令美国 4 艘军舰侵入中国金门和厦门地区领海 12 海里以内,公然为国民党船队护航。这一侵略行径激起中国人的极大愤怒,同时,中国约 2 亿群众在各地举行声势浩大的示威游行,高呼“美国军队从台湾滚出去”,震惊世界。中国外交部向美国提出第一次严重警告。

9 月 8 日,毛泽东再次进一步阐述其“绞索”理论,并宣告:“台湾是我们的,那是无论如何不能让步的,是内政问题。跟你(美国)的交涉是国际问题,这是两件事……不能混为一谈。”

9 月 7 日和 19 日,赫鲁晓夫两次写信警告艾森豪威尔悬崖勒马,否则必将招致严重后果。

艾森豪威尔不顾中国和苏联的警告,下令加紧向台湾海峡调集重兵,计有 6 艘航空母舰、3 艘重型巡洋舰、40 艘驱逐舰、飞机 200—300 架,作战部队近万人,摆出一副要动武的架势。

9 月 20 日,中国外交部长陈毅发表声明严正宣告:中国将为反抗侵略、维护祖国主权和领土完整而战,将不惜牺牲。

艾森豪威尔、杜勒斯见美国在中东、台湾海峡都陷入泥潭,特别是大批军舰滞留台湾海峡,影响美国与苏联在欧洲心脏地区争霸全球的战略,不得不玩弄“脱身之计”。声称如果中国愿意在台湾海峡地区停火,美国可以劝说台湾军队撤出金门、马祖,因为这两个岛对台湾不是极为重要。致使蒋介

石暴跳如雷，公开指责杜勒斯。

毛泽东、周恩来根据国际形势的变化，特别是美蒋矛盾的尖锐化，决定实施灵活策略，巧妙地实施“停停打打，半打半停”的新战略。周恩来曾对苏联安东诺夫解释说：“……美国想从金门、马祖脱身，我们不让他脱身，我们要美国从台湾撤军。这样，我们要紧张时，对金门、马祖打一下，要和缓时，松它一下。我们可以谈谈打打，打打停停，这对我们是有利的。”

毛泽东的战术很快发生了显著作用，不仅使美蒋矛盾有所发展，同时，也扰乱了美国的侵略步骤，使美国统治集团内部吵作一团，艾森豪威尔和杜勒斯坚持的以好战行动为基础的关于金门和马祖的外交政策受到来自各方面的反对和谴责，他们两人甚至受到弹劾。杜勒斯哀叹其全球计划被中国打乱，艾森豪威尔称1958年是他“一生中最倒霉的一年”。黎巴嫩、伊拉克、埃及、台湾海峡事件和国内矛盾闹得他顾此失彼、焦头烂额。毛泽东的这一以逸待劳的战术，使艾森豪威尔、杜勒斯以至整个美国，都陷入了进退两难的困境，而主动权却紧紧地握在了毛泽东的手中。

5计 趁火打劫

趁火打劫，谋害晁错

西周灭商，推行“封建制”。所谓封建，就是封侯建国，裂土封爵。秦灭六国，罢封建，设郡县，停止对宗室的分封。汉高祖刘邦统一中国后，认为未封宗室以为屏藩是秦速亡的原因之一。因此，他专门分封了一批同姓诸侯王，让他们领兵分据战略和财赋要地，借以控制郡县，必要时又可以为中央王朝的捍卫力量。为此规定：“非刘氏不得王”，有意识加强宗室的力量，提高宗室的地位。然而，随着时间的推移，这些诸侯王凭借自己相对独立的统治权，渐成为尾大不掉之势。与此同时，北方匈奴强大，威胁汉朝的北边。故此，在文、景之时出现如何削藩和抵御匈奴问题的议论。

这两个问题，一是内事，一是外事。言外事是朝野都能接受的，没有什么忌讳，言内事则容易引起当权者的猜忌。故此，汉文帝时的贾谊因诸侯王势力太大，已呈难制之势，提出“欲天下之治安，莫若众建诸侯而少其力”的主张，认为可以给宗室以很高的政治和经济待遇，但不能给他们实际的军政权力。年轻的贾谊得到汉文帝的赏识，已招致一些诸侯大臣的嫉妒，又直言内事，积怨更深。于是，大臣们以贾谊“洛阳之人，年少初学，专欲擅权，纷乱诸事”为名，逼迫文帝不能重用贾谊，贾谊所提的建议也难以实施，以致唐代诗人李商隐有“可怜半夜虚前席，不问苍生问鬼神”之叹。

与贾谊同时代的还有两位年轻人，也谈内外事，自然也招致诸侯大臣的猜忌。由于两人进言的方法不同，所得到的结果也不同。这就是袁（一为爰）盎和晁错。

从出身来看：袁盎父亲是盗贼，在吕后当权时，袁盎走吕禄的门路，得为

吕禄的舍人，从此进入仕途。在汉文帝即位时，袁盎凭着其兄的举荐，升为郎中，得在文帝身边侍从，有了进言的机会。晁错也是家无渊源，“以文学为太常掌故”，是凭自己的才能进入仕途的。

不同的出身和经历，使他们在为人处事上相差很远。晁错为人峭直刻深，袁盎为人圆滑含蓄。在文帝时，晁错上书凡三十篇，涉及内外重大事务，虽然没有使文帝完全听从，但使文帝知其才能，其官也就不断升迁，从太子舍人、太子门大夫到太常博士、太子家令，升到中大夫，虽尚不是什么显官，已招人眼热。袁盎虽没有晁错那样文笔，但身为侍从，向文帝进言的机会很多，常使文帝悦服，官运也很亨通，在文帝之时官至吴国相。

在景帝为太子时，晁错为太子家令，常为景帝出谋划策，人号为“智囊”。景帝即位，晁错升为中大夫，转内史，超迁为御史大夫而身居副丞相之职，故“宠幸倾九卿”。这种升迁速度，肯定招人嫉妒。在晁错为内史时，当时的丞相申屠嘉就很嫉妒，拟以晁错“穿宗庙垣为奏，请诛错。”幸而为晁错侦之，先行向景帝汇报，使申屠嘉计谋不成，深恨“吾悔不先斩错乃请之，为错所卖”。申屠嘉本是气性很大的人，“因呕血而死”。这使晁错更加荣崇，朝野也就更加侧目。

景帝即位，对袁盎来说，并不是什么好事，因为他身为吴国相，人在外地，难以进言，且景帝在为太子时，因与吴国太子下棋发生争执，“引博局提吴太子，杀之。”与吴国结成深怨。现在景帝即位，这种深怨肯定会爆发出来。袁盎出于避祸心理，及时告归，投靠丞相申屠嘉，以求自全，不料申屠嘉又死去，所恃已去，处境危险可知。

晁错受宠，袁盎失爱，这两个人的积怨必然要激化起来。本来晁错与袁盎就不相善，“错所居坐，盎辄避；盎所居坐，错亦避；两人未尝同堂语。”现在晁错为御史大夫，袁盎在京闲居，正是晁错报复的好机会。但这位好谈“权术”的晁错，非但没有害掉袁盎，反被不好谈权术而会用权术的袁盎所害。

以二人的权术而论，晁错深得景帝信任，也非常忠于景帝。为了景帝的尊严，他不惜多次更定法令。他自恃有权在手，不听左右劝谏，就是其父亲

劝他，也改变不了他的初衷，使他父亲感到“刘氏安矣而晁氏危！”“不忍见祸逮身”而自杀。晁错本人因为是维护“天子之尊”，所以才不怕别人“口语多怨”。但做事优柔寡断，缺乏应变才能。有景帝的信任和重用，晁错自以为有恃无恐，孰料他的政敌竟使用很高明的手段，将其所恃变为所害。袁盎则不然，他比晁错要会看风使舵，他中伤人总能抓住要害。下面就他们所做的二三事进行比较。

在文帝时，袁盎不过是刚入仕的郎中，在文帝身边为侍从。这时绛侯周勃因平定诸吕，拥立文帝，志骄意满，而文帝也因周勃功高，礼之甚恭。袁盎借机向文帝进言道：“丞相（周勃）何如人也？”文帝对周勃正怀感激眷恋之情，便回答道：“社稷臣。”袁盎说：“绛侯所谓功臣，非社稷臣。社稷臣主在与在，主亡与亡。吕后时，诸吕用事，擅相王，刘氏不绝如带。是时绛侯为太尉，本兵柄，弗能正。吕后崩，大臣相与共诛诸吕，太尉主兵，适会其成功，所谓功臣，非社稷臣。丞相如有骄主色，陛下谦让，臣主失礼，窃为陛下弗取也。”自此以后，周勃的处境就不妙了，不得不辞相就侯位。然而在周勃被人诬告而抓进狱中时，袁盎力言周勃无罪，这又就使周勃感激他，“乃大与盎结交。”一石双鸟，上下均不遭怨。还有一次，袁盎安排文帝宠幸的慎夫人的座位时，把慎夫人的座位安排在皇后之下，慎夫人生气，不肯坐，文帝也因此恼怒，竟不入位，带慎夫人回后宫。袁盎因此进言：“臣闻‘尊卑有序，则上下和’今陛下既已立后，慎夫人乃妾；妾、主岂可与同坐哉！且陛下幸之，即厚赐之；陛下所以为慎夫人，适所以祸之也。陛下独不见‘人彘’（指吕后将戚夫人手足砍去扔在猪圈事）乎！”这不但使文帝转怒为喜，也使慎夫人心服，另赐袁盎金五十斤。由此可见袁盎处事多能抓住要害，对当时的政治斗争看得也很清楚，晁错当然不是他的对手。

晁错与袁盎结怨，现大权在手，足以制袁盎于死地，便使吏按袁盎受吴王财物，将袁盎贬为庶人。不久，吴、楚等七国叛乱，晁错也深知袁盎是其内忧。内忧不去，外患难除。晁错便对下属说：“袁盎多受吴王金钱，专为蔽匿，言不反；今果反，欲请治盎，宜知其计谋。”希望下属为他查找袁盎的参加反叛的痕迹。当下属以“盎不宜有谋”为辞时，晁错便犹豫不决，难以当机立断，最终又因此走露消息，使袁盎有转危为安的机会。由此可见，晁错为人处事不如袁盎，其受袁盎之害也是必然的。

袁盎得知晁错欲加害自己，于是托正受景帝眷爱的外戚窦婴为其引见，得以于深夜见到景帝，从容进言。景帝正为吴、楚反叛忧不能眠，与晁错在一起商议军事，见到原来为吴相的袁盎，自然话题就是此事。政敌在场，袁盎若不抓住景帝的心理，非但不能免祸，反而会给晁错以口实，故需相当高的技巧。当景帝问吴、楚反叛之事时，袁盎马上回答：“不足忧也，今破矣！”一下就将景帝注意力吸引过来。景帝说：“吴王即山铸钱，煮海为盐，诱天下豪杰，白头举事，此计不百全，岂发乎！何以言其无能为也？”袁盎得知景帝所虑，便为其释疑说道：“吴铜盐之利则有之，安得豪杰而诱之！诚令吴得豪杰，宜且辅而为谊，不反矣。吴所诱皆无赖子弟、亡命、铸钱奸人，故相诱为乱。”这种分析与晁错所估计相同，故晁错说：“盎策之善。”这就更使景帝关心如何平吴而向袁盎问计。袁盎见景帝入彀，便让景帝屏开左右，将晁错也

屏开,得以单独进言。这样做虽招来晁错甚恨,但生死成败在此一举,袁盎只有孤注一掷了。袁盎说:"吴、楚相遗书,言高皇帝王子弟各有分地,今贼臣晁错擅适诸侯,削夺其地,以故反,欲西共诛错,复故地而罢。方今计独有斩错,发使赦吴、楚七国,复其故地,则兵可毋血刃而俱罢。"实际上袁盎这种估计是完全错误的,七国兵已发,犹如离弦之箭,想要收回是不可能的;再者,即使能收回,结怨已深,七国还怕朝廷日后以此报复,势本不能息。这主要是袁盎害晁错以求自安。景帝听了袁盎的话,沉思许久,居然说:"顾诚何如?吾不爱一人以谢天下。"于是,这位忠心于景帝,而自恃景帝为后台的晁错,便被景帝定为灭族了。而晁错尚不得知,其被捕杀时,还穿着朝服。

袁盎陷害晁错,使用的就是趁火打劫之计的制造忧患,趁其内外交迫而灭之的手法。于内,他知道君主所关心的是自己的安全和江山万世一系,借此抓住景帝的私心,使景帝的侥幸心理萌发,进而使晁错所恃失去,而内忧生矣。于外,他得知晁错为景帝策划削藩,因与晁错有怨,故意隐瞒吴国实情,使晁错对此问题估计不足,实际上是借外力以反晁错。内外相攻,晁错内忧外患俱至,终被灭族。虽然后来景帝发觉杀晁错是失策之事,也不好再为晁错平反,因为平反就意味着对自己的否定,君主是不肯承当其过的,这正是袁盎的高明之处。

晏婴二桃,诛杀三士

战国时,齐国有三位壮士分别是公孙捷、古冶子、田开疆,自称"齐邦三杰"。

公孙捷曾与齐景公在桐山打猎。正玩得高兴时,忽然从山中跃出一只吊睛白额大虎,那老虎咆哮发吼,声震数里,看到这边有人,便飞奔过来,直扑齐景公的坐骑。齐景公吓得目瞪口呆,不知逃跑。这时,公孙捷从车上一跃而下,扔开手中大刀,赤手来搏猛虎,左手抓住老虎项下之皮,右手挥拳猛打老虎,不一会,就将那只老虎打死了,救了景公一命。齐景公认为公孙捷很勇敢,称之为"五乘之宝"。

公冶子曾与齐景公一齐乘船,船走到中流时,有一大龟想把船弄翻,古冶子潜入水中,杀龟而出,齐景公亦封之为"五乘之宝"。

田开疆作为大将,曾征讨不肯臣服于齐的徐国。田开疆与徐国大战于蒲遂,杀了敌将嬴爽,俘虏敌军甲士500多人。徐国战败求和。田开疆得到齐景公的赏识,立其为"五乘之宝"。三个人于是结为兄弟。他们自认为有功于国,又非常勇敢,因此,目中无人,经常说大话,恃强凌弱,横行乡里,怠慢公卿。即使在齐景公面前,也以你、我相称,没有君臣之礼。齐景公爱惜他们的才华,也就容忍下来。这时,乱臣陈无宇,梁邱据等乘机把他们收买了过去,阴谋杀害景公,取而代之。

相国晏婴看到这种情况,深以为忧,想要把三个人杀掉,但三人力大难制,怕弄巧成拙。

有一天邻邦的国王鲁昭公带了司礼的臣子叔孙若访问,谒见齐景公。齐景公即设宴款待,也叫相国晏婴司礼,文武官员全体列席,以壮威仪。三

位勇士也全副武装起来，奉陪左右，威武十足得摆出不可一世的骄态。

酒过三巡，晏婴上前奏请，说："目下御园里的金桃熟了，难得有此盛会，可否摘些来宴客？"景公即派掌园官去摘取，晏婴却说："金桃是难得的仙果，必要我亲自去监摘，这才显得庄重。"

一会儿金桃摘回来了，装在盘子里，每个有碗口般大，香喷喷的。景公一见就问："只有这么几个吗？"晏婴回答道："树上还有三四个未成熟，只可摘回这六个。"

两位国王各拿一个吃了起来，互相赞赏着味道鲜美无比。景公乘兴对叔孙若说："这仙桃是难得之物，叔孙大夫名扬四海，有功于两国邦交，赏你一个吧！"

叔孙若跪下答到："我哪里及得上贵国晏相国呢，仙桃应该赐给他才对！"

景公便说："既然你们互相谦让，那就每个人吃一个吧！"晏婴和叔孙若拜谢了，每人拿了一个桃。吃完以后，盘里还剩下两个金桃，晏婴又上前请示景公，传谕两旁侍立的文武官员，着各人自报功绩，谁的功劳最大，就可以吃一个桃。

勇士公孙捷乃挺身而出，大步走上前来高声说到："从前我跟主公在桐山打猎，有一只吊睛白额虎突然向主公扑来，我急步上前用身体护住主公，亲手打死了这只虎，救了主公的命，解了主公的危难。这功劳大不大呢？"说完，得意洋洋地扫视群臣。

晏婴连忙称赞道："这是擎天保驾之奇功，将军威武神勇，功不可没，令人敬佩，应该受赐。"说着连忙递给公孙捷一个桃，公孙捷哈哈大笑，将桃吃了。

这时古冶子也抢上前来，蔑视地说："打虎有什么了不起，我当年陪同主公出去巡视，在黄河的惊涛骇浪中，浮沉九里，斩妖龟之头，救了主公一命，你看这功劳怎样？"

景公一听，忙接口称赞道："真是难能可贵啊，那次要不是将军，怕一般人都要溺死了！应该赏赐一个桃。"把最后一个桃赐给了公冶子。

这时，气坏了另一位勇士田开疆，他怒气冲冲地冲上来嚷道："杀虎斩龟算什么！以前我奉命率军攻打徐国，获得了大胜，俘虏不计其数，并逼迫徐国不得不投降。我国获得了大量战争赔款，其他的国家也为我国的威势所震慑，纷纷上表祝贺并送来贡品礼物，为我国奠定了盟主的地位。这算不算

功劳，能不能受赐呢？”说完，凌厉的目光朝四下扫视，好像要把各同僚截低一截。

晏婴一听，立即惋惜地说：“啊呀，原来田将军的功劳比公孙捷和古冶子两位将军大十倍了。只是说晚了，金桃已经赐完了。将军功高盖世，真是名不虚传，可惜啊可惜。要不先赐一杯酒吧，待金桃熟了，再赐你一个，怎么样？”

景公也安慰田开疆说：“田将军，算来你的功劳最大了，可惜说得迟了。”

田开疆怒气冲冲地按着佩剑，大声嚷道：“斩龟打虎，有什么了不起？我为国家跋涉千里，血战功成，反被冷落，而且在两国君臣之间受此侮辱，被别人耻笑，还有什么面子站在朝廷上呢？”立即拔剑自刎而死。

公孙捷大吃一惊，也拔出剑来，说：“我的功小却得到了赏赐，田将军功大，反而吃不着桃，天理难容！”说着也引颈自戮，倒在血泊之中。古冶子一见，大吃一惊：“啊呀，我们三人是结拜兄弟，誓同生死，现在两个人都死了，我又有什么脸一个人活在世上？”说毕宝剑一挥，自杀而死。景公想制止也来不及了。从此以后，晏婴顺利地把奸党逐个收拾，使齐国变得强大起来。

晏婴在此使用的计策，即为纵火打劫。他巧妙地利用奖赏只有二桃，而勇士却有三位挑起三位勇士相互比功的竞争。因矛盾得不到解决，三位勇士谁也不肯相让，最后都自杀身亡。晏婴此时出来打劫，把其他的奸党都一一收拾，可谓大获全胜。晏婴使用的就是纵火打劫的第一种：使用计谋促敌内变，敌自相残杀，力量削弱之时再出来收拾残局。

齐劫燕国，反倒害己

战国时，燕王哙在位，子之为燕国的丞相。苏代为齐国出使到燕国，燕王问他说：“齐王这个人怎么样？”苏代回答说：“一家不能称霸。”燕王问：“为什么呢？”苏代说：“不信任他的臣子。”苏代说这些话的目的是想激使燕王尊重子之。于是燕王非常信任子之。

鹿毛寿向燕王说：“不如把国家让给宰相子之。人民认为尧贤圣的原因，便是由于他把天下让给许由，许由不肯接受，结果尧有了让天下的美名而实际上并没有失去天下。现在大王如果把国家让给子之，子之必定不敢接受，如此一来，大王的行为就和尧一样了。”燕王于是把国家托付给子之。有人向燕王说：“夏禹推荐伯益，接着以启的臣子当伯益的官吏。等到年老时，又以为启不能治理天下，把天下传给伯益。接着启和他的朋党攻打伯益，夺取了天下。所以天下人说夏禹名分上把天下传给伯益，接着实际上又命令启自己夺了天下。现在大王说把国家托付给子之，然而官吏没有一个不是太子的臣子，这种情形名分上是托付子之，然而实际上是太子在管事呀！”燕王于是把俸禄三百石以上的官吏的印信收起来，然后交给子之。子之于是坐在南面的君位上执行君王的事务，燕哙直到死不但不能治理国事，反而当了子之的臣子，所有国事都要取决于子之。

经过三年，燕国大乱，百姓非常恐惧。将军市被和太子平计谋，准备攻打子之。齐国诸将便向齐王说：“乘现在赶到燕国，必定可以攻破燕国。”齐王于是派人向燕太子平说："我听说太子的义气，是要废私立公，整饬君臣的名义，明辨父子的地位。我的国家很小，不能追随左右。虽然如此，但凭太子差遣好了。"太子于是邀集党羽徒众，将军市被包围王宫，攻打子之，无法获胜。将军市被和百姓反过来攻打太子平，将军市被乱军中战死。这场战争拖延好几个月，战死的有好几万人，大家都非常恐惧，百姓纷纷背叛。孟轲这时向齐王说："现在攻打燕国，就如周武王要完成周文王的伟业而攻打商纣王一样。这种机会不可以失去。"齐王于是命令章子率领五都的军队，并且利用北边的众兵，一起去攻打燕国。燕国的士兵根本就不想作战，城门也不关闭，燕王哙战死，齐国大胜，燕国子之也被杀。然而齐国并没有按燕人所想的另立新君，而是占据燕国为己有，所以燕人又起而驱逐齐兵，并与齐国结下怨仇。

经过两年后，燕国人共立太子平，这就是燕昭王。燕昭王即位后，非常谦恭，并且以优厚的待遇来招致贤人。他向郭隗说："齐国乘着我国混乱的时候，袭击打败我国，我非常了解燕国土地少力量小，无法报仇。然而如果能得到贤人来共同治理国家，雪洗先王的耻辱，这是我的愿望。先生你认为可以的话，我会亲身侍奉你的。"郭隗说："大王如果一定要招致贤士，可以先从我郭隗开始。那么比我郭隗更贤的人，难道会以千里为远而不来吗？"于是燕昭王替郭隗改建宫室，并以老师的礼节侍奉他，果然乐毅从魏国前往，邹衍从齐国前往，剧辛从赵国前往，各地的士人都争着奔赴燕国。燕王吊祭死者，慰问孤儿，和百姓同甘共苦。

经过多年准备，燕国殷实富足了，士兵快乐安逸，愿意作战，于是就以乐毅为上将军，和秦、楚以及韩、赵、魏三晋共同计谋，攻打齐国。齐军大败，齐王逃往国外。燕国的军队单独追逐败兵，进入齐国的都城临淄，搜取齐国所有的宝物，焚烧齐国的宫室和宗庙。这时齐国的城市没有被攻下的，只有卿、莒、即墨三个地方。后来昭王死，惠王立，和乐毅有仇隙，便派骑劫代替乐毅为将军。乐毅逃到赵国才使齐国逃脱了亡国的命运。

齐国趁火打劫燕国，大获全胜，但没能杀死太子平，燕国喘息甫定，大败齐国。由此可见，乘人之危是险道，即使胜利，也需要修饰和巩固；否则便会前功尽弃，而后患无穷。

造敌外患，继而夺之

在君主专制政体之下，君臣上下左右的政治关系，充满了各种难以预料的危机。在这种情况下，各种政治势力要想应付这种局面，躲过危机，不得不战战兢兢，如履薄冰，因为稍有疏忽，难免为其他政治势力所吞噬。即履薄冰身处危地，又不能不危中求存。因此，主动向政敌发动进攻，除去危险，使自己转危为安，便成为各种政治势力的共同愿望。正因为这样，趁火打劫之计的制造敌外患，趁其他顾不防而夺之的手法便成为各种政治势力所期望掌握的技巧之一。

春秋时期，田常欲作乱于齐，但又怕齐国内的高、国、鲍、晏等强族反对，便想立功于外而兴兵伐鲁。孔子为使自己的国家不遭到荼炭，便派高足子贡前往游说，以化解危难。

子贡受命前往齐国，对田常说："你伐鲁是不对的。鲁国是难伐之国，城薄地狭，国君愚而不仁，大臣伪而无用，士兵又不善战，此为不易攻。你不如伐吴。吴国城高地广，兵器精良，士气高昂，又使良将把守，此为易攻。"田常听此不由大怒说道："子之所难，人之所易；子之所易，人之所难；而以教常，何也！"子贡不慌不忙说道："忧在内者攻强，忧在外者攻弱。你现在是内忧。听说你三次求封而不成，大臣也有不听你的。现在你去破鲁以广齐地，战胜以骄主，破国以尊臣，而君得不到什么功劳，则与君主交情日疏。这是你上骄君主之心，下恣凌群臣，要想成大事，难矣！再说君主骄则恣，臣骄则争，这是你上与君主有嫌隙，下与大臣交争的事。如此，你在齐国的处境就很危险了。所以说不如伐吴。如果伐吴不胜，民人外死，大臣内空，就是你上无强臣之敌，下无民人之过，孤立君主而控制齐国的只有你了。"田常说："很好。可我已经派兵去鲁国，如果现在攻吴，大臣怀疑我怎么办?"子贡说："我先按兵不动，请派我去吴国，叫他们救鲁而伐齐，你因此率兵迎击吴军。"田常接受这个建议，便派子贡去吴国游说。

子贡到了吴国，对吴王说："作为王者不绝世，霸者无强敌，千钧平衡之重，一边加上铢两则倾斜。现在强大的齐国想要吞并弱小的鲁国，与吴国争强，犹如齐国加重，这是大王争霸的危险所在。何况大王救鲁，是显名之事；伐齐，是获大利之事。如果抚泗上诸侯，诛暴齐以服强晋，利莫大焉。这是名存亡鲁，实困强齐，智者不疑的事。"吴王听罢说："很好。可是我曾经与越国打过仗，越王苦身养士，有袭击我之心。你等待我征伐越国以后再按你所说的去办。"子贡说"越之劲不过鲁，吴之强不过齐，大王放弃齐而伐越，则刘已平鲁矣。何况大王方以存亡继绝为名，伐小越而畏强齐。非勇也。夫勇者不避难，仁者不穷约，智者不失时。王者不绝世，以立其义。现在大王存越示诸侯以仁，救鲁伐齐，威加晋国，诸侯心相率而朝吴，霸业成矣。如果大王畏恶越国，臣请东见越王，令其出兵以从，此名为有诸侯相从伐齐，而实空越，其忧可去。"吴王很高兴地派子贡出使越国。

越王勾践正处于兵败身辱之时，因此屈身恭迎子贡，而至馆舍向子贡问所来之由。子贡说："这次我来游说吴王救鲁伐齐。吴王心里以越为患，乃说：'待我伐越乃可'。果真这样，破越必矣。何况无报人之志而令人疑，拙

之；有报人之志，使人知之，殆也；事未发而先闻，危也。三者举事之大患。”子贡的话戳到越王勾践的痛处，使勾践不由顿首再拜说：“孤尝不料力，乃与吴战，困于会稽，痛入骨髓，日夜焦唇干活，徒欲与吴王接踵而死，孤之愿也。”子贡说：“吴王为人猛暴，群臣不堪，国家敝以数战，士卒弗忍。百姓怨上，大臣内变，是残国之治也。您现在应当卑辞厚礼以悦其心，发士兵助他出战以骄其志，其必伐齐。如果吴王战不胜，是您之福。吴王战胜，必去进攻晋。臣请北见晋君，令其出兵攻之，弱吴必矣。吴之锐兵尽于齐，重兵困于晋，而您制其敝，此灭吴必矣。”勾践极为高兴，大谢子贡，子贡不受而去。

子贡又来到吴国，向吴王汇报说：“我将大王的话告诉越王，越王大恐，说：‘孤不幸，少失先人，内不自量，抵罪于吴，军败身辱，栖于会稽，国为虚莽，赖大王之赐，使得奉俎豆而修祭祀，死不敢忘，何谋之敢虑！’”此话先使吴王放心，几天以后，越国助征之兵赶到，吴王大悦，问子贡说：“越王欲身从寡人伐齐，可乎？”子贡怕谎言被戳穿，便回答说：“不可。夫空人之国，悉人之众，又从其君，不义。君受币，许其师，而辞其君。”吴王便没有让勾践随征，而亲率九郡兵马伐齐。

吴军出动，子贡又来到晋国，对晋君说：“臣闻之，考虑不定不可以应卒变，兵不先办不可以胜敌。现在齐与吴将开战，吴战齐不胜，越国必攻吴；吴战齐获胜，必以其兵临晋。”晋君大恐，问：“为之标何？”子贡说：“您且修兵休卒以静观待变。”晋君应许，子贡便回到鲁国静等其变。

果然，吴国与齐国战于艾陵，大破齐军之后，以战胜之师攻晋国，双方战于黄池，吴军大败。越国闻吴军战败，涉江袭吴，与吴军战于五湖，吴王夫差兵败被杀，越王勾践东向中原称霸。司马迁在总结这段历史时说：“子贡一出，存鲁，乱齐，破吴，强晋而霸越。子贡一使，使势相破，十年之中，五国各有变。”子贡以一个普通人，为了鲁国的生存而游说各国，并获得如此成功。这是他掌握趁火打劫之计的造敌外患，趁其他顾不防而夺之的手法的技巧，有意识地给各方制造外患，使各方都成为顾此失彼之势。他促吴为齐的外患，促越、晋为吴的外患，改变整个政治态势，也就使弱小的鲁国有了一个安全环境。子贡给各方制造外患时，总是设身处地为对方着想，抓住各方的弱点，引诱或迫使对方就范，巧妙地掩饰自己真正的意图，这就抓住使用本计的要点，也说明使用这种手法的隐蔽性。

曹操趁乱，平定河北

汉献帝建安七年(202 年)袁绍自从官渡大败之后，羞愧愤恨不已，发病吐血不止。夏季，五月，袁绍去世。

袁绍有三个儿子：袁谭、袁熙、袁尚。袁绍后妻刘氏偏爱袁尚，经常在袁绍面前称赞袁尚。袁绍想让袁尚做自己的继承人，但没有明说，就把长子袁谭过继给自己已死去的哥哥，让他离开邺城，去担任青州刺史。沮授劝阻袁绍说："世人常说，一万个人追逐一只野兔，一个人捉到后，其他人即使贪心，也全停止下来，这是因为所有权已经确定。袁谭是您的长子，应当做继承人，而您却把他排斥在外，灾祸将由此开始。"袁绍说："我想让儿子们各自主持一州的事务，以考察他们的能力。"于是，他委派次子袁熙为幽州刺史，外甥高干为并州刺史。

逢纪、审配一向被袁谭所嫉恨，辛评、郭图则拥护袁谭，而与逢纪、审配有矛盾。等到袁绍死后，大家都认为袁谭是长子，打算拥立他继承袁绍。审配等人恐怕袁谭掌权后，会受到辛评等人的报复，就假传袁绍的遗命，尊奉袁尚做袁绍的继承人。袁谭自青州赶来奔丧，不能接替父亲的职位，就自称车骑将军，驻军黎阳。袁尚拨给袁谭很少一部分兵力，还派逢纪随军前去监视袁谭。袁谭请求再增加兵力，审配等人商议后又予以拒绝。袁谭大怒，杀死逢纪。秋季，九月，曹操渡守黄河，进攻袁谭。袁谭向袁尚求救，袁尚留审配守邺城，亲自率军去救袁谭，与曹军对抗。两军交战数次，袁谭、袁尚连续失败，只好退守营寨。

建安八年(203 年)春季，二月，曹操进攻黎阳，与袁谭、袁尚在黎阳城下展开大战，袁谭、袁尚败走，退回邺城。夏季，四月，曹操大军追到邺城，收割了邺城周围田地里的小麦。曹军将领都提出要乘胜攻打邺城，郭嘉说："袁绍生前喜欢这两个儿子，没能决定让谁做继承人。如今，他们权力相等，各有党羽辅佐。情况危急，就相互援救；局势稍有缓和，就又会争权夺利。不如先向南进取荆州，等待他们兄弟内讧，然后再进攻，可以一举平定。"曹操说："好！"曹操回到许都，留部将贾信驻守黎阳。

袁谭对袁尚说："我的部下铠甲不够精良，所以先前被曹军战败。现在曹军撤退，上下将士，人人思归，在他们未完全渡过黄河以前，出兵追击，可使他全军溃散，这种时机，万万不可错过。"袁尚疑心袁谭另有打算，既不增加他的兵马，也不肯给他部下更换铠甲。袁谭大怒，郭图、辛评乘机对袁谭说："使已故袁公把你过继给哥哥的，全是审配的主意。"袁谭就率军进攻袁尚，在邺城门外大战起来，袁谭战败，率军退回南皮。

袁谭的别驾、北海人王修，率领官吏和百姓从青州来援救袁谭。袁谭打算再次进攻袁尚，王修劝阻说："兄弟之间的关系，好比是人的左、右手。假如一个人要与别人争斗，先砍断自己的右手，还说'我一定能胜'，难道对吗？抛弃兄弟而不亲近，天下还有谁能亲近？那些进谗言的小人，离间别人的骨肉，只是为了追求眼前的一点小利，希望您塞住耳朵，不要听信。如果能下决心杀掉几个奸佞小人，与兄弟重相和睦，齐心协力，抵御四方，可以横行于天下。"袁谭不听。袁谭部将刘询在漯阴起兵，背叛袁谭，各县城纷纷响

应刘询。袁谭叹息说："如今全州都起来叛变，莫非是我缺少恩德吗？"王修说："东莱郡太守管统，虽然远在海滨，但这个人不会反叛，一定前来追随。"又过了十余天，管统果然抛弃家眷来投奔袁谭，他的家眷被叛军杀死。袁谭又委任管统为乐安郡太守。

袁尚亲自统帅大军进攻袁谭，袁谭大败，逃到平原，据城固守。袁尚团团围住，连续猛攻。袁谭派辛评的弟弟辛毗到曹操那里求救。

刘表写信劝袁谭说："君子遇到危难，也不会逃到敌国；即使与人绝交，也不会进行辱骂。何况忘掉使你父亲羞愤而死的深仇大恨，抛弃兄弟的手足之情，作出这种万世都会引以为戒的事情，使同盟之人都为你感到耻辱。如果袁尚有不尊重兄长的傲慢举动，你也该委曲求全，以大局为重。等到大局已定，再由天下人来评论曲直，不也是高风亮节吗？"刘表又给袁尚写信，说："金、木、水、火四种物质，以刚柔互配，才能相辅相成，为人所用。袁谭天性急躁，不能明辨是非，你器量宽弘，包容他还绰绰有余，应当以大容小，以优容劣，先除去曹操，以了却你父亲的遗恨。等到大事已定，再来评论谁是谁非，不好吗？如果执迷不悟，则连不讲礼义的外族人都会讥笑你们，何况我们这些盟友，还会再尽力为你作战？这正是韩卢狗和东郭兔互相追逐，先行自困，而耕田老农不劳而获故事的再现！"袁谭、袁尚都不听刘表的劝解。

辛毗到西平拜见曹操，转达袁谭求救的请求。曹操部下官员多认为刘表势大，应当先消灭刘表，袁谭、袁尚自相残杀，不足忧虑。荀攸说："目前，正是天下英雄争霸之机，而刘表坐守江、汉之间，可知他胸无大志。袁氏家族占据四州之地，有兵马数十万，袁绍以宽厚而得民心，假如他的两个儿子和睦相处，共守已有的基业，则天下灾难，仍不能平息。如今他们兄弟相争，势不两立，如果一个人吞并了另一个人，则力量就会集中起来，力量集中后，再想进取就困难了。应该乘他们相持不下时动手夺取，天下就可以平定了。这个机会难得，不能失去。"曹操表示同意。

过了几天，曹操又打算先平定荆州，让袁谭、袁尚自相残杀，两败俱伤后再下手。辛毗观察曹操脸色，知道他又改变主意，就去告诉郭嘉。郭嘉报告曹操，曹操问辛毗说："袁谭求救一定可信吗？袁尚是一定能被攻克吗？"辛

眦说："您不必问是否有诈，只应看整个形势的发展变化。袁谭、袁尚兄弟相争，并未考虑到别人会乘机利用，只是认为天下可由自己平定。如今，袁谭向您求救，表明他已走投无路；袁尚看到袁谭陷入困境，却不能一举攻破袁谭，说明袁尚也已智穷力竭。他们的形势是军队在外战败，谋士在内被杀，兄弟内讧，土地割裂，连年征战，将士的甲胄里都长出虱子。再加上旱灾与蝗灾，造成饥荒，天灾人祸，上下交应，百姓无论智慧或是愚笨，都已知道袁氏统治将要土崩瓦解，这正是上天要灭亡袁尚的时机。如今您去攻打邺城，袁尚不撤军回救，则邺城不保；袁尚退军，则袁谭会在后夹击。以您的军威，对付穷困之敌，进击疲惫之军，犹如疾风去吹秋叶一般。上天把灭袁尚的时机赏赐给您，您却不去进攻袁尚，而要讨伐荆州。荆州地区百姓安居，官府富强，没有机会可供您利用。从前仲虺说：'敌人有内乱则夺取，敌人有覆亡迹象则侵入。'如今，袁氏兄弟不顾长远大局，而自相攻击，可称为内乱；居民饥饿，行人无粮，可称为覆亡的迹象。黄河以北的百姓朝不虑夕，性命全无保障，而您不立即去安抚，却要等到以后。以后如果赶上丰收，袁氏兄弟又醒悟到已濒于危亡，而痛改前非，则您就将失去用兵的机会。现在，利用袁谭求救而去援助，对您是最有利的。而且您的敌人，没有比占据黄河以北的袁氏更强大的了。您平定黄河以北后，军威大盛，足以震动天下。"曹操说："对！"于是，答应出兵救援。

冬季，十月，曹操进军到黎阳。袁尚听到曹军渡过黄河的消息，解除对平原的包围，撤回邺城。袁尚部将吕旷、高翊背叛袁尚，投降曹操。袁谭又暗中刻好将军的印信，送给吕旷、高翔。曹操知道袁谭并非真心归降，便为儿子曹整聘娶袁谭的女儿为妻，以安袁谭之心，然后，曹操班师回朝。

建安九年（204 年），曹操围攻邺城，八月城破，审配被杀。

曹操围攻邺城时，原已归降曹操的袁谭又背叛曹操，攻取甘陵、安平、勃海、河间等地。袁谭又进攻据守中山的袁尚，袁尚抵挡不住，败走故安，投奔幽州刺史袁熙。袁谭将袁尚的残部全部收编，回军驻扎龙凑。曹操写信给袁谭，责备他违背誓约，与他断绝婚姻关系，把已嫁给自己儿子曹整为妻的袁谭女儿送回后，出军讨伐袁谭。十二月，曹军到达其门，袁谭自平原撤出，退守南皮，在清河沿岸布防。曹操进入平原，派军占领周围诸县。

建安十年（205 年）春季，正月，曹操进攻南皮，袁谭率军出战，曹军伤亡惨重。曹操准备稍微减缓攻势，议郎曹纯说："如今，咱们孤军深入，难以持久，如果进不能攻克敌城，一后退就会大损军威。"曹操于是亲自擂动战鼓，命令部下猛攻，遂攻陷南皮。袁谭出逃，被曹军追上，杀死。

袁熙受到他自己部将焦触、张南的攻击，与袁尚一起投奔辽西郡的乌桓部落。

建安十二年（207 年），曹操出兵征讨乌桓，曹操出奇兵，乌桓大败。

辽东单于速仆丸与袁尚、袁熙投奔辽东郡太守公孙康，跟随他们的还有数千名骑兵。有人劝曹操乘势追击，曹操说："我将使公孙康送来袁尚、袁熙的人头，不必再劳师动众。"九月，曹操率大军从柳城班师。公孙康想要杀死袁尚、袁熙，作为对朝廷立下的功劳，于是先埋伏精兵在马厩中，然后请袁尚、袁熙进来，他们还没来得及入座，公孙康召出伏兵，把他们捉住。于是斩

杀袁尚、袁熙,连同速仆丸的人头一起送给曹操。将领中有人问曹操:"您已退军而公孙康杀死袁尚、袁熙,这是为什么?"曹操说:"公孙康一向畏惧袁尚、袁熙,我如果率军急攻,他们就会合力抵抗;稍一缓和时就会自相残杀;是形势使他们这样做的。"曹操把袁尚的头颅悬挂起来示众,号令三军:"有敢于哭泣的,处斩!"牵招却独自祭奠,放声悲哭,曹操认为他是忠于故主的义士,推荐他为茂才。曹操从此平定了北方。

袁氏兄弟在袁绍死后,不齐心协力一致对外,反而自相残杀,曹操因此得以乘虚而入,趁火打劫,消灭了袁氏。

善于度势,周瑜胜曹

周瑜与吴国的孙策同年,从少年时代起,关系就很密切。孙策继承了死于沙场的父亲孙坚的遗志,在率领千余人举兵起义的时候,周瑜也渡过长江,前来助战。孙策的军队所到之处,敌人望之披靡,转眼间,孙策的势力越来越强。

攻陷曲阿之后,孙策的兵力已达数万人。于是,孙策说:

"我只有这些兵力,就可以压得住江南一带,你回丹阳去镇守吧!"周瑜听后,立即引兵折返丹阳。

可是,丹阳郡为同盟军的袁术所统辖,袁术有意要提拔周瑜为将军。但是,对人观察敏锐的周瑜认为:袁术并非霸者之才,难有所成。于是,自己请调为居巢县的长官,而袁术也不怀疑他,遂答应他的要求。

居巢位于东边,周瑜假装要赴任就职的样子,却中途折回吴郡,回到孙策的身边。孙策亲自迎接周瑜的归来,并且立刻封他为建威中郎将,这时周瑜年仅 24 岁。

吴国以东南地方作为讨伐群雄的根据地,建安五年(公元 200 年)孙策病逝,其弟孙权随后继位。

孙策临死之前,将军权交给孙权,并且交代:

"率领江东的大军临战上阵,必须审慎地筹谋计划,一举将敌人消灭,同天下的群雄争强斗弱,你比不上我。然而,任用贤者,提拔能者,让每个人都能尽全力贡献自己的才能,以保卫江东半壁江山,我就比不上你。"这就是孙策鼓励孙权日后审慎处事,任用贤能所留下的遗言。

周瑜得知孙策死亡的消息后,立刻带兵前往奔丧,从此就滞留吴国,任中护军,与张昭共同参与政事。

在决定最后胜负的官渡之战中,一举将袁军 10 万精兵击溃,兵威日盛的曹操,在建安七年(公元 202 年),下书责备孙权扣押魏的人质,强迫吴国交出人质。

孙权因此召集群臣进行讨论,群臣都犹豫不决,而孙权本意也不想遣回人质。这时,周瑜向孙权进言:"今天,将军您继承了父兄的遗业,获得了六郡的民众。兵器精锐,军粮富足,将士用命,何苦将人质送回呢?人质一旦遣回曹氏阵营,从此就不得不附属于曹氏手下,一切都得听命于他们。而且,曹操充其量只不过是个诸侯而已,仆从十余人,车数乘,马数匹,怎能自称为王?这是很严重的错误。不如将人质暂时扣留,静观其变。如果曹操

真能以正义匡服天下，将军再听命于他不迟。如果他行暴乱图谋不轨，终必引火自焚。将军韬勇抗威，以待天命，何以要遣送人质呢？”孙权听后，遂打消向魏遣送人质的念头。

建安十三年（公元208年），荆州落入曹操手中，曹操得到船、水兵、步兵数十万，于是，兴起攻吴的念头。

孙权知道后，召集群臣，以谋对策。与会的群臣一致认为：大军当前，只有投降才是上策。周瑜力排众议，他以为：

“曹操虽托名汉相，实乃汉贼。北方若已平定，则曹操无内忧，自可旷日持久，南来与我争疆域，与我一较水师船战的胜负。然而，今日北方纷乱依然，加之马超等人仍在关西，为曹操的后患。而且，舍弃鞍马，倚仗舟楫与吴越之国争衡，本非中原之所擅长。况且，远征疲劳，不习水土，必生疾病，以上几点乃兵家禁忌，而曹操皆冒然行之。将军欲擒曹操，宜在今日，只要给周瑜精兵三万，进驻夏口，一定为将军立功破敌。”

孙权听后起身，突然用刀将前面的小桌子砍成两半，瞪眼瞧着群臣说：

“今后，你们当中任何人，若再有提及归降曹操的事，下场就跟这个小桌子一样。”

在这之前，孙权也与诸葛孔明会过面，希望能知道，若与刘备的军队联合起来的话，对曹操的胜算有多少？孔明说了以下的话：

“曹操军队从北方南下必定疲劳，正像软弱无力的强弩之末，连一块薄绢布也无法穿透，而且，敌军不习水战，更是他们的弱点。”

周瑜根据通报，得知曹军营内瘟疫大流行，舰队因此动弹不得，于是乘机袭击，这就是历史上有名的“赤壁之战”。此一战役，周瑜的军队大胜，曹操的水师全部溃败。

赤壁之战结束后，同盟的刘备却独自占领荆州，而讨伐曹军的主力毕竟是吴军，因此，周瑜向孙权上奏，要他对付刘备。

但是，孙权并未采纳谏言。他冷静思考的结果，认为曹操再度挥军南下未尝不可能，到时候，光凭吴军的军力将无法有效地抵制，如能与荆州的刘备联合，刘备就首当其冲，成为众矢之的。而且，刘备的身边有智将孔明，要一举歼灭，恐不容易。于是，孙权仔细盘算之下，索性认为巩固彼此的同盟关系才是上上之策。

因此，孙权在得知刘备

的妻子病亡之后，就将自己的妹妹嫁给刘备为妻。

周瑜因有所顾忌，于是亲自带兵占领荆州的中枢江陵，与南郡太守一起严密地监视刘备军队的一切动静。

不久，从汉中直到巴蜀，形势紧急。据有汉中的张鲁，威胁渐增，巴蜀（四川省）的刘璋也伺机而动，不论曹操或刘备，都已陷入紧张之中。周瑜对于任何新情况都不敢掉以轻心。

于是，周瑜急忙见孙权，献上自己的谋略：

"现在，曹操战败，恐怕会让张鲁及刘璋等人的势力壮大。不如趁此机会，让在下与奋威将军一起袭击蜀地，得蜀地后，合并张鲁，再留奋威将军固守其地，好与马超结援。然后，我再引兵会合将军占据襄阳，以襄阳为根据地讨伐曹操，就可以轻易地进击北方了。"孙权采纳了周瑜的意见。

周瑜束装回江陵，为远征之事作准备，可是，不幸却在归途中的巴丘地，因突发疾病而死亡，时年36岁。

历史因此有了极大的转变，这也是无可奈何的事。

周瑜所献的计策略显大胆，但却命中要害。周瑜每次见到敌人时，一点也不含糊。他最厌恶与人妥协，做事公正不阿，是个很有气概的男子。

周瑜与孙权结识的时候，孙权的名义是将军，因此，与周围的人相交往不拘泥于礼法。惟独周瑜，始终以君臣之礼事奉孙权。

周瑜的个性直爽、宽宏大量，受到许多人的爱戴。他身高体壮，是一个典型的美男子。而且，连细致的感觉也超乎一般常人之上。

周瑜精于音乐，即使在酒宴上有了醉意，只要音乐有错误，一定知道，一知道就必定要纠正。因此，当时有人以："曲有误，周郎顾"的歌谣戏称周瑜。

在音乐之中，不论是细微的变化，或并不太严重的错误，对神经敏锐的周瑜而言，都能立刻察觉出来。

但是，周瑜不会直接严厉地责怪演奏者，只是柔和地让演奏者知错停止演奏。他这样做，有时让人觉得很恳切，有时却也让人心生畏惧。他这种作风，让人感到意味深远。

周瑜经常大胆地向孙权献策进言，也许从少年时代起，就与孙氏兄弟友善相处，在意识上已将自己与孙氏兄弟视为手足的缘故吧。于是，一方面保持为臣民的礼节，一方面又没有顾虑地将自己的意见向孙权提出。由于提议之事严肃认真，且有真实的内容，所以，可以毫无顾忌地畅所欲言。

单是臣下与国君之间微妙的关系，一般说来，情形都很平凡，内容也不足为奇。然而，处于战乱的政局中，很平常的判断，往往会超越其原有的本质，而值得付诸实行。

"二虎竞食"，曹操谋利

曹操战败吕布后，便乘着军阀混战之机将汉献帝迎到了许昌。自此，曹操挟天子以令诸侯，比之其他军阀势力，在政治上赢得了主动。当时，刘备率领人马驻扎在徐州，收留了被曹操打败的吕布，并把徐州附近的小沛让于吕布屯兵。曹操生怕刘、吕二人联合起来对付自己，便召集手下文武，共商大计。许褚说："愿借精兵五万，斩刘备、吕布之头，献于丞相。"谋士荀彧坚

决反对："将军勇则勇矣，不知用谋。今许都新定，未可造次用兵，或有一计，名曰'二虎竞食'之计。今刘备虽领徐州，未得诏命。明公可奏请诏命实授备为徐州牧，因密与一书，教杀刘备。事成则备无猛士为辅，亦渐可图；事不成，则吕布必杀刘备矣：此乃'二虎竞食'之计也。"曹操从其言，立即奏请诏命，遣使前往徐州，封刘备为征东将军、宜城亭侯，领徐州牧；并附密信一封。

刘备在徐州听到使者到来，立即迎接入城。接受诏命后，刘备设宴为使者洗尘。使者说："君侯得此恩命，实曹将军于帝前保荐之力也。"刘备称谢。使者才拿出密信给刘备。刘备看完说："此事尚容计议。"刘备连夜与众人商议此事，识破了曹操的奸计。第二天，吕布前来祝贺，刘备拿出密信给吕布看。吕布大惊，说："此乃曹贼欲令我二人不和耳！"刘备说："兄勿忧，刘备誓不为此不义之事。"

第二天，刘备送使回许都，拜表谢恩，并回信与曹操，只说过一段时间再做不迟。使者见到曹操，说刘备不杀吕布。曹操问荀彧说："此计不成，奈之何？"荀彧说："又有一计，名曰'驱虎吞狼'之计。可暗令人往袁术处通问，报说刘备密表，要略南郡。术闻之，必怒而攻备；公而明诏刘备讨袁术。两边相并，吕布必生异心：此'驱虎吞狼'之计也。"曹操大喜，先派人到袁术处告密；再假用天子的诏令，使人去徐州催刘备起兵。

刘备在徐州，听到有使而来，出城迎接；却是要刘备起兵讨袁术。刘备明知是计，但"王命不可违也。"遂带领军队，准备起程。留张飞守徐州城。

袁术听说刘备上表，想要征讨他，心中大怒说："汝乃织席编屦之夫，今辄占据大郡，与诸侯同列；吾正欲伐汝，汝却反欲图我！深为可恨！"于是让上将纪灵带兵十万，杀向徐州。两只军队在盱眙相遇。刘备兵少，依山傍水驻扎营寨。纪灵为山东人，引兵出战，大骂："刘备村夫，安敢侵吾境界！"刘备说："吾奉天子诏，以讨不臣。汝今敢来相拒，罪不容诛！"纪灵大怒，拍马直奔刘备。关公接住厮杀，纪灵不敌。刘备挥军猛攻，纪灵大败，退守淮阴河口，两军对垒，相持不下。

张飞自从刘备走了之后，一切杂事都交给陈元龙管理；军机大事，则一切由自己做主。一天，张飞设宴请各位官员。众人到齐后，张飞说："我兄临去时，吩咐我少饮酒，恐致失事。众官今日尽此一醉，明日都各戒酒，帮我守城。——今日却都要满饮。"说完，分别给别人敬酒。到了曹豹面前时，曹豹

说："我天生不饮酒。"张飞强让曹豹喝了一杯。张飞敬完各位以后，自己又连喝了几十大杯，喝得大醉，却又敬酒给别人。到了曹豹面前，曹豹说："某实不能饮矣。"张飞酒后发怒说："你违我命令，该打一百！"陈元龙说："玄德公临去时，吩咐你甚来？"张飞说："你文官，只管文官事，休来管我！"曹豹没有办法，只好告饶说："翼德公，看我女婿之面，且恕我吧。"张飞问："你女婿是谁？"曹豹说是吕布。张飞大怒，说："我本不欲打你；你把吕布来唬我，我偏要打你！我打你，便是打吕布！"众人都来劝。将曹豹打了五十鞭才止。曹豹回家后，深恨张飞，连夜派人送信给小沛的吕布，说：玄德以往淮南，今夜可乘飞醉，引兵来袭徐州，不可错此机会。

吕布便与谋士陈宫商议。陈宫说："小沛原非久居之地。今徐州既有可乘之隙，失此不取，悔之晚矣。"吕布听从他的主意，立即引兵五百进攻徐州；陈宫率大军继进。小沛离徐州很近，上马便到。吕布到城下时，刚过半夜，月色明亮，城上的人都不知道。吕布到城门外喊："刘使君有机密使人至。"城上有人报告曹豹，曹豹到城一看，便令军士开门。吕布带领人马一齐攻入，喊声震天。张飞被士兵摇醒，但酒劲未过，不能力战，被十几名人保着，从东门杀出。

自此，刘备、袁术、吕布各有仇恨，互相厮杀不断，曹操乘三人自相残杀力量削弱之时，各个击破，最终统一中原。

从荀彧的具体策划看，所谓"二虎竞食"之计，就是投之以小利，引起两支敌对势力的争斗，使其两败俱伤，然后再趁火打劫，一举而猎两"虎"。刘备识破此计，拿曹操的信给吕布看，企图换来吕布的信任，但在吕布心中也埋下了"疑虑"的种子。曹操一计未成，又用"驱虎吞狼"之计。"驱虎吞狼"之计的实质仍是挑起各家纷争，制造他们之间的矛盾。从这条计的内容看，"虎"指的是"刘备、袁术二人；"狼"指吕布。所谓"驱虎吞狼"，就是利用造谣挑拨的手段，制造矛盾，驱二"虎"相对，给"狼"造成机会，吞并徐州。一计投出，三家相互残杀。但这些都成为曹操观火打劫之计的一部分。曹操最终看到三家战火烧得差不多时，一举诛吕布，败袁术，追刘备，取得最后胜利。

关羽借势，水淹七军

单刀赴会之后，关羽派人向刘备汇报了同鲁肃会谈的经过和对方的要求。正在这时，曹操以夏侯渊为先锋，亲统大军，征讨张鲁，威胁益州。为了避免两线作战，刘备权衡了一下利害得失，决定让步，派人向孙权请和。孙权自己也想到长江下游去和张辽继续争夺合淝，就拟定了议和条件，派诸葛瑾为使，去公安进行孙、刘两家分割荆州、坚持联盟、共同抗曹的谈判。结果双方谈定：以湘水为界，平分荆州。湘水以东的江夏、长江、桂阳三郡归孙权，湘水以西的南郡、零郡、武陵三郡属刘备。实际上，等于刘备以长沙、桂阳两郡，换来孙权的南郡，这一年是建安二十年(215 年)。

荆州一共有七个郡：南阳郡和南郡的北部在曹操手中；长沙、江夏、桂阳三郡在孙权手里；刘备实际上只有武陵、零陵两郡，和南郡的半个郡。诸葛亮《隆中对策》的重要一环："占据荆州，直下宛洛"，目前尚未实现，特别是

直下宛、洛的通路襄阳、樊城还在曹操手中,现由曹仁守卫。因此,镇守荆州的关羽有意北攻襄、樊,一场大战役又在酝酿之中。

公元218年,曹操以65岁的高龄,带领大军从长安出发,南下汉中,进行他一生中最后一次远征。不想这次,他败给了刘备,失掉了刚从张鲁手中夺得的汉中。

刘备本来已得到益州,现在又有了汉中,还有关羽控制的荆州的一部分,进入了刘备历史的鼎盛时期。于是在219年自封为汉中王,封关羽为前将军,并命他攻打襄、樊。关羽接受了前将军的印绶,一看时机成熟,立即就统率荆州大军北上攻打襄、樊,以便打开"直下宛洛"的通道。

关羽带着关平、周仓,一直攻过襄江(汉水下游也叫襄江),把曹仁和谋士满宠围在樊城里。曹操刚从汉中败退回来,听说关羽又从荆州发动了进攻,慌忙派大将于禁和庞德带领七队人马火速驰援。曹仁在城内,于禁、庞德在樊城之北,关羽的军队在曹仁、于禁之间,一时攻城难下,十分焦急。

当时正值秋凉季节,秋雨不断,汉水暴涨。关羽是个熟读兵书的大将,面对河水,自然想起历史上一系列"水攻"的战例。在一个通宵暴雨后的早晨,关羽登高瞭望水势,当即定下了水淹敌军之计。他不把计谋告诉任何人,只是命令部队赶造船只和竹木筏,又命令关平到上游去堵江口。于禁、庞德一点儿也没有发觉,继续在樊城以北的低地驻扎。

一天夜里,又是连降暴雨。于禁、庞德出帐看时,地下水已经有好几尺深,而且还一个劲儿地往下涨,把营帐都渐渐淹没了。于禁的七军一片混乱,争着望高堤和小丘上跑。到天亮时,水已经五六丈深,周围变成了一片汪洋。魏军除了淹死的,一个个缩在高处,浑身瑟瑟发抖。再远望樊城,水浪都快要打上城楼了。

于禁、庞德正被洪水围得进退无路,忽然远处传来阵阵鼓声、杀声,只见关羽的大军乘坐舟船、筏子先向樊北杀来。于禁哪里还有招架之力,只得举手投降。关羽把于禁关进船舱,又去捉庞德。庞德身边只有少数士兵,被关羽的军马一阵乱箭,射死不少。可是庞德却临死不屈,他亲手杀死了两个劝他投降的将军,带领不多的士兵,竟然从早晨一直坚持到下午。最后,他同身边的三个将士跳上了荆州军的小船,把船上的士兵杀死,想要划向樊城去找曹仁。关羽这边驶出一只大船,"咚"地把小船撞翻,庞德终于被俘。他临死不降,被关羽杀害了。

关云长奉命进攻襄、樊二座城池,不仅城中守备森严,一时

难下，而且曹操又派了七路大军来救援，使关羽处于腹背受敌的境地。他不仅不慌张，而且利用敌军驻地低洼，又值秋雨连绵，设计了“水攻”的计策，水淹曹操派来的七支人马，并降于禁，杀庞德，从而威震华夏。这一战的胜利，使得曹操阵营中的荆州刺史胡修、南乡太守傅芳投降了关羽，许昌以南地区纷纷派人来和关羽联系，准备归顺。连曹操本人都慑于关羽的军势，曾经准备把首都从许昌迁到黄河以北。这次战争胜利的原因，可以说是充分表现出关云长善于因地制宜因时灵活用计的结果。

魏、蜀交兵，争夺汉中

赤壁之战后，刘备占据了荆州、益州，与占据黄河流域的曹操、占据江南的孙权形成了三足鼎立的形势。公元215年，曹操消灭了西北的马超、韩遂势力后，亲率大军进军汉中的张鲁，占据了汉中。汉中地处益州，曹操的进军汉中，使刘备感到自己在四川的统治权及其稳定性受到影响，而且，由于汉中地理位置十分重要，刘备亦不甘心它落于曹操手中，于是曹操、刘备争夺汉中之战发生了。在汉中之争开始时，刘备在争夺战中处于不利的地位，但由于刘备用“知迂直之计”，善于将不利因素化为有利因素，成功地抢占了军队要地——定军山，从而争得了这场战争的制胜权，最终占据了汉中，迫使曹军退出四川，取得了这场战争的胜利，也巩固了自己在四川的统治权。

公元215年，曹操消灭了西北马超、韩遂势力后，便亲率大军进攻汉中的张鲁，以占据汉中。

张鲁是东汉时期“五斗米道”的道教传教人，被东汉统治者封为镇民中郎将后，领汉宁太守，成为封建统治者。张鲁得知曹操进攻汉中，自思以汉中一隅之地，不足与曹操对抗，想投降曹操，但他的弟弟张卫不同意。张卫在曹军到达平阳关（今陕西勉县西北）时，率领一万多人拒关坚守，平阳关最终还是被曹操攻破，张鲁及巴中地区的賨人首领均投降了曹操。因此，曹操基本上控制了汉中及巴中地区。

刘备对于曹操势力进入汉中，而且深入巴中地区十分担心。他派部将黄权出兵击败了曹军在巴中地区的势力，控制了这一地区。

这时曹操的军队驻扎在汉中。他的丞相司马懿曾向他建议，要他抓住时机进攻益州。曹操鉴于西蜀守备不易攻破，且自己后方还不稳定，因而没有采取军事行动。不久，他把原驻守在长安的大将夏侯渊调来驻守汉中，自己领兵回到了中原。

汉中的地理位置对于刘备、曹操来说都是十分重要的。它是四川东北的门户，曹操占据汉中，可以使益州北方无险可守，这对占据四川不久的刘备无疑形成了极大的威胁；而汉中如果被刘备占据，那么刘备则进可以攻关中，退可以守益州。因此，刘备决心将汉中夺回自己的手中。

公元217年，刘备亲率主力进攻汉中，留诸葛亮守成都，负责军需供应。刘备大军屯驻阳平关，想攻下这一战略要点。刘备选精兵万余轮番攻阳平关，始终没能得手。双方在阳平关相峙一年有余。

公元219年正月，刘备经充分的准备与策划，决定采取行动以改变这种长期相持的局面。刘备率军避开地势险要、防守严密的阳平关，南渡汉水，

沿南岸山地东进，一举抢占了军事要地定军山。定军山是汉中西面的门户，地势险要，刘备占领了定军山，就打开了通向汉中的道路，并且威胁着阳平关曹军侧翼的安全。夏侯渊被迫将防守阳平关的兵力东移，与刘备争夺定军山。为防止刘备进军和北上，曹军在汉水南岸和定军山东侧建营垒，修围寨，设鹿角（一种栅栏式的防御工事）。刘备军夜攻曹营，火烧南围鹿角。夏侯渊命张郃守东围，自率轻骑往救南围。刘备军又急攻东围，并派黄忠率精兵埋伏在东、南围之间的险要地段。张郃不支，夏侯渊又急忙率军回援东围。黄忠居高临下，以逸待劳，突然攻击行进中的夏侯渊，夏侯渊毫无防备溃逃。夏侯渊本人也被黄忠斩杀，张郃率军退守阳平关。

夏侯渊死后，曹军由张郃统领，曹操得知汉中战场失利，亲率主力从长安出斜谷，迅速赶赴阳平前线救援汉中。这时，蜀军士气旺盛，刘备通过定军山争夺战改变了以前的被动局面，也信心十足。他对随从的部将说："曹操虽然再来，也将是无能为力了，汉中必然归我所有。"待曹操以达汉中后，刘备利用有利地形，拒守险要之处而不与曹操决战。同时，刘备遣游击扰袭曹军后方，却其粮草，断其交通。曹军攻险不胜，求战不得，粮食缺乏，军心恐慌，兵无斗志，士卒逃亡者不少。一个多月后，曹操不得不放弃汉中，全部撤回了关中。刘备如愿占据了汉中，不久，他派刘封、孟达等攻取了汉中郡东部的房陵（今湖北房县）、上庸（今湖北竹山西南）等地，势力得到了扩大与巩固。汉中争夺战以刘备的胜利而告结束。

趁火打劫，巧夺政权

咸和二年（327 年），东晋统治阶级内部继王敦之乱后又发生苏峻之乱。

苏峻，西晋末被举为孝廉，北方大乱后纠集数千家兵，建立豪强武装，周围的豪强武装又推他为共主。当时，青州刺史曹嶷想收苏峻为部属，任之为掖县（今山东掖县）令，但遭到拒绝。曹嶷准备讨伐苏峻，苏峻率领所部数百家兵泛海南逃，投奔东晋。

苏峻历任淮陵内史、兰陵相。永昌元年（322 年），王敦首次进逼建康，元帝召苏峻进讨王敦，而他观望形势，迟回不前。太宁二年（324 年），王敦再次作乱，所遣王含、钱凤又顿兵建康城下，京城危急。明帝召苏峻、刘遐等流民帅入京勤王，苏、刘率精卒万人驰援。当沈充、钱凤夜渡秦淮河、从竹格渚上岸，护军将军应詹领兵拒战失利，叛军已到宣阳门外。这时，苏峻、刘遐统军自南塘横击，大破敌军，

敌军落水淹死者三千人。接着,苏峻又随从庾亮追击沈充至于吴兴。平叛后,苏峻因功进位为冠军将军、历阳内史、加散骑常侍,封邵陵公,食邑一千八百户。从此,苏峻威望逐渐提高,手中精兵已达万人,装备优良,实力雄厚,被朝廷委以捍卫江北的重任。但是,苏峻自恃兵强,日益骄横,藐视朝廷,招纳亡命。朝廷运送给养去历阳的船只首尾相属,而稍不如意,他就破口大骂。

明帝死后,成帝继位。成帝年幼,外戚庾亮秉政。为加强中央集权,庾亮对内压抑宗室,对外削夺强藩。咸和元年(326年),庾亮诛杀南顿王司马宗,司马宗亲信卞阐逃窜到历阳投奔苏峻,庾亮令苏峻交人,而苏峻藏匿不送。庾亮觉得苏峻在历阳终究是一个祸根,主张把他征调进京,剥夺他的兵权。此议一出,举朝皆以为不可,但大多不敢吭声,惟有王导、卞壶等数人表示反对。卞壶说:"苏峻拥有强兵,逼近京城,从历阳至建康,不足一日的路程,一旦发生变乱,后果十分严重,此事应慎重考虑。"庾亮不从。苏峻闻讯,遣司马何仍到京,对庾亮说:"只要是外任,无论远近,我惟命是从;至于内任,实非所能。"庾亮仍然不从。咸和二年(327年)十月,庾亮以诏书命征苏峻为大司农、加散骑常侍。苏峻上表声称:"昔日明皇帝亲执臣手,委臣北讨胡寇。今日中原尚未平定,臣何敢自安!请补青州界一荒郡,使臣以展鹰犬之用。"但朝廷还是不许。苏峻无奈,整装待发,而心中又犹豫不决,参军任让对他说:"将军求补荒郡尚且不许,事到如此,恐无生路,不如拥兵自守。"于是,苏峻遂不奉诏,遣使与镇西将军、豫州刺史祖约联络,祖约因官位不符所望,颇为怨恨朝廷,所以一拍即合,约定以讨庾亮为名,一同起兵。

一场动乱爆发了。十二月,苏峻派部将韩晃、张健袭取了东晋囤积了大量食盐、大米的姑熟,直捣慈湖。苏峻起兵之前,江州刺史温峤请率军下援建康,三吴也请求发兵,庾亮都加以制止,特别写信给温峤说:"吾忧西陲(指陶侃),过于历阳,足下不可越过雷池(水名)一步。"苏峻起兵后,徐州刺史郗鉴又请求统兵御敌,同样被制止。然而,作为都督征讨诸军事的庾亮并没有很好地部署兵力,抵击敌人。咸和三年(328年)正月,韩晃消灭慈湖守军。苏峻指挥苏、祖联军二万余人从横江渡口抢渡长江,进抵陵口。晋中军抵挡不住,连战败北。二月,苏峻占领蒋陵、覆舟山,建康已经近在咫尺,城内惶惶不安。有人建议在小丹杨打伏击战,庾亮不予采纳,而苏峻果真绕道小丹杨,因夜里行军竟迷了路。这样一个歼灭敌人、扭转危局的大好机会又被庾亮贻误了。没几天,苏峻击败建康城外守军,突破青溪栅。庾亮率领诸将在宣阳门内抵抗,但队伍尚未成形,士众皆弃甲而逃。庾亮与诸弟也匆匆乘船逃往寻阳,把成帝和皇太后都扔在建康。苏峻攻陷宫城后,遂"纵兵大掠,侵逼六宫,穷凶极暴,残酷无道",又"裸剥士女,皆以坏席苫草自鄣,无草者坐地以土自覆,哀号之声震动内外"。他自任骠骑、领军将军,录尚书事,以祖约为太尉、尚书令,又改易百官,树置亲党,矫诏大赦,惟庾亮兄弟除外。同时,他分兵攻略义兴、晋陵各地。

庾亮既至寻阳,与温峤共推荆州刺史陶侃为盟主,兴兵讨伐苏峻。"戎卒四万、旌旗七百里,钲鼓之声,震于远近",浩浩荡荡开往建康。不久,三吴也兴兵讨伐苏峻,会稽内史王舒以庾冰行奋武将军,使他领兵一万,西渡浙

江，吴兴、吴国、义兴诸郡起而响应。五月，陶侃、温峤军于茄子浦，陶侃举王舒监浙东军事、虞潭监浙西军事、郗鉴都督扬州八郡。郗鉴率众渡江，与陶侃会师。接着，诸军进据蔡州；直逼石头城。苏峻率主力屯守石头城，并把成帝迁入石头城中。双方相持数月，陶侃因敌军兵势甚盛，难与争锋，在石头城西筑白石垒，又在京口一带筑大业等三垒，坚守不战。苏峻攻白石垒不克，乃分遣诸将东西抄掠，多所擒获，兵威更盛。从建康逃出来的官吏都说："苏峻狡黠多智，其徒党极其骁勇，所向无敌。如果上天惩罚罪人，苏峻终当灭亡；如果依靠人力，则难以取胜。"温峤听了很生气，但累战不捷，也深怀恐惧。

苏峻遣将张健、韩晃急攻大业垒，垒中乏水，士卒渴极，饮粪汁解渴。守将郭默突围求援，陶侃准备派兵救援。长史殷羡说："我军不习陆战，如救大业不能取胜，则全盘皆输。不如急攻石头城，大业之围自解。"陶侃听从。于是，陶侃督水军驶向石城，而庾亮、温峤、赵胤等率步兵万人从白石垒南上挑战。苏峻统领八千人迎战，其子苏硕与将领匡孝分兵冲击赵胤军，将赵胤打败。苏峻见赵胤军溃逃，大叫："匡孝能破贼，我还不如他吗？"只带领数骑急急追赶，没有赶上。在回马白木陂时，他的马突然被踩倒，又被陶侃部牙门将彭世、李千投过的长矛击中。苏峻坠落下马，立刻被斩首、割肉、焚骨，三军齐呼万岁。苏峻余众退据石头城，任让等立苏峻弟苏逸为主，闭城自守。次年春天，诸军攻破石头城，斩杀苏逸等。祖约败后，率左右数百人北走后赵，被石勒杀死。

苏峻之乱平定后，东晋进入相对安定时期，事后七十年无内战乱，社会经济逐渐得以恢复。

从苏峻、祖约之乱来看，他们事起仓促，只是想拼死一争，不想庾亮是西忧陶侃，北忧自己，外患在即。不料正好形成趁火打劫之势，一举攻下京城，并控制天子，获得胜利。但他们没有利用这有利的形势，联络陶侃，而是大肆屠杀，竟将陶侃之子杀掉，使庾亮忧患的陶侃变成盟友，反而成为自己之患，就决定他们这种力量的转化，必然要失败。由此可见，使用趁火打劫之计的敌有外患，趁其难以他顾而伤之的手法，应该清醒看到对方的外患能否对自己有帮助，即使没有帮助，也不能让对方的外患成为对方的外力。

趁火打劫，藩镇乱唐

公元779年，唐德宗即位，他所承接的政局是"征师日滋，赋敛日重，内自京邑，外洎边陲，行者有锋刃之忧，居者有诛求之困"，可称是内外交困。所以即位伊始，便想改变这种形势。

首先，德宗听从宰相杨炎的建议，实行两税法，使国家收支情况有很大改观，朝廷的经济实力得到增强。其次对藩镇态度强硬，如不服从中央，即举兵征讨。这些措施如能按德宗预想施行，当然可以使君主专制制度加强。然而，事情并不像德宗预期的那样发展，反而变得更加内外交困，连德宗的性命都差点丢掉。这是因为德宗用人不当，对形势估计不足，自履险境所致。

德宗即位，便任用杨炎，但此人爱以报复个人恩怨为能事，让他独任大政，必使朝内的党争更加激烈。而杨炎最大的失策，莫若打击陷害当时出色的理财家刘晏。“晏有精力，多机智，变通有无，曲尽其妙。常以厚直募善走者，置递相望，觇报四方物价，虽远方，不数日皆达使司，食货轻重之权，悉制在掌握，国家获利而天下无甚贵贱之忧”。国家财赋“在晏所统则增，非晏所统则不增也。”对这样一位出色的理财家，杨炎却诬陷他在代宗时阿附宦官，意欲策立独孤氏为皇后，别立独孤氏之子李迥为太子，以废现任太子(即德宗)。德宗听信谗言，贬杀刘晏。不料这件事竟使朝野侧目，引起内外的不满，以山东强藩李正己为首的各藩镇要朝廷公布刘晏之罪，且讥斥朝廷。杨炎见势不妙，竟遣腹心宣慰，将杀刘晏之事推在德宗身上，德宗获悉，也就恨起杨炎，“由是有诛炎之志”。不久，德宗任卢杞为宰相，贬杨炎为崖州(今海南省内)司马，于中途缢杀之。而卢杞为人“阴狡，欲起势立威，小不附者必欲置之死地”。德宗即位不久，连杀两位干练大臣，却又任用卢杞这样的险恶之人，使“中外失望”，也使本来就存在的内忧，更加危机四伏。

德宗对藩镇态度强硬，这本是矫正自肃、代以来对藩镇姑息政策的必要手段，但必须以其有一定军事实力为前提。以当时的形势来看，藩镇大概有四种：一是地处河北、山东的诸镇，大都是安史之乱平定以后的安史余部，或是在平乱之后拥有重兵的悍将，表面上尊奉朝廷，实际上是供赋不入，自行任命下属，有自己一套法令和制度。其位或父死子继、兄终弟及，或部下拥立、叛而夺之，朝廷难以更改，故最为跋扈，可称为反叛型藩镇。二是地处中原的诸镇，大都是在平定安史之乱时为朝廷所任命，虽统有一定数量的军队，但其将帅的任命调动，中央尚能掌握控制，使他们担负着抗拒或平定反叛，屏卫关中，保护各地输入长安的财赋的重要使命，是王朝所依赖的基本力量，可称为基本型藩镇。三是地处关内和西北的诸镇，主要防遏周边少数民族的入侵，如内地有事，朝廷经常调其来援，但此类藩镇虽比较善战，也比较骄蹇，朝廷很难驾驭，可称为边疆型藩镇。四是地处东南地区的诸镇，因这些地方战事少、养兵少、军费少，势力也相对小，在中央的强压之下，他们所在地的税收大部分上供中央，是王朝的财赋的来源地，可称为财赋型藩

镇。这些藩镇不论势力大小，都要看朝廷是否强大，邻镇是否强横，观望图利自全是他们的共同点，如果朝廷处置不当，无论哪种藩镇都能成为王朝的外患。

德宗即位之初，“崔佑甫为相，务崇宽大，故当时政声蔼然，以为有贞观之风”，中外皆悦。反叛的藩镇军士大多欢呼：“明主出矣，吾属犹反乎！”然德宗即位不久，杀两大臣，内已不安，外又生乱。就在这时，成德节度使李宝臣死，其子李惟岳接任其位，要朝廷承认，德宗不许。为了维护世袭特权，魏博节度使田悦、淄青节度使李纳、山南东道节度使梁崇义和李惟岳联合起来，共同抗唐。不久，梁崇义和李惟岳兵败被杀，田悦和李纳也被唐军打败。但卢龙节度使朱滔和成德镇降将王武俊为了争权夺地，又勾结田悦、李纳发动叛乱，曾经参加征讨李惟岳的淮南节度使李希烈也参加进来。一时间五人都称王，李希烈还自称天下都元帅。朝廷告急，德宗只好调动关内诸镇兵前往平叛。

建中四年(公元783年)十月，泾原节度使姚令言率泾原兵五千至长安。这些“军士冒雨，寒甚，多携子弟而来，冀得厚赐其家，既至，一无所赐。”第二天又让他们出发，路上皇家犒师，“惟粝食菜饭”。这引起士兵的愤怒，把饭菜踢翻，扬言道：“吾辈将死于敌，而食且不饱，安能以微命拒白刃邪！闻琼林、大盈二库，金帛盈溢，不如相与取之。”于是回兵长安。德宗忙召禁军抵御，竟没有一人前来，只好仓促带领部分近侍，狼狈逃往奉天(今陕西乾县)。泾原兵便拥立朱滔的兄弟朱泚为主，不久，朱泚又在长安称帝，国号为秦(后改为汉)。此后，经过一年多时间，德宗依靠李晟率领唐军援助，艰难地收复了长安，逐杀朱泚，但不得不与朱滔、王武俊、田悦、李纳等藩镇妥协，算是勉强平定了这场叛乱，然在此期间，德宗忧虑异常，唐王朝的命运在险恶万状中渡过，朝政更加不振了。

从德宗即位之初的所作所为来看，颇想振作一番，结果是兵祸连结，这是他不仅不了解自己处在内忧外患之中，而且“内信奸邪，外斥良善”，使内忧外患的形势加剧，乃至“几至危亡”。

斗智斗勇，黄巢起义

黄巢系曹州冤句县(今山东菏泽县西南)人。祖辈靠贩卖私盐，家财富有。黄巢年轻时喜爱读书，屡次应进士考试，被抑不得及第；曾练过击剑骑射，武艺颇佳；乐于扶危救急，收养过各地来投奔的逃命人，很有豪侠之气。在他成年后，继承祖业，贩卖私盐。盐是民众的生活必需品，价贵也得购买。朝廷为取得巨额盐利，实行官卖；规定各种苛法，禁止私盐。为了争夺巨利，上有政策，下有对策，朝廷出卖官盐，豪强出卖私盐，双方斗争异常激烈。凡是敢和朝廷争利贩卖私盐的人，必须结交一批伙伴合力行动，还必须有一定的计谋和勇力，否则就会在朝廷的严刑苛法下破产甚至丧命。贩卖私盐的规模越大，上述条件也越应具备。黄巢就是在贩卖私盐的实践中，增进了自己的智慧和能力，并加深了对朝廷的了解，这些东西一旦运用于起义的指导之中，就使黄巢比其他起义领袖谋高一筹。

“安史之乱”以后，黄河流域陷入战乱之中，江南成了朝廷租税的惟一榨

取地，民众负担剧增。官逼民反，公元761年，袁晁在台州（浙江临海县）率众起义；公元859年，宁国人（安徽宁国县）裘甫又在浙东起义；公元864年，朝廷派往岭南西道（今广西南宁市）对付南诏兵的徐州军在庞勋的领导下作乱，自动从岭南打回徐州。这时，黄河中下游连年遭灾，赤地千里。唐懿宗咸通十四年（873），关东（指潼关以东）大旱，几乎颗粒无收，“天下百姓哀号于道路，逃窜于山泽，夫妻不相活，父子不相救”。但唐王朝置民众的生命于不顾，搜刮军费更加残酷。于是，关东民众担负起用大规模起义的方式反抗唐王朝腐朽统治的重任。作为失意士人和有势豪侠的黄巢，亲眼目睹了这一切。

于是，在王仙芝于唐僖宗乾符二年（875）在长垣（今属河南）起义后，黄巢也很快在冤句起义，响应王仙芝共同行动。

王仙芝立名号为“天补平均大将军兼海内诸豪都统”并发布檄文，声讨朝廷任用贪官、赋税繁重、赏罚不平等罪恶，深得民众拥护，“民之困于重敛者争归之”，起义队伍很快发展到数万人，连克濮（今山东濮阳）、曹（今山东定陶）二州，击败天平节度使薛崇，攻入郓州，威震山东。淮南（驻扬州）、忠武（驻许州，今河南许昌）、宣武（驻汴州，今河南开封）、义成（驻滑县东）、天平（驻郓州，今山东东平北）等节度使所辖地区的民众也纷纷起义，大部有千余人，小部数百人，攻击州县。农民起义的烈火在关东地区呈燎原之势。

唐廷见状，急令上述五镇节度使加意防守本境，又以平卢（驻青州，今山东益都）节度使宋威为“诸道行营招讨草贼使”，指挥禁军300及五镇抽调的部分兵力，坐镇沂州（今山东临沂），镇压王仙芝、黄巢起义军。同时，组织地主武装，抵御民众起义。

黄巢、王仙芝率起义部队转战中原，连克唐朝百座城市，军威大振。后王仙芝兵败被杀，黄巢率其余部队进入江南，攻占两广及福建，动摇了唐王朝的经济命脉。乾符六年（879）10月，经准备后起义军开始北伐，意图直指两京，推翻唐王朝。

唐僖宗广明元年（公元880年）12月5日，黄巢的前锋部队进入长安，唐金吾大将军张直方率文武百官到灞上迎接义军，唐僖宗、田令孜带500名神策军和眷属向成都逃去。义军“甲骑如流，辎重塞途，千里络绎不绝”，声

势浩大。长安城内外,民众夹路观看,尚让向民众宣告说:"黄王起兵,本为百姓,非如李氏不爱汝曹,汝曹但安居无恐。"义军士卒,遇贫苦百姓,即赠送财物;对唐宗室、权贵、富商则一抓就杀,没收他们的财产。

12月23日,黄巢在长安即皇帝位,国号大齐,年号金统。他规定唐官三品以上停职,四品以下登记投降的留用(不问害民轻重)以尚让为首相,组成了起义军文武官与唐投降官混合的大齐朝廷。

金统三年(882)正月,唐廷重新调整部署,再次向长安进逼,从南、西、北三面对长安形成了包围。接着,又先后出现了对起义军不利的三件大事:粮荒、朱温叛变投唐,善于骑射、慓悍善战的沙陀兵参加攻打义军。

金统四年(883)正月,四万沙陀兵在李克用的率领下,由晋北出发渡过黄河进入同州朱温(投唐后改名朱全忠)所辖地,联合唐河中、忠武等镇后,在梁田陂一带与尚让的15万人大战,起义军牺牲数万,撤出战斗。李克用进逼长安。4月8日,黄巢率军退出他曾呆了两年半的长安,经蓝田关(在今陕西蓝田县)、武关(在今陕西商南县)向东南而去,称要经过河南向徐州进军。

黄巢在河南蔡州(今河南汝南)打了一个胜仗,唐奉国军(驻蔡州)节度使秦宗权战败投降。转攻蔡州东北的陈州,黄巢的爱将孟楷牺牲。黄巢遂与秦宗权合兵围陈州,从6月一直围到次年(884)4月,长达三百天之久,进行了数百次战斗,攻占了几十个州县,付出极大的代价。当时河南大灾,树皮草根都已吃尽。在围攻陈州的300天期间,汴州刺史、唐宣武节度使朱温、忠武(驻许州)节度使周岌、感化(驻徐州)节度使时溥先后救援陈州,对黄巢也无可奈何。金统五年(884)4月,唐廷又把李克用调到战场,与朱温等一齐进攻义军。义军数战不利,乃解围向北面的汴州而去。5月8日,义军在汴州以西、中牟以北的王满强渡汴河,被追上的李克用半渡而击。尚让等义军将领投降唐军。黄巢率残部越过汴水,经封丘、匡城逃往兖州。唐军紧追不舍。黄巢率少数人逃入泰山,7月,被叛徒杀死。领导唐末农民起义达九年之久(875年6月—884年7月)的明星宪落了。最后,由朝廷的宣武节度使朱温,窃取了农民起义的果实,结束了唐朝的统治。

三桂献关,满入中原

明朝末年,李自成领导的起义军攻陷京城,崇祯皇帝跑到万寿山,在一棵老槐树上自缢而死,李自成自称为帝。当时,起义军在京城内到处抄没明朝大臣的宅院,抢掠富贵人家的财宝,搜抓皇亲国戚及其余党,搞得人心惶惶,鸡犬不宁。

李自成称帝后,将明将吴三桂的爱妾陈圆圆接进宫去,而后又将吴三桂的老父吴骧关押起来,以此威胁吴三桂投降。

吴三桂乃明朝名将,统领数十万人马镇守边关,抵御满族的入侵,此时接到父亲发来的劝降书,得知李自成已在京都称帝,定国号为"顺",自忖大势已去,意欲归降,正在回信写降书之时,有逃难的家僮从京城赶来,吴三桂得知后,立刻传见。

吴三桂问:"家里的情形怎样?"

家僮大放悲声地说："老大人已经被下进了大牢。"

三桂开始不以为然地说："这无妨，我这一封书信过去老人家立刻就会出狱的。"

三桂又淡淡地问："夫人呢，她现在何处？"

家僮顿时禁住了哭声，嗫嚅着说不出话来。

三桂一见此情，心中焦躁，厉声喝问道："她究竟怎样，你可照实说来，我不怪你，倘若有半句假话，我定不饶你。"

家僮一边拼命叩头，一边涕泪横流地说："是小的们不中用，没能保护好夫人，夫人早已于半月前被叛军抢去，现关押在李自成的宫中。"

"气死我也！"吴三桂怒发冲冠，拍案而起，"嗖"的一声拔出剑来，"呛啷"将书案劈下一角。

"夺妻之仇，押父之恨，此仇此恨不报，枉为人世。不杀李自成誓不为人！"

吴三桂把将原本已写好的降书撕得粉碎，然后重新铺开纸张，他在给吴襄的信中写道："父既不能为忠臣，儿安能为孝子……"

此时的吴三桂已经把国家大业弃置脑后，心里头想的都是如何报一家之私仇了。

他一边操练人马，准备回师讨伐，一边暗地进行部署和谋划。风闻闯王有雄兵四十余万，猛将如云，谋士如雨，自己只有十余万大军，兵力单薄，未必是闯军的对手，怎么办？

被仇恨之火煎熬得失去了理智的吴三桂，把救助的目光瞄向了昔日的死对头、自己领兵为将以来一直与之死战的满清军队。

那时满清顺治帝即位，因年方七岁，一切军机大事皆由摄政王多尔衮做主。多尔衮见中原烽火不断，明王朝与太平军正在火拼，早就想趁火打劫，混水摸鱼了，只是慑于吴三桂精兵十万镇守边关，因此一直未敢轻举妄动。

这一天，多尔衮听说吴三桂来访，他对中原发生的事情也了解个大概，约摸猜测出吴三桂的来意，心中大喜，立刻传令以嘉宾之礼召见。

多尔衮见吴三桂额头紧锁、愁眉不展，便明知故问地说："吴将军驾临，不知有何见教？"

吴三桂经过一翻痛苦的内心交战后，终于横下一条心，宁可落个万世骂名，也要先解心头之恨，于是便直截了当地说："明清两国，世通修好，当年清国内部自相侵扰，我明朝也曾发兵相助过。今日明朝不幸，盗贼横行，京都沦陷，君王晏驾，百姓荼炭，此仇此恨，不共戴天，勤王起师，原是我辈本分，怎奈兵微将寡，难挡乌合之众。清国如尚念邻邦之谊，亦应举国发兵，助我一臂之力。"

多尔衮久欲入侵中原，只是苦于边关有精兵悍将当道，如今，非但面前关隘皆除，且自己竟成堂堂正义之师，内心狂喜。但脸上却故现难色，推搪拒绝地说："贵国内乱，按说应尽邻邦救援之谊，只是我国国小兵弱，恐救助不成，于事无补，将来反自受其累，落得千古骂名。此事本军乃力所不及，实难如愿，请将军多谅解。"

吴三桂苦苦哀求着说："贼军虽然人数很多，但都是些乌合之众，只要贵

国肯出兵相助，无不奏凯之理。”

但多尔衮不轻易松口。

这样谈谈扯扯，转眼已是半月，多尔衮虽然嘴上一直未说出兵，但暗地里却早已开始秣马厉兵，进行作战的准备了。

待一切都已备妥之后，多尔衮才假惺惺地说：“既然将军连番数次恳求，本帅亦被将军忠心所感动，不管我国有多大困难，都以邻国之难为己难，决定出兵相助。”

吴三桂闻言大喜，立即回来收拾兵马，与多尔衮的清军合兵一处，浩浩荡荡穿过山海关，向着中原大举杀来。

行至一片石积如山的地方，清军与闯军相遇，双方进行了激烈的搏杀。战斗结果，闯军大败，清军乘胜追击，几天之间便直捣京城。李自成只好弃城西遁，清兵占据了京城后，完全把当初相助的许诺抛到一边，竟然大大方方当起皇帝来，从此中原大好河山，尽归满人之手。

李自成领导的闯军被平定之后，清军又挥戈向着明朝的官兵杀来，血屠扬州七日，杀得满城老幼无存。再血洗嘉定，将一城男女全部屠戮，明王朝的遗臣或被收买，或被杀害。中原人民罹难之惨，牺牲之多，死伤之重，均为史所罕见。

至此，吴三桂见大罪铸成，已经悔之晚矣，他也只好为虎作伥，成为清军阵前的一个马前卒。当大好河山尽归清兵之后，清王朝怕他谋反，将他封了平西王，让他偏安于一隅，做他的地头蛇去了。

趁人内乱，大举进攻

正当太平天国西据武昌，东破敌人江南江北大营，形势稳固，革命向前发展时刻，领导集团滋长了严重的享乐思想，腐败现象十分严重，影响了团结，例如：

洪秀全把清朝两江总督的衙门扩为天王府，拆毁了大批民房，动用了成千上万的无偿劳力；东王府在修建时也尽毁附近民居，开拓地基，穷极工巧，骋心悦目。这种劳民伤财的工程，与当时紧张的战争气氛极不相称。而且太平天国内部从天王到士兵之间都建立了森严的等级制度，君臣上下有了天渊之别。天国诸王侯相都是世袭，连称呼、服饰、仪卫舆马等都有明确规定。洪秀全自比独一无二的太阳，天下万国之主。天王外出，必有轿夫 64 人，东王 48 人，最下的两司马也有轿夫 4 人。各王出行，军民必须回避道旁，高呼万岁或千岁，否则要受到惩处。

此外，领导内部生活也变得奢侈腐朽起来。天国各王都沿袭历代封建王侯的嫔妃制，除正妻之外，再立嫔妃。规定天王有嫔妃 88 人，宫女千名；东王以下递减。天王离宫鸣金乘马，张黄罗伞盖，女侍从数十人；东王出宫，有开路龙灯、仪仗、鼓乐，甚至连吃饭时也要奏乐鸣炮。各级王侯的子女，也按其父王的官位别有称呼，如称七千斤、六千斤，不许混叫。

生活上的腐化，随之而来的是权力名位的追求和派系之争。先是杨秀清，自比政府头脑，滥用权力，专横跋扈，欺压臣属。甚至发展到借用天父下凡附体杖责洪秀全，逼洪秀全封他为万岁，这件事成为了天京悲剧的导火线。

1856年8月，杨秀清又借天父下凡附体，令洪秀全到东王府封他为“万岁”。洪意识到杨在夺取皇位，便密令韦昌辉和石达开分别从江西、湖北前线回京采取行动。韦昌辉素与杨秀清有隙，接到密令即带兵3000星夜奔京。9月2日迅速包围了东王府，杀杨秀清及其眷属、侍从、亲兵数千人，连婴儿也没有放过。接着又扩大事态，捕杀“东党”，使天京死难者达2万多人。石达开回京后，责备韦昌辉杀人太多。韦昌辉感到石达开是他夺权的障碍，想谋杀石达开。石闻讯坠城逃出天京，韦昌辉竟把石达开一家杀害，并指挥叛军围攻天王府。韦昌辉的暴行，激起了天京官兵的愤怒，受蒙蔽的韦昌辉的部属也多觉醒，在洪秀全的命令下，合朝同心，把韦昌辉及其羽党200多人一举诛灭，天京变乱终于平息。

石达开逃出天京后，即调4万人马从武昌东来，指名要韦昌辉的人头。至宁国时，洪秀全将韦昌辉的人头送上，并请石达开回京总理国事。但洪秀全因天京的变乱，对异姓王不完全信任，他把庸碌无才的家兄洪仁发、洪仁达封为安王和福王主持军政，对石达开进行监视和遏制，这使石达开很难立足。为避免第二次天京变乱和洪秀全的加害，石达开负气带领数万将士离天京出走。6月，到达安庆。在安庆，他逗留了4个月，纠集精兵良将20余万，决心率兵远征，永不回还。石达开的独立行动，客观上形成对太平天国的大分裂，严重地影响了革命事业的发展。

石达开率军出走后，仍然尊奉天王，坚持对清军作战。但终因脱离革命中心，无所依托，被敌人多次包围，屡受挫折。他先是转战江西、浙江、福建、广西、湖南，然后突入四川，再折回云南……部队连连失利，频频损兵折将。1859年，实力已去其半。

1863年5月14日，石达开仅率四五万军队进入四川，在大渡河紫打地（今石棉县安顺场）被清军和上司军围困，伤亡惨重，部下只剩7000余人，且已弹尽粮绝。石达开率军左冲右突，企图强渡大渡河，均告失败。身处如此绝境，眼望滚滚河水，遥望当年雄姿，石达开不由得声泪俱下，愧疚交加。他已下定必死之心，幻想“舍死救三军”，愿以身受“斧钺交加”和“身首分裂”，来换取敌人对部下的“赦免杀戮”。他写信给清军总兵唐友耕，请不要杀他的部下，只杀他一人。唐假装答应。石达开随带5岁的儿子石定忠于6月13日昂步走进敌营，结果上当受骗。清军夜袭石营，有2000多将士被惨杀。石达开也于6月25日被押送到成都，凌迟处死。临刑前他视死如归，

神色坦然，不愧为太平天国的忠臣义士，被害时只有33岁。

太平天国领导集团的内讧，给革命带来极其严重的后果，它损伤了革命的元气，使整个战局出现不利形势，太平军丧失了乘胜歼灭清军的有利时机。腐败导致失败，这是留给后人的惨痛教训。

曾国藩借太平天国内乱之机，率领湘军大肆反扑，太平天国的大好形势急转直下，1856年底，武昌、汉阳陷落，湖北全部丢失，江西大部分地区也被清军攻占。

但是，当时各地人民群众的抗清斗争还在发展，全国的形势对太平天国仍然有利。尤其是英法联军乘中国内战，挑起第二次鸦片战争，清廷被迫调兵抵御，限制和削弱了全国对抗太平天国的力量。这些有利于太平天国度过事变后的危机。在太平天国内部，洪秀全提拔了与清军血战多年的将领陈玉成为前军主将，李秀成为后军主将，李世贤为左军主将，韦俊为右军主将，蒙得恩为中军主将兼正掌率，随后又封杨辅清为中军主将，新的领导核心的形成，是太平天国转危为安、转败为胜的一个重要关键。

1858年8月，陈玉成、李秀成会集各路将领，在安徽枞阳镇（桐城县东南）召开军事会议，决定采取联合作战方针，同心协力解除清军对天京的包围。10月，太平军横扫苏北清军，攻克扬州、六合。太平军从此彻底摧毁了清江北大营，使它再也没有能够恢复。11月，陈玉成又率军取得三河大捷。三河大捷是太平军在皖北战场上一次转折性的战略胜利，皖北危局迅速扭转，失地收复，后方暂得安宁，为以后消灭江南大营提供了有利条件。1860年4月，陈玉成、李秀成、杨辅清等合兵一处，捣毁江南大营，使太平天国衰而复振，为太平军进军江浙创造了条件。但是，暂时的胜利远远不能弥补太平天国在皖北战场和天京上游的损失，1861年9月5日，天京的重要门户安庆毁落，天京上游已无屏障。曾国藩的湘军掌握了军事上的优势，完全地控制了长江，至此，天京的陷落已不可避免。第二次鸦片战争结束后，中外反动势力勾结起来，共同向太平天国发动了进攻，苏州、杭州、宁波先后失陷。1862年，湘军曾国荃部进围天京，1864年4月，天京成为一座孤城。洪秀全于1864年6月1日病亡，7月19日天京沦陷，成千成万的将士惨遭敌人屠杀，轰轰烈烈的太平天国革命就这样悲壮地结束了。

太平天国在军事上节节胜利的大好形势下发生内乱，导致实力遭到了很大削弱，是最后失败的主要原因。

中原大战，趁火打劫

1929年10月10日，西北军出兵潼关，讨伐蒋介石。这次由刘郁芬、石敬亭、宋哲元、孙良诚等27位将领联名通电讨蒋，宣布蒋介石毁党、误国等6大罪状。推戴阎锡山、冯玉祥为总、副司令。冯部所有军队共编8路，分路出发，各将领公推宋哲元为西北军总司令，孙良诚为前敌总指挥。

双方在交战中，西北军连打胜仗，进展甚快。蒋介石一面对冯部用兵，一面派人到山西拉拢阎锡山，命令阎锡山部属朱绶先代理军政部长职，阎锡山立即作了反应，于10月15日电南京政府，表示对宋哲元等人的行动，当尽力制止。这完全暴露了阎锡山反复无常两面三刀的态度。

由于阎锡山将冯军的军事机密向蒋报告，并接受蒋介石委任他为中华民国陆海空军副司令的命令，冯军受到阎锡山和蒋军的夹击之中，失败终成定局。11月21日，在郾城督师的蒋介石因需要回南京主持对广西方西张发奎、俞作柏的战事，电请阎锡山赴郑州坐镇指挥对西北的军务，令唐生智代理总司令职权，进行善后事宜。至此，反蒋军事暂告一段落。

阎锡山于1930年2月10日发出通电，以"礼让为国"之名，请蒋下野。阎通电反蒋后，得到各方反蒋派别的支持，国内反蒋势力派出代表云集太原，形成空前的倒蒋统一战线。这些人中有国民党改组派陈公博、顾孟余等，西山会议派邹鲁、谢持，冯玉祥的代表李书城、李兴中，桂系代表潘宜之，四川刘文辉的代表胡畏三、刘湘的代表袁鸿吉，张学良的代表葛光庭，唐生智的代表袁华选，另外还有何键、石友三、韩复榘、万选才、马鸿逵、张发奎、陈调元、金树仁等，几乎包括了全部非蒋系各派势力的代表。他们不满于蒋之"三假政策"（假清党以篡党，假统一以窃政，假编遣以扩军），纷纷揭竿。他们在太原拟定了倒蒋的军事计划。

3月14日，冯玉祥秘密抵达潼关。同一天，阎、冯以及鹿钟麟、商震、张发奎、李宗仁等57人联名发出讨蒋通电，并推举阎锡山为中华民国陆海空军总司令，冯玉祥、张学良、李宗仁为副总司令。

4月1日，阎锡山、冯玉祥和自香港返回的李宗仁分别在太原、潼关、桂平宣誓就任中华民国陆海空军总司令、副总司令，其他将领也分别通电就职。但张学良不作表示，何键、刘文辉暗中接受委任，不肯公开通电就职。

讨蒋联军的部署是：桂军为第一方面军，由李宗仁统率，出兵湖南，并趋武汉；西北军为第二方面军，由冯玉祥统率，担任河南省境内陇海、平汉两路作战任务，分向徐州、武汉进攻；晋军为第三方面军，由阎锡山统率，担任山东省境内津浦路、胶济路作战任务，与第二方面军会攻徐州，然后沿津浦线南进，直捣南京；石友三为第四方面军，以主力进攻济宁、兖州、又一部协同第三方面军会攻济南；内定张学良、刘文辉、何键、樊钟秀为第五至第八方面军总司令。此外，任命石友三为山东省主席，万选才为河南省主席，孙殿英为安徽省主席，刘春荣为第15军军长等。

4月6日，中原大战拉开序幕。4月中旬，冯进驻洛阳，万选才部占开封，万就任河南省主席，反蒋联军基本上控制了河南局势。5月1—3日，阎与冯先后在新乡、郑州会晤，商讨作战方略。

但战事一开始，反蒋联军就暴露出各怀异志的要害问题，且有指挥不统一的弱点，各部队均以保存实力抢夺地盘为目的，不肯努力作战。而蒋军方面攻势甚猛，且有空军配合作战，反蒋联军陇海东线于5月上旬一度陷于被动。由于刘茂恩部在豫东前线倒戈投蒋，却杀了河南省主席万选才，又袭击了友邻35师杨效欧部，结果导致陇海前线阵地后退100余里。蒋军一口气攻占归德、围攻兰封，并将孙殿英部包围于亳县。讨蒋军石友三等部各存异心，不愿出力作战，蒋军乘势以精锐部队几路向北推进，在豫东、鲁西、皖北展开了大规模战斗，将攻击目标集中于陇海线上。蒋介石亲抵前线，设总司令部于兰封车站，坐镇指挥。蒋军有飞机配合，攻势猛烈。但冯玉祥立即作了新部署，全线开始发动攻势。冯玉祥派孙良诚、吉鸿昌两部猛攻蒋军精锐陈诚部，吉鸿昌素以骁勇著名，他身大体壮，满胸黑毛，肌肉横生，每到打仗，便赤身上阵，左手握短枪，右手握大刀，他身旁有两名大汉，一人执大刀，一人执大旗，三人同进，勇猛无敌。孙、吉两部同陈诚部一经接战，陈诚部便遭到很大挫折。激战10余日，蒋军全线动摇。

5月31日，冯玉祥部郑大章所率领的骑兵部队1000余人，于夜间急驰80余里，奇袭归德飞机场，烧毁飞机12架，俘虏机师和地勤人员50余名，差一点生擒蒋介石。蒋介石就在机场附近的朱集车站，他身边只有200余名卫兵，随蒋的高级参谋陈调元下令卫兵分布车站，密集射击，郑大章不知蒋介石就在列车上，郑部1000余名骑兵，误认为车站上有蒋军大部队兵力，又因夜间不便大举进攻，遇到抵抗，即飞驰而去。若郑部侦知真情，蒋介石即被擒拿。

石友三部以两师兵力绕渡柳河，夜袭蒋军，蒋军溃败，但石不了解敌情，未能乘机追击，反而后退。蒋军乘机反攻，转危为安，蒋还派特务间谍去开封、郑州一带专事反间工作，致谣言百出，人心不定，战局已入紧张阶段。

在平汉线作战的蒋方部队都是杂牌部队，他们为了保存实力，抱观望态度，这时桂军已攻入湖南。冯玉祥为了配合桂军作战，下令向平汉线蒋军发动全线进攻，激战两昼夜，蒋军被击溃。但冯的作战方针保守而死板，没有乘胜追击扩大声势，动摇蒋方军心，造成战略上的一大失策。

桂军虽攻占了岳阳，由于冯玉祥未能和桂军的进攻配合，被粤军截断后路，桂军内部矛盾，后方不稳，被迫回师。

在津浦线上，阎锡山命傅作义为行营主任，代替自己指挥作战，可他又不放心，另委张荫梧为总指挥，使两人互相牵制，造成晋军指挥权不能统一。在开始攻击时，进展尚称顺利，5月下旬攻入鲁境击败蒋军韩复榘部。6月25日攻占济南。而后便兵分两路攻击胶济线与津浦线，遇到了蒋军猛烈抵抗。两军相持于曲阜附近。在此关键时刻，阎锡山忽然下令调整战线，适逢大雨山洪，部队滞留于转移途中，前后无着，在蒋军追击之下自陷混乱。而蒋军方面又调十九路军在鲁东南海面登陆，直攻莱芜，晋军仓猝应战。攻击胶济线的部队进展迟缓，使津浦线晋军未得援应，首先处于劣势。阎锡山为了挽救被动局面，特派周玳携带大批现款、弹药和面粉到郑州见冯，请冯指挥陇海线各军发动大规模攻势。

6月上、中旬，冯军在陇海东线连连获胜，西北军的勇猛顽强作战，使蒋

军产生了畏战情绪，士气低落。蒋军多次派飞机侦察开封后，决定组织新的攻势，于是令各军向目标开封长驱直入。冯玉祥依预先计划部署“一个口袋包围形势”。虽然冯的密电被蒋侦知后，蒋立即变更部署，使冯部的口袋包围计划，未能彻底完成，但蒋军也遭到惨重损失，这一历时3昼夜的战役，使冯军缴获汽车100余辆和大批辎重。

8月初，冯玉祥连连接到阎锡山转来傅作义的告急电报和阎本人的急电，便组织了大规模的8月攻势，以徐州为目标，兵分七路猛进，冯通电向各将领强调：“本破釜沉舟之决心，与敌作最后之角斗。”

冯发动8月攻势时，亲自坐镇在博爱村指挥全局，冯军一连奋战7昼夜，蒋军岌岌可危。但天时对冯军极不利，正逢夏时，连日大雨不停，士兵疲劳过甚，给养又极困难，攻势受阻。阎又违背了事先的约定，很少供给冯军给养和军火，阎供给冯军的饼干，早已霉烂得不能吃，晋军又未予有效配合。

蒋介石鉴于情势危急，为了确保退路，就分电令各路将领固守鹿邑、太和、阜阳、涡阳、蒙城、永城、夏邑和亳州各城，且明码标价，敌军来攻时能固守不失者，准各升2级，赏洋5万元。同时蒋介石也看到连日大雨不停，使冯军陷于颓势，而增强了信心。

8月15日，晋军放弃了济南，撤往黄河以北，数万人纷纷地抢渡黄河，被水淹死和在黄河铁桥上被蒋军的飞机炸死的不计其数，其状甚惨。此次战役，双方伤亡达20万人以上。22日，蒋介石发表训令，争取冯阎部将反正，24日，蒋再次下令悬赏各军，先占领巩县者赏洋20万，先占领洛阳、郑州者赏洋100万元。9月6日，蒋部发动对冯部的总攻。

冯玉祥也通令全军悬赏：活捉蒋介石，赏洋200万元；活捉何应钦、何成浚、刘峙者，各赏洋10万元。但是，冯军已趋于败势，重金悬赏已无济于事。冯坐镇民权村，在蒋军发动总攻后，沉着指挥各将领退却，希望在晋军协助下，挽回被动局势。冯致电阎要求晋军以大部兵力进攻济南，以少数兵力牵制津浦敌人，其余绕道口攻归德，并抽2万兵力运郑州。阎锡山为了保存自己的实力，已密令陇海线晋军全部撤回到黄河以北，使冯军形成孤立难支的形势。冯玉祥在中原战场上，多次被阎锡山欺骗，损兵折将，大为心疼，痛骂“阎伯川这个老弟真不是个好东西”。

阎锡山在军事上失利之后，于9月9日下午9时，在北平怀仁堂举行了国民政府主席就职典礼。阎曾在7月13日在北平召开了由各反蒋政治派别参加的中国国民党中央党部扩大会

议，并发表了《扩大会议宣言》。会后，阎派除公博、邹鲁前往天津迎接由香港返回的汪精卫。汪精卫抵北平后便筹组以阎锡山为首的新的国民政府，他召开北平扩大会议，确定了筹备国民会议、倡导地方自治，不以党部代替民意机关等7项基本原则，并推举阎锡山、汪精卫、冯玉祥、李宗仁、张学良、唐绍仪、谢持7人为国府委员，以阎为主席，汪精卫、张学良、谢持为副主席。

不料，骑墙的张学良于9月18日发出通电，东北军大举入关，支持蒋介石。

蒋介石为了拉拢张学良，曾在6月3日派李石曾到沈阳为年龄刚30岁的张学良祝寿，接着又任命张为陆海空军副司令，由张群将委任状及印信送到沈阳，劝张立即出兵入关。张学良抱着坐以观变的态度，希望由于局势的演变，或能使双方息争言和，停止内战。7月间，蒋介石又派刘光带有国民政府任命于学忠为平津卫戍司令、王树常为河北省主席的任命状交给张学良。后来，张学良到北戴河避暑，蒋介石又派李石曾、张群、吴铁城、方本仁皆随同往。张学良名义上服从中央，举动上却以东北三省利益为前提而慎重考虑。在张群、吴铁城等不断催促下，张迫不得已，曾以口头向张、吴表示，如蒋军能将济南攻下，东北即可出兵，并以此意告知阎锡山的代表贾景德。蒋军攻下济南，阎军退至黄河以北时，张学良返回沈阳。

张学良召集东北军高级会议，他在会上讲了一番漂亮话，认为蒋、冯、阎都不是好东西，阎、冯二氏的为人，一向反复无常；蒋介石亦系一阴谋的野心家，在他的阴谋里，本想以军事解决西北，以政治解决西南，以外交解决东北。张学良表示："我们为整个大局计，必须从速实现全国统一，早停内战。最近阎、冯的军队业已退至黄河北岸，蒋军业已攻下济南，我方拟应实践出兵关内的诺言。"遂发出通电，拥护中央，呼吁和平，进兵关内。

张学良趁关内各方杀得筋疲力尽时，趁火打劫，出兵入关，中原大战局面顿时改观，反蒋联盟土崩瓦解，蒋介石、张学良控制了全国局势。但张学良入关使东北空虚，当日本人趁火打劫出兵东北时，因无力抵抗而丢失了东三省的大好河山。

俄、美"调停"，各取其利

1856年，英、法以"亚罗号事件"和"马神甫事件"为借口，对中国发动了第二次鸦片战争。

"亚罗"号是一艘走私鸦片的中国船，曾在香港注册过，但已过期。1856年10月8日，广东水师在黄埔逮捕了船上二名海盗和十名涉嫌船员。这本是中国的内政，即使按照不平等条约中领事裁判权的规定，英国也不能过问。包令也承认，对这艘船在"法律上不能予以保护"；可是，他遵照英国政府"决不让步，决不放过一件小事"的要求，同意并支持驻广州代理领事巴夏礼致函两广总督叶名琛，要求广州当局释放人犯，并捏造捕人时扯落英国国旗，必须向英方赔礼道歉。当时该船并未悬挂英国国旗，叶名琛据实复函驳斥："到艇拿人之际，其无旗号，已属明证，从何扯落？"但叶名琛正忙于镇压农民起义，不久即向英方妥协退让，将获犯送交巴夏礼。英方本意原在挑衅，因而巴夏礼拒绝接受人犯，英舰即于23日悍然开进内河，点燃战火。

无怪外国作者描述“包令的行为是极端无耻的”。

1857年春，“亚罗号”事件的消息传到伦敦，英国首相巴麦尊主张开战，但议员对此态度并不一致。议会展开了激烈辩论，结果通过对巴麦尊内阁的不信任案。巴以解散议会来反击。议会改选，巴麦尊派获得下院多数议席，通过了扩大侵华战争的提案。3月，英国政府任命前加拿大总督额尔金为全权专使，率领一支海陆军来中国；同时，建议法国政府共同行动。

在此之前，法国正借口“马神甫”事件向中国交涉，进行勒索。所谓“马神甫事件”，是指法国天主教神甫马赖，非法潜入广西西林县传教，于1856年被地方官吏杀死一案。此案迄未议结。当时，法国在远东力量微弱，仅大小战舰四艘、海军陆战队600名，主要侵略的目标是越南。法国为了换取英国支持它在越南“自由行动”，并取得天主教在中国传统不受干涉的保证，从中获得侵略权益，便接受英国建议，派葛罗为全权专使，率军参加对中国的战争。

1857年10月，额尔金和葛罗先后率舰到达香港。12月，英法联军5000多人编组集结完毕。额尔金、葛罗于21日、27日向叶名琛等发出通牒，限48小时内让城。12月28日，联军炮轰广州，并登陆攻城。都统来存、千总邓安邦等虽英勇抵御，但城大兵单，广州于29日失守，叶名琛做了俘虏。

英法联军根据其本国政府在出兵时的指示，要和北京直接打交道，以迫使清政府就范，决定沿海北上，进攻大沽。当英法使者过上海时，咸丰的上谕却说：“现在中原未靖，……不得不思柔远之方，为羁縻之计。”可见在广州失陷、侵略军沿海北犯时，清政府的妥协宗旨仍没有改变。1858年4月，英舰十余艘、法舰六艘驶往大沽口，英、法、美、俄四国公使也各乘兵舰抵达白河口外，并分别照会清政府，提出侵略条款，要求派出全权大臣进行谈判。当清政府派直隶总督谭廷襄为钦差大臣到大沽谈判时，英法意蛮横地限令六天内答复其要求，否则即诉以武力。5月20日，英法军舰闯入白河，炮轰大沽炮台。虽然守台将士英勇还击，然而谭廷襄等人毫无抵抗决心，争相西逃，大沽炮台终于失陷。5月26日，英法联军进犯天津，并扬言要攻占天津、北京。清政府急忙派出大学士桂良、花沙纳为钦差大臣赴天津谈判求和。

6月初，谈判开始。英国代表骄横要挟。这时俄、美公使打着“帮助中国与英、法达成协议”的旗号，充当“调停人”，从中渔利。俄、美早在战争之初，就曾期望从中国谋得些利益。美国曾与英、法等三国向清政府

提出“修约”要求，遭到清政府的拒绝，因而怀恨在心，其新任公使列卫廉抵达香港后，即与英、法秘密勾结。沙俄在 1857 年初便派海军上将普提雅廷为公使，向清政府提出重新划定中俄边界的无理要求，企图侵占中国黑龙江以北的大片领土，遭到清政府拒绝后，他立即赶往香港，与英法合谋。由此可见，俄、美早就有掠夺中国之意，如今英、法两国把中国打败了，他们便假装成息事宁人的“好人”以便从中谋取利益。清政府被战火烧得晕头转向、惊慌失措，害怕英、法占了天津后再攻北京，所以急于求和，英、法同清政府签订了《天津条约》，俄、美也以“调停”有功为由，分别威逼清政府签订了《天津条约》。

俄、美以“帮助中国”为名，暗行趁火打劫之计。英法留下了侵略中国的骂名；俄、美却获得了实际的权益。

远征马岛，英国扬威

1982 年 4 月 2 日黎明，阿根廷的登陆部队 4000 人踏上了马尔维纳斯群岛这片与英国争议了 1 个多世纪的岛屿。阿根廷不再相信通过谈判英国会把马岛交给他们，于是动用武力来夺取了。英军在马岛的守军只有 198 人，他们在发出几次象征性的枪声后放下了武器。

阿军抢占马岛，英国像遭遇了强烈地震一般地沸腾了起来！当年不可一世的“日不落”帝国今天竟衰落到连一个小小的阿根廷也敢来欺负它了，矜持的英国绅士们震惊了，愤怒了。当天，伦敦《每日邮报》在头版用特号大字列出标题：“可耻！”

正午时分，英国广播公司的电视节目里出现了首相撒切尔夫人忧郁的面容。她说：“今天，英国蒙受了本世纪以来最大的耻辱，我们的福克兰（英国人称马尔维纳斯群岛为福克兰群岛）被阿根廷夺去了。”她说：“我们只有靠英国的力量才能维护英国的利益！”

当天，撒切尔夫人召集了紧急内阁会议。晚上，紧急召见了英国三军首脑。

撒切尔夫人敢于接受挑战，喜欢主动出击。为此，她赢得了“铁女人”的称号。

但现在都在望着她，似乎说，一个女人，能立即拔剑应战吗？议会大厦门口，一群记者包围了她。有位记者大声问：“有报纸说：‘女人不会走入战争。’请问您怎么想？”

此时的女首相显得异常

镇静。她停下脚步坚定地说："请您提醒他们注意，梅厄夫人和甘地夫人都曾毫不犹豫地走入战争，而且都赢了。"有人对她的话报以掌声，但她立即扭转过头，走上了议会讲坛。她说："为了大英帝国的利益，我代表执政党向议会提出：对阿根廷宣战！"全场一片轰响，议员们高举起手，呼啦啦地全体起立，全票通过！

第二次世界大战后，这是英国议会第一次全票通过一项决议。一位作家写道："这是英国人最齐心的一天。"

第二天，那个英国人已经荒疏了将近40年的词："战争"，赫然出现在英国各种报纸的头版。

阿根廷人万万没有想到，他们攻占马岛的举动竟使得所有英国人自第二次世界大战以来，头一次紧密地团结起来，重新鼓起了当年"日不落"帝国之心。

阿根廷人只出于一时的民族情绪高涨而攻占马岛，没有考虑到，这样一来会使得一个原本因国际地位下降而沮丧、内部矛盾重重的敌人，突然重振雄风，对马岛危机作出了强硬态度和迅速反应。

作战命令发布后，一艘艘战舰，一架架飞机，一支支部队，开始从四面八方赶到英国南部的朴次茅斯港集中，全世界都在关注着大英帝国的每一个举动。第二天，由数量庞大的舰艇和2万余名官兵组成的英军特遣舰队，浩浩荡荡地驶出了朴次茅斯军港。队伍中的英国女王伊丽莎白二世的爱子爱德鲁王子，自告奋勇随队出征，更令特遣舰队官兵士气高涨。

庞大的舰队，壮阔的场面，令人想起了当年英国为谋取海上霸王的地位而举行的无数次远征。

著名的英国游船"伊丽莎白二世"号，是世界上号称最豪华的游船，每年有无数的富豪随这条船出海寻欢作乐。前一天还是灯火辉煌、歌舞升平，一夜间所有娱乐设施已无影无踪，奢侈的游泳池被巨大的钢板焊牢，变成了2个直升机平台，众多水兵在甲板上像蚂蚁一样忙碌着。

4月19日，英军将"火神"式远程战略轰炸机部署到了阿森松岛。这种轰炸机航程长达6000公里，可以由此进袭马岛。更为重要的是，这种先进的轰炸机可以携带原子弹！核威慑意图十分明显。

4月24日，英军先遣舰队攻占距马岛716海里的南乔治亚岛。4月28日，英军特遣舰队到达马岛海域，并于两天后完成了对马岛的严密封锁。

5月2日，英军潜艇在封锁圈外30海里击沉阿军"贝尔格拉诺将军"号重巡洋舰，在英军强大的海上压力面前，阿根廷海军再没有驶出过自己的海域。

英军霸气十足的军事行动，使得阿军无力增援马岛。马岛守军已成孤军之势；英国与美国、西欧共同体之间的外交活动，使阿根廷失去了重要的盟友，而作战消耗的兵器装备更无法从这些国家得到补充。

经过激烈的空中和海上的较量后，英军于5月20日深夜突然在马岛的圣·卡洛斯一带海滩登陆，击溃阿根廷守军。第二天，所有的伦敦报纸都在第一版上报道了这一消息，而标题几乎完全一样："英军在马岛出奇制胜！"

阿根廷总统加尔铁里被这一连串的失利消息激得暴跳如雷，令空军全

力以赴，将登陆英军赶下海去。于是，在海空激战中，英军损失惨重，数艘战舰沉没，已建立的滩头阵地受到严重威胁。

圣·卡洛斯滩头阵地上，阿军飞机一次次地俯冲，一阵阵地轰炸，登陆的英军被炸得七零八落，四散躲藏。正在向纵深推进的英突击队在阿军的空中打击下被拦腰切断，指挥官 H·琼斯中校在空袭中阵亡。英军对圣·卡洛斯奇袭登陆所产生的效果几乎全被阿根廷空军的打击抵消得一干二净。

要是阿根廷在马岛的地面部队此时再猛扑上来，配合空军的强大打击，那么，圣·卡洛斯的英军末日便到来了。奇怪的是，阿根廷陆军没有对英军的滩头阵地发动任何地面攻击。在阿根廷空军舍身苦战之时，阿根廷陆军驻马岛的官兵们正集结在首府斯坦利港附近，未动一兵一卒。原来，他们已被英突然登陆的行动吓得不知所措，正在思索如何自保，根本没有敢想再去攻击登陆的英军。

英国重新夺回战机后，兵分两路，于 5 月 28 日开始攻击岛上要地达尔文港，英军进攻一开始，驻守该地的 1300 名阿军便展开猛烈的火力反击。就在此时，英军的武装直升机突然出现在阿军背后，空降着陆的英军和正面部队展开对阿军的前后夹击。阿军伤亡惨重，被压缩到港口边的岬角内。士兵们含泪扔下手中的武器。

待英军部队吼叫着全部出现在港口时，阿军官兵们后悔莫及地发现，英军仅有 400 人的兵力。

驻马岛的阿军最高指挥官梅嫩德斯将军为了阻止英军的下一步进攻，他命令驻岛部队全部撤回首府斯坦利港，准备在这里同英军进行最后决战。

英军乘胜追击，向斯坦利港逼近。驻守于港口外的肯特山高地和两姊妹山的阿军，由于缺乏必要的通信联络工具，得不到任何炮火支援，只对进攻的英军象征性放了几枪，便仓皇向斯坦利港撤退。

驻守于斯坦利港的 10000 多名阿军，实际上已成了瓮中之鳖，加之英军的长期封锁，岛上食品药品紧张、御寒物资缺乏，士兵们在寒风中冻得瑟瑟发抖，部队士气十分低落。天上传来了飞机的轰鸣声，雪花般地飘下来大量纸片。英国人劝说阿根廷士兵放弃抵抗。

6 月 13 日晚，英军对斯坦利港发动了最后的总攻。阿根廷守军虽然尽最后的力量拼死一战，无奈大势已去，败局已定。战斗进行到第二天下午，阿军已全线崩溃，失去了抵抗能力，被迫停火，与英军进行阵前谈判。晚上 9 时，梅嫩德斯将军终于签署了投降书，驻马岛的阿根廷守军全部放下武器。

第二天上午，撒切尔夫人容光焕发地出现在电视屏幕上，她欣喜地向全世界宣布：“伟大的英国现在又重新伟大起来了！”

6计　声东击西

声东击西，大败联军

卫、鲁、蔡、陈、宋等五国曾联合攻打郑国。地处中原，位属大国的郑庄公平息了这场战乱后，仍很气愤，觉得这几个小国之所以胆敢进犯郑国，全因宋国从中捣鬼，便决定攻打宋国。这天，他召来群臣问计。

祭足分析当时的形势说："卫鲁等五国既然曾经联合攻打我们，现在我们一旦攻打宋国，他们也必然会联兵救宋的。这几个国家虽然小，但联合起来的力量也不能小觑。以一敌五，正如俗话说的，双拳难敌四掌，我们恐怕不容易取胜。"

"无论如何我都要狠狠地教训宋国一顿，让它知道我们郑国不是好欺侮的，否则，以后它还会兴风作浪。请各位多给我想想办法！"郑庄公气咻咻地打断祭足的话。

祭足沉思片刻，说："大王一定要攻打宋国，不如先与陈国结盟，再用重金收贿鲁国。这样，剩下的卫蔡两个弹丸小国，就算它们援救宋国，也不足为虑了。只有用这样的离间方法，破坏他们五国的联盟，把宋国孤立，我们才能稳操胜券。请大王三思。"

郑庄公采纳了他的意见，立即派使者到陈国，要跟陈国结盟。陈侯知道郑庄公为人老奸巨猾，不能轻信，便拒绝了郑国的结盟要求。郑庄公又按照祭足的计谋，首先指使将士在两国边界频频惹起争端，乘机入侵陈国，大肆掳掠陈国的人和物，借以恐吓威迫陈侯；随后又再派遣使者到陈国，把原先掳掠的东西全部还给陈国，以示联络通好，最后终于用这种软硬兼施的手段，迫使陈国与之签订了盟约。接着又用重金贿赂收买了鲁国。结果，原先的五国之盟就只剩下卫蔡宋三国了。

于是，郑庄公打着周王室的旗号，联合了齐、鲁两国，三国联军浩浩荡荡地大举进攻宋国。双方在边境交战几场后，宋军大败，三国联军长驱直进，兵分几路攻打宋国几处

重要城池。宋国境内一时烽烟频起，楚歌四奏，宋殇公吓得胆战心惊，面如土色，急召群臣问计。当下众大臣议论纷纷：有说分兵迎敌的，有说外请救兵的，有说投降的……

掌管全国军政重权的司马孔父嘉力排众议，说："我们原先的五国联盟中，除了陈鲁两国被诱迫而附从了郑国外，尚有卫、蔡两国与我国保持友好关系。我们应当充分利用这种关系，以重金为酬，说服卫蔡援助我们。郑国集中了大部分兵力在这里，国内必定空虚，如果能借助卫蔡的力量去袭击郑国，一定能够成功。而郑庄公闻知本国受困，也一定会停止对这里的进犯，赶回去解国内之围。郑军既退，齐鲁两国就自然不会再留在这里了，我们也就可以不必与敌人死战了。"

宋殇公闻言虽喜，却仍忧心忡忡："你的计策虽好，但如果不是你亲自前往卫国，卫宣公也未必肯出兵帮助我们。"

孔父嘉慨然应允："国家兴亡，匹夫有责。臣愿领一支精兵前往卫蔡求取救兵袭击郑国京城荥阳！"

宋殇公十分高兴，立即调遣精兵，命孔父嘉为将，携带黄金碧玉锦缎等重礼，连夜奔赴卫国求援。

卫宣公受了宋国的重礼，兼之与宋国的盟国关系，立即派遣大将率精兵随同孔父嘉，取小道出其不意地直逼郑国的京城荥阳。郑国留守的太子和祭足不敢出城接战，急忙传令加强防守，并派人飞报郑庄公。

孔父嘉见郑太子不敢应战，又生一计，率宋卫两国精兵在城外大肆掳掠，所抢劫的人和物不计其数，以激怒郑太子下城应战。郑太子果然被激怒了，披挂妥当，就要出城，却给祭足死死拦住。

卫将见郑国毫无反应，便要一鼓作气攻打荥阳，孔父嘉却劝他说："大凡偷袭，只不过是乘人不备而侥幸成功；稍有所获，就应当知足而退。而且我们此次的目的是逼郑国退兵，而不是与他们交战。如果郑将出城与我们决战，我们尚可与之一战；如果我们在这里强攻，荥阳是郑国的都城，固若金汤，守备精良，更兼有祭足这样老谋深算的人守城，我们能轻易攻进去吗？万一郑庄公的大队兵马撤了回来，那时，我们就处于腹背受敌的绝境了。反正我们来偷袭郑国，已大有所获，不如见好就收，取道戴国，全军而退，顺便打戴国一个措手不及。估计我们离开郑国时，郑军也应该离开宋国了。我们的目的也就达到啦。"

于是他们率军离开了郑国，转而围攻戴国。

郑庄公统帅三国联军在宋国攻城略地，连战皆捷，忽然接到国内告急文书，大惊失色，急忙下令班师。齐鲁两国军队杀得性起，正欲乘胜前进，却闻郑庄公要退兵，十分困惑，便问郑庄公何故。老奸巨猾的郑庄公没有向他们透露本国京城受困的消息，只是说："我们这次攻打宋国，仰仗贵国的兵威，已取占城掠地之利，足以惩戒宋国了。我们是周天子辖下的仁义之师，就不要斩尽杀绝了。"

于是，三国分别退兵，宋国之危得以解决。

宋、卫两国合兵围攻小小的戴国，满以为一战可胜，焉知戴国军民奋力抵抗，至两军呈相持状态。统率联军的宋将孔父嘉又向蔡国借兵，三国大军

把戴国围得水泄不通，眼看破城在即，忽闻：郑国派遣上将公子吕领兵救戴，已被戴侯（即戴国君）接进戴城去了。孔父嘉大怒：戴城本已唾手可得，现在则不但难以获胜，而且还得准备迎战戴、郑两国联军的反攻，郑庄公太可恶了！他十分气愤，立即与卫蔡两国将领一起前往前线阵地，观察戴郑两军的动静，部署对付戴郑联军。

就在这时，却听得戴城连声炮响，眨眼间，城楼遍插郑国旗号，公子吕戎装披挂，正在城头拱手大声说："有劳三国将士连日苦战，我主庄公已取戴城多时了。多多致谢！"

原来郑庄公闻三国联军伐戴，即设计：令公子吕率兵假装救戴，庄公则混在军中，骗得戴侯开了城门，他们就杀进戴城。戴军已跟三国联军激战多日，战斗力大为减弱，而且一心以为郑军是真正来救援的，从心理到防御都没有跟郑军作战的准备。结果，郑军入城后，立即倒戈杀向戴军，其势如破竹，打得戴军溃不成军。随后，把戴侯驱逐出境。这样，庄公混水摸鱼，不费吹灰之力，就把一个传子几百年的戴国轻易吞并了。

公子吕一番话，把孔父嘉气得把头盔狠狠摔在地上，大怒道："今天誓与你郑庄公决一死战！"

宋将公子丑说："庄公是大奸雄，最善用兵。如果他在我军后面埋有伏兵，我们就被前后夹击了。"

孔父嘉正在气头上，狠狠地瞪了他一眼，说："你太胆怯了——"话未说完，士兵就来报告：郑国派人送来战书。孔父嘉当即批复：明天决战！

为了不致被郑军从城中突然冲出袭击，他指挥三国联军后退了 20 里地，与卫、蔡两国将领分左中右三营驻扎，每营间隔 3 里左右，结成互为犄角之势，自己居中，好及时照应救援左右两侧。到傍晚时分，三军刚分立营寨完毕，兵将还未解下兵甲，战马也未除下鞍鞯，就闻中军寨后一声炮响，接着火光冲天，兵车隆隆，似有千军万马杀将过来。士兵慌张来报：郑军杀到了。孔父嘉立即登车迎战。他才出营房，那火光车声却突然消失，就像根本没有发生过任何事一样。孔父嘉四处巡查一番，仍不见任何动静，只好吩咐回营。

谁知刚入营门不久，又闻左营炮声震耳，火光冲天，杀声不绝，仿如两军混战得难分难解一般。他暴

跳如雷,立刻又领兵往左营救应。焉知出得营来,还没走得多远,左营刚才的炮火又已经烟消云散,刚才的一切又好像根本没有发生过似的,把他气得嗷嗷大叫。吸取上次的教训,他派遣将士分散四处警戒,准备随时给干扰的郑军以迎头痛击。

岂料他刚部署完毕,右营那边却又传来隆隆炮声,熊熊烈火又起,人喊马嘶声也隐约从林处传出。

孔父嘉明白:这是庄公的疑兵之计。他当即下令:"各路兵马不得乱动,违令者斩!"

不一会儿,左营火光重现,杀声震天。他冷笑道:"庄公老贼,任由你疑兵四布,我就是岿然不动,看你能奈我何!"就在这时,士兵来报:左营蔡军被劫。

"立即去救!"孔父嘉立即传令驾驭的士兵把战车驶往左营。战车甫动,右营火光又起,喊杀声惊天动地,地动山摇,也不知多少兵马在混战。驾驭的士兵停了车,征询他欲往何处。孔父嘉两眼喷火,大声喝道:"别理右营,只管往左,一定要与庄公老贼决一死战!"焉知驾驭战车的士兵方寸大乱,竟晕头转向地把战车往右边驶去。

路上恰遇一队兵马,已被庄公的疑兵弄得无名火起却又无处发作的孔父嘉立即命令向对方发动进攻,双方当即厮杀起来。混战了近两个小时,才发现对方原来是卫军。只是到了这时,双方均已筋疲力尽,损兵折将不少了。从卫将口中,孔父嘉才知道,在左营的蔡军遭郑军劫营后,一片混乱,很快就被郑军打得一败涂地,主将身亡,几乎全军覆没,所剩下的一些散兵游勇也逃回蔡国去了。孔父嘉闻讯恼恨交加,却又无可奈何,只好把两军合为一军,欲回中营,中营却又已被郑军袭取。孔急令回军,可是已经迟了,早被郑军从左右两边夹攻。孔父嘉只好与卫军主将分兵迎敌。不一会儿,卫军主将阵亡,卫军溃散。孔父嘉见大势已去,再也无心恋战,拼死杀出一条血路,狼狈而逃。到彻底摆脱郑军时,天已黎明。检点一下随从自己杀出重围的士兵,只剩得二十多人了。

至此,郑庄公用声东击西之计,击败了宋卫蔡三国联军,大获全胜。

明斗不胜,巧计暗争

汉高祖刘邦曾经和韩信在一起议论开国诸将的优劣,韩信自恃功高能谋,对诸将不足横加批评,竟没有一人能称为良将的。在这种情况下,刘邦有些不快,便问到:"如我能将几何?"韩信也不观察刘邦的表情如何,此问是何目的,张口便说:"陛下不过能将十万。"刘邦已有些不快,便问:"于君如何?"韩信不假思索地答道:"臣多多而益善耳。"听此,刘邦不由轻蔑一笑说:"多多益善,何为为我禽?"韩信见刘邦直戳自己的短处,不无难堪地说:"陛下不能将兵,而善将将,此乃信之所以为陛下禽也。且陛下所谓天授,非人力也。"这是《史记·淮阴侯列传》所载的一段精彩对白。从这段对白中,人们可以看出刘邦和韩信各自的短长,以及在复杂的政治和人际关系下的态度。刘邦所说的"何为为我禽",是刘邦曾三次将韩信的兵权夺回,使之失去权力而在刘邦的严格控制之下,三擒韩信,乃至最后杀掉韩信。

第一次,单身称汉使,驰营夺兵权。

公元前206年,刘邦拜韩信为大将,明修栈道,暗度陈仓,进入中原,与项羽争天下。项羽英勇善战,刘邦屡战屡败。这时派韩信去攻魏,木罂渡水,平定魏地。刘邦又派韩信和张耳,北举燕、赵,东击齐,南绝楚粮道。韩信先破代国,转攻赵国,又背水一战,大破赵军。然后问计于赵国的广武君李左车。李左车说:"今将军涉西河,虏魏王,擒夏说;东下进径,不终朝而破赵二十万众,诛成安君(附余);名闻海内,威震天下,农夫莫不辍耕释耒,褕衣甘食,倾耳以待命者,此将军之所长也。"让韩信镇抚赵地,以所长逼燕、齐,使他们望风而服。韩信请示刘邦,立张耳为赵王,镇抚赵国。刘邦同意,并以韩信为赵丞相,共镇赵地。

韩信攻打魏、赵,屡战屡胜;刘邦在荥阳与项羽对垒,屡战屡败。韩信休兵于赵,虽有楚兵袭击,终不为大患,故兵马强壮;刘邦与项羽苦战,损失惨重,虽有萧何频发关内民人助军,终感兵力捉襟见肘,急需补充兵力。当时虽两雄相争,各诸侯拥兵自保,汉强则归汉,楚强则归楚,没有强大的实力,是不可能向他们征调军队的。韩信虽归刘邦节制,但现在也是独占一方的强者,强行征发他的军队,很可能促使他反叛。

在刘邦为缺军发愁,项羽发起强攻,刘邦仅得与数十骑逃出荥阳。刘邦本想回关中收兵再战,听辕生的劝说,先向南收英布之兵,将项羽的注意力引向南方,然后又回荥阳。项羽寻战不舍,破荥阳,攻成皋。刘邦不敌,于成皋单身与滕公逃出。此时刘邦成为光杆大王,身边没有一兵一卒。思前想后,何处才能弄到军队呢?刘邦想到韩信的军队。便与滕公北渡黄河,直向韩信、张耳的赵军军垒赶来。离军垒不远,暂时住下,在清晨时,自称汉使,驰入赵壁。这时韩信、张耳尚在睡觉,刘邦直入他们的卧室,夺得他们的军符印信,调遣起军队来。等韩信、张耳起床,军权已失,不得不前来请安。刘邦借机将他们打发回赵国,让张耳留守赵国,韩信带赵的余兵去攻打齐国。

刘邦此次以韩信不备,夺得兵权,可谓老谋深算。他身在成皋,离韩信军营尚远,此为声东;清晨至营,诈称汉使,守门军士不会因此等事叫醒主帅,此亦声东;入则即夺兵符印信,迅速调兵遣将,掌握主动权,乃是击西。声东示之不攻,击西乃是必攻,此即是刘邦高于韩信之处。

第二次,凯歌声未住,奔袭再夺军。

韩信受命率赵余军去攻打齐国,将至平原时,就听说郦食其游说下齐国,韩信欲止攻。这时,范阳辩士蒯通劝说韩信:"郦生一士,伏轼掉三寸之舌,下齐七十余城,将军将数万众,岁余乃下赵五十余城,为将数岁,反不如一竖儒之功乎!"韩信乃袭击齐国历下军,直抵齐国都城临淄。齐王田广乃烹郦食其,败走高密,向楚求救。项羽派大将龙且来援齐,被韩信乘其半渡而破之,杀龙且,收楚卒,兵势大盛,乘势平定齐国。

韩信自以为功高,乃向刘邦请示,立他为假齐王。当时刘邦正被楚军困于荥阳,见到韩信的书信,不由大怒,骂道:"吾困于此,旦暮望若来佐我,乃欲自立为王!"这时张良和陈平正在刘邦身边,急忙蹑其足,又耳语说:"汉方不利,宁能禁信之王乎?不如因而立,善遇之,使自为守。不然,变生。"刘邦乃变脸复骂道:"大丈夫定诸侯,即为真王耳,何以假为!"乃派张良带印

信立韩信为齐王，并征发其兵击楚。

此时韩信拥有重兵，独占山东之地，不独刘邦怕他，项羽也很怕他，便派武涉前来游说韩信。以“当今二王之事，权在足下。足下右投则汉王胜，左投则项王胜。项王今日亡，则次取足下。足下与项王有故，何不反汉与楚联和，三公天下王之？”既有利诱，又有威胁。然韩信以刘邦待他优厚，不肯背叛。齐人蒯通知天下形势全在韩信的向背，也前来游说韩信。“韩信犹豫不忍背汉，又自以为功多，汉终不夺我齐，遂谢蒯通。”

韩信虽不忍背叛刘邦，但对刘邦还是有所防备，不肯轻易率军出齐地。公元前202年，刘邦追击项羽至固陵（今河南固始县），韩信的齐军，彭越的魏军，观望不前，项羽反击，大破汉军，刘邦只有坚壁自守。二人不来，难以胜楚，刘邦很是忧虑。这时，张良献计，以破楚所得之地和王号诱二人前来会师，大败楚军，将项羽困在垓下。项羽兵败，自刎乌江，楚地悉定。战胜项羽，全军都沉浸在欢乐之中，韩信也只等加封益地。孰料，刘邦借回师之际，驰入韩信军中，将其军权夺下。失去指挥权的韩信，只好随刘邦前去，刘邦以其有功，也不便处置，便将他改封楚王。

刘邦以王号和封地诱韩信离开齐地，此为声东；再以战胜还师为名，取道韩信军营，仍是声东；然后趁机急驰入韩信营垒，夺韩信兵权，此乃击西。韩信能将兵打仗，却不料刘邦在算计自己，此是韩信不如刘邦之处。然韩信两次被夺军权而不防，主要是居功自得，再加之刘邦常诱之以利。居功贪利，此是韩信之短也。

第三次，游云楚假道入楚，会诸侯智擒韩信。

韩信来到封地楚国，率先报自己少年在此地生活时的恩怨，然后准备享受其为王的快乐。孰料安枕生活难继，而奇祸常常不期而来。

项羽手下有几员能征善战的名将，即钟离昧、龙且、周殷等，因陈平施离间计，这些忠于他的将领遭到项羽的猜忌，也不听信他们的建议。项羽死后，名将只剩下钟离昧，刘邦岂能容他在世？钟离昧原与韩信有交情，兵败无处安身，便来投靠韩信，韩信自然收留。不料，钟离昧到楚之事为刘邦所闻，即下诏给韩信，让他将钟离昧捕往京师，韩信与其为友，自然举棋难定。一个无赖少年，现在荣归故里，自然得意非凡，巡行所属县邑，陈兵护卫，以壮声威，这也是常情。也正因此两件事，便有人告他谋反。刘邦听到此信，

旧恨新怨涌上心头，便与诸将商议对策。诸将皆曰："亟发兵，坑竖子耳！"刘邦也深知用兵打仗，诸将和他都不是韩信的对手，所以默然不应。

国难思良将，有事求谋臣。刘邦与诸将商议不出结果，便去找"一生好用阴谋"的陈平商议。陈平献计云："古者天子有巡狩，会诸侯。陛下第出，伪游云梦会诸侯于陈。陈，楚之西界；信闻天子以好出游，其势必无事而郊迎谒；谒而陛下擒之，此特一力士之事耳！"刘邦听从其计，便照计行事。

有人告反，韩信也有所闻，其疑惧之间，刘邦已到其国界边，按道理他必须前往迎候。如果刘邦以大兵压境，韩信必然以兵相迎。现在刘邦游玩，带兵不多，韩信的疑惧也就去除，但终究还是有所心虚。正在这时，有人劝说韩信，杀掉钟离昧，再去见刘邦，一定无事。韩信便把钟离昧叫来，将此意告诉他。钟离昧听到此意，非常恼怒地说："汉所以不击取楚，以昧在公所，若欲捕我以自媚于汉，吾今日死，公亦随手亡矣！"乃骂韩信道："公非长者！"便拔剑自杀。正因为钟离昧死得冤枉，才为后人怜悯，乃至说他仙去，成为后来传说的八仙之一。

韩信拿着钟离昧的首级，心安理得地去见刘邦，不想武士出来，将其五花捆绑，放在刘邦的后车，急忙驰往雒阳。在路上，韩信对刘邦说："果若人言，'狡兔死，走狗烹；高鸟尽，良弓藏；敌国破，谋臣亡。'天下已定，我固当烹！"这种怨恨追悔，使刘邦无言以对，不无难堪地说："人告公反。"将韩信载至雒阳，然后赦韩信之罪，改为淮阴侯，留在京城，使他从此失去指挥军队的权力。

刘邦此次擒韩信，采用的仍是声东击西。声言游云梦，此是声东；不带重兵，轻车简从，使韩信不疑，此是声东；韩信来到，急忙捆载而去，使韩信远离他的势力，失去反抗能力，击西成功，但仍有防备，此为善于用声东击西之计，故获胜而无咎。

第四次，成也萧何，败也萧何，吕后斩韩信。

韩信昔日带兵纵横，随从前拥后呼的一方国主，现在寄居长安，与远不如已的群臣为伍，心怏怏而怨望，悔恨之心常在，又不会掩饰，必然招祸。

公元前196年，代相陈豨反叛，刘邦亲自率军往征，韩信正在病中，不能随征，留在第安。据史载，韩信准备与陈豨里应外合，"诺与家臣夜诈诏赦诸官徒奴，欲发以袭吕后、太子；部署已定，待豨报。其余人得罪于信，信囚，欲杀之。舍人弟上变，告信欲反状于吕后。"此事真假，颇值得怀疑，但韩信怨望，应是存在的。吕后知韩信欲反，急与丞相萧何谋议。

想当初，韩信在刘邦处不得意，乃弃职逃走，萧何惜韩信是个人才，来不及禀告刘邦，便去追赶，乃至有人告诉萧何逃亡。经萧何的推荐，韩信得为重用，得以建立不世之功。现在韩信谋反，萧何不得不为主人出谋。

萧何闻变，即令人诈从刘邦处来，传言陈豨已被刘邦擒获而斩杀。这样大的捷报，韩廷文武及诸侯应该到皇宫祝贺。此时韩信正在病中，原本可以请病不来。这时，萧何便对韩信说："虽疾，强入贺。"萧何是韩信的恩人，他的话当然使韩信不疑。于是，韩信也来宫中祝贺，被吕后派武士将韩信抓获，秘而不宣地斩在宫中。利刃加颈，韩信想起当初在齐国为王之时，不听蒯通所言，三分天下，鼎足而居。时至不行，反受其殃等劝说，长叹道："吾悔

不用蒯通之计,乃为儿女子所诈,岂非天哉!”

此次吕后杀韩信,用的也是声东击西之计。萧何诈称陈豨被擒杀,是按韩信与陈豨内外勾结而设的谋略。陈豨被杀,先断韩信的外援,又取得祝贺之名,是为声东;再借自己与韩信的知遇关系,请其必来,是为声东之助。既断其援又释其疑,韩信入宫,立即擒杀,击西目的完成。秘而不宣,趁势夷韩信三族,除其党羽,使无后患。环环相扣,可谓老谋深算,获胜而无咎也是必然的。

纵观三擒一斩韩信的经过,可以看出,刘邦和他的谋臣,在每次使用声东击西之计时,都是经过深思熟虑而后行的。刘邦和他的谋臣,利用韩信居功,自以为不会对他下手,在政治上优柔寡断的弱点,示之以不攻,造成声东的声势,使其不防,再以突发的形式,趁其优柔寡断之时,以出其意料的方式直捣其虚,故屡用屡奏其效,可谓老谋深算。三擒不杀,在当时国家初建,根基尚不稳定不时,能起到安功臣,用其力的效用。此正是这种手法获得全胜而无咎的根本,亦可见声东击西之计的老谋深算,以必攻示不攻阴而取之手法的高明所在。

文帝不战,南粤称藩

汉高祖取得天下后,并未统一南粤诸地。

汉高帝十一年(前 196 年)五月,下诏封原秦南海郡都尉赵佗为南越王。下令派陆贾前去把印玺和绶带授给他,与他剖符分执,互通使节,使他协调安集百越,不要变成南方边境的祸害。

原先,在秦二世的时候,南海郡尉任嚣病重将死,便征召龙川县令赵佗,对他说:“秦朝暴虐无道,天下人民被它害苦了。听说陈胜等人已起兵造反,天下不知要如何才能平定下来。南海郡虽然处在偏僻而遥远的地方,我也担心那些盗匪之兵侵夺土地,打到我们这里来。准备发动军队,切断新道,进行自卫,以静待诸侯之间形势的变化,又碰上我病得很厉害。况且番禺这个地方,背靠着群山的险阻,前有南海的隔绝,东西长达数千里,还有很多中央之国人的辅佐,这里也是一州之主,可以建立国家。郡中的长吏中没有一个人值得和我商议这些,所以把您找来,告诉您这些话。”马上把有关文书授给赵佗,要他代理南海郡尉的职务。任嚣死后,赵佗立即移送檄文通告横

浦、阳山、湟溪等关说："盗兵就要到了，你们赶快将甬道切断，聚集兵力，各自加强防守。"于是慢慢借助法令诛杀秦朝所设置的官吏，安置自己的党羽为代理守令。秦朝消亡之后，赵佗便攻击、兼并桂林郡、象郡，自封为南越武王。

陆贾来到番禺，南海郡尉赵佗梳着椎形的发髻叉开两腿坐着接见汉使。陆贾劝诫赵佗说："足下本来是中原人，亲戚、兄弟、祖先的坟墓都还在真定。现在足下违反天性，忘记了父母之国，抛弃了华夏传统的衣饰装束，梦想依靠小小的南海一隅之地与天子抗衡，成为敌对国家，只怕灾祸即将临头了。况且，秦朝政治腐败，各国诸侯英雄豪杰同时起兵争夺，惟有汉王刘邦先攻进关中，占据咸阳。项羽背弃盟约，自立为西楚霸王，各国诸侯都依附于他，可以称得上是极强了。但是汉王起兵巴蜀，征服天下，终于诛灭了项羽，消灭了群雄，五年之间平定了天下，这不是人力所能办到的，而是天意如此啊！汉家天子已经听说你称王于南越，没有出力帮助天下人诛灭暴逆，满朝的将相都强烈要求派兵诛伐你，只是天子体恤民众刚刚经过战争的劳苦，所以暂时休兵，派我前来授予你封王大印，剖符定约，彼此互通使节。你本应亲自到郊外远迎，面向北面称臣才是，而你居然想要仰仗刚刚缔造尚未安定的越国，在这里负隅逞强。汉家天子假如听到了消息，派人挖掘烧毁你先人的坟墓，将赵氏宗族屠杀，派遣一名副将率领十万大军杀奔而来，到那时越人杀掉你投降汉朝易如反掌。"听到这里，赵佗连忙跳起来向汉使陆贾道歉说："我在蛮夷之中混久了，把礼仪全忘光了，请原谅。"并询问陆贾说："我与萧何、曹参、韩信谁更有本领一些？"陆贾回答说："大王似乎贤能些。"赵佗又问："我与皇帝相比怎么样？"陆贾回答说："大汉皇帝继承五帝、三皇的宏伟业绩，统治中国。中国的人口数以亿计，疆土方圆万里，土地肥沃，物产富饶，政令统一，前所未有，当今大王民众不过数十万，都是落后的蛮夷，居住在崎岖的山边海角之间，如同汉朝的一个郡，怎么能比得上汉家皇帝！"赵佗听到这里大笑说："可惜我不在中原，所以只能在这里称王。倘若我长居中原，怎知我不如汉家皇帝？"赵佗十分赏识陆贾的才华，留下他一起饮酒作乐，一连几个月，然后对他说："南越这里没有可以与我谈论的人，直到先生来到这里，才让我天天能听到闻所未闻的新鲜事物。"又下令赏赐给陆贾一袋价值千金的贵重礼物，其他馈送也价值千金。陆贾最终说服赵佗接受了南越王的封爵，命他向朝廷称臣，奉行汉朝的法令规章。陆贾回到长安报告，汉高祖非常高兴，任命他为太中大夫。

高后吕雉四年(前 184 年)夏五月，汉朝主管官员请求太后关闭对南越的关市，禁止铁器输出。南越王赵佗说："高皇帝把我封为南越王，允许互通使节，自由贸易，如今高后听信奸臣的谗言，把我们蛮夷视为异类，不许我们得到中原的器物。这一定是长沙王吴回的阴谋诡计，想要依靠中原的力量吞并我们南越国，作为他个人的功劳。"

高后五年春，赵佗自称南越武帝，发兵进攻长沙国，攻灭了数县之后撤回。

高后七年九月，朝廷派遣隆虑侯周灶率军讨伐南越国。

汉文帝刘恒元年(前 179 年)。在此之前，隆虑侯周灶奉朝廷命令领兵

进击南越，正逢暑热潮湿，军中瘟疫流行，士卒们大多病倒，汉军无力越过五岭。出兵一年多，高后去世，汉军随即退兵。赵佗趁这个时机大大宣扬兵威，赠送贵重的礼物给闽越、西瓯、骆越等国，把他们作为藩属，控制在自己的势力范围内，南越国的疆域由此得以扩大到上万里。南越王赵佗乘坐黄绫装饰的车辆，左边竖起大旗，自称南越武皇帝，发号施令，公然与汉朝天子分庭抗礼。

汉文帝命令给在真定的赵佗父母亲的坟墓设官员守卫，负责按时主持祭祀。征召赵佗的兄弟任命做高官，给予极其优厚的赏赐和特殊的恩宠。又派陆贾出使南越，带去致赵佗的亲笔书信，信中写道："朕是高皇帝庶出之子，被流放到荒野之外，奉守北边藩镇于代国。由于道路辽远，自己又闭目塞听朴实愚钝，所以未曾通过书信。高皇帝逝世之后，孝惠皇帝即帝位，高皇后亲自主持朝政；不幸身体患病，吕氏家族趁机作乱，幸好依靠朝廷大臣们群策群力，已经将吕氏诛灭了。朕因为受王侯大臣们拥立又不许推辞的缘故，不得不继承帝业，现在已经即帝位。前不久听说大王致将军隆虑侯周灶书信，要求把兄弟亲人接去，又请求撤回增援长沙的两将军统领的军队。朕已经按照书信上的吩咐，下令撤回将军博阳侯统率的军队；大王在故乡真定的兄弟亲人，已经派人去抚恤慰问，先人的坟墓也已经整修。前些日子有消息说大王又发兵攻击边郡，在边境上一再制造灾难，当时长沙国备受战争之苦。南郡受害更深。这样做，即使是大王的越国得到好处了吗？一定是大批士兵伤亡，创伤良将，使人家的妻子成了寡妇，使人家的儿女成了孤儿，使人家的父母变得无依无靠，取得一分而丧失了十分，朕不忍心这样做。朕准备重新调整双方犬牙交错的边界线，征询主管官员的主张，他们说：'这是高皇帝确定的长沙国的疆界。'因此，朕不能擅自变动。如今夺取了贵国的土地，汉朝也扩大不了多少，夺取大王的财富，朕也富裕不了多少，希望五岭以南的土地由大王自行治理。即使是这样，大王称帝号，出现了两个皇帝并立的局面，又缺少使者往来，如此一来才发生了争执。只顾争执，不讲谦让，仁德之人是不会这样做的，朕希望双方捐弃前嫌，从今以后，通使友好和以前一样。"

陆贾到了南越，南越王赵佗害怕，叩头谢罪，表示愿意奉行汉文帝的诏书，永作藩臣，按期进贡。于是下令南越国说："我听说两雄不能并立，两贤不能共处一世。汉朝皇帝是一个贤明天子。从今以后我把帝制取消，去掉黄屋左纛之车。"马上写了一封回信，信上说："蛮夷大长、

老夫臣赵佗昧死再拜、上书皇帝陛下：老夫原是南越的官吏，高皇帝赏赐微臣赵佗印玺，以我为南越王。孝惠皇帝登基，情义深重，不忍弃绝，用来赏赐给老夫的财物，相当丰厚。高后执政时，对蛮夷另眼相看，命令说：'不要把金铁农具和马牛羊卖给蛮夷南越；纵然卖给他们家畜，也只给公的，不给母的。'老夫处在偏僻之地，马、牛、羊都老了。自己以为，倘若不搞好祭祀，会有死罪。因此派遣内史藩、中尉商、御史平一共三批人上书皇帝谢罪，都没有见他们得以安全归来。又有传闻，说老夫父母的坟墓都已被破坏削平，兄弟宗族也都以罪论死。官吏们共同议论说：'现在我们对内受到汉朝的贬削压抑，无法振作；对外又没有什么标新立异之举，以把自己的地位提高。'所以我就改号为皇帝，但是这只是在自己的国家内称帝，并不敢为害天下。高皇后听说以后，大为恼怒，下令削去南越国的封号，使得从此使节断绝了往来。老夫私下怀疑长沙王是说坏话的奸臣，所以发兵攻伐长沙国的边境。老夫在南越住了49年，到今天已经抱孙子了。然而我起得很早，睡得晚，睡觉不能安枕，茶饭不香，眼睛不看美丽的女子，耳朵不听钟鼓的声音，究其原因，就是不能服侍汉室呀。如今陛下幸而哀怜我，恢复我原来的封号，又像当初一样与汉廷彼此互通使节，老夫就是死了，也心满意足，尸骨都会不腐烂。我改号为王，不敢当皇帝了。"

汉文帝在赵佗称帝，南方暑热，兵力难以制服的情况下，不作正面的进攻，反而在赵佗的故乡真定给赵佗修缮祖坟，祭祀祖先，任命赵佗的兄弟亲族作官，给予优厚的赏赐。赵佗感恩，于是降服汉朝。这正是声东击西之计的运用。

公孙假仁，谋除政敌

西汉初年的官制，基本上沿秦之旧，没有大的改变。汉高祖以功臣封侯者为丞相，丞相位望甚隆。景帝时，高祖功臣死尽，陶青、刘舍等人以功臣之子受封为列侯，继为丞相，丞相位望有所削弱，但是皇帝与丞相在权力问题上仍然潜伏着矛盾。因此，削弱丞相权力是加强皇权的一个迫切问题。

汉武帝刘彻为强化皇帝的权力，压抑以丞相为首的公卿的权力，有意提高大将军的职权，重用侍中、大夫等文武侍从之臣，使用原在宫中主管收发的尚书掌管机要，将一些朝臣封以"加官"，使他们可以在宫中行走，渐次形成以大司马大将军领尚书事为首的中朝官体系。每次商议大政，领尚书事先行参议，而公卿大臣却不能与闻，使以丞相为首的公卿们成为奉诏执行人员。在这种情况下，中朝官和以丞相为首的外朝官之间的权力之争日益尖锐。

汉武帝时代经济繁荣，军事强大，国力强盛，汉武帝本人又雄才大略，不甘固守祖宗成法。于是，在他的指挥下，内外政策发生了剧烈的变化。然而作为辅政重臣的丞相，大多是以列侯继嗣。"无所能发明功名有著于当世者"。这对雄心勃勃的汉武帝来说，当然是不能够满意的，故一生杀十余名丞相。在元朔五年（公元前124年），汉武帝选中非贵族出身的公孙弘为丞相。这位没有家世渊源的公孙弘，在汉武帝数杀大臣的情况下，能守住丞相之位，老死于是职，可谓深知为相之道。公孙弘，淄川薛（今山东曲阜）人，

年轻时为狱吏,因有罪被罢职。四十多岁才开始学习春秋杂说,六十岁才以贤良文学应召,得为太常博士。然而,奉使匈奴时,不合汉武帝的意愿,以其不能,公孙弘只好以病回乡。到七十岁时,他再应贤良文学之举,被汉武帝拔为第一,重为太常博士。因上疏称旨,一年间便升为左内史。不久又为后母守孝三年,回来再任内史,很快升为御史大夫,身居副丞相之职,时年七十四岁。两年后,他得升为丞相,并封为平津侯,开创丞相封侯的先例。公孙弘在六年中(除去为其后母守孝三年,实为三年),由一名普通儒生,荣升为丞相,这固然有他的机遇,当然也有他为官之道。

首先,公孙弘善于窥测君主之意,从来不暴露自己的真实意图。“每朝会议,开陈其端,使人主自择,不肯面折廷争。”有不能不议的事,他常怂恿别人上言,自己从旁观察君主的倾向,知道君主的倾向之后,自己再上奏言事,因此常得到君主的欢心。在与公卿们商议国事时,本来他赞成大家的意见,但一到君主面前,“皆背其约以顺上旨”。公孙弘认为:“人主病不广大,人臣病不俭节。”所以身行节俭,虽身居高位,布被蔬食,夫人亲自劳作,俨然是穷老儒生的样子。史书称他“其行慎厚,辩论有余,习文法吏事,缘饰以儒术”,才得到汉武帝的欢心。其次,公孙弘善于在群臣中发现谁对自己有利,谁对自己有害。不论利害,他都能与他们和善相处,但内心知道他们可否对自己构成威胁,对不利于己的,总能不露声色地将他们除掉。正因为如此,他才博得“儒雅之名”。

再次,公孙弘深明君主和臣下的心理,能够用别人难以发现的谋略,多次使自己转危为安。例如,主爵都尉汲黯曾在武帝面前攻击他:“(公孙)弘位在三公,俸禄甚多,然为布被,此诈也。”当武帝问及此事时,公孙弘并不回避。先把汲黯说成是自己的最要好的同僚,再说明“以三公为布被,诚饰诈欲以钓名”的原委,即举管仲和晏子虽奢侈与节俭不同,但都是为君主图强为例,以比喻自己是专心事上的。然后说:“今臣弘位为御史大夫,为有被,自九卿以下至于下吏无差,诚如黯言。且无黯,陛下安闻此言?”既不得罪汲黯,又讨得武帝的欢心,同时还暗示汲黯嫉贤妒能,可谓是一石三鸟。由此可见公孙弘的智术之深。

史书称公孙弘“性意忌,外宽内深。诸尝与弘有隙,无近远,虽阳与善,后竟报其过”。且举出三个事例,即害汲黯、主父偃和董仲舒之事。观此三

事，公孙弘所使用的都是声东击西之计的大智若愚，以必然为不然避而弱之的手法。

汲黯字长孺，家世为卿大夫。"为人性踞，少礼，面折，不能容人之过。合己者善待之，不合者弗能忍见。"因早年便跟随武帝，武帝对他甚有好感，很礼敬于他。公孙弘为丞相时，他为御史大夫。正因他不能容人之过，所以他对公孙弘的"怀诈饰智以阿人主取容"之态甚为反感，多次攻击公孙弘。汲黯是武帝信任的重臣，要想除去他可不是件容易的事。经过深思熟虑，公孙弘以："右内史（扶风郡）界部中多贵臣、宗室，难治，非素重臣不能任"为名，请示武帝，让汲黯充当此职。此乃声东击西，名为推崇，实欲害之。果然，汲黯为右内史才数月，便"坐小法，会赦，免官。于是黯隐于田园者数年。"直到公孙弘死去，才重新授官，但已经是今非昔比了。

主父偃，齐国临淄（今山东益都县内）人。以上书言事中武帝的意，岁中四迁其官，使朝野为之侧目，"大臣皆畏其口"。公孙弘也受其难绌。然主父偃身为中大夫，地处中朝，"朝夕在人君左右"，公孙弘得不到报复的机会。后来主父偃谈及齐王有淫佚之行，公孙弘便借机推荐主父偃为齐国相。中大夫为六百石官，国相为二千石，越级而升，主父偃好不得意。到了齐国，"遍召昆弟宾客，散五百金予之，数曰：'始我贫时，昆弟不我衣食，宾客不我内门，今吾相齐，诸君迎我或千里。吾与诸君绝矣，毋复入偃之门！'"好一副盛气凌人的样子，不知大祸就在他升迁之时就开始来临了。主父偃外出为官，正是公孙弘的声东击西之计。因为主父偃在武帝身边，不好进言，现在公孙弘有了进言的机会。后逢赵王上书告主父偃受诸侯金，公孙弘可就得到报复的机会，以"偃本首恶，非诛偃无以谢天下"为名，迫使武帝下令夷主父偃之族。

董仲舒是著名的大儒，因其建议"罢黜百家，独尊儒术"，得到武帝的认可，用经过改造的儒家思想，作为统治思想，成为以后历代奉行不替的政策，故名气很大。董仲舒为人廉直，"进退容止，非礼不行，学士皆师尊之。"在当时便是名儒。这样的人当然看不上公孙弘的所为，不免有所议论。名重当时，又有议论，公孙弘当然是嫉恨在心，报复之心也就生矣！当时的胶西王是武帝之兄，非常骄恣，在他那里为国相者，多被他设计陷害，故此处国相是非常危险的职务。正好此处缺出，公孙弘便推荐董仲舒充当此任。当时董仲舒也正为六百石中大夫，荣升二千石的国相，应该是很大的荣耀。但董仲舒毕竟不是主父偃，其头脑相当清醒，并不留恋利禄，而是告以有病，归家"以修学著书为事"得以保全自己，并躲过灾难。

从上可以看出，公孙弘谋去政敌的手段。他以提升和推重政敌为必然，这就使政敌，包括政敌以外的人，认为他很有肚量，不以小恨为怀。实际上他正是以这种必然为不然，避开政敌之长，使之就短，然后趁其短而除掉他们。这真可谓是官场上的老手，政治斗争中的智者，也是声东击西之计的大智若愚，以必然为不然避而弱之手法的擅长使用者。

耿弇用计，平定齐地

公元27年，刘秀逐渐在西汉末混战中脱颖而出，成为全国最大的割据

军阀。遂有志扫平海内，一统天下。而当时横在他面前的还有数十个割据政权，其中较大的有西南的公孙述占据全蜀，兵精粮足；西面的隗嚣，占据陇上，拥兵十余万；北面的彭宠，占据燕北，与匈奴联络，其势不小；东面的刘永，占据鲁南，淮上，拥兵数十万，还有占据着鲁中的张步、占据东海的董宪，他们都与刘永联手，接受其封号，距离刘秀最近，也威胁最大。

张步当时占据富庶的胶东及鲁中十三郡，拥兵十余万，而耿弇军方三万余人，众寡之势已分。但寡军的偏要取攻势，而众者却步步设防，形成了局部以多击少的势态。

公元 29 年秋，耿弇率军东进，渡过黄河，抵达洛水西岸。张步得知耿军来攻，采取了御敌于国门之外的防御战略，派大将军费邑沿历下（今济南）至仄山一线布防，结营十余座，费邑率主力镇守历下以为策应。

耿弇侦知敌人的布防部署，决定先从敌人防线的最薄弱处下手，撕开一处，动摇全线。决心一定，他挥军渡过济水，以迅雷不及掩耳之势包围了视阿（今济南西），旋即发起猛攻。耿军士兵乘新到之锐气，前赴后继，蜂拥爬城，早晨开始进攻，至午时就攻破城池。耿弇机智地令围兵网开一面，好让视阿的溃兵逃向钟城（今仄山北）。张步手下的兵也真的不济事，钟城守军看到视阿兵那惊恐万状的狼狈相，不由得心下惶惑，未及耿弇兵到，先弃城逃跑，耿弇一日之内，连下两城。

张步大将费邑先一开仗就丢了两城，未免有些惊慌，惟恐历下城有失，遂派其弟费敢率兵一部扼守巨里（今山东历城东北），以保障历下侧翼安全。

本来，历下城城高池深，粮食充足，如果费邑不分兵，那耿弇还真不好攻。费邑愚蠢地分兵巨里，给了耿军可乘之机。耿弇决定以围点打援战术，将费邑诱出城来，于野战中歼灭。

部署已定，耿弇兵临巨里城下，派兵砍伐树木，大造攻城器具，把声势搞得大大的，扬言三日后将大举攻城。同时又故意让一些俘虏逃走，让他们跑到历下向费邑报告耿军将要进攻巨里的消息。

费邑闻讯，正在踌躇，其弟费敢又派人前来求救。费邑手足情深，遂率精兵出城，昼夜兼程，来援巨里。

耿弇见敌人已中计，心中大喜，马上以三千人继续围攻巨里，再将其余人马埋伏于自历下往巨里的半途的两侧山冈之上。设下口袋，专等敌人上钩。

费邑不知就里，率大军急匆匆地赶路，不知不觉地钻进了耿军的埋伏圈，只听一声炮响，山岗上杀下无数耿军，将费邑军截

成数段。费邑军仓促遇伏，被惊得目瞪口呆，很多人未及抵抗就身首异处。不大功夫，费邑连他本人的三万精兵就烟消云散。

耿弇命人将费邑的首级挑在竹竿上令巨里守军观看，费敢吓得魂飞魄散，星夜弃城逃走，这样一来，张步的防线悉数瓦解，费邑军七八万大都被歼，张步的首府剧县暴露于耿军兵锋之前。

第一道防线被攻破，仍没能使张步清醒过来，他仍然采用被动防御的战略，连忙又布下第二道防线，急令其弟张蓝率领精兵二万守西安(今山东临淄西北)另外凑集诸郡兵马一万守临淄，两城相距四十余里，互为犄角之势，作为剧县的最后一道屏障。

先攻西安还是先攻临淄，成为摆在耿弇面前的一道难题。西安城虽小，但兵多城坚，临淄城虽大，但兵力薄弱，守军系统紊乱，各不相能。当时的情势是这样的，如果先攻临淄，那么西安必然出兵援救，造成围攻部队内外夹击的威胁，如果先攻西安，虽说临淄未必来援，但却一时半会儿难以攻下，顿兵坚城之下，死伤必多，即使能攻下来，张蓝引兵逃入临淄，合兵一处，再攻临淄势必困难百倍。当时耿弇孤军远征，只宜速战，而不宜拖久，否则日久兵疲、后续不继、运输困难，后果不堪设想。

面对这重重困难，耿弇想出了一个声东击西、击弱避强的巧计。召开将领会议声称日后进攻西安，然后故意把这个消息泄露出去，好让西安守军知道。却于当夜率军潜行至临淄城下，以迅雷不及掩耳之势发起突然进攻，临淄城大兵少，本来就觉兵力不足，因为防守疏忽，闻说耿军欲攻西安，更是不以为备，一下子就让耿军突入城内，守军顷刻瓦解。耿军占领临淄，断绝了西安与剧县的联系，使其孤悬于外，张步之弟张蓝心存恐惧，遂弃城逃往剧县，这样，连西安也送给耿军了。

第二道防线又被打破，张步实在没有办法了，行黔驴之计，倾巢出动，凑集20万大军反攻临淄，以图趁耿军兵少力疲之际一战破之。说实话，如果张步早一点集中优势兵力与耿弇决战，那么双方胜负就未可知了。可惜，张步只知被动防御，眼看着一点点地被耿弇吃掉外围，待精兵损失过半，重镇临淄也落入敌手之后再来反攻，一来精兵已损，临时凑起的大军半为乌合之众，战斗力极不强。二来耿弇可以据坚城临淄，深堑高垒，以逸待劳，反客为主，进可攻，退可守，地利之便本来是张步的，现在反为耿弇占去。

果然，精明的耿弇就是采用依托临淄，以逸待劳的作战方针。为此，他上书刘秀，评述这一方针的始末："臣依托临淄，深堑高垒，张步从剧县来攻，疲劳饥渴。想要进攻，我就诱他进来打击之；想要退，我就追着屁股打他。臣依托营驿与坚城，累了就休息，保持锐气，以逸待劳。以实击虚，十五天之内，张步的脑袋就要搬家了。"

在今后的战斗中，形势果然如耿弇所设计的那样，张步的二十万大军步步挨打，最后被耿弇吃掉。

在开始，耿弇为了诱敌上钩，主动派兵占据菑水上游，拉开一个阻击敌人的架势。不久，碰上了张步的前锋，稍一接触，耿弇马上下令撤兵，故意示弱以骄敌。张步军不知是计，引大兵至，耿弇将精兵隐蔽于城内，另派都尉刘歆、泰山太守陈俊分别列兵于城外。张步见城外耿军军势较弱，遂挥军进

攻,正打得不可开交,耿弇乘机率城内主力,突然从翼侧突入敌阵,双方一场大战,在激战中,一支敌箭射中耿弇大腿,他毫不以为意,回身拔出箭来,继续指挥作战,终于重创敌军,张步留下片片尸体退了回去。

第二天,张步不甘失败,整军再战,又被杀败。刘秀闻听张步率大军反攻,惟恐耿弇兵少有失,遂亲自率军来援。耿弇部将陈俊听到消息,劝耿弇暂且休息,待刘秀援兵到了再打。耿弇却说:“皇上驾到,我们应当杀牛备酒迎驾,怎么能把大批敌军留给皇上呢!”

遂不顾陈俊的劝阻,再次出城大战。双方厮杀了一整天,尽管张步兵多,但多系乌合之众,当不得大战阵,最后终于败了下来,张步军的尸体填满了临淄郊外的沟堑。经此一战,张步再也无力反攻了。

耿弇料到张步数败之后必然撤兵,事先就在张步营垒两侧埋上伏兵,待张步拔营一撤,伏兵骤起,杀得张步措手不及,士卒自相践踏,死伤累藉,张步率少数残兵,仓皇逃回剧县。

待到数日后刘秀援军到达,张步已成釜底游鱼,只待最后会餐了,援军竟无所用之。刘秀高兴地将耿弇与韩信相比,夸他的成功比韩信还要难。

不久,耿弇围剧县,逼得张步最后拱手而降。

声东击西,成就帝业

神龙元年(公元705年)一月,武则天病重,秋官侍郎、同平章事张柬之、天官侍郎、同平章事崔玄暐、中台御史敬晖、司刑少卿桓彦范、相王府司马袁恕己,五人合谋,诛灭张易之,张昌宗兄弟,推翻了武则天的统治。武则天传位给太子李显,是为中宗。但武则天所留下的皇位继承问题还没有解决。武则天在位时,儿子、侄子、女儿都想做皇帝,虽然现在中宗即位,这些人及他们的依附势力,没有不窥测皇位的。因此,在武则天被推翻以后,太子李重俊谋诛韦后未遂,韦后杀死中宗,玄宗杀了韦后而拥立睿宗,睿宗以圣庶抗嫡的名义换玄宗为太子,谯王李重福洛阳谋乱未遂,睿宗禅位玄宗,玄宗诛杀太平公主而移睿宗于百福殿,在短短的八年半时间内,先后发生了七次宫廷事变。在这七次宫廷事变中,有四次与玄宗有关,亦可见这位人物在当时的地位和作用。

唐玄宗,名隆基,生于垂拱元年(公元685年),是睿宗第三子,史书称他“性英武,善骑射,通音律、历象之学。”始封为储王,后为临淄王,曾兼卫尉少卿、潞州别驾。

景云元年(公元710年)六月,唐中宗韦后鸩杀中宗,韦后与太平公主(武则天女)等合谋,册立十六岁的李重茂为帝,韦后临朝摄政。为实现专权的目的,韦氏宗亲勾结宗楚客等,欲仿照武则天故事,改朝换代。这样便与原来的同谋者太平公主和唐室宗亲,尤其是中宗的弟弟李旦发生冲突,韦后与自己的女儿安乐公主相谋,准备除掉他们。

韦后杀掉中宗之后,恐李姓诸王生变,将在外的诸王大多召会京师,李隆基也在此行列。失去实权的李隆基,不甘任人宰割,“阴聚才勇之士”,准备待机行动。韦后与太平公主失和,李隆基早已侦知,乃与太平公主之子薛崇简等相谋,实际上是想取得当时颇有势力的太平公主及其死党的支持。

就在此时，韦后等谋害李隆基的父亲李旦的谋划已定，兵部侍郎崔日用派人告密。为了不至于被政敌消灭，也为了使政敌措手不及，李隆基决定马上发动政变。这样大的事情，按常理应该通知其父李旦和太平公主。李隆基以“事成福归于王（其父），不成以身死之，不以累王”为名，率所联络的羽林军所辖的“万骑”，攻入长安宫的玄武门，杀韦后、安乐公主、上官婉儿等，灭其党羽，废李重茂，拥立其父李旦为帝，是为睿宗。李隆基发动政变，能够在一夜成功，这在很大程度上有太平公主的支持。

太平公主沉敏多权略，武则天认为她最像自己，也最爱她，使她很早就参与政事的谋议，在唐中宗复辟时立有大功，故在中宗之世，是非常有权的人物。这次与李隆基共诛韦后，拥立睿宗，可谓功高权大。

睿宗即位，议立太子。长子李成器是嫡生，李隆基是有大功的，究竟立谁，睿宗自己也犹豫不决。李成器在权衡利弊之后，自知李隆基握有实权，又有文武大臣阿附，难以与之抗衡，便以“时平则先嫡长，国难则归有功”为名，“涕泣固让”。李隆基本有此意，但不能表示出来，所以“抗表固让”。然大臣多言，成器固让，隆基终于得到太子的位置。

睿宗在武则天时曾为皇嗣，但形同囚犯，自己正妃刘氏、德妃窦氏（玄宗母）被人诬告诅咒武则天，而被武则天杀死，也不敢申辩半句。尔后又被幽闭宫中十余年。中宗复位，他仍遭猜疑。可谓是一直生活在惶惶不安之中。正因为如此，他非常怕事，又缺乏主见。即位后，凡宰相奏事，他常先问：“尝与太平议否？”再问：“与三郎议否？”然后才作出决断。军政大权实际上操在太平公主和李隆基手中。二雄不并立，这两位握有实权的人物，自然会产生矛盾，相互冲突也是不可避免的。

本来太平公主在立太子问题上，认为李隆基年轻，容易控制，所以非但没有反对，还支持他。不想这位青年“英断多艺”，凡事自有主见，很难控制。于是有些后悔，想重新找一位懦弱者立之，以便于她控制。欲立新太子，必先除去李隆基，所以太平公主派人散布流言云：“太子非长，不当立。”并派遣耳目，觇伺李隆基的一举一动，纤介必奏之睿宗，睿宗因为“朝廷皆倾心东宫”，威胁自己的地位，有意废去李隆基。李隆基的地位岌岌可危，心不自安。

李隆基两面受敌，按常情和当时的道德规范，太平公主是李隆基的姑姑，而且是害李隆基的主谋，李隆基应该想方设法除去太平公主的威胁，这是必然的。睿宗是李隆基的父亲，又是当今皇帝，即使有废己之心，也不该有所非议，这是不然，也就是不能想象的。然而，太平公主欲害李隆基，必须依靠睿宗，没有睿宗的认可，太平公主是不可能废掉李隆基的，故决定李隆基命运的关键还是在睿宗。

李隆基在权衡利弊之后，便悄悄地行动起来。他先让术者向睿宗说："五日中当有急兵入宫"，以使怕事的睿宗难以处置。然后让张说、姚崇对睿宗说："此必谗人欲离间东宫。愿陛下使太子监国，则流言自息矣。"连吓带哄，使睿宗命太子监国。李隆基借此得到更多的权力，以期得到与太平公主抗衡的实力。当太平公主得知姚崇、宋璟参与此谋，责备李隆基时，李隆基因实力尚不如，便顺从太平公主之意，奏他们"离间姑、兄，请从极法。"将二人贬官在外，进而安抚了太平公主，使她放松警惕，而暗中发展势力。这是李隆基第一次成功地使用声东击西之计，以不然为必然争而胜之的手法。

太平公主见李隆基忍让，便大肆援引心腹充当宰相，力争在多名宰相中占有多数，以便掌握政事。而李隆基却不动声色地将羽林军控制在手，掌握应变的基本力量。

公元712年秋七月，正好彗星临近地球，这本是自然现象，可在当时却是与国家政事有关的灾变。借此机会，太平会主使术士言："彗所以除旧布新，又帝座及心前星皆有变，皇太子当为天子。"欲使睿宗怀疑太子抢班夺权，借机鼓动睿宗废掉李隆基。不想睿宗却说："传德避灾，吾志决矣。"这是太平公主忽略睿宗久受磨难，胆小怕事的弱点，以天变为辞，正是逼睿宗传位与李隆基。事情发展至此，太平公主及其党力谏也不能挽回。太平公主只好求其次，"劝上虽传位，犹宜自总大政"。所以睿宗下诰："三品以上除授及大刑政决于上皇，余皆决于皇帝。"

当时有七名宰相，五名出于太平公主之门，太平公主仍掌握重权，睿宗虽为太上皇，但大权不下放，李隆基仍受到掣肘。以现在形势来看，太平公主所把持大权的后台是睿宗，李隆基想办法收回太上皇的权力应该是必然的，因为只有如此，才能夺回主动权；太平公主的党羽遍布内外，除之不易，应是不然，也就是不可妄动之事。然而，太平公主身在不安的地位，肯定会采取夺权行动，这将威胁李隆基的地位。故决定李隆基的命运的关键已经是太平公主及其党羽。

太平公主及其死党谋废立的事实已见端倪，李隆基尚为大权不在手而犹豫不决。这时，荆州长史崔日用前来奏事，顺便进言："太平谋逆有日，陛下住在东宫，犹为臣子，若欲讨之，须用谋力。今既光临大宝，但下一制书，谁敢不从？"促使李隆基下定决心。

公元713年秋七月，李隆基开始采取行动。他先发羽林"万骑"兵，肃清禁军的异己分子，然后再杀太平公主门下诸宰相，赐令太平公主自杀，将太上皇迁往百福殿，收回所有权力。自此以后，李隆基才成为名副其实的皇帝，先后任命姚崇、宋璟、张嘉贞、张九龄等为宰相，针对当时的弊政，进行一些改革，大唐王朝开始走向盛世。

两党相争，两败俱伤

明代自万历年间，朝臣中的两派斗争变得异常激烈起来，形成不同名目的党派。其中罢职官僚顾宪成等，以无锡东林书院为据点，在讲学之余，不忘朝政，其书院里的一副对联则反映他们的志向，对联云："风声雨声读书声声声入耳，家事国事天下事事事关心。"他们议论朝政，褒贬人物，赢得许多在朝的士大夫的附和，便被他们的政敌称之为"东林党"，史家一般都以该党为正直派。

与东林党并存并且为敌的，是以其首领籍贯划分的宣、昆、齐、楚、浙等党，他们以攻击东林党、排斥异己，被称为邪恶派。朝臣因此形成两大派别，相互之间的争斗，在万历中后期就已经达到势成水火，难以相容的地步，直至明亡，这种争斗仍未停息，故有人说："明亡于朋党。"

中国古代的朋党是在利益冲突、权力争斗、政见分歧下产生的，实际上是一种宗派集团。他们相互之间的争斗，只是为本集团能在政治上占有主动或优势地位。他们在争斗中，有一些派别表现合乎道德标准，代表了大多数人们的利益，其行为也符合正直的标准；但他们只是统治阶级内部争权夺利时的组合，很难断定谁正直、谁邪恶，更不好妄下定语，这里也不争论他们谁是谁非，只就他们在争斗过程中，符合本计的事例加以评论。

东林党在野和在朝的，多是没有实权的中下级官员和不得意的士大夫，这就决定他们难以在政治上占有优势，而宣、昆、齐、楚、浙等地，是由在朝当权的高级官员为首领，又有着同乡地域和门生故吏的强劲优势，在政治上占据优势是不成问题的，然而，东林党人虽不得势，却以他们较高的学识和广泛的交游，通过社会舆论来褒贬时政，在社会上产生很大的影响。当然，宣、昆、齐、楚、浙等党的人是他们主要褒贬对象。这当然是宣、昆、齐、楚、浙等党不能容忍的。然而，公开攻击名士，在社会上的影响太大，这是不攻。可又不能让他们肆无忌惮，这是必攻。由此来看，不攻是普通的，必攻得特殊的。以特殊方面的成功，赢得普遍方面的胜利，这是声东击西之计的寻机乘势，以不攻示必攻巧而达之手法的基本目的。

万历二十八年(1600 年)，右佥都御史、总督漕运、巡抚凤阳诸府(简称淮抚)李三才，对万历皇帝派宦官为矿监税使四处掠夺之事，深感不安，遂上书劝谏，痛言矿税之害。说矿税使"万民失业，朝野嚣然"，使"上下相争，惟利是闻"。盛言："皇上爱珠玉，人亦爱温饱；皇上忧万世，人亦恋妻孥；标何皇上欲黄金高于北斗，而不使百姓有糠秕斗升之储？皇上欲为天子万年，而不使百姓有一朝一夕之安？"措词激烈，痛指时弊，博得东林党人的好感，也使百姓感恩戴德，名声雀起。

李三才，字道甫，顺天通州(今北京通州区)人，万历二年(1574 年)进士，历官户部主事、户部郎中，因忤执政谪东昌推官，再升南京礼部郎中、山东佥事、河南参议、河南按察副使等职，于万历二十七年(1599 年)升任淮抚，因有政绩，曾加官至刻部尚书衔。史称李三才"才大而好用机权，善笼络朝士。抚淮十三年，结交遍天下。"因他谈论"时政得失，无所讳避。"又曾多次上

疏,攻击宣、昆、齐、楚、浙等党中的当权者沈一贯的短处。因此得到东林党的好感,而使宣、昆、齐、楚、浙等党的当权者对他“恨之入骨”。

李三才虽有才能,但不廉洁,好财而不爱财,“其用财如流水”。当他得知东林党创始人顾宪成“好臧否人物”,有很大的影响时,便与之深相结,不惜采用欺骗手法来拉拢顾宪成。据说,李三才“尝宴顾宪成,止蔬三四色;厥明,盛陈百味。宪成讶而问之,三才曰:‘昨偶乏,即寥寥;今偶有,故罗列。’宪成以此不疑其骑靡。”李三才笼络朝士,结交东林党,是有他的政治目的,即得到时誉,以期进入内阁,谋得更大的权力和地位。但他没有想到,这样做反而害了他自己,也牵连了东林党人。

事情起因是,李三才任淮抚日久,屡次被提名为都御史掌管都察院,“会内阁缺人,建议者谓不当专用词臣,宜以外僚参用,意在三才。”作为东林党的交好,要进入中枢机构,这对宣、昆、齐、楚、浙等党的当权派是极大的威胁。于是,他们经过谋议,认为,攻击李三才,“则东林必救,可布一网打尽之局。”实际是声东击西,更何况李三才还有短处在身。

首先,浙党成员,大学士沈一贯的亲戚,工部郎中邵辅忠,弹劾李三才“大奸似忠,大诈似直,列具贪、伪、险、横四大罪。”其同伙,浙江道监察御史徐兆魁紧跟其后,也进行弹劾。李三才闻讯,连上四疏申辩,而且以乞休相邀。东林党人或同情东林党的给事中马从龙、御史董兆舒、彭端吾、南京给事中金士衡等,也为李三才申辩。大学士叶向高以李三才“已杜门待罪,宜速定去留,为漕政计”为名,要万历皇帝速作出决断,不想万历置若罔闻。这一下可就给双方以争胜的希望,于是双方交章弹劾,互相指责,打得难解难分。

东林党的首领顾宪成见双方争论不下,心想助李三才一臂之力,便给大学士叶向高和孙丕扬写信,力称李三才廉直,并为之辩解。御史吴亮,与李三才相善,便把这两封信附在邸报中,这一下全国都知此事,也使宣、昆、齐、楚、浙等党人更加紧攻讦,乃到罗列李三才“十贪五奸”。见此情况,李三才感觉失望,“亦力请罢,疏至十五上,久不得命,遂自引去。帝亦不罪也。”其免官命令在数月以后才下达。这场争论持续达一年零三个月。

李三才回到家乡通州张家湾,原想建立又鹤书院讲学,但此事并没有因他引退而罢休,宣、昆、齐、楚、浙等党继续攻讦,使他再也没有出仕的

可能，在纷纷人事纠葛中，恨恨不得志，忧愤而死。而东林党人虽因此更加出名，但与宣、昆、齐、楚、浙等党结怨更深，惨遭打击是早晚会降临在头上的。

由此可见，宣、昆、齐、楚、浙等党的攻击李三才，"则东林必救，可布一网打尽之局"的设计是成功的，使用的是声东击西之计的寻机乘势，以不攻示必攻巧而夺之手法。但他们忽略本种手法的另一重要前提，就是方法虽然基本得体，也获得预想的胜利；但没有使政敌心悦诚服的这一要素。本来使用这种手法，必须经过一段时间的安抚，才能使政敌心服，然而他们并没有这样做，反而变本加厉地进行打击报复。故此，他们虽获胜利，但留下让人指摘的话柄，也很难安处其位了。

声东击西，灭亡法国

1939 年 10 月初，希特勒决定进攻法国。最初计划有相当一部分是仿照第一次世界大战时德国进攻法国的"史里芬计划"制定的（史里芬是第一次世界大战前的德国元帅）。希特勒把主力放在右翼，经过比利时北部的列日地区实施主要突击，左翼只放较少的兵力担任掩护。但是，德军于 1939 年底，重新修改了作战计划，将主力改放在左翼，出敌不意地从卢森堡和比利时南部的阿登山区，实施主要突击，切断比利时北部英法联军退路，直扑加莱海峡，右翼则作为次要方向。阿登山区，森林茂密，河溪纵横，道路崎岖，法军从来没想到德军会在这里使用一支强大的装甲坦克部队，因而几乎没有戒备。

为了实施新的作战计划，希特勒从波兰和德国中部向西部边境调集了 136 个师，坦克 3000 余辆，飞机 4500 余架，编为 A、B、C 三个集团军群。A 集团军群共 64 个师，配置在亚琛至摩塞尔一线，担任主攻；B 集团军群共 28 个师，配置在荷兰、比利时国境至亚琛地区，实施助攻；C 集团军群共 17 个师，配置在"马奇诺防线"对面，实施佯动，钳制法军主力。以 27 个师作为战略预备队。

为使法军产生错觉，德军除放出风说要一成不变地按"史里芬计划"进攻法国外，还于 1940 年 1 月下旬，故意派遣第七空降师少校作战科长，携带假作战计划乘飞机到科隆司令部，中途假借气候恶劣"误入"比利时领空迫降，被比利时警察逮捕。这个少校当时还竭力装出要销毁文件的样子。比利时政府果然受骗，立即将该少校携带的有关进攻法国的假作战计划，抄送法国政府。法国参谋部研究之后，认为德军的战略企图同他们原来的判断完全一致，德国就这样迷惑了法国。

德军一方面磨刀霍霍，另一方面又大肆施放"和平"烟幕，声称对西欧采取"不侵犯"政策，并且一再向法国表示，德国不想收复在第一次世界大战后被法国割去的地方。希特勒甚至还提出"和平倡议十一条"，假称："我始终愿以全力与法国友好，这种立场，并无变更。"德国就这样在"和平友好"的掩护下，麻痹了法国，秘密地完成了闪击战的准备。

法国当时的统治者，对德国法西斯执行一种纵容侵略的绥靖政策。德国进攻波兰后，法国虽然对德宣战，但是实际上是宣而不战。德军突然开进

奥地利，法国虽然震惊，却不采取行动制止。法国还追随英国，参加慕尼黑会议，将捷克斯洛伐克的苏台德区奉送给希特勒。法国统治者企图牺牲弱小的国家，确保自己的安全，但到头来却搬起石头砸了自己的脚。

当德国侵占波兰以后，法国统治者认为希特勒下一个目标是进攻苏联。即使希特勒进攻法国，估计也需要四五年准备。即使马上打起来，德军会走第一次世界大战进攻法国老路，有“马奇诺防线”可以抵挡。在这种思想指导下，法国对希特勒的进攻没有充分准备。

1940 年 5 月初，在法西斯德国入侵法国的前几天，在德法西线边境的法国地段上，仍然是一片和平气氛，莱茵河两岸的火车依然不停地奔驰，工人平静地坐上早晨第一列电车走向工厂，农民说说笑笑地走向田野，一对对情人手挽手地悠闲散步……法军当局每天发表的战报，也都千篇一律地说：“西线平静。”

可是，5 月 10 日 4 时 30 分，德军空军首先对法国北部及附近荷兰、比利时、卢森堡的 72 个机场，实施了猛烈的轰炸。5 时 30 分，德国地面军队在空军的支援下，开始了进攻。

进攻法国的德军，通过比利时南部的阿登山区，首先占领了法国东北部的色当。以后，一路往西向布伦港推进，一路南下直逼巴黎。在比境的英法联军，被围困在敦刻尔克一带，遭到德军猛烈轰炸和炮击。英军丢盔弃甲，费了很大力气，才撤回本土。

德军横扫法国北部的时候，法国内阁进行了一次大改组，由投降派贝当任副总理，魏刚任法军总司令。魏刚上任后，匆忙拼凑了 100 万军队，编成 3 个集团军在索姆河和安纳河一线构筑新的阵地，叫作“魏刚防线”，企图阻止德军南下。然而，这条脆弱的防线，只有 3 天工夫，就全面崩溃了。

法国军事当局战前不惜以每英里 200 万美元的巨额投资，从瑞士边境沿莱茵河至卢森堡边境一线，构筑了“马奇诺防线”。把 60 多个师重兵配置在这条防线上，进行防御，认为是铜墙铁壁，可以安如泰山。所以当德军绕过“马奇诺防线”背后，从阿登山区突破，向法境长驱直入，直逼巴黎时，“马奇诺防线”就被置于无用之地了。

1940 年 6 月 3 日，德军航空兵向法国机场和后方，实施了猛烈的突击，并从西、北、东三面包围了巴黎。10 日，意大利法西斯头子墨索里尼，向法

宣战;法国腹背受敌,处境更加困难。法国政府宣布巴黎为不设防城市,弃城南逃,拱手把巴黎让给德军。

6月13日,德军不费一枪一弹,进占了巴黎。号称帝国主义强国的法国,就这样被打败了。

设计"肉馅",登陆西西里

1943年,世界反法西斯同盟已进入战略反攻阶段。当时,盟军在北非已取得决定性胜利,战争的下一个阶段即将推进到法西斯轴心国的本土。然而,从何地作为突破点呢?

1943年5月29日,丘吉尔、马歇尔、艾森豪威尔、亚历山大等西方盟国的几个主要人物聚集在艾森豪威尔的别墅召开了一次军事会议,几经磋商,决定把突击点选在西西里岛。

西西里是地中海中最大的岛屿,面积25000多平方公里,人口400多万。该岛位于亚平宁半岛与北非之间,隔墨西哥海峡与意大利本土相望,最窄处仅3219米,是意大利南部的重要屏障。而且这个岛上驻有墨索里尼的九个意大利师和两个德国师,计25万人,并可及时得到500架飞机的支援,防御力量相当强大。如果盟军强行登陆,则必然有较大伤亡。

然而,英国的情报部门通过成功地使用"声东击西"这一计谋,却将德、意法西斯防御西西里岛的骨干力量调离了该岛,从而保证了盟军在西西里岛的顺利登陆。这个计谋就是著名的"肉馅"行动。

一天,汹涌的海潮猛烈拍打着西班牙的海岸。从远处压过来的海浪撞在岸边的岩石上,发出哗啦啦的巨响。劲风、巨浪、海流,将一具"盟军少校"的尸体冲到了西班牙的岸边。西班牙人打捞起这具尸体一看,身份证证明死者的名字叫威廉·马丁,是英国皇家海军的少尉(代理少校),在盟军联合作战司令部作参谋。西班牙人和德国在西班牙的谍报组织发现这个威廉·马丁携带的公文包里有几份绝密文件和作战计划,文件透露,盟军的确在准备进攻西西里,但只不过是一种假象,是为了掩护盟军对撒丁岛和希腊的进攻。

德国在西班牙的谍报组织立即向柏林作了报告。

希特勒一开始并不相信,他专门就西西里岛的有关情况同参谋长凯特尔、陆军元帅隆美尔和负责外交事务的纽赖特进行商讨。

但是,“马丁少校”的身上及其公文包中的其他“资料”,证实了盟军中确有马丁其人及其事。首先,马丁有军人编号“09560”号;其二,有一张银行的透支单和劳埃德银行的催款信;其三,“马丁”身上带有一张向邦德街国际珠宝商菲科普斯赊购订婚戒指的账单,说明“马丁”刚刚订婚;其四,“马丁”的身上还带有两封他的未婚妻最近写给他的情真意切的“情书”。通过综合分析,希特勒确信这位“马丁少校”所携带的文件是真的。而“马丁少校”只不过是因为生活窘迫自杀或意外事故死亡而已。

正在此时,在意大利撒丁岛的主要城市卡利亚里附近的海岸边,海水又冲来一具尸体。死者身穿英国突击队制服,而他身上的文件证明,他属于一支正在侦察撒丁岛海岸敌军兵力部署的小部队。于是希特勒进一步相信了自己的判断。

“感谢上帝,”希特勒自言自语地说,“谁要是想欺骗我,是万万不可能的。”

他得意洋洋地戴上老花镜,趴在地图上筹划起来。经过一番丈量、计算,他让秘书下达了如下命令:“我要求所有与地中海防御有关的德国指挥机关迅速地密切合作。利用全部兵力和设备,在所余不多的时间内,尽可能地加强特别危险地区,对撒丁岛和伯罗奔尼撒采取的措施要先于一切。”

根据希特勒的最新指令,纳粹最高统帅部迅速调整了防御部署,西西里岛上的大部分兵力被调往撒丁岛和希腊,仅仅保留了两个德国师。

其实,这两具尸体和尸体所携带的文件、证明材料均是假的,它们只不过是英国情报部门欺骗希特勒而作的“通信员”。

1943 年 7 月 9 日,大批盟军部队按照预定计划,向西西里岛进发。九日上午,天气晴朗,风平浪静,但是下午却突然变了天。只见狂风大作,海涛汹涌。登陆艇一会儿被抛上浪尖,一会儿掉进低谷。这既给登陆的盟军造成了困难,也麻痹了敌军,敌人以为在这样的鬼天气里盟国决不会进攻,因而放松了守备。他们万万没有料到,盟军的登陆和空降兵已在西西里南部 180 公里的地段上实施了登陆和空降。

由于双方力量相差悬殊,盟军登陆后很快就控制了局势,夺取了主动,并按计划向前推进。尽管德、意两方也积极增援,但已是亡羊补牢。经过 38 天的激烈战斗,盟军共歼灭德意军队 16.5 万人,缴获敌机 1000 余架,盟军取得了决定性的胜利。

敢于行险,仁川登陆

在 1945 年 7 月召开的波茨坦会议上,苏美商定,以北纬 38°为两国在朝对日作战区的分界线。到了 1948 年 8 月,南朝鲜成立了以李承晚为总统的“大韩民国政府”,美军继续占领南朝鲜。9 月,北朝鲜建立了朝鲜民主主义人民共和国,金日成为内阁首相和国家元首,苏军撤出了北朝鲜。从此朝鲜半岛形成了南北两个朝鲜,而三八线附近则常常矛盾丛生,战火不断。

南北朝鲜的纷争终于酿成了大规模的战争。1950 年 6 月 25 日,战争正式爆发。在初始阶段,南朝鲜节节失利,北朝鲜一鼓作气攻下了汉城。为此,联合国根据美国的提议,决定对北朝鲜的攻击采取行动。6 月 29 日,驻

在日本的美军首脑、五星上将麦克阿瑟乘飞机到朝鲜视察战场形势后电告华盛顿:南朝鲜的部队已溃不成军。并要求本国政府增派地面部队入朝作战。7月7日,联合国在美国的操纵下,成立了由各国派遣人员组成的“联合国军”,并任命麦克阿瑟为总司令进行指挥。

麦克阿瑟为了击溃北方的进攻,决定在位于朝鲜西海岸的仁川港实施登陆作战。他的这个计划一提出,立即遭到了有关方面的激烈反对。而且美国陆军参谋长约瑟夫·柯林将军和海军作战部长福雷斯特·谢尔曼海军上将亲赴东京,劝阻麦克阿瑟放弃这个计划,其理由是:

一、此时双方正在釜山激战,仁川距朝鲜的釜山战场过远,在仁川登陆既不能及时对釜山战场以有力支援,又因路程过远而分散兵力,易被地方各个击破。

二、仁川的地形和水文条件都不适合登陆作战。

三、受潮汐限制,登陆船舰只能选在大潮高涨时的黄昏接近仁川港,但大潮时间只有9月15日、10月13日、11月2—3日有限的几天,这么短暂的时间,不利于大部队隐蔽登陆。

四、大潮涨落期只有两个小时左右,由于潮差过大,作战的物资器材必须严格限制在两小时之内全部上岸,否则,船舰将搁浅于敌方岸上火力网控制下的泥沼之中。全部辎重能否在两小时内全部登陆没有把握。

五、仁川港的入口是海拔105米的月尾岛,该岛防御设施坚固,要保障仁川登陆,必须对该岛进行长时间的火力控制。

然而,麦克阿瑟力排众议,坚持自己的主张。他认为,仁川是临近南朝鲜首都的西海岸港口,又位于北朝鲜军队的后方150公里,假如在仁川登陆成功,既可使朝鲜人民军腹背受敌,又切断了北方军队的军需供应和交通线,并能够迅速地攻下汉城,给北方以沉重打击。

为了确保仁川登陆成功,麦克阿瑟使用一系列迷惑北方军队的手段——

美军在仁川登陆前,对朝鲜东海岸的三陟和西海岸的镇南浦、达阳岛同时进行狂轰滥炸,造成千万美军将在东海岸登陆作战的假象。

9月13日晨(登陆前两天),美国的“密苏里”号战舰在数艘驱逐舰的伴随下,突然出现在朝鲜东海岸的三陟海面,对海岸上的各种军事目标进行疯狂的火力袭击。与此同时,英国轻型航空母舰“海伦那”号和美国重巡洋舰“凯旋号”也对平壤外港镇南浦和清川江口的达阳岛进行攻击。

麦克阿瑟还派出了部分部队在东边的群山实行佯动登陆。

麦克阿瑟不但在军事上实行“声东击西”的战术方案,还通过各种报纸和广播进行心理战,以增强其军事效果。他故意通过报纸和电台广播透露,10月份以后美军将在朝鲜人民军后方进行登陆作战,而且登陆的地点有可能是仁川。他以“10月份以后”这个时间,掩盖9月15日即登陆的事实,用“登陆点可能在仁川”这一真实企图,给人造成“此地无银三百两”、“卖瓜的不说瓜苦”的假象,让人们判断实际的登陆点决不会是报纸、电台上说的仁川。

经过一系列准备活动,1950年9月12日,麦克阿瑟在日本的佐世保登

上了“麦金利山”号舰艇，悄悄地带着美军陆1师、步7师及李军4万余人，300多艘军舰，500多架飞机向仁川而去，9月15日拂晓前强行登陆，上午8时即占领了滩头阵地并向东展开，仁川登陆成功。随后即与釜山防御的美李军合力攻打汉城，并于9月30日攻下了汉城。

这时的麦克阿瑟因为仁川登陆的成功踌躇满志，带领美李军实施了全面反攻，不久便越过三八线，将战争推进北朝鲜的土地上，并步步紧逼，全力北进，妄图以武力占领整个北朝鲜，甚至狂妄地向朝鲜民主主义人民共和国发出通牒，要其无条件投降。

与此同时，美国空军侵入中国东北领空，进行狂轰滥炸，战火烧到了鸭绿江边。在此情况下，中国人民实在是忍无可忍，愤而出兵北朝鲜，击碎了麦克阿瑟的美梦。

英法登陆，反复用诈

英法联军在塞得港没有恃强硬攻，而是反复使用诈术，使阿方防不胜防，屡屡上当，结果是作战行动顺利实施，如庖丁解牛，以较小的伤亡取得较大的胜利。

1956年7月26日，埃及总统纳赛尔宣布将苏伊士运河收归国有。这一措施使得对苏伊士运河依赖甚多的英法两国大为震动，积极准备进行武装干涉，并挑动以色列参加行动，以保护英法两国在苏伊士运河地区由来已久的殖民主义利益。

1956年10月29日傍晚，以色列在英法两国的策动下，出动4个旅的兵力，突然向埃及的西奈半岛地区发动进攻，第二次中东战争爆发了。英法两国当即以保护运河通航安全为借口，要求埃及允许英法联军进驻苏伊士运河沿线的要点塞得港、伊斯梅利亚和苏伊士城。在遭到埃及拒绝后，英法立即出动伞兵旅2个，陆战旅、步兵师、机械化师各1个，并各种舰艇130余艘，各型飞机6500架对埃及进行武装干涉，配合以色列的地面进攻。

10月31日19时，英法联军在夜幕中出动了188架轰炸机和部分歼击轰炸机对埃及实施突然空袭，顿时，开罗、亚历山大城、塞得港、伊斯梅利亚、苏伊士城等埃及大城市，同时受到英法空军的袭击。埃及的主要空军基地和机场都被摧毁，200多架飞机被炸毁在地面上，残余的飞机被迫飞到叙利亚和沙特阿拉伯隐藏起来。在运河上空，英法联军取得了绝对的制空权。

尽管英法联军和以色列在参战的兵力装备上占有优势，又取得了第一天空袭的成功，但要在运河地区登陆，仍有不少困难。因为埃及军队此时仍有不可轻视的力量，其地面部队有3个步兵师、2个坦克旅、3个高炮旅，共约10万人，海军有各型舰艇84艘。500架飞机虽在英法联军的空袭中损失近半，仍具有一定的空中打击力量。同时，埃及国内反帝情绪高涨，广大居民自愿投身战场反击英法侵略，无形中使埃军的防御能力大为增强。

英法联军主要登陆点选择在塞得港。但为了迷惑埃军，尽力伪装出主要登陆点选择在苏伊士港的假象。11月3日，数艘战斗舰，突然向苏伊士港方向驶进，并对该港展开火力袭击，佯动登陆，遭到埃军反击后有意败退。与此同时，还利用各种报刊和广播，暗示联军即将在苏伊士港登陆。从11

月3日至4日，英法联军还对苏伊士运河地区埃军的防御阵地、高射炮兵阵地、弹药库、补给站和沿海海岸炮兵阵地等目标进行空中攻击，目的是以大范围的攻击迷惑埃军，使其不清楚英法联军主要的登陆点选择在哪里。这一系列行动，确实使埃军产生了错觉，认为英法联军的登陆点将在苏伊士港，因而忽视了对塞得港地区的防守。

11月5日拂晓时分，英法联军飞机在塞得港空降了第一批伞兵。埃军当即作出反应，调动部队和民兵包围着陆点，并命令地面炮火猛烈射击。谁知，英法联军投下的这批伞兵是用木头和橡皮做成的假人。

埃军以假当真，造成自己兵力部署和火力配备完全暴露。英法联军立即用优势的空军对塞得港实施真正的火力攻击，出动大批飞机狂轰滥炸，并进行稠密的低空扫射，摧毁埃军的各个火力点，大量杀伤埃及军民。接着于上午8时，真正的空降开始了。英军在塞得港的加米尔机场投下约600人的1个伞兵营；法军在塞得港以南的自来水厂附近投下了1个约500人的伞兵营，并很快占领了飞机场和自来水厂及其他阵地，控制了塞得港的要害地段。同日下午2时，法军再投下1个约460人的伞兵营，英军投下了另2个伞兵营，分别加强了已有阵地的力量。

11月6日拂晓，英军陆战第3旅、法军机械化第7师在塞得港附近海岸分别实施登陆。大批身着埃及军装的英国海军陆战队员纷纷上岸，而埃及士兵不知是计，反认为是援军到来，对英国登陆艇一炮未发，对上岸的英军士兵一枪未放。接着，大批英军两栖坦克也纷纷上岸，埃军士兵开始有些纳闷，但看到坦克上涂着的埃军标志，也就不甚在意了。就这样，英军陆战第3旅的第一梯队2个营混过了埃军的耳目顺利登陆，在整个塞得港登陆作战中，英法联军欺骗手段，次次获得成功，真是“兵不厌诈”！

当埃军发觉受骗时，登陆的英军已和前一天到达的空降部队联合起来，对埃军实施左右夹击。接着，英军第二梯队1个营直接由航空母舰上起飞的直升机输送登陆，加快了登陆速度。与此同时法军机械化第7师之一部，经过航空火力准备和舰炮火力准备后，在空中力量和烟幕的掩护下登陆，与法军伞兵部队会合。

英法联军在完成塞得港登陆后，除以一部分兵力协同伞兵继续夺取塞

得港外,主力则沿运河区迅速向伊斯梅利亚方向推进,企图迅速占领整个运河区。11 月 6 日下午 5 时,英法联军已向南推进到距塞得港 37 公里的卡普。这时英法两国政府受到世界舆论的强大压力,决定罢战言和。于是英法联军的部队在 11 月 7 日晨 2 时就地停火。

整个塞得港登陆作战历时 42 小时。英法联军共伤亡近 400 人,埃及方面则伤亡近 4000 人,其中 2/3 是参加作战的当地居民,双方人员损失的比例是 1:10。

英法联军之所以能够较顺利地夺占塞得港,在很大程度上因为采用了诡道,迷惑、调动、分散了埃军的防御力量,诱其暴露了弱点。假设英法联军一味地恃强进攻,死打硬拚,其结局恐怕至少不会以这样小的伤亡,获得这样大的胜利。

出其不意,突袭埃及

1967 年 6 月 5 日爆发了以色列对埃及、约旦、叙利亚的第三次中东战争。以色列在兵力兵器数量上均处于劣势的情况下,于开战后 3 个小时宣布“已经夺得了天空自由”;4 天之内攻占了整个西奈半岛和约旦河西岸以及戈兰高地等广大地区,总面积达 6.85 万平方公里;第 6 天(6 月 10 日)结束战争。阿(拉伯国家——埃及、约旦,叙利亚)以(色列)双方军队的损失对比情况为:死亡人数 25: 1,负伤人数 14: 1;被俘人数 340: 1;损失坦克 13.5: 1;损失飞机 12: 1。这是第二次世界大战后一次典型的以少胜多的战例。

以色列之所以能在这次战争中以少胜多,取得巨大的战果,一个十分重要的原因就在于成功地达成了作战行动的突然性。

第二次中东战争以后,以色列与阿拉伯国家的历史积怨日深,以色列不甘心失败,总想寻机报复。但是,以色列的敌人是阿拉伯国家,主要敌人是埃及,其军事力量占有十分明显的优势。因此,以色列认为,同阿拉伯国家作战,在战争指导上必须强调实施先发制人的突然袭击,以求速战速决。加上现代条件下的战争特别是在沙漠这种特殊条件下作战,其胜败往往取决于制空权的归属。据此,以色列又进一步确定要以突然袭击的方式,首先集中摧毁阿拉伯的空军,继而以装甲部队作为地面战斗的主力,陆、海、空密切协同,采用奇袭和快速的机动作战席卷战场,不给阿拉伯军队以喘息之机。

1966 年秋天开始,阿拉伯游击队活动进入高潮。1967 年 5 月,由于多种因素的综合作用,以色列决定对阿开战。为了有效地隐蔽率先对埃及空军实施突然袭击,进而全面进攻阿方的战略企图,以色列在兵力集结阶段,巧妙地利用同叙利亚的矛盾,采取了声东击西的佯动措施,尽力给其主要对手埃及造成错觉。1967 年初,叙、以边境连续发生炮击和袭击事件。4 月 7 日,埃、以空军进行交战,以色列击落叙利亚 6 架飞机,随即,以色列开始向叙利亚边境调集军队。埃及为了援助叙利亚,于 5 月中旬进行了动员,加强了西奈半岛的军事力量,其兵力已达 4 万人,坦克 500 辆。以色列遂于 5 月 19 日下达了大规模动员的命令。5 月 22 日,埃及宣布对以色列舰船出入的必经要道蒂朗海峡实施封锁。5 月 30 日,埃及与约旦签订了共同防务条

约。针对这种情况,以色列一方面明确择定要以埃及作为主要空袭对象,一方面又通过军事、外交等途径来尽力麻痹埃及。为此,先是借口叙利亚支持巴勒斯坦游击队,对以色列形成"威胁",摆出了一副对叙利亚作战的态势。当埃及宣布封锁蒂朗海峡之后,以色列则立即借题发挥,声称要以武力"突破封锁",一面在外交上寻求国际舆论的支持,一面在埃拉特地区集结兵力。与此同时,还采取了修建假机场和假降落场,模拟军队特别是坦克兵的移动和集中,以及利用无线电发出假情报等有效的隐蔽措施。直到战争爆发前夕,以色列还多次派出幻影式飞机编队,在西奈半岛南端的沙姆沙依赫和亚喀巴湾上空活动,制造紧张局势。以色列所采取的这些佯动措施,加上外交宣传和情报工作的密切配合,使得埃及错误地认为,以色列不可能对埃及发动全面战争,即使打起来,也只是为了打破对亚喀巴湾的封锁。这样,以色列就成功地达到了隐蔽战略企图的目的。

从隐蔽战略企图到发起突然袭击的作战行动,其间还有一个关键环节,就是要正确地选定攻击发起时间。以色列着重从双方当时所处的态势特别是阿方的活动规律以及气象条件等方面进行综合权衡之后,精心选定了6月5日(星期一)上午7时45分(开罗时间为8时45分),作为实施首次突击时间。首先,从埃军方面的情况看。以色列认为,一是埃军早在5月中旬就已将兵力集结在西奈半岛,戒备心理已经过了高峰。而埃及空军每天拂晓只有数架米格—21处于半待命状态,另有1—2架米格—21飞机遂行空中巡逻。加上以往以色列空军的飞行训练大多是在拂晓进行,埃军也据此认为拂晓时分是以军最有可能实施突袭的时机,因此天亮2—3小时后,埃及空军巡逻机已经着陆,埃军的雷达也已关机。根据这些情况,以色列判断上午7时30分是埃军戒备最为松懈的时间。二是按照埃军作息习惯,上午7时45分(开罗时间8时45分)埃军的指挥官尚在上班的途中,空军值班部队人员正进行第二次早餐。埃军雷达站交接班也在此时进行,大约有15分钟的间隙可以利用。其次,从当时的气象条件看。尼罗河三角洲和苏伊士运河上空拂晓时多雾,多在7时30分雾消转晴,8时能见度最好,太阳的位置也有利于以色列空军对埃军地面目标实施准确的突击。最后,从最大限度发挥以色列飞行员战斗力的基本需求看;以往的惯例是在拂晓进行攻击训练时,飞行员务必在起飞前3小时做好登机准备,睡眠时间显然不足。这样,确定首次突袭时间为上午7时45分,飞行员则可以睡到凌晨4时,保持连续作战所需的体力。为了保证首次突袭获得成功,以色列不仅对首次突击时间进行绝对保密,而且采取了一连串的欺骗措施。其中,最具代表性的是,6月3日,尽管各项开战的直接准备正在紧锣密鼓地进行,但以军却故意让许多士兵休假,大部分飞行员也都像往常一样,轻松愉快地参加周末舞会。6月4日,攻击部队已经升火待发,以色列政府却公开声明撤销征募部队以军的命令。所有这些,都有效地麻痹阿方,使得埃及政府和埃军统帅部在战争爆发的可能性和开战时间等一系列重大问题上,都作出了错误的判断。

1967年6月5日7时45分,以色列首次动用150架飞机,同时对埃及10个主要机场实施突击。随后,每间隔10分钟进入一批,对首次突击过的

目标实施连续突击。战至10时35分,先后出动飞机17批,使埃及空军的大批飞机,未及起飞投入战斗,就被摧毁在地面。埃军的20个防空导弹连共100部萨姆—2导弹发射架,也没有来得及使用,就有大部分被摧毁。3小时内,随着埃及空军80%被摧毁,以军则宣布完全夺取了制空权,为夺取战争全局的胜利奠定了基础。

尤其值得注意的是,以色列不仅通过佯动、欺骗,隐蔽战略企图,精心择定首次攻击时间,达成了作战行动的突然性,而且打破作战"常规",在选择攻击目标上同样出敌不意,因而极大地提高了突然袭击的效果。比如,埃及空军在南部红海西岸有卢克索尔和巴纳斯两个轰炸机基地,距离以色列空军的大部分机场大约在900公里左右。由于以色列空军现有飞机的作战半径通常不能抵及这两个基地,因此埃军也认为这两个重要基地不会遭到以军的空中突击。可是,以色列却最终还是出乎埃及的预料,动用了以空军航程较远的"秃鹰"式飞机,以远程奔袭突击了这两个超过其作战半径的埃及空军基地。正是为了克服"秃鹰"式飞机的作战半径达不到埃及南部较远处机场的困难,以色列先将"秃鹰"式飞机隐蔽地转场到其最南边的纳泽里姆空军基地。飞机起飞之后,使用最佳速度上升到单个发动机飞行最有利的高度,关闭一台发动机,以单个发动机飞行,并取最短航线,沿亚喀巴湾南下。待快要飞临目标上空时,恢复双发动机飞行并开始增速,对卢克索尔和巴纳斯空军基地实施突然、准确的空中突击。为了取得最大的空中突击效果,以色列空军除了以12架超神秘式飞机担任值班警戒之外,几乎出动全部作战飞机,就连60多架教练机也都装配了攻击武器,分成若干波次实施首次突击。对于主要目标,则集中力量同时实施突击。通过卓有成效的空中突袭,不仅给埃及空军造成了毁灭性打击,而且使埃及整个军队乃无参战的阿拉伯国家,产生了巨大的心理震撼。与此同时,又从根本上支持和保障了以色列地面部队的进攻行动,极大地提高了地面部队的进攻速度。最终在6天内结束战争,实现了速决速胜的预期目的。

综观第三次中东战争的战例,可以看出,以色列之所以能够以少胜多,速决取胜,无疑是得益于突然袭击,取得了先机之利。为了达成作战行动的突然性,以色列采取了许多具体而又有效的措施。大致说来,一是声东击

西，隐蔽企图，不宣而战；二是充分利用埃军活动规律，巧妙选择首次突击时间；三是隐真示假，造成埃军判断失误；四是反常用兵，破例使用突击力量。细细品味以色列的这份杰作，我们至少可以得到可望用于指导未来战争的两条重要信息：首先，随着战争形态的演变，达成作战行动突然性固然极为重要，但难度已日渐增大，必须把政治、外交、军事、科技等方面的因素综合权衡，思谋良策。其次，也是更重要的，尽管为了达成作战行动突然性，可以采取各种各样的手段或办法，乃至无奇不有，但是从根本上讲，一切的隐真示假、欺骗伪装，都离不开悉心研究、及时窥破并充分利用对方的思维“盲区”。即是说，对于那些既看得见，也听得着的事实特别是军队的行动，要让敌人“万万没有想到”其背后的文章就是要实施突然袭击。

日军诡计，偷袭珍珠港

1941 年 7 月，美英荷三国因日本侵入印度支那地区，联合实施对日石油禁运，打中了资源小国日本的要害。

为取得石油资源，日本以永野修身为首的军令部要求用大部分海军兵力直接向南突进，占领东南亚富饶的产油区。

日本联合舰队司令长官山本五十六海军大将认为，如果日本海军用大部分兵力投入南线作战，美国就有可能在西太平洋发动进攻，日本则来不及重新部署兵力应战。所以，山本五十六认为，在发动南线攻势的同时，绝对有必要打击美国太平洋舰队，使其失去战斗力，消除日本南线作战的后顾之忧。

山本主张集中使用航空母舰和舰载机，对停泊在珍珠港内的美国太平洋面舰队，进行快速的空中突击，无需经过水面战斗即可取得海战胜利。

然而，日本海军上层将领们大多数人认为，把在南线作战尚嫌不足的海、空军力量抽出一部分去搞冒险性极大的夏威夷之战，很可能使日军陷入在两个战略方向上都难以取胜的被动境地；而且，航空母舰自身装甲薄弱，自卫能力不强，谁也无法保证航空母舰舰队驶过 2000 多海里的航程中不被美军发现；一旦与美方战列舰编队展开水面战斗则是一场无法挽回的灾难。最重要的一点是：山本强硬坚持必须以航空母舰远程奔袭珍珠港，否则辞职，军令部总长永野最后同意了山本的计划。

美国仍然陶醉于国力雄

厚和地理条件独特，对未来的战争危险估计不足。战争尚未开始，美国人已先输了一招。

为了达到出其不意的奇袭效果，日本在开战前进行了一系列的伪装。1941 年 10 月，日本东条仍派特使前往美国进行谈判，给美国造成一种日本希望通过外交途径解决两国矛盾的假象。同时，将驻中国东北的关东军由 11 个师增加到 29 个师，造成日本在近期内准备与苏联进行战争的印象。

11 月 15 日前后，舰载飞机离开训练基地随舰驶往隐蔽集结地。为了使这一变化不致引起美方注意，山本派出数百架同样的飞机进驻训练基地，照常保持联合舰队司令部与各训练基地间频繁的无线电通讯。造成日本舰队未离开日本海域的假象。

在珍珠港事件的前几天，日本政府特意组织了数百名海军学校的学员，换上“大日本帝国海军”的帽箍，游览东京市区。一连 3 天自由活动。当时驻日的美国海军武官向上级报告说，东京市内有成千上万的日本海军官兵游逛，近期内不像有战争行动。

在一片假象的掩护下，日本袭击珍珠港的部队开始秘密集结，各舰以不同的航线，悄悄地向集结地——北方偏僻的择捉岛单冠湾驶去。途中，各舰船以及舰载机的收发报机一律实行严格的无线电静默。

择捉岛的单冠湾是一个小渔港，几乎不被人们所注意。1941 年 11 月下旬进港。大小舰只将近 40 艘！以“赤诚”号、“加贺”号、“苍龙”号、“飞龙”号、“翔鹤”号、“瑞鹤”号 6 艘航空母舰为核心，配属战列舰和重巡洋舰各 2 艘，轻巡洋舰 1 艘，驱逐舰 9 艘，潜艇 3 艘和油船 8 艘。此外，还有执行警戒任务的其他舰艇和补给船只。

11 月 26 日的拂晓前，袭击珍珠港的日本舰队共 31 艘军舰开始起锚，由 3 艘潜艇为先导，在夜幕中悄悄地消失在波涛汹涌的北太平洋上。

12 月 3 日傍晚，舰队到达北纬 42°、西径 170°附近的待机海域，在密云遮蔽下，连续进入了海上加油作业。至此，袭击珍珠港的一切军事准备都已完成。

精明的美国情报部门破译了大量足以证实日本企图袭击珍珠港的情报。美国驻东京大使，早在 1 月 27 日发往国内的报告中，就明确指出：“日军正准备突袭美国太平洋舰队的停泊地——珍珠港。”

就在日本偷袭珍珠港的当天，美国情报机关又破译了日本一份这样的电报：“12 月 6 日，珍珠港在泊舰艇有战列舰 9 艘、轻巡洋舰 3 艘、水上飞机供应舰 3 艘、驱逐舰 17 艘。在坞舰艇：轻巡洋舰 4 艘、驱逐舰 3 艘。航空母舰和重巡洋舰全部在海上。未发现舰队有异常现象。瓦胡岛上平静，未实行灯火管制。大本营海军部确信，此举必成！”这份情报表明，除航空母舰和重巡洋舰外，几乎全部美国太平洋舰队的舰只都在珍珠港内！正是实施袭击的绝好机会。而美国海军部长看了这份情报后，没有任何表示。海军参谋长阅后，本想给太平洋舰队司令金梅尔打电话，但怕打搅了他的美梦，就到国家剧院观看《天才学生》一剧的演出去了。对于这些大量及时准确的情报，美国军事当局就像进行了“冬眠”一样，充耳不闻，视而不见。

12 月 7 日，日本舰队从待机海域以 24 节高速向珍珠港逼近。飞机一架

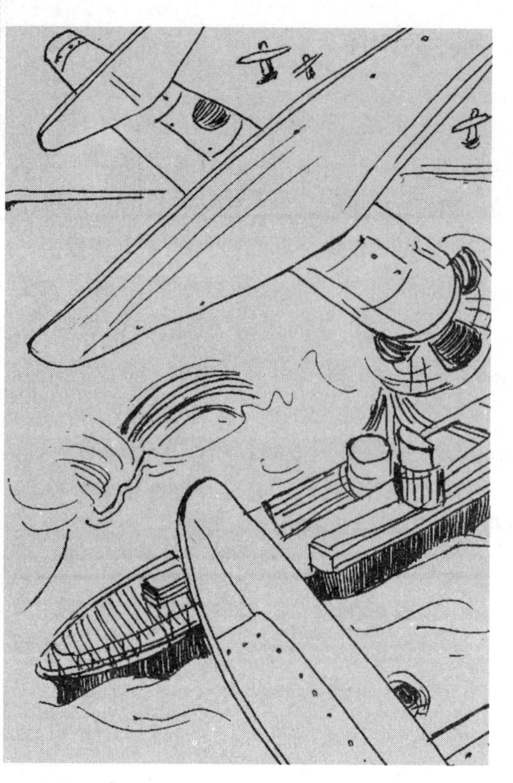

一架从机库升到了航空母舰的飞行甲板。旗舰“赤诚”号航空母舰上升起了表示“皇国兴废,在此一战,我全军将士务须全力奋战”的Z字旗。整个舰队已处在紧张的临战状态。

12月7日(夏威夷时间)拂晓前,日本舰队到达珍珠港以北约200海里的海域。5时30分,巡洋舰“筑摩”号和“利根”号上的水上侦察机起飞,对珍珠港进行敌前侦察。6时整,第一攻击波的183架战斗机、鱼雷机和轰炸机相继从6艘航空母舰上起飞,15分钟后,在空中集合完毕,盘旋一周,在领队长机的引导下,向瓦胡岛飞去。

当日军压境之时,珍珠港内停泊着94艘舰船,数百架飞机排列在滑行道上。高射炮手、水兵、飞行员大多离开了自己的岗位,情报中心不设值班军官,防御计划中所规定的远海侦察和近海巡逻都未付诸实施。在美军高层将领中,同样存在着这种麻痹情绪。早在11月30日,海军上将金梅尔便发现情报处的“日本航空母舰舰位推测”中,竟没有写进重要的“赤诚”号、“加贺”号、“苍龙”号、“飞龙”号的舰位时,曾询问情报参谋莱顿,面对司令官的追问,这位参谋竟满不在乎地回答:“不知道这几艘航空母舰在哪里。”金梅尔厉声说道:“你不知道?该不是说山本的舰载飞机已飞到了檀香山附近你都不知道吧?”可悲的是,金梅尔的话不幸言中了。不过,金梅尔并未继续追下去,仅仅是问问而已。

12月7日(夏威夷时间)3时24分,在珍珠港入口处发现一艘来历不明的潜艇,6时30分在不远处又击沉了一艘潜艇,7时30分左右雷达发现正方向有大批飞机等等迹象,美军仍然没有给予足够重视,未向上报告。反击日军突然袭击的时机一个个从美国人手中滑走。

追根溯源,问题出在美国战略判断上出了偏差,从而导致重大失误。

在第二次世界大战初期,美国自恃地理位置独特,经济实力雄厚,兵力强大而盲目乐观。美国军方高级指挥机构判断,日本定会利用纳粹德国进攻苏联之际北进,夹击苏联,如果南下,也不会轻易冒犯美国,而是把矛头对准英法等国在东南亚的殖民地。直到11月28日,即日本袭击珍珠港的前10天,美国军方仍然这样认为,显然,美军的战略判断已陷入一种“思维盲区”,自然不会重视那些表明日本真实意图的情报。于是,珍珠港就在劫难

逃了。

空袭珍珠港的日本机群已经到了瓦胡岛的上空。7时,空袭指挥官渊田中佐用机上无线电发报机下达了攻击命令。俯冲轰炸机开始飞向目标。而这时珍珠港,还像往常一样宁静、安闲,军官们正在舰上进早餐,有些士兵则刚刚起床;金梅尔海军上将正和夏威夷防区司令动身前去打高尔夫球;近百艘战舰停泊在港内,飞机在机场整齐地排列着,整个基地完全是一片假日的和平景象。

日本飞机将炸弹和鱼雷像冰雹般地投向目标。港内发生了震天动地的大爆炸,一股股巨大的黑烟柱腾空而起。

第一波攻击,轰炸持续了一个小时左右,尽管有极少数美军飞机强行起飞,几个高射炮阵位也开始射击,但日军仍牢牢掌握着制空权。并使珍珠港及周围的机场受到严重破坏,7艘战列舰冒出了熊熊大火。只有金梅尔的旗舰“宾夕法尼亚”号战列舰在船坞内没有受到攻击。而日军方面,仅损失了9架飞机。8点40分,第二波攻击,171架日机又进行了1个小时的猛烈轰炸。在这一轮攻击中,“宾夕法尼亚”号战列舰终于中了炸弹。

到13时整,日本飞机返回了航空母舰,353架飞机中,只损失了9架战斗机、15架轰炸机、5架鱼雷机和55名官兵。

而美国方面,太平洋舰队受到了毁灭性打击,8艘巨大的战列舰,三艘沉没,三艘起火,两艘重伤,无一幸免。3艘轻巡洋舰和3艘驱逐舰重伤,1艘布雷舰沉没,260架飞机被击毁,“犹他”号靶船也被误认为战列舰而遭击毁。伤亡官兵4575人。美军战略判断的重大失误,终于带来了惨痛的后果。

日军对珍珠港的奇袭,一举夺得了太平洋战场的主动权,创造了战争史上的奇观。

声东击西,遮掩自己

洽谈开始,一般只是谈商品质量、数量和价格等双方交易的主要条件。其他条件如保险、支付、仲裁、索赔以及检验等根据以往交易传统来履行。

谈判人员不要过早地暴露自己产品价格,要避免过早地同对方讨论价格问题,因为不论你的价格多么合理,只要对方购买这种产品,就要付出一定的代价。因此,应该在顾客对产品价值有所认识后,才能同他们讨论价格问题。我们应该做的是:不要让客户首先考虑产品的价格,要让他们的注意力引到产品的价值上来,也就是说,谈话应首先集中产品的价值这一问题上,而不是单纯地谈价格;如果一定要谈价格,就要连同价值一并提出,获得对方订货单据的决定性因素,应让对方看到他们将要得到的好处,而不是他们所付出的代价。

弗雷德·罗杰斯是一位销售经理,为新泽西的某个皮革公司搞推销,公司已经生产即将出售的新产品,这是一种加工成带状的皮革制品。他访问一个顾客,问:“你认为这产品如何?”“啊,我非常喜欢它,但是我猜想您现在会告诉我它是非常贵的,我应该为它付出一个荒谬的价格,在您之前,我全听说了。”“您告诉我。”弗雷德·罗杰斯说,“您是一个有贸易经验的人,

您和别人一样懂得皮革和兽皮,您猜想它的成本是多少?”

那人受了奉承,回答他说他认为可能是45美分一码。

“您说得对。”

弗雷德·罗杰斯用惊奇的眼光看着他说:“我不知道您是怎样猜到的?”

销售经理以45美分一码的价格获得了他的订货和随后的重复订货,双方对事情的结果都很满意,弗雷德·罗杰斯决不会告诉他公司最初给产品的定价是30美分一码。

在介绍价格的时候,必须让别人看起来价格比较低,但你向他介绍好处的时候,就必须使他们看起来好处比较多。

一个药品公司出售一种特别昂贵的兽医外科用药,它的价格与竞争的对手比起来高得吓人。但是推销员问兽医,每次的用量是多少,然后告诉对方,用他们的产品,每头牛仅多花3美分,那真算不了什么,但是它的效果却是同类无法相比的。这样介绍价格,使人易于接受,但如果他们说每包多30美元,那听起来就是一个很大的数目,很可能把顾客吓跑了。

还可以推开价格,在时间上延伸。

“您现在的车每天用多少小时?”

“6个半小时。”

“啊,如果您买我们的,那么在机器的整个使用寿命期间,您可以得到全部的额外的机动性,更大载重能力和更安全、更舒适的驾驶室,每小时仅花6美分,一个月仅仅多花费20美元,20美元能买到什么。在普通的一个饭馆里一顿两人便餐,您对此不会有什么抱怨吧。”

你还可以告诉它不买的代价是什么?

“麻烦的是,如果您不买,一年以后,价格至少要上涨20%。”

在谈判中,不要怕对方提出低价的竞争者,要直接告诉你决不介意出低价的竞争者,因为他们一定知道一分钱一分货这个道理。

这一策略在于把对方的注意力用在我方不甚感兴趣的地方,使对方增加满足感。这是谈判中常常使用的重要策略之一,它能使我方与对方保持良好的关系,在谋得我方利益的同时,使对方也感到最大的满足。

作为一位成功的谈判者,先决条件就要弄清谈判的目标,并在谈判过程中时刻不忘谈判的主要目的。

在同对方的谈判中,却要把自己的目标隐蔽起来,把一些次要的问题渲染成很重要的问题,而让对方多占些便宜,你也表示很“勉强”地让步。

如,我方得知对方最注重的是价格,而我方最关心的是交货时间,那么我们进攻的方向可以是支付条件问题,这样,就可以把对方的注意力引开到次要问题上,以实现我方最终要达到的目标。

这种策略如果运用得很熟练,对方是很难反攻的,它可以成为影响谈判的积极因素,而不必冒重大的风险。

第二章　敌战计智谋经典

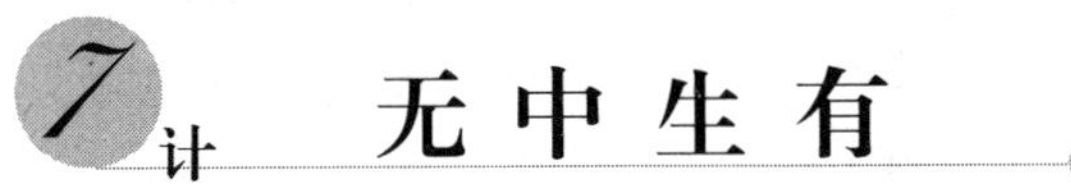

7计　无中生有

常侍欺主，诬杀吕强

西汉灵帝时，宠信张让、赵忠、夏恽、郭胜、孙璋、毕岚、粟嵩、段珪、高刻、张恭等宦官，灵帝先后封他们为中常侍职，掌管宫中文书，传达皇帝诏令，执掌要权。而张让、赵忠等人，利用灵帝贪色重财心理，为其在宫中建商业等，让灵帝和宫女、宦官扮成商贾，讨价还价，做市利买卖。又在西园建游乐场，招一班无赖子弟、陪灵帝玩狗驾驴，把朝中文官所戴的帽子和绶带，戴在狗身上。又广收天下珍玩，进献给灵帝。甚至在宫中开办了一个官员交易所，把官职明码标价拍卖，谁出的价钱高，谁就可以做大官。十常侍靠阿谀迎合手段，取悦皇上，把灵帝玩于掌上，而荒诞不经的灵帝，不以为奸，甘愿被傀儡操纵，甚至公开对左右说："张常侍就是我父亲，赵常侍就是我母亲。"灵帝认仆作父，自甘为子，如此推称，使十常侍恃宠跋扈，乘机大饱私囊，过上了骄奢淫逸，横行不法的帝王般生活。一次灵帝欲登长安宫的瞭望台，远眺皇宫四周景致。十常侍担心自家所建富比皇帝宫阙的府第被灵帝瞧见，就使人哄骗灵帝，说："皇上是上天的儿子，不应当登高。皇上登上高处，百姓就会四散，这是不吉的兆头"，灵帝受骗，从此再也不敢居高而远眺了。

汉灵帝的昏愦，十常侍的为非作歹，引发了东汉社会严重的社会危机。灵帝中平元年（公元184年），张角兄弟利用"太平道"，聚众起义。张角自封天公将军，其弟张宝、张梁封地公将军、人公将军，号召各地

太平道教徒，头扎黄巾树旗造反。一时间，许多城池府第，相继失陷。洛阳亦为之震动。汉灵帝惊慌失措，匆忙令大将军何进据兵镇守洛阳，以北中郎将卢植、左中郎将皇甫嵩、右中郎将朱俊征讨“黄巾贼”。自恒帝以来因党锢之祸受逐杀失势的一些党人，也被启用起来，而且不少人在镇压“黄巾贼”的过程中立功受奖。反而一直受重视信用的宦官势力，中间出了个封胥滑、徐奉，与张角相互联络，图谋宫内外夹击，攻下京城洛阳。灵帝为此责怪十常侍，迫使张让、赵忠等人不得不收敛贪欲，纷纷召回过去安插在各地州县做官为将的父兄子弟，暂作退避之状。由此宦官赵忠等人迁怒于屡次劝谏灵帝的吕强，于是施行无中生有计谋，害死为人忠直，同任中常侍的吕强。

十常侍中的赵忠、夏恽，最先向吕强伸出魔爪。一天，他们乘灵帝退朝回宫，刘至灵帝前跪告：“中常侍吕强经常同党人聚在一起，议论朝政。还私下阅读《霍光传》，有废立之心。他们兄弟居官的，全都贪赃枉法。”灵帝不辨真伪，立即命令中黄门领兵捕拿吕强。吕强耿性刚直，难忍折辱，忿然明告“大丈夫要尽忠报国，怎能受狱吏审问。”说完引颈自杀。赵忠、夏恽未料吕强如此刚烈，急忙献言灵帝：“吕强还没有清楚召他问什么事情，就自我了结了，说明他确实犯有罪行，才致如此。”灵帝受赵忠唆使，又收捕了吕强的亲属等人，把他家的财产抄没入宫。

吕强被赵忠、夏恽凭空诬陷害死，其原因，并非简单的同类人物之间的好恶嫉妒，实质内容，则是双方对灵帝执政以来的政策方针，有着巨大的分歧。究其大端，一是对党人的态度，二是对宦官势力专政的态度。东汉自桓帝以来，发生过两次著名的朝中士大夫与宦官之间互相冲突的党锢之祸。第一次是汉桓帝延熹九年（公元 166 年），朝中耿直大臣李膺、陈蕃、王畅等人，与京城太学生郭泰、贾彪等互通声气，他们对东汉以来的宦官干政现象深恶痛绝，必欲除恶务尽，他们互相推荐，评议时政、臧否人物，激浊扬清。同时对桓帝时的专权宦官侯鉴、张让等极力惩治打击。李膺为河南尹时，就要惩治与宦官紧密勾结，贪赃无数、声名狼藉的羊元群，结果反被诬陷。后来他做司隶校尉，带人到宦官张让家，杀死了躲在他家的弟弟张朔，因为他公开杀戮孕妇，虐人害物。洛阳人张成，恃着与宦官关系密切，指使儿子杀人报私仇。李膺不顾赦令，坚决杀死张成父子。结果，宦官指使张成的弟子牢，上书诬告李膺等人私养太学游士，交结诸群生徒，结成党羽，诽讪朝政惑乱风俗。宦官们群起借势推波，桓帝不分皂白，把李膺等人下狱，定为“党人”，下令全国搜捕。范滂、杜密、陈寔等 200 多人都被下狱治罪，太尉陈蕃因反对拘捕党人，亦被灵帝免职，于是朝野内外，为之震栗缄口。直到次年，因为李膺等人在狱中故意用招供牵连宦官子弟，加上窦武等人为党人的上诉，二百多党人得以出狱见天，但是朝廷同时宣布：“党人遣回乡里，登记造册，书名三府，永远禁锢，再不得为官。”第二次党锢之祸，是比前一次更为惨烈的事件，灵帝于桓帝死后登基，年仅 12 岁。窦太后临政听政，其兄窦武为大将军，陈蕃晋升太傅，共同辅政。窦武接近朝中正直官僚和士人，征召李膺、杜密、尹勋等名贤，于灵帝建宁元年（公元 168 年）九月，窦武与陈蕃密谋，要除去操弄国权，为乱朝政已久的宦官势力。但是事机被泄，宦官王甫、曹节、郑飒等人首先发难，以武力劫太后挟灵帝，杀害了窦武，陈蕃。第二

年，又哄骗灵帝，大兴党狱，在全国之内搜捕迫害党人。李膺、范滂等党人一百多人被杀，家属被流徙边郡。一些官员任意指诬有威望或与己有怨隙者，结果全国被废黜、禁锢的无辜的党人就有六七百人。

以上两次党锢之祸，都以宦官得胜而终。到了熹平元年(公元172年)，宦官们又借机把与朝中官僚靠近的京城太学生一千多人下狱，从此以后，侯览、王甫、曹节等一帮宦官，势霸东汉朝野，为所欲为地祸害国家。而对此问题，身为中常侍之一的吕强，却为国家大政着想，当中平元年张角起义发生后，吕强最先站出来，对汉灵帝说："禁锢党人的禁令已有很长时间了，天下人心早已腹藏怨情，如果不予以赦宥，万一党人之心与张角相联，黄巾势力将会扩大滋长，到那时，后悔都来不及了。请陛下从现今起，诛杀左右贪赃污浊的官员，大赦天下党人。并考察检查各州郡刺史、郡守的能力，如果能这样做，叛乱肯定能平息下去。"汉灵帝畏惧黄巾起义的威势，只好接受了吕强的建议，大赦天下党人，允许被流徙党人返归故里。吕强要把同宦官势同水火的党人解放出来，极大地触犯了以张让、赵忠为代表的宦官集团利益，为此，他们敌视吕强，这是吕强被赵忠等人诬害的第一个原因。

吕强被杀的第二个原因是他对汉灵帝的劝谏，破坏了张让、赵忠等十常侍们，利用灵帝贪财荒诞，让其沉湎其中而不能自拔，从而达到操纵灵帝，把持朝政，又能乘机中饱私囊的策略。灵帝是天下罕见的贪财皇帝。在宫中建交易市场，扮做赚钱的老板。又公开卖官得钱，有的人暂时无钱买，还可以赊账挂欠，等到自己走马上任大搜刮民，饱了腰包后再连本带息交还。灵帝又好积私蓄，各地进贡的珍品，每次都要把精中又精的珍品先送到灵帝在宫中的私库中，名之为"导行费"，为此，吕强上书规劝灵帝，说："天下的财富，莫不归陛下所有，本无公私之分。但是现在中尚方广敛各州郡的珍宝，中御府中又广积天下的丝织品。西园里保管的是朝中大司农该管的府藏，騄骥厩中拴的是太仆该管的马匹。又广征导行费，增加民困。一些奸吏乘机得利，百姓反受其弊。另外一些阿谀奉承之徒，进献私财给陛下。以使陛下能纵容姑息，风气因此而进一步变坏。"吕强反对灵帝积私财，重佞臣，自然地与取悦灵帝，积极兴办此类活动的十常侍发生冲突，皇帝不贪财，赵忠等人就没有顺手牵

羊的下手机会，那金碧辉煌的豪华宅第就建不起来，皇上清正英断，十常侍怎能在朝中发号施令，飞扬跋扈呢？吕强在上书中，还反对灵帝撇开三公，仅由尚书负责选官或是灵帝直接下诏任命官员的办法，暗中批评灵帝把宠信的十常侍父兄子弟宗亲们提拔任用，放到州郡做官，造成这些人横行不法，无官敢管的情状。吕强的劝谏灵帝置之一旁，黄巾起义后，吕强再一次劝谏灵帝，要求灵帝诛杀贪官污吏，考察州郡刺史、郡守的能力，其矛头也是指向任用兄弟亲属为官扰民祸民的张让、赵忠等人。后来，宦官们果然被迫召回了自己的亲属子弟，他们更加怨恨给皇上出主意的吕强，必欲去之而后快，于是就有了我们篇首所述的一幕诬陷害人的惨剧，终于害死了吕强。